התלמוד בקריאה פנימית

מירב סויסה

התלמוד בקריאה פנימית

דרך פרשנית לחשיפת הרעיונות המעצבים את הסוגיות

מתן מכון תורני לנשים
מגיד

Merav Suisa

The Talmud in an Inner Reading –
Revealing the Concepts That Shape the Debates

מירב סויסה

התלמוד בקריאה פנימית:

דרך פרשנית לחשיפת הרעיונות המעצבים את הסוגיות

עורך אחראי: ראובן ציגלר
עורכת ראשית: אוריה מבורך
עורכת משנה: אפרת גרוס
עריכה לשונית: משה גרוס
הגהה: אביחי גמדני
עימוד: תמי מגר
עיצוב העטיפה: סטודיו דוסה

ספרי מגיד, הוצאת קורן
ת״ד 4044 ירושלים 9104001
טל׳: 02-6330530 פקס: 02-6330534

office@korenpub.com
www.korenpub.co.il

מסת״ב ISBN 978-965-526-389-3

נדפס בישראל Printed in Israel 2025

לזכר נשמת גיבור בישראל

רס״ל במיל׳ בן זוסמן ז״ל

גיטי וג׳ק בנדהיים

באהבה

לזכר אמותינו האהובות
שהנחילו בנו אהבה ליהדות ולמדינת ישראל

רחל לאה בת יצחק

ברײנדל בת הרב דוד הכהן

ג׳יי והוטי פומרנץ

לזכר אהוב ליבנו

משה בינה ז״ל

איש עשייה ותושייה
דבק בתורה וחינך לאורה
עסק בצורכי ציבור באמונה.

לִי עֵצָה וְתוּשִׁיָּה אֲנִי בִינָה לִי גְבוּרָה.
(משלי ח, יד)

המשפחה

בשנות השמונים של המאה העשרים העבירה הרבנית מלכה בינה שיעורי גמרא לנשים. היו אלו שיעורים חלוציים שהתקיימו סביב שולחנה של לילי וויל ז״ל. יחד עם לילי, הגתה הרבנית בינה את הקמתו של בית מדרש לנשים שיצמיח מתוכו תלמידות חכמים. בשנת 1998 הקימה הרבנית בינה את המכון התורני לנשים על שם שרה רעננערט ז״ל, הידוע בשם ׳מתן׳. מאז הקמתו ניצב מתן בחזית לימוד התורה והמנהיגות היהודית הנשית.

כיום מונה מתן אחד־עשר סניפים ברחבי הארץ ועשרות אלפי תלמידות בארץ ובעולם. במתן מוצעות תוכניות בית מדרש אינטנסיביות ללימוד תנ״ך, תלמוד, הלכה ומחשבת ישראל, שהובילו את לימוד התורה לנשים לפסגות חדשות. בוגרות בית המדרש הן רבניות, מנהיגות רוחניות, משיבות הלכה, מחנכות משפיעות ומחוללות שינוי. במתן תוכניות שנתיות עשירות ומגוונות לקהילה הגלובלית, ימי עיון מיוחדים בארץ ובעולם, תוכנית בת מצווה לבנות ואימהות, סדרת פודקאסטים בעברית ובאנגלית, ואוסף גדל והולך של משאבי הלכה מקוונים. מתן נמצא בחזית לימוד התורה והמנהיגות היהודית הנשית, ובחיפוש מתמיד אחר האתגר המשמעותי הבא, במטרה לעורר השראה ולחזק את הדורות הבאים דרך לימוד תורה משנה מחיים.

כְּתְבוּנִי – תוכנית עמיתות לכתיבת ספרים תורניים

׳כתבוני׳ נוסדה בשנת 2022 על ידי ד״ר יעל ציגלר, בוגרת מתן ומרצה בכירה ששימשה כראשת בתי המדרש של מתן. מטרת התוכנית להכשיר ולעודד נשים תלמידות חכמים לכתיבה תורנית. בעוד שחלה עלייה משמעותית במספר הנשים שמלמדות תורה ומנהיגות בעולם היהודי – הכתיבה התורנית על ידי נשים נותרה מאחור. עמיתות כתבוני הינן תלמידות חכמים יוצאות דופן, המבקשות להשפיע על מדף הספרים היהודי ולהעשיר את הספרות התורנית במגוון תחומים. כתבוני מספקת את המסגרת, ההנחיה, והתמיכה המקצועית לכל מחזור של עמיתות, בשיתוף עם הוצאת קורן. התוכנית מתקיימת הודות לתמיכתם הנדיבה של אן וג׳רמי פאווה, קרן וייספלד הבין־לאומית ושותפים נדיבים נוספים.

הספר השני בסדרת כתבוני, מאת ד״ר מירב סויסה, מציג גישה ספרותית מקיפה ללימוד התלמוד הבבלי. בספרה רואה ד״ר סויסה בתלמוד יצירה ספרותית, שתכניה באים לידי ביטוי לא רק ברובד הגלוי של הסוגיות, אלא גם באופני העיצוב והעריכה שלהן. גישה זו נפרשת באמצעות ניתוח ספרותי של סוגיות פתיחה וסוגיות הלכתיות מגוונות. מתוך נקודת מבט זו, מבקש הספר לחשוף את מושגי היסוד העומדים בבסיס הסוגיות, ומתוך כך לעמוד על המשמעות הרעיונית של הנושאים הנידונים בתלמוד.

תוכן העניינים

בואו שעריו בתודה

אני זוכרת בבהירות רבה את הפעם הראשונה שפתחתי גמרא. הייתי כבת תשע, ואבא שלי הזמין אותי לחדר הלימוד שלו והציע לי ללמוד איתו. הספר היה גדול מאוד, כבד וישן, וזה עורר בי סקרנות והתרגשות. היה זה התלמוד שהוא קיבל מהוריו לבר המצווה שלו, ושעלה יחד אתו מפילדלפיה לישראל. למדנו אז יחד את הסוגיה הראשונה של מסכת ברכות. זיכרון מתוק שצרוב בי.

מאז ועד היום, לאורך כל השנים וכל מה שהן מזמנות – אנחנו לומדים יחד. הספר שלפניכם הוא תוצר של הלמידה המשותפת שלנו לאורך כמעט ארבעים שנה. במשך השנים, למרות הקשיים הטכניים, המרחק הפיזי ועומס מטלות החיים – זכינו למצוא את הדרך ללמוד יחד, באופנים מגוונים, בהקשרים שונים; בלימוד רציף וארוך של פרק, בהכנת סוגיה לשיעור או בשתי דקות בטלפון לפני שבת; על דפי הגמרא עצמה או בשיחות נפש; מסכתות שונות, תכנים מגוונים, מטרות שונות ללמידה. הלימוד הזה הוא המקור שממנו ינקתי, הוא מלווה את חיי ומעניק להם השראה.

מאבי למדתי גמרא וגם איך ללמוד גמרא ומהי בכלל גמרא. את תפיסת התלמוד ואת שיטת הלימוד הייחודית והיצירתית הזו אנחנו משתפים בספר הזה.

אבל הלימוד עם אבי הוא הרבה יותר מזה, משום שהוא השפיע ועיצב את חיי הרבה מעבר לכל אלו. לא רק התוכן של הגמרא, למרות שהוא מרתק ומשמעותי, ואפילו לא "השיטה", שהיא יצירתית ומסעירה. מהלימוד הזה בראש ובראשונה, באמצעות התוכן והתובנות שעולות ממנו, מתוך השיטה, ובעיקר מהקרבה שנולדת מתוך השיתוף הזה – ינקתי תפיסת עולם, ערכים,

דרך לעבוד את ה', דרך להקים בית – דרך חיים. מהלימוד המשותף למדתי גם את המנגינה של הלימוד. ספגתי ממנו את היחס, את הרגש, את השקפת העולם, דרך המחשבה וצורת החיים הענווה, שנולדו מתוך הלימוד ושמלוות אותו. ואת האהבה. אהבה ללימוד, אהבה לתלמוד ולתורה. גם את אלו קיבלתי מהלימוד עם אבי.

את צורת הלימוד הזו אני משתדלת ליישם גם כשאני לומדת חלקים אחרים בתורה, ואני זוכה לשתף את התובנות האלה לאורך השנים עם תלמידות ממגוון גילים, מקומות ומגזרים. כך זכיתי שהלימוד הזה התווה גם את הכיוון של הצד המקצועי בחיים שלי.

אם כן, התודה הראשונה והגדולה מכולם היא לאבי מורי, הרב צוריאל ווינר. התורה שלי – שלו היא, ואני זכיתי להיות שם כדי לקבל ממנו וכדי להיות אחת מאלו שמעבירים את הלימוד הזה לאחרים. הספר הזה הוא לחלוטין גם שלו, ובעיקר שלו, בכל המובנים. אילולא ההירתמות שלו, ההשקעה והמסירות ללימוד המשותף ולליווי הכתיבה – הספר לא היה נכתב.

זכיתי לשותפים רבים נוספים בלימוד, בחינוך ובהוראת התורה לאורך שנים רבות, ובעיקר בחיים עצמם. כל אחד מהם תרם את תרומתו לבירור, להתקדמות ולהעמקה שסייעו בכתיבתו של הספר הזה:

תודה לבעלי מרדכי על שותפות בדרך של חיי תורה ושל חיפוש אחר לימוד תורה שמתבטא בחיים, ושמקדש את החיים. תודה על התביעה הפנימית, שמשפיעה גם עליי, מלימוד גמרא ותורה בכלל, להיות נוגעים לחיים, רלוונטיים ומשמעותיים. תודה לילדינו אחינעם, חן דוד, הוד, אוריה אלירז ושירה, שגם הם שותפים, כל אחד בדרכו שלו, לבירור הדרך הזו, ולביטוייה בחיים שלנו ובבית שלנו.

תודה מיוחדת לאימי היקרה, יואלה ווינר, שגם היא בדרכה נמצאת שם בשבילי, יחד עם אבי וגם בלעדיו, לפעמים מאחורי הקלעים ולפעמים באופנים אחרים, ועוזרת לי רבות בצד המעשי ובצד הרגשי להתפנות ולהתמיד בלימוד ובכתיבה לאורך השנים.

תודה גם לחמי וחמותי, ר' יואל ונוגה סויסה, על תמיכה, התעניינות פרגון וסיוע בכל עניין שיכלו ושהתבקשו. מאור הפנים, הדלת הפתוחה וחום הלב שאני מקבלת מהם מסייעים גם הם רבות ותומכים בלימוד ובמלאכת הכתיבה.

"דברי חכמים... נטועים, מה נטיעה זו פרה ורבה – אף דברי תורה

פרין ורבין" (תלמוד בבלי מסכת חגיגה ג ע"ב). ניגונים ששתלו בי אבי ואימי עתה הם עולים וצומחים. תורה שקיבלתי מבית אבא – עתה אני ואנחנו זוכים להעביר לדורות הבאים, בתפילה "שנהיה אנחנו וצאצאינו כולנו יודעי שמך ולומדי תורתך, ושלא תמוש התורה הזו מפי ומפי זרעי וזרע זרעי עד עולם".

תורה שקיבלתי בבתי מדרש שונים וממלמדות ומלמדי התורה לאורך הדרך גם היא חלק חשוב בתורה של הספר הזה, ועל כך תודותיי לכל אחד ואחת מהם:

תודה על תורה שקיבלתי בבית מורשה, בית מדרש שזכיתי ללמוד בו לפני שנים רבות, ושהתורה שקיבלתי שם היא עודנה חלק חשוב בלימוד התורה שלי, וגם בספר הזה. תודה לאלה שעמדו בראשו באותה תקופה, הרב ד"ר יהודה ברנדס והרבנית ד"ר מיכל טיקוצ'ינסקי. גם הם היו אבן דרך משמעותית בלימוד ובגיבוש שיטת הלימוד שמוצגת בספר הזה.

תודה למחלקה לתלמוד באוניברסיטת בר אילן, שפתחה בפניי את השערים להיבטים האקדמיים של לימוד התלמוד, שגם הם מהווים כלים חשובים בלימוד שלי כיום. בתוכם תודה מיוחדת לד"ר בנימין קצוף, שהנחה אותי בכתיבת עבודת הדוקטורט, הן בהיבט המחקרי והמקצועי והן באכפתיות, באמון ובמסירות, מה שסייע בידי להביא את שיטת הלימוד הזו בתוך האקדמיה. למעשה, הדוקטורט הוא התשתית של הספר הזה, ולכן תרומתו של ד"ר קצוף לספר זה היא רבה, ועל כך תודתי נתונה לו.

תודה מיוחדת למדרשה לנשים בבר אילן, שמהווה עבורי בית חם ללימוד תורה ולהוראתה, ולתלמידותיי שם, ובבתי מדרש נוספים, לאורך השנים. הרבה מהרעיונות ומהבירור של מה שמצוי בספר הזה נולד מתוך ההוראה ומתוך לימוד משותף עם התלמידות. אני רוצה להודות במיוחד לאלה שעמדו בראש המדרשה לאורך שנותיי שם: ד"ר טובה גנזל, ד"ר איילת סיידלר, יעל שלוסברג, ד"ר נעמה סט וד"ר לאה ויזל – על החברות, ועל היותן מקור השראה ומודל עבורי ללימוד תורה, לעשייה חינוכית ותורנית ולאפשרות השילוב של כל אלה בחיים.

תודה לאיתי יוסף לחמן, יוזם ומקים מדרשת שיח השדה שבמושב שובה, שזכיתי לעמוד בראשה בשנים האחרונות. המדרשה הזו בנתה קומה חדשה בלימוד התורה שלי והצמיחה, בין השאר, את התורה שמובאת בספר הזה. זו הזדמנות מרגשת עבורי להודות לתלמידות המדרשה לאורך השנים, שהתביעה הפנימית שלהן לתורה עמוקה, השאלות שלהן, המשברים שלהן,

האמון שלהן בתורה וגם בי, יחד עם החיבור האישי בינינו מניעים אותי מדי יום ביומו להעמיק בלימוד התורה ובחיפוש אחר החיבור שלה לחיים.

תודה גדולה לצוות הוצאת קורן־מגיד על הליווי המסור לאורך כל שלבי הוצאת הספר. תודה מיוחדת לראובן ציגלר, אוריה מבורך ואפרת גרוס על הטיפול הרגיש והאכפתי בכל שלבי ההוצאה לאור, למשה גרוס על העריכה הלשונית המצוינת והמוקפדת, לאביחי גמדני על ההגהה המדויקת, לתמי מגר על העימוד המוקפד ולעטרה סונא על עיצוב הכריכה היפיפה.

תודה גדולה ועיקרית מקרב לב למתן – מכון תורני לנשים ולתוכנית "כתבוני" על שאפשרו את כתיבת הספר הזה, בתמיכה כלכלית, בהדרכה וליווי ובעידוד ובנתינת אמון. תודה לעומדות בראש מתן, הרבנית מלכה בינה, שאף קראה חלקים מן הספר ונתנה עצות טובות, לד"ר יעל ציגלר, ראש תוכנית "כתבוני", ולחיה בינה־כץ, מנכ"לית מתן. לולא התמיכה והסיוע שלהן ושל התוכנית הספר הזה לא היה נכתב.

תודה גם לד"ר שמואל פאוסט, שליווה את כתיבת הספר ותרם בעצותיו ובהדרכותיו המחכימות.

"מודה אני לפניך ה' אלוהי ואלוהי אבותיי ששמת חלקי מיושבי בית המדרש".

תודה, ריבונו של עולם, שהכול ממך, וכל זה – לכבודך.

פתיחה

ספר זה מציע מענה חדש לשאלה עתיקה: מהו התלמוד? כלומר, מה הנושא שלו? במה הוא עוסק? מהי המטרה שלו?

הרב זקס בספרו "רעיונות משני חיים", מנסח עבורנו את הצעד הראשון ביחס לשאלה זו:

> מהי יהדות? דת? אמונה? אורח חיים? מערכת אמונות? אוסף מצוות? תרבות? ציוויליזציה? היהדות היא כל אלה, אבל היא גם מעבר להם. הרחק מעבר.[1]

וכך השיב הרב זקס על השאלה "מהי היהדות?":

> היא דרך חשיבה, משזר של רעיונות: דרך להבנת העולם ומקומנו בו. היהדות מכילה רעיונות משני חיים. ... מעטים האנשים החושבים על האמונה הדתית במונחים הללו. אנו יודעים שבתורה תרי"ג מצוות, 613. אנו יודעים שביהדות יש אמונות. הרמב"ם ניסח את שלושה עשר עיקרי האמונה היהודית. אבל הללו אינם כל מהותה של היהדות, וגם אינם עיקר ייחודה. היהדות הייתה ועודנה דרך מקורית להפליא לחשוב על החיים.

1. זקס, רעיונות משני חיים, עמ' יא.

את תשובתו של הרב זקס על "היהדות" אנו מבקשים ליישם כאן, בשינויים מסוימים, גם ביחס לשאלה "מהו התלמוד?". בדומה להגדרתו של הרב זקס את היהדות, תשובתנו היא שהתלמוד הוא ספר שעוסק ברעיונות ומציע נקודת מבט ערכית רוחנית ומוסרית על החיים.

האמירה שהתלמוד הוא ספר שעוסק ברעיונות עשויה להראות מפתיעה, ואולי אפילו מוזרה, משום שהתלמוד נתפס בדרך כלל כספר הלכתי או משפטי. ובכל זאת, למרות שרובו של התלמוד עוסק בהלכות ובדיונים על ההלכות, התלמוד איננו ספר הלכה.

נקל להבחין שהתלמוד הוא לא ספר הלכה "קלאסי", כלומר שתכליתו היא לא לתת מענה לשאלה מהי ההלכה למעשה, שהרי כרבע[2] מהתלמוד עוסק בנושאים שאינם הלכתיים. מעבר לכך, אם אכן התלמוד היה כזה, הציפייה הייתה שהוא יהיה מסודר באופן שיטתי, לפי נושאים, כפי שאנו מוצאים בספרי הלכה. התלמוד, לעומת זאת, הוא "אסוציאטיבי", אין בו דיון מסודר לפי עניינים ונושאים. מאפיין נוסף ומרכזי של התלמוד הוא שהוא אינו מביא רק את "השורה התחתונה" של ההלכה שצריך לקיים. להפך, התלמוד מורכב מדיונים מפורטים העוסקים במה שמתרחש "מאחורי הקלעים" של ההלכה: מובאים בו פסוקים, מדרשי ההלכה, קושיות ותירוצים, דעות שונות, התייחסות ליחס בין הדעות, שילוב סוגיות בנושאים שונים זו בזו, או זו אחר זו. כל אלו פעמים רבות אינם נוגעים ישירות להלכה למעשה. כמו כן מובאות ונידונות בו בפירוט דעות שאינן נוגעות להלכה למעשה, ואף כאלו שנדחו מן ההלכה.[3] אומנם התלמוד בוודאי אינו ספר הגות או פילוסופיה, אף שהוא מכיל סוגיות רבות העוסקות, במישרין או בעקיפין, בסוגיות מחשבתיות.[4]

העושר שבא לידי ביטוי בסוגיות התלמוד והתמהיל הייחודי שמצוי בתלמוד בין הלכה, דיונים הלכתיים ופסאודו־הלכתיים ואגדתות הוא ביטוי

2. שטיינזלץ, התלמוד לכל, עמ' 227.
3. למאפיינים השונים של התלמוד שהוזכרו כאן בקיצור נמרץ תהיה התייחסות רחבה ומפורטת לאורך פרקי המבוא.
4. לדוגמה: אגדות היסטוריות, מעשי חכמים, הרחבה של המקרא, ועוד. ספרו עב הכרס של א"א אורבך, "חז"ל אמונות ודעות" הוא הניסיון לקבץ את העקרונות המחשבתיים של חז"ל מתוך כל אלו ומתוך ההלכה ולפרש באופן שיטתי את מחשבת חז"ל גם כפי שהיא באה לידי ביטוי במקורות שונים לאורך התלמוד.

לחיבור הספציפי בין ההלכה לעולם הרוח והרעיונות שממנו הוא מגיע, ועל יסודו הוא נבנה.

התלמוד מגבש, מעצב ומפתח רעיונות מההיבט ההגותי וגם מהצד המעשי. הצד המעשי של הרעיונות הוא האופן שבו באים רעיונות לידי מימוש בחיים עצמם, בעולם המעשה: איך לחיות חיים בעלי משמעות, חיים שבהם הרעיונות המופשטים באים לידי ביטוי ממשי. העיסוק בצד המעשי אינו מנותק מהצד הרעיוני, וההיבט הרעיוני אינו שולי או נלווה, אלא הוא השורש שממנו צומחים הענפים של ההלכה.

השילוב הזה עצמו, בין רעיונות למימושם, הוא החידוש הגדול של התלמוד, והוא טומן בחובו אמירה חשובה על היהדות באופן כללי. התפיסה היסודית, שהיא תשתית היהדות, והיא גם לב ליבו של התלמוד, היא שרעיונות וחיי רוח קשורים בקשר בל יינתק לביטוי שלהם בפרטי הפרטים של חיי המעשה.

שפת התלמוד היא לרוב שפה הלכתית, אבל ב"הלכתיות" ובעיסוק הדקדקני בפרטים עלינו לחפש את השפה ולא רק את התוכן. לשפה יש חשיבות, כמובן, כי "המדיום הוא המסר",[5] כלומר, בבחירה של התלמוד לבטא את הרעיונות שלו בשפה מעשית יש משמעות עמוקה: מעשים ופרטים מעשיים הם אמצעי ההבעה החשוב ביותר של הרעיונות. הייחודיות של התלמוד היא בהיותו מחבר קצוות שונים ומנוגדים: רעיונות ומעשים, כללים ופרטים, הלכה ומשמעות, מעשה ורוח – את כולם משלב התלמוד בצורה יצירתית ועמוקה.

התורה שבעל פה היא לא רק האופן שבו הלכה עוברת מדור לדור, אלא היא האופן שבו משתלשלים אידאות ועקרונות רוחניים ומוסריים מן המקרא עד למעשה, דרך המשנה, המדרש והתלמוד. התהליך הזה לא נעצר והוא נמשך גם אחרי התלמוד, לאורך ההיסטוריה של עם ישראל, דרך הגאונים, הראשונים והאחרונים, עד לימינו. התלמוד הוא יסוד מכונן ומרכזי בהשתלשלות הארוכה הזו, בהיותו ציר המקשר שמיים וארץ והמחבר את הנשגב עם המוחשי. התלמוד מכיל את התמהיל הייחודי שבין רעיונות ליישומם, בין רוחני למעשי. לא רק מה עלינו לעשות אלא גם מהם העקרונות הרוחניים שהמעשים הללו מביאים אל החיים, וגם להפך: לא רק עקרונות רוחניים, אלא גם כיצד ליישם אותם במציאות, איך לחיות חיים ערכיים

5. כדברי הפילוסוף מרשל מקלוהן ב־1964.

ורוחניים, איך להביא את האורות האלוהיים אל המציאות האנושית, היום־יומית, החברתית והמעשית.

הביטוי השגור "ים התלמוד", מלבד שהוא מבטא את רוחב הנושאים והתחומים שבהם עוסק התלמוד, גם מתייחס לממד העומק: ההלכה והדיונים ההלכתיים הם קצה הקרחון הגלוי מעל פני המים של יצירה שהיא גם בעלת משמעות רעיונית, המצויה במעמקי הים הנסתרים של הדיון התלמודי. למעשה, כאשר מתבוננים רק על מה שגלוי מעל פני המים, כלומר על הדיונים ההלכתיים עצמם, מפספסים עולם שלם של רעיונות על משמעות, אסתטיקה, ומוסר, שהם חלק בלתי נפרד מן התלמוד.

> ההלכה היא אפוא מעשה יצירה לא פחות מן האגדה. אומנותה היא הגדולה שבעולם: אומנות החיים וארחות חיים. חמרה – האדם החי לכל יצרי לבבו; אמצעיה – החינוך האישי, החברתי והלאומי; ופריה – שלשלת ימים רצופים של חיים ומעשים נאים, פְּלוּס אורח חיים בין מעקשים ועקלקלות של יחיד ורבים, הויה נאה של האדם בעולם, מהלך חיים מתוקן.
> ובכלל תמיהני אם יש הלכה שלא תהא לה אחיזה מרובה או מועטת בעולם האצילות, יניקה מאידיאה עליונה: אישית, חברתית או לאומית. סוף־סוף הרי ההלכה אינה אלא אחת מן הַצורות שמתלבש בה רוחו היוצר של האדם – ומי יודע דרך הרוח?[6]

6. ביאליק, "הלכה ואגדה", עמ' עה.

מבוא

הרקע התיאורטי של השיטה הפרשנית

פרקי מבוא

מבנה הספר ומטרתו

המטרה של ספר זה היא להסביר, לבסס, לפרט ולהדגים את הטענה שהתלמוד הוא ספר של רעיונות. הספר עוסק ברעיונות של התלמוד וגם באופן שבו הרעיונות הללו באים לידי ביטוי בסוגיות התלמודיות.

הספר מזמין את הקורא למסע של היכרות עם רובד נוסף, תת־קרקעי, של התלמוד – רובד הרעיונות. מסע כזה מוביל אל עולמם הרוחני של חכמי התלמוד, אל הנושאים המהותיים שבהם הם עסקו, שהם־הם הנושא של הסוגיות של התלמוד. הרובד הרעיוני של התלמוד אינו מבטל את לימוד הגמרא הקלאסי, אלא מוסיף לו קומה נוספת, שפעמים רבות הלומדים אינם מודעים אליה ולא מצפים לה, ולכן גם לא מגלים אותה.

לספר שני חלקים, וכל חלק דן בטענה הזו באופן שונה:

חלקו הראשון של הספר הוא מבוא תיאורטי שמסביר ומדגים את שיטת הלימוד, את המטרות שלה, את המאפיינים שלה ואת האמצעים המשמשים את התלמוד לביטוי הרעיונות שלו. המבוא מאפשר לקורא להכיר את השיטה הפרשנית עצמה, מעבר לפרשנות של סוגיה כזו או אחרת: מדוע אנו ניגשים לפרשנות התלמוד בצורה כזו (הנחות יסוד)? כיצד לומדים בצורה כזו, ומהן

השאלות שאנו שואלים כאשר אנו לומדים את הסוגיות (כלים)? ולאן מגיעים כאשר לומדים ככה את התלמוד (רעיונות)?

החשיבות בהבנה של עקרונות הגישה הפרשנית היא באפשרות להשתמש בה וליישם אותה הרבה מעבר למה שמצוי בספר עצמו, בלימוד עצמאי של כל המעוניין בכך. המבוא הוא הצידה לדרך. הקורא המצויד בחלק התיאורטי יכול לפסוע בעצמו בדרך שמתווה חלקו העיקרי של הספר בשבילי התלמוד – אל הרעיונות.

חלקו השני של הספר עוסק ברעיונות עצמם ובאופן שבו הם עולים מתוך סוגיות התלמוד. החלק הזה מוקדש להדגמה ויישום של השיטה הפרשנית המוצגת בחלק הראשון ולחשיפת הרעיונות שביסוד הסוגיות, באמצעות פרשנות שיטתית של סוגיות לאורך התלמוד.

החלק השני מכיל שבעה פרקים וכל פרק דן בסוגיות ממסכת או פרק ממרחבי הש״ס: פרק שישי של מסכת ברכות, פרק ראשון של מסכת תענית, פרק ראשון של מסכת מגילה, פרק ראשון של מסכת מועד קטן, פרק ראשון של מסכת סוטה ופרקים ראשון ושלישי של מסכת בבא קמא. בכל פרק ישנה פרשנות של הסוגיות, צעד אחרי צעד, שלב אחרי שלב בסוגיה, סוגיה אחרי סוגיה, דרך מגוון החלקים והפרטים המרכיבים את הסוגיות, תוך יישום של שיטת הלימוד המבקשת למצוא את הרעיונות שבסוגיה, על פי הנחות היסוד ובאמצעות הכלים שהוצגו במבוא.[1]

כל אחד מהפרקים נפתח בעיון בסוגיית הפתיחה של הפרק או המסכת, שהיא אחד הכלים המרכזיים המשמשים את חכמי התלמוד להבעת הרעיונות המרכזיים שבהם עוסק הפרק או המסכת (בדרך כלל נדרש גם עיון מעמיק

1. הספר מפרש ומנתח את הסוגיות כפי שהן מובאות בנוסח של דפוס וילנא, ומועתקות מפרויקט השו״ת. בחרתי שלא לעסוק בכל הנוגע לבירור הנוסח בכתבי היד, אלא לדון בנוסח התלמוד כפי שהוא נלמד בבתי המדרש בימינו, משום שברוב מוחלט של המקרים, שינויי הנוסח בסוגיות שנידונות בספר זה אינם משנים את התמונה הכוללת של הסוגיה ולכן גם של הפרשנות שלה, שהיא מסוג ביקורת גבוהה. בדרך כלל הסך הכולל של משמעותה של סוגיה תלמודית אינו משתנה באופן משמעותי למרות שינויי הנוסח. אומנם יש מקרים שבהם שינוי נוסח כזה או אחר, קטן או גדול, הוא בעל משמעות דרמטית בהבנת הסוגיה, עד שיכול להפוך את משמעותה, אולם מרבית שינויי הנוסח הם שינויים הנוגעים להבדלי כתיב עדינים, שחשיבותם בהבנת מכלול הסוגיה מועטה. להרחבה והנמקה לבחירה זו ראו בהרחבה אצל ברנר, מחקר הרמנויטי, עמ׳ 11 הע׳ 29. כמובן שבמקרים שבהם יש השפעה של שינויי הנוסח על הפרשנות ציינתי זאת בהערות שוליים או בגוף הטקסט.

במשנה הראשונה כדי להבין את הרבדים הרעיוניים של הסוגיות).[2] בשלב הבא – הרעיונות שנחשפו בסוגיית הפתיחה נבחנים לאורך כמה סוגיות הלכתיות רצופות או קרובות שבהמשך הפרק או המסכת.

בכל מסכת ובכל סוגיה הרעיונות באים לידי ביטוי באמצעות מגוון רחב של כלים, כל סוגיה ומאפייניה. בחירת הסוגיות המתפרשות לאורך הספר נועדה לבטא את הגיוון הזה: מצד התחום שבו הן עוסקות (דוגמאות מארבעה סדרים שונים), מצד הכלים שבהן מביאות הסוגיות הללו לידי ביטוי את הרעיונות שלהן, ומצד התוכן (הרעיונות). המטרה היא לתת לקורא טעימה, שהיא אומנם קטנה אבל עשירה ומגוונת, של רעיונות, תכנים וכלים ספרותיים ממרחבי ים התלמוד.

הפרשנות של הסוגיות לאורך הספר היא בשני רבדים המשולבים זה בזה: הקומה הראשונה היא פרשנות של פשט הסוגיה ומהלך המשא ומתן. בשלב זה השתדלנו ללכת בשביל האמצע בין רמות שונות של היכרות של הלומדים את הסוגיות. מצד אחד השתדלנו שהפרשנות תותאם ללומדים שאינם מצויים ובקיאים בסוגיה לעומקה, ומצד שני לא עסקנו בפרטי הפרטים של פרשנות מהלך הסוגיה (למשל, לא תרגמנו את הארמית לעברית ולא הסברנו מושגים בסיסיים של הדיון התלמודי). ייתכן שיהיו קוראים שעבורם הפרשנות לא תהיה מספקת ואחרים שעבורם פרשנות כזו תהיה מיותרת. לקבוצה השנייה נמליץ שלא לדלג על הבנת שלבי הסוגיה באופן שהם מתוארים כאן, משום שלכל שלב ושלב יש חשיבות במבנה השלם של הרעיונות שעולים מתוך הסוגיה. ולקבוצה הראשונה, לקוראים שאינם מבינים את הפרשנות לסוגיות בגלל חוסר הבנה מספקת של הסוגיה, נמליץ להשלים באופן עצמאי את הבנת פשט הסוגיה לפני שהם ניגשים לקריאת הספר, כדי להגיע להבנה עמוקה של הפרשנות הרעיונית.

לא רק בחלק השני, בשבעת פרקי הספר, הבאנו דוגמאות לביסוס השיטה אלא גם בחלק הראשון של הספר, החלק התיאורטי, שילבנו מגוון דוגמאות מרחבי הש"ס. למרות תמציתיותן, הדוגמאות הללו תורמות להפנמה של החלק התיאורטי, משום שיש בהן הדגמה להנחת היסוד או לכלי הנידונים באותו סעיף, ולכן הן מבססות את הלימוד של הרובד הרעיוני של הסוגיה.

כל אלו יחד מאפשרים קנייה של התובנות והכלים שיאפשרו ללומד

2. ראו פירוט על סוגיות פתיחה ככלי להבעת רעיונות באופן מפורט בחלק הכלים שבמבוא.

לקנות את נקודת המבט ואת המיומנות של יישום הכלים ושיטת הלימוד בלימוד עצמאי של סוגיות נוספות בש"ס.

התפיסה המוצגת כאן היא יותר מאשר שיטת לימוד. היא תפיסה רוחנית כללית ורחבה החורגת מגבולות התלמוד עצמו אל המישורים הרחבים והעמוקים של עבודת ה' ושל החיים עצמם. ביסוד הגישה הזו ישנו חזון של חיים, תמונה רחבה הכוללת התייחסות למעגלי חיים שונים: אדם, משפחה, קהילה ועם. לכן העיסוק ברעיונות של התלמוד הוא חיפוש אחרי צורת החיים שהתלמוד מבקש לייצר. ככל שנכיר את הרעיונות של התלמוד – נעמיק את ההיכרות עם החזון שלו. נושא זה הוא עניין לספר נוסף, ספר המשך, ולא כאן המקום להרחיב בו. ובכל זאת, למעט מהתובנות ומהמחשבות המלוות את השאלות הללו ואת התפיסה הרוחנית והחינוכית של התלמוד, שממנה נובעים הרעיונות של התלמוד וגם שיטת הלימוד שמוצגת כאן – נתייחס בקצרה בפרק הסיום של הספר.

מה כולל המבוא?

כאמור, המבוא הוא הצגה שיטתית של התיאוריות שעליהן מבוסס הספר.

למבוא שני חלקים. חלקו הראשון של המבוא מוקדש לסקירה הסבר והדגמה של הנחות היסוד של השיטה הפרשנית שספר זה מציע. בחלק זה ארבעה פרקים:

פרק א: תלמוד על הרצף – עוסק בהנחות היסוד שקשורות לתפיסת התלמוד כחלק מרצף של התפתחות של רעיונות והלכות. הרעיונות של התלמוד אינם המצאה שלו אלא הם משתלשלים לאורך שרשרת המסירה, מהמקרא דרך מדרשי ההלכה אל המשנה וממנה אל התלמוד. כל אחד מתתי־הפרקים בפרק זה מתייחס לאחד משלבי ההשתלשלות, מהמקרא עד התלמוד. תת־הפרק החותם את הפרק עוסק ביחס של התלמוד לשלבים הקודמים, ובייחודיות שלו לעומתם.

פרק ב: צורת המחשבה של התלמוד – מתמקד בשני מאפיינים מרכזיים וחשובים של צורת החשיבה של התלמוד, שלכל אחד מהם מוקדש תת־פרק נפרד: מסורת וחידוש, ודיאלקטיקה ומורכבות.

פרק ג: תלמוד והלכה – עוסק ביחס שבין התלמוד להלכה. כיוון שרובו של התלמוד הוא הלכתי, וכיוון שרבים סוברים שהתלמוד הוא ספר הלכה, נקדיש דיון נרחב לבירור המשמעות של ההלכתיות של התלמוד מתוך ההנחה שהתלמוד אינו ספר הלכה אלא דווקא ספר של רעיונות. הדיון בהלכתיות

של התלמוד מתייחס לכמה היבטים: תת־פרק אחד עוסק ביחס של התלמוד לפרטים ההלכתיים המעשיים, תת־פרק אחר מאפיין את ההלכתיות כשפה ותת־הפרק השלישי עוסק בהלכה מנקודת המבט של הרלוונטיות לימינו.

פרק ד: שפות נוספות בתלמוד – מייחד דיון לשתי שפות מרכזיות בתלמוד, נוסף על השפה ההלכתית: ההיגיון התלמודי והאגדה. גם את היסודות החשובים הללו ביחס לתלמוד לא נהוג לראות כשפה של התלמוד, וכאן נאפיין אותן ככאלו.

הנחות היסוד המוצגות בחלקו הראשון של המבוא אינן תיאוריות המנותקות מהתלמוד עצמו. תפיסת התלמוד כספר של רעיונות והנחות היסוד שתפיסה זו כוללת – באות לידי ביטוי באופן ממשי ומפורט בתלמוד עצמו. מגוון אמצעים ספרותיים משמשים את חכמי התלמוד כדי לבטא את הרעיונות שלהם בסוגיות התלמודיות. חלקו השני של המבוא מוקדש לפירוט, הסבר והדגמה של הכלים הקונקרטיים המשמשים את התלמוד להבעת הרעיונות שלו, על פי הנחות היסוד.

שלושה סוגים של כלים מאפיינים את שיטת הלימוד, ולכל אחד מן הסוגים הללו מוקדש פרק בפני עצמו:

פרק א: הפרטים הם חלק ממכלול – מתייחס לאופנים שונים שבהם הפרטים שבתלמוד מצטרפים ומהווים חלק ממכלול אחד. הפרטים הללו יכולים להיות המרכיבים השונים בסוגיה אחת או ברצף של כמה סוגיות. רצף של סוגיות יכול לכלול פרטים שונים מאותו סוג, כלומר כמה סוגיות שעוסקות במישרין באותו נושא, או רצף של סוגיות שחלקן עוסקות בנושאים שאינם קשורים לנושא המרכזי ("סוגיות זרות"), או רצף הכולל סוגיות אגדיות. לכל מקרה כזה מוקדש תת־פרק שיסביר ויאפיין את התרומה הייחודית שלו להבעת המשמעות הרעיונית.

פרק ב: ניהול ריבוי דעות ורעיונות – מתייחס לאופן שבו התלמוד מביע רעיונות מורכבים. כיוון שצורת היסוד של החשיבה של חז"ל תמיד חותרת להציג צדדים שונים של האמת השלמה – גם דרכי ההבעה של הרעיונות יהיו מגוונות ומורכבות. בפרק זה מוקדש תת־פרק לכל אחד מאמצעי ההבעה השונים המשמשים את התלמוד להנכחת המורכבות של הרעיונות. תת־הפרק הראשון סוקר את היחס של התלמוד למחלוקות באופן כללי, ותתי־הפרקים האחרים מתייחסים לצורות ביטוי שונות של הדעות השונות, כולל היחס לפסיקת הלכה, שהיא לכאורה מנוגדת מעצם הגדרתה לתפיסת הריבוי, כגון: אוקימתא, שינויי גרסאות ועוד.

פרק ג: אמצעי הבעה נוספים לרעיונות – מוקדש לדיון בכלים משמעותיים נוספים המשמשים את התלמוד להבעת הרעיונות שלו, ושלא נכללים בקטגוריות של שני הפרקים הקודמים. בחלק זה יש תת־פרק לכל אחד מהכלים הבאים: סוגיות "מוזרות", שימוש בסימבוליקה וסוגיות פתיחה.

התלמוד בוודאי כולל הרבה יותר מאפיינים וכלים ממה שהובא כאן. במבוא זה בחרנו להתייחס לאותם מאפיינים וכלים שנוגעים באופן מובהק לחידוש שבשיטה הפרשנית שמציג הספר הזה. בוודאי שאפשר להוסיף על מה שמצוי במבוא סעיפים נוספים, שגם הם מבטאים את האופן שבו אפשר לגלות את הרעיונות של התלמוד מתוך הסוגיות, ואידך זיל גמור.

למרות שבמבוא יש דיון נרחב ומקיף לחלק התיאורטי, טענתו של הספר הזה היא שעיקרו של התלמוד הוא בתוכן של הרעיונות עצמם: מה יש לחכמי התלמוד לומר לנו על החיים, בתחומים ומהיבטים שונים. המבוא, על שני חלקיו, הוא החלק התיאורטי שמסביר, מבסס ומדגים את הגישה עצמה ואת הכלים המעשיים שבעזרתם אפשר להגיע אל הרעיונות שבתלמוד. אבל העיקר הוא לא הבנת הגישה והמתודות שלה, אלא הרעיונות שנחשפים מהשימוש במתודות הללו בהתאם להנחות היסוד. את הרעיונות הללו ניתן למצוא, על קצה המזלג, בדוגמאות המקוצרות שהובאו כמעט בכל אחד מפרקי המבוא, ובאופן נרחב ועמוק יותר לאורך הספר, בסוגיות שמתפרשות בו באופן מפורט ועמוק. מטרת המבוא היא לצייד את הלומד בכלים שיאפשרו לו להכיר את העולם הרוחני והערכי של חז"ל וללמוד מן התלמוד לא רק הלכות ולא רק שיטת חשיבה או היגיון משפטי, אלא בעיקר תפיסות רעיוניות עמוקות ורלוונטיות על האופן שבו יש לחיות את החיים במישורים שונים: היחס לאלוהים, היחס לחברה, זוגיות ומשפחה ועוד.

כיוון שהמבוא סוקר באופן שיטתי ומסודר את התיאוריה שעומדת ביסוד הפרשנות הספרותית המוצגת לאורך הספר – אפשר לקרוא אותו בקריאה רציפה ואפשר לקרוא אותו גם כמדריך לליווי הלימוד של הסוגיות שבספר. דהיינו, כאשר הפרשנות של סוגיה משתמשת בכלי כזה או אחר, או מתבססת על הנחה מהנחות היסוד – הקורא יוכל לפנות לפרק המבוא ולהרחיב את ההבנה של הכלי הספציפי שבו עסק. לכן יצרנו מנגנון דו־סטרי של הפניות וחיבורים בין המבוא לפרשנות של הסוגיות, המאפשר לקורא לחבר בין הסקירה התיאורטית של המבוא להמחשה לאורך הספר.

נוסף על ההפניות הללו, כפי שכבר הזכרנו, פרקי המבוא מלווים בדוגמאות מרחבי הש"ס. בשולי רוב הפרקים נידונה בקיצור דוגמה אחת או יותר הממחישה ומדגימה את הביטוי של הנחת היסוד או הכלי בסוגיות התלמוד עצמן. המטרה של דוגמאות אלו היא ליצור כמה שיותר חיבורים בין החלקים התיאורטיים לבין התלמוד, כדי ש"האותיות לא תפרחנה באוויר" ויישארו מופשטות מדי וקשות ליישום. הבחירה של הדוגמאות הללו קשורה למידת ההכרות שלנו, ובמידה רבה גם של לומדי תלמוד רבים אחרים, עם מסכתות וסוגיות שהן יותר נלמדות ומוכרות.

חשוב להדגיש שהתופעות המודגמות לאורך הספר אינן ייחודיות למסכתות מסוימות או לסוגיות שהן בעלות אופי "רעיוני". להפך, מצאנו ששיטת הפרשנות הזו ניתנת ליישום בכל נושא ובכל מסכת לאורך הש"ס, למרות שיש סוגיות שקל יותר להבחין ברעיון שבתשתיתן מאשר סוגיות אחרות. בהנחה שכזה הוא התלמוד, ספר על רעיונות, הציפייה היא שהתשתית הרעיונית תהיה מונחת בכל עניין ונושא, גם אם לא בכל פרט ופרט, אבל כיוון שקצרה היריעה, נאלצנו לבחור במספר מצומצם בלבד של דוגמאות.

מנגד, חשוב גם לומר שאין כאן טענה יומרנית לכך שהשיטה עובדת במאה אחוזים של המקרים, ושהיא ניתנת ליישום בכל סוגיה וסוגיה מסוגיות הש"ס. המטרה היא להציע משקפיים חדשים להתבוננות על התלמוד, משקפיים המאפשרים מבט חודר לעומק הרעיוני של הסוגיות. המשקפיים הללו הם למעשה ההצעה לשאול שאלות חדשות על התלמוד ועל המאפיינים שלו, ומתוך כך לחפש ולמצוא תשובות ברבדים חדשים. מצאנו שלעיתים קרובות, גם אם לא בכל המקרים, המשקפיים הללו מאפשרים לראות בתלמוד עומקים חדשים. גם כאשר השיטה הזו אינה מעלה בחכתה רובד רעיוני – אין הדבר שולל את עצם האפשרות להרכיב את המשקפיים האלו ולגלות בעזרתם רעיונות במקומות רבים אחרים.

בחלק מהפרקים לא הבאנו דוגמאות. הסיבה אינה חוסר בדוגמאות הממחישות את הכלי או את הנחת היסוד האלו, אלא להפך, משום שהכלי או הנחת היסוד הללו נפוצים כל כך שקשה לצמצם את הביטוי שלו לדוגמה ספציפית. במקרים האלו, כמעט כל סוגיה שעסקנו בה לאורך הספר ככל הנראה מביאה לידי ביטוי את התופעה הזו.

חלק א - הנחות היסוד

התפיסה הכללית את התלמוד כיצירה שעוסקת ברעיונות משפיעה על האופן שבו מבינים גם את הפרטים השונים המאפיינים את התלמוד. החלק הזה של המבוא מוקדש לפריטת הרעיון הכללי והאמורפי למספר רעיונות משנה. בחלק הזה נראה כיצד תפיסת התלמוד כספר של רעיונות באה לידי ביטוי במספר מאפיינים מרכזיים של התלמוד. למרות שהחלק הזה עוסק בצד התיאורטי של השיטה הפרשנית – הוא צועד אל הקונקרטי על ידי שהוא מציע הבנה של מאפיינים מרכזיים ויסודיים של התלמוד לאור התפיסה הכללית של הספר.

גם החלק השני של המבוא, הכלים, הוא תיאורטי, ובכל זאת יש בו צעד נוסף אל הפרטים הקונקרטיים, שכן הוא מתייחס לאופן שבו התלמוד מבטא את הרעיונות. הפרשנות של הסוגיות לאורך הספר היא הצעד הסופי והקונקרטי ביותר במימוש התפיסה הרעיונית בפרטים של התלמוד, שכן חלק זה עוסק בפרשנות של הסוגיות עצמן תוך התייחסות לפרטים ולפרטי הפרטים שהן כוללות.

הפרק הראשון בוחן את היחס של התלמוד למקורות שלו: המקרא ומקורות תנאיים, ואת היחס בינו לבינם. הפרק השני עוסק בהנחות יסוד הנוגעות לצורת המחשבה הייחודית של התלמוד ובמשמעות של צורת מחשבה זו. כיוון שהתלמוד נתפס בדרך כלל כספר הלכתי, בפרק השלישי של הנחות היסוד תהיה ההתייחסות להיבטים ההלכתיים של התלמוד על פי התפיסה שהתלמוד הוא לא ספר הלכתי אלא ספר של רעיונות.[3]

פרק א: תלמוד על הרצף

המקרא בעיני חז"ל

את הרעיונות שמביא התלמוד לידי ביטוי בהלכה ובפרטי סוגיות התלמוד למדו חכמים מן המקרא. המקרא הוא מקור ההשראה, הוא התשתית המכוננת והמעצבת של הערכים הרוחניים והמוסריים והביטוי המעשי שלהם הוא

3. מבוא זה מבוסס על החוברת "לקנות לך לב מבין – דרך לימוד בגמרא, התבוננות ערכית מהותית בסוגיות התלמוד", מאת הרב צוריאל ווינר, בהוצאת בית מדרש רעוא ללא מקום ושנה.

בהלכה. אמירה זו נכונה לא רק לסיפורים שבתורה אלא גם ובעיקר למצוות שבתורה. לפי חז"ל, המצוות בתורה הן ביטוי לרעיונות, ולא הגדרות מעשיות או הלכתיות, גם כאשר הן מנוסחות בשפה כזו.

חז"ל אינם פרשני פשט, ואינם מנסים להבין את הכוונה הפשוטה של הפסוקים ולמצוא בהם קוהרנטיות. חז"ל מנסים למצוא בפסוקים ערכים ורעיונות שעומדים ביסוד הסיפורים והמצוות. זוהי למעשה המשגה. בדרך כלל, כאשר מדברים על המשגה בהקשר של ספרות חז"ל, הכוונה היא שהמשנה קזואיסטית (עוסקת במקרים קונקרטיים) והתלמוד הופך את המקרים הקונקרטיים שבמשנה לכללים לוגיים מופשטים.

המונח 'המשגה' שעליו אנחנו מדברים כאן נושא משמעות שונה, וכוונתו היא ההגדרה של חז"ל למושג שביסוד הפסוק או הפרשה המושג הזה הוא ביטוי לעיקרון הרעיוני שעומד ביסוד המילים והניסוחים המקראיים הקונקרטיים, הפסוק או הפרשה.

המשמעות של מה שנאמר כאן היא שהתשתית הרעיונית של ההלכה קיימת ביסודה של ההלכה, מן הרובד הראשוני, וההלכה מתגבשת ומתעצבת מן המקור שלה, שהוא הרעיון המגולם בפסוקי המקרא. כלומר, ההיבט הרוחני של ההלכה אינו חיצוני להלכה ומולבש עליה מבחוץ כקישוט נלווה חיצוני ושולי.

דוגמה: המשמעות הרעיונית של מצוות השבת אבדה טמונה בשתי הפרשות המקראיות שעוסקות בהשבת אבדה: בפרשת משפטים (שמות כג, ד) מצוות השבת אבדה היא חלק מרשימה ארוכה של מצוות שעניינן עשיית משפט וצדק וזו המשמעות שמקבלת השבת אבדה – מעשה של צדק, השבת רכוש לבעליו. בפרשת כי תצא (דברים כב, א–ד) מופיעה מצוות השבת אבדה כמעשה של חסד עם "אחיך" (המילה "אחיך" מופיעה שם חמש פעמים בארבעת הפסוקים), ומקבלת משמעות של מעשה שלפנים משורת הדין, של עזרה והטבה למי שהוא "אח".

הפרטים ההלכתיים של מצוות השבת אבדה נידונים בפרק שני של מסכת בבא מציעא ומשקפים מתח בין שתי התפיסות המקראיות של המצווה: השבת אבדה כדין מחייב או כמעשה של חסד. אחד מן הפרטים הללו, הנידון בבבא קמא (קיג ע"ב), הוא השאלה אם יש חובה להשיב אבדה של גוי. מקרה כזה מביא לידי עימות את שתי התפיסות הרעיוניות של המצווה: מצד הדין – ודאי שיש להשיב את האבדה, משום שזה גזל, אבל

מצד החסד – הגוי אינו אחיך, ואין חובה לצאת מגדרך על מנת להיטיב עימו. ואכן, במסגרת הדיון הגמרא מביאה את הפסוק "אבדת אחיך", וממנו מוכיחה שהמצווה חלה רק על יהודי.

דוגמה נוספת: המשמעות הרעיונית של מערכת המשפט על פי התלמוד מצויה בכמה מקומות במקרא. בפרשת בהעלותך (במדבר יא, טז-יח) ה' מצווה את משה לכנס שבעים זקנים שתפקידם "וְנָשְׂאוּ אִתְּךָ בְּמַשָּׂא הָעָם". מכאן לומד התלמוד שתפקיד הסנהדרין הוא לטפל בצורכי הציבור. בפרשת שופטים (דברים יז, ח-יג) תפקיד בית הדין שונה לחלוטין, והוא קשור לעשיית משפט ולהוראת הדין (כשמו, בית דין). שתי המשמעויות הרעיוניות הללו הן התשתית הרעיונית שממנה נגזרים פרטי ההלכה הנידונים בסוגיות התלמודיות במסכת סנהדרין. אחד הדיונים המשקפים את המתח שבין שתי התפיסות הרעיוניות האלה בא לידי ביטוי בשאלה הנידונה בדף ג ע"א, שם דנו אם מספר הדיינים בבית הדין צריך להיות אי זוגי כדי שיהיה רוב מכריע, או שאפשר שישבו גם דיינים במספר זוגי. השאלה היא אם בית הדין עניינו הכרעה משפטית שמצריכה מספר אי זוגי של חכמים או שהוא מטפל בצורכי הציבור ולכן גם מספר זוגי של חכמים מתאים.

מאפיין נוסף של היחס של חז"ל לפסוקים הוא יצירת אבחנות בתוך הפסוקים. פרשנות פשט נוטה לחפש את ההרמוניה בפסוקים, כך שפרשה תבטא סיפור או מקרה קוהרנטי. חז"ל, לעומת זאת, לא מנסים ליישב כפילויות או סתירות אלא דווקא נוטים לקיים את המורכבות ואת הסתירות.[4] אפילו במה שנראה פשוט ולא סותר, מוצאים חז"ל מורכבות, ומבליטים אותה.

דוגמה: על פי הפשט, הפסוק "כִּי יֵשְׁבוּ אַחִים יַחְדָּו וּמֵת אַחַד מֵהֶם וּבֵן אֵין לוֹ לֹא תִהְיֶה אֵשֶׁת הַמֵּת הַחוּצָה לְאִישׁ זָר יְבָמָהּ יָבֹא עָלֶיהָ וּלְקָחָהּ לוֹ לְאִשָּׁה וְיִבְּמָהּ" (דברים כה, ה) מתאר רצף של מקרה ודין. אבל חז"ל רואים בו כפילות: "וּלְקָחָהּ לוֹ לְאִשָּׁה" – מבטא את המשמעות של ייבום כמעשה של אישות "רגילה", כמו בכל קשר נישואין, שהתורה קוראת לו "קיחה", במשמעות של קשר בין־אישי, ואילו "וְיִבְּמָהּ" מבטא משמעות רעיונית ייחודית לייבום, של בניית בית והמשך המשפחה.

לקביעה אם ייבום הוא סעיף של אישות רגילה או מצווה שונה בפני

4. על המשמעות של חז"ל כמנכיחים מורכבות ביחס לפסוקים וביחס לדעות התנאים והאמוראים (באמצעות המחלוקת) אפרט בהמשך בתת־הפרק "דיאלקטיקה ומורכבות".

עצמה יש משמעות הלכתית ומעשית, והיא באה לידי ביטוי בסוגיות רבות במסכת יבמות. למשל בדף ח ע״ב, בשאלה אם ייבום תופס גם במקרה של אונס או טעות (שלא כמו באישות רגילה); בשאלה אם אחרי ייבום יש גט או חליצה בדף לט ע״א על המשנה בדף לח ע״א ובסוגיה בדף נד ע״א על המשנה בדף נג ע״ב.[5]

דוגמה נוספת: התורה מתארת כך את הגירושין: ״וְכָתַב לָהּ סֵפֶר כְּרִיתֻת וְנָתַן בְּיָדָהּ וְשִׁלְּחָהּ מִבֵּיתוֹ״ (דברים כד, א). לפי המבט החז״לי, הפסוק אינו תיאור של המקרה והדין בלבד, אלא יש בו תפיסה רעיונית מורכבת של המשמעות של הליך הגירושין ושל ההלכות שהוא כולל: ״סֵפֶר כְּרִיתֻת״ מתאר תעודה רשמית שהיא חלק מהליך פורמלי, הזוקק גם עדים שיעידו על נתינת הגט מהבעל לאישה. לעומת זאת, המילים ״וְנָתַן בְּיָדָהּ וְשִׁלְּחָהּ מִבֵּיתוֹ״ מתארות הליך פרידה המתרחש בין איש ואישה, הקשור לפירוק הקשר הבין־אישי. אלו שתי תפיסות של המשמעות של הליך הגירושין.

לשתי התפיסות האלו נפקא מינה הלכתית־מעשית. למשל: גט צריך להיכתב על ״ספר״, אם הוא מסמך משפטי, אבל יכול להיכתב על כל חומר שהוא אם מדובר בהליך בין־אישי שעיקרו במסר שעובר בין בני הזוג ״ספירת דברים״, בתקשורת, ולא במסמך הפורמלי (גיטין כא ע״ב). וכן המחלוקת היסודית שנידונה לאורך מסכת גיטין בווריאציות שונות על היחס בין מסירה לכתיבה, ובין עדי מסירה ועדי כתיבה (כא ע״ב, כג ע״א ועוד), שהמסירה מבטאת את הפרידה הבין־אישית והכתיבה מבטאת את הסדרת ההליך המשפטי.

מדרש ההלכה

הכלי שבאמצעותו ביטאו חכמים את הקשר בין המקרא על ערכיו ועל הרעיונות שבו להלכה הוא המדרש, מה שמכונה מדרש ההלכה. המדרש הוא האופן שבו מביאים חכמים לידי ביטוי הלכתי את המשמעות הרעיונית המצויה בתשתית הפסוקים. למעשה המדרש הוא חוליית הקישור בין המקרא למשנה.

על פניו, מדרש ההלכה לומד הלכות מפסוקים בעיקר מתוך דקדוק בלשון והפעלת מערכת של עקרונות לוגיים על דקדוקי הלשון (מידות שהתורה נדרשת בהן). גם השם ״מדרש הלכה״ יוצר תחושה שמדרשים

5. דוגמאות נוספות להלן בתת־הפרק ״דיאלקטיקה ומורכבות״.

אלו עוסקים בהלכה.[6] אבל התוכן הלוגי־הלכתי הוא רק הרובד החיצוני של המדרש, שהוא השפה.

למעשה, המדרש הוא הגשר המתווך בין התפיסה הרוחנית שבמקרא לעולם המעשי. המדרש מתרגם את העיקרון הרוחני המצוי בפרשה המקראית לשפה הלכתית באמצעות מערכת של עקרונות לוגיים המבוססת על דקדוקי לשון. אלו המידות שהתורה נדרשת בהן, שהן הכלי המתודולוגי שבו משתמשים חכמים כדי לדרוש הלכות מן הפסוקים. המתודה הזו משמשת את החכמים למיצוי התוכן הפנימי של הפסוקים והפרשות עד להבאתו לביטוי מעשי. לכן, אף ששפת המדרשים הללו היא שפה הלכתית – התוכן של המדרש אינו הלכה למעשה ותכליתו איננה דקדוק בפסוקים כדי לפסוק הלכה, אלא להצביע על היסודות הרעיוניים שבתורה.

יש לדייק את אופן השימוש שאנו עושים כאן במונחים הלכה ומעשה. מעשה, או הלכה למעשה, הוא הביטוי הספציפי של ההלכה במציאות המעשית, בפועל. כאשר אנחנו משתמשים במינוח הלכה בהקשר של התלמוד, אין הכוונה לקיום בפועל של המעשה ההלכתי, אלא לצורת ההתייחסות הנוגעת למישור המעשי, גם אם לדברים אין עדיין מימוש. אפשר לומר שהלכה היא השפה, האיך, ומעשה הוא המימוש בפועל. למשל, כאשר התורה אומרת "עין תחת עין" זו אמירה הלכתית, משום שהיא מנוסחת בשפה של התנהגות, אבל המרחק ממנה עד להלכה למעשה רחוק מאוד. לכן אנחנו מבחינים בין המונח הלכה, המתייחס לתיאור מעשי, גם אם הוא לא מציאותי, למונח מעשה או הלכה למעשה, המתאר מימוש של ההלכה בפועל במציאות.[7]

לפי התפיסה הזו, העיקר של המדרש אינו בדקדוק הלשוני, במילה הבודדת או אפילו בפסוק הבודד, אלא ברעיון הכללי כפי שהוא עולה מההקשר הרחב של הפרשה כולה. לכן, אפילו כאשר המדרש מצטט פסוק או מילה, אין כוונתו ללמוד רק מן הדיוק הלשוני עצמו, אלא הוא מפנה

6. כבר העירו חוקרים שהשם המתאים יותר למדרשים אלו הוא מדרשי התנאים, ולא מדרשי הלכה. רייזל, מבוא למדרשים, עמ' 25. מעבר לטענתנו שמדרשי ההלכה אינם מכוונים לפסיקת הלכה, אפשר לראות שחלקים נרחבים ממה שמכונה מדרשי הלכה עוסקים בפסוקים שאינם הלכתיים, ומשוקעים בהם גם דברי אגדה רבים. דרשות האגדה משולבות בתוך רצף הדרשות ההלכתיות, ולעיתים הן באות ביחידות עצמאיות נרחבות.
7. הרחבה על תפיסת ההלכה של התלמוד ראו בהמשך המבוא בפרק ג: תלמוד והלכה.

את הלומד להתבונן בהקשר הרחב של הפסוק, כדי שהפרשה כולה תהיה המקור למשמעות הרעיונית של ההלכה.

דוגמה: בברכות (ט ע"א) התלמוד דן עד איזו שעה בלילה אפשר לאכול את קרבן הפסח, ומביא מחלוקת בין ר' עקיבא לר' אלעזר בן עזריה. לכל אחד מן התנאים מדרש הלכה משלו, על פסוק אחר, שעליו הוא מבסס את דעתו. ר' אלעזר לומד מגזרה שווה מהפסוק "וְאָכְלוּ אֶת הַבָּשָׂר **בַּלַּיְלָה הַזֶּה**" (שמות יב, ח) לפסוק "וְעָבַרְתִּי בְאֶרֶץ מִצְרַיִם **בַּלַּיְלָה הַזֶּה** וְהִכֵּיתִי כָל בְּכוֹר בְּאֶרֶץ מִצְרַיִם" (שמות יב, יב) שאכילת קרבן הפסח היא עד חצות, שעת מכת בכורות. ר' עקיבא מסתמך על המילה "בחיפזון", המתארת את אכילת הפסח "וַאֲכַלְתֶּם אֹתוֹ **בְּחִפָּזוֹן**" (שמות יב, יא), וקושרת אותו לשעת היציאה בחיפזון, דהיינו לבוקר. גם המשך הסוגיה מתמקד בבירור המילולי של כל אחת מהדעות. אלא שמעבר ללימוד המילולי מן הפסוקים, אפשר לראות שכל אחד מן התנאים קושר את אכילת הפסח לאירוע אחר בסיפור היציאה ממצרים: ר' עקיבא קושר את אכילת הפסח ליציאה ממצרים עצמה, ובכך קושר את קרבן הפסח, ואולי את ליל הסדר בכלל, ליציאה הפיזית ממצרים. ואילו ר' אלעזר בן עזריה קושר את אכילת הפסח למכת בכורות ולתהליך האמוני והרוחני שמתרחש במקביל ליציאה הפיזית ממצרים. באמצעות הדרשה המילולית של הפסוקים חושף כל אחד מן התנאים משמעות רוחנית שונה של תהליך יציאת מצרים שבאה לידי ביטוי מעשי בשאלה ההלכתית לגבי זמן אכילת קרבן הפסח.

המשנה

המשנה היא תולדה של המדרש. המדרש הופך את הרעיון המקראי לביטוי הלכתי־מעשי, ובמשנה ההלכות מובאות כשהן כבר מנותקות ממקורן המקראי.

במבט ראשון המשנה נראית ספר הלכתי, משום שהיא עוסקת במקרים והדין ההלכתי שלהם. גם השפה ההלכתית של המשנה יוצרת את הרושם שהמשנה עוסקת בהלכה גרידא. אבל לא כך הם פני הדברים. המשנה אינה ספר של פסקי הלכה, והיא אינה פרוטוקול של דעות הלכתיות. התוכן של המשנה הוא תוכן עיוני העוסק בעקרונות הלכתיים וברעיונות המנוסחים בשפה של מקרים ודעות הלכתיות.

כך מתייחס התלמוד למשנה. מבחינת התלמוד, ההלכות שבמשנה

מבטאות עקרונות ולא הנחיות מעשיות בלבד. לכן אומרת הגמרא ש"המורים הלכה מתוך משנתם מבלי עולם",[8] ו"אין למדין הלכה מן המשנה".[9]

המתודה של המשנה דומה לזו של מחקר מדעי. המדען יושב במעבדה ויוצר ממרכיבים "מן החיים" מציאות מלאכותית חדשה, שאינה קיימת בעולם האמיתי. מתודה כזו מאפשרת לו לבודד את הגורמים השונים שמרכיבים מציאות או מצב מסוימים כדי לחקור אותם. למרות שיש בשיטה כזו מידה רבה של מלאכותיות – היא אינה מנותקת מן המציאות אלא מאפשרת הבנה טובה יותר של המציאות.

העקרונות שבהם עוסקת המשנה אינם עקרונות פיזיקליים או ביולוגיים, אלא עקרונות מוסריים ורוחניים, אבל שיטת העבודה דומה לזו של מדען במעבדה. כדי לבחון ולדון בעקרונות הרעיוניים, להעמיק בהם ולפתח אותם, הגמרא מבודדת את העקרונות ההלכתיים המרכיבים מצבים מעשיים במציאות (העקרונות שמצויים במשנה) ויוצרת מהם מקרים אחרים. המתודה הזו יכולה להביא למקרים שהרבה פעמים נראים לא מציאותיים ואפילו רחוקים ממנה ובלתי מתקבלים על הדעת. כאמור, בדומה לעבודת המדען, הכוונה, בסופו של דבר, היא להחזיר את העקרונות הללו ולליישם אותם בתוך המציאות הנורמטיבית על שלל המקרים המורכבים שיוצרים אותה. אבל השלב הזה לא מתרחש במשנה, אלא בתלמוד.

דוגמה: המשנה הפותחת את מסכת יבמות עוסקת במקרים שוליים, רחוקים מן המציאות ואפילו מוזרים: "חמש עשרה נשים פוטרות צרותיהן וצרות צרותיהן מן החליצה ומן היבום עד סוף העולם. ואלו הן, בתו ובת בתו וכו'" (משנה יבמות א, א). המשנה אומרת שאם לאדם היו שתי נשים והוא מת בלי בנים, ואחיו אסור באחת מהן באיסור ערווה – גם האישה השנייה נפטרת מחובת ייבום. מלבד שהמקרים האלה שוליים, גם הדין עצמו תמוה. מה הקשר בין איסור של אישה אחת לפטור מייבום של האישה האחרת?! סיבת הפטור שהנשים צרות זו לזו, כלומר שהן קשורות, צרורות זו לזו, מלשון צרור, חבילה. הקשר הזה הוא לא בעל אופי של קשר בין־אישי, כמו זוגיות, אלא קשר של בית, שייכות למסגרת משותפת. לשייכות הזו יש משמעות עד שהיא פוטרת מחובת הייבום.

שייכות כזו היא שעומדת ביסוד מצוות הייבום. החובה של אדם לשאת

8. בבלי סוטה כב ע"א.
9. רשב"ם על בבא בתרא קל ע"ב.

את אשת אחיו המת כדי "להקים לו שם" (עפ"י דברים כה, ו) מבטאת את האחווה והשייכות לבית המשותף, שהייבום נועד להמשיך אותו גם כאשר כבר אין קשר אינטימי ואין נישואין, כי הוא אינו בין החיים. מצוות הייבום היא למעשה המצווה לקיים את הבית, ובית הוא יחידה חברתית.

הבחירה של המשנה לעסוק במקרי הקצה של "פוטרות צרותיהן" מביאה לידי ביטוי את העיקרון היסודי של מצוות ייבום, והיא מסבירה לא רק מדוע המשנה בוחרת לעסוק במקרים שוליים ולא מסתברים, אלא גם למה היא עוסקת בהם בפתיחת המסכת.

כיוון שהפרטים במשנה מנוסחים במטרה להביא לידי ביטוי עיקרון, ולא מתוך מגמה לפסוק הלכה – לכן משנה, או רצף של משניות, הם ביטוי לעיקרון אחד, אבל הם לא בהכרח מביאים לידי ביטוי את כל הצדדים והעקרונות הנחוצים לפסיקת ההלכה למעשה. פסיקת ההלכה במשנה מסוימת היא ביטוי לגורם הלכתי אחד מוגדר מסוים, ומה ההלכה הנגזרת ממנו אם הוא היה קיים בנפרד מכוחות נוספים הפועלים במקרה הזה. לכן, אין לצפות מן ההלכה שבמשנה להיות הלכה למעשה, משום שבכל משנה חסרים פרטים שיכולים לשנות את ההוראה המעשית, והם עשויים להיות מוצגים במשנה אחרת, העוסקת בעיקרון אחר. זה מה שעושה התלמוד, ועל כך נרחיב בפרק הבא.

דוגמאות: המשנה בבבא מציעא לז ע"א מביאה שני דינים סותרים, שכל אחד מהם מבטא עיקרון שונה. הדין הראשון הוא: "אמר לשנים: גזלתי לאחד מכם מנה, ואיני יודע איזה מכם. או: אביו של אחד מכם הפקיד לי מנה ואיני יודע איזה הוא – נותן לזה מנה ולזה מנה, שהודה מפי עצמו". הדין השני הוא: "שנים שהפקידו אצל אחד, זה מנה וזה מאתים, זה אומר שלי מאתים וזה אומר שלי מאתים – נותן לזה מנה ולזה מנה, והשאר יהא מונח עד שיבא אליהו". יש סתירה בין שתי ההכרעות של המשנה, אף שהמשנה נוקטת בלשון זהה, "נותן לזה מנה ולזה מנה", בכל אחד מן המקרים הדין מבטא עיקרון שונה: במקרה הראשון הגזלן צריך לשלם יותר ממה שלקח, ובמקרה השני השומר חייב להחזיר רק את מה שהמפקידים מודים עליו, והשאר נשאר אצלו.

התלמוד מעמת בין שני המקרים ופותר את הסתירה כך: "התם דקא תבעי ליה, הכא בבא לצאת ידי שמים. דיקא נמי דקתני 'שהודה מפי עצמו'". הגמרא מצביעה על העיקרון שעומד ביסוד כל אחד מן המקרים: במקרה הראשון המטרה היא "לצאת ידי שמים", ולכן הוא "מודה מפי עצמו". יש

כאן מעשה של תיקון וכפרה בפני שמיים על רכוש שאדם מחזיק בו שלא כדין, ולכן הוא מחזיר לכולם, אפילו שנותן יותר ממה שלקח. העיקרון הוא של עשיית משפט צדק, ובמצב של ספק "המוציא מחברו עליו הראיה", ועד אז "יהא מונח עד שיבוא אליהו". הגמרא מראה שבמשנה יש שני עקרונות (סותרים) של עשיית צדק: החזרה של רכוש לבעליו או מעשה של תיקון רוחני.

דוגמה נוספת: המשנה בבבא קמא סא ע"ב עוסקת באחריות על נזקי אש. דעת ר' שמעון במשנה היא "שלם ישלם המבעיר את הבערה – הכל לפי הדליקה", כלומר, אדם אחראי בכל מקרה על נזק שנגרם מדלקה שהדליק. במשנה אחרת, בבבא בתרא כ ע"ב, ר' שמעון אומר שאם תנור הזיק את הקומה שמעליו, אם אדם שמר על ההגבלות שנדרשו ממנו – הוא יהיה פטור, אף שבגללו פרצה הדלקה. יש כאן סתירה בדעת ר' שמעון, והגמרא מצביעה עליה. שתי הדעות של ר' שמעון מבטאות שתי גישות עקרוניות ליסוד של דיני נזיקין: לפי המשנה בבבא קמא, אדם אחראי באופן מוחלט על נזק שנגרם מרכושו, ומה שקובע את מידת האחריות הוא עצם הבעלות על מה שיצר את הנזק. ולפי המשנה בבבא בתרא, מה שקובע את האחריות זו מידת השמירה הנדרשת. וכל משנה מביעה עיקרון אחר בדין דלקה.

התלמוד כחלק מרצף: מקרא־משנה־תלמוד

נסכם את הדברים שראינו עד כה: הדרגה הגבוהה ביותר של הכללה והפשטה של רעיונות וערכים מצויה במקרא, גם בחלקים העוסקים במצוות. המרחק מן המתואר במקרא ועד להלכה למעשה גדול מאוד, משום שהמצוות מנוסחות בתורה בצורה כללית, שאינה ניתנת ליישום. הציווי "לא תעשה כל מלאכה" רחוק מרחק רב מההתנהלות המעשית במצבים השונים והרבים של יום השבת. יש מרחק גדול בין "יום תרועה" המקראי, שהוא תיאור כללי מאוד, מבחינה מעשית וגם מבחינה רעיונית, לחג ראש השנה שנחגג בראשון לחודש השביעי. הפסוקים הבודדים שעוסקים בנזיקין, "וכי יגח שור את איש או את אשה" ודומיו, אינם מתקרבים אפילו להתייחסות לאין־ספור הפרטים ההלכתיים הכלולים במצבים שונים בחיי האדם והחברה.

מדרשי ההלכה מעבדים את העקרונות הרעיוניים כפי שהם עולים מן המקרא ונותנים להם ביטוי מעשי. המשנה היא הביטוי הראשון והגולמי של התהליך הזה. ההתייחסות בה ליישום המעשי מפורטת יותר מאשר בפסוקי

המקרא, אבל גם במשנה המרחק בין הדינים למימוש המעשי הוא רב, ולכן גם ההלכות שבמשנה הן ביטוי לעקרונות, יותר מאשר לפסקי הלכה.

היחס של התלמוד למשנה דומה ליחס של המדרש למקרא. בעיני התלמוד, המשניות הן כמו פסוקים, משום שהן מספרות סיפור יותר מאשר מורות הלכה למעשה. התלמוד ממיר את הסיפור לעקרונות, והם מתבטאים במושגים, התלמוד גם יוצר אבחנות בין מושגים שונים ממשניות שונות ומקדם את המכלול אל הביטוי המעשי.

> המשנה והספרות התנאית קיבלו מעמד של "תורה" שנלמדת ונחקרת, כפי שהתנאים חקרו ועיינו במקרא... חכמי התלמוד, האמוראים, יצרו מעין "מדרש" על המשנה, כמו במדרש התנאים על התורה: אם נתבונן בתלמוד ובדרכי פירושיו במשניות, יתאמת לנו כי לקחו בעלי הגמרא את המידות והכללים שהתורה נדרשת בהם והשתמשו בהם בפירושי המשניות.[10]

התלמוד "משקלל כמה כוחות הפועלים על מקרה אחד", כלומר מחבר כמה עקרונות מכמה משניות וברייתות, המבטאות כל אחת עיקרון שונה, בוחן אותם זה מול זה עד לפסיקת הלכה למעשה.[11] העקרונות הכלליים שבמשנה אינם נותנים מענה מעשי מלא ומספק לעושר הפרטים ולמורכבות של המציאות המעשית. התלמוד מקרב את העקרונות צעד נוסף אל הרובד המעשי והמציאותי.

אפשר לתאר את השלבים השונים של התהליך כך:

- מקרא
- מדרש
- משנה
- תלמוד
- הלכה למעשה

זו אינה רק השתלשלות כרונולוגית. זהו תיאור של השתלשלות מושגית, מן

10. נאה, אפשר אחרת, עמ' 54-55.
11. האופן של תהליך העיבוד שבתלמוד נידון בפירוט בחלק ה"כלים" של המבוא.

הכללי המופשט והרוחני אל הקונקרטי והמעשי. המקרא הוא הכללי ביותר; המדרש מתרגם את שפת המקרא לשפה מעשית; והתוצאה באה לידי ביטוי במשנה, שבה כבר יש עקרונות הלכתיים מוגדרים, בשפה מעשית. אך גם הם עדיין רחוקים מן האפשרות לממשם בעולם המעשה; בתלמוד יש צעד נוסף לעבר עולם המעשה, שכן הוא מרכיב עקרונות שונים, הנובעים ממשניות שונות ומפרשות מקראיות שונות, דן ביחס ביניהם ובאופן הביטוי המעשי שלהם במצבים שונים.

התהליך הזה מתרחש בשני מישורים מקבילים: במישור הרעיוני ובמישור המעשי. כאמור, המשמעות הרעיונית של ההלכה היא חלק אימננטי מן ההלכה עצמה, שהיא קצה הקרחון הגלוי של עולם הרוח של חז״ל. ההלכה והמשמעות שלה שזורות זו בזו, ולכן לצד השתלשלות של רעיונות יש השתלשלות של הביטוי המעשי שלהם. גם הרעיונות שהתלמוד עסוק בהם הולכים ומתבררים לאורך התהליך. התלמוד לא עסוק רק באיך – איך לבטא רעיונות בצורה מעשית, אלא גם במה – מהם הרעיונות שיש לבטא. ולכן נמצא בסוגיות התלמוד גם העמקה ופיתוח של רעיונות, משום שכל דיון מעשי הוא גם ביטוי לדיון רעיוני.

עריכת התלמוד: מכלול הפרטים מבטא משמעות

פסוקי המקרא, מדרשי ההלכה והמשניות אינם רק שלבים בהשתלשלות. כל אלו הם חלק ממארג שלם והרמוני הנרקם על ידי עורכי התלמוד לירִיעה אחת, הוא התלמוד בצורתו הסופית. הגמרא אינה פרוטוקול שרירותי או תפירה אקראית, טלאי על גבי טלאי, של דיונים ופרוטוקולים מבית המדרש, אלא היא תוצר של עריכה משמעותית מכוונת,[12] בעלת מגמה מחושבת לבנייה של רעיון עקרוני ויסודי קוהרנטי בכל אחת מן הסוגיות בפני עצמה וגם לאורך רצף של סוגיות. נדבך על גבי נדבך, שלב אחרי שלב, כל סוגיה

12. התלמוד נערך במשך כ־200 שנה, המאות השישית והשביעית לספירה, מה שמכונה ״תקופת הסבוראים״. יצירתם של הסבוראים, עריכת התלמוד הבבלי היא יצירת מופת בפני עצמה. להרחבה בנושא עריכת הבבלי ובמשמעויותיה ראו בעבודת הדוקטורט שלי, סויסה, מגמות רעיוניות, עמ׳ 7–16, ובייחוד בגישתו של פרופ׳ שמא פרידמן, וחוקרים נוספים שהולכים בדרכו ומפתחים אותה, עי״ש. העיסוק בעריכת התלמוד הבבלי נוגע גם בשאלת זמן כתיבתו של התלמוד. הרחבה והעמקה בנושא זה ראו במאמרו המקיף של זוסמן, תורה שבעל פה, המאחר את זמן הכתיבה של התלמוד, אבל לא מעמיק בשאלת העריכה של התלמוד הבבלי.

וכל רצף סוגיות יוצרים היבט ייחודי ברעיון, או מביאים את הרעיון לידי ביטוי מהיבט נוסף וייחודי.[13]

סוגיה בתלמוד דומה לפסיפס המשבץ יחד חומרי גלם שונים ומגוונים, מתקופות שונות, מבתי מדרש שונים ומאזורים שונים. לפסיפס העשיר הזה יש תכנון כולל ומבנה של גוף שלם ומאורגן, ולכל אחד מאיבריו יש תפקיד ומקום. המורכבות הזו מוליכה למטרה אחת, והיא להעמיד מבנה הכולל עקרונות רוחניים ופרטים מעשיים. הפסיפס הופך להיות עשיר עוד יותר כאשר מתבוננים על רצף של סוגיות המצטרפות ליחידה אחת שלמה.

למרות שפעמים רבות הקשר בין הפרטים שמהם מורכבת סוגיה או רצף סוגיות יכול להיראות טכני, או אסוציאטיבי, כגון סדרה של מימרות או מקורות שהמשותף להם הוא שם החכם המוסר אותם או מונח שולי. אפילו במקרים כאלו, הסוגיה על מרכיביה השונים היא מבנה שיש בו לכידות פנימית, שיש לו נושא אחד ורעיון אחד הנשזר באופן עקבי לאורך הסוגיות השונות.[14]

תפיסה זו רואה את התלמוד כיצירת אומנות (וזה אכן מה שהוא). היופי והמשמעות של תמונה נובעים ממכלול הפרטים המגוונים שהופכים אותה לייחודית: שילוב צבעים, משיכות מכחול וטקסטורות – כל אלו יחד, ודווקא בשל הגיוון והפירוט – יוצרים את היופי והשלמות של התמונה. גם תזמורת המשמיעה יצירה מוזיקלית מורכבת ועשירה כוללת מספר רב של נגנים וכלי נגינה, והשילוב ביניהם הוא המעניק ליצירה את יופייה ועומקה. עריכת התלמוד גם היא מעשה של יצירה, המשלב באופן מודע ומכוון מרכיבים רבים ושונים למערך אחד שלם. הפרטים המרכיבים סוגיה ורצף של סוגיות המצטרפות זו לזו הם חלק מן המערך השלם של פרטים המרכיבים את יצירת המופת, התלמוד.

פרק ב: צורת המחשבה התלמודית

מסורת וחידוש

הנחות היסוד שבחנו עד כה נוגעות להיבט המסורתי של התלמוד, כלומר

13. ברנדס, במבוא לספרו אגדה למעשה א (וההשלמות במבוא לכרך ב, עמ' 9–11), עמ' 14–15, פורס בקצרה את עקרונות היסוד של ספרו ביחס לעריכה מגמתית בעלת משמעות רעיונית, ולפרטים השונים המרכיבים סוגיה והמצטרפים למבנה אחד שלם, בדומה לתפיסה של ספר זה, ראו שם.

14. להרחבה ראו בתת־הפרק "סוגיות זרות".

לאופן שבו התלמוד מתייחס לקבלה מהדורות הקודמים, המקרא והמשנה, וממשיך אותם. לצד הפרשנות של המקורות, התלמוד גם יוצר ומחדש ומביא תורה שונה מן התורה של חכמי המשנה. יש בתלמוד ממד נרחב של יצירה וחידוש. המקרא והמשנה הם אבני היסוד שעליהן מושתת התלמוד, אבל התלמוד לא רק מפרש, מסדר ומגבש את ההלכה כפי שהיא נמסרת מהמקורות הללו. התלמוד גם מעבד את הערכים והעקרונות הללו לביטויים הלכתיים ומחשבתיים חדשים.

> הדגם התלמודי של מסורת וחידוש מציע מצד אחד קו שמרני, שאינו ממהר לפרק מסגרות קודמות ולוותר על הישגים ואופני חשיבה שיכלו לתהפוכות הזמן, אך מאפשר חופש מחשבה מלא, פתוח, ואם צריך גם פרוע; כזה שיוביל מהצד האחר לקו חדשני, שנכון לחידושים מפליגים כפתרון לבעיות חדשות.[15]

החידוש בתלמוד אינו רק שהוא דן במצבים חדשים שהמקורות הקודמים לא מתייחסים אליהם,[16] אלא גם שבמקרים רבים הוא חולק, הלכתית או רעיונית, על המשנה או על מקורות תנאיים אחרים, ומביא עמדה הלכתית ורעיונית אחרת.

הנחת יסוד של התלמוד היא שאמוראים לא יכולים לחלוק (בגלוי) על התנאים, הקודמים להם. ובכל זאת, הם מרבים לעשות זאת.

> זהו ציר המתח העיקרי של התלמוד: בין המסורת התנאית לבין הרעיונות החדשים (או השונים) של האמוראים. כאן מגיעה החדשנות התלמודית לשיאה.[17]

במרבית המקרים, הדעות האמוראיות החולקות על המשנה מסתמכות על מקור תנאי כמו משנה אחרת או ברייתא, וזה מה שלכאורה מאפשר להם לחלוק על המקור הקדום.

דוגמה: במשנה בפרק עשירי של בבא קמא, קיא ע"ב, רבא אומר דין

15. פאוסט, תהיו חכמים, עמ' 41–42.
16. על ההיבט הזה בחידושי התלמוד ועל הכלים המשמשים אותו לחידושים מסוג זה, ראו אצל נאה, אפשר אחרת, עמ' 147–176.
17. נאה, אפשר אחרת, עמ' 177.

הסותר את המשנה. התלמוד מקשה עליו ממה שנאמר במשנה ומצביע על הסתירה. בתגובה אומר רבא: "כי שכיבנא ר' אושעיא נפיק לוותי, דתריצנא מתני' כוותיה", כלומר: כאשר אמות, ר' אושעיא יצא לקראתי ממקומו בגן עדן כדי לכבדני כמו שאני כיבדתי אותו בכך שתירצתי את המשנה לפי שיטתו, ובניגוד לשיטת רבי במשנה. התלמוד במפורש אומר שיש כאן פרשנות של המשנה שלא כפשטה, הנסמכת על ברייתא, מה שמעיד על כך שזהו תהליך מודע ומכוון, לא רק כאן, אלא גם במקרים שבהם הדבר לא נאמר בפירוש.

לעיתים האמוראים חולקים על המקור התנאי בלי מקור תנאי שעליו הם יכולים להסתמך, אלא הם נסמכים על דעתם בלבד.

דוגמה: המשנה בבבא קמא קיח ע"א אומרת: "הגונב טלה מן העדר והחזירו, ומת או נגנב – חייב באחריותו; לא ידעו בעלים לא בגניבתו ולא בחזירתו, ומנו את הצאן ושלימה היא – פטור". ארבעה אמוראים מביעים את דעתם על המשנה. דעת רב מתאימה לפשט המשנה, שאם הבעלים ידעו על הגנבה – הגנב פטור אם הטלה נגנב שוב או ניזוק, ואם הבעלים לא ידעו על הגנבה – הגנב פטור אם בעל העדר מנה את הצאן וראה שלא חסרות בהמות.

אבל שלושה אמוראים אחרים, שמואל, ר' יוחנן ורב חסדא – מביעים עמדה מנוגדת למשנה. לדעת שמואל, ספירת העדר פוטרת גם אם הייתה דעת של הבעלים על הגנבה, לדעת רבי יוחנן אם גנב לדעת – מניין העדר יפטור מאחריות, ואם גנב שלא לדעת – אין צורך אפילו במניין כדי לפוטרו, ורב חסדא סובר להפך, שאם גנב לדעת – מניין פוטר, אבל גנב שלא לדעת – צריך דעת של הבעלים. הרי לפנינו אמוראים החולקים על המשנה.

המתודה הפרשנית שבאמצעותה האמוראים והתלמוד חולקים על מקורות קדומים היא באמצעות שינוי הפירוש הפשוט של המקור התנאי, כך שיאפשר להם להביע עמדה חולקת באופן שאינו נוגד אותו.

מטרת התירוץ שמציע האמורא היא להתחמק מלחץ הקושייה (=הסתירה למקור תנאי) בעזרת פירוש חדש למקור התנאי. הפירוש שהוא מציע למקור אינו מתיימר להיות ביטוי נאמן לכוונתו המקורית של התנא, אלא לפרש את המקור באופן מצמצם, שיפנה מקום לדעתו של האמורא. שכיחותם של פתרונות כאלה מבטאת עמדה עצמאית של האמוראים כלפי סמכות המקורות התנאיים.[18]

18. נאה, אפשר אחרת, עמ' 183–184. בהמשך סוקר נאה, עמ' 184–200, ארבע מתודות

בתלמוד אפוא באה לידי ביטוי תופעה מורכבת, המבטאת שתי תנועות הפוכות: קבלה של מקורות מדורות קודמים לצד רעיונות חדשים, שבאים לידי ביטוי בהלכות חדשות. המורכבות הזו, שבתלמוד היא מובהקת, אינה ייחודית לתלמוד בלבד, אלא היא מאפיין מרכזי שנמשך בתורה שבעל פה בכלל לאורך כל הדורות ועד לימינו.

דיאלקטיקה ומורכבות

צורת החשיבה של התורה בכלל, שבכתב ושבעל פה, היא מורכבת, דיאלקטית. לנושא אחד יש כמה היבטים וכמה טעמים, שכל אחד מהם כשלעצמו הוא נכון ומביא לידי ביטוי היבט מסוים, שהוא אמיתי אבל גם חלקי. דהיינו, כל רעיון או הגדרה מבטאים צד או בחינה מסוימת של האמת הכוללת, ואילו האמת אינה אמת פשוטה שבאה לידי ביטוי באמירה חד־משמעית. לכן, על השאלות אין תשובה אחת, ומגוון התשובות והדעות, שפעמים רבות סותרות זו את זו, הוא ביטוי לפנים רבים ושונים, שכל אחד מהם נכון.[19]

תופעה כזו קיימת כבר בתורה שבכתב. במקרא יש נושאים ופרשות שלמות שבאו פעמיים ושלוש, חלקם סיפורים (כמו בריאת העולם והאדם, מתן תורה, חטא המרגלים ועוד) וחלקם מצוות (עשרת הדיברות, שבת, שביעית, מועדים, ריבית ועוד הרבה), ובין הפרשות ישנם הבדלים ואפילו סתירות. המקרים הרבים של הכפילויות בתורה משמעם שכפילות היא צורת ביטוי מרכזית של המקרא, שיסודה בתפיסה הרואה את האמת כמרובת צדדים ואת גילויה באופנים שונים ומורכבים.[20] המורכבות במקרא היא הבסיס למורכבות בתורה שבעל פה בכלל ובתלמוד בפרט.[21]

המשמשות את התלמוד לחדש ביחס לתורת התנאים. אנחנו נדון בכמה מהן ובשימוש שעושה בהן התלמוד כדי להביע את הרעיונות החדשים שלו בחלק של המבוא העוסק בכלים: באוקימתא, בשינוי הלשון ובזיהוי החכם.

19. נהרות של דיו נשפכו על התפיסה החז״לית המוצגת כאן בקיצור נמרץ ועל תפיסת המחלוקת בעולמם של חז״ל, ואכמ״ל. הצגה שיטתית ומתומצתת של בירור זה ראו אצל שרלו, והלכה כבית הלל, והפניות נוספות בביבליוגרפיה בסוף הספר שלו.
20. כך מסביר הרב ברויאר בשיטת הבחינות את הכפילויות הללו. כל פרשה מביאה לידי ביטוי בחינה מסוימת של הסיפור או המצווה. התפיסה היא שהאמת הכוללת והרחבה מורכבת מצדדים שונים, ואף סותרים, המתגלים בפרשות השונות בתורה. הסבר רחב יותר על התפיסה הכללית של ברויאר את הכפילויות בתורה ראו במבוא לספרו פרקי בראשית, עמ׳ 16–19, ובמאמריו השונים, שכונסו יחד עם תגובות עליהם, אצל עופר, שיטת הבחינות. סיכומה של גישה זו ראו אצל בזק, עד היום הזה, עמ׳ 109–121.
21. דוגמאות לדיאלקטיקה המקראית לעיל ראו בתת־הפרק ״המקרא בעיני חז״ל״.

מכיוון שהתלמוד מביא רעיונות למימוש המעשי שלהם, ולכל אחד מן ההיבטים העיוניים יש ביטוי הלכתי־מעשי, המורכבות לא באה לידי ביטוי רק במישור התיאורטי, אלא גם במישור המעשי. לכן לנושא מסוים יש ביטויים הלכתיים שונים, ואף סותרים, המביאים לידי ביטוי טעמים רעיוניים שונים, שפעמים רבות מבוססים על פרשות כפולות במקרא. גיוון כזה מצמיח מחלוקת, שהיא למעשה עימות והתנגשות בין מסקנות מעשיות שונות הנובעות מטעמים רעיוניים שונים.[22]

המחלוקת היא תופעה רחבה ונפוצה בתורה שבעל פה בכלל ובתלמוד בפרט. הצורה הזו היא כל כך מובהקת ויסודית בתלמוד עד שכמעט אין עמוד בתלמוד שאין בו מחלוקת אחת לפחות. שלא כמו שרבים חושבים, המחלוקת אינה ויכוח על האמת, שבו צד אחד צודק והצד השני טועה. הדעות השונות החולקות זו על זו מבטאות פנים שונים של האמת הרב ממדית, כפי שביטאו זאת חז״ל בדבריהם המפורסמים: ״אלו ואלו דברי אלוהים חיים״.[23] המחלוקת אינה תולדה של טעות בהבנה, אלא היא צורת היסוד של החשיבה של חכמים בתורה שבעל פה. והיא מבטאת את החיפוש אחר אמת רחבה וכוללת המורכבת מתפיסות שונות ואפילו מנוגדות.

מצורת חשיבה כזו נגזר גם האופן שבו מתנהלת מחלוקת, עד לפסיקת ההלכה. התלמוד אינו חותר למצוא את הדעה הצודקת ולפסול את הדעה שכנגד ולהחשיבה כטעות. הרי כל צד במחלוקת הוא ביטוי לנקודת מבט נכונה, ולכן אין ציפייה למציאת אחידות, הרמוניה ועקביות, אלא דווקא חיפוש אחר העושר שמתגלה מתוך המורכבות.

התפיסה שאמת מתגלה מתוך ריבוי אינה נכונה רק לרובד התיאורטי של הדיונים, אלא גם לרובד המעשי. התלמוד חותר לשמר את מגוון הדעות והטעמים ולהביא את המורכבות לידי ביטוי גם בעולם המעשי, ואפילו בפסיקת ההלכה. לכאורה, פסיקת הלכה דורשת פסק, כלומר הכרעה, ולכן תפיסה מורכבת לא יכולה לבוא לידי ביטוי בשלב הפסיקה ההלכתית. אלא שבתלמוד אפילו פסיקת ההלכה אינה ביטוי להצטמצמות לקבלה של דעה אחת מתוך מגוון הדעות, תוך ביטול הדעות האחרות. בפסיקות ההלכה שבתלמוד אפשר לראות שהתלמוד נותן ביטוי למגוון הדעות גם בהכרעה

22. לתפיסת המחלוקת כצורת חשיבה פילוסופית מוקדש ספרו של מאיר, התבונה המחדשת, ובייחוד עמ׳ 117–121; 125–127.

23. עירובין יג ע״ב. וכן בביטוי המפורסם ״שבעים פנים לתורה״, שעל מקורו ומשמעותו ראו במאמרו של מאק, שבעים פנים.

ההלכתית עצמה. זה אפשרי משום שפסיקת הלכה בתלמוד היא הבחירה איזה משקל ובאילו נסיבות יש ליישם כל אחת מן הדעות.[24]

דוגמה: בתחילת פרק רביעי של מסכת ברכות, כו ע"ב, נחלקו אם תפילות "אבות תקנום" או שהן "כנגד תמידין". המחלוקת היא על המשמעות של התפילה: קורבנות התמיד הם ביטוי לעבודת ה' הקבועה, היציבה, שאינה תלויה באדם, במצבו המשתנה ובצרכיו, אלא מבטאת נאמנות והתמסרות של העבד לאדונו. תפילה שיסודה באבות נובעת מהמצב האנושי והיא בעיקרה בקשה.

שתי הגישות האלו באות לידי ביטוי בדיונים הלכתיים רבים הנוגעים לתפילה, למשל בדיון אם יש זמנים קבועים לתפילה: אם התפילה היא כמו קורבן, בוודאי שהיא צריכה להיות מוגבלת בזמנה. אולם אם התפילה היא ביטוי לרחשי הלב האנושיים – לא שייך להגביל את התפילה לזמן כזה או אחר. פסיקת ההלכה התלמודית מביאה לידי ביטוי את שתי הגישות: "עד חצות יהבי ליה שכר תפילה בזמנה, מכאן ואילך שכר תפילה יהבי ליה, שכר תפילה בזמנה לא יהבי ליה". יש שני פנים בתפילה: יש פן הקשור לזמן, ויש גם פן של תפילה שאינו קשור לזמן, ולכן גם לתפילה שלא בזמנה יש שכר. זוהי פסיקת הלכה שנותנת מקום לשתי גישות רעיוניות שונות ואפילו הפוכות.

גם בהמשך הסוגיה יש ביטוי הלכתי לשתי הגישות הללו. הלימוד מהפסוק בקהלת: "מעוות לא יוכל לתקון – זה שביטל... תפילה..." הוא ביטוי לגישה שרואה את התפילה כמחויבת לזמנים קבועים, כקורבן. ולעומתה, הגישה של ר' יוחנן שמי שהפסיד תפילה בזמנה יכול להשלימה על ידי תפילת התשלומין מנתקת את התפילה מהזמן הקבוע והמוגדר שלה, משום שהוא רואה את התפילה כ"רחמי", בקשת רחמים. בסופו של דבר, שתי התפיסות הללו באות לידי ביטוי בפסיקת ההלכה, אחת במקרה של שוגג והשנייה במקרה של מזיד.

דוגמה נוספת: לאורך המשניות של מסכת שבת וסוגיות הגמרא שעליהן מובאת מחלוקת יסודית בין ר' יהודה לר' שמעון לגבי מלאכה שאינה צריכה לגופה (לדוגמה שבת צג ע"ב – צד ע"א, שבת קה ע"ב ועוד), ודבר שאינו מתכוון (שבת כב ע"א ועוד). ר' יהודה אוסר בשני המקרים

24. מגוון כלים משמשים את התלמוד בחתירה שלו להנכחת מגוון דעות, ועל כך נעמוד בחלק השני של המבוא, בפרק ב: ניהול ריבוי דעות ורעיונות.

ור׳ שמעון מתיר דבר שאינו מתכוון ופוטר מלאכה שאינה צריכה לגופה. מלאכה שאינה צריכה לגופה היא מלאכה מל״ט אבות מלאכה או תולדותיהן שנעשית שלא לצורך גוף המלאכה אלא לצורך אחר. לדוגמה, החופר בור כדי להשתמש בעפר, ולא כדי להשתמש בבור. כיוון שמלאכת חרישה היא לצורך השימוש בבור, הרי שחפירת הבור לצורך שימוש בעפר היא מלאכה שלא לצורך גופה של המלאכה. לפי רבי יהודה, מלאכה כזו אסורה מן התורה ורבי שמעון פוטר על עשיית מלאכה כזו.

באופן דומה חלוקים התנאים גם בדבר שאינו מתכוון בשבת. דבר שאינו מתכוון הכוונה לפעולה שמצד התוצאה שלה אסורה בשבת, אבל לא הייתה בכוונת העושה להשיג תוצאה זו, כגון אדם שבדרך הילוכו חתך עשבים (מלאכת קוצר), אבל לא התכוון לכך. ר׳ שמעון מתיר דבר שאינו מתכוון, ור׳ יהודה אוסר.

מחלוקת כפולה זו משקפת מחלוקת יסודית לגבי המשמעות של שבת כפי שהיא מתבטאת באיסורי המלאכה בשבת. לפי ר׳ יהודה, הגדרת המלאכה האסורה בשבת קשורה לצד המעשי, ואינה קשורה לכוונה של האדם. ולפי ר׳ שמעון, הגדרת המלאכה האסורה בשבת קשורה לכוונה של האדם (במלאכה שאינה צריכה לגופה – הכוונה לתוצאה של המלאכה, ובדבר שאינו מתכוון – כוונה שקשורה לביצוע המלאכה בעצמה).[25]

למושגים המופשטים המגדירים את המחלוקת יש משמעות רעיונית־רוחנית: אם השבת היא יום של שביתה מעשייה בפועל, כר׳ יהודה, משמעותה היא יום של מנוחה מיצירה, ללא קשר לכוונה, כמו שה׳ שבת מבריאת העולם. לפי תפיסתו, השבת היא ביטוי לאמונה בה׳ כבורא עולם, באמצעות ההימנעות מהעשייה עצמה. ואילו לפי ר׳ שמעון, המשמעות של שבת קשורה לכוונה של האדם ולאפשרות להוציאה לפועל. בשבת אסור לאדם להוציא את כוונתו אל הפועל, משום שזהו יום שבו האדם צריך ליהנות מברכת ה׳ ולא מברכת ידיו שלו עצמו. המשמעות של השבת היא יום של הנאה מברכת ה׳, ״ויברך אלוהים את יום השביעי״.

הלכה למעשה המביאה לידי ביטוי את שתי הגישות היא, למשל, דעת שמואל בדף מב ע״א. הגמרא מסבירה ש״בדבר שאין מתכוון סבר לה כרבי

25. ראו בהמשך המבוא בתת־הפרק ״הלכה ואגדה״ על הקשר שבין מחלוקת ר׳ שמעון ור׳ יהודה לאגדתא על ישיבתו של ר׳ שמעון במערה.

שמעון, במלאכה שאינה צריכה לגופה סבר לה כרבי יהודה", ובדוגמאות רבות נוספות לאורך המסכת.

פרק ג: תלמוד והלכה

הלכה למעשה בעיני התלמוד: הפרטים ההלכתיים הם ביטוי לרעיונות

אנשים רבים חושבים ומרגישים שפרטים הלכתיים מנותקים מהחיים ומהמציאות, עד שנראים חסרי טעם ומשמעות.

> ההלכה – כלום טעם וריח יש בה, כלום לחלוחית חיים יש בה, כלום יופי יש בה?[26]

אכן, הלכות רבות, בתחומים שונים, אינן מובנות. ככל שההלכה הולכת ומתפרטת, כלומר, ככל שנכנסים לפרטי הפרטים המעשיים של ההלכה – קשה יותר ויותר למצוא היגיון ומשמעות בהלכות. גם אדם שחווה משמעות בשמירת שבת, עשוי להתקשות במציאת טעם או היגיון בפרט כזה או אחר בהלכות שבת, כגון האיסור לחתוך נייר טואלט, האיסור ללחוץ על המתג שמדליק את האור, ההוראות המסובכות להכנת תה ועוד. חוויה רוחנית עמוקה של תפילה מתקשה למצוא ביטוי בנוסח, בזמן ובמקום מוגדרים וקבועים, וכן הלאה. הדוגמאות הקלאסיות הללו הן ביטוי לניתוק בין פרטי הלכות למשמעות רוחנית כלשהי.

המוטיבציה לקיום ההלכות הללו בדרך כלל אינה תלויה בהבנה שלהן אלא בקבלת העול הדתי, הטומנת בחובה את ההסכמה לקיום פרטים הלכתיים גם כאשר הם אינם מובנים. גישה זו מבוססת על האמונה שלקיום הלכות לפרטי פרטיהן יש משמעות רוחנית גם כאשר לא מבינים את המשמעות שלהן. רעיון זה הוא ודאי נכון. ברור שיש חשיבות וערך לקיום מצוות גם ללא הבנה. ולצד זה, קיום הלכה הנשען אך ורק על אמונה כזו, המלווה בתחושת ניתוק פנימית, לעיתים אינו מספק והוא יכול להגיע גם לוויתור על קיום הלכות מסוימות או על ההלכה בכלל.

אבל מעבר לכך, יש בתפיסה כזו בעייתיות בעצם ההפרדה בין ההלכה להיגיון והמשמעות הרוחנית שלה. הפרדה כזו זרה ליהדות ולדרכה של התורה. הרי אחד החידושים המשמעותיים ביותר של היהדות נוגע בחיבור בין

26. ביאליק, הלכה ואגדה, עמ' פו–פז.

ערכים ורעיונות למימוש שלהם במציאות. היהדות לא עוסקת רק ברוחניות, אלא גם בחיים המעשיים ובאופן שיש לממש בהם חיים של קדושה. ההלכה מחברת שמיים לארץ, והפרטים ההלכתיים מביאים לידי ביטוי במציאות אידאות וערכים אלוהיים, שהם מופשטים במהותם.

האם יש חיבור כזה? היכן אפשר למצוא אותו?

העיסוק בהלכה מצד אחד, ובהגות מצד שני, מנציח את ההפרדה הזו, משום שהוא מפריד את המעשה מן הערכים ומן הרוחניות ומתייחס בנפרד לכל אחד מן ההיבטים הללו. לעומת זאת, בתלמוד מתרחש החיבור הייחודי והחשוב בין משמעות ומעשה, בין רעיונות והלכה, בין רוח ופרקטיקה. כאמור, התלמוד אינו ספר הלכה, אלא ספר שעוסק בהלכה באופן המבטא את המשמעות של ההלכה שבה הוא עוסק. המשא ומתן התלמודי, המחלוקות, הקושיות והתירוצים, המדרשים, הסיפורים ועוד – כל אלו משמשים את התלמוד לבניית המשמעות הרעיונית וליציקתה אל הפרטים של ההלכה המעשית.

מעבר לכך, הקשר בין הרעיונות למעשים בתלמוד הוא ספציפי. כלומר, הביטוי המעשי קשור למשמעות ולתוכן של המעשה עצמו על פרטיו השונים. לדוגמה, בסדר מועד טמונה תפיסת התלמוד את הזמן בכלל ואת המשמעות הייחודית של המועדים בפרט. את התפיסה הרעיונית הזו בונה התלמוד במשולב עם דיון על פרטי ההלכות השונות לאורך הסוגיות במסכתות השונות. בסדר נשים טמונה התפיסה של חז״ל את המשמעות הרעיונית והרוחנית של היחסים בין איש לאישה ואת אופייה של המשפחה. התפיסה הזו באה לידי ביטוי בפרטי הלכות שונות הנוגעות לשאלה כיצד מתחתנים, עם מי מותר להתחתן, חובות וזכויות בנישואין, ועוד מאות שאלות מעשיות, קטנות וגדולות, שבהן עוסקות המסכתות בסדר נשים. היחס בין פרט לחברה והמשמעות הרוחנית של ההשתייכות לחברה ומקומה בחיי הפרט נידונים בסדר נזיקין, המברר את התשתית הערכית והמוסרית של חברה קדושה ודן בביטוי המעשי של התפיסות הללו במצבים חברתיים קונקרטיים שונים, שהם ביטוי מעשי לעקרונות הנוגעים לכבוד לזולת, איזון בין אינטרסים, יחס בין דין וחסד ועוד.

עיקרו של ספר זה מוקדש לניתוח סוגיות מן התלמוד ובכללן גם סוגיות הלכתיות. פרשנות כזו מדגימה את האופן שבו הרעיונות של התלמוד באים לידי ביטוי בפרטים ההלכתיים, כמו גם בפרטים המרכיבים את הסוגיות.

ההלכה בתלמוד: שפה ולא מעשה

לכאורה משונה לומר שהתלמוד הוא ספר שעוסק ברעיונות, שהרי התלמוד ברובו עוסק בהלכות ולא בהגות. אלא שההלכה בתלמוד משמשת שפה. ושפה, כידוע, היא אמצעי להבעת תכנים מסרים ורעיונות מעבר למילים עצמן. התוכן של התלמוד הוא הרעיונות, והשפה העיקרית שבאמצעותה מבטא התלמוד את הרעיונות היא השפה ההלכתית.

ההבדל בין ההלכה כשפה להלכה כתוכן דומה להבדל בין ספר פיזיקה, העוסק בחוקים ובעקרונות, לספר הנדסה, העוסק ביישום של העקרונות – התלמוד אכן עוסק בהלכה אבל הוא לא ספר הלכה.[27] התלמוד עוסק בעקרונות שאפשר לממש במציאות, וזו גם תכליתם, אבל זה לא הנושא שלו, ולא התכלית שלו, למרות שזו השפה שבה הוא מדבר. יישום של העקרונות ההלכתיים בתלמוד בעולם המעשה, פסיקת הלכה, הוא התוכן והמהות של ספרות ההלכה לאורך הדורות. נקל להבחין בשוני המהותי בין ספרות הפסיקה לתלמוד מבחינת מבנה, סדר, עריכה, אופי הדיונים ומאפיינים רבים נוספים.

יש תפיסה הרואה בהלכה מערכת סגורה בעלת היגיון ותכלית בפני עצמה, דהיינו שהמעשה ההלכתי עצמו הוא השורה התחתונה, התכלית והמהות, ואין לחפש משמעות או תוכן מעבר לו. התפיסה כאן היא אחרת, דהיינו, אף שהתלמוד רואה בהלכה ביטוי לעולם רחב ועמוק של רעיונות, הבאים לידי ביטוי במגוון אופנים, ובראש ובראשונה במעשה ההלכתי – המעשה ההלכתי הוא אמצעי לביטוי הרעיונות, שהם העיקר והתכלית, והזירה העיקרית של התלמוד היא הזירה העיונית ולא הזירה המעשית.

שפה, במהותה, מאפשרת ביטוי של תכנים, אבל גם מצמצמת אותם. השפה ההלכתית היא דרך ביטוי לרעיונות אבל היא גם מסתירה אותם, משום שהיא הלכתית ולא רעיונית. לימוד של התלמוד לרוב מתמקד ברובד ההלכתי, הרובד הגלוי, ולא במשמעויות הרוחניות שההלכה מבטאת. כיוון שהתלמוד נתפס כספר הלכתי ולא כספר רעיוני – אין ציפייה שיהיו בתלמוד עיסוק בערכים מוסריים ורעיונות רוחניים, ובוודאי שלא בחלקים ההלכתיים שלו. ואם אין ציפייה אין גם חיפוש, ואם אין חיפוש, בוודאי שלא מוצאים. כדי למצוא את הרעיונות צריך לחפש אותם, וזה על ידי ששואלים מה

27. להשלמת מערכת הדימויים, המקרא הוא המתמטיקה, העקרונות שבבסיס העקרונות.

הגמרא מנסה לומר ועל מה היא מדברת? מי שישאל את השאלות הללו, יוכל למצוא תשובות; אך מי שלא ישאל – לא ימצא.

ההתייחסות להלכה כשפה אינה אמירה אנטי־הלכתית ואינה מזלזלת או מקטינה את החשיבות של ההלכה. בניגוד לתפיסות שונות הרואות ברוח את העיקר, ובהלכה את האמצעי למען התכלית הרוחנית – התפיסה שמוצגת כאן מעניקה להלכה מקום חשוב ומרכזי בשני מובנים:

בראש ובראשונה, על פי תפיסה זו, להלכה יש משמעות רחבה ועמוקה. לפעמים המשמעות של המעשה ההלכתי ברורה אבל פעמים רבות יש הלכות שבהן לא נראה שיש היגיון או משמעות. מבט כזה על ההלכה מקטין אותה. בעיני התלמוד, ההלכה אינה מערכת חוקים סגורה בעלת לוגיקה פנימית משלה, אלא מערכת חוקים מלאת משמעות, המבטאת רעיונות מוסריים ורוחניים. ולכן כל מעשה הלכתי הוא ביטוי לרעיון בעל משמעות רוחנית או מוסרית. תפיסה כזו מעצימה את המעשה ההלכתי, משום שלעשייתו אין משמעות רק מעצם היותו צו אלוהי ושקיומו הוא ביטוי כללי לקבלת עול מלכות שמיים, אלא מפני שכל מעשה הוא ביטוי לערך רוחני או מוסרי קונקרטי הבא לידי ביטוי בפרט הלכתי כזה או אחר.

מעבר לכך, הבחירה של התלמוד שהשפה ההלכתית תהיה שפה מרכזית היא הבחירה לעסוק ברעיונות דווקא מן ההיבט המעשי שלהם. רעיונות בתלמוד נבחנים בעיקר דרך האופן שבו יש להביאם לידי ביטוי במציאות המעשית ולא במנותק מהמציאות.

ההלכה נותנת לרעיון את הביטוי המוחשי והממשי שלו, כדברי ביאליק:

> לא בהלכה פלונית, כמו שלא באגדה אלמונית, הכתוב מדבר. בעיקר הלכה אנו עסוקים כאן, הלכה בתור כלל גדול, בתור צורה מוחשית ומסוימת לחיים ממשיים, חיים שאינם פורחים באויר ותלויים ברפיון של הרגשות ומימרות נאות בלבד, אלא שיש להם גם גוף ודמות הגוף נאים. והלכה כזו, אני אומר, אינה אלא המשכה המוכרחת, סיפא דקרא של האגדה.[28]

ההבנה שההלכה היא שפה יכולה להסביר מדוע התלמוד לא אומר את הרעיונות שלו בצורה גלויה, אלא מחביא אותם בין פרטי הלכות. לבחירת

28. ביאליק, הלכה ואגדה, עמ' צא.

השפה יש משמעות עמוקה משום שהיא מבטאת את החשיבות שמייחסים חכמי התלמוד דווקא לביטוי המעשי של הרעיונות.

השפה ההלכתית היא השפה העיקרית, אבל לא היחידה. בשתי שפות תלמודיות נוספות, שפת החשיבה התלמודית (הפלפול) ושפת האגדה, נדון בפרק הבא, פרק ד של המבוא. לפני כן נדון ברלוונטיות של ההלכה התלמודית לימינו.

הרלוונטיות של התלמוד

התלמוד הוא יצירה של חכמים מלפני 2000-1500 שנה. במשך זמן כה ארוך עבר העולם שינויים דרמטיים: מציאותיים, טכנולוגיים וגם תרבותיים. לכן בלתי נמנע שסוגיות רבות בתלמוד יהיו בלתי רלוונטיות. ״שור שנגח את הפרה״ היה בעבר חלק יום־יומי ממציאות החיים, ובימינו כלל לא. ״שליח גט שהלך למדינת הים״ ונעלמו עקבותיו – הוא מקרה שכמעט שלא נתקלים בו. אבל לא רק מההיבטים המציאותיים והטכנולוגיים, אלא גם בפן התרבותי עבר העולם שינוי עמוק מימי התנאים והאמוראים עד לימינו, לאורך הדורות. מציאות של קורבנות, עבדים, היחס לנשים ומעמד האישה, מבנה הכלכלה, מערכת המשפט, מעמדות בחברה ועוד, הם תופעות שנידונות לרוב בספרות חז״ל, ובימינו הן קיימות באופנים שונים לחלוטין מאשר בימים ההם.

על פי התפיסה המוצגת כאן, שדיונים מעשיים ופסיקות ההלכה הם ביטויים לעקרונות רעיוניים – יש להבחין בין העקרונות, המטרות וערכי היסוד שביסוד ההלכה ליישום המעשי. היישום המעשי קשור לתנאי הזמן והמקום, ולכן הוא עשוי להשתנות. לעומת זאת, רעיונות הם נצחיים, משום שהם קשורים למהות, והמהות אינה משתנה, גם כאשר משתנים התנאים החיצוניים.

שאלות היסוד העקרוניות של דיני ממונות, העוסקות ביחס בין אדם ורכושו, ובין היחיד והחברה, שאלות היסוד הנוגעות לזוגיות ולברית הנישואין, הקשר בין האדם ואלוהיו בזמנים המיוחדים, כל אלו, גם אם הן מקבלים ביטוי מעשי שאבד עליו הכלח בסוגיות התלמוד, ברובד העקרוני שלהם רלוונטיים לאדם היהודי בכל מקום וזמן.

חלק מן הרעיונות ממשיכים להיות ממומשים בדיוק באותו אופן שבו הם התממשו גם לפני אלפי שנים. כאלו הם טקס הנישואין, חלק מהלכות החגים, כשרות ועוד. הסוגיות התלמודיות העוסקות בהן רלוונטיות היום כמו בעבר. אבל יש סוגיות שנראות בימינו לא רלוונטיות, כמו סוגיות שעוסקות

במערכת המשפט, נזיקין, היחס לנשים ועוד, ובכל זאת הרלוונטיות שלהן באה לידי ביטוי באמצעות החלת העיקרון המשפטי או ההלכתי על מצבים חדשים הדומים לעיקרון המציאותי או המשפטי. כך למשל, נזק שגרם כלי רכב בתאונת דרכים שונה אומנם מ"שור שנגח את הפרה", אבל דומה בעיקרון המשפטי של נזקי ממון.

הטענה המוצגת כאן היא שהרלוונטיות של הסוגיות התלמודיות ושל ההלכה התלמודית מתקיימת בראש ובראשונה במישור הערכי. הערכים של התלמוד, המתממשים במציאות באמצעות המעשים ההלכתיים, הם ערכים אלוהיים, נצחיים, והם רלוונטיים היום כמו בעבר, משום שהם קשורים למהות האנושיות, לחברה האנושית ולקשר של אדם עם אלוהיו.

לא רק הערכים עצמם, אלא גם הדיון התלמודי, הכולל נקודות מבט שונות, קושיות, התמודדות עם סתירות, וכל ההתנהלות של הסוגיה התלמודית – גם אלה רלוונטיים כיום, משום שגם החיפוש אחר האפשרות לבטא ערכים ומוסר בחיים מעסיק את בני דורנו, כשם שהעסיק את דור התלמוד, בהיותו ביטוי למהות של הרוח הפנימית, שהיא נצחית ואינה תלויה בשינויי הזמן.

דוגמאות: נביא בקצרה שלוש דוגמאות להלכות שעל פניו נראות לא רלוונטיות, משום שהן עוסקות בנושאים שעברו מן העולם, או שמבחינה תרבותית היחס אליהם השתנה דרמטית, ונראה שמנקודת המבט של העקרונות – הן אכן רלוונטיות.

דוגמה: כבר קבעו הפוסקים שמצוות מחיית עמלק אינה נוהגת בימינו, משום שלא ניתן לזהות את עמלק.[29] מחיית עמלק נידונה בתלמוד במסכת מגילה ז ע"א בדיון אם לכלול את מגילת אסתר בכתבי הקודש. על בקשתה של אסתר "כתבוני לדורות" עונים החכמים, "הלא כתבתי לך שילשים, שילשים ולא ריבעים", כלומר, מחיית עמלק כבר נזכרת שלוש פעמים במקרא, ואין להוסיף פעם רביעית.[30] משמע שהחכמים מבינים שמגילת אסתר קשורה למחיית עמלק. בסופו של דבר, התלמוד מוצא למגילה מקור אחר, "כְּתֹב זֹאת זִכָּרוֹן בַּסֵּפֶר" (שמות יז, יד) שנאמר על מלחמת עמלק ברפידים, והתלמוד דורש שהמילה "בספר" רומזת על המגילה.

מצוות מחיית עמלק מופיעה גם בספר דברים (כה, יז) "זָכוֹר אֵת אֲשֶׁר

29. מנחת חינוך פרשת כי תצא מצווה תרד.
30. רש"י מגילה ז ע"א ד"ה שלישים.

עָשָׂה לְךָ עֲמָלֵק בַּדֶּרֶךְ בְּצֵאתְכֶם מִמִּצְרָיִם", אולם הבחירה של חכמים היא לסמוך את מגילת אסתר דווקא על הפסוק מספר שמות. יש הבדל משמעותי בין המשמעות של מצוות מחיית עמלק בין שתי הפרשות. בשמות (יז, טז): "וַיֹּאמֶר כִּי יָד עַל כֵּס יָהּ מִלְחָמָה לַה' בַּעֲמָלֵק מִדֹּר דֹּר". מחיית עמלק היא חלק ממלחמה רוחנית על העם שמרים ידו להילחם בה'. וממילא לפי זה מגילת אסתר היא המשך המלחמה הרוחנית. לעומת זאת, הפרשה בדברים רואה את עמלק כאיום היסטורי על הקיום של עם ישראל, "אֲשֶׁר קָרְךָ בַּדֶּרֶךְ וַיְזַנֵּב בְּךָ כָּל הַנֶּחֱשָׁלִים אַחֲרֶיךָ וְאַתָּה עָיֵף וְיָגֵעַ" (כה, יח).

על ידי הדיון על השייכות של מגילת אסתר לתנ"ך באמצעות הפסוק שמתייחס למחיית עמלק, הגמרא מפרשת הן את המשמעות של המגילה (מאבק רוחני) והן את המשמעות של מצוות מחיית עמלק. המשמעות שמחיית עמלק מקבלת אינה נוגעת לשאלה על קיומו של עם כזה או אחר, אלא למאבק רוחני במי שמבקש לפגוע בשם ה' בעולם. משמעות כזו היא נצחית ורלוונטית גם כאשר העם העמלקי כבר אינו קיים.[31]

דוגמה נוספת: במקומות רבים חז"ל משווים עבד כנעני לאישה. למשל עבד כנעני חייב בכל המצוות שחייבות בהן נשים (למשל ראש מסכת קידושין וראש מסכת חגיגה), או בצורת השחרור (גיטין עז ע"ב, שבשני המקרים נכון הכלל "באין כאחד"). חוסר הרלוונטיות של הנושא הוא כפול: עבדות אינה קיימת כיום, וגם ההשוואה של נשים לעבדים אינה רלוונטית, ואף מקוממת על רקע השינויים הדרמטיים בכל מה שקשור למעמד הנשים.

ובכל זאת, ביסוד ההלכות והדיונים התלמודיים הנוגעים לעבד כנעני מצויה התפיסה המוסרית שעבד אינו רק פונקציה, מכונה, אלא מערכת היחסים של האדון והעבד היא מערכת יחסים בעלת אופי בין־אישי. כך יוצא שלמרות שבמבט ראשון, מנקודת המבט המוסרית אין מקום להשוואה החז"לית בין עבד כנעני ואישה - במבט פנימי יותר, קורה דווקא ההפך. ההשוואה בין אישה ועבד יוצרת רף מוסרי גבוה ביחס לקשר בין האדון לעבדו הכנעני, משום שהשוואה כזו תומכת בכינונו של קשר בין־אישי אפילו עם עבד כנעני, ובכך מציבה דרישה להפוך את העבד מאובייקט לסובייקט: העבד הוא לא מכונה ואין להתייחס אליו כפונקציה בלבד. גם לעבד

31. היבט אקטואלי במיוחד הוא הדיון אם מלחמת "חרבות ברזל" היא מלחמת קיום לאומית להשבת הביטחון למדינה או שהיא מלחמה על ערכים של מוסר. הדיון הזה קשור להבנה של המשמעות של מצוות מחיית עמלק, המבוססת על שתי הפרשות במקרא ועל הנידון בתלמוד.

יש שייכות לבית ולמשפחה, ולכן יש מערכת של חובות וזכויות לאדון וגם לעבד, שהיא נגזרת ממערכת יחסים כזו ומכוננת אותה.

חלקו הראשון של פרק ראשון במסכת קידושין משווה בין קניין אישה לקניין עבד עברי, עבד כנעני, בהמה ונכסים. השוואה כזו אינה רלוונטית בימינו, אבל יש רלוונטיות לתפיסת העולם שביסודה, המייחסת לקניין משמעות של מערכת יחסים בין־אישית, מן המערכת המחייבת והקרובה ביותר, אישה, ועד לקרקע ומיטלטלין.[32] ההשוואה אינה יוצרת פיחות במעמד האישה, אלא מרוממת את מערכת היחסים של האדם עם הסובבים אותו, ואף עם חפציו הדוממים, למערכת יחסים שהיא כקשר בין־אישי. בניגוד לתפיסה הפונקציונלית, שעל פיה זכאי אדם להשתמש ברכושו כראות עיניו, בגלל שהוא שייך לו – חז״ל מעניקים משמעות מוסרית של מערכת יחסים מחייבת אפילו עם חפצים, ובוודאי עם בני אדם. אין כאן בעלות אלא קשר ושייכות. לנושא הזה יש היום מקום נרחב בכל הנוגע לעיסוק בזכויות אדם, אקולוגיה ומִחזור. כל אלו מעלים את הדיון בשאלת היחס הראוי בין האדם לסביבתו.

דוגמה נוספת: הכתובה, שטר ההתחייבות של הגבר כלפי האישה לפני נישואיהם, עשויה להיראות לא רלוונטית בימינו מכמה היבטים: הכתובה תופסת, לכאורה, את הנישואין כמערכת יחסים פטרונית ולא שוויונית (הגבר מחויב לדאוג לאישה, אך האישה אינה מתחייבת לכלום), הכתובה רואה את האישה תלויה כלכלית בבעלה (ואילו כיום נשים עצמאיות ומתפרנסות בכוחות עצמן), וגם התוקף המשפטי שלה מצומצם ביותר.

אלא שמבעד לפרטים ההלכתיים של הכתובה, הנידונים לאורך מסכת כתובות, הכתובה מבטאת את התפיסה הרעיונית שזוגיות חייבת לכלול מחויבות (״שלא תהא קלה בעיניו להוציאה״, יבמות פט ע״א; כתובות לט ע״א, נד ע״א ועוד, ושאם נהג כן, ״בעילתו בעילת זנות״, כתובות נד ע״ב). מעבר לכך, הכתובה מבטאת את התפיסה שזוגיות חייבת לכלול מרכיב של אחריות מצד הגבר כלפי אשתו (נוסף לתחומי האחריות והמחויבות של האישה, שהם שונים). זה לא סימטרי אבל גם לא פטרוני. זו ההבנה שכל מערכת יחסים כוללת גם מרכיב של אחריות, ושחלקו של האיש שונה משל האישה. את האמירה המהותית הזו יכול כל זוג לתרגם באופן המתאים לו

32. דיון דומה קיים גם בפרק שישי של בבא מציעא, ביחס לפועלים.

בהתאם להסכמות שאליהן יגיעו בני הזוג ביניהם. הרעיון הזה, גם אם הוא לא מוסכם על הכול – בוודאי רלוונטי.

פרק ד: שפות נוספות בתלמוד

ההיגיון התלמודי

כאמור, מלבד השפה ההלכתית, יש בתלמוד שפות נוספות המשלימות אותה ומוסיפות עליה את מה שאין ביכולתה או בכוונתה להביע. שפה נוספת מרכזית וייחודית לתלמוד היא הלוגיקה התלמודית.

רבות נכתב ודובר על דרכי החשיבה ומאפייני הדיון התלמודי. שפת התלמוד הייחודית, מהלך השקלא וטריא, הכולל הבאת מקורות מתקופות שונות, עימות בין מקורות ודעות, קושיות ותירוצים – בין מקורות מתקופות שונות ובין חכמים מתקופות שונות – כל אלו משקפים שפה ייחודית לתלמוד, ויש בהם משמעות רבה. משמעויות אלו נידונו בהרחבה בספרים על דרכי החשיבה התלמודית, עד כדי שיש הרואים בדרכי החשיבה הללו את המהות של התלמוד.[33] המשותף לשיטות הללו הוא ההתמקדות בכלי, בשפה, ולא בתוכן של התלמוד. כאן לא איכנס לעובי הקורה של הדיון, והרוצה להרחיב יעיין בספרות הרלוונטית.[34] מנקודת המבט של השיטה

33. כך עונה הרב שטיינזלץ בספרו (יחד עם י' מזומן) נתיב לתלמוד, עמ' 17: "מהו אם כן התלמוד? מסתבר שקשה לענות על שאלה פשוטה ובסיסית זו. קשה להגדיר את התלמוד מפני שהוא מהווה סוגה ייחודית: התלמוד אינו קובץ הלכות, לקט אגדות או ספר הגות פילוסופי. יש בו אמנם מכל אלו, יחד עם חכמת חיים, רעיונות מדעיים וסיפורי מעשיות; אך במהותו משמר התלמוד את צורת הלימוד הבית מדרשית של חכמים – חילופי דברים תוך משא ומתן בסוגיות... אך התלמוד אינו פרוטוקול בעלמא: התלמוד הוא צורת חשיבה העומדת בפני עצמה". גישה דומה מצויה אצל נאה, במבוא לספרו אפשר אחרת, עמ' 21: "ספר זה מתאר את הקווים האופייניים לחשיבה היצירתית של חכמי התלמוד, שלדעתי היא מורשתו העיקרית של התלמוד". נאה מייחס את החשיבות המרכזית של התלמוד לצורת החשיבה, ולא לתוכן, ולהגדרת המאפיינים שלה הוא מקדיש את ספרו. טענתנו כאן היא שצורת החשיבה הינה אחד הכלים המשמעותיים המשרתים את התוכן שהתלמוד מבקש למסור, שהם הרעיונות. דרכי החשיבה הן יותר מאשר האופן הטכני שבו נמסר התוכן, וגם בהן גלומים רעיונות משמעותיים כפי שיפורט לאורך המבוא. ביטוי שונה לגישה הזו אפשר לראות אצל הרב שג"ר, כלים שבורים, עמ' 29-43, שאין ציפייה למצוא היגיון בלוגיקה התלמודית, משום שלגמרא יש היגיון משלה ושכל משלה.

34. למשל: נאה, אפשר אחרת; מאיר, התבונה המחדשת; פאוסט, תהיו חכמים, ועוד. לכל אחד מן הספרים הללו דגשים ופרשנויות שונים מעט, ובכל זאת המשותף להם שהם מתמקדים בדרכי החשיבה התלמודית, במשמעויות שלה, ומתוך כך ברלוונטיות של דרכי חשיבה אלו לעידן הנוכחי.

שאני מציעה – צורת החשיבה התלמודית, בדומה להלכה, היא שפה המשרתת את הרעיונות, דהיינו שהיא כלי, אמצעי בלבד, ואינה המהות של התלמוד.

שיטת הלימוד הנפוצה כיום בעולם הישיבות, הלמדנות מבית בריסק, מבטאת צורת התייחסות דומה לתלמוד, משום שגם היא מתייחסת לעקרונות המופשטים שבתלמוד. השיטה הלמדנית חותרת להבנה של העקרונות המופשטים העומדים ביסוד הדיונים ההלכתיים שבתלמוד באמצעות דרכי לימוד אנליטיות המבוססות על לוגיקה טהורה. על ידי העקרונות הללו, שהם הגדרות מופשטות, מסבירה השיטה הלמדנית את סבך המקרים, הדעות, המקורות והשקלא וטריא בסוגיה.[35]

השימוש בשני דינים הוא אחד הכלים המרכזיים בשיטה הלמדנית, המבוסס על פיצול הדין למרכיבים השונים כדי להעמידו על עקרונות מופשטים, כמו חפצא וגברא.[36] גם הגישה המוצגת בספר זה חותרת להגדרת העקרונות שביסוד הדינים, בהבדל משמעותי אחד, והוא שההגדרה אינה מושג מופשט, אלא היא רעיון או ערך בעל משמעות רוחנית ומוסרית קיומיים. ההגדרות המופשטות אינן תכלית הלימוד, אלא הן כלי המשמש את הלומד לגילוי הרעיון שעומד ביסודו של הדין. חשיפת המבנה הלוגי של הסוגיה עדיין אינה מסבירה אותה, כמו שניסוח של חוקי הפיזיקה עדיין אינם נותנים מענה למשמעות של העולם.

הלמדנות אינה נותנת מענה לשאלה: לשם מה כל זה? מה המטרה של הסוגיה, לאן היא מובילה ומה היא מבקשת ללמד אותנו? הלמדנות אינה שואלת את השאלות הללו, משום שלדעתה אין זה מעניינו של התלמוד. בעיניה, התלמוד הוא מערכת סגורה של חוקים ואין לחפש פשר חיצוני למערכת הזו. ספר זה טוען בדיוק ההפך, שהמטרה של התלמוד היא ללמד רעיונות, ולכן הלוגיקה והמבנים המופשטים הם השפה (אחת מן השפות) שבאמצעותה התלמוד מלמד אותנו רעיונות. הגדרת המבנים היא חשובה, אבל היא לא סוף הדיון, אלא היא הפתח לשאלה החשובה ביותר: מה הרעיון שהסוגיה מלמדת אותנו?

35. על הניתוח האנליטי של שיטת הלמדנות ראו אצל ברנדס, שבת, עמ׳ יא-יב והע׳ 5.

36. יסוד החלוקה הזו נמצא בתלמוד עצמו, בתחילת מסכת שבועות, ושיטת הלימוד הבריסקאית מרחיבה את השימוש בה.

האגדה

התלמוד מביע את הרעיונות שלו בשתי דרכים: דרך ההלכה ודרך האגדה. גם האגדה היא שפה המשמשת את התלמוד כדי להביע את הרעיונות שלו והיא משלימה את שפת ההלכה. שפת האגדה נפוצה בתלמוד, והיא תופסת כרבע מן התלמוד.

הטענה שהאגדה מביעה רעיונות היא טריוויאלית, אבל הטענה שלי היא לא שאגדתות נושאות מסרים רעיוניים, אלא שהרעיונות שהאגדתות עוסקות בהם קשורים באופן מובהק לרעיונות של הסוגיות ההלכתיות הסמוכות להן.

שפת האגדה היא חשובה במיוחד משום שהאגדה יכולה לבטא את מה ששפת ההלכה אינה יכולה.

ספרו של הרב יהודה ברנדס אגדה למעשה מוקדש לבירור התרומה של האגדה המשולבת בסוגיות ההלכתיות להבעת המסרים של התלמוד. בפתח הספר הוא כותב:

> האגדה ממלאת תפקידים חשובים בעולם המעשה. אחד מתפקידיה הוא הצעת העקרונות הרעיוניים המנחים את הפעולה ההלכתית. לעיתים הניסוח המשפטי המדוקדק של ההלכה אינו יכול להציע מענה מספק למכלול הדרישות של המצווה. במקרים כאלו האגדה משלימה את החסר באקלים הרוחני והרעיוני ומספקת לאנשי ההלכה – לחכמים, לפוסקים ולמורי ההוראה וגם לאדם המקיים הפשוט – את מבט העל ואת תודעת העומק, שינחו את הוראותיהם, הכרעותיהם ופעולותיהם כדי שלא יחמיצו את הנתיב הנכון של ההלכה ויאבדו במבוך הפרטי. "אגדה למעשה" היא אפוא אגדה המכוונת את ההלכה... משתי בחינות משלימה האגדה את ההלכה: מצד אחד, האגדה מהווה מעטפת רעיונית כללית, המתפרטת על ידי ההלכה לפרטים של מעשים מוגדרים וקצובים. ומצד אחר, האגדה היא שיוצקת משמעות לפרטי הפעולות המעשיות הנדרשות על ידי ההלכה.[37]

בעוד שהדיונים ההלכתיים עוסקים ברעיונות מן הפריזמה של הביטוי המעשי שלהם במציאות, ובאמצעות משא ומתן בעל מאפיינים לוגיים – שפת

37. ברנדס, אגדה למעשה א, עמ' 11-12.

האגדה משלימה את הדיון ברעיונות ומציעה את הצד המופשט, הרעיוני, הרוחני של אותם הרעיונות עצמם. האגדה יוצקת את המשמעות הרעיונית אל הפרטים הקטנים של ההלכה ובכך מקדמת, משלימה ומעמיקה את הביטוי של המשמעות הרעיונית שלהם עצמם.[38]

סיכום

הנחות היסוד, אף שהן מנוסחות כתאורטיות, נלקטו והתגבשו מתוך לימוד של סוגיות רבות בתלמוד, וגם מבין השורות של הסוגיות, ממה שלא נאמר בפירוש בסוגיות אבל הוא נוכח שם באופן בולט, ורוב רובו של הספר הזה מוקדש להדגמה של העקרונות הללו. לימוד כזה חושף בתלמוד רובד תת־קרקעי של רעיונות שהם בעלי משמעות רוחנית ומוסרית. הרעיונות הללו כאמור הם אבן היסוד של התלמוד, הם התשתית שממנה ועל גביה נבנה עולם ההלכה המעשי הנגלה לעין. הספר עוסק בפרשנות של מגוון סוגיות מן התלמוד לאור הנחות היסוד שהוצעו כאן ומבקש להראות כיצד בסוגיות ספציפיות וברצף של סוגיות בא לידי ביטוי עולם של רעיונות וערכים בתחומים שונים.

החלק הבא של המבוא הוא חוליית הקישור בין הנחות היסוד לסוגיות עצמן. נבחן בו את מגוון הצורות והמתודות, הכלים, שבאמצעותם התלמוד מביא לידי ביטוי את הנחות היסוד התיאורטיות.

חלק ב - הכלים: כיצד התלמוד מביע את הרעיונות?

בחלק זה נתקדם צעד נוסף מהרובד התיאורטי אל דפי הגמרא עצמם,[39] ונענה על השאלה: כיצד באים הרעיונות התלמודיים לידי ביטוי בסוגיות?

הרעיונות שבתשתית הסוגיות התלמודיות באים לידי ביטוי בסוגיות התלמוד באמצעות מגוון רחב של אמצעים ספרותיים ("כלים"). בתלמוד יש כלים רבים ומגוונים, אך בחרנו לעסוק בכלים שיש להם משמעות מרכזית לביטוי של הרעיונות. החלק הזה מתייחס למאפיינים מרכזיים ואינטגרליים

38. הרחבה ודוגמאות אפשר למצוא בחלקו השני של המבוא, בתת־הפרק "הלכה ואגדה".
39. למרות שתיתכן חזרתיות בין הנושאים שנידונים בחלק "הנחות היסוד" לכלים, ראינו אל נכון לדון בצורה מסודרת בכל הנחות היסוד ובכל הכלים, וזאת כדי לאפשר דיון מסודר ושיטתי. אנו סבורים שהצגת הדברים באופן זה מסייעת להבנה ולהפנמה.

של התלמוד, המוכרים לכל לומד תלמוד ומעניק להם פרשנות אחרת, הקשורה לאופן שבו הם משמשים להבעת רעיונות.

כמובן שלא בכל סוגיה נמצא את כל הכלים או את מרביתם. סוגיות נבדלות זו מזו לא רק בתוכנן אלא גם בכלים המשמשים אותן להבעת הרעיונות. לאורך הספר נבחרו מגוון סוגיות, הן מצד התחום שבו הן עוסקות והתוכן שלהן והן מצד הכלים המשמשים את הסוגיות להבעת הרעיונות.

עיקרו של ספר זה הוא בהמחשה וביישום של המבוא התיאורטי. המטרה היא לא רק להסביר כיצד הכלים משמשים להבעת רעיונות, אלא להדגים זאת בסוגיות עצמן, לכן דוגמאות הן חלק משמעותי מן ההבנה וההפנמה של הכלים ואופן השימוש בהם. מסיבה זו, בשולי ההסבר על כל אחד מן הכלים שנסקרים ומתבארים במבוא יש הפניה בתוספת הסבר תמציתי לדוגמה או דוגמאות של הביטוי של הכלי בסוגיות שונות לאורך התלמוד. בצד ההפניות יש הסבר תמציתי על האופן שבו מתבטא הכלי בסוגיות הללו. ההפניות הללו הן הזמנה לקורא להרחיב ולהעמיק בסוגיות הללו ולבחון בעצמו את האפשרות לעמוד על המשמעויות הרעיוניות של הסוגיות הללו.

מעבר לכך, עיקרו של הספר מוקדש להדגמת היישום של הכלים בחשיפת הרבדים הרעיוניים של הסוגיות. בחרנו שבע דוגמאות מתוך התלמוד, וכל אחת מהן מפרשת רצף של סוגיות. הפרשנות של הסוגיות לאורך הספר הן הסבר כיצד יש ליישם את הכלים הללו בפרשנות של סוגיות ובחשיפת הרובד הרעיוני שלהן. כדי להקל על הקורא את החיבור בין הרקע התיאורטי לשימוש שלו – הוספנו הפניות המחברות בין המבוא לדוגמאות שבהן היישום של הכלי מודגם באופן מפורט ומורחב.

מעבר להסברים התיאורטיים של השיטה הפרשנית ושל הכלים, ומעבר להמחשה באמצעות המערכת הכפולה של דוגמאות, ספר זה מבקש לתת בידי הקוראים כלים מעשיים ליישום הגישה הזו גם בלימוד עצמאי. לכן אנו מציעים בפרק זה תיווך נוסף בין התיאוריה ללימוד: בשולי כל אחד מן הפרקים ניסחנו שאלה שיכולה להיות הצעד הראשון בחשיפת הרבדים הרוחניים בסוגיות.

פרק א: הפרטים הם חלק ממכלול

הסוגיה כמכלול

בסוגיה התלמודית נשזרים פרטים רבים ומגוונים: פסוקים, מקורות תנאיים, מקורות אמוראיים, מימרות, פרשנות של המימרות, אגדתות, מדרשים, נושאים

המובאים בסוגיה ונראים לא קשורים אליה, ומעל לכל אלו – מהלך שקלא וטריא מורכב, המתייחס לפרטי הפרטים של כל אלו וליחס ביניהם. כמובן שסוגיות שונות מאוד זו מזו באופיין ובמרכיביהן, ובכל זאת, נכון יהיה לומר באופן גורף שהמרכיבים הרבים והמגוונים של הסוגיות השונות אינם מובאים בסדר אקראי או מזדמן, אסוציאטיבי, אלא הם ערוכים ומסודרים בכוונת מכוון במבנה שיש מאחוריו מחשבה, היגיון וכוונה. הסוגיה ערוכה מתוך מגמה, והיא להביא לידי ביטוי רעיונות רוחניים עד לביטוים במעשה ההלכתי.

למעשה, בתשתיתה של כל סוגיה יש נושא אחד, המתבטא במושג, שהוא הציר המרכזי של הסוגיה, וסביבו מתארגנים הפרטים שמהם מורכבת הסוגיה. החלקים השונים של הסוגיה עוסקים בנושא המרכזי, מתייחסים אליו מהיבטים שונים שלו ותורמים כל אחד באופן ייחודי לפיתוח המחשבתי וההלכתי של נושא הסוגיה על ידי התייחסות לאותו מושג מרכזי. בדרך כלל המושג המרכזי הוא למעשה שני מושגים, המביאים לידי ביטוי שתי פרשנויות רעיוניות שונות, ואף סותרות, לנושא הנידון בסוגיה. במקרים הללו הסוגיה מצביעה על שני מושגים, ולעיתים היא גם תעמת בין המושגים ותצביע על הפער ביניהם.

דוגמאות: הנושא של פרק ראשון של מסכת בבא בתרא הוא שכנות. הדיונים וההלכות בפרק דנים כיצד לבנות שכנות נכונה, שיש בה מקום גם לאדם הפרטי וגם לאחריות והשיתוף של הפרט כלפי שכניו.

מסכת עבודה זרה עוסקת בשאלת היחס והקשר בין ישראל לגויים. הבירור נע בין שני עקרונות: מצד אחד הבדלה של ישראל מהגויים כדי שלא יושפעו מהם, ומצד שני מתן מקום לקשר המאפשר השפעה חיובית של עם ישראל על העמים האחרים.

הסוגיות במסכת קידושין מדף כט והלאה עוסקות במצוות תלמוד תורה ובמצוות נוספות מן ההיבט של המתח בין הזהות האישית האינדיבידואלית ליצירת קשר בין דורי והעברת המסורת: האם לימוד תורה הוא מצווה על האב להמשיך את שרשרת הדורות, או שהוא עניין של התפתחות אישית, שבה האב ובנו והרב ותלמידו אינם משויכים לרצף אחד של מסירה אלא דווקא "נעשים אויבים".

במסכת חגיגה, העוסקת במצוות עלייה לרגל אנו מוצאים שני פנים למצווה: אם עניינה הוא הודאה לה' על הברכה או "ראיית פני ה'", חוויה רוחנית של קשר (מעשה מרכבה שמופיע בהמשך המסכת מחזק את הכיוון הזה).

כל פרק וכל מסכת יש להם נושא מרכזי, עקרוני, מהותי שבו הם עסוקים ומבררים מהיבטים שונים לאורך הדיונים והסוגיות.

כשלומדים סוגיה השאלה שיש לשאול היא: מהו הנושא של הסוגיה, מהו המושג המרכזי הנידון וכיצד הפרטים השונים של הסוגיה מתייחסים למושג הזה? האם יש מושג נוסף בסוגיה? ואם כן, מה היחס בין שני המושגים?

קבצים של סוגיות (באותו נושא)

המגמה הרעיונית של התלמוד באה לידי ביטוי לא רק בסוגיה עצמה, על מגוון הפרטים והדיונים המרכיבים אותה, אלא גם ביחס בין סוגיות שונות הסמוכות זו לזו. רצף הסוגיות לאורך פרק או מסכת בתלמוד אינו עניין אקראי, אלא נצמדו מתוך תכנון וסדר. יצירת רצף של סוגיות היא אחד הכלים המשמשים את התלמוד כדי לפתח להעמיק ולהרחיב את העיסוק במושג הרעיוני היסודי שבו עוסק הפרק או המסכת, כך שסוגיה אחרי סוגיה, נדבך על גבי נדבך, התלמוד הולך ומפתח ומעמיק עיקרון רעיוני מרכזי ואת הביטויים המעשיים שלו. הנושא היסודי שנידון מתפתח מסוגיה לסוגיה וכל סוגיה קשורה לנושא הכללי ומוסיפה עליו.

ישנם סוגים של קשרים בין סוגיות: ייתכן שסוגיה מציגה אלטרנטיבה לתפיסה של הסוגיה הקודמת לה, או לחלופין מרחיבה את הרעיון שמופיע בסוגיה הקודמת למקרים או תחומים נוספים. יש להבין כל סוגיה לא רק מתוך עצמה אלא גם מתוך הקשר שלה לסוגיות הסמוכות. לימוד שאינו מביא בחשבון את המשמעויות הנגזרות מתוך הקשר שנוצר בין הסוגיות מפסיד היבט חשוב של המשמעות של הנושא הנידון, שהיא חלק מן הפסיפס העשיר של התלמוד.

השאלה הנשאלת בהתייחס לקשר שבין סוגיות רצופות היא: מה מוסיפה כל סוגיה ברצף הסוגיות למשמעות של הנושא היסודי הנידון בסוגיות?

דוגמה: פרק ראשון של מסכת בבא מציעא עוסק בנושא הבעלות והעיקרון הרעיוני שביסודה: כיצד נוצרת בעלות, ומה המשמעות המוסרית של בעלות. הגמרא בונה את תפיסת הבעלות סוגיה אחרי סוגיה. לפי המשנה, מה שיוצר את הבעלות היא האחיזה בפועל בחפץ, "שניים אוחזין בטלית". לאורך הסוגיות הגמרא מחזקת את התוקף שיש לאחיזה הממשית בקביעת הבעלות. בדף ג ע"א הגמרא אומרת: "ותנא תונא: שנים אוחזין בטלית זה

אומר אני מצאתיה וכו'. והא הכא, כיון דתפיס – אנן סהדי דמאי דתפיס האי דידיה הוא", כלומר, התפיסה בטלית דומה כאילו עדים מעידים עליה שהיא של האוחז, למרות שאין עדים שהיא שלו. בדף ד ע"א, הגמרא אומרת שבמקרה של "הילך", "כיון דתפיס – אנן סהדי דמאי דתפיס הילך הוא", דהיינו, לתפיסה בטלית יש מעמד המקנה לו את החלק שלו בטלית. כלומר התפיסה אינה רק כעדים שהרכוש התפוס שלו, אלא היא מגדירה מציאות שהחפץ שלו. בשלב הבא, בדף ה ע"ב, תפיסת הבעלות הזו צועדת צעד נוסף: "וכי מאחר שזה תפוס ועומד וזה תפוס ועומד – שבועה זו למה?!". כלומר אפשר לבטל את השבועה המובאת במשנה הראשונה של המסכת, במקרה של "שניים אוחזים בטלית", מפני שיש כאן תפיסה גמורה.

לאורך הסוגיות של פרק ראשון של בבא מציעא הגמרא מחזקת את התוקף של אחיזה ממשית בחפץ כדרך לקביעת בעלות. הרעיון הוא שבעלות אנושית על חפץ תלויה בהחזקה בפועל, אך בעלות מהותית היא רק של ה'. חכמים רוצים לקדם תפיסה רוחנית שבה האדם מכיר באדנותו של ה', ולכן לאורך הסוגיות הם מחזקים את הכוח שיש לאחיזה הממשית של האדם בחפץ בקביעת הבעלות. סביב בעלות ורכושנות ישנם הרבה קונפליקטים, ולכן יש צורך להסדיר כללים לקביעת גבולות הבעלות כדי שאפשר יהיה להכריע במקרים של מחלוקות על רכוש. אבל את הבעלות המהותית, את האחיזה של האדם ברכוש ובחומר, חז"ל רוצים לרופף, כדי לתת מקום להכרה ולאמונה שה' הוא בעל הבית האמיתי של העולם.

סוגיות זרות

תופעה ידועה בתלמוד היא קיומן של סוגיות העוסקות בנושאים שאינם קשורים ישירות לנושא הנידון בפרק ("סוגיות זרות"), כגון סוגיית נר חנוכה המשובצת בפרק שני במסכת שבת, במה מדליקין, העוסק בנרות השבת. לעיתים מדובר בסוגיה קצרה או בודדת ולעיתים ברצף ארוך של סוגיות. ישנם מקרים שהקשר קרוב וברור, אבל לעיתים הקשר בין הסוגיות רחוק יותר והמשותף הוא פרט חיצוני ושטחי מתוך הסוגיה, כמו חפץ או דימוי משותף, מקור משותף שנידון מספר פעמים בהקשרים שנראים שונים, או רצף של מימרות בשם חכם מסוים, או רצף של מחלוקות בין חכמים מסוימים, ומלבד השם המשותף – לא נראה שיש קשר בין המימרות או המחלוקות.

נהוג להסביר את השיבוץ של הסוגיות הללו על דרך האסוציאציה, דהיינו שרצף הסוגיות נקבע לפי דמיון של פרטים, המשתרשים ומשתלשלים

זה מזה על פי הקשרים מיידיים ומאפיינים חיצוניים בין פרט לפרט.[40] לפי הנחת היסוד האמורה לעיל, שבעריכת התלמוד משוקעת כוונה בעלת משמעות רעיונית, גם שיבוץ של סוגיות זרות הוא חלק מהמערך הכולל והמחושב של מבנה ורצף של סוגיות. קשר בעל אופי רעיוני קיים לא רק בין סוגיות בעלות נושא משותף, אלא אפילו בין סוגיות שברובד הגלוי נראות לא קשורות או שיש ביניהן קשר טכני בלבד. קשר כזה מתקיים ברובד הנסתר של הסוגיות, ברובד הרעיוני. שיבוץ סוגיה זרה ברצף סוגיות הוא כלי המשמש את התלמוד כדי להעמיק ולהרחיב את הרובד הרעיוני של הדיון. העמקה כזו מתרחשת בשני אופנים:

בראש ובראשונה, הקשר המושגי בין הסוגיה הזרה לנושא של הפרק או של רצף הסוגיות שבהם היא משובצת עשוי לחשוף את העקרונות הרעיוניים שבתשתית הפרק כולו. הסוגיה הזרה יכולה לעסוק בנושא הלכתי שונה לחלוטין מן הנושא המרכזי של הפרק, אבל בעומק הדיון ההלכתי של הסוגיה הזרה מצוי עיקרון רעיוני הקשור באופן מובהק לעיקרון הרעיוני הנידון ברצף הסוגיות שבו הובאה הסוגיה הזרה. כלומר, חוליית הקישור בין הסוגיה הזרה לסוגיות האחרות היא עצמה העיקרון הרעיוני המרכזי של הפרק.

במקרה כזה השאלה שיש לשאול ושתכוון את הלומד לגלות את הנושא הרעיוני שביסוד הפרק, היא: מהי נקודת הדמיון בין הסוגיה הזרה לנושא או למושג המרכזי של הפרק? איזה רעיון חדש או מושג חדש מתגלה מתוך המכנה המשותף בין הסוגיות?

התשובה לשאלה זו חייבת להיות ברמה המושגית ולא ברמה המעשית, משום שבמקרה של סוגיה זרה אין קשר מלבד הקשר הטכני. קשר כזה יכוון את הלומד לחשיפת הנושא הרעיוני היסודי בפרק.

לשיבוץ סוגיה זרה יש תרומה נוספת. הסוגיה הזרה לא רק חושפת את הנושא היסודי של הפרק, אלא גם יש לה אמירה ביחס אליו. במקרים רבים, הסוגיה הזרה תורמת להעמקה, פיתוח, הרחבה וחידוד של ההיבט הרעיוני של הסוגיות:

40. גישות כאלו קיימות בעולם המחקר כמו גם בעולם בית המדרש. ביטוי לתפיסה כזו אפשר למצוא בפירושי שטיינזלץ ושוטנשטיין לתלמוד, שפעמים רבות מסבירים את המעבר מסוגיה לסוגיה במילים "על דרך האסוציאציה" או "אגב הזכרת... הגמרא מזכירה גם... " או "אגב... הגמרא מזכירה גם..." וכדומה. ובעולם המחקר אצל הלבני, שבת, עמ' 7. לשלילת הגישה הזו מן ההיבט המחקרי, ראו אצל פרידמן, חקר, עמ' 33.

> כוחו של הניתוח הספרותי הוא לעמוד על קשרים וחיבורים רעיוניים הרמוזים באסוציאציות לשוניות ועניינִיות... לחבר בין עניינים הנראים שונים ואף רחוקים זה מזה... כדרכה של היצירה הספרותית, החיבור בין הדברים השונים גורם למחשבה מחודשת ולתפיסה מחודשת לגביהם, על מנת לעמוד על המכנה המשותף המאגדם ביחד.[41]

הערך המוסף של סוגיה זרה יכול לבוא לידי ביטוי בכמה אופנים: בחידוד המשמעות הרעיונית, בהשלמה שלה או בתוספת של היבטים חדשים ביחס לרעיון. לעיתים הסוגיה הזרה מציעה נקודת מבט אחרת, המנוגדת לפרשנות הרעיונית של הפרק ועוד. גם כאן, הפרשנות הנוספת תתגלה רק ברובד המושגים ולא ברובד ההלכתי, שבו אין קשר גלוי בין הנושאים של הסוגיות.

בשלב השני השאלה שיש לשאול היא: מה מוסיפה הסוגיה הזרה להבנת הנושא הרעיוני המרכזי של הפרק?

דוגמאות: בסוגיית הפתיחה של מסכת פסחים, ג ע״א, העוסקת בבדיקת חמץ, משולבת סוגיה העוסקת בלשון נקייה. הקישור הטכני של סוגיית לשון נקייה לסוגיה העיקרית, בדיקת חמץ, הוא באמצעות ההסבר של הגמרא, שהמשנה נקטה במטבע הלשון ״אור ל...״ כדי לתאר את הלילה בגלל לשון נקייה. מכאן עוברת הגמרא לעסוק בהרחבה במשמעות ובחשיבות של השימוש בלשון נקייה. בין השאר הגמרא מתארת בסוגיה כיצד השפה שבה משתמש אדם מעידה על הפנימיות שלו.

על פניו, אין קשר בין בדיקת חמץ ללשון נקייה, אך הבחירה של חכמים לשבץ את הסוגיה בהקשר הזה מצביעה על קשר. בדיקת חמץ מקבלת משמעות פנימית של בדיקת חדרי הלב כהכנה לגאולה, כמובא בהמשך הסוגיה (ז ע״ב): ״נֵר ה׳ נִשְׁמַת אָדָם חֹפֵשׂ כָּל חַדְרֵי בָטֶן״. החיבור של סוגיית לשון נקייה לבדיקת חמץ מלמד שהנר שבאמצעותו יכול אדם לבדוק את חדרי ליבו הוא השפה שלו, על כל המשתמע מכך. אכן, הגמרא בעצמה נוקטת בלשון ״בדיקה״ לעמידה על טיבו של האדם: ״בדקו אחריו״ ו״אין בודקין (יוחסין) מן המזבח ולמעלה״.

41. וולפיש, *שיטת העריכה*, עמ׳ 316. עמדה כזו באה לידי ביטוי גם אצל פיינטוך, *מעשי חכמים*, וכפי שהוא מסכם אותה בעמ׳ 252–253, הסבור שגם סיפורים שזיקתם הראשונית לסוגיה נראית אסוציאטיבית, מונח דומה או זהה, או משום שהם מזכירים אותו דובר או דובר בשם דומה – לאחר ניתוח ספרותי קשר סובסטנטיבי לסוגיה, ומתוך כך מתגלה כי מה שמצוי ביסודה של העריכה אלו שיקולים הנוגעים לרעיון ותוכן.

דוגמה נוספת: להלכות שבת מוקדשות מסכתות שבת ועירובין, אך הלכות קידוש והבדלה נידונות דווקא בפרק עשירי במסכת פסחים, העוסק בהלכות ליל הסדר. חוליית הקישור היא קידוש של ליל הסדר, שממנה הגמרא עוברת לדון בקידוש והבדלה של שבת. קידוש והבדלה של שבת נידונים במסכת פסחים לא כעניין צדדי, אלא כסוגיה המרכזית שעוסקת בנושא, לאורך כשישה דפים (ק ע״ב – קז ע״א).

החיבור של קידוש והבדלה דווקא לליל הסדר נושא משמעות רעיונית, הן ביחס לפסח והן ביחס לשבת: החיבור הזה מבליט את המשמעות של גאולה גם בשבת, ובייחוד במצוות קידוש והבדלה. לשבת שתי פנים: עדות על בריאת העולם, המתבטאת בעיקר באיסורי המלאכה, הנידונים במסכת שבת. זהו גילוי של השבת כיום קדוש ״וַיְקַדֵּשׁ אֹתוֹ״ (בראשית ב, ג). אבל שבת היא גם יום מבורך, יום שבו האדם מתחבר לברכת ה׳ שבחייו ״וַיְבָרֶךְ אֱלֹהִים אֶת יוֹם הַשְּׁבִיעִי״ (בראשית ב, ג), וכמו שבא לידי ביטוי בפרשת המן שבפרשת בשלח. הביטוי של צד זה בשבת הוא בעונג שבת, בסעודות ובקידוש המלווה את הסעודה, ״אין קידוש אלא במקום סעודה״ (קא ע״א). החיבור של קידוש והבדלה לחג הגאולה נותן מקום למשמעות של שבת כיום שבו האדם חווה את ברכת ה׳ וגאולתו. בסוגיות על קידוש והבדלה הגמרא עוסקת ביחס בין בריאת העולם ובין הגאולה, בין שבת לפסח.[42]

דוגמה נוספת: בפרק ראשון של בבא בתרא יש סוגיה ארוכה על צדקה. החיבור של סוגיית צדקה לפרק שעוסק בקהילתיות מוסיף רובד של משמעות, הן למצוות הצדקה והן לערכים שביסוד השייכות החברתית. החיבור הזה מסיט את הדיון בצדקה מהמשמעות הפרטית של מעשה חסד אישי אל המשמעות הציבורית: עד כמה צדקה היא חלק מסדר העדיפות הקהילתי, והאופן שבו היותה חלק מסדר היום הציבורי מעצב ובונה את אופי הקהילתיות. חוליית החיבור של הסוגיות היא העיסוק במיסים לצורכי ביטחון. החיבור של סוגיית צדקה לסוגיית מיסים לצורכי ביטחון ותפעול העיר מייצר רובד חדש של משמעות, מעבר למשמעות של כל נושא בנפרד, שהמסר שלו הוא שחיזוק הציבור והביטחון שלו הוא גם, ואולי בעיקר, על ידי מעשי החסד והעזרה ההדדיים בתוך הקהילה.

42. בהמשך המבוא ישנן דוגמאות נוספות הקשורות לשבת, והן מוסיפות ומבארות את המשמעות הרעיונית של שבת המוצגת כאן בקיצור, כדאי לעיין גם בהן.

הלכה ואגדה

בדומה למשמעות הטמונה בקשר בין סוגיות הלכתיות רצופות – גם למקבץ של סוגיות אגדיות, או לסוגיות אגדיות המשולבות בסמוך או בין סוגיות הלכתיות, ישנה כוונה ומגמה בעלת אופי רעיוני. כאשר הלימוד מכוון לעיון הלכתי, נוטים להתעלם מן החלקים האגדיים. וכאשר הלימוד מכוון לאגדה, נוטים ללמוד את האגדתות כיחידות עצמאיות, המנותקות מן ההקשר ההלכתי שבו הן נתונות. על פי התפיסה הרואה רצף של סוגיות כמכלול – יש לראות גם באגדתות המשולבות בסוגיות ההלכתיות או בין הסוגיות חלק אורגני מהפרק או המסכת. הסוגיות האגדיות הן בעלות תרומה חיונית וייחודית לבנייה הגדרה ופיתוח של המשמעות הרעיונית של הסוגיות ההלכתיות. דווקא בגלל אופיין הן תורמות פרשנות ערכית וחווייתית לחלקים המעשיים, וזו משתלבת במגמה הרעיונית הבסיסית הנידונה לאורך הסוגיות, ולכן יש לראות באגדתות חלק חשוב מרצף הסוגיות.

דוגמאות מרתקות רבות להפריה של אגדתות המשולבות בסוגיות הלכתיות אפשר למצוא בכמה ספרים העוסקים בהשפעה ההדדית של אגדתות וסוגיות הלכתיות.[43] שני הכרכים של ספרו של הרב יהודה ברנדס אגדה למעשה עוסקים בניתוח סוגיות רבות המשלבות חלקים אגדיים ובתרומה של החלקים האגדיים למשמעות ההלכתית של הנושא. גם ספרו של יונתן פיינטוך פנים אל פנים מוקדש לבירור ההשפעה ההדדית של האגדה על ההלכה ושל ההלכה על האגדה – בסוגיות ברחבי התלמוד. על אלו נוסיף בקיצור כמה דוגמאות:

דוגמה: הזכרנו לעיל את המחלוקות של ר׳ יהודה ור׳ שמעון בהלכות שבת.[44] כמה דפים לפני המחלוקות המדוברות מופיע סיפור בריחתו של ר׳ שמעון בר יוחאי למערה (לג ע״ב). ר׳ שמעון של הלכות שבת הוא הוא

43. סיכום הגישה ראו אצל סויסה, מגמות רעיוניות, עמ׳ 24. להרחבת העיון בגישה המתחקה אחר המשמעות הטמונה בחיבור שבין הלכה ואגדה בסוגיות התלמוד ניתן לעיין בספריו של רובינשטיין, סיפורי התלמוד הבבלי, וסיפורים תלמודיים, ובייחוד עמ׳ 2, 19–21, 265–266, ובדוגמאות השונות שהוא מנתח לאורך פרקי הספר; ברנדס, הלכה למעשה א, במבוא, עמ׳ 15, ובדוגמאות לאורך פרקי הספר, והשלמות במבוא לכרך השני, אגדה למעשה ב, עמ׳ 9–11, ובדוגמאות לאורך פרקי הספר; ובחיבוריו של פיינטוך, מעשי חכמים, עמ׳ 5–8, 43–44, 258–271, וספרו פנים אל פנים, במבוא ובדוגמאות לאורך פרקי הספר.

44. לעיל בתת-הפרק ״דיאלקטיקה ומורכבות״. על החיבור בין שיטת ר׳ שמעון בהלכות שבת ובין תפיסתו הרעיונית ראו גם אצל הרב הנזיר, כהן, קול הנבואה, עמ׳ קמז.

ר' שמעון של סיפור המערה, והדברים קשורים ומסבירים זה את זה. כמו בהלכות שבת, גם ביחסו לרומאים ר' שמעון מייחס את עיקר החשיבות לכוונה, ולא למעשה. ביחס לרומאים אומר ר' שמעון ש"כל מה שתקנו לא תקנו אלא לצורך עצמן", ובהלכות שבת, להבדיל, הוא פוטר על מלאכה שאינה צריכה לגופה, או במקרה ש"אינו מתכוון". לעומתו, ר' יהודה מתמקד במעשה, ולכן מחייב גם על מלאכות שאין בהן כוונה, וגם את הרומאים משבח על מעשיהם, "ראו כמה נאים מעשיהן של אומה זו". האגדה מסבירה את הרבדים הרעיוניים של המחלוקת ההלכתית.

דוגמה נוספת: רצף של סוגיות אגדיות במסכת סנהדרין בדפים ז-ח מפתחות מבחינה רעיונית ורוחנית את מושגי היסוד ההלכתיים של דין ובית דין. ההנחה בסוגיות אלו היא שדין הוא גילוי של החכמה והאמת האלוהית שבתורה, ובית הדין הוא מערכת שנועדה להטלת סמכות על בני אדם ונשיאה בנטל של צורכי ציבור.

כמה מן הדרשות, בדף ז, מדגישות את הממד האלוהי בדין, למשל: "אמר רבי שמואל בר נחמני אמר רבי יונתן: כל דיין שדן דין אמת לאמיתו משרה שכינה בישראל, שנאמר א־להים נצב בעדת א־ל בקרב אלהים ישפט", וכן: "ועתיד הקדוש ברוך הוא ליפרע ממעמידין (ממי שממנה דיין לא הגון), שנאמר וה' בהיכל קדשו הס מפניו כל הארץ", ובהמשך: "אמר ריש לקיש: כל המעמיד דיין שאינו הגון – כאילו נוטע אשירה בישראל, שנאמר שפטים ושטרים תתן לך, וסמיך ליה לא תטע לך אשרה כל עץ". ישנן דרשות שמבטאות את הממד האנושי והחברתי של הדין (ז ע"ב – ח), למשל: "אמר רבי יהושע בן לוי: עשרה שיושבין בדין – קולר תלוי בצואר כולן", וכן: "כתיב ואצוה את שפטיכם בעת ההיא וכתיב ואצוה אתכם בעת ההיא. אמר רבי אלעזר אמר רבי שמלאי: אזהרה לציבור שתהא אימת דיין עליהן. ואזהרה לדיין שיסבול את הציבור. עד כמה? אמר רבי חנן ואיתימא רבי שבתאי: כאשר ישא האמן את הינק", ובהמשך: "אמר רבי יוחנן: כנגד מקל ורצועה תהא זריז, שמע בין אחיכם ושפטתם, אמר רבי חנינא: אזהרה לבית דין שלא ישמע דברי בעל דין קודם שיבא בעל דין חבירו, ואזהרה לבעל דין שלא יטעים דבריו לדיין קודם שיבא בעל דין חבירו, קרי ביה נמי שמע בין אחיכם".

הדרשות הללו מעמיקות את המשמעות הרעיונית של ההיבטים השונים של המערכת המשפטית כפי שהיא באה לידי ביטוי בדיונים ההלכתיים.

השאלות שיש לשאול מנוסחות בידי פיינטוך:

איזו תרומה תורמת קריאת הסיפור בהקשרו לסוגיה עצמה ולדיון ההלכתי שבה: האם הסיפור מוסיף מסר רעיוני כלשהו שלא בא לידי ביטוי בדיון ההלכתי משפטי, או שהוא מדגיש ומחדד צדדים מסוימים, המודגשים פחות בקריאת הדיון ההלכתי כשלעצמו? ושמא הוא מעמיד את הלומד על מורכבויות שונות שגלומות ביישומם של הלכות ודינים שונים במציאות החיים האנושית?[45]

אם השאלות הללו מלוות את הלימוד של החלקים האגדיים (ולא רק הסיפורים) ברצף של סוגיות לאורך פרק – הן תורמות לחידוד, העמקה והרחבה של המשמעות הרעיונית של נושא היסוד הרעיוני שנידון לאורך רצף הסוגיות.

לימוד לרוחב – בקיאות או עיון?

התפיסה המוצגת כאן מכוונת ללימוד על ידי מבט כולל על רצף של סוגיות לאורך פרק, מסכת ולעיתים אף יותר מכך, והיא מזמינה לימוד של התלמוד כולו. העמקה בנושא מסוים מתרחשת בתלמוד לאורך הסוגיות, כאשר כל סוגיה וכל פרק מרחיבים ומעמיקים את הרעיון או את ההלכה. לכן, כדי להעמיק ברעיונות ובהלכות התלמודיים, יש לראות את רוחב היריעה ולא להסתפק בחלק ממנה.

מקובל שלימוד בעיון דורש צמצום והתמקדות בחלק קטן מתוך סוגיה או סוגיות, ומתמקד בלימוד פרשנים, ראשונים ואחרונים, על חלק מסוים של הסוגיה. לימוד כזה שונה מלימוד בקיאות, או פשט, משום שהוא לכאורה מעמיק יותר ממנו.

לטענתנו, לימוד רוחבי, כפי שהוא מוצג כאן, אינו לימוד בקיאות, אלא הוא מביא צורה של העמקה שאינה אפשרית בלימוד שמתמקד בפרטים של סוגיה, המנותקים מהקשרם הרחב, גם אם זה נעשה באופן עמוק. העמקה כזו נובעת דווקא מתוך מבט רחב וכללי על המהלך השלם של הגמרא על הנושא. ממעוף הציפור המבט שלם יותר ומאפשר להבחין בתמונה המלאה, הנושאת משמעות שלמה ועמוקה יותר מפרשנות המתמקדת רק בחלק מהפרטים. ממש כמו יצירת אומנות, שכדי לעמוד על משמעותה המלאה

45. פיינטוך, פנים אל פנים, עמ' יח.

והעמוקה ודאי שיש לבחון את כולה, ולא רק להתמקד בפרט מתוכה, גם אם הוא נבחן לעומקו.

פרק ב: ניהול ריבוי דעות ורעיונות

אחת מהתפיסות היסודיות ביותר בתלמוד נוגעת לתפיסת האמת המורכבת, דהיינו שהאמת באה לידי ביטוי במגוון דעות, שונות ואפילו סותרות. בתפיסה זו עסקנו בפרק הקודם של המבוא. בפרק זה נעסוק במגוון הכלים המשמשים את התלמוד כדי להצביע על ריבוי הדעות, והרעיונות הגלומים בהם ולנהל אותם.

הנכחה של מחלוקות: תפיסות רעיוניות אלטרנטיביות

הביטוי הישיר ביותר לתפיסת האמת המורכבת של התלמוד הוא המחלוקת. המחלוקת מבטאת את ריבוי האפשרויות שקיימות בפרשנות של מציאות. המחלוקת אינה רק בצד המעשי, כלומר בפסיקת ההלכה. כיוון שדעות הלכתיות מבטאות רעיונות, מחלוקת היא האופן שבו התלמוד מציג תפיסות רעיוניות שונות ומגוונות. בכל נושא רעיוני שבו דן התלמוד, כמעט בכל סוגיה, בין אם זה המשמעות של יום השבת, בין אם תפיסת החברה בדיני נזיקין, ובין אם העדים הדרושים לקיום גט – מהלך הסוגיה ורצף הסוגיות יובילו להצבעה על שני רעיונות יסוד שונים, ולעיתים אף מנוגדים. תפיסת המחלוקת אינה כבירור של הדעה הנכונה ושלילת הדעה השגויה אלא כאמצעי ביטוי למגוון אמיתות, שרק המכלול שלהן מציג את המבט השלם על הנושא.

לכן כמעט בכל נושא או עניין תהיה מחלוקת. התלמוד מעודד מחלוקות והוא חותר להציג אותן ולדון בהן. לעיתים התלמוד אף יוצר מחלוקות: מחלוקת בין תנאים או בין מקורות תנאיים שונים. שתי תפיסות יכולות להיות מוצגות גם במחלוקת בין אמוראים על פירוש של מקור תנאי קדום, באמצעות שני פסוקים או שני מדרשים שמביאים שני מקורות מקראיים שונים לנושא ההלכתי הנידון ועוד.

התפיסה התלמודית את המחלוקת באה לידי ביטוי, מעבר לעצם קיומה של המחלֻוקת, גם באופן שבו התלמוד מתייחס למחלוקות שהוא מביא. סוגיות רבות מאוד בתלמוד מוקדשות לבירור מחלוקות ולמשא ומתן ארוך שנועד לברר את צדדי המחלוקת. התלמוד ממצה עד תום את האפשרות לדון בדעה גם אם בסופו של דבר היא נדחית. מטרת הדיון אינה הבירור

איזו דעה נכונה יותר ואיזו דעה יש לדחות. מטרת הדיון היא להציג, להרחיב ולהעמיק בצדדים השונים ובדעות השונות ביחס לנושא הנידון.

זו הסיבה שגם דעה שנדחית בסופו של דיון או בסופה של סוגיה מקבלת מקום מכובד ומרכזי, ונידונה באופן שווה לדעה שמתקבלת בסופו של דבר – משום שהיא חשובה, משום שהיא מביאה אספקט של אמת, שבלעדיו הרעיון יהיה חסר. משא ומתן העשוי להיראות טרחני, מייגע, ואפילו מיותר, הוא הדרך של התלמוד להעמיק בדעה כזו או אחרת, וזו הדרך של התלמוד להציג את הרעיונות שלו. לכן, הדיון, על הפרטים שלו, הוא העיקר, ולא המסקנה, משום שהרעיון חשוב גם אם אינו מתקבל למעשה.[46]

השאלה שיש לשאול: מה מוסיף כל שלב בדיון לנושא ההלכתי והרעיוני של הסוגיה?

דיון שמסקנתו ידועה מראש, או: למה להביא ראיה אם היא נדחית בסופו של דבר?

חכמי התלמוד מנכיחים תפיסות מורכבות לא רק באמצעות דעות, אלא גם באמצעות הקושיות והדיונים בדעות השונות. המשא ומתן התלמודי בעצמו הוא דרך ביטוי לדעות השונות, להעמקה פיתוח וחידוד שלהן.

צורה יסודית ונפוצה של סוגיה תלמודית היא הבאת ראיות וקושיות עליהן מהיגיון או ממקורות אחרים. סוגיה יכולה להכיל מהלך קצר או דיון ארוך מפותל ומורכב של ראיות שנדחות באופנים שונים ומשונים. מערכת שלמה של מושגים תלמודיים ייחודיים מוקדשים לבנייה של מהלכים כאלו: מונחים לקושיות, לתירוצים, להפרכות, להבאת ראיות ולדחייתן, כגון: תא שמע, רמינהו, פשיטא ועוד.

כיוון שצורה כזו של דיון היא כל כך יסודית ונפוצה בתלמוד, הלומדים אינם מבחינים בחוסר ההיגיון שיש בה. שכן לא הגיוני לייחד מאמץ להביא פרשנות או דעה ולעסוק בה באופן אינטנסיבי אם בסופו של דבר הדעה נדחית. מהלך כזה אינו תורם דבר למאמץ של הסוגיה לבירור הדעה הנכונה.

כל זה נכון מנקודת מבט הלכתית ומעשית, הרואה בסוגיה את הניסיון להגיע אל השורה התחתונה. אבל מנקודת המבט של הרעיונות ושל המשמעות, כל מקור או דעה שהובאו, הדחייה שלהם ואופן הדחייה

46. ראו גם במבוא של ברנדס לספרו ברכות, עמ' יא-יב.

מקדמים את הסוגיה משום שהם מאפשרים את הדיון ברעיונות. זוהי הצורה שבה התלמוד מאתגר, מפתח, מעמיק ומרחיב את הרעיונות שלו.[47]

> משמעות המילה הארמית סוגיה היא כאמור מהלך, כלומר רצף מתפתח של הצגת טיעונים. עיקרו של הדיון התלמודי הוא מפגש בין מקורות ורעיונות ובחינת אפשרויות של התאמה ביניהם... הדיון הדיאלוגי של האמוראים נקרא בארמית שקלא וטריא, כלומר משא ומתן. התבנית הרווחת של דיוני התלמוד היא הדיאלוג: שאלות ותשובות או קושיות ותירוצים... התירוץ בתלמוד איננו פתרון במובן המקובל בחידות או בעיות מדעיות, ואין לראותו כמסקנה של הדיון או כחשיפת ההסבר האמתי של המקור הנידון. תירוץ בתלמוד הוא רק הסבר נוסף אפשרי ולגיטימי... עיקר תהליך היצירה הוא בארגון מחדש של קשרים בין מרכיבים מוכרים, אשר נותן להם משמעות חדשה.[48]

התופעה הזו מגיעה בחלק מן הסוגיות אפילו עד כדי אבסורד, משום שבסיום הסוגיה נמצאת ברייתא או הוכחה נחרצת אחרת המוכיחה באופן פשוט וחד משמעי את המבוקש שבו דנו סחור סחור.

דוגמה: כזו היא למשל הסוגיה הראשונה במסכת פסחים. על המשנה "אור לארבעה עשר בודקין את החמץ לאור הנר" התלמוד שואל "מאי אור?", האם הוא יום או לילה, ומביא ארבעה עשר מקורות, שבעה פסוקים ושבעה מקורות תנאיים, שבכולם מופיעה המילה "אור", ושמתוך כל אחד מהם הוא מבקש להבין את משמעות המילה "אור". הראיה לכאורה מכל אחד מן המקורות הללו נדחית על ידי התלמוד פעם אחר פעם, עד למקור האחרון, שהוא ברייתא שאומרת בפירוש "לילי ארבעה עשר בודקין את החמץ לאור הנר", ושאותה מקבל התלמוד כראיה מכריעה לכך שאור הוא לילה.[49] אם המטרה של הסוגיה הייתה להבין אם אור הוא יום או לילה, ניתן היה להביא רק את הברייתא הזו וממנה להוכיח את המבוקש.

47. זוהי גם הגישה של ברנדס, 'מבנה ומשמעות', עמ' 21–23, המביא את דעות הראשונים ביחס ללימוד סוגיה על מרכיביה השונים, כולל אלו שנדחים או נראים מיותרים.

48. נאה, אפשר אחרת, עמ' 56–57.

49. זו כמובן מסקנה אבסורדית ויש לבחון את המשמעות הרעיונית שלה, ואכמ"ל. מקצת מהמשמעות של הסוגיה נידון גם בהמשך המבוא בתת־הפרק "סימבוליקה", המתייחס לרובד הסמלי של המושגים בסוגיות מסוימות.

אך התלמוד בוחר אחרת, ולאורך שניים וחצי עמודים הוא מקדיש דיון לבירור המשמעות של המילה אור. את הדיון הארוך הזה אפשר להסביר בכך שהתלמוד מעוניין בדיון עצמו, על שלל המקורות והתגובות למקורות, משום שבאמצעותם התלמוד מביע את המשמעות הרוחנית של בדיקת חמץ, של פסח ושל גאולה.[50]

לא רק בדעות או במקורות שמובאים לאורך הסוגיות יש חשיבות ותרומה, גם לשאלות ששואלת הסוגיה ישנה חשיבות. שאלה או קושיה שנענית או נדחית לכאורה מיותרת, משום שהיא קיבלה את המענה שלה. לכן ברור ששאלות נשאלות וקושיות מועלות לא רק כדי למצוא פתרונות לקשיים, אלא כדי להביע עמדה רעיונית. גם השאלות עצמן משמשות להבעת רעיונות, באמצעות חשיפת הנחת היסוד של השאלה, שלעיתים היא גלויה ומנוסחת באופן ברור, ולעיתים היא נסתרת.

דוגמה: שאלות כאלו מצויות לרוב ברחבי התלמוד. למשל, על משנת "שניים אוחזין בטלית" הגמרא בבבא מציעא ה ע"ב מקשה: "וכי מאחר שזה תפוס ועומד, וזה תפוס ועומד, שבועה זו למה?", כלומר, אם ממילא כל אחד מקבל את מה שהוא אוחז בו – למה נצרכת השבועה? לשון הקושיה "תפוס ועומד" מבטאת את עמדת הגמרא שהתפיסה עצמה היא שיוצרת את הבעלות. ואכן, תשובת הגמרא שם אינה שהתפיסה לא מספיקה אלא להפך, משום שלתפיסה יש כוח חזק בקביעת בעלות, החשש הוא שאנשים יתפסו חפצים ובכך ינכסו אותם לעצמם: "אמר רבי יוחנן: שבועה זו תקנת חכמים היא, שלא יהא כל אחד ואחד הולך ותוקף בטליתו של חבירו, ואומר שלי הוא".

השאלה שיש לשאול היא: מדוע מביא התלמוד את הדעות שנדחות, איזו עמדה רעיונית הן מביעות על הנושא המרכזי של הסוגיה? איזו תפיסה רעיונית מביעות השאלות והקושיות שנשאלות במהלך הסוגיה?

פסיקה הלכתית בתלמוד

כפי שראינו, מבחינת התלמוד, כל דעה במחלוקת מבטאת בחינה של האמת, ולכן התלמוד מעוניין בקיום אמיתות רבות ושונות זו בצד זו. הכרעה הלכתית

50. באותו אופן אפשר להסביר גם את סוגיית "ייאוש שלא מדעת" בפתיחת פרק שני של מסכת בבא מציעא. נאה מקדיש את הפרק האחרון בספרו אפשר אחרת, עמ' 244–252, לניתוח מעמיק של הסוגיה ומראה כיצד מהלך ארוך של קושיות ותירוצים מהווה את האמצעי של הסוגיה לפתח ולשכלל את הרעיונות שלה: "הקושיות מביאות את האמוראים להבהיר את תפיסותיהם ולשכלל אותן" (עמ' 244).

סותרת תפיסה כזו, משום שהיא חותרת לצמצום שכן היא מחייבת בחירה של מעשה אחד מסוים מתוך כמה דעות. מנקודת מבט כזו, הכרעה כאחת הדעות היא למעשה פגיעה באמת עצמה. ולהפך, כיוון שכל דעה היא נכונה, ראוי שיהיה לה ביטוי בעולם המעשה.

לכן גם הכרעה הלכתית בתלמוד היא הכרעה מורכבת החותרת לשמר את עושר הדעות החולקות גם בשורה התחתונה המעשית.

מגוון אמצעים משמשים את התלמוד כדי לפסוק הלכה מורכבת, כזו שמצליחה להביא לידי ביטוי מעשי קונקרטי כמה דעות חולקות, ולא רק דעה אחת.

שיטה א: שקלול הדעות

פעמים רבות התלמוד יוצר פסיקת הלכה שיש בה שקלול או תמהיל של מגוון הדעות. במקרים כאלו, הדיון הוא על המשקל היחסי שתקבל כל דעה בפסיקת ההלכה הסופית, שהיא ביטוי למאזן בין הדעות השונות. פסיקת הלכה מבטאת את המרכזיות שנותנים החכמים לדעה מסוימת. כלומר, ייתכן שהכרעה הלכתית תהיה כדעה אחת, אבל לא באופן מלא, אלא בדרך שנותנת מקום לדעה החולקת.

לשם המחשה, אם דעה אחת היא לבן והדעה החולקת היא שחור, ההלכה למעשה תהיה גוון כלשהו של אפור. ייתכן שההכרעה תהיה אפור כהה, והיא יכולה להיות אפור בהיר. הכול תלוי מה המשקל של השחור והלבן בפסיקה.

דוגמה: חול המועד – האם הוא יותר חול או יותר מועד? האם מותרת או אסורה בו עשיית מלאכה? לשתי הקצוות האלו יש הדים בחז"ל. במסכת חגיגה, יח ע"א, מוסכם על ר' יוחנן וריש לקיש שחול המועד אסור בעשיית מלאכה (כמו יום טוב): "מכלל דתרוייהו סבירא להו דחולו של מועד אסור בעשיית מלאכה". הגמרא שואלת "מנהני מילי?" ומביאה סדרה של דרשות של חכמים כמקור לדין זה. במהלך הדיון על הדרשות, הגמרא מתרצת: "תאמר בחולו של מועד שקרוי מקרא קדש, והואיל וקרוי מקרא קדש – דין הוא שאסור בעשיית מלאכה". מכאן משתמע שמסכת חגיגה תופסת את חול המועד כזמן קדוש. הבסיס המקראי לתפיסה הזו הוא פרשת אמור, שם החגים כולם נקראים מקראי קודש, והתפיסה היא שאיסורי המלאכה בימים הללו, כמו בשבת, הם ביטוי להכרה באדנות ה' וברוממותו.[51]

51. הרחבה על המשמעות הרעיונית הכפולה של השבת ראו בדוגמה שמובאת לעיל בתת־הפרק "דיאלקטיקה ומורכבות", בתת־הפרק "סוגיות זרות" ביחס לקידוש והבדלה.

לעומת זה, התפיסה של מסכת מועד קטן נשענת על הפסוקים בדברים טז, ששם אין ייחוד של היום הראשון והאחרון של החגים, ואין "מקראי קודש". החגים מקבלים שם משמעות של ימי הודיה ושמחה על ברכת ה' שמתגלה ביציאת מצרים ובשפע שיש בארץ ישראל. בתוך כך, גם ימי חול המועד הם ימים של שמחה והודיה, ובאופן עקרוני אין בהם עניין של איסורי מלאכה (השייכים לעולם הקדושה). אם יש איסורים – אלו איסורי דרבנן שנועדו לאפשר לאדם להתפנות מעמלו כדי לחגוג ולשמוח. בכל מקרה, אלו אינם איסורי דאורייתא של "מקרא קודש" כפי שמבואר במסכת חגיגה ביחס לחול המועד.

הלכה למעשה הלכות חול המועד הן דרך האמצע של שתי התפיסות הרעיוניות וההלכתיות הסותרות של חול המועד, במסכת חגיגה (איסור מלאכה דאורייתא) ובמסכת מועד קטן (אין איסורי מלאכה או איסורים מינוריים מדרבנן בלבד), והן ביטוי לשילוב של שתי גישות שונות, הגישה של מסכת מועד קטן ושל מסכת חגיגה למערכת הלכתית אחת.[52]

שיטה ב: פסיקת הלכה לפי כל דעה במקרה שונה

אפשרויות השילוב הן רבות, משום שהמציאות מורכבת מפרטים וממצבים רבים ושונים, המאפשרים ביטוי של דעות שונות במצבים שונים. כלומר, ייתכן שההכרעה במצב מסוים תהיה כדעה אחת, אבל במצב אחר ההכרעה תהיה כדעה אחרת. בדרך כלל ישנה דעה מובילה, הדעה המרכזית, והיא נותנת את הטון ואת הגוון המרכזי של פסיקת ההלכה. אבל במצבים שונים או אם הפרטים מעט שונים – ניתן יהיה למצוא ביטוי גם לדעות החולקות.

דוגמה: המשנה בבבא מציעא צג ע"ב אומרת: "הגוזל עצים ועשאן כלים, צמר ועשאן בגדים – משלם כשעת הגזלה", כלומר לא צריך להחזיר את הגזלה עצמה אלא הגזלן משלם לנגזל את תמורתה. בדפים הבאים הגמרא דנה אם שינוי קונה את הגזלה או לא. בסוף הדיון הגמרא מגיעה למסקנה ששינוי קונה ושינוי אינו קונה, כל דין חל במצב שונה: שינוי לא קונה אם זהו "שינוי החוזר לברייתו", כלומר כשהשינוי אינו קבוע, אך שינוי קונה כאשר הוא קבוע: "גזילה הנשתנית חוזרת בעיניה, שנאמ' והשיב את הגזלה אשר גזל – מכל מקום". דהיינו, כל אחד מן העקרונות מיושם במקרה שונה.

52. להעמקה במשמעות הרעיונית של ימי חול המועד ראו בהמשך בפרק העוסק בסוגיית הפתיחה של מסכת מועד קטן ובכמה סוגיות הלכתיות שאחריה.

שיטה ג: מצווה כפולה

ישנם מקרים שבהם הגמרא פוסקת לקיים מצווה פעמיים. בכל אחת מן הפעמים הקיום של המצווה יבוא לידי ביטוי בצורה הלכתית שונה, שתבטא את המשמעות שלה לפי כל אחת מן הדעות החולקות. פסיקה הלכתית כזו היא האופן שבו התלמוד מאפשר ביטוי הלכתי מלא לכל אחת מן הדעות מבלי להכריע ביניהן.

דוגמה: אף שאת המצוות המיוחדות לחגים, כגון לולב, מצה וכדומה, בדרך כלל מקיימים בעשייה חד פעמית, את מצוות קריאת המגילה בפורים קבעו חכמים לקיים פעמיים, בלילה וביום. כדעת ר' יהושע בן לוי במסכת מגילה ד ע"א: "דאמר רבי יהושע בן לוי, חייב אדם לקרות את המגילה בלילה ולשנותה ביום, שנאמר אלוהי אקרא יומם ולא תענה ולילה ולא דומיה לי", ובהמשך: "איתמר נמי, אמר רבי חלבו אמר עולא ביראה: חייב אדם לקרות את המגילה בלילה ולשנותה ביום, שנאמר למען יזמרך כבוד ולא ידום ה' אלהי לעולם אודך". החיוב לקרוא את המגילה פעמיים מוסבר באמצעות שני הפסוקים שמביאים החכמים כראיה לשיטתם, ושבאמצעותם אפשר לראות את הכוונה של הקריאה: לפי ר' יהושע בן לוי הקריאה היא ביטוי לתפילה וזעקה, ולפי עולא ביראה קריאת המגילה היא ביטוי להודיה. האפשרות להביע את שתי המשמעויות הסותרות של קריאת המגילה היא באמצעות הקריאה הכפולה, בלילה וביום.[53]

דוגמה נוספת: את הקידוש בשבת עושים פעמיים משום שיש לו שני מובנים: יש קידוש בליל שבת וקידוש ביום שבת, יש קידוש בבית הכנסת בתפילה וקידוש על היין ובמקום סעודה (פסחים קו ע"א). הכפילות של הקידוש היא ביטוי לפנים הכפולות של השבת, השבת כנגד בריאת העולם והשבת היא ברכת ה' המיוחדת, ושתיהן באות לידי ביטוי בקידוש, כל אחת בקידוש אחר: בתפילה, במעמד של קדושה – זכר לבריאת העולם, ועל יין סמוך לסעודה, מתוך הברכה בעצמה, כביטוי לברכת ה' המיוחדת בשבת.

"סוגיה אזלא" – התנועה של הסוגיה

מקור הביטוי "סוגיה אזלא" הוא בסוגיה העוסקת בטעות בשיקול הדעת של הדיין:

53. להעמקה במשמעות הרעיונית הכפולה של קריאת המגילה ופורים ראו בהמשך בפרק העוסק בסוגיית הפתיחה של מסכת מגילה ובכמה סוגיות הלכתיות מהמשך המסכת.

> היכי דמי שיקול הדעת?
> אמר רב פפא: כגון תרי תנאי או תרי אמוראי דפליגי אהדדי, ולא איתמר הלכתא לא כמר ולא כמר, ואיקרי ועבד כחד מינייהו, וסוגיא דשמעתא אזלי כאידך – היינו שיקול הדעת.[54]

לפי רב פפא לפעמים יש מחלוקת בין חכמים ואין פסיקת הלכה מפורשת כאחד מהם, והדיין עושה כדעה האחת, ואילו "סוגיא דשמעתא אזלי כאידך", כלומר, מהלך הסוגיה הוא בדרך האחרת. המצב המתואר הוא מטאפורה לצורת הכרעה, הנקראת "סוגיה אזלא", דהיינו שבמצב שאין הכרעה הלכתית ברורה, הסוגיה עצמה הולכת באחת הדרכים.

כלומר, ההכרעה של הסוגיה באה לידי ביטוי לא רק בתוכן הדיון והדעות ובהכרעה (שלרוב אינה קיימת בתלמוד) אלא גם באופן ההתייחסות של התלמוד למקורות, למימרות ולדעות השונות. הסוגיה מבטאת את הרעיונות שלה לא רק באמצעות התכנים המפורשים (מה נאמר), אלא גם באמצעות היחס שלה למקורות וליחס ביניהם (איך נאמר).

גם אם אין הכרעה ברורה בסוגיה, לפעמים יש הכרעה מסוימת בדרך הילוך הסוגיה. לכן יש לשים לב גם למה שמצוי בין השורות של התלמוד, למהלך הסוגיה, ולא רק למה שנאמר באופן מפורש וגלוי. למעשה, "סוגיה אזלא" זה ההפך של ההכרעה ההלכתית. בהכרעה ההלכתית התלמודית יש ביטוי למורכבות, גם כאשר על פניו נראה שיש הכרעה חד משמעית. ואילו במהלך הסוגיה יש ניסיון לעמוד על הצמצום של מגוון הדעות ועל הכיוון והמגמתיות גם אם אין הכרעה הלכתית.

"כמאן אזלא הסוגיה"[55] זו מתודה הדורשת הקשבה עדינה ורגישות לא רק למה שנאמר במפורש אלא גם למנגינה של הסוגיה. קשב כזה אינו מתמקד רק במסקנת הסוגיה, ואפילו לא ברובד הגלוי של המשא ומתן, למשל אם התלמוד חולק על המשנה או מסכים איתה, אלא גם בצורה ובמהלך של הסוגיה, מה האופן שבו הסוגיה דנה ומבארת את המקורות, המימרות, הדעות והרעיונות ומה היחס אליהם.

כמעט בכל סוגיה שהבאתי בדוגמאות לעיל ולאורך הספר יש ביטוי

54. סנהדרין לג ע"א; ו ע"א.
55. הפירוש המילולי של "כמאן אזלא הא דאמר פלוני" – על פי שטיינזלץ, מדריך לתלמוד, עמ' 108: לפי איזו שיטה בדברי התנאים נאמרו הדברים? כאן אנו משתמשים במונח דומה במשמעות שונה.

ל״סוגיה אזלא״, ובכל זאת נביא דוגמה נוספת הממחישה את המגמתיות והתנועה של הסוגיה.[56]

דוגמה: המשנה בתחילת פרק שני של מסכת פסחים (כא ע״א) אומרת שמותר ליהנות מהחמץ רק כל עוד מותר לאכול ממנו, וכשנאסרת האכילה – נאסרת גם ההנאה, ״כל שעה שמותר לאכול מאכיל לבהמה לחיה ולעופות ומוכר לנכרי ומותר בהנאתו. עבר זמנו אסור בהנאתו וכו׳״. לפי המשנה, אכילה והנאה קשורות זו לזו. הגמרא מצביעה על כך שר׳ יהודה סובר אחרת מהמשנה, ולשיטתו (במשנה בפרק ראשון, יא ע״ב): ״אוכלין כל ארבע ותולין כל חמש ושורפין בתחילת שש״ – איסור אכילה הוא משעה חמישית ואיסור הנאה הוא משעה שישית. ולכן המשנה היא כשיטת ר׳ מאיר במשנה שבפרק ראשון, ״ר׳ מאיר אומר אוכלין כל חמש, ושורפין בתחילת שש״.

למרבה ההפתעה, הגמרא דוחה את האפשרות הזו בטענה שלשון המשנה לא מתאימה לר׳ מאיר, משום שהמשנה אומרת ״כל שעה שמותר לאכול מאכיל״, ולפי ר׳ מאיר מתאימה הלשון ״כל שעה שאוכל מאכיל״ (דחייה דחוקה). לכן הגמרא מעמידה את המשנה כרבן גמליאל, שאיסור אכילת חמץ מתחיל כבר מהשעה החמישית, ולא משעה שישית, ורק תרומה מותר לאכול גם בשעה חמישית. רבן גמליאל למעשה סבור כמו ר׳ יהודה, אלא שהוא מחריג את התרומה בגלל הבעייתיות שבביעור תרומה. כך הגמרא מיישבת את המשנה באופן בסיסי עם העמדה של ר׳ יהודה ולא עם זו של ר׳ מאיר, למרות שעל פניו, לפי הפשט, היא יותר מתאימה. יש כאן מגמתיות לכיוון של הסוגיה שמתבטאת בצורה עדינה.

ר׳ יהודה מפריד בין איסור חמץ ובין ביעור חמץ. לשיטתו, מצוות הביעור לא קשורה לאיסור אכילת חמץ, והיא לא רק אמצעי לאיסור חמץ, אלא מקבלת מעמד של מצווה בפני עצמו, שיש לה משמעות רעיונית נפרדת מאיסור חמץ.[57] הגמרא ממשיכה את המגמה של פרק ראשון, ו״הסוגיה אזלא״ לכיוון של שיטת ר׳ יהודה, על המשמעויות שלה.

השאלה שיש לשאול כדי לחשוף את התנועה של הסוגיה: איזו מהדעות מעדיפה הסוגיה? כיצד זה מתבטא, מלבד ברבדים הגלויים של הדיון?

56. גם הדוגמה מהפרק ״קבצים של סוגיות (באותו נושא)״ ממחישה יפה את תופעת ״סוגיה אזלא״.

57. להרחבה על המשמעות הרעיונית של ביעור חמץ ראו בדוגמאות בתתי־הפרקים ״דיון שמסקנתו ידועה מראש״ ו״סימבוליקה״.

אוקימתא: הצגה של עקרונות שונים

המשמעות המילולית של אוקימתא היא "העמדה", והמשמעות שלה היא הסבר למשנה או לברייתא המעמיד אותה כעוסקת במקרה מיוחד או לפי שיטה מסוימת. לרוב, הגמרא משתמשת באוקימתא כאשר מתגלה סתירה בין שני מקורות. האוקימתא היא תירוץ הסתירה על ידי הטענה שהדין שמציג כל אחד מן המקורות שייך למקרה מסוים בלבד. הבנה של אחד המקורות או שניהם בהקשר מצומצם יותר מונעת את החפיפה בין הדינים הסותרים ומאפשרת את ההנחה שהמקורות המציגים אותם אינם חלוקים בדעותיהם.

למעשה, אוקימתא מכילה שני שלבים: בשלב ראשון האוקימתא מעמידה את המשנה רק במקרה מסוים מבין המקרים הרבים האפשריים; ובשלב שני האוקימתא מצביעה על מקרים אחרים שבהם הדין הוא אחר מהדין המצומצם שבמשנה.

האוקימתא היא כלי פרשני דחוק, שכן בדרך כלל היא מובאת גם כאשר אין לה סימוכין במקור, וההבנה הפשוטה של המקור רחוקה, ולעיתים אפילו סותרת, מהאוקימתא. הדוחק הפרשני של האוקימתא יכול לעורר אצל הלומד חוסר נוחות, ואפילו חוסר אמון בכוונות של חכמי התלמוד, משום שהאוקימתא מציעה פתרון טכני שנועד ליישב את הקושי במקורות יותר מאשר פרשנות אמיתית של המקורות.[58]

אם תופסים את האוקימתא ככלי פרשני להסבר המקורות, כפי שנראה במבט ראשון, היא אכן דחוקה. במבט מעמיק יותר אפשר לראות שהתפקיד של האוקימתא שונה. האוקימתא היא כלי ספרותי בידי החכמים המשמש להצבעה על עקרונות יסוד רעיוניים. לעיל הראינו שהמשנה היא ביטוי לעיקרון יותר מאשר לפסיקת הלכה. וכך מתייחסת האוקימתא למשנה. היא אינה מתייחסת לדין ההלכתי שבמשנה ואינה מנסה להסביר אותו, אלא תכליתה לחשוף את העיקרון שביסוד המשנה.

שני השלבים שמהם מורכבת האוקימתא הם שני שלבים בבנייה ובהצגה של העקרונות הרעיוניים בסוגיה: בשלב הראשון האוקימתא מצביעה על העיקרון הרעיוני העומד ביסוד המשנה. את זה היא עושה באמצעות צמצום הדין שבמשנה למצב מסוים, כלומר מעמידה את המשנה על עיקרון מסוים. לצד העיקרון הרעיוני של המשנה, האוקימתא

58. סקירה של ניסיונות שונים להסבר היכולת של התלמוד להשתמש בתירוץ דחוק ראו אצל נאה, אפשר אחרת, עמ' 190–192.

מאפשרת לגמרא להביא עקרונות נוספים שאינם מופיעים במשנה כמקרים משלימים למשנה ממקורות אחרים או לפי הסברא. את זה האוקימתא עושה בחלק השני, שבו היא משלימה את הצמצום של המשנה בהבאת מקרים שונים מאלו שבמשנה, שהם מבטאים עקרונות אחרים, אלטרנטיביים למשנה. התלמוד משתמש באוקימתא באופן מודע ומגמתי על מנת להציב אלטרנטיבה רעיונית למשנה ולעבור באופן מודע מתפיסה רעיונית אחת (זו שבפשט המשנה) לאחרת (זו שבאוקימתא). התלמוד אינו מנסה להסתיר את הפער שבין המקור לפרשנותו. בדיוק ההפך, הדוחק הפרשני משמש אמצעי ספרותי להצביע על שתי התפיסות, זו לצד זו, ואף לבטא העדפה לגישה רעיונית אחת על פני האחרת.

מקובל לומר שאמוראים אינם יכולים לחלוק על התנאים הקודמים להם. מכיוון שהאוקימתא מפרשת משניות שלא כפשטן, היא למעשה האופן שבו אמוראים חולקים על משנה. צמצום הדין שבמשנה למקרים מסוימים בלבד, והצעה של דין אחר משל המשנה בכל שאר המקרים – זו למעשה מחלוקת על המשנה. אלא שבעומק הדברים, לפי המשמעות שהצענו לאוקימתא, גם אוקימתא אינה ביטוי למחלוקת של אמוראים על תנאים, משום שהאמוראים המעמידים את המשנה במקרה מצומצם בדרך כלל מסתמכים על מקורות תנאיים אחרים, כמו משנה אחרת או ברייתא, שהן מקור הסמכות לפרשנות ההלכתית והרעיונית שלהם.[59]

דוגמה: בסוגיית "ייאוש שלא מדעת" בתחילת פרק שני של מסכת בבא מציעא (כא ע"ב) נחלקו אביי ורבא: אביי סובר שייאוש שלא מדעת לא נחשב ייאוש, כי הבעלים לא ידעו שהחפץ אבד מהם, ורבא סובר שייאוש שלא מדעת נחשב ייאוש. הגמרא מביאה ראיה לשיטת רבא מהמשנה: "מצא פירות מפוזרין – הרי אלו שלו", כלומר גם כאשר הבעלים לא ידע ולא התייאש עדיין הפירות של המוצא. הגמרא דוחה את הראיה הזו על ידי שהיא מעמידה את המשנה, בהסתמך על דברי רב עוקבא בר חמא, שהמשנה עוסקת

59. ברנדס, 'מבנה ומשמעות', לאורך המאמר, ובעיקר עמ' 25–26, מציג גם הוא גישה דומה למשמעות של השימוש של הסוגיה באוקימתא. ברנדס טוען שהאוקימתא משמשת כעין מדרש של האמוראים על המשנה. המטרה של המדרש היא להתאים את המשנה להלכה למעשה. ברנדס טוען שהיסוד הפרשני שמאפשר להבין כך אוקימתא הוא ההנחה שמשנה אינה מביאה את מכלול העקרונות הנוגעים להכרעה ההלכתית אלא מתמקדת בעיקרון אחד, וממנו היא גוזרת את ההלכה, שהיא אכן מצומצמת משום שהיא מביאה בחשבון רק עיקרון אחד הנוגע למקרה שבו מדובר. גם לפי דבריו, האוקימתא היא האופן שבו הגמרא מצביעה על העיקרון שעומד ביסוד המשנה.

ב"מכנשתא דבי דרי", כלומר בשעת איסוף התבואה מן הגורן, ואין מדובר באבדה שלא מדעת אלא בהנחה מכוונת של הפירות על ידי הבעלים, ולכן אי אפשר להביא ראיה מכאן לשיטת רבא במקרה של "ייאוש שלא מדעת".

לפי רבא, הבעלות נקבעת לפי האפשרות המעשית של האדם להחזיק בחפץ. לכן אם אין סימן ואין אפשרות מעשית להחזיר את האבדה לבעליה, גם אם אין ייאוש בפועל – החפץ מופקר ולא צריך להשיבו לבעליו. לפי אביי, בעלות על חפץ היא עניין מהותי, עקרוני, גם אם החפץ לא נמצא תחת ידי האדם. כל עוד הבעלים לא התייאשו מהחפץ – הוא עדיין שלהם, גם אם הוא אינו בידיהם באופן מעשי. גישת רבא מרופפת את הקשר שבין האדם לחפציו ומבססת אותו על עניין טכני בלבד – החזקתו בפועל, ולא על קניין מהותי, ומבססת את התפיסה שהרכוש באופן מהותי שייך לה'.[60]

האוקימתא שעושה רב עוקבא בר חמא מנוגדת לפשט המשנה. ברור שהמשנה עוסקת באבדה ולא בהנחה מכוונת של הפירות. והרי לפנינו מהלך מכוון של התלמוד ליישב את שיטת אביי עם המשנה במקום לומר שהמשנה כפשוטה היא כשיטת רבא, וזה באמצעות צמצום המקרה של המשנה, בניגוד לפשטה, והעמדתה על עיקרון הבעלות כאחזקה בפועל.

דוגמה נוספת: בבא קמא קיא ע"ב. המשנה אומרת שהבנים של הגזלן יורשים את גזלת אביהם ואינם חייבים להחזיר את הגזלה. מהלך סוגיית הגמרא על המשנה הוא הפך המשנה, והכיוון שאליו הסוגיה מוליכה הוא שהבנים צריכים להשיב את גזלת אביהם:

הגמרא מביאה דעת רב חסדא, המנוגדת למשנה: "כל כמה דלא נתייאשו הבעלים, ברשותיה דמריה קאי", כלומר שהגזלה נשארת ברשות בעליה ואינה עוברת לרשות הגזלן כל עוד הבעלים לא התייאש ממנה. הגמרא מתרצת את הסתירה על ידי שמעמידה את המשנה במקרה שהבעלים מתייאשים, ולכן הגזלה שייכת לגזלן. השאלה העקרונית שנידונה כאן היא על הגורם שיוצר את השייכות: לפי המשנה, ההחזקה בפועל יוצרת את השייכות, ולכן בנים יורשים את הגזלה גם אם הבעלים לא התייאשו. אבל הגמרא מביאה תפיסה אחרת, שמה שיוצר את הבעלות זו השייכות המהותית, המשפטית, ולכן מוסיפה למשנה את עניין הייאוש, שיוצר הפקרה שיש לה תוקף משפטי. האוקימתא שעושה הגמרא למשנה מעמידה את

60. הרחבה על שני העקרונות שבאים לידי ביטוי בתפיסת הבעלות אפשר לראות גם בדוגמה מבבא מציעא בתת־הפרק "קבצים של סוגיות (באותו נושא)".

עקרון הבעלות על השייכות המשפטית, ולא על התפיסה בפועל, שהיא קיימת רק כל עוד אין ייאוש של הבעלים.

דוגמה נוספת: ביצה ב ע"א. נאמר במשנה: "ביצה שנולדה ביום טוב, בית שמאי אומרים תאכל ובית הלל אומרים לא תאכל". רב נחמן עושה אוקימתא: "לעולם בתרנגולת העומדת לגדל ביצים", ומעמיד את המשנה בתרנגולת שמיועדת להטלת ביצים. לשיטתו, הדיון על הביצה הוא מדין מוקצה, והאיסור לאכול את הביצה קשור לכך שהתרנגולת (והביצה) הוקצו מאכילה לטובת הטלת ביצים, ולכן אסורות ביום טוב, כפי שאומרת הגמרא: "ודאית ליה מוקצה אית ליה נולד, ודלית ליה מוקצה לית ליה נולד".

רבה (ב ע"ב) עושה אוקימתא אחרת במשנה: "לעולם בתרנגולת העומדת לאכילה", כלומר האיסור במשנה אינו מצד מוקצה. ומדובר "ביום טוב שחל להיות אחר השבת עסקינן, ומשום הכנה". רבה מעמיד את המשנה בביצה שנולדה ביום טוב שחל אחרי שבת, והאיסור הוא משום איסור הכנה ולא איסור מוקצה. כך מסבירה הגמרא את דברי רבה: "ורבה לטעמיה, דאמר רבה: מאי דכתיב והיה ביום הששי והכינו את אשר יביאו – חול מכין לשבת, וחול מכין ליום טוב, ואין יום טוב מכין לשבת, ואין שבת מכינה ליום טוב", כלומר האיסור במשנה הוא משום שהביצה לא הייתה מוכנה בהיתר, ביום חול. האוקימתא משמשת את הגמרא לביטוי העיקרון הרעיוני שביסוד ההלכה, ולמעשה ביסוד יום טוב בכלל: את דעת רב נחמן מעמידה על עקרון המוקצה ואת דעת רבה מעמידה על עקרון ההכנה. מוקצה קשור לאיסורי מלאכה (הקשור לשבת בראשית), והכנה קשורה לשבת כיום של הנאה מהברכה והשפע המוכנים כבר מערב שבת או ערב יום טוב (הקשור לפרשת המן).

השאלות שיש לשאול: מהי הפרשנות של האוקימתא למשנה? מהו העיקרון שעל גביו מעמידה האוקימתא את המשנה? לאחר מכן, לגבי החלק השני של האוקימתא: אילו עקרונות נוספים מציגה האוקימתא לנושא ומהם המקורות שעליהם היא מסתמכת?

שינוי לשון המקור

מתודה נוספת להבעה של עמדה חולקת על מקור תנאי היא שינוי גרסה של המקור התנאי. ברובד הגלוי, התיקון שעושה הגמרא במקור הקדום יכול להתפרש כזיהוי של טעות במקור או כמהלך מניפולטיבי של חכמים מאוחרים.[61]

61. לזוסמן, 'תורה שבעל פה', לאורך המאמר, ובייחוד עמ' 71, 135 ועוד, גישה שונה

אלא שברובד העמוק, שינוי גרסה הוא כלי בידי התלמוד להבעת תפיסה הלכתית או רעיונית חולקת. הדוחק שבמהלך כזה ידוע, ואין הכוונה של החכמים המאוחרים לטעון שהגרסה שהם מציעים היא הגרסה הנכונה והמקורית. מהלך כזה הוא כלי מכוון של חכמים מאוחרים להציע עמדה מנוגדת לעמדה שמובעת במקור שקדם להם.

התלמוד משתמש בסוגים שונים ומגוונים של שינויים של טקסט המקור: הוספה, מחיקה או החלפה של מילים במקור התנאי. כשליש מן התירוצים לקושיות שנוגעות למקורות תנאיים מקבלים מענה בשינוי הגרסה.[62]

אחד הביטויים הנפוצים המשמשים את התלמוד לתיקון גרסת המשנה הוא הביטוי "חסורי מחסרא והכי קתני" (חיסור חסרה המשנה, וכך יש לשנותה). כוונת הביטוי היא שיש להוסיף מילים למשנה ובכך לשנות את המשמעות שלה.

> אין צורך להכביר מילים על ההעזה של תירוץ כזה... חכמי התלמוד השתמשו בשיטת התירוץ הזאת די בחופשיות; הם הרשו לעצמם להוסיף למשנה מילים ומשפטים על פי תפיסותיהם.[63]

דוגמה: מסכת כתובות נח ע"ב: "אמר רב הונא אמר רב: יכולה אשה לומר לבעלה איני ניזונת ואיני עושה". הגמרא מבינה את דעת רב כך: "קסבר: כי תקינו רבנן – מזוני עיקר, ומעשה ידיה משום איבה, וכי אמרה איני ניזונת ואיני עושה – הרשות בידה". כלומר, עיקר החובה של האיש לדאוג למזונות אשתו, וכנגד זה ומחשש לאיבה, מריבה ביניהם – האיש זכאי במעשה ידיה של האישה. על ההבנה הזו מקשה הגמרא מברייתא מדף מז

בהסבר היחס החופשי של האמוראים לנוסח מקורות התורה שבעל פה, ובתיקוני הנוסח שהם מרבים לעשות. לשיטתו, הדבר מעיד שהתלמוד נמסר בעל פה ולא בכתב, ומשום כך לא דקדקו בלשון ובסגנון. הגישה הזו שונה ואף הפוכה מהגישה שאני מציגה כאן, המייחסת כוונה מהותית הנושאת משמעות לשינויי הנוסח של מקורות תנאיים על ידי אמוראים.

62. נאה, אפשר אחרת, עמ' 184.

63. נאה, אפשר אחרת, עמ' 193–195. נאה מביא שם דוגמאות נוספות והרחבה של התייחסות למתודה הזו, ראו שם. נאה מתייחס למתודות האלו כמתודות ליישום קושיות, ואילו אנו מייחסים למתודה הזו כוונה של הצעת דעה אלטרנטיבית. הדברים דומים אבל אינם זהים ומתנקזים אל התפיסה של מהות התלמוד.

ע"ב: "מיתיבי: תקנו מזונות תחת מעשה ידיה", לשון הברייתא היא הפך לשון המשנה, וממנה משתמע שזכות האיש במעשה ידי האישה היא העיקר, והמזונות הם הזכות של האישה כנגד החובה שלה. הברייתא הזו מובאת בגמרא על המשנה שעוסקת בזכויות של הבעל על אשתו: "האב זכאי בבתו בקידושיה – בכסף, בשטר, ובביאה, זכאי במציאתה, ובמעשה ידיה, ובהפרת נדריה, ומקבל את גיטה, ואינו אוכל פירות בחייה. נשאת, יתר עליו הבעל שאוכל פירות בחייה, וחייב במזונותיה, ובפרקונה, וקבורתה", והיא מתאימה לתפיסה שזכויות האיש הן העיקר. אבל הגמרא אינה מקבלת את עמדת הברייתא ומשנה את הנוסח שלה: "אימא: תקנו מעשה ידיה תחת מזונות". באמצעות שינוי הנוסח, הגמרא מביעה עמדה מנוגדת לברייתא.

גישה כזו נותנת משקל רב יותר לזכויות האישה על פני זכויות האיש בשני אופנים: בעצם הקביעה שהיא זכאית לכתחילה למזונות ולא רק כאיזון של הזכויות של האיש, וגם בכך שהיא יכולה לוותר על הזכות שלה במזונות, מה שמעניק לה עצמאות כלכלית אם היא מעוניינת בכך. עמדה זו נתמכת גם מברייתא בדף מז ע"ב, התומכת בשיטת רב: "דתניא: שארה – אלו מזונות", דהיינו שמזונות הם חובה מדאורייתא ולא רק כפיצוי לאישה על חובותיה שלה.

זיהוי החכם בעל המשנה או בעל הדעה

שינוי נוסף שחכמי התלמוד עושים במשנה כדי להביע עמדה חולקת על המשנה אינו נוגע לטקסט עצמו אלא לשמות החכמים שמובאים במשניות. בעלי התלמוד יכולים לשנות את שם החכם שהוא בעל דעה במשנה או לזהות משנה שנמסרת ללא שם חכם כמתאימה לשיטה של תנא מסוים. זה מאפשר לאמורא להציג גישה החולקת על המשנה כתואמת לגישה של תנא אחר, ובכך מתאפשרת הצגה של תפיסה אלטרנטיבית למשנה.

דוגמה: המשנה, בבא קמא עד ע"ב, אומרת: "גנב והקדיש ואחר כך טבח ומכר – משלם תשלומי כפל, ואינו משלם תשלומי ד' וה'". כלומר הגנב אינו משלם על הטביחה, כי הבהמה כבר לא הייתה ברשותו, אלא היא הקדש, ברשות שמיים. הגמרא עו ע"א מקשה: "בשלמא אטביחה לא מחייב, דכי קא טבח – דהקדש קא טבח ולא דמריה קא טבח, אלא אהקדש ליחייב, מה לי מכרו להדיוט מה לי מכרו לשמים?!" כלומר, מובן מדוע הגנב אינו חייב על הטביחה, כי זה הקדש והבהמה אינה ברשותו, אבל למה שלא יהיה חייב על מעשה ההקדשה, שהוא כמו מכירה? הגמרא מתרצת

את השאלה באמצעות העמדת המשנה כשיטת תנאית מסוימת, ואת זה היא עושה פעמיים. בפעם הראשונה היא מעמידה את המשנה כר' שמעון: "הא מני ר' שמעון היא, דאמר: קדשים שחייב באחריותן ברשותיה דמריה קיימי", הא מדסיפא ר' שמעון הוי, רישא לאו ר' שמעון". הגמרא מעמידה את המשנה כר' שמעון, שמדובר בקודשים שחייב באחריותם, ולכן גם אחרי שהקדיש הבהמה עדיין ברשותו. דעת ר' שמעון מופיעה בהמשך המשנה, וזו הסיבה שהגמרא דוחה את האוקימתא הזו. בשלב השני הגמרא מעמידה את המשנה בקודשים קלים, שנחשבים ממון בעלים, כשיטת ר' יוסי הגלילי: "אלא הכא במאי עסקינן – בקדשים קלים, ואליבא דר' יוסי הגלילי, דאמר: קדשים קלים ממון בעלים הוא, וברשותיה קיימי". אומנם, הגמרא דוחה גם את האפשרות הזו, ובכל אופן, לפנינו מקרה שבו העמדת המשנה כשיטה תנאית היא האופן שבו הגמרא מפרשת את המשנה שלא כפשטה.

תופעה כזו קיימת לא רק ביחס למקורות תנאיים, אלא גם בדעות או מימרות סתמיות. אפשר לראות פעמים רבות שהגמרא מנסה לברר מי המקור של דעה או הלכה כלשהי. יש הסבורים שהמטרה של בירור כזה היא דיוק במסירת הדעות או המקורות, בבחינת "להביא דבר בשם אומרו". על פי שיטתנו, גם למהלך כזה יש כוונה פרשנית, משום ששיוך של דעה או מקור לחכם מסוים או למקור מסוים הוא צורה של פרשנות, המאפשרת להבין מקור או דעה על פי שיטה אחרת ידועה או על פי מקור אחר.

כאמור, הניסיון לזהות את החכם הוא לא בעיה של חוסר במידע ביחס למקורות, והוא גם לא מהלך מניפולטיבי שנועד לאפשר לאמורא לחלוק על המשנה או לתרץ קושיות של אמוראים על המשנה, כפי שעשוי להיראות במבט ראשון. מתודה כזו היא כלי פרשני מכוון ומודע של חכמי התלמוד המבקשים לפרש את המקורות או להציג דעות חולקות על המקורות הקדומים באמצעות שימוש בשמות החכמים.

דוגמה: בבא בתרא כא ע"ב: רב הונא סובר שאסור לאדם לפתוח עסק מתחרה ליד חברו, משום שזה פוגע בפרנסתו: "אמר רב הונא: האי בר מבואה דאוקי ריחיא, ואתא בר מבואה חבריה וקמוקי גביה, דינא הוא דמעכב עילויה, דא"ל: קא פסקת ליה לחיותי". הגמרא מציעה שדעת רב הונא כדעת רבי יהודה, שאסור אפילו לחלק אגוזים כדי למשוך לקוחות: "א"ל רבינא לרבא: לימא, רב הונא דאמר כרבי יהודה; דתנן, רבי יהודה אומר: לא יחלק חנוני קליות ואגוזין לתינוקות, מפני שמרגילן אצלו, וחכמים מתירין", אומנם הגמרא דוחה את האפשרות הזו ומסבירה שדעת רב הונא

היא גם לשיטת חכמים, החולקים על רבי יהודה וסבורים שאסורה פתיחה של עסק מתחרה, אבל מעשה של שיווק מותר. אבל לפנינו מקרה שהגמרא נעזרת בשיטת רבי יהודה כדי להסביר ולהבין את שיטת רב הונא.

השאלות שיש לשאול: מה הערך המוסף שבשיוך דעה אנונימית לחכם מסוים? מהי הפרשנות החדשה של המקור לאור השיוך שלו לחכם מסוים? איזו משמעות מוסיפים מקורות אחרים או דעות אחרות של החכם שאליו משויך המקור למקור הנידון כאן?

"חיישינן"

במקרים רבים לאורך התלמוד אפשר למצוא שהתלמוד משתמש בנימוק "חיישינן" או "לא חיישינן", כלומר האם חוששים אנו או לא חוששים אנו, כהסבר לדעות או להלכות. ההסבר במקרה כזה הוא שדין מסוים נפסק בגלל חשש למצב אסור או למציאות לא רצויה. והדעה החולקת אינה חוששת מכך.

במבט שטחי, השאלה אם "חיישינן" קשורה להערכת המציאות. כלומר: האם מציאות מסוימת היא מסתברת או לא ועד כמה. אם ההערכה של החכם היא שהמציאות מסתברת – "חיישינן", ואם הערכת המציאות היא אחרת – "לא חיישינן".

על פי דרכנו נסביר שגם שאלת "חיישינן" היא כלי תלמודי להבעת עמדות עקרוניות ולא מחלוקת בהערכת המציאות המעשית.

לאור זה אפשר להבין את המימרא: "כל דתקון רבנן – כעין דאורייתא תקון" (גיטין סג ע"ב – סד ע"א). באיזה מובן לתקנת חכמים תוקף של דאורייתא? רק משום שהתקנות והגזרות הן ביטוי לעקרונות שמקורם הוא מן התורה והן הדרך של חכמים לתת ביטוי לאותם חלקים מדאורייתא.[64]

דוגמה: הגמרא בבבא מציעא יג ע"א-ע"ב דנה במצב שבו נמצא שטר חוב זרוק ברחוב ואינו בידי הלווה או המלווה, והדיון הוא אם החוב קיים עדיין או שהוא נפרע. ר' אלעזר ור' יוחנן (ואביי ושמואל) נחלקו אם "חיישינן לפרעון", כלומר אם השטר זרוק ברחוב, הוא כנראה נפרע, אחרת המלווה היה שומר עליו, ולכן לא מחזירים את השטר למלווה. דעה אחרת אומרת שלא מחזירים את השטר והחוב בטל, משום ש"לא חיישינן לפרעון", כלומר שכל עוד השטר קיים, החוב גם קיים, וההנחה היא שאם החוב היה בטל, הלווה היה משמיד את השטר.

64. באותו אופן נסביר גם את הנימוק התלמודי "גזרו... או לא גזרו".

הסבר המחלוקת אם להחזיר את שטר החוב או לא יכולה להיראות מחלוקת בהערכת המציאות: מהו הסיכוי הגבוה יותר? מה המציאות המסתברת יותר? השיקולים שעומדים מאחורי הסבר כזה הם בעלי אופי טכני: למה השטר זרוק ברחוב? למה המלווה לא שמר עליו? למה הלווה לא שמר עליו? שתי האפשרויות הגיוניות והבחירה בכל אחת מהן נראית עניין של הפעלת שיקול דעת פסיכולוגי שלא ניתן להסבירו.

על פי דרכנו, הנימוק "חיישינן" המבוסס על הערכת המציאות קשור לשאלות יסוד רעיוניות, הנוגעות לשאלה העקרונית של הגורם שקובע בעלות. הדעה ש"חיישינן לפרעון" קובעת שמה שמכריע בשאלת הבעלות היא האחיזה המעשית בשטר. אם השטר כבר אינו בידי המלווה, משמע שהחוב נפרע, אף שלפנינו שטר חתום בידי עדים. הגישה הקניינית הזו מעניקה את המשקל המכריע לתפיסה המעשית, שהיא זו שמבטאת את התוקף המשפטי של הקניין. הגישה האחרת, המתבטאת באמצעות הנימוק "לא חיישינן", אינה נשענת על הערכה סטטיסטית, אלא היא ביטוי לתפיסת בעלות הנשענת לא על מה שקורה במציאות אלא על בירור האמת. לכן, אם קיים שטר שחתומים עליו עדים, משמע שהחוב עדיין קיים. זו האמת. השאלה היכן נמצא השטר אינה חשובה. קביעת הבעלות נובעת מהעדים שמאשרים את החוב ולא מהמציאות.[65]

פרק ג: אמצעי הבעה נוספים לרעיונות

סוגיות "מוזרות": מצבים בלתי מתקבלים על הדעת

מקרים בלתי מתקבלים על הדעת נידונים בתלמוד לעיתים קרובות, ואף מקבלים התייחסות נרחבת.

> החשיבה של חכמי בית המדרש היא חשיבה עתירת דמיון. והדמיון מוביל את החכמים להמצאות טקסטואליות ומעשיות כפתרונות לבעיות הניצבות בפניהם.[66]

תופעה זו קיימת לא רק בחלק האגדי של התלמוד[67] אלא גם בחלק ההלכתי.

65. הרחבה של המשמעות הערכית של שני אופני הקניין ראו בכמה דוגמאות לעיל, בתת־הפרק "אוקימתא: הצגה של עקרונות שונים", ובהפניות שם.

66. פאוסט, תהיו חכמים, עמ' 92.

67. התייחסות להיבט הדמיוני בסוגיות אגדיות ולמשמעות שלו ראו אצל נאה, אפשר אחרת,

בעוד שבחלק האגדי קל יחסית לקבל עיסוק בסוגיות דמיוניות, משום שקל יותר להבין שאגדה נושאת משמעות סמלית, בחלק ההלכתי סוגיות העוסקות במקרים זניחים ודמיוניים (שלא לומר הזויים) עשויים לתת הרגשה שהתלמוד הוא ספר לא רלוונטי ואפילו לעורר רתיעה.

כל זה נכון בהנחה שהתלמוד הוא ספר הלכתי. אם התלמוד הוא ספר שנועד לתת מענה לשאלות מעשיות – העיסוק של הגמרא במקרים כאלו הוא בלתי מובן ואפילו מגוחך.

אך על פי התפיסה המוצגת כאן, שהתלמוד הוא ספר שעוסק ברעיונות – מקרי קצה הם הזדמנות מצוינת להציג רעיונות. בדומה למעבדה, שם נבחנים רעיונות באמצעות חקירה של מקרי קצה, כדי להבין את העקרונות העומדים ביסודם של המקרים המציאותיים. כיוון ששפת התלמוד היא שפה הלכתית־מעשית – התלמוד מביע את הרעיונות שלו באמצעות השפה המעשית, אבל באופן שמאפשר לחדד ולברר את הרעיונות. לכן מצד אחד, התלמוד יוצר מצבים מעשיים, ומצד שני המצבים האלו עשויים להיות בלתי מציאותיים. השילוב הזה מאפשר לתלמוד לדון בעקרונות.

> הגמרא, לדוגמה, מציגה מקרה שבו רוח העיפה גבר מראש הגג, וזה נפל על אישה באופן שנתקע בה. כלומר, חיבור מיני. עכשיו הסוגיה התלמודית מנסה לברר את המשמעויות המשפטיות של הזיווג הלא מתוכנן. האם הגבר חייב לשלם לאישה על נזק, על צער, על ריפוי ועל אובדן הכנסה (כן), על בושה (לא), והאם למה שקרה להם יש תוצאה חוקית שהופכת אותה לאשתו (לא). הבאת מקרים מומצאים עד לקצה מחדדת את ההבנה העקרונית של הדין.[68]

דוגמה: המשנה בגיטין יט ע"א עוסקת במקרים של גט שנכתב על עלה של זית, על קרן של פרה ועל יד של עבד. מקרים כאלו הם בלתי מציאותיים ואפילו הזויים, וקשה להבין מדוע המשנה מביאה אותם. לכן ברור שאין

עמ' 221–243, בפרק "חשיבה יצירתית באגדה" ובדוגמאות הרבות לאורך הפרק; פאוסט, תהיו חכמים, עמ' 92–93; 105–108. שניהם טוענים כי הדמיון משרת פתרון בעיות.

68. פאוסט, תהיו חכמים, עמ' 93–94, על הסוגיה בבבא קמא כז ע"א. פאוסט, בשונה ממה שאנו מציעים כאן, מתייחס לעצם השימוש בדמיון ולחשיבות שלו בפתרון בעיות. אנו נתמקד במשמעות של המקרה הדמיוני הספציפי כאמצעי לדון במושג או ברעיון ונתמקד במושג וברעיון שעולה מתוך המקרה הדמיוני.

להבינם מצד התיאור הריאלי שלהם, אלא מצד העיקרון המובע בהם. כל המקרים הללו מביעים את הגישה שכתיבה של גט אינה מחייבת כתיבה רצינית בספר (למרות שכתוב בפסוק "ספר כריתות"), משום שעיקרו של גט הוא היותו מסמך משפטי, ומשום שתהליך הגירושין אינו בעיקרו הגדרה משפטית של המעמד האישי של האישה. האפשרות לכתוב את הגט בצורה כזו מביעה שהעיקר זה מסירתו, דהיינו תהליך הפירוד הבין־אישי שמתרחש בין בני הזוג, ולכן אפשר לצמצם את החשיבות והתוקף של הגט כמסמך כתוב.[69]

דוגמה נוספת: בקידושין ז ע"א-ע"ב הגמרא דנה בשורה של מקרים שבהם אדם מקדש אישה קידושין מוזרים: "אמר רבא: התקדשי לי לחציי – מקודשת, חצייך מקודשת לי – אינה מקודשת... חצייך בחצי פרוטה וחצייך בחצי פרוטה – מהו? חצייך בפרוטה וחצייך בפרוטה – מהו? חצייך בפרוטה היום וחצייך בפרוטה למחר – מהו?... שניי חצייך בפרוטה – מהו?". כמובן שבלתי מתקבל על הדעת להבין שהגמרא דנה בשאלות אלו כשאלות מציאותיות. התלמוד מביא מקרים מלאכותיים כדי לבחון את העקרונות. במקרה זה הבירור העקרוני הוא בשאלת המשמעות של קידושין: האם קידושין הם קשר בין־אישי, מפגש של סובייקטים, "כי יקח איש אישה" ואז אין מקום לקידושין של חצי, משום שאי אפשר לקחת חצי אישה או שקידושין הם מעשה של קניין, כניסה לרשות, ואז מבררים את אפשרויות הקניין המעשיות באמצעות המקרים המלאכותיים של חצי.[70]

השאלה שיש לשאול בלימוד של סוגיה שעוסקת במקרים בלתי סבירים או בלתי אפשריים: איזה עיקרון מביא המקרה לידי דיון?

סימבוליקה

החשיבה של חז"ל היא לא רק רציונלית. משום שלרעיונות יש גם היבטים רגשיים, אסוציאטיביים ותת מודעים, הדרך להביע רעיונות אינה רק באמצעות חשיבה לוגית. הממד הלא רציונלי בחשיבה של חז"ל בא לידי ביטוי בדמיון

69. הרחבה על שני הצדדים הרעיוניים של הגט ראו גם בדוגמה בתת־הפרק "דיאלקטיקה ומורכבות".
70. הרחבה על שני ההיבטים הרעיוניים של קידושין ראו גם בדוגמה בתת־הפרק "הרלוונטיות של התלמוד".

ובסימבוליקה.[71] סימבוליקה גורמת ללומד לבחון את הרעיונות באופן אחר מאשר הדרך הלוגית-רציונלית.

קיומה של צורת מבע סמלית הוא אמצעי מרכזי בעולם הספרות (והאומנות), אבל היישום שלה בתלמוד אינו מובן מאליו:

> בתגובת הקורא לטקסט ספרותי סמלי יש להבחין בין שני שלבים: שלב הזיהוי של הייצוג הסמלי, שבו מתעוררת השאלה האם הטקסט שלפנינו סמלי? ובו מתעורר גם הצורך להבין את הדברים שלא כפשוטם; ושלב הפיענוח, ההבנה ואפשרות הניסוח של המשמעות הסמלית, שבו מתעוררת השאלה מה המשמעות הסמלית של הטקסט... לא רק הפירוש למובנו הסמלי של הטקסט יכול להיות שנוי במחלוקת, אלא גם עצם ההחלטה לקרוא אותו כטקסט סמלי, ולא כפשוטו.[72]

האם אפשר להתייחס לתלמוד (גם) כטקסט בעל משמעויות סמליות? לאור הנחות היסוד שלנו, הרואות בתלמוד יצירה ספרותית, נראה שהתשובה לשאלה זו היא חיובית. גם על התלמוד, במקרים מסוימים, אפשר להחיל קריאה סימבולית מעבר לקריאה ההלכתית הלוגית והמשפטית.

מה עניינו של טקסט סמלי?

> התקשורת הסמלית מיועדת איפוא לעורר את החשיבה המופשטת באמצעות גירוי של החושים. היא מיועדת למי שמסוגל להבין תמונה או צליל כמייצגים איזושהי מורכבות רגשית או מחשבתית... תקשורת סמלית נועדה להעביר לנמען מסר מרוכז ועמוס, שכדי להסביר אותו עד תומו למי שאינו מכיר אותו יש צורך במלים רבות, ואולי אפילו מלים רבות לא יסבירו אותו. משום כך סמלים משמשים לפעולות מנטליות מורכבות ומתוחכמות.[73]

גם בתלמוד ישנם מקרים שהרבדים הרעיוניים של ההלכה מבוטאים בצורה סמלית, באמצעות דימויים, המפעילים אצל הלומד חלקים אחרים של

71. השלמה לנושא הסימבוליקה בתלמוד אפשר לראות אצל נאה, אפשר אחרת, פרק 6, עמ' 147–176, העוסק באנלוגיות בתלמוד.
72. בר יוסף, סימבוליזם, עמ' 13–14.
73. בר יוסף, סימבוליזם, עמ' 11–12.

קליטה וחוויה של הרעיונות שהתלמוד מבקש להביא לידי ביטוי. לכן דיונים הלכתיים יכולים להיות מובנים לא רק באמצעות השכל וההיגיון, אלא גם מפוענחים ומוטבעים באמצעות מערכת של סמלים המשפיעים על הרובד הרגשי והחוויתי של הלומד, ואפילו על התת מודע.[74]

בעל ספר החינוך כתב ש"אחרי הפעולות נמשכים הלבבות".[75] כלומר לא רק ההבנה מטביעה את חותמה ומשפיעה על האדם, אלא גם המעשים יכולים להטמיע תובנות. בדומה לכך, אם כי במישור אחר, אפשר לומר שלא רק בדרך השכל וההיגיון אפשר להגיע להבנה, אלא גם באמצעות חוויות ויזואליות ומערך של אסוציאציות.

האמת היא שזו אינה המצאה תלמודית. היהדות עושה שימוש נרחב בסמלים הן במובן הספרותי, בסיפורי התורה ודברי הנביאים, והן במצוות עצמן. ספרו של הרש"ר הירש, המצוות כסמלים, מוקדש לביסוס תפיסה זו, וכך הוא כותב שם:

> ישנם סמלים ופעולות סמליות בקשר שבין הקב"ה וישראל, ובפרט אם המצוות ניתנו בצורתן כסמלים להבעת רעיונות. רק (=אפילו) על ידי הסתכלות שטחית על תולדות ישראל כמו שכתוב עליהן בתנ"ך, ועל תחום המצוות, נדמה לנו, שהתשובה צריכה להיות חיובית.[76]

דוגמה: נמחיש את השימוש הסימבולי בתלמוד בסוגיה ממסכת בבא בתרא. המשנה בתחילת מסכת בבא בתרא אומרת: "השותפים שרצו לעשות מחיצה בונין את הכותל באמצע", ועוסקת בחומרים שמהם בונים את הכותל. התלמוד על המשנה מציג שני מודלים רעיוניים לשותפות, האחד מהם מביא לידי ביטוי מודל הפרדה מוחלטת כדי שלא לפגוע בזולת, והשני מציג מודל של הפרדה המאפשרת שותפות של אחריות הדדית וקשר משמעותי יותר.[77] בהמשך עוברת הגמרא לדון בסוגי החומרים שמהם אפשר לבנות את הכותל

74. הסימבוליזם הוא זרם באומנות ובספרות הרומז לרעיונות ולרגשות בעזרת דימויים אומנותיים או ספרותיים. בזרם הזה נהוג להשתמש בדימויים ובסמלים כדי להעביר ולבטא תחושות או מצבים.

75. מצווה טז.

76. הירש, המצוות כסמלים, עמ' 36, ובאופן נרחב סקירה של הגישה בפרקי ההקדמה לספר.

77. גם אצל פאוסט, תהיו חכמים, עמ' 94-98, נידון עניין המחיצה באופן נרחב כביטוי "דמיוני" להבעת רעיון, או "פתרון לבעיה".

וברוחב של הכותל, מה הרוחב הדרוש במקרה של שימוש בחומרים שונים. במהלך הדיון, שהוא בעל אופי טכני־הנדסי לחלוטין, הגמרא מציגה שתי אפשרויות לבניית קיר: אפשרות אחת היא שכל אחד מן הצדדים בונה כותל משלו ובין הקירות שנוצרים משאירים רווח ואותו ממלאים בטיט. אפשרות אחרת היא שהשכנים בונים יחד קיר אחד רחב.

הדיון הזה לא מובן. האם הגמרא היא ספר הנדסה? האם תכלית הסוגיה היא להדריך את הלומד כיצד לבנות את הקיר כדי שיעמוד ולא ייפול? הסוגיה הזו יכולה להיות מובנת אם נראה בשתי ההצעות הפסאודו־הנדסיות של הגמרא ביטוי סמלי־ממשי לשתי התפיסות הרעיוניות של שותפות: קיר אחד משותף מבטא באופן ויזואלי סמל לשותפות עמוקה, בעוד ששני קירות וביניהם רווח מסמלים שותפות מרוחקת יותר. והרי לפנינו מקרה שבו הדיון ההלכתי כאשר הוא מתפרש (גם) כסמלי תורם לרבדים הרעיוניים של ההלכה.

דוגמה נוספת: לעיתים מושג, ולא חפץ, הוא שנושא משמעות סימבולית. כך בסוגיה שכבר הזכרנו, סוגיית הפתיחה למסכת פסחים. לאורך שניים וחצי דפים הגמרא דנה אם פירוש המילה "אור" הוא יום או לילה. התלמוד משתמש במושגים סמליים, אור וחושך, יום ולילה – כדי לעסוק בהיבטים שונים של המשמעות של חג הפסח ושל בדיקת חמץ (הנושא של המשנה). פסח הוא חג הגאולה, שבו מתרחש המעבר מגלות (חושך) לגאולה (אור). הדלקת נר בלילה שלפני היציאה מגלות לגאולה נושאת משמעות סמלית של אמונה בגאולה המגיחה מתוך החושך. הדיון במשמעות המילולית של המילה "אור" משמש את הגמרא לדיון בעל משמעות סמלית במשמעויות הרוחניות של חג הפסח.

השאלה שיש לשאול: מה גורם לי לימוד הסוגיה? אילו רגשות, תחושות, אסוציאציות לא לוגיות מתעוררים אצלי בעקבות לימוד הסוגיה והפרטים שלה?

סוגיות פתיחה

הרבדים הרעיוניים בתלמוד באים לידי ביטוי באופן מובהק בסוגיות הפתיחה של רבות מן המסכתות, ופעמים שזה ברצף הסוגיות הראשונות של המסכת ולעיתים גם בפרק, והן בעלות מאפיינים ייחודיים המבדילים אותן משאר הסוגיות התלמודיות.[78]

78. הרחבה על המאפיינים ועל המבט הספרותי של סוגיות פתיחה במחקרי, 'מגמות רעיוניות', עמ' 26–31; 332–337.

סוגיות פתיחה דנות במשנה אבל לא בהיבט ההלכתי־מעשי. סוגיות פתיחה יכולות לדון בלשון המשנה ובעניינים שונים שנוגעים לעריכת המשנה, כמו סדר המשניות או המיקום של המסכת. סוגיות פתיחה גם יכולות להביא מקורות מקראיים למשנה או ענייני אגדה שנוגעים אליה.

להלן דוגמאות לסוגיות פתיחה שבהן מובעים הרעיונות היסודיים של המסכת או הפרק:

- עיסוק מפורט בלשון של המשנה – סוגיית הפתיחה של קידושין, בבא בתרא, פסחים.
- עיסוק בסדר של המשנה – סוגיית הפתיחה של ברכות, ושל בבא קמא פרק ו.
- מקורות מקראיים למשנה – סוגיית הפתיחה לברכות, תענית, מגילה, סוכה, בבא בתרא פרק ג.
- סקירה של מקורות תנאיים מהמסכת כולה – סוגיית הפתיחה לבבא מציעא, ולבבא מציעא פרק ב.
- עיסוק בנושאים מתחומים השונים מהנושא העיקרי – סוגיית הפתיחה ליומא ולכתובות.

למרות שסוגיות הפתיחה אינן עוסקות בנושאים הלכתיים, אלא בנושאים שוליים לכאורה, הן המפתח למושגי היסוד של העקרונות הרעיוניים שנידונים במסכת. תרומתן העיקרית אינה בבירור ההלכתי אלא בהנחת התשתית הרעיונית של הנושא ההלכתי. הנושאים שבהם עוסקות סוגיות הפתיחה הם האמצעים המשמשים את הסוגיה להביע רעיונות שיבואו לידי ביטוי בדיונים ההלכתיים לאורך המסכת.

לכן סוגיות פתיחה הן מבוא רעיוני למסכת או לפרק, כיוון שהן שמות ללומד הנכנס בשערי המסכת את הכיוון הרעיוני ואת מושגי היסוד הבסיסיים שילוו אותו לאורך המסכת. לאחר שסוגיית הפתיחה מציידת את הלומד במושגים הרעיוניים העקרוניים שמצויים בתשתית של המסכת כולה – הלומד יכול להחיל את העקרונות הללו על הדיונים והפרטים ההלכתיים בסוגיות ההלכתיות לאורך המסכת.[79]

79. הרחבה על סוגיות פתיחה נוספות ועל האופן שבו הן מהוות מבוא רעיוני למסכת או לפרק, מעבר לדוגמאות שמובאות בספר הזה, אפשר למצוא בשתי עבודות אקדמיות

בגלל החשיבות והתרומה הרבה של סוגיות הפתיחה לרבדים הרעיוניים של התלמוד – הסוגיות הללו משמשות מתודה מרכזית בספר זה. רבדים רעיוניים קיימים בסוגיות בכל התלמוד ולא רק בסוגיות הפתיחה, אבל פעמים רבות הם מוצפנים בתשתית הדיון ההלכתי, ולכן הם בלתי נגישים עבור הלומד. גם כאשר הלומד מבקש לעמוד על הרעיון המצוי בתשתית הדיון ההלכתי – הוא עשוי להוות משוכה גבוהה שקשה לעבור אותה כדי לפענח את הרובד הרעיוני שמצוי בתשתיתה. סוגיות הפתיחה חושפות את העקרונות הרעיוניים הללו בצורה נגישה ופשוטה יחסית, משום שהשפה שלהן קרובה יותר לעולם הרעיוני, והמושגים הרעיוניים והמשמעות שלהם קרובים יותר לפני השטח של הדיון, וקל יחסית לחשוף אותם. לכן סוגיות פתיחה הן נקודת זינוק מצוינת עבור דרך כזו בלימוד.

סיכום

נסיים את החלק התיאורטי של הספר בדבריו הפיוטיים של הרב קוק, המסבירים את דברי חז"ל (בבא בתרא יב ע"א): "חכם עדיף מנביא" המבטאים את החשיבות והערך הייחודי שקיימים דווקא בפרטים ההלכתיים הטומנים בחובם אורות גדולים:

> השערות הדקות, שמהן מצטרפות עבות העגלה של החטאת, גידי־החיים הדקים, שמהם ישורגו מזרקי־הדם הגדולים, אלה המה המסתרים הצפונים מעין כל נביא וחוזה. המצות המעשיות כולן ופרטי הלכותיהן, בכל דיוקם הנמרץ, איך בהמשך־הזמן על־ידי קיומם ותלמודם, הרגלם וחבתם, יצא הנעם הפנימי החבוי בהם, וזרם־החיים האלהי הטהור...
> ואיך העזיבה האטית המזלזלת במעשים, בענפים ודיוקים, מפתחת דרך של הרס, מאבדת את הכלים שבם יקלט הרוח העליון, וממילא יצר לב האדם, הדמיון המתעה המלא ציצי זהר מבחוץ ואבק רעל מבפנים, הוא הולך ועולה מאליו,
> וחכם עדיף מנביא, מה שלא עשתה הנבואה, בכלי מלחמתה החוצבים

שלי: סויסה, מגמות רעיונות; סויסה, סוגיות פתיחה. וראו הפניות לחומרים נוספים בנושא בעבודות אלו.

להבות אש לבער מישראל עבודת אלילים ולשרש אחרי עיקרי ההשפלות היותר גרועות של עשק וחמס, של רצח וזִמה, רדיפת שחד ושלמונים, עשו החכמים בהרחבת התורה, בהעמדת תלמידים הרבה ובשנון החקים הפרטיים ותולדותיהם. "הליכות עולם לו, אל תקרי הליכות אלא הלכות".[80]

80. הרב קוק, אורות, עמ' קכא.

מסכת ברכות פרק שישי – "כיצד מברכין?"

הברכה על האוכל, לפני האכילה ואחריה, היא חלק מרכזי ויום־יומי בעולמו הדתי והרוחני של האדם המאמין, ולכן מפתיע לגלות שהמצווה לברך על האוכל לפני האכילה אינה מופיעה בתורה. התורה מתייחסת רק לברכה שאחרי האכילה, בפסוק שהוא המקור לברכת המזון (ובעקיפין לברכה מעין שלוש): "וְאָכַלְתָּ וְשָׂבָעְתָּ וּבֵרַכְתָּ אֶת ה' אֱלֹהֶיךָ" (דברים ח, י). מתוך הזיקה שיוצר הפסוק בין אכילה המביאה לידי שובע לברכה, עולה שברכת המזון קשורה להודאה על האוכל, וכך גם משמע מפירוש הרמב"ן על הפסוק:

> יצוה שתברכהו בכל עת שתשבע על השובע.

לעומת הברכה שאחרי האכילה, הברכה שלפני האכילה, "ברכת הנהנין",[1] היא חידוש של חכמים שנזכר ונידון במשנה ובגמרא לאורך פרק שישי של מסכת ברכות. פרק זה דן בפרטי הלכות רבים הנוגעים לברכה שלפני האכילה, ובעיקר עוסק בשאלת הברכה שיש לברך לפני אכילת מיני מאכלים שונים.

1. מטבע הלשון "ברכות הנהנין" אינו חז"לי ואינו מופיע במשנה ובתלמודים. אצל הרמב"ם מצוי הכינוי "ברכת ההנייה" (הלכות ברכות א, י) המתייחס ל"כל הברכות כולן", ולא רק לברכות שלפני האכילה. "ברכות הנהנין" מצוי לרוב אצל הרמב"ן וראשונים נוספים. ובכל זאת אשתמש כאן במונח זה, למרות היותו בעל משמעות רעיונית שונה משל המשנה (כפי שארחיב בהמשך הפרק), משום שהוא הפך להיות הביטוי הנפוץ והשימושי ביחס לברכות שלפני האכילה.

אבל פרק שישי של מסכת ברכות, במשנה, בסוגיית הפתיחה, ובדיונים ההלכתיים – מלבד שהוא עוסק בפרטי ההלכות הנוגעות לברכות שלפני האכילה, גם פורס בפנינו תפיסות רעיוניות ורוחניות של המשמעות של הברכות.[2] השפה שבה מדברת הסוגיה היא שפת המדרש והשפה ההלכתית, אבל זו אינה טכנית והיא אינה מנותקת מעולם הרוח, אלא היא טומנת בחובה גם רבדים של משמעות ותוכן, הנוגעים, כאמור, לטעם של הברכות, ולמשמעות הרוחנית שלהן.

לא רק זאת, אלא שבאמצעות השקלא וטריא התלמודי נרקם הקשר בין עולם המשמעות והרוח הגנוז בברכות למימוש שלו באמצעות הקיום ההלכתי, על פרטיו השונים. כלומר הפרטים השונים המהווים את הלכות ברכות הם עצמם ביטוי לתפיסות רוחניות ביחס לברכות וביחס לקשר של האדם עם ה' כפי שהוא מתממש בנושא כל כך אנושי, יום־יומי ומצוי – האכילה.

2. ההגות המחשבתית עוסקת רבות בטעמי ברכות הנהנין, וניתן למצוא בה מגוון דעות על המשמעות הרוחנית שלהן. נציג כאן בקצרה כמה גישות מרכזיות: אסכולה אחת רואה בברכה אמצעי להתמקדות בהנאה ובתועלת של האדם. גישה זו מופיעה אצל הכוזרי (ספר הכוזרי מאמר ג אות יז), והוא טוען שהברכה מעצימה את ההנאה על ידי שהיא הופכת אותה להיות מודעת, ומתוך כך מתעצמת השמחה וההודאה לה'. גם ספר החינוך (מצווה תל) סובר שעיקר הברכה הוא הודאה על ההנאה, אבל, בשונה מהכוזרי, לפי דבריו, הכרה בטוב ה' היא שמאפשרת לברכה להתפשט בעולם. אסכולה נוספת רואה בברכה פעולה המשפיעה על הרובד הרוחני של האדם. גישה כזו קיימת בדגשים שונים אצל הוגים שונים, למשל, אצל רבנו בחיי (כד הקמח, ערך ברכה) הברכה מופיעה כאמצעי לקדש את האדם ואת היצרים החומריים שלו. לפי הרש"ר הירש (בפירושו לדברים ח, י), תכליתה של הברכה היא לחבר את האדם לתכליתו באמצעות ההכרה בה' כמקור האוכל. בחסידות ישנה גישה הרואה בברכה מעשה המקדש את האכילה עצמה ובכך הופך את הפעולה החומרית־יצרית למצווה, כמו למשל בתניא (פרק ט). גישה כזו אפשר לראות גם אצל הרמח"ל (דרך ה', חלק ד פרק ט). אסכולה שלישית, הרווחת בקבלה (ואצל הוגים נוספים), רואה בברכה אמצעי לפעול על המציאות עצמה. כך למשל בקבלה הברכה מופיעה כפועלת על המציאות, בהיותה מושכת שפע מן העולמות העליונים, ולא על התודעה בלבד. לגישת הזוהר בעניין ראו אצל תשבי, משנת הזוהר, ב, עמ' רנג-רנה; רסה הע' 84, המפנה למאמרים שונים בזוהר על משיכת שפע בתפילות ובברכות; חלמיש, הקבלה, עמ' 75-77. דיון ברעיונות הללו, עיבוד והנגשה שלהם אפשר לראות אצל הרב סולובייציק, ברכות, לאורך המאמר, וכן אצל הרב חרל"פ, מי מרום, פרק רביעי, אות ה.

המשנה

המשנה הפותחת את פרק שישי של מסכת ברכות מביאה את רשימת הברכות שיש לברך לפני אכילת מאכלים שונים:

> כיצד מברכין על הפירות? על פירות האילן הוא אומר: בורא פרי העץ חוץ מן היין, שעל היין הוא אומר: בורא פרי הגפן; ועל פירות הארץ הוא אומר: בורא פרי האדמה, חוץ מן הפת, שעל הפת הוא אומר: המוציא לחם מן הארץ; ועל הירקות הוא אומר: בורא פרי האדמה, רבי יהודה אומר: בורא מיני דשאים.

על פניו זוהי משנה הלכתית, המכילה רשימה יבשה של הברכות על כל אחד ממיני המאכלים. אבל עיון מעמיק בנוסח הברכות שבמשנה, כמו גם בפרטים המרכיבים אותה, מגלה שלמשנה יש תפיסה עקרונית ומהותית של עולם הברכות והמשמעות שלו.[3]

ראשית, יש לשים לב שהמשנה קובעת נוסח ברכה ייחודי למיני מאכלים שונים. אפשר להעלות על הדעת שניתן היה לנסח ברכה ראשונה אחת כללית לכל האוכלים, בדומה לברכת המזון. אך לא כך ההלכה. לפי המשנה יש ברכות שונות למיני מאכלים שונים.

נוסף לכך, יש לשים לב שנוסח הברכה נקבע לפי צורת הגידול ולא לפי קריטריונים אפשריים אחרים כגון מידת ההנאה, צורת ההנאה וכדומה. ההרגל שלנו בברכות גורם לנו שלא לשים לב לחידוש הזה. ניסוח הברכה לפי המקור הבוטני שממנו מגיע הפרי: עץ, אדמה, ירקות או דשאים, מראה שלפי תפיסת המשנה יש קשר בין הברכה לבריאה של המאכל.

גם הנוסח המוכר של הברכות, "בורא פרי וכו'", המובא במשנה בתשובה לשאלה "כיצד מברכין על הפירות?" הוא כל כך טריוויאלי ויום-יומי, עד שקל לפספס את החידוש הטמון בבחירה לנסח דווקא כך את הברכה. הנוסח שבחרה המשנה לברכה שלפני האכילה – אין בינו ובין הודאה או הנאה דבר. למרות שהציפייה היא שהברכה תהיה קשורה להכרת

3. על המשמעות הספרותית של המבנה והנוסח של משניות הפרק במבט כללי ונרחב יותר ראו אצל ברקוביץ, זרעים מועד, עמ' 93-104; וולפיש, מרבדי משנה, עמ' 89-108. אצלם הדברים מקבלים משמעות שונה מן הפרשנות שאנו מציעים כאן, עיינו שם.

הטוב הקשורה באופן מסוים להנאה הנגרמת מן האכילה (בדומה לברכת המזון) – הנוסח שקובעת המשנה הוא ברכה על הבריאה של הפרי, ולא על נתינתו לאדם או על ההנאה ממנו. "בורא פרי" מציין את היותו של ה' בורא הפרי, ולא עוסק כלל בפן אנושי שקשור לפרי או לאכילתו. באופן תיאורטי, ניתן היה לבחור בנוסח "ברוך אתה ה' אלוהינו מלך העולם נותן הפירות" או "שמהנה את בריותיו בפירות" וכדומה. אך לא כך הוא. הבחירה של המשנה היא להתמקד בה' ולא באדם, ובבריאת הפרי ולא בהנאה שהוא מביא לאדם.[4]

תפיסה זו באה לידי ביטוי מובהק בברכות המיוחדות ללחם ויין.[5] ברכת "המוציא לחם מן הארץ" וברכת "בורא פרי הגפן" מכילות פרדוקס: החיטה גדלה בארץ אבל הלחם הוא מעשה ידי האדם, ולא "יוצא מן הארץ". במילים אחרות: ה' אינו מוציא לחם מן הארץ, אלא חיטה, והאדם הופך את החיטה ללחם. ובכל זאת, למרות שהאדם הוא יוצר הלחם, הברכה חוזרת לשורשי הבריאה של הלחם ומתמקדת דווקא בחלקו של הבורא. גם ברכת היין, שהוא מעשה ידי אדם, מתמקדת בבריאה. זה עצמו המסר של המשנה: הברכות על האוכל מכוונות להתמקדות באוכל מנקודת המבט של היותו בריאה אלוהית.[6]

4. ברקוביץ, זרעים מועד, עמ' 97, טוען שהנוסח "בורא" הוא ייחודי, ומפנה לבריאת העולם. גם הפרי המופיע בנוסח הברכה, "בורא פרי", מדגיש את העובדה שמבין כל המאכלים של האדם, הפירות הם הברכה האלוהית כפי שהיא, ללא עיבוד או הוספה משלו. "ההופעה הראשונית ביותר של החיות האלוהית בבריאה כשורש קיומו של האדם היא דווקא בפירות האילן". כך מסביר ברקוביץ גם את הבחירה של המשנה לפתוח את הפרק בברכת הפירות ולא בברכת "שהכל", שהיא כללית יותר. באותו כיוון הולך גם וולפיש, מרבדי משנה, עמ' 94, ולאורך הפרק, וסיכום דבריו שם בעמ' 102. לדבריו "הנאת האכילה מהווה הזדמנות לאדם לברך את ה' על הבריאה כולה". ברויאר, פרקי מועדות, עמ' 27-28, עומד על הקשר בין נוסח הברכות המפרט את מיני הבריאות השונות לבריאה. ההסבר שלו שונה מהסברנו כאן את סוגיית הפתיחה על המשנה, עיינו שם.
5. לחם ויין מקבלים ברכה מיוחדת מצד חשיבותם, רש"י לה ע"א, ד"ה כיצד מברכין.
6. ברקוביץ, זרעים מועד, עמ' 99: "כאשר אנו מברכים בשם ומלכות שה' הוא ה'מוציא לחם מן הארץ' כוונת הברכה היא לייחס גם את כוחות היצירה שבאדם לבורא". הסבר דומה מופיע גם אצל וולפיש, מרבדי משנה, עמ' 97-98: "הרי לפנינו תופעה פרדוקסלית במערכת הברכות: ככל שהמוצר משקף פעילות אינטנסיבית יותר של האדם, כך מייחד האדם את ברכותיו לה'". הסבר אחר לנוסח "המוציא" מצוי אצל נגן, נשמת המשנה, עמ' 88-89. לדבריו הנוסח "המוציא לחם מן הארץ" הוא תיקון לקללת האדם בגן עדן "בזעת אפיך תאכל לחם", וחזרה למצב שלפני החטא. כך הוא מסביר גם את לשון

סוגיית הפתיחה (דף לה)

סוגיית הפתיחה של הפרק מרחיבה, מעמיקה ומבססת את המשמעות של הברכות כפי שהיא באה לידי ביטוי באופן מרומז במשנה. כל שלב בסוגיה תורם לבניית המשמעות הרעיונית של הברכות כביטוי להכרה בה׳ כבורא העולם ולהרחבה ולפיתוח של המשמעות הרעיונית של הברכות הגלומה בהכרה הזו.[7]

הדרשה ״קודש הילולים לה׳״

על המשנה, הפותחת בשאלה ״כיצד מברכין״, הסוגיה מקשה ״מנא הני מילי?״ דהיינו, מה המקור לחובה לברך ברכה ראשונה? שאלת ״מנא הני מילי״ אינה רק שאלה על המקור ההלכתי לחיוב ברכות (היכן הוא כתוב בתורה), אלא היא שאלה שבאמצעותה סוגיית הפתיחה מנסה לעמוד על המקור והשורש הרעיוניים של חובת הברכה שלפני האכילה. כיוון שכך, המבט שלנו על הסוגיה יבחן את תשובת הגמרא לשאלת ״מנא הני מילי״ גם מההיבט הרוחני והרעיוני.

כיוון שהתורה ציוותה בפירוש ״ואכלת ושבעת וברכת״, יש ציפייה מסוימת שהפסוק הזה יהיה המקור גם לברכה שלפני האכילה.[8]

ההווה של הפועל ״בורא״, שמטרתה ״לחשוף את הבריאה לא כאירוע מן העבר הרחוק, אלא כהתרחשות מתמשכת של נוכחות אלוהית בתוך העולם״.

7. ניתוח ספרותי של הסוגיות הללו מצוי בספרו של ברנדס, מדע תורתך – ברכות, עמ׳ ריט-רנח (בדילוגים). בחלק מהמקרים נעזרתי בדבריו, בחלק הצבעתי על הקבלות ובחלק מהמקרים הצעתי פרשנות אחרת משלו. במקרים המרכזיים הפניתי בהערות השוליים לדבריו. פרשנות שיטתית מעניינת וחשובה של היבטים רעיוניים של פרק שישי של מסכת ברכות ראו גם בסדרת השיעורים של הרב מאיר ליכטנשטיין על פרק שישי של ברכות, ״ברכות הנהנין״, באתר תורת הר עציון, https://www.etzion.org.il/he/series/birkot-hanehenin. כאן נתבונן בסוגיית הגמרא כשלעצמה, ונעמוד על המשמעויות שעולות מן המגמה שטמונה בה עצמה. בכך טמון עיקר השוני מהנ״ל, נוסף על הבדלים פרשניים נקודתיים.

8. תפיסה כזו מופיעה אצל בנוביץ, ברכות, עמ׳ 85–86, בין השאר בהסתמך על טקסט מקומראן, הוא מבסס זאת על הבנת פשט המקראות. שהרי הפסוקים הללו אכן דורשים מהאדם לברך את האל, אבל לא בהכרח אחרי האוכל: ״המצווה כללית יותר, להודות לאל על הארץ הטובה ולא לשכוח שהוא הנותן כוח לעשות חיל... אמנם נאמר ׳ואכלת ושבעת וברכת׳, אך אין הכוונה לברכה על כל מעשה אכילה שיש בה שביעה אלא על גישה כללית, היכולה באותה מידה לבוא לידי ביטוי בברכות לפני האכילה״. דבריו

לימוד כזה מצוי בתוספתא, ושם למדו מסוף הפסוק:[9]

> מניין שכשם שאתה מברך לאחריו כך מברך לפניו? ת"ל "אשר נתן לך", משעה שנתן לך.[10]

לימוד שונה, בדרך של קל וחומר, המבוסס גם הוא על הפסוק "ואכלת ושבעת וברכת", מצוי במכילתא, בדעת ר' ישמעאל:

> ומנין שהן מברכין על המזון? שנאמר "ואכלת ושבעת וברכת" (דברים ח, י) זו ברכה ראשונה, "על הארץ" זו ברכה שנייה, "הטובה" זו ירושלם שנאמר "ההר הטוב הזה והלבנון" (שם ג, כה), "אשר נתן לך" שגמלנו כל טוב...
> אין לי אלא מזון שהוא טעון ברכה לאחריו, לפניו מנין? היה ר' ישמעאל אומר, קל וחומר הוא, מה כשאכל ושבע הרי הוא טעון ברכה, כשהוא תאב לא כל שכן.[11]

אבל הגמרא אינה מבססת את המקור לברכות שלפני האכילה על הפסוק הזה, אלא על דרשה (מספרא פרשת קדושים) על הפסוק "קֹדֶשׁ הִלּוּלִים לַה'", העוסק בדיני ערלה ונטע רבעי:

> דתנו רבנן קדש הלולים לה' – מלמד שטעונים ברכה לפניהם ולאחריהם.[12]

מחדדים את האפשרות ללימוד ברכות מהפסוק הזה ואת החידוש בבחירה של החכמים למצוא מקור אחר לברכות שאינו מבוסס על הכרת הטוב.

9. מחלקו השני של הפסוק "ואכלת ושבעת וברכת את ה' אלוהיך על הארץ הטובה אשר נתן לך".
10. תוספתא ברכות ו, א.
11. מכילתא דרבי ישמעאל מס' דפסחא בא פרשה טז. אומנם במכילתא חובת הברכה שלפני האכילה אינה נלמדת ישירות מהפסוק "ואכלת ושבעת וברכת", אבל היא נלמדת מהפסוק בדרך של קל וחומר. נוסף לכך, ברנדס, ברכות, עמ' רכב, מראה ששיטת ר' ישמעאל באה לידי ביטוי במכילתא גם ביחסו לברכה הרביעית בברכת המזון, שם הוא דורש לברך גם על הרעה, ובכך מצביע על גישה שלא קשורה ל"קודש הילולים" ולמשמעותה כבקשת רשות, כפי שמופיע בסוגיית הגמרא בברכות, אלא כהודאה.
12. ספרא קדושים ג ט.

הבחירה לבסס את המקור לברכה שלפני האכילה על דין נטע רבעי אינה מובנת מאליה, וכדי להבין אותה יש לעיין במשמעות הפסוק "קודש הילולים לה'" ובמשמעות של נטע רבעי בכלל.

דין נטע רבעי הוא חלק מסדרת מצוות החלות על הפירות מרגע שתילת העץ:

> וְכִי תָבֹאוּ אֶל הָאָרֶץ וּנְטַעְתֶּם כָּל עֵץ מַאֲכָל וַעֲרַלְתֶּם עָרְלָתוֹ אֶת פִּרְיוֹ שָׁלֹשׁ שָׁנִים יִהְיֶה לָכֶם עֲרֵלִים לֹא יֵאָכֵל: וּבַשָּׁנָה הָרְבִיעִת יִהְיֶה כָּל פִּרְיוֹ **קֹדֶשׁ הִלּוּלִים לַה'**: וּבַשָּׁנָה הַחֲמִישִׁת תֹּאכְלוּ אֶת פִּרְיוֹ לְהוֹסִיף לָכֶם תְּבוּאָתוֹ אֲנִי ה' אֱלֹהֵיכֶם: (ויקרא יט, כג-כה)

בשלוש השנים הראשונות הפירות שגדלו בעץ הם ערלה, שייכים לגמרי לה', ואין לאכול או ליהנות מהם, בשנה החמישית הם כבר מותרים באכילה לגמרי וללא הגבלה. השנה הרביעית היא שלב ביניים, שבו הפירות מצד אחד מותרים באכילה, ומצד שני הם לא חולין אלא "קודש הילולים לה'" ויש בהם קדושה.[13]

המדרש בספרא דורש מהמילה "הילולים" חובה לברך על הפירות לפני האכילה. לפי המדרש, לשון רבים, "הילולים", רומזת לשתי ברכות, לפני האכילה ולאחריה, ומשמע שהברכות הן שמאפשרות לאדם לאכול פירות שהם "קודש".[14] יש לשים לב שבשלב הזה הדרשה מתייחסת לחובת ברכה בפירות נטע רבעי בלבד.

אל הדרשה המדרש מוסיף הוראה כללית של רבי עקיבא, על חובה עקרונית לברך לפני האכילה.

> מכאן אמר רבי עקיבא: אסור לאדם שיטעום כלום קודם שיברך.

13. כיוון שהתורה יוצרת אבחנה בין שלוש השנים הראשונות, שבהן הפירות "ערלים לא יאכל", לשנה הרביעית, אפשר להניח שבשנה הרביעית אפשר לאכול את הפירות, למרות שהם "קודש לה'".

14. ספר החינוך מסביר אחרת את האפשרות לאכול פירות שהם "קודש" (מצווה רמז): "להיות נטע רבעי כולו קדש, פירוש כל פירות היוצאין באילן בשנה הרביעית לנטיעתו הם קדש, כלומר שהם נאכלים לבעלים כמו מעשר שני בירושלים, וזו היא קדושתן, שנאמר (ויקרא יט, כג-כד) ונטעתם כל עץ מאכל וגו' ובשנה הרביעית יהיה כל פריו קדש הלולים ליי'. ובא הפירוש שהם לבעלים, ופירוש הלולים הוא שיאכלוהו הבעלים בירושלים, וזהו ההילול, וזה יקראו חכמים בכל מקום נטע רבעי".

יש שני הבדלים בין דעת ר' עקיבא למדרש: המדרש מדבר על שתי ברכות, לפני האכילה ואחריה, ומתייחס רק לפירות השנה הרביעית, ואילו רבי עקיבא מדבר רק על הברכה שלפני האכילה, אבל מרחיב את החיוב לכל המאכלים. מלבד ההבדלים ההלכתיים, הלשון שבה נוקט רבי עקיבא מעניקה לחובה לברך תוקף חמור יותר ממה שמצוי במדרש: "**אסור** לאדם שיטעום כלום קודם שיברך", ולא "טעון ברכה".

רבי עקיבא מרחיב את הדרשה. על פירות נטע רבעי התורה אומרת "הילולים", נוסף על היותם "קודש". לכן הדרישה לברכה לפני אכילתם ואחריה מובנת. אבל כיצד לומד רבי עקיבא מהפסוק הזה את החובה לברך לפני כל אכילה של חולין גמורים?[15]

נראה שזו עצמה המשמעות שמבקש רבי עקיבא להעניק לברכות שלפני האכילה. לפי הלימוד של רבי עקיבא – המאכלים כולם, בדומה לפירות נטע רבעי, הם קדושים, והברכה, בדומה לחילול, היא המעשה שמתיר את אכילתם.

סוגיית הפתיחה של פרק שישי מביאה את דרשת הספרא ואת דברי ר' עקיבא, ממשיכה לעסוק בדרשה, מקשה עליה קושיות שונות – ומשיבה עליהן. בסופו של דיון, הגמרא מבססת את המקור ללימוד ברכות שלפני האכילה מסברה. הסברה אומנם מובאת כהצעה אלטרנטיבית לדרשה, אבל היא מפרשת את המשמעות הרעיונית של הברכות כפי שהיא באה לידי ביטוי בדרשת "קודש הילולים" ובדברי רבי עקיבא:[16]

> אלא סברא הוא: אסור לו לאדם שיהנה מן העולם הזה בלא ברכה.

ההיגיון העומד ביסוד הסברה הוא שהעולם וכל אשר בו – שייך לבוראו והוא "קודש", ולכן האדם אינו יכול סתם כך להשתמש בו, משום שהוא לא שייך לו. לפי התפיסה הזו, תפקיד הברכה הוא להתיר את האכילה.[17]

15. ברנדס, ברכות, עמ' ריט, סבור שדרשת ר' עקיבא במקורה עמדה בפני עצמה, והמדרש סמך אותה לדרשת "הילולים". גם אם המדרש הוא זה שמצמיד את שיטת ר' עקיבא לדרשת "קודש הילולים", ולא ר' עקיבא בעצמו, הקושייה על בעל המדרש במקומה עומדת.
16. ישנה הקבלה מילולית ברורה בין דברי רבי עקיבא ובין הסברה "אסור לאדם ש... קודם שיברך / בלא ברכה". ההקבלה הזו יוצרת קשר צורני המעיד על קשר תוכני.
17. בשפה ההלכתית מכונה פעולה כזו "חילול", וכך אכן נוהג בפירות נטע רבעי ומעשר שני. הגמרא מיד בהמשך מצמידה את המושג הזה ל"קודש הילולים". אומנם הסברה

בהמשך הסוגיה הגמרא מבררת את הדרשה, מקשה עליה, ומנסה לתרץ. לצד הבירור של הדרשה, הדיון גם מברר ומעמיק את המשמעות הרעיונית של הברכות כפי שבאה לידי ביטוי בדרשת "קודש הילולים". להלן נבחן את התרומה של כל שלב בסוגיה לבניית התפיסה הרעיונית של ברכות הנהנין בסוגיית הפתיחה.

שלב 1: הברכה כ"חילול" – קושיה על הדרשה ותירוץ מקל וחומר

בשלב הראשון הגמרא מקשה על האפשרות ללמוד את החיוב של ברכה ראשונה מהמילה "הילולים":

והאי קדש הלולים להכי הוא דאתא?
האי מיבעי ליה, חד: דאמר רחמנא – אחליה והדר אכליה; ואידך: דבר הטעון שירה – טעון חלול, ושאינו טעון שירה – אין טעון חלול, וכדרבי שמואל בר נחמני אמר רבי יונתן; דאמר רבי שמואל בר נחמני אמר רבי יונתן: מנין שאין אומרים שירה אלא על היין? שנאמר ותאמר להם הגפן החדלתי את תירושי המשמח אלהים ואנשים, אם אנשים משמח – אלהים במה משמח? מכאן, שאין אומרים שירה אלא על היין!

בפסוק מופיעה המילה "הילולים" בלשון רבים, כלומר אפשר ללמוד ממנה שני עניינים, כל אחד לדין אחר. "הילול" אחד הוא ה"חילול" שמתיר את אכילת פירות רבעי, ומ"הילול" שני לומדים שרק על מה שיש לו אופי של "הילולים", דהיינו דבר הטעון שירה, כלומר יין – חלה חובת החילול ברבעי.

פירות נטע רבעי, בדומה לפירות מעשר שני, הם קדושים ויש לאוכלם בטהרה בירושלים. אם אי אפשר לאוכלם בירושלים יש להפקיעם מקדושתם

נוקטת במינוח "שיהנה", שניתן לפרשו גם במשמעות שתכלית הברכה היא לצורך ההנאה (וההודאה עליה). בדומה לדברי הכוזרי שהוזכרו לעיל, שהברכה היא כלי ליצירת מודעות להנאה כדי להגביר אותה. אבל הנוסח "אסור... קודם ש...", אינו מתאים לפרשנות הזו, אלא נראה שמכוון למשמעות של היתר להשתמש במה שאינו ברשות האדם, יותר מאשר משמעות של הנאה והודאה.

באמצעות פדייתם בכסף,[18] וזהו ה"חילול" שמוזכר כאן.[19] ה"הילולים" של הדרשה מקבלים משמעות נוספת, לא רק "הילול" במשמעות של הלל, אלא גם "חילול", כפעולה שפודה את הפירות מקדושתם.[20]

בין שתי המשמעויות השונות של המילה "הילול" יש קשר רעיוני. שתיהן מבטאות הכרה בגדולת הבורא. ההכרה הזו יכולה לבוא לידי ביטוי באמירת שבח והלל, ויכולה לבוא לידי ביטוי גם באמונה שכל המציאות שייכת לבורא, ועל האדם לבקש ממנו רשות אם ברצונו ליהנות ממנה.[21]

למרות שבמהלך הגלוי של הסוגיה – הלימוד מ"הילולים" הוא לעניינים אחרים ולא למקור לברכות, כיוון שהדרשה מסתמכת על המילה "הילולים", היא יוצרת הקבלה כפולה בין החילול לברכה, ובכך מפרשת את משמעותה. שתי המשמעויות קשורות להכרה בגדלותו ובכוחו הייחודי של הבורא: מצד אחד הברכה היא "הילול", במשמעות של הלל ושבח והכרה בה' כבורא עולם.[22] ומצד שני היא עצמה גם מעשה של "חילול", המכשיר את אכילת הפירות הקדושים, משום שהיא מפקיעה את מה שהוא קודש ושייך לבורא עולם ומאפשרת לאדם להשתמש בו. שתי המשמעויות הללו, כל אחת בדרכה, תורמת להעמקת המשמעות של הברכה כביטוי להכרה בגדולת הבורא ובכך שהכול שייך לו.

בשלב הבא הגמרא מנסה לדחות את הקושיה ולהראות שבכל מקרה יש "הילול" אחד פנוי ללימוד מקור לברכות:

18. משנה מעשר שני פרק ה משניות ב-ד, ורמב"ם הלכות מעשר שני ונטע רבעי פרק ט הלכה א-ב: "נטע רבעי הרי הוא קודש, שנאמר ובשנה הרביעית יהיה כל פריו קדש הלולים ליי', ודינו להאכל בירושלים לבעליו כמעשר שני... הרוצה לפדות נטע רבעי פודהו כמעשר שני וכו'".

19. רש"י ב ע"א ד"ה האי מיבעיה ליה: "אחליה והדר אכליה הוציאוהו לחולין על ידי פידיון אם באת לאוכלו חוץ לירושלים".

20. על חילוף האותיות ה' וח' ראו ברנדס, ברכות, עמ' רכה, הע' 57. וראו שם גם את ההסבר שלו למהלך הסוגיה כאן, השונה מהצעתנו כאן.

21. זאת בשונה מנקודת המבט האמונית שמתמקדת בטוב שהאדם מקבל מן הבורא, שבאה לידי ביטוי בהודאה. למרות הדמיון בין המושגים, יש הבדל משמעותי בין שבח והלל להודאה. שבח והלל עוסקים בהכרה בגדולתו של האל, ואילו הודאה נובעת מהחוויה האנושית של הטוב שהאל נתן לאדם, ומתוך כך הכרה בה' כנותן הטוב. השבח וההלל מתמקדים בבורא ובגדולתו, וכלל אינם עוסקים בחוויה האנושית. ההודאה מתמקדת בחוויית ההנאה האנושית ולכל הפחות נובעת ממנה ויונקת ממנה: ככל שההנאה גדולה יותר, גם ההודאה מתעצמת.

22. רש"י בפירושו לויקרא יט, כד ד"ה הלולים לה': "ודבר זה הילולים לה' הוא, שנושאו שם לשבח ולהלל לשמים".

> הניחא למאן דתני נטע רבעי, אלא למאן דתני כרם רבעי מאי איכא למימר? דאתמר: רבי חייא ורבי שמעון ברבי, חד תני: כרם רבעי, וחד תני: נטע רבעי!
> ולמאן דתני כרם רבעי – הניחא אי יליף גזרה שוה, דתניא: רבי אומר, נאמר כאן: להוסיף לכם תבואתו, ונאמר להלן: ותבואת הכרם – מה להלן כרם אף כאן כרם, אייתר ליה חד הלול לברכה;
> ואי לא יליף גזרה שוה – ברכה מנא ליה?

הלימוד הפנוי הוא לשיטת הסובר "נטע רבעי" ולא "כרם רבעי", ואפילו למי שסובר "כרם רבעי" – משום שיש לימוד אחר, גזרה שווה מהמילים "להוסיף לכם תבואתו".

אבל גם בלימוד זה אין די כדי ללמוד על הברכה שלפני האכילה:

> ואי נמי יליף גזרה שוה – אשכחן לאחריו, לפניו מנין!
> הא לא קשיא, דאתיא בקל וחומר: כשהוא שבע מברך – כשהוא רעב לא כל שכן?

הגמרא סבורה שגם במקרה שיש "הילול" פנוי ללימוד לברכה, יש ללמוד ממנו את החיוב בברכה שאחרי האכילה, ולא נשאר "הילול" פנוי לברכה שלפני האכילה, ולפי זה אין מקור לברכה הראשונה. בשלב הבא הגמרא אומרת שהברכה שלפני האכילה נלמדת בקל וחומר מהברכה שאחרי האכילה: "כשהוא שבע מברך, כשהוא רעב לא כל שכן?!".

שימו לב שבשלב הזה הגמרא מקבלת את ההנחה שברכה אחרונה נלמדת מ"הילולים"! וזה קשה משני צדדים: (א) הרי ברכה אחרונה כתובה בפירוש בפסוקים, "ואכלת ושבעת וברכת", ופסוק זה הוא המקור הישיר לברכה אחרונה. מדוע הגמרא צריכה את הלימוד "הילולים" גם לברכה אחרונה? הרי אין לה צורך במקור לברכה אחרונה! (ב) ההיגיון שעומד ביסוד שיטת רבי עקיבא וביסוד התפיסה שהברכה היא המעשה המתיר את האכילה, כעין החילול, מתאים יותר לברכה שלפני האכילה, והקושייה אמורה להיות הפוכה: אם יש "הילול" פנוי – שהוא יהיה המקור לברכה הראשונה, ולא לברכה האחרונה.[23]

23. אכן יש שלא גרסו את ההנחה של הגמרא, שהלימוד הוא לצורך ברכה אחרונה, ראו ברנדס, ברכות, עמ' רכו, וההערות שם על הקשיים בשלב זה של הסוגיה.

אבל הקושי המרכזי במהלך של הגמרא הוא בתירוץ, בקל וחומר עצמו. הרי המקרה של ברכה שאחרי האוכל הוא המקרה הקל, משום שאז אדם כבר שבע, ואז הגיוני יותר להודות על האוכל, ואילו לפני האוכל הוא עדיין רעב – אם כן למה "כל שכן שיברך"? קשה להבין את ההיגיון שעומד ביסוד הקל וחומר הזה.[24]

דרשת הקל וחומר של הגמרא (כמו גם המהלך העקיף של סמיכת ברכה אחרונה על דרשת "קודש הילולים") יכולה להיות מובנת רק אם היא מבוססת על ההנחה שהברכה מתירה את האכילה, משום שמעשה כזה שייך לפני האכילה יותר מאשר אחריה.[25] יוצא אפוא שבסופו של דבר, הגמרא בוחרת את הקל וחומר הנשען על ההנחה שהברכה מתירה את האכילה, כמקור לברכות שלפני האכילה, ובכך מעמיקה את המשמעות של הברכה כמעשה של "חילול".[26]

בשלב הזה הגמרא מבססת את תפיסת הברכה כמעשה המתיר את השימוש במה ששייך לה'. המגמה הרעיונית הזו של הסוגיה באה לידי ביטוי בסמיכת המקור לברכות על דרשת "קודש הילולים", בגיוס מושג ה"חילול" לדיון על הברכות, ובקל וחומר ה"הפוך".[27]

24. רש"י מח ע"ב ד"ה כשהוא שבע וד"ה כשהוא רעב מסביר את הקל וחומר: "כשהוא שבע מצווה לברך ולהודות על שובעו, כשהוא רעב והוא בא להפיק את רעבו על ידי ברייתו של הקב"ה, לא כל שכן שזה צריך לברך להקב"ה יותר". דהיינו שההודאה גדולה יותר כאשר האדם עדיין רעב. אבל תוספות לה ע"א ד"ה לפניו לא כל שכן דוחים את הקל וחומר הזה: "לאו קל וחומר הוא". וכן ראשונים נוספים שטענו שאין היגיון בקל וחומר הזה, משום שלא דקדקו בו, ראו סיכום הדברים אצל ברנדס, ברכות, עמ' רכו; בנוביץ, ברכות, עמ' 87.

25. השימוש של הגמרא במונחים של רעב ושובע מנוגד להיגיון הפנימי של הקל וחומר, ולכן הוא מתעתע. אבל בהתלבטות שבין "הקשבה" למינוח המילולי לבין "הקשבה" להיגיון שעומד ביסוד הקל וחומר – בחרתי ללכת לפי ההיגיון, שהוא יותר מרכזי ומשמעותי, ועדיין הבחירה המילולית של הגמרא היא קשה לפי הסברנו.

26. בירושלמי ברכות ו, א נקטו במינוח "פדיון" כדי לתאר את המשמעות של הברכה כפי שהיא מוצגת בסוגיית הפתיחה: "אמר רבי אבוה כתיב פן תקדש המלאה הזרע אשר תזרע ותבואת הכרם. העולם כולו ומלואו עשוי ככרם, ומהו פדיונו? ברכה". מבלי להיכנס להבדלים ההלכתיים שבין חילול לפדיון, שני המושגים הללו מבטאים אותו עיקרון רעיוני.

27. ברנדס, ברכות, עמ' רכז מסביר את המגמה בשילוב של המקורות "הילולים" ו"ואכלת ושבעת וברכת". לדעתי, המגמה היא להעלות את האפשרות דווקא כדי לדחות אותה.

שלב 2: הברכה כהודאה על הנאה – אלטרנטיבה רעיונית לברכות ודחייתה

עד כאן הלימוד של מקור לברכות היה לפי מי שסובר כרם רבעי, בין אם למד מ"הילול" ובין אם למד מקל וחומר. בשלב הבא הגמרא שואלת מהיכן לומדים ברכה ראשונה לגבי שאר מיני הפירות.

> אשכחן כרם, שאר מינין מנין?
> דיליף מכרם, מה כרם דבר שנהנה וטעון ברכה – אף כל דבר שנהנה טעון ברכה.
> איכא למפרך: מה לכרם שכן חייב בעוללות! קמה תוכיח. מה לקמה שכן חייבת בחלה! כרם יוכיח.
> וחזר הדין: לא ראי זה כראי זה ולא ראי זה כראי זה, הצד השוה שבהן – דבר שנהנה וטעון ברכה, אף כל דבר שנהנה טעון ברכה.

התשובה של הסוגיה היא ששאר הפירות נלמדים מכרם, ונקודת הדמיון ביניהם היא "כל דבר שנהנה טעון ברכה". אבל הגמרא דוחה את ההשוואה בין כרם לשאר הפירות בטענה שכרם הוא מיוחד, שכן הוא חייב במצוות עוללות, ולכן ייתכן שבגלל הייחודיות של הכרם הוא יהיה חייב בברכה. לכן הגמרא מציעה את הקמה (גידולי הדגן), שלגביה יש חיוב מפורש "ואכלת ושבעת וברכת". גם את הלימוד הזה הגמרא דוחה באותו אופן, שהקמה ייחודית משום שהיא חייבת בחלה, ולכן לא ניתן ללמוד ממנה על שאר הפירות.

בסופו של דבר הגמרא מקבלת את הלימוד המבוסס על "הצד השווה שבהן", המכנה המשותף, שהוא "כל דבר שנהנה טעון ברכה". לראשונה בסוגיה, הגמרא מעלה את עניין ההנאה בהקשר של ברכה שלפני האכילה. יש במסקנה הזו יותר מאשר מכנה משותף רחב, משום שבאמצעות "הצד השווה" הגמרא מניחה עיקרון שונה ממה שהוצג עד כה כמקור לחיוב ברכות, שההנאה היא הגורם הקובע לברכה שלפני האכילה.

גם את הלימוד הזה הגמרא אינה מקבלת, ודוחה את האפשרות ללמוד את המקור לברכות מקמה וכרם:

> מה להצד השוה שבהן – שכן יש בו צד מזבח!
> ואתי נמי זית דאית ביה צד מזבח.

וזית מצד מזבח אתי? והא בהדיא כתיב ביה כרם, דכתיב: ויבער מגדיש ועד קמה ועד כרם זית!
אמר רב פפא: כרם זית – אקרי, כרם סתמא – לא אקרי.
מכל מקום קשיא: מה להצד השוה שבהן שכן יש בהן צד מזבח!

הגמרא מציעה "צד שווה" אחר לכרם וקמה, "שיש בהם צד מזבח", כלומר מאפיין משותף אחר שמחייב כרם וקמה בברכה, אבל לא מחייב את שאר מיני הפירות, משום שהוא ייחודי רק להם. הייחודיות הזו היא שיוצרת את החיוב של כרם וקמה בברכות. אבל מאכלים אחרים, שאין בהם "צד מזבח" – מהיכן יילמד החיוב שלהם בברכות?

גם כאן אפשר לראות בדחייה של הגמרא את הלימוד מכרם יותר מאשר עניין טכני. כשהגמרא מבססת את החיוב בברכות על "צד מזבח", היא יוצרת קשר בין הברכה למזבח ולקורבנות, ודוחה את האפשרות ללמוד ברכות מ"כל שנהנה". הקישור הזה מחזיר אותנו לקשר שיצרה הדרשה בתחילת הסוגיה בין ברכות ל"קודש הילולים". המזבח והקורבנות הם הביטוי המובהק לעולם הקדושה, שגם נטע רבעי הוא ביטוי שלו.

אם כן, בשלב זה הגמרא דוחה את קריטריון ההנאה כבסיס לחיוב בברכות, ותולה את הקריטריון בעולם הקודש. מה שקשה עדיין בשלב הזה הוא האפשרות למצוא מקור לחיוב בברכות גם לפירות שאינם קרבים על המזבח. הניסיון הבא של הגמרא הוא ללמוד את החיוב בברכות לגבי שאר הפירות משבעת המינים:

אלא: דיליף לה משבעת המינין – מה שבעת המינין דבר שנהנה וטעון ברכה, אף כל דבר שנהנה טעון ברכה.
מה לשבעת המינין שכן חייבין בבכורים!
ועוד: התינח לאחריו, לפניו מנין?
הא לא קשיא; דאתי בקל וחומר: כשהוא שבע מברך – כשהוא רעב לא כל שכן.

הגמרא חוזרת להצעה הקודמת, שהקריטריון הקובע ללימוד ברכות הנהנין הוא "דבר שנהנה – טעון ברכה", אבל הפעם הלימוד הוא משבעת המינים, ולא מכרם או מקמה (שכן יש בהם צד מזבח). גם הצעה זו הגמרא דוחה, משום שגם בשבעת המינים יש מצווה מיוחדת, ביכורים, וגם היא

קשורה למקדש, ובגלל ייחודם אי אפשר ללמוד מהם על חיוב כל הפירות בברכה.

ושוב, גם ביחס לשבעת המינים, הגמרא מתעקשת שהחיוב לברכה הוא המצווה הייחודית להם, בדומה ל"צד מזבח" בכרם וקמה. אלו פירות שבכל מקרה יש להם שייכות וקישור לעולם של מקדש. מכיוון שזו יכולה להיות הסיבה לחיוב של הפירות האלו בברכות – אי אפשר ללמוד מהם לגבי פירות אחרים, שאין להם שייכות לעולם של קודש.

לאורך הדיון יש הנחה של הגמרא שהברכה קשורה לעולם הקודש, ולכן בפירות שיש להם שייכות מובהקת למקדש – יש לגביהם שייכות לברכה. ההנחה הזו משאירה חלל ביחס לשאר הפירות שאינם שייכים למקדש – מניין החובה לברך לפני האכילה?

ואפילו לגבי שבעת המינים, הגמרא מקשה "התינח לאחריו, לפניו מנין?", כלומר, שאם יש מקור לברכה – הוא ישמש ללימוד על ברכה אחרונה ולא ברכה ראשונה. הגמרא כבר העלתה את הטיעון הזה ביחס ל"הילולים", וגם שם ציינו את המגמתיות של הגמרא בבחירה ללמוד את הברכה האחרונה על שבעת המינים דווקא מ"קודש הילולים" ולא מהפסוק "ואכלת ושבעת וברכת". יש כאן מגמתיות לנתק אפילו את הברכה האחרונה מעולם ההנאה ולקשר אותה לעולם של "קודש הילולים".

הקושיות הללו מובילות את הגמרא לחזור ללימוד בקל וחומר "כשהוא שבע מברך, כשהוא רעב לא כל שכן". כפי שהסברנו בפעם הראשונה שהגמרא הביאה את הקל וחומר הזה (שלב 1), הוא אינו מובן אם מניחים שהברכה היא הודאה על השובע, אלא הוא יכול להיות מובן רק אם מבינים שהברכה היא היתר להשתמש במה ששייך לה'.

הביסוס של תפיסת הברכות כמעשה של היתר השימוש בקודש מתבטא כעת בשלושת שלבי הסוגיה:

- העלאת האפשרות האלטרנטיבית (ההנאה) כגורם הקובע את המקור לברכות ודחייתה מדגישה את המגמתיות והכוונה של הסוגיה בבחירה בברכות כמעשה של היתר השימוש ב"קודש".
- בכרם, קמה ושבעת המינים, החיוב בברכה נובע מכך שיש בהם "צד מזבח", כלומר מהיותם קדושים (ולכן אי אפשר ללמוד מהם לשאר הפירות). מכאן משתמע שהברכה קשורה לקדושת הפירות.
- המסקנה שהמקור לברכות הוא הקל וחומר (המוזר), שמבטא את

התפיסה שהפירות הם לא של האדם והוא צריך לבקש רשות כדי להשתמש בהם.

שלב 3: לימוד מסברה "אסור לאדם שיהנה ללא ברכה" ומשמעותה הרעיונית

גם אחרי שהגמרא מצאה מקור ללימוד חיוב ברכות מקל וחומר המבוסס על דרשת "קודש הילולים" – עדיין חסר מקור לברכות על מאכלים שאינם נטיעות. בשלב האחרון של הדיון, הגמרא מנסה למצוא את המקור הזה והיא מוצאת אותו בסברה:

> ולמאן דתני נטע רבעי – הא תינח כל דבר נטיעה. דלאו בר נטיעה, כגון בשר ביצים ודגים, מנא ליה?
> אלא, סברא הוא: אסור לו לאדם שיהנה מן העולם הזה בלא ברכה.

כבר הזכרנו שבסופו של דיון, המקור ללימוד ברכות הוא הסברה ש"אסור לאדם להנות מהעולם הזה בלא ברכה". למרות שהסברה מוצעת בסוגיה כאלטרנטיבה לדרשת "קודש הילולים", שלא הייתה מספקת ללימוד ברכות שלפני האכילה ביחס לכל מיני המאכלים, ביסודה היא מביעה את אותו עיקרון של הדרשה, שהוא הצורך במעשה של "חילול" לפני ההנאה. בנטע רבעי ומעשר שני, החילול והפדיון הם האמצעי להעברת הפירות מקדושה לחולין באמצעות מעשים ממשיים ובאמצעות כסף. בברכות, העברת הפירות מרשותו של ה' לשימושו של האדם היא באמצעות אמירת הברכה.

סוגיית הפתיחה על שלביה השונים, הדנה באפשרות ללמוד מדרשת "קודש הילולים" את המקור לברכות – היא בעלת מגמה ברורה, להציע, לבסס ולהעמיק את התפיסה הרעיונית שהעולם וכל מה שבו לא שייך לאדם אלא לה'. הסברה בסוף הדיון היא המסקנה הרעיונית הנובעת ממהלך הדיון כולו, שהברכה היא הביטוי המעשי של אמונה כזו, בהיותה אקט של "חילול" המתיר את השימוש ב"קודש".[28]

28. בהסברנו למהלך הרעיוני של הסוגיה נשתמש גם במינוח של "נטילת רשות", אף שהוא אינו מופיע באופן מפורש בסוגיה, משום שהוא מביא לידי ביטוי את אותו עיקרון רעיוני. ואכן, יש ראשונים שהסבירו את המשמעות של הברכות על פי הסברה בגמרא כ"נטילת רשות". כך כתב הרמב"ם (בהקדמתו למשנה בהסבר על סדר המסכתות): "שכל מי שיאכל אין לו רשות לאכול עד שיברך", וכן בספר החינוך, מצווה תל: "וכמו כן

התפיסה הזו של הגמרא את הברכות באה לידי ביטוי גם בשני החלקים הנוספים של סוגיית הפתיחה. בהמשך הסוגיה יש שני קבצים של אגדתות. קובץ האגדתות הראשון (שלב 4) מביע, מעמיק ומרחיב את התפיסה הזו ביחס לברכות. קובץ האגדתות השני (שלב 5) מרחיב את התפיסה הזו לתחומי חיים נוספים.

שלב 4: רצף אגדתות – המשמעות הרוחנית של הברכות

את הפרשנות הרעיונית שהברכה היא מעשה של "פדיון" הגמרא מעמיקה בשלב הבא בסוגיה, בהביאה דרשות רעיוניות העוסקות ברעיון הזה:

תנו רבנן: אסור לו לאדם שיהנה מן העולם הזה בלא ברכה, וכל הנהנה מן העולם הזה בלא ברכה – מעל.
מאי תקנתיה – ילך אצל חכם.
ילך אצל חכם – מאי עביד ליה? הא עביד ליה איסורא!
אלא אמר רבא: ילך אצל חכם מעיקרא וילמדנו ברכות, כדי שלא יבא לידי מעילה.

הברייתא קובעת שהנאה מן העולם ללא ברכה היא מעילה. בכך היא יוצרת קשר מפורש בין הברכות לעולם הקודש, מה שעד כה רק נרמז מדרשת "קודש הילולים": כמו שההקדש שייך לה', כך האוכל שייך לבורא עולם, והברכה היא הדרך של האדם להימנע ממעילה.

הרעיון הזה, בתוספת ביאור "נהנה מקדשי שמים", מצוי גם בדברי רב יהודה בשם שמואל מיד בהמשך:

אמר רב יהודה[29] אמר שמואל: כל הנהנה מן העולם הזה בלא ברכה – כאילו נהנה מקדשי שמים, שנאמר: לה' הארץ ומלואה.

חייבונו זכרונם לברכה לברך קודם אכילה, ולמדו לומר כן מן הסברא שראוי לו לאדם שלא יהנה מן העולם הזה בלא ברכה, עשו הברכה על דרך משל כנטילת רשות מבעל הבית לאכול מן הנמצא בביתו".

29. רב יהודה מופיע פעמים רבות לאורך הסוגיות ההלכתיות. נאמן לשיטתו, שהברכה היא הכרה בבורא העולם כמקור האוכל (ובקשת רשות שנובעת מכך) הוא סובר במחלוקת השונות שיש לברך על המאכל לפי בריאתו, ולא לפי השימוש. כך למשל הוא סובר שעל קמח יש לברך "אדמה", למרות שזו לא אכילה מהנה, על שמן יש לברך "עץ", על קורא (ענפים רכים של דקל) יש לברך "אדמה", ולא "שהכל", כדעת שמואל החולק,

העמקת התפיסה הזו מצויה גם בדרשה הבאה שם, הרואה בברכה את האופן שבו האדם כביכול מעביר את הבעלות על העולם מן ה"שמיים" אל ה"ארץ":[30]

רבי לוי רמי: כתיב לה' הארץ ומלואה, וכתיב: השמים שמים לה' והארץ נתן לבני אדם! לא קשיא, כאן – קודם ברכה, כאן – לאחר ברכה.

דברי רבי חנינא בר פפא, החותמים את רצף המימרות, מוסיפים מושג חדש ודרמטי לדיון – גזלה.

אמר רבי חנינא בר פפא: כל הנהנה מן העולם הזה בלא ברכה כאילו גוזל להקדוש ברוך הוא וכנסת ישראל
שנאמר: גוזל אביו ואמו ואומר אין פשע חבר הוא לאיש משחית; ואין אביו אלא הקדוש ברוך הוא, שנאמר הלא הוא אביך קנך; ואין אמו אלא כנסת ישראל, שנאמר: שמע בני מוסר אביך ואל תטוש תורת אמך. מאי חבר הוא לאיש משחית? אמר רבי חנינא בר פפא: חבר הוא לירבעם בן נבט שהשחית את ישראל לאביהם שבשמים.

הביטוי "גוזל", בהיותו שייך לעולם האנושי, ממחיש ומחדד בצורה עמוקה יותר את התפיסה שהעולם הזה שייך לקב"ה, ולא לאדם.[31]

רבי חנינא בר פפא מסיים את דבריו באמירה שמי שלא מברך "חבר הוא לירבעם בן נבט שהשחית את ישראל לאביהם שבשמיים". זוהי אמירה מרחיקת לכת, הטוענת שחוסר הקפדה על ברכות עשוי להביא אדם לשחיתות רוחנית, לריחוק מהקב"ה.[32] הסיבה לכך היא שבקשת רשות אינה מעשה טכני בלבד, אלא היא ביטוי לאמונה פנימית. באמצעות "בקשת הרשות",

משום שהענף הוא אכן "מן האדמה", ללא קשר לשאלת ההנאה מאכילתו. בהמשך הפרק נדון בכל אחת מן המחלוקות לפי סדר הסוגיות.

30. בתוספתא ברכות ד, ה יש הרחבה של הרעיון הזה לכלל הנאות העולם הזה: "לה' הארץ ומלואה תבל ויושבי בה. הנהנה כלום מן העולם מעל עד שיתירו לו המצוות".

31. ברנדס, ברכות, עמ' רכ, מסביר מדוע אדם שאינו מברך גוזל גם את האדם ולא רק את ה', עיינו שם.

32. בספר הזה בחרתי שלא להרחיב את העיסוק באגדה הזו, כמו גם באגדות הבאות, אף שמן הראוי לעשות כן, אלא התייחסתי רק להיבטים הנוגעים לסוגיית הפתיחה ושל הפרק, ואכמ"ל.

האדם מכיר בבורא כמקור כל היש. הכרה זו מתירה לאדם את השימוש בעולם. השימוש האנושי אפשרי רק ברגע שהאדם מבין שמה שיש לו הוא לא באמת שלו, אלא של ה׳. באמצעות ה"הילול" מתבצע ה"חילול". זו היא המשמעות הרעיונית היסודית של הברכות כפי שמציגה אותה סוגיית הפתיחה של פרק שישי.

שלב 5: מבט אמוני על הפער בין רוח לחומר

סוגיית הפתיחה נמשכת שלב אחד נוסף. בעלי הסוגיה ראו אל נכון לחתום אותה בעיסוק בנושא שעל פניו לא נראה קשור לנושא של הפרק. הסוגיה מביאה את המחלוקת המפורסמת בין ר׳ ישמעאל לרבי שמעון בר יוחאי על היחס הראוי בין לימוד תורה לעבודת כפיים, ועליה דיון אמוראי שמרחיב אותה. הקטע נפתח בדברי רבי חנינא בר פפא המצביע על סתירה בפסוקים:

> רבי חנינא בר פפא רמי: כתיב ולקחתי דגני בעתו וגו׳, וכתיב: ואספת דגנך וגו׳! לא קשיא: כאן בזמן שישראל עושין רצונו של מקום, כאן בזמן שאין ישראל עושין רצונו של מקום.

מה הקשר של הדיון הזה לסוגיה הקודמת? דברי רבי חנינא כלל לא עוסקים בברכות! על פניו, הקשר של המחלוקת הזו לכאן הוא בעל הדרשה, רבי חנינא בר פפא, שהוא בעל המימרא האחרונה הנוגעת לברכות בקטע הקודם. אומנם שיבוץ של נושאים שנראים לכאורה לא קשורים במהלך סוגיה פעמים רבות משמש את בעל הסוגיה להעמקה של תפיסות רעיוניות המוצגות ביחס לנושאים המהותיים שבפרק.

ואכן, גם כאן אפשר לראות קשר רעיוני עמוק יותר בין הסוגיות:

רבי חנינא בר פפא מצביע על פער בין "דגני" ל"דגנך", ומתוך כך דן אם האוכל והרכוש הם של האדם או של ה׳. המתח הזה הוא גם הנושא של דברי רב יהודה בשם שמואל, על המתח שבין "לה׳ הארץ ומלואה" ובין "הארץ נתן לבני אדם". גם כאן יש עיסוק במתח שבין תחושת העצמי – העוצמה האנושית, המלווה בתודעת בעלות – ובין האמונה בה׳ כבעל הבית האמיתי של העולם כולו. האמירה היא שיש אפשרות לאדם להשתמש במה ששייך לה׳. כאשר אדם מחובר לה׳, עושה את רצון ה׳ וחי חיים של אמונה – הוא יכול להשתמש בדגן, באוכל ובעולם הזה בכלל. משום שגם בעת שהוא משתמש בעולם החומר – הבעלות על החומר אינה

מרחיקה אותו מה', אלא דווקא מחברת אותו אליו, אם הוא מבין וזוכר שכל אלו שייכים לה'.

אבל הסוגיה אינה מסתפקת רק במימרא של רבי חנינא בר פפא ומרחיבה אפילו עוד יותר את הדיון באותו נושא עצמו, ומביאה את מחלוקת התנאים הידועה ודנה בה.

תנו רבנן: ואספת דגנך – מה תלמוד לומר? לפי שנאמר: לא ימוש ספר התורה הזה מפיך, יכול דברים ככתבן? תלמוד לומר: ואספת דגנך – הנהג בהן מנהג דרך ארץ, דברי רבי ישמעאל; רבי שמעון בן יוחי אומר: אפשר אדם חורש בשעת חרישה, וזורע בשעת זריעה, וקוצר בשעת קצירה, ודש בשעת דישה, וזורה בשעת הרוח, תורה מה תהא עליה? אלא: בזמן שישראל עושין רצונו של מקום – מלאכתן נעשית על ידי אחרים, שנאמר: ועמדו זרים ורעו צאנכם וגו'. ובזמן שאין ישראל עושין רצונו של מקום – מלאכתן נעשית על ידי עצמן, שנאמר: ואספת דגנך; ולא עוד, אלא שמלאכת אחרים נעשית על ידן, שנאמר: ועבדת את אויבך וגו'.
אמר אביי: הרבה עשו כרבי ישמעאל – ועלתה בידן, כרבי שמעון בן יוחי – ולא עלתה בידן.
אמר להו רבא לרבנן: במטותא מינייכו, ביומי ניסן וביומי תשרי לא תתחזו קמאי, כי היכי דלא תטרדו במזונייכו כולא שתא.

יש כאן הרחבה של העיסוק בפער שחווה אדם מאמין בין החיים החומריים, העוצמה האנושית, והיכולת האנושית להתפתח, להשיג, להתעצם – ובין העמידה מול ה' כבעל היכולת, העוצמה והבעלות על כל העולם ועל האדם.

לא נדון בפרטי הסוגיה המפורסמת, שרבות עסקו בה ופירשו אותה.[33] נתייחס כאן רק לתרומה שלה למגמה הרעיונית של סוגיית הפתיחה של הפרק. יש כאן בחירה של בעל הסוגיה לסיים את סוגיית הפתיחה, שהיא המבוא הרעיוני לנושא של ברכות – בהרחבה של הדיון הרוחני שעומד ביסוד הברכה – אל תחומים נוספים שבהם עשוי אדם מאמין לפגוש את הדילמות הללו. ההצמדה של הסוגיה לכאן יש בה לרמוז שהברכה היא מפתח משמעותי במענה להתמודדות הרוחנית במפגש עם עולם החומר.

33. ראו למשל, בנימין לאו, חכמים ג, תל אביב, תשס"ח, עמ' 120-121.

בשלב הבא הגמרא מתרחקת עוד יותר מהברכות ועוסקת ביחס למעשרות:

אמר רבה בר בר חנה אמר רבי יוחנן משום רבי יהודה ברבי אלעאי: בא וראה שלא כדורות הראשונים דורות האחרונים, דורות הראשונים עשו תורתן קבע ומלאכתן עראי – זו וזו נתקיימה בידן, דורות האחרונים שעשו מלאכתן קבע ותורתן עראי – זו וזו לא נתקיימה בידן.

גם המימרא האחרונה בסוגיה לא עוסקת בברכות אלא במעשרות:

ואמר רבה בר בר חנה אמר רבי יוחנן משום רבי יהודה ברבי אלעאי: בא וראה שלא כדורות הראשונים דורות האחרונים; דורות הראשונים היו מכניסין פירותיהן דרך טרקסמון – כדי לחייבן במעשר, דורות האחרונים מכניסין פירותיהן דרך גגות דרך חצרות דרך קרפיפות – כדי לפטרן מן המעשר; דאמר רבי ינאי: אין הטבל מתחייב במעשר עד שיראה פני הבית, שנאמר: בערתי הקדש מן הבית; ורבי יוחנן אמר: אפילו חצר קובעת, שנאמר: ואכלו בשעריך ושבעו.

גם כאן, הקשר הגלוי של הקטע לרצף הסוגיה הוא בעל המימרא, "רבה בר בר חנה בשם רבי יוחנן בשם רבי יהודה ברבי אלעאי", שגם בשלב הקודם בסוגיה עסק בפער בין "דורות ראשונים" ל"דורות אחרונים". אבל גם כאן יש יותר מקשר טכני. הקשר של הדרשה הזו לסוגיית הפתיחה ולנושא של ברכות הוא כפול. בראש ובראשונה, גם מצוות מעשרות מתמודדת עם הפער בין הרכוש האנושי לבעלותו של ה' על העולם, והיא באה להטמיע באדם את ההבנה שהרכוש שהוא מחזיק אינו שלו אלא שייך לריבונו של עולם. מהבחינה הזו יש כאן אזכור לתחום הלכתי נוסף שבו אותו רעיון בא לידי ביטוי. רבי יהודה ברבי אלעאי מצביע על הניסיון האנושי בדורות אחרונים להתחמק ממצוות מעשרות.[34] ההתחמקות הזו היא ביטוי לתחושת הבעלות

34. מעניין לחשוב על "התחמקות" כזו, שהיא מותרת על פי ההלכה, אבל רוח חכמים אינה נוחה הימנה – גם ביחס לברכות: האם הכוונה היא לברכה כללית בלבד, ברכת "שהכל" על כל המאכלים? ואולי באופן אחר.

שאדם עשוי להרגיש על רכושו, והמעשרות נועדו כדי לתקן את ההרגשה הזו, וכך גם הברכה.

מעבר לכך, סוגיית הפתיחה פתחה בדרשה המבוססת על פסוק שעוסק בנטע רבעי, "קודש הילולים לה'". ישנה קרבה בין נטע רבעי למעשרות. מלבד העובדה שדינים שונים הקשורים לנטע רבעי, כמו חילול, נלמדים ממעשר שני, דיני נטע רבעי, גם מן ההיבט הרעיוני, כמו המעשרות, דורשים מהאדם להפריש חלק מרכושו כביטוי להכרה בשייכות של הרכוש האנושי לריבונו של עולם. הבחירה לסיים את הסוגיה במעשרות יוצרת מסגרת ספרותית של חתימה מעין פתיחה, המבליטה את המסר העיקרי של הסוגיה בנוגע למשמעות של הברכות בפרט וביחס להתמודדות האמונית עם המתח בין חומר לרוח בכלל.

אם כן, החלק האחרון של סוגיית הפתיחה מעמיק עוד במהלך הרעיוני של סוגיית הפתיחה ומרחיב אותה מברכות הנהנין אל חוויית הפער המובנה בין רוח לחומר, בין אמונה בה' לתחושת אגו. מתוך ראייה רחבה של ההתמודדות האמונית עם הפער הזה – הברכה על האוכל מקבלת מקום חשוב כחלק ממערכת של מצוות שעניינן לחבר את האדם השקוע בחומר אל הרוח.

סיכום והרחבה רעיונית: הברכות כביטוי להכרה בבורא עולם

סוגיית הפתיחה בנויה על השאלה "מנא הני מילי?", דהיינו על הניסיון למצוא מקור מן הפסוקים לחיוב בברכה שלפני האכילה. הניסיון הזה הוא לא רק "טכני", אלא הוא גם רעיוני, שכן הוא מנסה לעמוד על הטעם והמשמעות הרוחנית של הברכות. את הסוגיה חילקנו לחמישה שלבים: שלושת השלבים הראשונים עוסקים בבירור של דרשת "קודש הילולים", ושני החלקים הנוספים מרחיבים את העיקרון הרעיוני של הברכה כ"חילול". בסוגיה כולה יש מגמה להציג ולפתח את הרעיון שברכות הנהנין הן למעשה הצהרה באדנותו של הבורא.

התפיסה הרעיונית של סוגיית הפתיחה את הברכות שלפני האכילה היא הרחבה של העיקרון הרעיוני המצוי ביסודה של המשנה. ראינו שביסוד המשנה קיימת התפיסה שהברכה היא ביטוי להכרה בה' כבורא, כלומר הברכה היא הצהרה שבה האדם מכיר בריבונות הא־ל על העולם. סוגיית הפתיחה מעמיקה, מרחיבה ומבססת את התפיסה הרעיונית הזו. הסוגיה פותחת בדרשת "קודש הילולים", שגם היא מתבססת על עיקרון זה. וגם

לאחר מכן, לאורך השקלא וטריא של הסוגיה, על ידי הניסיונות לדחות את הלימוד מהדרשה והמסקנות שמתקבלות בסופו של דבר – כולם בעלי מגמה ברורה של תמיכה ברעיון שהברכה, על ידי "בקשת הרשות", היא ביטוי לאמונה שהעולם וכל אשר בו שייך לבוראו, ומתוך כך יש צורך לבקש רשות כדי להשתמש בפירותיו.

שלא כמו הברכה שאחרי האוכל, אחרי שהאדם כבר נהנה והתברך מהאוכל, ואז הוא מכיר בטובו של ה' המברך אותו – הברכה שלפני האוכל מייצרת ומבטאת סוג אחר של קשר בין האדם לבורא עולם. סוגיית הפתיחה מציגה בפנינו תפיסה שונה, ועל פיה בברכה האדם עוצר ומתבונן על מקורו של האוכל: מהיכן הגיע האוכל הזה? עוד לפני שהאדם ישביע את רעבונו, הוא מכיר במקור האוכל, בכך שה' הוא בורא העולם כולו והמקור למזון. הברכה מנותקת מהחוויה האישית של ההנאה ומההודאה הנובעת ממנה, אלא היא ביטוי לאמונה בה' כבורא עולם.

הוגים שונים פירשו את המשמעות הרעיונית של ברכות הנהנין בכיוון הרעיוני של סוגיית הפתיחה, ואת העיסוק בסוגיית הפתיחה נסיים בציטוטים מדבריהם.

ביטוי רעיוני לתפיסה זו של המשמעות של הברכות בכללן אפשר למצוא בדבריו של הרש"ר הירש:[35]

> **עלינו להפנות את מחשבותינו מן הפרי אל מי שנתן לנו גם את הארץ וגם את הפרי**, ועל יסוד זה עלינו לקבוע את התנהגותנו ולהחליט על מעשינו ברוח מושג הברכה. כמו כן חז"ל הפכו את כל התופעות העוברות עלינו בחיינו למורים, כביכול, להורות לנו על ה' ועל חובותינו כלפיו. הם לימדונו לשאת עינינו אל ה' ברעננות תמידית, ולחדש את "נדרנו", כפי שהוא בא לידי ביטוי בתיבות "ברוך אתה" וכו', לעובדו עם כל הווייתנו. כל הנאה שאנו נהנים, כל תופעה מרגשת של הטבע, כל אירוע משמעותי בחיינו, כל אימת שבאה מצווה לידינו – ברכות הנהנין, ברכות הראייה והשמיעה, ברכות המצוות – כל אלה מעניקים לנו אפשרות לבטא בשפתיים את התחייבות "ברוך אתה ה'" וכו', ובכך להגיע **לנקודת המבט הנכונה כלפי ה', האלוקים שלנו.**

35. בפירושו לדברים ח, י.

הברכה, לפי דברי הרש"ר הירש, כלל לא עוסקת בהנאה ובהודאה עליה, אלא היא מעשה דתי המכוון את האדם לצאת מתוך החוויה האנושית להכיר בה' ובחובותינו כלפיו.

תפיסה דומה מופיעה אצל הרב סולובייצ'יק, שאף מסביר כיצד היא באה לידי ביטוי בנוסח שטבעו חכמים בכל ברכה, במילים "ה' אלוהינו מלך העולם":[36]

> הנה ההלכה מחייבת להזכיר בברכות מלבד "ברוך אתה" עוד שם ומלכות. אמרו: כל ברכה שאין בה שם ומלכות אינה ברכה (ברכות מ ע"ב) – כלומר: הברכה צריכה לכלול את שם ההויה הנקרא השם המפורש ולהגות במקומו את כינויו "אדני", ומלכות – "מלך העולם". מפני מה קבעו מטבע הדברים כך? למה לא די בנוסח כמו "ברוך אתה בורא פרי הגפן, המוציא לחם מן הארץ" וכו'?...
> מה פירושו של "אדני"? אדנות כפשוטו. הרבש"ע הוא בורא העולם ולכן בעל העולם קונה שמים וארץ, כנאמר בתהילים כד "לה' הארץ ומלואה תבל ויושבי בה" – ולמה? מפני "כי הוא על ימים יסדה ועל נהרות יכוננ" (שם) – מפני שהוא בורא העולם. ביצירה קונה היוצר זכות בעלות...
> **ברכת הנהנין מיוסדת כולה על יסוד האדנות. משמעה של ברכה זו היא נטילת רשות מאדון העולם ליהנות ממשהו בעולמו**, כדי שלא לבוא לידי איסור מעילה.[37]

הסוגיות ההלכתיות (לה ע"ב - לז ע"א)

בסוגיות שבאות אחרי סוגיית הפתיחה, שהן סוגיות הלכתיות באופיין, באה לידי ביטוי תפיסה שונה של המשמעות הרוחנית של הברכות מזו המוצגת

36. ברכות, עמ' 39-43.
37. הרב סולובייצ'יק, ברכות, עמ' 45-55, מרחיב את ההסבר הרעיוני של המשמעות של ברכות הנהנין. לפי דבריו, מלבד נטילת הרשות יש צורך ב"פדיון" כדי להתיר את ההנאה והשימוש במה ששייך לריבונו של עולם. הפדיון, לפי דבריו, מתבטא בנכונות היהודי לשלוש תנועות: לצמצום כוחות החיים האנושיים, לענווה כלפי שמיא ובקבלת ייסורים באהבה.

במשנה ובסוגיית הפתיחה. בסוגיות הללו, לצד התפיסה של הברכה כנטילת רשות באה לידי ביטוי תפיסה הקשורה לאופן שבו אנשים חווים את האוכל ולהנאה והתועלת שהאדם מפיק ממנו. נקודת המבט על האוכל, ומתוך כך על הברכות, אינה בריאתו של המזון, אלא הפונקציות שהוא ממלא עבור האדם וסוגי התועלת שהאדם יכול להפיק ממנו.

אפשר לראות שלאורך הפרק מגוון השימושים של האוכל משפיע על קביעת הברכות, מה שמעיד על שינוי נקודת המבט והתפיסה: הברכות אינן נטילת רשות, המתמקדת בבורא עולם, כמו בסוגיית הפתיחה, ובניגוד למשנה המקור הבוטני של המאכל אינו משפיע על הברכה, אלא מה שקובע הוא כיצד האדם מושפע מהאכילה וחווה אותה ואיזו תועלת הוא מפיק ממנה. העיסוק בשימושים של המזון אינו רלוונטי לתפיסת הברכה כבקשת רשות, משום שמנקודת המבט הזו, אין זה חשוב מה האדם יעשה עם המאכל. אבל אם הברכה היא הודאה על הנאה, יש לשימוש השפעה על מידת ההנאה וממילא על הברכה.[38]

פרק כיצד מברכין עוסק בפרטים ופרטי פרטים של הלכות ברכות ויש בו דיונים על סוגים שונים של אוכלים והברכות עליהם. העיסוק המרובה בפרטים עשוי להקשות על ראיית התמונה השלמה או אפילו ליצור תחושה שאין כזו. העקרונות שהציבה סוגיית הפתיחה, כמו גם התפיסה האלטרנטיבית לה, שהצגנו כאן בקצרה ונמשיך לעסוק בה בהרחבה לאורך הסוגיות – נותנים משמעות רעיונית גם לדיונים ההלכתיים על פרטיהם. לאורך הסוגיות נראה כיצד הפרטים השונים של השקלא וטריא והפרטים של ההלכות עצמן מבטאים היבטים שונים של עקרונות רוחניים המצויים בתשתית של הברכות.

38. שני העקרונות שביסוד תפיסת הברכות המוזכרים כאן לאורך הדיון, ההכרה בגדולת הבורא ונטילת רשות, אל מול נקודת המבט האנושית – עשויים להזכיר את ההבחנה בין חפצא לגברא, שיסודה בגמרא נדרים ב, א. לדעתי יש הבדל משמעותי בין ההבחנות הללו. מלבד שהן אינן חופפות לחלוטין, חפצא וגברא הן הגדרות מושגיות, מופשטות, למדניות. לפרשנות הניתנת כאן ליסודות הרעיוניים של הסוגיה יש משמעות קיומית: מה חווה, מאמין ומרגיש האדם שמברך? האם תודעתו עסוקה בהכרה אמונית בגדולת האל, בפער בינו לבורא עולם, או שהוא מתמלא ברגשות הכרת תודה למי שנתן לו אוכל שהוא מזין, משמח, מרפא, מהנה וכו', מה שקראתי לו "נקודת המבט האנושית". זהו הבדל משמעותי הנוגע גם להנחות היסוד ביחס לתלמוד בכלל, ואכמ"ל.

יין ושמן

דומה או שונה?

הסוגיה הראשונה עוסקת בברכה על השמן. בדומה ליין, גם השמן הוא נוזל משובח המופק מפירות.[39] אבל במשנה ליין יש ברכה מיוחדת, "בורא פרי הגפן", ולשמן לא.

הקביעה של חכמים במשנה שליין יש ברכה בפני עצמה מביאה לידי ביטוי תפיסה מורכבת של הברכות: מצד אחד הנוסח "בורא פרי" משמר את התפיסה שהאוכל והבריאה, וגם מעשי האדם, שייכים כולם לה'. מצד שני הבחירה בברכה ייחודית ליין נותנת מקום גם למעשה האנושי בקביעת הברכות. בכיוון הזה הולכת סוגיית הגמרא.

בשלב הראשון של הסוגיה הגמרא מסבירה מדוע ליין יש ברכה מיוחדת, ומתוך כך עוברת לדון בברכה על השמן.

> חוץ מן היין וכו'. מאי שנא יין? אילימא משום דאשתני לעלויא, אשתני לברכה?

ההסבר שמציעה הגמרא לברכה המיוחדת ליין הוא "דאשתני לעלויא", היין משובח יותר מהפירות שממנו הוא מופק ולכן יש לו ברכה מיוחדת.

כבר בשלב הזה יש ביטוי לתפיסה רעיונית שונה מזו של סוגיית הפתיחה. ל"אשתני לעלויא" יש משמעות רק מההיבט האנושי, ולא מההיבט של הבריאה. מההיבט של הבריאה גפן ויין שניהם "פרי העץ". מההיבט של השימוש האנושי – היין משובח יותר ומהנה יותר, ולכן יש לו ברכה מיוחדת. זאת אומרת, שההנאה שהאדם מפיק מן המאכל קובעת את הברכה.

מתוך כך הגמרא תמהה מדוע לשמן אין ברכה מיוחדת, אף שגם הוא משובח יותר מן הפרי שהוא מופק ממנו, בדומה ליין:

> והרי שמן, דאשתני לעלויא ולא אשתני לברכה!
> דאמר רב יהודה אמר שמואל, וכן אמר רבי יצחק אמר רבי יוחנן: שמן זית מברכין עליו בורא פרי העץ!

39. ברנדס, ברכות, עמ' רלב, מסביר שהייחודיות של השמן נובעת מכך שדגן, תירוש ויצהר בתורה הם שלושת הגידולים העיקריים של הארץ, ויש להם מקום מרכזי בתיאור שבחיה של הארץ. לייחודיות שלהם יש גם ביטוי הלכתי.

הציפייה היא שגם לשמן תהיה ברכה ייחודית. כידוע, לא כך הוא, וברכתו של השמן היא ״בורא פרי העץ״. ההבדל הזה קשה על ההסבר של הגמרא.

התשובה של הגמרא פשוטה: ברור שיש הבדל במידה ההנאה בין שמן ויין. שתיית היין עצמה מהנה, ואילו השמן, אף שהוא נוזל משובח, שתייתו כמות שהוא אינה מהנה, וממילא מובן מדוע לא קבעו לו חכמים ברכה בפני עצמו.

הגמרא אומנם תגיע למסקנה הזו בסופה של הסוגיה, ״כיון דאית ליה הנאה מיניה בעי ברוכי״, אבל לפני המסקנה הגמרא דנה ארוכות בנושא. במהלך הדיון הגמרא מעלה שורה של הצעות לקריטריונים שונים הקובעים את הברכה בניסיון למצוא קריטריון שיסביר את ברכת השמן ודוחה אותם. הקריטריונים האלו כולם הם היבטים שונים של תועלת שאדם עשוי להפיק ממאכל. לאריכות הזו של הגמרא, שלא מציעה מיד את התשובה הפשוטה, יש תרומה כפולה לסוגיה:

- הסוגיה בוחנת היבטים שונים של תועלת ושימוש של אוכל, ובכך מבססת את העיקרון שברכה נקבעת לפי השימוש האנושי ולפי נקודת המבט האנושית על המאכל.
- שלילת האפשרויות השונות של תועלת והעדפת ההנאה כגורם קובע מדגישות דווקא **שההנאה** (מבין כל התועלות האנושיות) היא הגורם הקובע את הברכה. בכך ההנאה הופכת להיות המודל שעל פיו נקבעות הברכות, גם באופן טכני־הלכתי וגם באופן עקרוני ורעיוני.

סוגי שימוש ותועלת של מאכלים

הגמרא מבררת מדוע הברכה על השמן היא ״פרי העץ״ ואילו על היין מברכים ״פרי הגפן״. ההצעה הראשונה קשורה לפן המילולי של הברכה:

> אמרי: התם משום דלא אפשר, היכי נבריך?
> נבריך, בורא פרי הזית
> פירא גופיה זית אקרי.
> ונבריך עליה בורא פרי עץ זית?!

הסיבה היא שהפרי וגם העץ נקראים ״זית״, ולכן אי אפשר לברך ״בורא פרי

הזית". הגמרא דוחה את הסיבה המילולית, וטוענת שניתן היה למצוא נוסח שיתאים גם לשמן, "בורא פרי עץ הזית", ומציעה הסבר אחר:

אלא אמר מר זוטרא: חמרא – זיין, משחא – לא זיין.
ומשחא לא זיין? והתנן: הנודר מן המזון מותר במים ובמלח, והוינן בה: מים ומלח הוא דלא אקרי מזון, הא כל מילי אקרי מזון,
נימא תיהוי תיובתא דרב ושמואל, דאמרי: אין מברכין בורא מיני מזונות אלא בחמשת המינין בלבד! ואמר רב הונא: באומר כל הזן עלי; אלמא משחא זיין!

הגמרא מציע שהקריטריון שעליו מבוססות הברכות הוא "זיין", **הזנה**. אך גם ההצעה הזו נדחית כיוון שגם השמן מזין.

לכן הגמרא מציעה קריטריון אחר:

אלא: חמרא סעיד, ומשחא לא סעיד.
וחמרא מי סעיד? והא רבא הוה שתי חמרא כל מעלי יומא דפסחא כי היכי דנגרריה ללביה וניכול מצה טפי!
טובא גריר, פורתא סעיד.
ומי סעיד כלל? והכתיב: "ויין ישמח לבב אנוש ולחם לבב אנוש יסעד וגו'". נהמא הוא דסעיד, חמרא לא סעיד!
אלא: חמרא אית ביה תרתי – סעיד **ומשמח**, נהמא – מסעד סעיד, שמוחי לא משמח.

הגמרא מציעה שההבדל בין שמן ויין נעוץ בשאלת ה"סעיד". רש"י (ד"ה סעיד) מסביר שסעיד חשוב יותר ממזין, כלומר שאינו רק מזין אלא גם **משביע**. ליין יש ברכה מיוחדת כיוון שהוא משביע, אך השמן לא משביע ולכן אין עליו ברכה מיוחדת.

הגמרא מערערת על הקביעה שיין משביע מהפסוק "ויין ישמח לבב אנוש ולחם לבב אנוש יסעד", שממנו משמע שלחם משביע ויין רק משמח, אבל דוחה את ההבחנה הזו וקובעת שיין גם משביע וגם משמח, אך לחם רק משביע. הרי לפנינו פרמטר נוסף - שדבר מאכל, במקרה הזה יין, עשוי לא רק להזין ולהשביע אלא גם לשמח.

> אי הכי נבריך עליה שלש ברכות!
> **לא קבעי אינשי סעודתייהו עלויה.**
> אמר ליה רב נחמן בר יצחק לרבא: אי קבע עלויה סעודתיה מאי? אמר ליה: לכשיבא אליהו ויאמר אי הויא קביעותא, השתא מיהא בטלה דעתו אצל כל אדם.

מהמסקנה שיין משביע הגמרא מסיקה שיש לברך עליו ברכת המזון ("נבריך עליה שלוש ברכות"). אבל האפשרות הזו נדחית ונדרש קריטריון נוסף – **קביעות סעודה:** רק מה שקובעים עליו סעודה, כלומר רק על לחם – מברכים ברכת המזון.

לקריטריונים השונים שהגמרא מציעה לאורך השקלא וטריא כדי לעמוד על נקודת השוני בין שמן ויין יש עיקרון משותף, והוא שקביעת הברכה נוגעת לתועלת האנושית המופקת מהאכילה או נגרמת ממנה. ארבעת הקריטריונים שבאמצעותם בוחנת הגמרא את החיוב של שמן בברכה מיוחדת – מזין, משביע, משמח וקובע סעודה – נוגעים כולם לנקודת המבט האנושית על האוכל: להשפעה של האוכל על האדם, ולחוויה שהאדם חווה את האוכל, והברכה היא נגזרת ישירה מכך.

נקודת המבט האנושית כקובעת את המשמעות של הברכה ואת תוכנה באה לידי ביטוי גם בהמשך, כאשר הסוגיה ממשיכה לנסות להסביר מדוע לשמן אין ברכה מיוחדת, ומציעה קריטריונים נוספים הנוגעים לאופן השימוש והתועלת של המאכל, במקרה זה השמן:

> גופא: אמר רב יהודה אמר שמואל, וכן אמר רבי יצחק אמר רבי יוחנן: שמן זית מברכין עליו בורא פרי העץ.
> היכי דמי? אילימא דקא שתי ליה (משתה) – **אוזוקי מזיק ליה!** דתניא: השותה שמן של תרומה – משלם את הקרן ואינו משלם את החומש, הסך שמן של תרומה – משלם את הקרן ומשלם את החומש!
> אלא: דקא אכיל ליה על ידי פת.

על הדעה שעל שמן מברכים "בורא פרי העץ", שהובאה בשלב קודם בדיון, הגמרא מקשה שאין לברך כך משום ששתיית שמן מזיקה ("אוזוקי מזיק ליה"). הקריטריון הקובע בשלב הזה של הדיון את הברכה הוא מידת **התועלת או הנזק** שיש באכילה.

הפטור מברכה על שתיית שמן מחדד את הבחירה בנקודת המבט האנושית כקובעת את הברכה, משום שמנקודת המבט של האוכל כבריאה – יש מקום לחייב ברכה על כל מאכל, בלי קשר להשפעה שלו על האדם. ואכן, בדיונים הללו, התרים אחר הברכה המתאימה לשמן, אין כלל עיסוק בשאלת המקור שלו, ממה הוא נוצר ומה מעמדו בבריאה, אלא אך ורק בהשפעה שלו על האדם ובאופן שבו האדם נהנה ממנו. השפעה זו היא השיקול של הסוגיות לקבוע ברכה כזו או אחרת למאכלים השונים.

בשלב הבא של הסוגיה מידת ההשפעה של החוויה האנושית על הברכה עולה דרגה:

> אי הכי, הויא ליה פת עיקר והוא טפל; ותנן, זה הכלל: כל שהוא **עיקר ועמו טפלה** – מברך על העיקר ופוטר את הטפלה!

בשלב הקודם של הדיון, הגמרא אמרה שעל שמן מברכים "פרי העץ" כאשר הוא נאכל עם הפת (כדי לשלול מצב של ברכה על שתיית שמן כמו שהוא) ועתה הגמרא מקשה על הדין הזה. שהרי מה שנאכל עם הפת – כלל אינו צריך ברכה שכן הוא טפל לפת. כאן הגמרא עוסקת בעיקרון של **עיקר וטפל** בקביעת הברכה. הקריטריון הזה גם הוא לקוח מן העולם האנושי־סובייקטיבי, ואף מצעיד את נקודת המבט הזו צעד נוסף. המשמעות שלו היא שהברכה נקבעת לפי מה שהאדם היחיד מחשיב כעיקר, בלי קשר לשאלת השימוש האובייקטיבי של האוכל או התועלת הרגילה שיש בו.

לאחר שהגמרא דחתה את האפשרות לברך "פרי העץ" על אכילת שמן עם פת, היא מחפשת מצב אחר של שתיית שמן שבו אפשר לקבוע שמברכים עליו "פרי העץ", ומוצאת אותו בשתיית אניגרון (מי סלקים שמוסיפים להם שמן).

> אלא: דקא שתי ליה על ידי אניגרון; דאמר רבה בר שמואל: אניגרון – מיא דסלקא, אנסיגרון – מיא דכולהו שלקי.
> אם כן, הוה ליה אניגרון עיקר ושמן טפל. ותנן, זה הכלל: כל שהוא עיקר ועמו טפלה – מברך על העיקר ופוטר את הטפלה!
> הכא במאי עסקינן – בחושש בגרונו. דתניא: החושש בגרונו – לא יערענו בשמן תחלה בשבת, אבל נותן שמן הרבה לתוך אניגרון ובולע.

מצד אחד האניגרון רובו שמן והוא לא טפל, ומצד שני הוא לא מזיק, משום שהוא משמש לרפואה, וזה המצב שבו אפשר לברך על שמן "פרי העץ".

הגמרא טוענת שפשוט שצריך לברך על אניגרון, ועונה: יש הווה אמינא לחשוב שעל שתייה שאין בה הנאה, אלא רק **רפואה**, אין צורך לברך. בשלב הזה הסוגיה סבורה שבכל מקרה של הנאה, גם אם היא לא קשורה לטעם אלא לתועלת, כמו במקרה של תרופה – יש לברך. לפי הפרשנות הזו נוסף קריטריון של תועלת אנושית, שמשפיע על קביעת הברכה.[40]

פשיטא!

מהו דתימא; כיון דלרפואה קא מכוין – לא לבריך עליה כלל, קמשמע לן: כיון **דאית ליה הנאה מיניה** בעי ברוכי.

האמירה החותמת את הסוגיה "**כיון דאית ליה הנאה מיניה בעי ברוכי**" (כיוון שיש לו הנאה ממנו צריך לברך) היא לא רק הסבר נקודתי לחיוב ברכה על תרופה, אלא היא גם אמירה שמסכמת את העיקרון הרעיוני שביסוד הסוגיה כולה, והוא שמה שקובע את החיוב בברכות הוא ההנאה של האדם מהאוכל.

הסוגיה הציגה סוגים שונים של הנאה אנושית מן האוכל, הקובעים את חיוב הברכה ותוכנה: מזין, משביע, משמח, קובע סעודה, מזיק, עיקר וטפל, מועיל (תרופה), ומהנה – כולם ביטויים לחוויה האנושית את האוכל. המישור שבו מתקיים הדיון – חוויה אנושית, יש לו משמעות רעיונית לגבי הברכות. תפיסת הברכה כבקשת רשות והתייחסות לבורא עולם כלל לא מצויות בדיון ואינן משפיעות על קביעת הלכות הברכות. כאמור, זוהי תפיסה שונה לחלוטין ממה שהציגה סוגיית הפתיחה.[41]

לפנינו אפוא שתי תפיסות שונות של מהות הברכה, שני עולמות רוחניים שונים – שמשפיעים, יוצרים ומחוללים את העולם ההלכתי של ברכות, כפי שבא לידי ביטוי אפילו בפרטי הפרטים של הדיון התלמודי ושל

40. רש"י ותוספות מפרשים אחרת את ההנאה שעליה מדובר כאן. רש"י (ד"ה דאית ליה הנאה מיניה) מפרש "לבד הרפואה יש לו הנאת אכילה", וכך מסבירים גם תוספות כאן, שמברך רק אם יש לו הנאה מעצם השתייה, חוץ מהרפואה, כגון שהתרופה טעימה וכדו'.

41. העיקרון הרעיוני שהברכה היא הודאה על הנאה הוזכרה בסוגיית הפתיחה, כשהגמרא הציעה שהקריטריון הקובע הוא "כל דבר שנהנה טעון ברכה", ובהמשך דחתה הצעה זו.

הלכות ברכות. האחת מוצגת בסוגיית הפתיחה של הפרק, והאחרת הולכת ומתגלה בדיונים ההלכתיים בסוגיות שאחריה.

קמח - שינוי שאינו משביח

בסוגיה זו דנים מה מברכים על קמח, ונחלקו בכך אמוראים: רב יהודה סובר שיש לברך "אדמה", ורב נחמן סובר שיש לברך "שהכל".

> קמחא דחיטי – רב יהודה אמר: בורא פרי האדמה; ורב נחמן אמר: שהכל נהיה בדברו.
> אמר ליה רבא לרב נחמן: לא תפלוג עליה דרב יהודה, דרבי יוחנן ושמואל קיימי כוותיה; דאמר רב יהודה אמר שמואל, וכן אמר רבי יצחק אמר רבי יוחנן: שמן זית – מברכין עליו בורא פרי העץ; אלמא: **אף על גב דאשתני – במלתיה קאי**; הא נמי, אף על גב דאשתני – במלתיה קאי.

רבא תומך בשיטת רב יהודה לברך על קמח "פרי האדמה", ומסביר את שיטתו מתוך השוואה לברכה על השמן.

קמח הוא מקרה ביניים – הוא כבר לא חיטים, אבל עדיין לא לחם: מצד אחד הוא עבר שינוי מצורת בריאתו, אבל רמת ההנאה ממנו עדיין לא שלמה כמו יין, שמן ולחם, שהגיעו לגמר העיבוד, וההנאה מהם היא ברמה הגבוהה ביותר. הדמיון בין הקמח לשמן מובן רק מנקודת המבט של הבריאה, וכלל לא מובן מנקודת המבט של השימוש והתועלת האנושיים. אומנם, הקמח דומה לשמן שכן שניהם עברו עיבוד בידי אדם והשתנו מצורת בריאתם. אבל יש ביניהם הבדל: השמן ראוי לאכילה כמות שהוא, אך הקמח עדיין לא. הקביעה שהברכה על הקמח דומה לברכה על השמן נובעת מנקודת המבט של **צורת הבריאה**, שהיא הקריטריון הקובע את הברכה לפי ההסבר של רבא את רב יהודה (ואת רבי יוחנן ביחס לשמן).

ההסבר "אף על גב דאשתני – במלתיה קאי" מבטא בדיוק את הנקודה הזו. "במילתיה קאי" פירושו בצורת בריאתו.[42] בעוד שמנקודת המבט האנושית, ההשוואה בין שמן וקמח אינה מובנת, מנקודת המבט של הבריאה

42. רש"י לו ע"א ד"ה במלתיה קאי: "והוה ליה ככוסס חיטין", למרות שקמח שונה בצורתו מגרעיני חיטים.

הדברים פשוטים, משום שלמרות העיבוד והשינוי שעברו גרגירי החיטה לקמח (והזיתים לשמן) – הם עדיין "פרי האדמה" (או "פרי העץ").

בשלב הזה הסוגיה נוקטת בנקודת המבט של הבריאה (בדומה למשנה ולסוגיית הפתיחה), וכלל לא בנקודת המבט האנושית, הן מצד התועלת וההנאה שהיא מפיקה מהמאכל והן מצד ההתערבות ביצירתו.

המקרה של מאכל שעובר שינוי הוא מקרה בוחן מעניין לשתי התפיסות, בריאת האוכל מול הנאת האדם. שכן שינוי הצורה של המאכל משפיע על ההיבט האנושי (בעצם ההתערבות בהכנת המאכל וגם בהשפעה על מידת ההנאה) אך לא משפיע ולא קשור לעצם הבריאה שלו. לכן השאלה אם הברכה משתנה תלויה בשאלה אם הולכים לפי ההנאה או לפי הבריאה.

בשלב זה נקודת המבט של הסוגיה היא הבריאה. אבל הגמרא מערערת על ההשוואה בין קמח לשמן:

> מי דמי! התם – לית ליה עלויא אחרינא, הכא – אית ליה עלויא אחרינא בפת.

שמן הוא השבחה של הפרי, אבל קמח, למרות שעבר עיבוד מצורת בריאתו – הוא אינו צורת האכילה הראויה שלו, ויש לו "עלויא אחרינא בפת", כלומר, יש לו שימוש יותר משובח, הלחם.[43]

הטיעון הזה הוא הסבר לשיטת רב נחמן: כיוון שאכילת קמח כשלעצמו אינה מהנה, למעשה הוא כלל אינו נאכל כמות שהוא, לכן לא מברכים עליו אפילו "בורא פרי האדמה" כמו שמברכים על כסיסת חיטים שלמות[44] – אלא ברכה בדרגה יותר נמוכה – "שהכל". מכאן רואים שהעיקרון שמנחה את רב נחמן בקביעת הברכה הוא השימוש וההנאה האנושיים.

הגמרא מקשה על המסקנה הזו ומציעה שעל קמח חיטים מברכים "פרי האדמה", בניגוד לקמח שעורים, שאינו מאכל אדם ולכן מברכים עליו "שהכל".

43. רש"י, ד"ה הכא אית ליה עילויא אחרינא: "הילכך יצא מכלל פרי ולכלל דרך אכילתו לא בא. אבל השמן מיד בא בשינויו לכלל דרך אכילתו, ועיקר הפרי לכך נטעוהו – הלכך פרי הוא".

44. רש"י ד"ה בורא פרי האדמה, וד"ה דאשתני.

וכי אית ליה עלויא אחרינא לא מברכינן עליה בורא פרי האדמה אלא שהכל? והא אמר רבי זירא אמר רב מתנא אמר שמואל: אקרא חייא וקמחא דשערי מברכינן עלייהו שהכל נהיה בדברו,
מאי לאו, דחיטי – בורא פרי האדמה!
לא, דחיטי נמי, שהכל נהיה בדברו.

בסוף הדיון הגמרא מגיעה למסקנה שגם על קמח חיטים, ולא רק על קמח שעורים, מברכים "שהכל".

במסקנה הזו יש דחייה של שיטת רב יהודה, שסבר שקמח דומה לשמן ולכן ברכתו "בורא פרי האדמה". הדחייה היא לא רק של השיטה ההלכתית, אלא גם של העיקרון שעומד ביסודה, שמה שקובע את הברכות הוא נקודת המבט של הבריאה. הדחייה הזו היא חלק מהמגמה של הסוגיה שנקודת המבט האנושית, ולא של הבריאה, קובעת את הלכות ברכות.

בשלב הבא, הדיון על קמח שעורים מעורר דיון נוסף – מה היחס לברכה על אוכל **שמזיק** לאדם? קמח שעורים הוא "קשה לקוקיאני" (רש"י: תולעים שבמעיים), ומשום שהוא מזיק יש מקום לחשוב שאין לברך עליו כלל.

ולשמעינן דחיטי וכל שכן דשערי!
אי אשמעינן דחיטי – הוה אמינא: הני מילי דחיטי, אבל דשערי לא לבריך עליה כלל – קמשמע לן.
ומי גרע ממלח וזמית? דתנן: על המלח ועל הזמית אומר שהכל נהיה בדברו!
אצטריך, סלקא דעתך אמינא: מלח וזמית – עביד אינש דשדי לפומיה, אבל קמחא דשערי, הואיל וקשה לקוקיאני – לא לבריך עליה כלל; קמשמע לן: כיון דאית ליה הנאה מיניה – בעי ברוכי.

תשובת הסוגיה היא שהעיקרון הקובע את הברכה אינו מידת התועלת, כלומר אם הוא מזיק או לא, אלא מידת ההנאה.[45] גם כאן, כמו בסוגיה הקודמת,

45. אוכל שהוא מזיק אבל יש בו הנאה על פניו נראה כסתירה פנימית. אבל למעשה ישנם מאכלים רבים שמזיקים לאדם בטווח הארוך ואפילו גורמים לכאבים, אבל ברגע אכילתם

הסוגיה מסתיימת במשפט העקרוני, שהופך להיות סוג של מנטרה, **"כיוון דאית ליה הנאה מיניה – בעי ברוכי"**.

שתי הסוגיות האחרונות בוחנות קריטריונים שונים של מידת ההשפעה של אוכל על האדם, אבל בכל מקרה בסופו של דבר נקודת המבט האנושית, ובייחוד ההנאה, היא הקובעת את הברכה. בסוגיה הקודמת, שעסקה בברכה על שמן, המסקנה הייתה שגם במקרה שיש תועלת במאכל (לרפואה), מה שקובע את הברכה זו ההנאה. הסוגיה כאן היא מעין תמונת ראי של הסוגיה הקודמת והיא מגיעה לאותה מסקנה מכיוון הפוך, שגם אם יש נזק במאכל (קמח שעורים שגורם לתולעים במעיים) – מה שקובע את הברכה זו ההנאה, ואם יש במאכל הנאה לאדם – יש לברך עליו.

קורא - כיצד מברכים על ענפים?

בדרך כלל אנשים אינם אוכלים ענפים, לכן העיסוק בברכה עליהם נראה מוזר ולא רלוונטי. אבל הגמרא פעמים רבות עוסקת במקרי קצה, משום שבאמצעותם היא מבררת את העקרונות הרוחניים של הלכות ברכות.

מהי אפוא הברכה על ענפים? ומה תורם הדיון הזה לעיסוק בשאלות העקרוניות של ברכות? הסוגיה הבאה עוסקת בשאלות הללו באמצעות העיסוק במקרה של קורא, שהם הענפים החדשים והרכים של הדקל.[46]

> קורא – רב יהודה אמר: בורא פרי האדמה; ושמואל אמר: שהכל נהיה בדברו.
>
> רב יהודה אמר בורא פרי האדמה – פירא הוא, ושמואל אמר שהכל נהיה בדברו – הואיל וסופו להקשות.

האמוראים נחלקו מה מברכים על הענפים הללו. המחלוקת הזו דומה למחלוקת על ברכת הקמח. גם כאן רב יהודה סבור שיש לברך "בורא פרי האדמה", ושמואל סבור שיש לברך "שהכל".

את המחלוקת הזו אפשר להסביר באופן מובהק כמחלוקת בין שתי תפיסות היסוד של הברכות: האם מברכים לפי מידת ההנאה מן האכילה או

הם מסבים הנאה. דוגמה למאכלים כאלו הם מיני מתיקה, צבעי מאכל וכדומה, שפוגעים בבריאות, אבל אכילתם מהנה.

46. רש"י ד"ה קורא: "כשענפיו גדלים בכל שנה ושנה כדרך כל האילנות, הנוסף בשנה זו רך ובשנה שנייה מתקשה ונעשה עץ".

לפי ה"בריאה", כלומר, לפי ההגדרה הבוטנית של הפרי. רב יהודה סובר שיש לברך "פרי האדמה" כיוון שהעיקרון הקובע את הברכה קשור להנאה. אם האדם נהנה מן המאכל – ההגדרה הבוטנית של המאכל, פרי, ענף, עלים וכו' – איננה רלוונטית. שמואל סובר שיש לברך "שהכל", כיוון שמה שקובע את הברכה הוא ההגדרה של הפרי לפי בריאתו, כי הברכה היא הכרה בבריאה. ולכן לא ניתן לברך **"פרי האדמה"** על מה שאינו פרי אלא ענף.

בשלב הבא מקשה שמואל על שיטת עצמו ממקרה דומה – הצנון:

> אמר ליה שמואל לרב יהודה: שיננא! כוותך מסתברא, דהא צנון סופו להקשות ומברכינן עליה בורא פרי האדמה.
> ולא היא, צנון **נטעי אינשי אדעתא דפוגלא**, דקלא לא נטעי אינשי אדעתא דקורא.
> וכל היכא דלא נטעי אינשי אדעתא דהכי לא מברכינן עליה?
> והרי צלף, דנטעי אינשי אדעתא דפרחא, ותנן: על מיני נצפה על העלין ועל התמרות אומר: בורא פרי האדמה, ועל האביונות ועל הקפריסין אומר: בורא פרי העץ!
> אמר רב נחמן בר יצחק: צלף נטעי אינשי אדעתא דשותא, דקלא לא נטעי אינשי אדעתא דקורא.
> ואף על גב דקלסיה שמואל לרב יהודה, הלכתא כותיה דשמואל.

למרות הדמיון בין קורא לצנון, ששניהם נאכלים כשהם רכים ומתקשים לאחר מכן (רש"י), הגמרא דוחה את ההשוואה. לפי הגמרא ההבדל בין הקורא והצנון והצלף קשור לכוונה שלשמה נוטעים בני האדם את הצמח, "נטעי אינשי אדעתא". אם הכוונה בנטיעה היא ליהנות מהאכילה, גם אם זו אכילה של חלקים אחרים בצמח מלבד הפרי, וגם אם המאכל ישתנה בהמשך גידולו – מברכים עליו "בורא פרי האדמה", אבל אם הכוונה של הנטיעה היא לא לאכילת הענפים, כמו בקורא – יש לברך "שהכל", וכדעת שמואל, וכך נפסק בסוגיה להלכה.

במהלך הסוגיה יש שינוי הטעם של שיטת שמואל: בתחילת הסוגיה, כששמואל אומר שיש לברך על קורא "שהכול", הוא מתבסס על ההגדרה הבוטנית של המאכל (פרי או ענף). אבל לאחר מכן, כששמואל משווה את הקורא לצנון ולצלף – ההסבר הוא שיש לברך "שהכול" משום שבנטיעת הדקל אין כוונה לאכילת הענפים. ההסבר הראשון מבוסס על נקודת המבט

של הבריאה וההסבר השני מבוסס על נקודת המבט האנושית. במהלך הסוגיה הגמרא משנה את ההסבר של שיטת שמואל וגם את העיקרון הרעיוני שביסוד שיטת שמואל – מנקודת מבט של הבריאה לנקודת המבט האנושית. כך יוצא שלא רק שיטת רב יהודה מוסברת מנקודת המבט האנושית (מה שאדם אוכל נחשב פרי, ולכן ברכתו אדמה), אלא אפילו שיטת שמואל, שבתחילת הסוגיה מתייחסת להבדל הבוטני בין פרי לענף – מוסברת באמצעות התפיסה האנושית את הנטיעה (הכוונה). השינוי בתפיסת היסוד הרעיונית הוא ביטוי למגמה של הסוגיות להעדיף את העיקרון המושתת על נקודת המבט האנושית.

נוסף על כך, בסוגיות הקודמות, נקודת המבט האנושית באה לידי ביטוי במידת ההנאה, וכן בתועלות שונות שאדם מפיק מן האכילה, מזין, משביע, משמח וכו׳. בסוגיה כאן, נקודת המבט האנושית מתרחבת אפילו יותר וכוללת גם את **הכוונה** האנושית.[47]

צלף – כיצד מברכים על קליפות?

אחרי הדיון באכילת ענפים הגמרא דנה באכילת קליפות. בדומה לענפים, גם הקליפות אינן החלק העיקרי של הצמח שנאכל, אבל יש שאוכלים אותן. וגם בדיון הזה, על הצדדים ההלכתיים שלו, יש רובד של משמעות רעיונית.

בקטע הקודם הגמרא הביאה ברייתא העוסקת בברכה על חלקי הצלף (״נצפה״) השונים, בדיון על ברכת הענפים (שנקראים בברייתא ״תמרות״). לפי הברייתא, על העלים והתמרות (ענפים) מברכים ״אדמה״, ועל האביונות (פירות) והקפריסין (קליפות) מברכים ״עץ״. בסוגיה הזו הגמרא מתמקדת בברכה על הקליפה.

> אמר רב יהודה אמר רב: צלף של ערלה בחוצה לארץ – זורק את האביונות ואוכל את הקפריסין.
> למימרא, דאביונות פירי וקפריסין לאו פירי?
> ורמינהו: על מיני נצפה על העלים ועל התמרות אומר בורא פרי האדמה, ועל האביונות ועל הקפריסין אומר בורא פרי העץ!

47. הקריטריון שמתחדש בסוגיה כאן, הכוונה, דומה מעט לעיקרון של עיקר וטפל, ביחסו חשיבות לכוונה האנושית, אבל כאן זו כוונה רחבה ועקרונית הרבה יותר מעיקר וטפל, ולכן יש כאן העצמה של הכוח שניתן לתודעה האנושית לקבוע את המעמד של האוכל, וכתוצאה מכך את הברכה שלו.

הוא דאמר כרבי עקיבא; דתנן, רבי אליעזר אומר: צלף – מתעשר תמרות ואביונות וקפריסין, רבי עקיבא אומר: אין מתעשר אלא אביונות בלבד, מפני שהוא פרי.

ונימא: הלכה כרבי עקיבא!

אי אמר הלכה כרבי עקיבא, הוה אמינא אפילו בארץ, קמשמע לן: כל המיקל בארץ – הלכה כמותו בחוצה לארץ, אבל בארץ לא.

ונימא: הלכה כרבי עקיבא בחוצה לארץ, דכל המיקל בארץ – הלכה כמותו בחוצה לארץ! אי אמר הכי, הוה אמינא: הני מילי גבי מעשר אילן, דבארץ גופא מדרבנן, אבל גבי ערלה דבארץ מדאורייתא – אימא בחוצה לארץ נמי נגזור, קמשמע לן.

רבינא אשכחיה למר בר רב אשי דקא זריק אביונות וקאכיל קפריסין. אמר ליה: מאי דעתך – כרבי עקיבא דמיקל, ולעביד מר כבית שמאי דמקילי טפי! דתנן: צלף, בית שמאי אומרים: כלאים בכרם, ובית הלל אומרים: אין כלאים בכרם, אלו ואלו מודים שחייב בערלה.

הא גופא קשיא!

אמרת צלף, בית שמאי אומרים: כלאים בכרם, אלמא מין ירק הוא, והדר תני: אלו ואלו מודים שחייב בערלה, אלמא מין אילן הוא! הא לא קשיא; בית שמאי ספוקי מספקא להו, ועבדי הכא לחומרא והכא לחומרא.

מכל מקום, לבית שמאי הוה ליה ספק ערלה, ותנן: ספק ערלה בארץ ישראל – אסור, ובסוריא – מותר, ובחוצה לארץ – יורד ולוקח, ובלבד שלא יראנו לוקט![48]

רבי עקיבא במקום רבי אליעזר עבדינן כותיה, ובית שמאי במקום בית הלל אינה משנה.

החלק הזה של הסוגיה אינו עוסק בברכות, אלא בערלה ומעשרות. על פניו, הדיון הזה מובא כאן משום שהוא עוסק בחלקי הצלף שהוזכרו בסוגיה

48. הטקסט שבהזחה הוא השוואה של שיטת ר' עקיבא לשיטות אחרות בדיני כלאיים וטומאת אוכלים. כיוון שזו הסתעפות צדדית של הדיון, לא נעסוק בה כאן.

הקודמת, אבל גם משום שהוא דן בהגדרה של הקליפה ביחס לפרי עצמו, מה שרלוונטי גם לעניין ברכות.[49]

רבי אליעזר סובר שיש לעשר את קליפות הצלף ור' עקיבא חולק עליו. מצד הגידול וההגדרה הבוטנית – הקליפה היא חלק מהפרי, אבל מצד השימוש האנושי – ההנאה מאכילת קליפה פחותה. השאלה אם יש לעשר את הקליפה או לא היא ביטוי לשאלה אם יש לראות את הפרי מצד גידולו הבוטני או מצד השימוש וההנאה של האדם. הנושא העקרוני שנידון לאורך סוגיות הפרק בא לידי ביטוי גם במחלוקת ר' אליעזר ור' עקיבא בנוגע למעשרות בקליפות פירות הצלף. אף שאינה עוסקת באופן ישיר בברכות, היא משקפת את שתי התפיסות העקרוניות המוצגות לאורך הסוגיות בפרק גם לגבי הקליפה.

הקליפה – "שומר לפרי"

הברייתא שהובאה בשלב הקודם עסקה בחלקי הצלף השונים: עלים, ענפים, פירות וקליפה. אבל את הקליפה אפשר לראות לא רק כחלק מן העץ, אלא מנקודת המבט של הפרי, ואז הקליפה היא "שומר לפרי".[50] עצם המושג "שומר לפרי", מבטא את היותו של הפרי עיקר, ויש בו ביטוי לנקודת המבט השימושית־התועלתית ביחס לפרי.[51]

> ותיפוק ליה דנעשה שומר לפרי, ורחמנא אמר: וערלתם ערלתו את פריו - את הטפל לפריו, ומאי ניהו? שומר לפרי!

נקודת המוצא של הדיון היא דרשת הפסוק "וערלתם עורלתו את

49. הרי"ף (כה ע"ב) פסק: "והלכתא הכין דזורק את האביונות ואוכל את הקפרס **ומדלגבי ערלה לאו פרי הוא גבי ברכה נמי לאו פירא הוא** ולא מברכינן עילויה בפה"ע אלא בפה"א". לפי חלק מהגרסאות המשפט הזה הוא חלק מגרסת הגמרא עצמה, בסוף הסוגיה הבאה, העוסקת גם היא בפירות ערלה. חלק מן הגאונים, תוספות וראשונים נוספים, אינם גורסים כך בגמרא (מייחסים את המשפט לבעל הלכות גדולות) וחולקים על פסיקת ההלכה הזו, משום שלגבי ברכות לא שייך החילוק בין ארץ ישראל לחוץ לארץ.

50. המושג ההלכתי "שומר", כמו המושג "יד", נידון בפרק תשיעי של מסכת חולין, והוא קשור לדיני טומאה וטהרה. בדברינו כאן לא נעסוק במשמעות המושג אלא רק בהקשר של הופעתו כאן, ואכמ"ל.

51. גם הסוגיה הזו עוסקת בערלה.

פריו" – לרבות שומר לפרי ("את" בא לרבות), כלומר שלעניין ערלה הקליפה נחשבת חלק מהפרי. המסקנה הזו עומדת בסתירה לרב יהודה (המסתמך על רבי עקיבא בעניין מעשרות) שהקליפה היא לא חלק מהפרי ומותר לאכול אותה בשנות הערלה.

במהלך הסוגיה רבא מנסה ליישב את הסתירה בין הדרשה ובין שיטת רב יהודה, ולהסביר מדוע הקפריסין, שהם שומר לפרי של הצלף, אינם נחשבים פרי. רבא מציע שלוש סברות. את שתי הסברות הראשונות דוחה הגמרא, והסברה השלישית מתקבלת.

בכל אחת מהסברות של רבא יש הנחת יסוד הנוגעת לנקודת המבט שממנה מגדירים מהו פרי. נעמוד על הנחות היסוד העקרוניות בהצעות השונות של רבא ונראה כיצד הן משתלבות ברבדים הרעיוניים של הפרק לגבי המשמעות הרוחנית של ברכות על האוכל.

האבחנה הראשונה של רבא נוגעת לשאלת "**תלוש ומחובר**", דהיינו אם הקליפה קיימת רק בזמן שהפרי מחובר לעץ או גם כאשר הוא תלוש:

> אמר רבא (1): היכא אמרינן דנעשה שומר לפרי – היכא דאיתיה בין בתלוש בין במחובר, הכא – במחובר איתיה, בתלוש ליתיה.
>
> איתיביה אביי: פיטמא של רמון מצטרפת, והנץ שלו אין מצטרף;
> מדקאמר הנץ שלו אין מצטרף, אלמא דלאו אוכל הוא,
> ותנן גבי ערלה: קליפי רמון והנץ שלו, קליפי אגוזים והגרעינין – חייבין בערלה![52]

רבא סובר ששומר לפרי נחשב חלק מהפרי רק אם הוא קיים גם כאשר הפרי תלוש, ולא רק במחובר. להבחנה בין שומר במחובר לשומר בתלוש יש משמעות מנקודת המבט של השימוש האנושי. מצד אחד, כאשר פרי מחובר – הוא לא ראוי לשימוש האדם, ולכן אם השומר לא קיים בזמן שהפרי ראוי לשימוש, הוא לא נחשב שומר. מצד שני, שומר שקיים במחובר הוא חלק מהגידול והבריאה של הפרי, אבל לדעת רבא זה לא נחשב שומר.

52. מה שמופיע בהזחה הוא הדחייה של הגמרא את שתי ההבחנות הראשונות שמציע רבא. מכיוון שברצוננו להתמקד במבנה הסוגיה ובשיטת רבא – לא נעסוק באופן שבו דוחה הגמרא את דעתו.

כלומר אופן הגידול והבריאה של הפרי אינו קובע לשיטת רבא, אלא רק נקודת המבט של השימוש האנושי בפרי.

הגמרא דוחה את ההגדרה הזו, ורבא מציע הבחנה אחרת, שנייה, הקשורה ל"**גמר הפרי**":

> אלא אמר רבא (2): היכא אמרינן דנעשה להו שומר לפירי – היכא דאיתיה בשעת גמר פירא, האי קפרס ליתיה בשעת גמר פירא.
>
> איני? והאמר רב נחמן אמר רבה בר אבוה: הני מתחלי דערלה – אסירי, הואיל ונעשו שומר לפירי; ושומר לפירי אימת הוי – בכופרא, וקא קרי ליה שומר לפירי!
>
> רב נחמן סבר לה כרבי יוסי; דתנן, רבי יוסי אומר: סמדר – אסור מפני שהוא פרי, ופליגי רבנן עליה.
>
> מתקיף לה רב שימי מנהרדעא: ובשאר אילני מי פליגי רבנן עליה? והתנן: מאימתי אין קוצצין את האילנות בשביעית? בית שמאי אומרים: כל האילנות משיוציאו; ובית הלל אומרים: החרובין משישרשרו, והגפנים משיגרעו והזיתים משיניצו, ושאר כל האילנות – משיוציאו;
>
> ואמר רב אסי: הוא בוסר, הוא גרוע, הוא פול הלבן.
>
> פול הלבן סלקא דעתך? אלא אימא: שיעורו כפול הלבן.
>
> מאן שמעת ליה דאמר: בוסר אין, סמדר לא – רבנן, וקתני: שאר כל האילנות משיוציאו!

גמר הפרי הוא השלב שבו הפרי אומנם מוכן לאכילה, אבל עדיין נמצא על העץ. בהצעה הזו השומר לפרי נחשב לחלק מהפרי גם כאשר הפרי עדיין על העץ. אומנם רק במצב שהפרי כבר מוכן לאכילה, אבל עדיין מחובר. יש כאן הצעה מורכבת משתי נקודות המבט העקרוניות על הפרי: מצד אחד הפרי מוכן לאכילה (נקודת המבט האנושית), אך מצד שני הפרי עדיין נמצא על העץ (נקודת המבט של הגידול). ביחס להצעה הראשונה – יש כאן צמצום של נקודת המבט האנושית־שימושית על הפרי והרחבה של נקודת המבט של הפרי כבריאה.

הגמרא דוחה גם את ההצעה הזו של רבא, ולכן רבא מציע הצעה שלישית, שמתקבלת בסופו של דבר:

אלא אמר רבא (3): היכא אמרינן דהוי שומר לפרי – היכא דכי שקלת ליה לשומר מיית פירא, הכי – כי שקלת ליה לא מיית פירא.

הוה עובדא ושקלוה לנץ דרמונא – ויבש רמונא, ושקלוה לפרחא דביטיתא – ואיקיים ביטיתא.

(והלכתא כמר בר רב אשי, דזריק את האביונות ואכיל את הקפריסין.

ומדלגבי ערלה לאו פירא נינהו – לגבי ברכות נמי לאו פירא נינהו, ולא מברכינן עליה בורא פרי העץ, אלא בורא פרי האדמה).

לפי ההצעה השלישית, ההגדרה של שומר לפרי נוגעת לחיוניותו של השומר בתהליך הגידול של הפרי, **"מות הפרי"**. אם בלעדי השומר הפרי ימות – הוא נחשב חלק מהפרי. ההגדרה הזו כבר לא קשורה כלל לשימוש האנושי או לתועלת של האדם מהפרי, אלא לעצם הקיום והגדילה של הפרי.

ההצעות של רבא מובאות כדי להסביר את הדעה שחוזרת לאורך הסוגיה, שהקליפה אינה נחשבת חלק מהפרי, וברכתה "פרי האדמה". זוהי שיטת רב יהודה בראש הסוגיה (בדין ערלה), שהקפריסין אינם נחשבים חלק מהפרי, וכן שיטת ר' עקיבא (במעשרות) שהקליפה אינה נחשבת פרי. זו גם פסיקת ההלכה המופיעה בסוף הסוגיה כמר בר רב אשי (בערלה), שאכל את הקפריסין, משום שהקליפה אינה נחשבת פרי.

אפשר לראות מגמה בהצעות של רבא: הסוגיה מתחילה בהצעה שמגדירה את המעמד של קליפה לפי האכילה, מנקודת המבט של **השימוש האנושי**. ההצעה השנייה כבר מצמצמת את השימושיות של הפרי, ומתייחסת לקליפה כחלק מהפרי גם במצב שקשור לגידול של הפרי, כאשר הוא עדיין מחובר. ההצעה השלישית כבר נוגעת אך ורק **לגידול של הפרי** וכלל לא לשימוש שלו. יש כאן מגמה לצמצם את נקודת המבט האנושית ולהרחיב את נקודת המבט של הבריאה. זו הצעה מורכבת של הסוגיה, השוזרת שתי נקודות מבט שונות לתוך דיון הלכתי אחד. מצד אחד המבט האנושי, התועלת של האדם, וההכרה בברכה הטמונה באכילה, ומצד שני מבט על הבריאה, ומתוך כך הכרה בבורא העולם כמקור הפרי.

פלפל חריף – מברכים עליו או לא?

המחלוקת בשלב הבא בגמרא, האם יש לברך על פלפלים, גם היא ביטוי

הלכתי לשני העקרונות הרעיוניים שביסוד הסוגיה, ויכולה להיות מוסברת מתוך נקודת המבט הזו:

> פלפלי – רב ששת אמר: שהכל; רבא אמר: לא כלום.
> ואזדא רבא לטעמיה, דאמר רבא: כס פלפלי ביומי דכפורי – פטור, כס זנגבילא ביומא דכפורי – פטור.
> מיתיבי: היה רבי מאיר אומר, ממשמע שנאמר: וערלתם ערלתו את פריו, איני יודע שעץ מאכל הוא? אלא מה תלמוד לומר עץ מאכל – להביא עץ שטעם עצו ופריו שוה, ואיזהו – זה הפלפלין, ללמדך שהפלפלין חייבין בערלה, וללמדך שאין ארץ ישראל חסרה כלום, שנאמר: ארץ אשר לא במסכנת תאכל בה לחם לא תחסר כל בה!
> לא קשיא: הא ברטיבתא, הא ביבשתא.
> אמרי ליה רבנן למרימר: כס זנגבילא ביומא דכפורי – פטור. והא אמר רבא: האי המלתא דאתיא מבי הנדואי – שריא, ומברכין עליה בורא פרי האדמה!
> לא קשיא: הא ברטיבתא, הא ביבשתא.

שיטת רבא היא שעל הפלפלים (והזנגביל) אין לברך ואין מתחייבים על אכילתם ביום כיפור. שיטת רב ששת היא שמברכים על פלפלים "שהכל".[53] המחלוקת מוסברת בגמרא באמצעות ההבחנה בין רטובים ליבשים. פלפלים רטובים ראויים למאכל ולכן נחשבים מאכל לעניין ברכה, ופלפלים יבשים אינם נחשבים מאכל ולכן פטורים מברכה.

המחלוקת לגבי פלפלים מבטאת את שתי נקודות המבט האפשריות שכבר הצגנו על הברכות ועל מאכלים בכלל. ברור שאי חיוב על אכילת פלפלים ביום כיפור ופטור מברכה עליהם נובע משום שאין באכילתם שום תועלת או הנאה. הפטור הזה יכול להיות מוסבר אך ורק מנקודת המבט האנושית, שאין שום חשיבות ומשמעות למאכל. מנקודת המבט האחרת, גם הפלפל הוא בריאה ולכן גם עליו יש לברך. גם כאן המחלוקת מוסברת כמחלוקת בין שתי תפיסות מהותיות לגבי הברכות: אם הברכה היא על

53. לפי ההסבר של הגמרא מדובר באכילת פלפל יבש שהשתנה מבריאתו, ולכן ברכתו אינה "אדמה" אלא "שהכל", בדומה לדעת רב נחמן לעיל לגבי קמח.

הבריאה יש לברך, כי גם הפלפל הוא בריאה. אבל אם הברכה היא על הנאה או תועלת, אין באכילת פלפל שום הנאה או תועלת ולכן אין לברך כלל.

גם להבחנה בין רטובים ליבשים יש משמעות רק מצד השימוש האנושי. ברור שבדרך הגידול אין הבחנה בין פלפלים יבשים או רטובים. כשהסוגיה נותנת ביטוי הלכתי להבחנה המבוססת על השימוש האנושי, היא מעניקה משקל לתפיסה שלנקודת המבט האנושית יש גורם מרכזי ביחס לאוכל ולברכות עליו.

ברכת "מזונות"

ברכת "בורא מיני מזונות" אינה מופיעה במשנה, לכל אורך הפרק והמסכת! העדרה של ברכת מזונות מדיוני חכמים בברכות תמוהה מאוד. הרי המשנה בראש הפרק מונה את כל הברכות שלפני האכילה, מלבד ברכת "שהכל", שמופיעה בהמשך הפרק, במשנה ג (ובמשנה ח).[54]

התמיהה מתגברת כאשר רואים שבתוספתא (ברכות ד, ו-ז) ברכת "מזונות" כן מוזכרת:

> הכוסס את החטין מברך עליהן בורא מיני זרעים אפאן בשלן אם היו פרוסות קיימות מברך עליהן המוציא לחם מן הארץ ומברך אחריהן שלש ברכות אין הפרוסות קיימות **מברך עליהן בורא מיני מזונות** ומברך אחריהן ברכה אחת.
> הכוסס את האורז מברך עליו בורא פרי האדמה אפאן בשלן אף על פי שהפרוסות קיימות **מברך עליהן בורא מיני מזונות**.

כלומר, אף שברכת מזונות הייתה מוכרת לחכמי המשנה, המשנה בחרה שלא להזכירה ועלינו להבין מדוע.

כפי שכבר הזכרנו בחלק הראשון של הפרק, נקודת המבט של המשנה

54. הנוסח של ברכת "שהכל" מתאים לתפיסת הבריאה של המשנה: "נהיה בדברו" – מצביע על ההתהוות, על הבריאה. "בדברו" רומז לדיבור של ה', שבאמצעותו ברא את העולם. הברכה מוזכרת גם במשנה ח: "השותה מים לצמאו אומר שהכל נהיה בדברו, ר' טרפון אומר בורא נפשות רבות". הנוסח של ר' טרפון, שהתקבל כברכה אחרונה על מיני "שהכל", מבטא היבט אחר לחלוטין של הברכות, מילוי הצורך האנושי. הנוסח הזה נפסק לברכה אחרונה על המים, והוא מקביל לברכת המזון, שהיא אכן ברכה על השובע, "ואכלת ושבעת וברכת", על מילוי הצורך. ראו הסבר אחר לברכת "שהכל" מתוך הופעתה במשניות הפרק אצל ברקוביץ, זרעים מועד, עמ' 96-104.

על הברכות היא נקודת המבט של הבריאה, "בורא פרי". לעומת זאת, ברכת "מזונות" נאמרת על אוכלים שנעשים בידי האדם, ולכן אין בהם ביטוי מובהק לבריאה ישירה של ה'. העובדה שברכת מזונות אינה מצויה במשנה מבליטה את ההבנה שהתפיסה הרעיונית של המשנה היא שהברכה היא ביטוי להכרה בה' כבורא, והכרה באוכל כבריאה של ה'.[55]

השוני של הברכה הזו בא לידי ביטוי גם בנוסח של הברכה. הלשון "בורא **מיני מזונות**" שונה מהנוסח של שאר הברכות, "בורא **פרי**", המבוססות על המקור הטבעי של המאכל, אדמה, או עץ. "מזונות" מלשון הזנה, מבטאת את ההשפעה של המאכל על האדם, וזוהי נקודת המבט האנושית שאינה קשורה לבריאה.[56]

הסוגיות שלפנינו עוסקות בברכת מזונות. שני היבטים של ברכת מזונות נידונים כאן. סוגיה אחת מתמקדת בתבשילים המכילים קמח (מחמשת מיני דגן), וסוגיה שנייה עוסקת בברכה על דגן שהוא אינו מחמשת מיני דגן.

חביץ קדרה ודייסה - עיקר וטפל

בסוגיות קודמות הגמרא עסקה בברכה על הקמח כשלעצמו. כאן הגמרא דנה בתבשילים המכילים קמח, כגון דייסה וחביץ קדרה:[57]

> חביץ קדרה, וכן דייסא; רב יהודה אמר: שהכל נהיה בדברו; רב כהנא אמר: בורא מיני מזונות.
> בדייסא גרידא כולי עלמא לא פליגי דבורא מיני מזונות, כי פליגי – בדייסא כעין חביץ קדרה, רב יהודה אמר: שהכל – סבר דובשא עיקר; רב כהנא אמר: בורא מיני מזונות – סבר סמידא עיקר.
> אמר רב יוסף: כותיה דרב כהנא מסתברא, דרב ושמואל דאמרי תרוייהו: כל שיש בו מחמשת המינין מברכין עליו בורא מיני מזונות.

55. אומנם המשנה כן הזכירה את הברכות על הלחם והיין, שגם הם מעשה ידי אדם. שתי הברכות הללו מחברות את המאכלים שהם מעשה ידי אדם ולא פירות כבריאתם לממד הבריאה. "המוציא לחם מן הארץ" – הברכה מביאה לידי ביטוי את הארץ כמקור הלחם ומתעלמת משלבי העיבוד האנושיים. "בורא פרי הגפן" – מחברת לבריאה באמצעות שמירה על המטבע "בורא פרי" ומתעלמת משלבי העיבוד האנושיים. וכבר הסברנו זאת לעיל.
56. ברכת "מזונות" פותחת במטבע "בורא", ומשייכת את המאכל אל בריאתו. במקרה של ברכת מזונות יש ביטוי לשתי נקודות המבט. מצד אחד "בורא" ומצד שני "מזונות". המורכבות הזו באה לידי ביטוי גם בברכות על לחם ויין, כפי שראינו.
57. תבשיל של קמח שמן ודבש (רש"י על הרי"ף כה ע"ב ד"ה חביץ קדירא).

הגמרא מביאה מחלוקת בין רב יהודה ורב כהנא לגבי חביץ קדירה ודייסה: רב יהודה סובר שברכתם שהכל, ורב כהנא סובר שברכתם מזונות. הגמרא מסבירה שביחס לדייסה, שהיא תבשיל המכיל קמח ללא כל תוספות אחרות (רש"י) – אין מחלוקת שברכתה מזונות. הגמרא מעמידה את מחלוקת רב יהודה ורב כהנא רק בדייסה כעין חביץ קדירה, שהוא תבשיל המכיל קמח ודבש שהתבשלו יחד (רש"י).

למחלוקת זו, במתכונתה המצומצמת, הגמרא מביאה שני הסברים.

ההסבר הראשון נוגע לשאלת עיקר וטפל: לפי רב יהודה, הדבש הוא העיקר ולכן מברך "שהכל", ולפי רב כהנא, הקמח הוא העיקר ולכן מברך "מזונות". ההבחנה בין עיקר לטפל, שכבר ראינו לעיל ביחס ל"אניגרון", נשענת על נקודת המבט האישית. ואפילו בעולם של עיקר וטפל ישנן שתי נקודות מבט אפשריות, שתלויות בשאלה כיצד להגדיר מה עיקר ומה טפל. רב יהודה קובע את הברכה לפי הדבש, שהוא נותן את הטעם, והוא קשור לאופן שבו האדם חווה את המאכל. כיוון שהדבש נותן את הטעם – הדבש עיקר, והברכה היא "שהכל". רב כהנא מסתמך על קריטריון אובייקטיבי, ולדעתו המרכיב העיקרי של התבשיל הוא שקובע את הברכה. לפי ההסבר הזה, גם המחלוקת הזו מבטאת שתי נקודות מבט אפשריות על הגורם הקובע את הברכות: טיבו של המאכל (בריאה) או הטעם האנושי (אדם).

בדברי רב יוסף התומך בשיטת רב כהנא, על פי דברי רב ושמואל, יש הסבר אחר למחלוקת, והוא קשור לעצם ההימצאות של קמח מחמשת מיני דגן בתבשיל. הגישה הזו נותנת יחס מיוחד לחמשת מיני דגן, שהימצאותם בתבשיל היא שקובעת ברכה מיוחדת.

היחס המיוחד הזה לחמשת מיני דגן הוא הנושא של הסוגיה הבאה, שבה הגמרא מתמקדת בדברי רב ושמואל שעליהם הסתמך רב יוסף. הגישה של רב ושמואל לייחודיות של חמשת מיני דגן מבטאת תפיסה רעיונית חדשה שעדיין לא פגשנו בסוגיה ביחס ליסוד הרוחני של ברכות הנהנין.

אורז ודוחן והמעמד המיוחד של חמשת מיני דגן

גופא, רב ושמואל דאמרי תרוייהו: כל שיש בו מחמשת המינין מברכין עליו בורא מיני מזונות; ואיתמר נמי, רב ושמואל דאמרי תרוייהו: כל שהוא מחמשת המינין מברכין עליו בורא מיני מזונות.

וצריכא: דאי אשמעינן כל שהוא – הוה אמינא משום דאיתיה בעיניה,

אבל על ידי תערובות – לא, קא משמע לן, כל שיש בו. ואי אשמעינן כל שיש בו, הוה אמינא כל שיש בו חמשת המינים – אין, אבל אורז ודוחן – לא, משום דעל ידי תערובת; אבל איתיה בעיניה – נימא אפילו אורז ודוחן נמי מברכין עליו בורא מיני מזונות; קמשמע לן: כל שהוא מחמשת המינים הוא דמברכין עליו בורא מיני מזונות; לאפוקי אורז ודוחן, דאפילו איתיה בעיניה – לא מברכינן בורא מיני מזונות.

הגמרא מביאה שני נוסחים שבהם נאמרו דברי רב ושמואל, "כל **שיש בו** מחמשת המינין" ו"כל **שהוא** מחמשת המינין". הנוסחים דומים מאוד אבל שונים מעט, והגמרא מסבירה מדוע יש צורך בשני הנוסחים הללו: "כל שיש בו מחמשת מיני דגן" – אפילו אם אין רוב של חמשת המינין, אלא רק תערובת ובמיעוט, בכל זאת מברכים "מזונות". הנוסח השני, "כל שהוא מחמשת מיני דגן", בא ללמד שגם במקרה של אורז ודוחן, שהם מאכלים מזינים, בדומה לחמשת מיני דגן, גם אם הם הרוב בתערובת והם ניכרים – לא מברכים עליהם "מזונות".

מכל צד שנביט – לדעת רב ושמואל – מה שקובע את ברכת מזונות הוא קיומו של דגן מחמשת המינים, גם אם הוא מיעוט בתערובת או לא ניכר בתערובת, וגם אם יש תבשיל שעשוי מדגן אחר (אורז ודוחן) שהוא רוב וניכר – לא יברכו עליו ברכת "מזונות".

הגישה הזו של רב ושמואל יש בה מבט חדש ממה שראינו עד כה. את העמדה הזו לא ניתן להבין מנקודת המבט של החוויה האנושית את האוכל וגם לא מנקודת המבט של החיבור לבריאה ולבורא עולם. בגישה הזו מתמקדים בייחודיות של חמשת מיני דגן: מדוע עצם קיומו של אחד מחמשת מיני הדגן הללו במאכל, בין אם הוא עיקר ובין אם טפל, קובע ברכה לעצמו?

השאלה הזו מתעצמת בהמשך הסוגיה, שם מביאה הגמרא שלוש ברייתות שסותרות את העיקרון של רב ושמואל. בשתי הברייתות הראשונות הגמרא מיישבת באופן דחוק את הסתירה. בברייתא השלישית היא לא מצליחה ליישב את הסתירה ומסיימת ב"תיובתא" על רב ושמואל, הסוברים שמברכים "מזונות" רק על חמשת מיני דגן אבל לא על אורז.

נעיין בשלוש הברייתות ובדיון הגמרא עליהן, ומתוך כך ננסה לעמוד על הייחודיות שיש בחמשת המינים ובעיקרון הרעיוני שעומד מאחוריהם.

ברייתא ראשונה

ואורז [ודוחן] לא מברכינן בורא מיני מזונות? והתניא: הביאו לפניו פת אורז ופת דוחן – מברך עליו תחלה וסוף כמעשה קדרה; וגבי מעשה קדרה תניא: בתחלה מברך עליו בורא מיני מזונות ולבסוף מברך עליו ברכה אחת מעין שלש!
כמעשה קדרה, ולא כמעשה קדרה; כמעשה קדרה – דמברכין עליו תחלה וסוף; ולא כמעשה קדרה, דאילו במעשה קדרה – בתחלה בורא מיני מזונות ולבסוף ברכה אחת מעין שלש, ואילו הכא, בתחלה מברך עליו שהכל נהיה בדברו, ולבסוף בורא נפשות רבות וחסרונן על כל מה שבראת.

בברייתא נאמר בפירוש שפת אורז היא כמו "מעשה קדרה" לעניין הברכה, דהיינו שלמרות שהפת עשויה מאורז, ברכתה "מזונות". זה סותר את מה שרב ושמואל אמרו, שבכל מקרה מברכים "מזונות" רק על מה שעשוי מחמשת מיני דגן. הגמרא מיישבת בדוחק שההשוואה של פת אורז למעשה קדרה היא רק לעניין "שמברכין עליו תחילה וסוף", אבל תוכן הברכה שונה. התירוץ דחוק משום שהוא לא מתיישב עם לשון הברייתא.

ברייתא שנייה

ואורז לאו מעשה קדרה הוא? והתניא, אלו הן מעשה קדרה: חילקא, טרגיס, סולת, זריז, וערסן, ואורז!
הא מני רבי יוחנן בן נורי היא; דתניא, רבי יוחנן בן נורי אומר: אורז מין דגן הוא, וחייבין על חמוצו כרת, ואדם יוצא בו ידי חובתו בפסח; אבל רבנן לא.

גם בברייתא הזו נאמר בפירוש שאורז נקרא מעשה קדרה, ומכאן שברכתו "מזונות". גם זה סותר את דעת רב ושמואל. הגמרא דוחה את הקושיה בכך שמעמידה את הברייתא כשיטת ר' יוחנן בן נורי, שאורז נכלל בחמשת מיני דגן, ורק לשיטתו מברכים עליו מזונות, אבל לשיטת חכמים – לא. גם היישוב הזה דחוק, משום שהברייתא בפשטות היא כדעת הכול, ולא כשיטה יחידה, שיטת ר' יוחנן בן נורי, כמו שטוענת הגמרא.

ברייתא שלישית

הגמרא מביאה ברייתא האומרת שעל אורז מברכים "מזונות". את הברייתא הזו הגמרא מעמידה גם לשיטת חכמים, משום שאי אפשר להעמיד את הברייתא כשיטת ר' יוחנן בן נורי, החולק על חכמים וסובר שמלכתחילה גם על אורז מברכים "מזונות". הגמרא מסיימת את הדיון ב"תיובתא", קושיה שאין עליה תירוץ, על שיטת רב ושמואל:

> ורבנן לא? והתניא: הכוסס את החטה מברך עליה בורא פרי האדמה; טחנה אפאה ובשלה, בזמן שהפרוסות קיימות – בתחלה מברך עליה המוציא לחם מן הארץ ולבסוף מברך עליה שלש ברכות, אם אין הפרוסות קיימות – בתחלה מברך עליה בורא מיני מזונות ולבסוף מברך עליה ברכה אחת מעין שלש; הכוסס את האורז מברך עליו בורא פרי האדמה; טחנו אפאו ובשלו, אף על פי שהפרוסות קיימות – בתחלה מברך עליו בורא מיני מזונות, ולבסוף מברך עליו ברכה אחת מעין שלש.
>
> מני? אילימא רבי יוחנן בן נורי היא, דאמר אורז מין דגן הוא – המוציא לחם מן הארץ ושלש ברכות בעי ברוכי! אלא לאו – רבנן היא, ותיובתא דרב ושמואל! תיובתא.

רב ושמואל סוברים שברכת "מזונות" ייחודית לחמשת מיני דגן בלבד, וחכמים סוברים שגם מיני דגן אחרים, כמו אורז ודוחן, ברכתם "מזונות". מה ההבדל העקרוני בין הדעות? מהי התפיסה הרוחנית ביסודן של הגישות השונות לברכת "מזונות"?

מנקודת המבט של ההנאה והתועלת האנושיות – אין הבדל בין אורז לחמשת מיני דגן. מאורז אפשר להכין פת או תבשיל קדרה, והוא מזין ומשביע כמו חמשת מיני דגן. כלומר שיטת חכמים, שגם על אורז מברכים "מזונות", קובעת את הברכה לפי ההשפעה של המאכל על האדם. זו נקודת המבט הרואה בהטבה לאדם את מהות הברכה, ומתוך כך את העיקרון הקובע מה תהיה הברכה.

אבל שיטת רב ושמואל קשה: מאיזו בחינה יש הבדל עקרוני בין אורז לחמשת מיני דגן, עד שרב ושמואל סבורים שבשום אופן אין לברך "מזונות" על מה שלא עשוי מחמשת מיני דגן?

חמשת מיני דגן והברכה על הארץ

החיטה והשעורה הן מיני הדגן המופיעים בתורה, כחלק מהמינים שהשתבחה בהם ארץ ישראל:

> כִּי ה' אֱלֹהֶיךָ מְבִיאֲךָ אֶל אֶרֶץ טוֹבָה אֶרֶץ נַחֲלֵי מָיִם עֲיָנֹת וּתְהֹמֹת יֹצְאִים בַּבִּקְעָה וּבָהָר: אֶרֶץ חִטָּה וּשְׂעֹרָה וְגֶפֶן וּתְאֵנָה וְרִמּוֹן אֶרֶץ זֵית שֶׁמֶן וּדְבָשׁ: אֶרֶץ אֲשֶׁר לֹא בְמִסְכֵּנֻת תֹּאכַל בָּהּ לֶחֶם לֹא תֶחְסַר כֹּל בָּהּ אֶרֶץ... וְאָכַלְתָּ וְשָׂבָעְתָּ וּבֵרַכְתָּ אֶת ה' אֱלֹהֶיךָ עַל הָאָרֶץ הַטֹּבָה אֲשֶׁר נָתַן לָךְ: (דברים ח, ז–י)

ייחודם של חמשת מיני הדגן, שלא כמו מיני דגן שמקורם אינו בארץ ישראל,[58] הוא שהם מבטאים את ברכת ה' המיוחדת לעם ישראל בארץ ישראל. הבחירה של רב ושמואל לקשר את ברכת "מזונות" דווקא למינים שהשתבחה בהם ארץ ישראל מבטאת את תפיסתם שהברכה הזו היא ברכה ייחודית על ברכת ה' המתגלה בפירות הארץ ובארץ בכלל.[59]

יש בכך כדי להסביר את שיטת רב ושמואל, הסוברים שברכת "מזונות" מיוחדת רק לחמשת מיני דגן. לשיטתם, למינים הללו יש ברכה מיוחדת, משום שהם פירות שהשתבחה בהם ארץ ישראל, ולכן הם ביטוי לברכה המיוחדת של ה' לעמו ישראל.[60] הרי לפנינו הסבר רעיוני שלישי, מלבד מה שראינו במשנה ובסוגיית הפתיחה.[61]

58. בספרות חז"ל מופיעים חמישה מינים של דגן, מלבד החיטה והשעורה ישנם שלושה מיני דגן נוספים, שיפון, כוסמין ושיבולת שועל, למשל: משנה חלה א, א; כלאיים א, א; מנחות י, ז; פסחים ב, ה ועוד. שלושת המינים הנוספים, שיפון, כוסמין ושיבולת שועל, כלולים בחיטה ובשעורה: המשנה בכלאיים א, א מונה זוגות של דגנים שהם אינם כלאיים, ומשם משתמע שהכוסמין והשיפון הם מין חיטה (לפי פירוש הרמב"ם), ושיבולת שועל היא מין שעורה. כך משמע גם מהמשנה בחלה ב, ד. סיכום של הדיון המחקרי ראו אצל ספראי, כלאיים, עמ' 37–42, לפי דבריו, שיבולת השועל היא מין של שעורה, כוסמין הוא מין חיטה, והשיפון יכול להיות מין של חיטה או שעורה.
59. מעניין לשים לב שסמוך לפסוק המציין את שבעת המינים שהשתבחה בהם ארץ ישראל מופיע הפסוק שממנו נלמדת ברכת המזון. בפסוק הזה החיוב הוא לברך ולהודות לא על המזון אלא "על הארץ הטובה אשר נתן לך". הרחבה של הקשר בין ברכות לארץ מופיעה אצל נגן, נשמת המשנה, עמ' 89–90.
60. זה מסביר גם את הברכה האחרונה המיוחדת שיש לפירות משבעת המינים ("מעין שלוש") ביחס לפירות אחרים שעליהם מברכים "בורא נפשות", וגם את השיטה, שאומנם לא נפסקה להלכה, שיש לברך ברכת המזון על כל הפירות הכלולים בשבעת המינים (טור או"ח סי' רט ובית יוסף שם).
61. ייתכן שהמשנה לא הזכירה את ברכת מזונות מהטעם הזה, שיש בברכה הזו ביטוי לעיקרון

במבט לאחור אפשר לראות שהברכה המיוחדת שבפירות הארץ הוזכרה כבר בסוגיה על ברכת הפלפלים. שם למדה הברייתא מהמילים "עץ מאכל" – לרבות פלפלים, שטעם העץ והפרי שווים. לאחר מכן הברייתא שם מביאה דרשה נוספת על המילים "עץ מאכל":

ללמדך שאין ארץ ישראל חסרה כלום,
שנאמר: (דברים ח, ט) ארץ אשר לא במסכנת תאכל בה לחם לא תחסר כל בה.

הבחירה לצטט גם את חלקה השני של הברייתא, דבר שלכאורה אינו נצרך, גם היא ביטוי למגמת הסוגיה להביא לידי ביטוי גם את ההיבט הזה – של ברכת ה' המיוחדת לעם ישראל שמתבטאת בפירות ארץ ישראל.

"המוציא לחם מן הארץ" ו"המוציא ממצרים" – מה הקשר?

בדף לח ע"א הגמרא עוסקת בברכת "המוציא לחם מן הארץ". שם היא מביאה מחלוקת על נוסח הברכה, האם יש לומר "המוציא", בה' הידיעה, או כשיטת רבי נחמיה, "מוציא", ללא ה'.

שעל הפת הוא אומר המוציא וכו'. תנו רבנן: מה הוא אומר? המוציא לחם מן הארץ, רבי נחמיה אומר: מוציא לחם מן הארץ.
אמר רבא: במוציא כולי עלמא לא פליגי דאפיק משמע, דכתיב: אל מוציאם ממצרים, כי פליגי בהמוציא; רבנן סברי: המוציא – דאפיק משמע, דכתיב: המוציא לך מים מצור החלמיש; ורבי נחמיה סבר: המוציא – דמפיק משמע, שנאמר: המוציא אתכם מתחת סבלות מצרים. ורבנן, ההוא, הכי קאמר להו קודשא בריך הוא לישראל: כד מפיקנא לכו עבידנא לכו מלתא כי היכי דידעיתו דאנא הוא דאפיקית יתכון ממצרים, דכתיב: וידעתם כי אני ה' אלהיכם המוציא.

הגמרא מבררת את צדדי המחלוקת ומביאה לכל דעה פסוקים שתומכים בה. למרבה ההפתעה, כל הפסוקים המובאים בסוגיה קשורים ל"מוציא" ממצרים

רעיוני שונה משאר מיני המאכלים, ואין בהם ביטוי לה' כבורא, אלא לה' כגואל. ראו הרחבה של ההבדל בין גואל למברך בפרק העוסק בסוגיית הפתיחה למועד קטן.

או להליכה במדבר: "אֵל מוֹצִיאָם מִמִּצְרָיִם" (במדבר כג כב),[62] "הַמּוֹצִיא לְךָ מַיִם מִצּוּר הַחַלָּמִישׁ" (דברים ח, טו)[63] ו"הַמּוֹצִיא אֶתְכֶם מִתַּחַת סִבְלוֹת מִצְרָיִם" (שמות ו, ז). והרי באופן פשוט ואינטואיטיבי נראה שהמקור לנוסח "המוציא לחם מן הארץ" הוא הפסוק מתהלים (קד, יד) "לְהוֹצִיא לֶחֶם מִן הָאָרֶץ". מדוע הגמרא לא מסתמכת עליו?![64]

יתרה מזו, מלבד הדמיון בנוסח, גם מצד התוכן, פרק קד בתהלים מתאים לגישה של המשנה לברכות. הפסוק הפותח את הפרק "בָּרְכִי נַפְשִׁי אֶת ה', ה' אֱלֹהַי גָּדַלְתָּ מְּאֹד הוֹד וְהָדָר לָבָשְׁתָּ" מבטא את ההתפעלות מגדולת ה', תוך שימוש בפועל מהשורש בר"כ, ולאחריו הפרק הולך ומפרט חלקים שונים בבריאה, שכולם הם ביטוי לגדולת ה'. מתוך כך מתבקש שהגמרא תקשר בין תהלים קד לברכת המוציא, ואז הברכה על הלחם תבטא הכרה בגדולתו של הבורא. המשמעות הזו מתאימה גם למשמעות שהמשנה מעניקה לברכות שלפני האכילה בכלל, כפי שהסברנו לעיל.

לא רק זאת, אלא שישנם פסוקים נוספים במקרא שבהם מופיעה הטיה של השורש מצ"א, הקרובים גם מצד התוכן שלהם למשמעות של ברכות, ושהיו יכולים לשמש את הגמרא כמקור לנוסח הברכות. למשל הפסוק בישעיהו מ, כו: "שְׂאוּ מָרוֹם עֵינֵיכֶם וּרְאוּ מִי בָרָא אֵלֶּה הַמּוֹצִיא בְמִסְפָּר צְבָאָם לְכֻלָּם בְּשֵׁם יִקְרָא מֵרֹב אוֹנִים וְאַמִּיץ כֹּחַ אִישׁ לֹא נֶעְדָּר". הפסוק הזה מבטא הכרה בגדולות האל, והוא יכול לשמש מקור לברכת "המוציא".

62. מעניין שהפסוק הזה מופיע בהקשר של ברכה, ברכת בלעם את עם ישראל: "הִנֵּה בָרֵךְ לָקָחְתִּי וּבֵרֵךְ וְלֹא אֲשִׁיבֶנָּה" (במדבר כג, כ).

63. הפסוק הזה מופיע בפרשה של ברכת המזון והוא חלק מהסיבה המוסרית שנותנים הפסוקים לברכה: "הִשָּׁמֶר לְךָ פֶּן תִּשְׁכַּח אֶת ה' אֱלֹהֶיךָ לְבִלְתִּי שְׁמֹר מִצְוֹתָיו וּמִשְׁפָּטָיו וְחֻקֹּתָיו אֲשֶׁר אָנֹכִי מְצַוְּךָ הַיּוֹם: פֶּן תֹּאכַל וְשָׂבָעְתָּ וּבָתִּים טֹבִים תִּבְנֶה וְיָשָׁבְתָּ: וּבְקָרְךָ וְצֹאנְךָ יִרְבְּיֻן וְכֶסֶף וְזָהָב יִרְבֶּה לָּךְ וְכֹל אֲשֶׁר לְךָ יִרְבֶּה: וְרָם לְבָבֶךָ וְשָׁכַחְתָּ אֶת ה' אֱלֹהֶיךָ הַמּוֹצִיאֲךָ מֵאֶרֶץ מִצְרַיִם מִבֵּית עֲבָדִים: הַמּוֹלִיכֲךָ בַּמִּדְבָּר הַגָּדֹל וְהַנּוֹרָא נָחָשׁ שָׂרָף וְעַקְרָב וְצִמָּאוֹן אֲשֶׁר אֵין מָיִם הַמּוֹצִיא לְךָ מַיִם מִצּוּר הַחַלָּמִישׁ: הַמַּאֲכִלְךָ מָן בַּמִּדְבָּר אֲשֶׁר לֹא יָדְעוּן אֲבֹתֶיךָ לְמַעַן עַנֹּתְךָ וּלְמַעַן נַסֹּתֶךָ לְהֵיטִבְךָ בְּאַחֲרִיתֶךָ: וְאָמַרְתָּ בִּלְבָבֶךָ כֹּחִי וְעֹצֶם יָדִי עָשָׂה לִי אֶת הַחַיִל הַזֶּה: וְזָכַרְתָּ אֶת ה' אֱלֹהֶיךָ כִּי הוּא הַנֹּתֵן לְךָ כֹּחַ לַעֲשׂוֹת חָיִל לְמַעַן הָקִים אֶת בְּרִיתוֹ אֲשֶׁר נִשְׁבַּע לַאֲבֹתֶיךָ כַּיּוֹם הַזֶּה" (דברים ח, יא–יח). קשה להניח שהסיבה שהפסוק הזה מובא בסוגיה כאן היא מילולית בלבד ושאין קשר תוכני בין ברכת המוציא לפסוק שעוסק במודעות האמונית לכך שה' הוא הנותן את הכוח לעשות חיל.

64. אפשר להסביר זאת כמובן מההיבט המילולי, שבפסוק בתהלים קד הנוסח הוא "להוציא" ולא "המוציא", ואז אי אפשר ללמוד מהפסוק הזה על הברכה. לפי דרכנו, ההסברים המילוליים הם ביטוי למגמות רעיוניות. דהיינו ההתמקדות המילולית של הגמרא בדקדוקים הלשוניים היא מגמתית, מתוך כוונה להצדיק פסוקים מסוימים ולא אחרים.

על רקע האפשרויות הללו בולטת הבחירה של הסוגיה לקשר את הנוסח "המוציא" דווקא ליציאת מצרים. זה אינו עניין לשוני בלבד, המגמה הזו נושאת משמעות רעיונית. בעל הסוגיה בוחר באופן מכוון לחבר את העולם הרוחני של הברכות ליציאת מצרים. המשמעות שמקבלות הברכות על האוכל, בהקשר של יציאת מצרים, היא משמעות של **הכרה בקשר המיוחד של ה' עִם עַם ישראל, כפי שהוא מתבטא בתהליך שראשיתו ביציאת מצרים והמשכו ב"ארץ הטובה" ובפירותיה.**[65] לאורך הסוגיות ההלכתיות ראינו שחכמים מבטאים גישה שמתמקדת בהודאה על הטובה והתועלת שהאדם מפיק מן האכילה. הגישה הקושרת את הברכות לברכת ארץ ישראל היא ביטוי נוסף להודאה על המאכלים, לא בגלל התועלת האישית וההנאה האישית, אלא מפני הברכה הכללית והלאומית המתגלה בהנאה מפירות שהשתבחה בהם ארץ ישראל.

סיכום והרחבה רעיונית

שתי נקודות מבט מרכזיות מוצגות בסוגיות הראשונות של פרק שישי של מסכת ברכות. לכל אחת מהתפיסות הרעיוניות יש מקור מהפסוקים שנותן השראה רעיונית למשמעות שאותה מבקשת הגמרא להעניק לברכות הנהנין.

הברייתא בתחילת סוגיית הפתיחה, ודעת ר' עקיבא שהיא מביאה, לומדת את חיוב הברכות מהפסוק בספר ויקרא "קודש הילולים לה'". מנקודת המבט הזו, האוכל וכל מה שקיים בעולם שייך לבורא, ובאמצעות הברכה האדם מכיר באדנותו של הבורא ומקבל רשות להשתמש במה שאינו שייך לו.

בסוגיות ההלכתיות באה לידי ביטוי גישה אחרת, הרואה בברכות מעשה של הודאה על התועלת וההנאה שאדם מפיק מן המאכל. גישה זו נשענת על המשמעות של הברכות כפי שהיא מובאת בפסוק מספר דברים "ואכלת ושבעת וברכת". לפי הפסוק הזה, חוויית השובע וההנאה היא הגורם לפנייה של האדם להודות לה'.[66]

65. הסבר רעיוני אחר לקשר בין הפסוק מתהלים לברכה מובא אצל נגן, נשמת המשנה, עמ' 89-88. ההסבר של נגן מתמקד בתיקון לחטא אדם הראשון בגן עדן ולתיקון העונש "בזעת אפיך תאכל לחם".

66. אומנם ברכה ראשונה אינה נלמדת ישירות מן הפסוק הזה, אבל באופן עקרוני הפסוק הזה נותן השראה לעיקרון גם של הברכה הראשונה. ברנדס, ברכות, עמ' רכא-רכב,

על הפסוק הזה מבוססת גם גישה שבאה לידי ביטוי בברכת "מזונות" וסוברת שהברכה הזו היא ביטוי להודאה על הברכה המיוחדת שמתגלה בפירות ארץ ישראל ובהשגחת ה' על עמו. גישה זו היא הסתעפות של הגישה השנייה, הרואה בברכה מעשה של הודאה על הברכה.

על ההבדל בין שתי הגישות המרכזיות שבאו לידי ביטוי לאורך הסוגיות (הראשונה והשנייה), כמו גם בין שני הפסוקים שביסודן, עמד הרב ברנדס:[67]

> ספר ויקרא סובב סביב קדושת המקדש והכהונה. כאשר ספר ויקרא נדרש לעניינים שבחומר, הוא עושה זאת בדרך כלל מנקודת השקפה של עולם הקדושה. כך לדוגמא פרשת בהר העוסקת בקניינים שבארץ מתחילה מנקודת המוצא של שמיטה ויובל, המבהירות את הרעיון של קדושת הארץ ושייכותה לה' ולא לאדם ולעם. לעומת זאת ספר דברים הוא ספרה של ארץ ישראל המדינית. הוא נאמר על סף הכניסה לארץ, בערבות מואב, והוא עוסק בהרחבה בענייניה של הממלכה... פרשנים רבים הצביעו על ההבדלים הבולטים לא רק בין המצוות המנויות בחומש דברים לבין שאר התורה ובמיוחד ספר ויקרא, אלא גם על ההבדלים שבהצגת אותה מצווה בשאר החומשים, בויקרא ובדברים. הבדלים אלו נובעים מהמגמות השונות שבהם. הדבר נוגע גם למצוות שבין אדם למקום שכביכול אינן "מדיניות". כגון פרשות השבת והמועדים, המבליטות בספר דברים את הממד החברתי של מצוות אלה. כך גם בענייננו...

הכיוון הפרשני שעליו מצביע ברנדס שונה מעט מהכיוון שאותו הצענו כאן לאורך הפרק. אבל האבחנה היסודית עליה הוא עומד מחדדת כי לפנינו שתי תפיסות עולם יסודיות, המשתקפות כבר בהבדלים בנקודות המבט בין ספר ויקרא לספר דברים – בסיפורים ועניינים שונים ורבים לאורך החומשים

סובר שניתן להבין שר' ישמעאל במכילתא לומד מהפסוק הזה גם את החיוב בברכה ראשונה. לשון המכילתא היא: "רבי חייא בר נחמני אמר משום רבי ישמעאל: הרי הוא אומר 'ואכלת ושבעת', מה זה מחוסר 'אשר נתן לך'? בין מידה טובה למידת פורענות" (מסכתא דפסחא, בא, פרשה טז), וממנה מסיק ברנדס שרבי ישמעאל לומד מהפסוק שיש חיוב ברכה גם על פורענות, שהיא תמיד לאחר מעשה.

67. ברנדס, ברכות, עמ' רל.

הללו. לאורך הפרק הזה ראינו כיצד שתי ההשקפות היסודיות על הסוגיות התלמודיות בתחילת פרק שישי של ברכות באות לידי ביטוי בעולמן של ברכות הנהנין. נקודת המבט של סוגיית הפתיחה, הנשענת על ספר ויקרא היא שהעולם הוא קודש, שייך לה', והאדם על ידי הברכה וההכרה בכך מתיר לעצמו את השימוש במה ששייך לה'. נקודת המבט השנייה, הנשענת על התפיסה של הפסוק מדברים "ואכלת ושבעת וברכת", רואה בברכה הכרת הטוב לה' על ההנאה והתועלת שאדם מפיק מן האוכל. זו נקודת מבט ארצית, היוצאת מתוך החוויה האנושית.

פרטי הפרטים המרכיבים את הדיונים ההלכתיים לאורך הסוגיות כמו גם סוגיית הפתיחה – כל אלו מרכיבים מבנה בעל סדר ומגמה המביא לידי ביטוי תפיסות רוחניות על אודות משמעותו של הנושא הנידון בפרק.

מכלול רחב של אמצעים ספרותיים, שעליהם עמדנו כל אחד במקומו, משמש את הגמרא לאורך הסוגיות כאן בכדי לפרוס בפנינו תפיסת עולם הנוגעת לשאלות יסוד רוחניות קיומיות בחיי האדם. שאלות אלו נוגעות להיבטים שונים של אופי הקשר של האדם עם ה' באמצעות הממד החומרי של החיים, ובפרט באמצעות היחס לרכוש.

מעבר לכך, בפרק הזה ראינו, שלב אחרי שלב, כיצד התלמוד משכיל לשלב את הממד הרעיוני אל תוך הפרטים של הדיונים ההלכתיים. גם כאן לפנינו ביטוי לייחודיות של היצירה התלמודית המצליחה לחבר עולמות שונים ולהביא לידי ביטוי חיבור אורגני של הלכה ומשמעותה.

מסכת תענית – המשמעות הרוחנית של הגשם

חלקה הגדול של מסכת תענית עוסק בגשמים. תחילת המסכת עוסקת בהלכות הנוגעות לירידת גשמים, הזכרת ושאלת גשמים, ולאחר מכן בתעניות על עצירת גשמים (ועל צרות אחרות). הגשם הוא תופעת טבע וגם מקור למים האחראי לצמיחת היבול, אבל מנקודת המבט האמונית הוא הרבה יותר מזה, ויש לו משמעות רוחנית. בפרק זה נלמד את סוגיית הפתיחה לתענית וכמה סוגיות הלכתיות אחריה. סוגיות הגמרא, על חלקיהן השונים, ההלכתיים והאגדיים, מלבד שהן עוסקות בהלכות הגשמים, הן גם מבטאות תפיסה רעיונית של המשמעות הרוחנית של הגשם. להלן נראה שבסוגיות הללו יבואו לידי ביטוי שתי תפיסות רוחניות שונות למשמעות של ירידת הגשמים.

התייחסות רוחנית לגשם קיימת כבר במקרא, בפסוקים המפורסמים בספר דברים:

> וְהָיָה אִם שָׁמֹעַ תִּשְׁמְעוּ אֶל מִצְוֹתַי אֲשֶׁר אָנֹכִי מְצַוֶּה אֶתְכֶם הַיּוֹם לְאַהֲבָה אֶת ה׳ אֱלֹהֵיכֶם וּלְעָבְדוֹ בְּכָל לְבַבְכֶם וּבְכָל נַפְשְׁכֶם: וְנָתַתִּי מְטַר אַרְצְכֶם בְּעִתּוֹ יוֹרֶה וּמַלְקוֹשׁ וְאָסַפְתָּ דְגָנֶךָ וְתִירֹשְׁךָ וְיִצְהָרֶךָ: (דברים יא, יג-יד)

בפסוקים אלו הגשם הוא שכר ועונש על קיום מצוות. בפסוקים הקודמים להם יש לגשם משמעות רוחנית נוספת:

> כִּי הָאָרֶץ אֲשֶׁר אַתָּה בָא שָׁמָּה לְרִשְׁתָּהּ לֹא כְאֶרֶץ מִצְרַיִם הִוא אֲשֶׁר יְצָאתֶם מִשָּׁם אֲשֶׁר תִּזְרַע אֶת זַרְעֲךָ וְהִשְׁקִיתָ בְרַגְלְךָ כְּגַן הַיָּרָק: וְהָאָרֶץ אֲשֶׁר אַתֶּם עֹבְרִים שָׁמָּה לְרִשְׁתָּהּ אֶרֶץ הָרִים וּבְקָעֹת לִמְטַר הַשָּׁמַיִם תִּשְׁתֶּה

> מָּיִם: אֶרֶץ אֲשֶׁר ה' אֱלֹהֶיךָ דֹּרֵשׁ אֹתָהּ תָּמִיד עֵינֵי ה' אֱלֹהֶיךָ בָּהּ מֵרֵשִׁית הַשָּׁנָה וְעַד אַחֲרִית שָׁנָה: (דברים יא, י-יב)

רש"י שם מפרש שהגשם הוא התגלות מיוחדת של ברכת ה' לעם ישראל המתבטאת בירידת הגשמים:

> והשקית ברגלך – ארץ מצרים היתה צריכה להביא מים מנילוס ברגליך ולהשקותה וצריך אתה לנדד משנתך ולעמול והנמוך שותה ולא הגבוה ואתה מעלה המים מן הנמוך לגבוה אבל זו למטר השמים תשתה מים אתה ישן על מטתך והקב"ה משקה נמוך וגבוה גלוי ושאינו גלוי כאחת.

פרשנות אחרת למשמעות הרוחנית של הגשם מצויה בפרשנות של אברבנאל לפסוקים הללו:[1]

> ולכן לא בכחך ועוצם ידך תעשה חיל בארץ ההוא. כי כל עבודתה הם המצות ותצטרך לכוון לבך לשמים כדי שיברך את הארץ במטר בעתו. כי הוא יתב' הדורש אותה... כי בכל הימים ובכל החדשים ידרוש אותה אם בהורדת המטר כשיצטרך אליו ואם במנעו כשיזיק ואם בהתחדש הרוחות או הכאת השמש כפי הצורך לברכת התבואות... והיא כענין החולה שצריך זכות ותפלה לשירפאהו הש"י יותר מהבריא כשלא בא עליו שום חולי...

גם לפי אברבנאל הגשם הוא ביטוי להשגחת ה', אבל בשונה מרש"י, אברבנאל מדגיש דווקא את התביעה המגולמת בתפיסה כזו, התביעה לעבודה רוחנית (ולא גשמית) כדי לקבל את הברכה.[2]

התפיסות הרעיוניות שעולות ממסכת תענית, כפי שנעמוד עליהן בהמשך, שונות מהאופן שבו המקרא תופס את המשמעות הרוחנית של הגשם. תפיסת הגשם אצל חכמי התלמוד במסכת תענית מתבוננת על הגשם

1. בפירושו לפסוק ח.
2. דיון וסיווג של מקורות חז"ליים רבים שעוסקים בירידת הגשמים ובמשמעויות הרוחניות השונות שלהם אפשר למצוא אצל יואל שוורץ, קונטרס גבורות גשמים, עמ' 8-25 (באוצר החכמה).

במבט רוחני ומעשירה ומעמיקה את החוויה הדתית הגלומה בהתייחסות לתופעת הטבע הטריוויאלית – ירידת גשמים.

המשנה

המשנה הפותחת את מסכת תענית דנה בתחילת זמן הזכרת גשמים:

מאימתי מזכירין גבורת גשמים?
רבי אליעזר אומר מיום טוב הראשון של חג רבי יהושע אומר מיום טוב האחרון של חג.
אמר לו רבי יהושע: הואיל ואין הגשמים אלא סימן קללה בחג למה מזכיר?
אמר לו רבי אליעזר: אף אני לא אמרתי לשאול אלא להזכיר משיב הרוח ומוריד הגשם בעונתו.
אמר לו: אם כן לעולם יהא מזכיר.

הזכרת גשמים היא אמירת "משיב הרוח ומוריד הגשם", הנאמרת בברכת גבורות בתפילת עמידה, כפי שמובא במשנה במסכת ברכות ה, ב: "מזכירין גבורות גשמים בתחיית המתים". המשנה עוסקת בתחילת זמן הזכרת גשמים ומביאה מחלוקת בין ר' אליעזר לר' יהושע: ר' אליעזר סובר שמתחילים לומר משיב הרוח ומוריד הגשם ביום טוב הראשון של חג סוכות, ור' יהושע סובר שמתחילים להזכיר רק ביום טוב אחרון.

מחלוקת זו קשה מצד המשמעות שלה. מה החשיבות של הזמן שבו מתחילים להזכיר גשמים, ומה המשמעות של כל אחד מן הזמנים שמציעים החכמים במשנה? מה מביא כל אחד מן החכמים לפסוק כפי שפסק? במילים אחרות: מה זה משנה מתי מתחילים להזכיר את הגשמים, אם בתחילת חג סוכות או בסופו?[3]

3. לכל הדעות ברור שהזכרת גשמים קשורה לסוכות, משום ש"בחג נידונין על המים" (משנה ראש השנה א, ב).

מחלוקת ר' אליעזר ור' יהושע

במשנה שלפנינו תופעה ייחודית. לאורך ששת סדרי משנה מובאות מאות, ואולי אלפי, מחלוקות, אבל ברוב מוחלט של המחלוקות – מובאות הדעות של התנאים מבלי לציין את הנימוקים או את שיקול הדעת של כל אחד מן החכמים. במשנה זו בחר עורך המשנה לחשוף את השיחה בין ר' אליעזר ור' יהושע, המסבירה את השיקולים שהניעו כל אחד מן החכמים לפסוק כפי שפסק. ננסה אפוא להבין את המחלוקת בין ר' אליעזר לר' יהושע באמצעות השיחה ביניהם.

בשלב ראשון ר' יהושע מקשה על ר' אליעזר: "הואיל ואין הגשמים אלא סימן קללה בחג למה מזכיר?". מסביר רש"י שם:

> כדאמרינן במס' סוכה בפרק הישן (דף כח ע"ב) מאימתי מותר לפנות משתסרח המקפה משל לעבד שבא למזוג כוס לרבו ושפך לו קיתון על פניו וא"ל אי אפשי בשמושך כלומר כשהגשמים יורדין לסוכה הכל יוצאין ונראה שאין הקב"ה חפץ שנשתמש לפניו ואמאי מתחילין להזכיר גבורות גשמים בחג ונראה שהוא מתפלל שיבא מטר בחג.

ר' יהושע סובר שהזכרת גשמים היא בקשה לירידת גשמים. וכיוון שירידת גשמים בחג סוכות היא סימן קללה, אין להזכיר גשמים בתחילת החג, אלא רק בסופו, כאשר כבר לא יושבים בסוכה.

תשובתו של ר' אליעזר במשנה: "אף אני לא אמרתי לשאול אלא להזכיר" מראה שלדעת ר' אליעזר הזכרת גשמים אינה בקשת גשמים, ולכן אפשר להזכיר גשמים גם בחג, גם כאשר לא רוצים שירדו גשמים למעשה.

על כך מקשה ר' יהושע: "אם כן לעולם יהא מזכיר?" דהיינו, אם הזכרת הגשמים מנותקת לחלוטין מבקשת הגשמים, ויכולה להיאמר בכל זמן, מדוע אין מזכירים גשמים כל השנה כולה, אלא רק בעונת הגשמים? תשובתו של ר' אליעזר אינה מובאת במשנה, והדיון מסתיים בקושייתו של ר' יהושע.[4]

4. אבל כן מובאת בברייתא בדף ב ע"ב, שם דעת ר' אליעזר היא שיש להזכיר כל השנה. גם שם חולק עליו ר' יהושע, שיש להזכיר גשמים רק בזמנם, ולא בזמן שהם קללה: "אמר לו רבי אליעזר: אף אני לא אמרתי לשאול, אלא להזכיר. וכשם שתחיית המתים מזכיר כל השנה כולה ואינה אלא בזמנה – כך מזכירים גבורות גשמים כל השנה ואינן אלא בזמנן. לפיכך, אם בא להזכיר כל השנה כולה – מזכיר". ייתכן שהמשנה לא מביאה את תגובתו של ר' אליעזר והיא שמה את המילה האחרונה בוויכוח בפיו של

מהדיאלוג בין התנאים אפשר לראות שמחלוקת ר' אליעזר ור' יהושע ביחס לזמן הזכרת גשמים נובעת ממחלוקת עקרונית בשאלת היחס בין שאלת גשמים להזכרת גשמים: לפי ר' יהושע הזכרה היא למעשה שאלה, ולכן אין להזכיר – דהיינו לבקש – על ירידת הגשמים בחג סוכות, משום שירידת הגשמים בחג הסוכות היא קללה. לפי ר' אליעזר אין מניעה להזכיר גשמים גם בחג הסוכות, בזמן שאין רצון בירידת הגשמים, משום שאזכור אינו בקשה, ולדעתו, שאלה והזכרה אלו שני עניינים שונים.

מהי אפוא המשמעות של הזכרת הגשמים לפי ר' אליעזר, אם היא אינה בקשת גשמים?

המפתח להבנת המשמעות של הזכרת גשמים נעוץ בביטוי הפותח את המשנה "מאימתי מזכירים גבורות גשמים". הגשמים הם ביטוי לגבורת ה', והזכרת גשמים היא ההכרה האנושית בגבורתו של האל וביכולתו להוריד גשמים. ההזכרה מחברת את האדם להכרה בה' כבעל הגבורה והיכולת, כאדון העולם והטבע, שבידו היכולת הבלעדית, יכולת שלא נתונה בידי האדם – להוריד גשמים. ואכן, בנוסח של הזכרת הגשמים, "משיב הרוח ומוריד הגשם", אין בקשה להורדת גשם, אלא הזכרה של יכולתו של ה' להוריד גשם.[5]

אבל למחלוקת הזו יש גם רובד נוסף, עמוק יותר, שהוא נושא גם משמעות רוחנית־קיומית. ונסביר את הדברים.

לפי ר' יהושע, הגשם הוא ביטוי לצורך האדם, וכל פנייה אל ה' שקשורה לגשם, היא ביטוי לצורך של האדם. לדעת ר' יהושע, הזכרת גשמים אינה יכולה להיות מנותקת מהצורך של האדם. אי אפשר לצפות מאדם שיושב בסוכה להזכיר גשמים בשעה שהוא לא רוצה גשם. לכן בפועל, כשאדם מזכיר גשם, הוא מבקש גשם, כי בעולם האנושי גשם הוא צורך.

ר' יהושע, משום שהיא תומכת בגישה שלו. גם פסיקת ההלכה היא כשיטת ר' יהושע, שמתחילים להזכיר משיב הרוח ומוריד הגשם בשמיני עצרת. אבל למעשה התשובה של ר' אליעזר לטענה מצויה כבר במשנה בציינו שיש להזכיר גשם "בעונתו", כלומר גם הזכרה שאיננה בקשה – שייכת רק בעונת הגשמים, ולכן לא בחודשי הקיץ, ועוד נחזור לנקודה זו בהמשך.

5. גבורות ה', כמובן באה לידי ביטוי לא רק בהורדת הגשמים אלא בתופעות רבות נוספות, המנויות בברכת "גבורות" בתפילת עמידה: מחיה מתים, סומך נופלים, רופא חולים וכו'. אכן, הזכרת גשמים בתפילה משובצת בברכת "גבורות", בקבוצת הברכות של שבח ולא של בקשה.

באופן טבעי אדם קרוב אצל עצמו ואצל צרכיו היום־יומיים, וזוהי העמדה הקיומית שלו כלפי העולם. לכן הזכרת גשמים בהכרח תהיה בקשת גשמים.

לדעת ר׳ אליעזר, הגשם הוא לא רק צורך אלא הוא גם ביטוי לגבורתו ולאדנותו של ה׳. גם כאשר אדם אינו חפץ בירידת גשמים הוא יכול להזכיר את הגשם, משום שבהזכרת גשמים האדם מכיר בגדולת ה׳. ר׳ אליעזר מכיר כמובן בכך שהגשם הוא צורך, אבל האמירה שלו שיש להזכיר גשמים כבר מיום טוב ראשון של סוכות דורשת מהאדם להכיר בגדולת הבורא מעבר לצרכיו האנושיים. המשמעות של הזכרת גשמים לפי ר׳ אליעזר היא פעולה של הצהרת אמונה בכוחו וגבורתו של האל.

שתי תפיסות בעבודת ה׳: צורך אנושי וגבורת ה׳

מתברר אפוא שהמחלוקת הזו רחבה ועמוקה יותר מאשר המחלוקת על הגשם. הגישות של ר׳ אליעזר ור׳ יהושע מבטאות שתי דרכים שונות בעבודת השם.

ר׳ יהושע מבטא גישה הסוברת שעבודת ה׳ והחיבור עם האל נובעים מהמקום האנושי. החוויה האנושית של נזקקות ותלות בחסדיו של האל היא זו שיוצרת את הקשר עם האל. החיבור עם ה׳ מתרחש באמצעות הבקשה, הנובעת מן החוסר. לפי ר׳ יהושע, אי אפשר להזכיר גשמים אם לא רוצים שירד גשם, כלומר, אי אפשר לנתק הזכרה מצורך, וזה מבטא תפיסה רוחנית הסוברת שאין לדרוש מן האדם ניתוק מהמקום האנושי הטבעי. להפך, החיבור למקום האנושי החסר והפנייתו אל ה׳ באמצעות הבקשה והתפילה – זהו מנוע מרכזי לחיבור עם האל. ואכן, ידוע שאנשים מרגישים חיבור גדול לה׳ דווקא בשעת צרה, ומתוכה הם פונים לקב״ה ומתחברים אליו באופן עמוק. ישנם אנשים ש״מגלים את ה׳״ כאשר הם בצרה גדולה ומתוכם בוקעת תפילה. זהו מפגש עמוק ועוצמתי המבוסס על הזדקקות ותלות בחסדיו של האל. החוסר מהווה אנרגיה רבת עוצמה באמצעותה האדם מתחבר לה׳.

ר׳ אליעזר מציג דרך אחרת בעבודת ה׳. ר׳ אליעזר מציע חיבור לקב״ה שלא מהמקום האנושי אלא דווקא ביציאה מן האנושיות והכרה בגדלות האל. עבודת ה׳ מתוך צורך יכולה להוביל את האדם לעיסוק מוגזם ב״אני״, אבל ה׳ הוא הרבה יותר מאשר ״ממלא הבקשות של האדם״. ר׳ אליעזר דורש את ״ביטול האני״, וסובר שיש להניח את הצרכים האנושיים בצד ולהתמקד בהכרה בה׳ כמלך העולם, כבעל הכוחות, כשולט הבלעדי, כ״גיבור״. בתפיסה כזו, הזכרת גשמים היא מעשה של אמונה ולא של

תפילה, כשיטת ר׳ יהושע. לכן, ר׳ אליעזר סובר שהאדם נדרש לשבת בסוכה ולהזכיר גשם, אף שהוא אינו חפץ בירידתו. כדי שהאדם יבין ויפנים שהוא וצרכיו אינם במרכז. יש כאן הכוונה של האדם לבטל את עצמו ולהכיר במה שמעבר לו.

שני עולמות רוחניים, שתי דרכים בעבודת ה׳, שני טיפוסים של עובד ה׳. כל אלו טמונים בתשתיתה של מחלוקת הלכתית אחת.

להלן נראה כי סוגיית הפתיחה של מסכת תענית מתמקדת בשני ההיבטים הללו של הגשם ושל עבודת ה׳ – והיא מפתחת, מרחיבה ומעמיקה את המשמעות של כל אחד מהם.

סוגיית הפתיחה

סוגיית הפתיחה למסכת תענית בנויה מארבעה חלקים. באמצעים שונים ומגוונים, המקדמים מגמה רעיונית אחת קוהרנטית – הסוגיה מציגה בכל ארבעת חלקיה שתי גישות רעיוניות למשמעות הרוחנית של הזכרת גשמים, וגם מקדמת ונותנת עדיפות רעיונית לאחת הגישות על פני האחרת. כפי שנראה, שתי הגישות הללו הן אותן שתי הגישות שבאות לידי ביטוי בעומק המחלוקת ההלכתית בין ר׳ אליעזר לר׳ יהושע במשנה.

חלק ראשון: "תנא היכא קאי?"

בסוגיה הראשונה מבררים מדוע עורך המשנה פותח את מסכת תענית דווקא במשנה זו. הגמרא מקשה:

> תנא היכא קאי דקתני מאימתי?

רש"י מסביר:

> כלומר, מדקתני מאימתי מכלל דפשיטא ליה להאי תנא דחייבים להזכיר, והיכא חזינן דמחייב להזכיר.

הגמרא שואלת על מה מתבסס התנא של המשנה, הפותח ב"מאימתי מזכירין גבורות גשמים", כלומר, מהיכן ידועה החובה להזכיר גשמים, אך שאלה

זו אינה מובנת. שהרי בכל מסכת במשנה, ללא יוצא מן הכלל, וברבים מהפרקים במשנה – המשנה פותחת באחד מפרטי הדין מבלי לומר קודם לכן את עיקר החיוב. כך הוא למשל בפרק ד במסכת ברכות, הדן בזמני התפילה מבלי לקבוע תחילה את חובת התפילה, בפרק ו שם המשנה שואלת "כיצד מברכין על הפירות?" בלי לקבוע שחייבים לברך על הפירות, ובפרק א במסכת סוכה המשנה דנה בגובה הסוכה מבלי לדון בעצם מצוות הסוכה, ועוד רבים. לכן, שאלת הגמרא כאן, "תנא היכא קאי", מעידה על מגמתיות של הסוגיה. דהיינו, השאלה מוצגת לא כדי לברר קושי במשנה אלא ממניעים אחרים. מנקודת המבט הספרותית, שאלה מסוג זה היא כלי ספרותי שבו משתמש בעל הסוגיה כדי לקדם דיון.

לשאלה זו מציעה הגמרא שתי תשובות, ובכל אחת מהן מקור אפשרי לדין הזכרת גשמים.

> תנא התם קאי, דקתני: מזכירין גבורות גשמים בתחיית המתים, ושואלין בברכת השנים, והבדלה בחונן הדעת. וקתני: מאימתי מזכירין גבורות גשמים.
>
> וליתני התם, מאי שנא דשבקיה עד הכא?

ההקשר הראשון הוא המשנה במסכת ברכות ה, ב, המונה את הזכרת הגשמים כחלק מרשימת התוספות המיוחדות בתפילה. הגמרא דוחה תשובה זו ומביאה הקשר נוסף אפשרי, המתקבל בסופו של דיון, והוא משנה במסכת ראש השנה (א, ב): "ובחג נידונין על המים".

התשובה הראשונה שמציעה הגמרא מספקת לכאורה, משום שהיא מצביעה על המקור שבו מוזכר עיקר הדין של הזכרת גשמים בתפילה. אולם הגמרא מקשה: "וליתני התם? מאי שנא דשבקי עד הכא?". כלומר, מכיוון שהזכרת גשמים מוזכרת במשנה בברכות בפירוש, מדוע לא הזכירה המשנה שם גם את זמני הזכרת גשמים?

זאת קושיה טכנית באופייה, שאותה אפשר ליישב בפשטות בנימוק הנוגע לתוכן המשנה: המשנה בברכות עוסקת בתוספות בתפילה ולא דנה בפרטים ההלכתיים של כל אחת מן התוספות. אלא שהגמרא אינה מיישבת כך את הקושיה, אלא מקבלת אותה ודוחה בעקבותיה את ההצעה הראשונה.

רש"י מסביר אחרת את הקושיה:

מ"ש דשבקייה עד הכא – כלומר האי דקתני הכא בסדר מועד מאימתי ליתני התם דקתני מזכירין במסכת ברכות היינו סדר זרעים: **עד הכא** – עד סדר מועד:

לפי רש"י, הקושי במקור שמציעה הגמרא הוא במרחק בין המסכתות ובשייכותן לסדרים שונים. אך גם לפי ההסבר של רש"י לקושיה יש אופי טכני והיא אינה מובנת.

מכל מקום הגמרא מציעה מקור אחר.

אלא: תנא מראש השנה סליק, דתנן: ובחג נידונין על המים. ואיידי דתנא ובחג נידונין על המים, תנא מאימתי מזכירין גבורות גשמים.

לפי ההצעה השנייה בגמרא, המקור הוא משנה ממסכת ראש השנה. מסכת ראש השנה שייכת גם היא לסדר מועד, ובכך נענית הקושיה של הגמרא על המקור הראשון.

אלא שהמקור השני שמביאה הגמרא תמוה הרבה יותר מאשר המקור הראשון שהגמרא דחתה. הרי המשנה בראש השנה כלל לא עוסקת בהזכרת גשמים. אם כן, כיצד היא יכולה להיות מקור לעיקר הדין של הזכרת גשמים? ובכל זאת, הגמרא מקבלת את התירוץ הזה ובזה מסתיימת הסוגיה.

מהלך הסוגיה, הכולל קושיה על ההקשר של המשנה, תשובה, דחייה ותשובה חלופית – תמוה. המשנה הראשונה שהובאה בהסבר הראשון, ממסכת ברכות, היא אפשרות סבירה ומתקבלת על הדעת יותר מהתשובה השנייה, שמתקבלת בסופו של דבר, משום שהיא מביאה משנה המשמיעה בפירוש את עצם החיוב להזכיר גשמים. לעומת זאת, האפשרות השנייה, התולה את משנת תענית במשנה ממסכת ראש השנה, העוסקת ב"דין על המים" וכלל לא בהזכרת גשמים, קשה, משום שאלו נושאים שונים! מה הקשר בין "דין על המים" לחובת הזכרת גשמים?[6]

6. הראשונים נדחקים לבאר את הקשר שיוצרת הגמרא בין הזכרת גשמים ו"דין על המים". למשל, תוספות, ב ע"א, ד"ה אלא תנא מראש השנה סליק: "וי"ל דהכא (בראש השנה) עיקר דאמר 'בחג נידונין על המים', ואורחא דמילתא לרצות לפני שאלה, לכך שביק עד הכא. אבל בסדר זרעים דתני מזכירין גבורות גשמים אפשר דמשמע לעולם, כמו תחיית המתים או הבדלה בחונן הדעת". וכן רש"י על אתר. תוספות מניחים שהקישור שיעשה הלומד בין "דין על המים" ל"הזכרת גשמים" הוא פשוט יותר מהקישור בין

הגמרא, כאמור, למרבה ההפתעה, דוחה דווקא את האפשרות הראשונה, המסתברת, ומעדיפה את האפשרות השנייה, הקשה יותר. גם העדפה זו של הגמרא מעידה על מגמתיות הסוגיה. כלומר, נדמה שהסוגיה אינה מכוונת ליישוב הקושיה אלא לשיקולים אחרים שיש להם אופי רעיוני.

הרובד הרעיוני: שתי משמעויות להזכרת גשמים

את המהלך המגמתי של הסוגיה אפשר להסביר כמגמה של הסוגיה להציע פרשנות בעלת אופי רעיוני להזכרת גשמים. שאלת "תנא היכא קאי" אינה מנסה לעמוד אך ורק על ההקשר ה"טכני־הלכתי" למשנה אלא גם על הקשר המעניק להזכרת גשמים את המשמעות הרעיונית שלה. לכן, שתי ההצעות של הסוגיה להקשר למשנת הזכרת הגשמים הן למעשה שתי פרשנויות רעיוניות אפשריות למשמעות של הזכרת גשמים.

האפשרות הראשונה המובאת בסוגיה, המבססת את הזכרת גשמים על המשנה מברכות "מזכירין גבורות גשמים בתחיית המתים" מציעה שההקשר של הזכרת גשמים הוא תפילה, ומחברת אותה אל עולם התוכן והמשמעות של תפילה. האפשרות השנייה, שעל פיה המשנה בראש השנה "בחג נידונין על המים" היא המקור להזכרת גשמים – יוצרת קשר בין הזכרת גשמים ל"דין על המים", ומעניקה להזכרת גשמים משמעות של עמידה לדין על הגשמים. הדין הוא מעמד המפגיש את האדם המוגבל וחסר האונים עם גדולתו וכוחו הכביר של האל. במעמד זה גלומה ההכרה בכך שהאדם נתון לשיפוטו של האל הגיבור, שבכוחו, ובכוחו בלבד, להוריד את הגשמים.

שתי הפרשנויות הללו למשמעותה של הזכרת הגשמים מקבילות למשמעות של הזכרת גשמים במחלוקת ר' אליעזר ור' יהושע במשנה. נקודת המבט הראשונה, הרואה בהזכרת גשמים בקשה על הצורך היא כשיטת ר' יהושע במשנה. נקודת המבט הרואה בהזכרת גשמים ביטוי להכרה בגדולת האל מקבילה לשיטת ר' אליעזר במשנה.

שתי מסכתות מסדרים שונים, המתייחסות שתיהן בפירוש ל"הזכרת גשמים", משום שרק במסכת ראש השנה יש התייחסות לזמן, ובמסכת ברכות משמע שהזכרת גשמים היא לעולם. פרשנות זו, המצביעה על קשר חזק יותר לכאורה של משנת תענית למשנה בראש השנה מאשר למשנה בברכות, תמוהה, משום שכאמור, בראש השנה כלל לא מדובר בהזכרת גשמים. ההתייחסות לזמן היא משנית! לכן הקושיה לעיל על הגמרא, הן על הדחייה של ההצעה הראשונה והן על הקבלה של ההצעה השנייה, במקומה עומדת.

בפרשנות שהצענו לסוגיה יש לשים לב לנקודה חשובה נוספת. בשקלא וטריא הגלוי בסוגיה נדחית הצעה אחת ומתקבלת הצעה אחרת, מה שנותן את התחושה שיש כאן הצעה "נכונה" ו"לא נכונה". באופן שבו אנו מסבירים את מהלך הסוגיה, מהלך הדיון התלמודי הוא האמצעי הספרותי המשמש את הסוגיה להציג שתי גישות פרשניות אלטרנטיביות, שלכל אחת מהן יש מקום וחשיבות.

שתי הפרשנויות הללו למשמעותה של הזכרת הגשמים הן שתי נקודות מבט על הקשר בין האדם לאל באופן כללי, ובפרט כפי שקשר זה בא לידי ביטוי בתופעת ירידת הגשם. זווית הסתכלות אחת היא נקודת המבט האנושית: הצורך האנושי הוא שיוצר את הקשר שבין האדם לאל. בהקשר של הגשמים, כיוון שהגשם הוא צורך קיומי של האדם, האדם מתחבר לאל באמצעות בקשת הגשמים, בתפילה, כשיטת ר' יהושע. מנקודת המבט האחרת, הקשר עם האל נוצר מתוך הכרה בגדולתו וברוממותו של האל, ללא קשר לצורך האנושי. בהקשר של הגשמים, הגשם מבטא כוח אלוהי, והזכרת גשמים היא ההכרה בכך, כשיטת ר' אליעזר.

שתי הפרשנויות שמציעה הגמרא בחלק הראשון של סוגיית הפתיחה מקבלות פיתוח, הרחבה והעמקה בחלקים הבאים של סוגיית הפתיחה.

חלק שני: "מאי גבורות גשמים?"

במשנה מופיע הביטוי "גבורות גשמים". בשלב זה הגמרא מפרשת את הביטוי על ידי דרשות על פסוקים.

וליתני מאימתי מזכירין על הגשמים, מאי גבורות גשמים?

במקרים רבים, סוגיות פתיחה פותחות בשאלה לשונית על נוסח המשנה. גם כאן, אפשר לראות שכבר בשאלה עצמה יש ממד של פרשנות רעיונית. משום שהשאלה של הסוגיה מפנה את תשומת הלב לביטוי של המשנה "גבורות גשמים", לעומת הנוסח ה"נייטרלי" שבו המשנה יכלה לנקוט, ושהוא אכן מצוי בברייתא המובאת בדף ב ע"ב: "מאימתי מזכירין על הגשמים". הנוסח "גבורות גשמים" מביא לידי ביטוי את הבחירה בנקודת המבט על הגשם כביטוי לגבורת האל. זוהי עמדה פרשנית על ירידת גשמים והזכרת גשמים, והיא לא היחידה האפשרית, משום שגשמים יכולים לקבל משמעויות שונות כגון: מענה לצורך האדם, שכר על מצוות, מחיה את העולם (בבלי תענית

ז ע"א), ועוד. סוגיית הפתיחה מצביעה על כיוון פרשני כשהיא מייחדת תשומת לב למילים של המשנה.

כהסבר לביטוי זה מביאה הגמרא את דברי ר' יוחנן "מפני שיורדין בגבורה".

> אמר רבי יוחנן: מפני שיורדין בגבורה, שנאמר עשה גדלות עד אין חקר ונפלאות עד אין מספר, וכתיב הנתן מטר על פני ארץ ושלח מים על פני חוצות.

תשובת ר' יוחנן אינה מובנת. מה הכוונה "יורדין בגבורה"? גם הפסוקים שמביא ר' יוחנן אינם מסבירים את הקשר המילולי בין גשמים לגבורה, אלא רק בין גשמים ל"גדולות".

הפסוקים שמביא ר' יוחנן אומנם לא מספקים הסבר המילולי, אבל בהחלט מסבירים את המשמעות הרעיונית של "גבורות גשמים". נתבונן בפסוקים עצמם:

> עֹשֶׂה גְדֹלוֹת וְאֵין חֵקֶר נִפְלָאוֹת עַד אֵין מִסְפָּר: הַנֹּתֵן מָטָר עַל פְּנֵי אָרֶץ וְשֹׁלֵחַ מַיִם עַל פְּנֵי חוּצוֹת: (איוב ה, ט-י)

בפסוקים אלה ה' מתואר כבעל יכולת גדולה ובלתי מושגת, שבאה לידי ביטוי בהורדת הגשם. במובן הזה, הגשמים הם בהחלט ביטוי לגבורת האל. גם ההקשר של ספר איוב, שבו רעי איוב חוזרים ומדגישים את אפסות האדם ביחס לאל, שמתבטאת בכך שהאדם אינו מסוגל להבין ולהשיג את גדלותו של האל, מחזקת את תפיסת העולם המתמקדת בפער הבלתי מושג בין גדלות האל לאדם.

כיוון שדרשת ר' יוחנן לא מבליטה את הקשר המילולי שבין גשמים וגבורה, הגמרא שואלת על הדרשה "מאי משמע?", ומביאה את תשובת רבה בר שילא:

> מאי משמע?
>
> אמר רבה בר שילא: אתיא חקר חקר מברייתו של עולם. כתיב הכא עשה גדלות עד אין חקר, וכתיב התם הלוא ידעת אם לא שמעת אלהי

עולם ה׳ בורא קצות הארץ לא ייעף ולא ייגע אין חקר לתבונתו, וכתיב מכין הרים בכחו נאזר בגבורה.

את הצד המילולי של הקשר בין גשמים לגבורות משלימה דרשת רבה בר שילא, המציעה רצף של פסוקים שיוצרים בדרך של גזרה שווה קשר בין גשמים לגבורות:

עֹשֶׂה גְדֹלוֹת וְאֵין חֵקֶר נִפְלָאוֹת עַד אֵין מִסְפָּר: (איוב ה, ט)
הֲלוֹא יָדַעְתָּ אִם לֹא שָׁמַעְתָּ אֱלֹהֵי עוֹלָם ה׳ בּוֹרֵא קְצוֹת הָאָרֶץ לֹא יִיעַף
וְלֹא יִיגָע אֵין חֵקֶר לִתְבוּנָתוֹ: (ישעיהו מ, כח)
מֵכִין הָרִים בְּכֹחוֹ נֶאְזָר בִּגְבוּרָה: (תהלים סה, ז)

חוליית הקישור שאותה מוסיף רבה בר שילא מצויה בפסוק המתאר את בריאת העולם גם במונח "אין חקר", כמו הגשמים, וגם במונח "גבורות". באמצעותה מחבר רבה בר שילא את הגשמים לגבורות גם באופן מילולי. גם כאן, מלבד הצד המילולי של הדרשה, השוואת הגשמים לבריאת העולם נותנת לגשם הקשר של ביטוי לכוחו הגדול של האל, עד כדי השוואה לבריאת העולם. בכך הוא מסביר, מבסס ומעצים את המשמעות הרעיונית של הגשם כביטוי לכוחו של הבורא ולגדלותו הבלתי מושגת.

הסוגיה הזו מחזקת ומעמיקה את ההיבט של הגשמים כביטוי לגבורת ה׳, כדעת ר׳ אליעזר במשנה, וכדעת האפשרות השנייה בסוגיה הקודמת, שקשרה בין גשמים ודין.

חלק שלישי: "מנא לן דבתפילה?"

ומנא לן דבתפלה?
דתניא: לאהבה את ה׳ אלהיכם ולעבדו בכל לבבכם, איזו היא עבודה שהיא בלב – הוי אומר זו תפלה. וכתיב בתריה ונתתי מטר ארצכם בעתו יורה ומלקוש.

השאלה "מנא לן דבתפילה" מעניינת. במבט ראשון היא נראית מיותרת, משום שהקישור של "משיב הרוח ומוריד הגשם" לתפילת עמידה הוא כל

כך מוכר וטריוויאלי, שלא ניתן להעלות על הדעת אפשרות אחרת. שאלת הגמרא גורמת לנו לבחון זאת מחדש – האם המיקום האפשרי היחיד להזכרת גשמים הוא אכן התפילה? השאלה של הסוגיה גורמת לנו להרהר מחדש במשמעות של הזכרת גשמים, ופותחת בפנינו אפשרות להעניק לגשם ולהזכרתו משמעות אחרת מזו שאנו רגילים אליה. הרי באופן תאורטי, את הזכרת גשמים אפשר לממש באמירת "משיב הרוח ומוריד הגשם" כל יום, לאורך היום, ולא בתפילה דווקא.

החיבור לתפילת עמידה הוא החלטה של המשנה (במסכת ברכות) והסוגיה כאן מצביעה על כך שזו לא בחירה הכרחית. לשיטת ר' יהושע, המיקום המתאים והמתבקש להזכרת גשמים הוא אכן התפילה, משום שהזכרת גשמים לשיטתו היא למעשה בקשה.[7] אבל לשיטת ר' אליעזר הזכרת גשמים היא הצהרה על כוחו של האל – והיא יותר דומה לקריאת שמע, בהיותה ביטוי לאמונה.[8]

המענה הפשוט והאינטואיטיבי לשאלת "מנא לן דבתפילה?" הוא שהגשם הוא צורך בסיסי וחיוני בחיי האדם, ומכאן שיש לבקש עליו בתפילה. אבל הגמרא בוחרת בתשובה שונה. הגמרא מחברת את הגשם מפרשת "והיה אם שמוע", שם הוא מופיע כשכר ועונש על שמירת מצוות, לתפילה, שהיא "עבודה שבלב", ולא בקשה. המשמעות של "עבודה שבלב" וגם של "שכר ועונש" קשורה ליחסים של אדנות, של פער בין הבורא השולט ובעל היכולת ובין האדם התלוי בו.

נראה שהסוגיה מבקשת להסיט את המשמעות "הרגילה" של הגשם כצורך, כפרנסה וחיים – אל הגשם כביטוי לגבורת ה' ולאדנותו. את זה היא עושה דווקא בחלק שעוסק בשייכות של הזכרת גשמים לתפילה: היכן שמתבקשת התייחסות לגשם כצורך, ובקשה על הגשם – הסוגיה מציעה נקודת מבט אחרת על הגשם, הגשם כביטוי לגבורת ה'.

7. למרות שהזכרת גשמים היא בתפילה, המשנה קבעה שהיא תהיה בברכת "גבורות", בחלק של ברכות השבח, ולא של הבקשות. כלומר, למרות שההלכה כר' יהושע, עדיין יש ביטוי לשיטה של ר' אליעזר.

8. גם קריאת שמע אינה תפילה אלא הצהרת אמונה, קבלת עול מלכות שמיים, וקבעו שתיאמר בסמוך לתפילה. ההיגיון לכך הוא שהיסוד לבקשה בתפילה הוא האמונה בריבונו של עולם, שביכולתו לתת. וכן להפך, הגילוי של מלכות שמיים בעולם הוא, בין היתר, באמצעות ההיענות של האל לאדם.

חלק רביעי: "ג' מפתחות"

בחלק הרביעי, החותם את סוגיית הפתיחה, מובאת דרשה נוספת של ר' יוחנן ביחס לגשמים, שגם בה יש חיבור בין גשמים לגבורה.

> אמר רבי יוחנן: שלשה מפתחות בידו של הקדוש ברוך הוא שלא נמסרו ביד שליח, ואלו הן: מפתח של גשמים, מפתח של חיה, ומפתח של תחיית המתים. מפתח של גשמים -
> דכתיב יפתח ה' לך את אוצרו הטוב את השמים לתת מטר ארצך בעתו. מפתח של חיה מנין? דכתיב ויזכר אלהים את רחל וישמע אליה אלהים ויפתח את רחמה. מפתח של תחיית המתים מנין? דכתיב וידעתם כי אני ה' בפתחי את קברותיכם.

הדימוי של מסירת המפתח מבטא נתינת כוח, רשות ואחריות, כפי שמובא בתשובות ופסקים מאת חכמי אשכנז:[9]

> אשר שאלת מג' מפתחות שלא נמסרו ליד שליח למה מפתחות כיון שאין שם גנבים, אני משיב כי אינו לשון שמירה **אלא לשון שררה.**

בדרשת ר' יוחנן, הגשמים מוצגים כביטוי לגבורתו ולכוחו של הקב"ה. הורדת הגשמים אינה נתפסת כאן מנקודת המבט האנושית, הנזקקת של צורך האדם (לאוכל, לפרנסה), אלא מנקודת המבט שרק הקב"ה יכול להוריד גשם. הבחירה של הסוגיה לסיים בדרשה זו מחזקת את המגמה הרעיונית של הסוגיה לתת להזכרת גשמים משמעות של הכרה בכוחו של האל.

לאחר הדרשה מובאת מחלוקת בין ר' יוחנן, מארץ ישראל, לחכמי בבל אם מפתח הפרנסה הוא מפתח נפרד או שהוא כלול במפתח הגשמים:

> במערבא אמרי: אף מפתח של פרנסה. דכתיב "פותח את ידך".
> ורבי יוחנן מאי טעמא לא קא חשיב להא? אמר לך: גשמים היינו פרנסה.

9. תשובות חכמי אשכנז, תשובה קעז, עמ' 300.

את המחלוקת הזו אפשר להסביר באמצעות המחלוקת בין ר׳ אליעזר לר׳ יהושע: הגישה הסוברת ש"גשמים היינו פרנסה" – רואה את הגשם כצורך של האדם, בדומה לפרנסה. הגישה שרואה בפרנסה מפתח נפרד מזה של הגשם – רואה בגשם כוח שאינו קשור לפרנסה, כלומר לצורך של האדם – כשיטת ר׳ אליעזר.

סיכום

ארבעת חלקיה של סוגיית הפתיחה לתענית בונים ומקדמים באופן שיטתי גישה רעיונית שונה מהגישה האנושית הטבעית לגשם. האדם נוטה לראות בגשם מענה לצורך של חיים ופרנסה. סוגיית הפתיחה מקדמת תפיסה שרואה בגשם ביטוי לכוחו וגבורתו של האל.

בחלק הראשון הסוגיה מציגה שני הקשרים רעיוניים אפשריים לגשם ומעדיפה את המשמעות של "דין".

בחלק השני הסוגיה עוסקת באופן ישיר בגשם כביטוי לגבורת ה׳, עד שהיא משווה ירידת גשמים לבריאת העולם.

בחלק השלישי הגמרא מראה שגם כאשר הזכרת גשמים קשורה לתפילה – היא קשורה לפן ה"עבודה" שבתפילה, ולא לחלק הבקשה על הצורך.

דרשת ר׳ יוחנן, בחלק הרביעי, החותמת את סוגיית הפתיחה, מעמיקה את המשמעות של הגשם כביטוי לגבורת ה׳. ההסבר שהגשמים הם "מפתח שלא ניתן בידי שליח" מעצים את הפער בין קטנות האדם וכבירות האל כפי שזה בא לידי ביטוי בהורדת גשמים.

הסוגיות ההלכתיות

בסוגיות ההלכתיות השונות לאורך מסכת תענית ניתן לראות ביטוי לשתי התפיסות הרעיוניות הקיימות במשנה וגם בסוגיית הפתיחה. התפיסות הללו לא באות לידי ביטוי רק בדרשות רעיוניות כמו בסוגיית הפתיחה, אלא גם בתשתית של פרטי הדיונים ההלכתיים ושל פרטי ההלכות הנוגעות לגשמים. נעיין בכמה סוגיות כאלו מתחילת המסכת, העוסקות בהזכרת גשמים ושאלת גשמים וננסה לעמוד על העקרונות הרעיוניים שביסוד הסוגיות.

סוגיה ראשונה: לולב וניסוך המים

סוגיית הגמרא על החלק הראשון של המשנה מחפשת דגם הלכתי לשיטות של ר' אליעזר ור' יהושע.

> רבי אליעזר אומר מיום טוב הראשון של חג כו'.
> איבעיא להו: רבי אליעזר מהיכא גמיר לה, מלולב גמר לה או מניסוך המים גמר לה?
> מלולב גמר לה: מה לולב ביום – אף הזכרה ביום. או דלמא מניסוך המים גמר לה: מה ניסוך המים מאורתא, דאמר מר ומנחתם ונסכיהם, אפילו בלילה, אף הזכרה מאורתא?

הגמרא מציעה שני מודלים אפשריים לשיטת ר' אליעזר במשנה: נטילת לולב וניסוך המים.

בין לולב לניסוך המים

הגמרא עצמה מצדיקה את החיפוש אחרי מודל בנפקא מינה הלכתית: אם הזכרת גשמים נלמדת מלולב – ההזכרה תתחיל מהיום הראשון של סוכות, כמו לולב. אם המודל הוא ניסוך המים, הזכרת גשמים תתחיל בלילה.

אלא שהנפקא מינה ההלכתית בין שני המודלים הללו, כפי שמצביעה עליה הגמרא, היא בעייתית משתי סיבות:

א. המשנה הפותחת את מסכת תענית אומרת בפירוש שזמן הזכרת גשמים הוא מהיום:
ר' יהודה אומר העובר לפני התיבה ביו"ט האחרון של חג – האחרון (שליח הציבור של מוסף) מזכיר הראשון (שליח הציבור של שחרית) אינו מזכיר.

ב. זמן ניסוך המים, שהגמרא מציעה כמודל להזכרת גשמים מהלילה – אינו בלילה, כדברי הגמרא במסכת יומא: "אין מנסכים מים בחג אלא בתמיד של שחר".[10]

10. בבלי יומא כו ע"ב. תוספות כאן ד"ה איבעיא להו מנסים ליישב את העניין הזה, ראו בדבריהם.

מהקושיות הללו ברור אפוא שתחילת זמן הזכרת גשמים היא ביום ולא בלילה, ולכן המשמעות של שאלת המודלים למעשה אינה הלכתית. לשם מה אפוא הגמרא מציעה את המודלים הללו?

את התשובה לשאלה הזו אפשר למצוא ברובד הרעיוני. כלומר המשמעות של המודלים היא בראש ובראשונה בפרשנות הרעיונית שהם מעניקים להזכרת גשמים. לולב וניסוך המים נושאים כל אחד מהם משמעות רעיונית ייחודית, והשאלה של הסוגיה היא בעצם איזו מהמשמעויות הללו תקבל הזכרת גשמים.

ברייתא לכל מודל

הגמרא ממשיכה ומבררת לאילו מן המודלים הללו דומה הזכרת גשמים.[11]

> תא שמע, דאמר רבי אבהו: לא למדה רבי אליעזר אלא מלולב.
> איכא דאמרי: רבי אבהו גמרא גמיר לה, ואיכא דאמרי: מתניתא שמיע ליה.

בשאלת שני המודלים האפשריים – לולב או ניסוך המים – מכריע רבי אבהו שר' אליעזר (ובאופן עקיף גם ר' יהושע) מתבסס על נטילת לולב. המקור לשיטת ר' אבהו לחלק מהדעות הוא "גמרא" (מסורת) ויש אומרים שדעתו מבוססת על ברייתא:

> מאי היא? דתניא: מאימתי מזכירין על הגשמים? רבי אליעזר אומר: משעת נטילת לולב, רבי יהושע אומר: משעת הנחתו. אמר רבי אליעזר: הואיל וארבעת מינין הללו אינן באין אלא לרצות על המים. וכשם שארבע מינין הללו אי אפשר בהם בלא מים – כך אי אפשר לעולם בלא מים...
> רבי יהודה בן בתירה אומר: בשני בחג הוא מזכיר.
> רבי עקיבא אומר: בששי בחג הוא מזכיר.

11. מדוע בכל זאת הגמרא מצביעה על נפקא מינה הלכתית? נראה שבכך היא מחזקת את החשיבות של המודלים הללו ושל הדיון הרעיוני. המודלים נותנים תוקף וחשיבות משום שיש להם ולדיון הרעיוני גם השלכה מעשית.

הברייתא דומה למשנה מבחינת ה"שורה התחתונה ההלכתית", אבל הנוסח שלה שונה, ומעיד על קשר ישיר בין שיטות התנאים ללולב. "משעת נטילת לולב... משעת הנחתו".

מלבד השוני הזה, בברייתא מובאות דעות תנאיות נוספות ביחס לשאלת תחילת זמן הזכרת גשמים, שלא הוזכרו במשנה: דעת ר' יהודה בן בתירא – בשני בחג, ודעת ר' עקיבא – בשישי בחג.

הדעות הללו תמוהות. איזו ייחודיות יש בשני או בשישי בחג שדווקא בהם ראוי להתחיל להזכיר גשמים? ואכן הגמרא תמהה על כך:

> מאי טעמא דרבי יהודה בן בתירה? דתניא, רבי יהודה בן בתירה אומר: נאמר בשני ונסכיהם ונאמר בששי ונסכיה ונאמר בשביעי כמשפטם – הרי מ"ם יו"ד מ"ם, הרי כאן מים. מכאן רמז לניסוך המים מן התורה.
>
> מאי שנא בשני דנקט – דכי רמיזי להו בקרא בשני הוא דרמיזי, הלכך בשני מדכרינן.
>
> רבי עקיבא אומר: בששי בחג הוא מזכיר, שנאמר בששי ונסכיה – בשני ניסוכין הכתוב מדבר, אחד ניסוך המים ואחד ניסוך היין.
>
> ואימא תרוייהו דחמרא! סבר לה כרבי יהודה בן בתירה, דאמר: רמיזי מיא. אי סבר לה כרבי יהודה בן בתירה נימא כוותיה! קסבר רבי עקיבא: כי כתיב ניסוך יתירא – בששי הוא דכתיב.

בתשובה לשאלה "מאי טעמא דרבי יהודה בן בתירה?" הגמרא מביאה ברייתא שבה ר' יהודה בן בתירה מוצא מקור למצוות ניסוך המים בתורה. את הרמז בתורה הוא מוצא באותיות מיותרות במילים "ונסכיהם", "ונסכיה" ו"כמשפטם" בפסוקי היום השני, השישי והשביעי של חג הסוכות בהתאמה. האותיות ה"מיותרות" יוצרות את המילה "מים", ובכך רמז לניסוך המים בתורה עצמה. הגמרא צועדת צעד נוסף ולומדת שמכיוון שהיום שבו מצוי לראשונה רמז הוא היום השני – בו מתחילים להזכיר גבורות גשמים לפי רבי יהודה בן בתירה.

הברייתא מביא לימוד גם לשיטת רבי עקיבא, שהרמז שהוא מוצא בפסוקי התורה לניסוך המים הוא מהמילה "ונסכיה" המוזכרת בפסוקי היום השישי והיא בלשון רבים. מכאן דורש ר' עקיבא בברייתא שיש שני ניסוכים ואחד מהם של מים. גם כאן הגמרא מסיקה שמכיוון שהלימוד הוא מהיום השישי, הזכרת גשמים מתחילה ביום השישי של סוכות.

הלימוד של הגמרא מהברייתות, הן של ר׳ יהודה בן בתירה והן של ר׳ עקיבא, קשה, משום שהברייתות עוסקות בניסוך המים וכלל לא בהזכרת גשמים! הקשר בין ניסוך המים להזכרת גשמים לא מצוי בברייתא או בכל מקור תנאי אחר בסוגיה, והוא חידוש של הסוגיה. הגמרא היא שיוצרת את הקשר בין הברייתות שעוסקות במקור לניסוך המים בתורה ובין זמן תחילת הזכרת גשמים. זו דרכה של הסוגיה, להציג את מודל ניסוך המים בנוסף על מודל הלולב שהוצג בברייתא בתחילת הסוגיה.

בשלב הבא הסוגיה מביאה ברייתא נוספת ובה דעה שונה על המקור לניסוך המים בתורה.

> תניא, רבי נתן אומר: בקדש הסך נסך שכר לה׳ – בשני ניסוכין הכתוב מדבר; אחד ניסוך המים ואחד ניסוך היין.
> אימא תרוייהו דחמרא!
> אם כן לכתוב קרא או הסך הסך או נסך נסך, מאי הסך נסך – שמעת מינה: חד דמיא וחד דחמרא.

הברייתא הזו אינה מקור לזמן הזכרת גשמים, ולמעשה היא כלל לא קשורה להזכרת גשמים. יש שיסבירו על דרך האסוציאציה שהסוגיה ממשיכה לעסוק במציאת מקור לניסוך המים מן התורה. אבל מנקודת מבט הרואה בסוגיה מבנה ספרותי בעל כוונה ומשמעות – אפשר לראות בבחירה של הסוגיה להרחיב את העיסוק בניסוך המים מהלך מכוון, הממשיך את העיסוק בהזכרת גשמים, שמטרתו לתת מקום מרכזי ולהבליט את מודל ניסוך המים על פני מודל הלולב שהובא בתחילת הסוגיה.

האם יש התאמה בין ניסוך המים להזכרת גשמים?

בשלב הבא בסוגיה המאמץ של הגמרא לחבר בין ניסוך המים להזכרת גשמים עולה מדרגה, ויש ניסיון למצוא התאמה בין דעות התנאים לגבי הזכרת גשמים ובין המשנה בתחילת פרק רביעי של מסכת סוכה, האומרת שניסוך המים הוא כל שבעת ימי הסוכות.

> אלא הא דתנן: ניסוך המים כל שבעה. מני?
> אי רבי יהושע - נימא חד יומא, אי רבי עקיבא - תרי יומי, אי רבי יהודה בן בתירה - שיתא יומי!

לעולם רבי יהודה בן בתירה היא, וסבירא ליה כרבי יהודה דמתניתין. דתנן, רבי יהודה אומר: בלוג היה מנסך כל שמונה, ומפיק ראשון ומעייל שמיני.
ומאי שנא ראשון דלא - דכי רמיזי מים בשני הוא דרמיזי, שמיני נמי - כי רמיזי מים בשביעי הוא דרמיזי!
אלא רבי יהושע היא, וניסוך המים כל שבעה הלכתא גמירי לה.
דאמר רבי אמי אמר רבי יוחנן משום רבי נחוניא איש בקעת בית חורתן: עשר נטיעות, ערבה, וניסוך המים - הלכה למשה מסיני.

יש כאן קפיצה דרמטית בקשר בין ניסוך המים להזכרת גשמים. כעת הגמרא מנסה למצוא התאמה בין הזכרת גשמים לניסוך המים באמצעות התאמה בין הימים שבהם מזכירים גשמים לימים שבהם נוהג ניסוך המים. לא זו בלבד, אלא שהגמרא מנסה למצוא את ההתאמה הזו לא רק בדעות ר׳ יהודה בן בתירה ור׳ עקיבא, שבהן כבר הגיעה הסוגיה להבנה שהם מסתמכים על ניסוך המים – אלא גם בדעת ר׳ אליעזר ור׳ יהושע, שעל שיטתם כבר אמר רבי אבהו בתחילת הסוגיה שהם מסתמכים על לולב ולא על ניסוך המים!

לאורך הסוגיה יש מעבר הדרגתי ממודל הלולב, שמוזכר במפורש בברייתא, למודל ניסוך המים. תחילה בדעות שני תנאים בלבד, ולאחר מכן גם בדעת שני התנאים המרכזיים – ר׳ אליעזר ור׳ יהושע. כך שלמעשה הסוגיה מסתיימת ברושם שלכל הדעות יש קשר בין הזכרת גשמים לניסוך המים. המהלך הזה של הסוגיה הוא מגמתי, ולמעשה הוא חידוש של הגמרא בסוגיה כאן, משום שקשר כזה לא קיים במקורות הקדומים, וגם משום שלכל הפחות, ר׳ אליעזר ור׳ יהושע כלל לא התכוונו לקשר את הזכרת הגשמים לניסוך המים, ואפילו בדעת ר׳ עקיבא ור׳ יהודה בן בתירא אין חיבור ישיר ומפורש לקשר הזה.

מעבר לכך, גם בתוכן של הדיון בהתאמת הדעות התנאיות על הזכרת גשמים לדעות התנאיות על ניסוך המים – האפשרות הפשוטה ביותר היא כמובן של ר׳ אליעזר. זאת משום שניסוך המים מתחיל ביום הראשון של סוכות, ולפי ר׳ אליעזר גם הזכרת גשמים מתחילה ביום הראשון של חג סוכות. למרבה ההפתעה, הסוגיה כלל לא מעלה את האפשרות הזו! הגמרא מעלה כל אחת מן האפשרויות האחרות, ומנסה באופן מלאכותי ומאולץ למצוא התאמה בין זמני ניסוך המים וזמן הזכרת גשמים – עד שמגיעה למסקנה שלא ניתן למצוא התאמה כזו לפי אף אחד מן התנאים.

גם כאן יש מהלך מגמתי, המבליט את העובדה שהגמרא לא בוחרת באפשרות הפשוטה – התאמה של ר' אליעזר לניסוך המים. הסיבה לכך נראית ברורה – המודל של ר' אליעזר הוא הלולב, ולכן אף שמבחינה טכנית יש התאמה מושלמת של הימים של ניסוך המים לשיטת ר' אליעזר – מהבחינה העקרונית, ר' אליעזר כלל לא משייך את הזכרת הגשמים לניסוך המים, ולכן הגמרא כלל לא מעלה את האפשרות הזו.

בסופו של דבר, הסוגיה מיישבת את ניסוך המים עם שיטת ר' יהושע, וזה מתאפשר הודות למסקנה שהמקור לניסוך המים הוא הלכה למשה מסיני, ולא בגלל ההתאמה בין מספר הימים שבהם מזכירים את הגשמים בחג הסוכות למספר ימי ניסוך המים. תשובה זו מאפשרת לגמרא לקשר את שיטת ר' יהושע עם ניסוך המים, אף שניסוך המים נוהג כל שבעת ימי החג, ור' יהושע סובר שהזכרת גשמים היא רק מהיום האחרון של החג.[12]

המשמעות הרעיונית של שני המודלים להזכרת גשמים: לולב וניסוך המים

ראינו שהסוגיה מציגה שני מודלים להזכרת גשמים. כיוון שהנפקא מינה ההלכתית ביניהם בעייתית, נראה שהחשיבות העיקרית של המודלים הללו נעוצה במשמעות הרעיונית שמעניק כל אחד מהם להזכרת גשמים. נבחן את המשמעות שמעניק כל אחד מהם להזכרת גשמים.

המשמעות הרעיונית של הזכרת גשמים בהקשר של לולב

נטילת הלולב לפי ר' אליעזר, כניסוחה של הברייתא הראשונה המובאת בסוגיה כאן, היא מעשה של ריצוי על המים:

> א"ר אליעזר: הואיל וארבעת מינין הללו אינן באין אלא לרצות על המים. וכשם שארבע מינין הללו אי אפשר בהם בלא מים – כך אי אפשר לעולם בלא מים.

ר' אליעזר קושר בין הזכרת גשמים לנטילת לולב, שהיא מעשה של "ריצוי על המים". מה משמעותו של ה"ריצוי"?

12. אפשר שבדומה למה שהובא בברייתא הראשונה, שר' יהושע סובר שהזכרת גשמים היא "משעת הנחתו" של הלולב, כאן המהלך מוביל למסקנה שלשיטת ר' יהושע הזכרת גשמים היא "משעת הנחתו של ניסוך המים", כלומר מזמן סיום ניסוך המים.

הריצוי בלשון חז״ל הינו כפרה על טומאה, בדרך כלל באמצעות הציץ של הכהן הגדול,[13] ובכל מקרה בהקשר של בית המקדש.[14]
התוספתא במסכת פרה נוקטת על פר החטאת בביטוי ״לרצות״ בהקשר של משפט:

> אמר ר׳ שמעון, חטאת למה הוא דומה לפרקליט שנכנס לרצות רוצה פרקליט ונכנס הדׂרון.[15]

ואכן, בירושלמי בולט הקשר בין שיטת ר׳ אליעזר בארבעת המינים למשפט:

> טעמיה דר׳ אליעזר על ידי שארבעת מינין הללו גדילים על המים לפיכך הן באין פרקליטין למים.[16]

מה שמנוסח בבבלי כ״ריצוי על המים״ מנוסח בירושלמי כ״פרקליטין למים״. הביטוי שבו נוקט הירושלמי, ״פרקליטין״, מחבר את נטילת הלולב באופן מפורש לעולם התוכן של משפט ודין.
במדרש מופיע במפורש הקשר בין ירידת גשמים לריצוי על ידי קרבן:

> אמר רבי הושעיא, קשה היא גבורות גשמים שהיא שקולה כנגד כל מעשה בראשית...

13. לדוגמה, ברייתא המופיעה בכמה מקומות: בבלי, יומא ז ע״א; פסחים טז ע״ב; יבמות צ ע״ב; גיטין נד ע״א; זבחים מה ע״ב; מנחות כה ע״ב: ״על מה הציץ מרצה? על הדם ועל הבשר ועל החלב שנטמא, בין בשוגג בין במזיד, בין באונס בין ברצון, בין ביחיד בין בציבור״. רש״י ביומא ד״ה על מה הציץ מרצה מפרש: ״דכתיב ונשא אהרן את עון הקדשים שירצו לבעלים״, כלומר כפרה על טומאה.
14. למשל הקרבן כמרצה, תוספתא פרה א, ב: ״דם חטאת קודם את דם העולה מפני שהוא מרצה״. או הכוהן כמרצה, ספרי דברים פרשת וזאת הברכה פיסקא שנב: ״ופעל ידיו תרצה, שמרצה את ישראל לאביהם שבשמים״. כל ההקשרים הללו עוסקים בריצוי בהקשר של המקדש. בתנחומא פרשת כי תצא סימן ב, מופיע ריצוי מות הבן על האב, אומנם שלא בהקשר למקדש, אבל בכל זאת בהקשר של כפרה.
15. פרה א, א.
16. תענית א, א. שם מופיע גם הנימוק לשיטת ר׳ יהושע, המתאים להסבר הרעיוני של גישתו, כפי שהסברנו אותה: ״אמר לו ר׳ יהושע, והלא משעה שהעבד משמש את רבו כל צורכו ורוח רבו נוחה הימנו הוא תובע פרנסתו ממנו״, היינו שלשיטת ר׳ יהושע, נקודת המבט על הגשם היא כמילוי צורך האדם, כפרנסה.

א"ר יצחק, שהיא מרצה כקרבנות שנא' רצית ה' ארצך, ולהלן הוא אומר יעלו לרצון על מזבחי...[17]
רבי תנחום בר חנילאי אמר אף מכפרת על החטאים שנאמר נשאת עון עמך.[18]

מדרש זה מסביר את דעת ר' אליעזר, הקושר בין הלולב המרצה על המים להזכרת גשמים. לפי דעה זו, גם הזכרת גשמים היא "ריצוי על המים", במשמעות של סליחה וכפרה, בדומה לקורבנות. המשמעות של הזכרת גשמים בהקשר של ריצוי כלל אינה קשורה לעולם התפילה והבקשה על צורך, אלא היא מעשה של עמידה לדין לפני האל הסולח והמכפר.

הברייתא שמסבירה את דעת ר' אליעזר במינוח ריצוי משתמשת במונח מעולם המקדש במעשה יום־יומי של האדם, באמצעות הזכרת הגשמים. כלומר הברייתא סוברת שלדעת ר' אליעזר, כאשר אדם אומר "משיב הרוח ומוריד הגשם" הוא עושה פעולה דתית הדומה להקרבת קורבן! כשם שהקרבת קורבן היא מעשה של ריצוי בפני גבוה, כך גם הזכרת גשמים היא אמירה המכוונת את תודעת האדם לעמידה בפני גבוה, בפני גדולתו וגבורתו של האל. המשמעות שמקבלת הזכרת גשמים לפי ר' אליעזר היא של מעשה המבטא יחס של סמכות של האל כלפי האדם, כפי שמתבטא גם במקדש, בהקרבת הקורבנות, וגם במעמד של דין.

המשמעות הרעיונית של הזכרת גשמים בהקשר של ניסוך המים

ראינו שהגמרא מנסה לחבר את הזכרת גשמים לניסוך המים במהלך מגמתי שמעניק משמעות רעיונית להזכרת גשמים. מהי אפוא המשמעות של ניסוך המים?

בתוספתא יש התייחסות למשמעות של ניסוך המים:

אמ' ר' עקיבא, אמרה תורה,
הבא עומר שעורין בפסח שהו פרק שעורין כדי שתתברך לכם תבואה,

17. את הדרשה מסביר היפה תואר שם על סמך פסוקים מהמשך מזמור פה בתהילים: "שהיא מרצה כקרבנות שנאמר רצית וגו'. וסוף המזמור הוא גם ה' יתן הטוב וארצנו תתן יבולה. וכן כתיב שם צדק משמים נשקף דמדריש בפ"ק דתענית על הגשמים".
18. בראשית רבה, פרשה יג, ד–ה, מהד' תיאודור אלבק, עמ' 115–116.

> הבא חטים בכורים בעצרת שהוא פרק אילן כדי שיתברכו עליך פירות אילן,
> הבא ניסוך המים בחג כדי שיתברכו עליך מי גשמים.[19]

לפי רבי עקיבא, ניסוך המים, בדומה להקרבת העומר ולביכורי החיטים, הוא מעשה שנועד לגרום לירידת שפע וברכה. כך משתמע גם מתרגום יונתן לקורבנות היום השישי של חג הסוכות, על המילה "ונסכיה" (במדבר כט, לא):

> וּצְלוּחִיתָא דְמַיָא הֲווֹן מְנַסְכִין בְּיוֹמָא דְחַגָא דִמְטַלַיָא דוּכְרָן טַב לְרְבִיעָא דְמִטְרָא.

כלומר ניסוך המים נועד לעורר זיכרון טוב שיגרום לירידת המטר.

גם בדרשה הבאה יש ביטוי לניסוך המים כפעולה שאמורה להנביע את זרימת המים בעולם:[20]

> אמ' ר' אלעז', בשעה שמנסכין מים בחג תהום אומ' לחבירו אבע (רש"י שם: "לשון נחל נובע") מימיך קול שני רעים אני שומע (רש"י שם: "ניסוך המים וניסוך היין"), שנ' תהום אל תהום קורא לקול צנוריך.[21]

ניסוך המים אומנם אינו תפילה להורדת גשמים, אבל הוא קרוב במשמעותו לתפילה, משום שבדומה לתפילה, הוא מעשה הרואה את הגשם כצורך אנושי ותכליתו סיפוק צורך זה.

נראה אפוא כי הלולב וניסוך המים אינם רק מודלים הלכתיים

19. ראש השנה א, יב, מהד' ליברמן, עמ' 308. ובמקבילות: תוספתא סוכה ג, יח, עמ' 271; ספרי במדבר, פיסקא קנ, עמ' 196; וירושלמי ראש השנה א, א.
20. ראו מאמרו של י' ברנד, 'בנתיב ניסוך המים', ובחג הסוכות: קובץ מאמרים על חג הסוכות, אלון שבות, תשע"א, עמ' 103–116, שהטענה המרכזית בו היא שהטקס של ניסוך המים היה מכוון לבקשת שפע וברכה בברכת הגשמים והמים. ברנד גם מרחיב על פעולת ניסוך המים כמחברת בין המים התחתונים, מי התהום ביסודו של המזבח, למים העליונים. כך גם אצל י' תבורי, מועדי ישראל בתקופת המשנה והתלמוד, ירושלים, תשמ"ג, עמ' 199: "אפשר לתאר את פעולת ניסוך המים כעין הטענת משאבה העשויה אחר כך להשקות את העולם".
21. בבלי, תענית כה ע"ב.

להזכרת הגשמים, אלא גם, ואולי בעיקר, מודלים רעיוניים לטעמה של הזכרת הגשמים: הזכרת גשמים יכולה להיות מעשה של תפילה על הגשם, כמו ניסוך המים, והיא יכולה להיות, בדומה לנטילת לולב, מעשה של "ריצוי" – פעולה המבטאת עמידה בפני סמכותו וגבורתו של האל המתבטאת בהורדת גשמים.

מפליא לראות כי שני המודלים הללו מקבילים לשני העקרונות הרעיוניים שעליהם עמדנו בשיטות ר' יהושע ור' אליעזר במשנה. נטילת הלולב, המבטאת עמידה לדין בפני האל הגדול, היא ההסבר לשיטת ר' אליעזר, הסובר שהזכרת גשמים היא מעשה המנותק מצורך האדם ומבטא הכרה בגדולת האל. זו גם התפיסה שבאה לידי ביטוי בסוגיית הפתיחה המתמקדת ב"גבורות גשמים". כל אלו הם אותו ביטוי לאותה תפיסה רוחנית.

כך גם ביחס למודל ניסוך המים. שיטת ר' יהושע היא שהזכרת גשמים היא בקשה על צורך, וגם מודל ניסוך המים, שבו תולה הגמרא את שיטת ר' יהושע, רואה בגשם צורך ובניסוך המים פעולה שמורידה את השפע.

ההקבלה בין הפרשנות הרעיונית לשיטות ר' אליעזר ור' יהושע במשנה בין המהלך הרעיוני של סוגיית הפתיחה ובין שני המודלים שמציעה הגמרא לשיטות ר' אליעזר ור' יהושע – כל אלו מצביעים על עריכה מאורגנת בסוגיות התלמוד ושל קיומה של מגמה רעיונית קוהרנטית המצויה בתשתית הסוגיות במשנה ובגמרא. ההבחנה בין הזכרת גשמים כביטוי לעבודת ה' באמצעות הכרה בגדולת האל ובין הזכרת גשמים כעבודת ה' בדרך של פנייה למענה על צורך היא מן היסודות הרוחניים שמניחה בפנינו מסכת תענית, והם מתרחבים ומעמיקים הרבה מעבר לשאלה ההלכתית שבה עוסקת הסוגיה.

סוגיה שנייה: "שאלה והזכרה חדא מילתא?"

נדלג מעט קדימה לדף ד ע"א, ונתבונן בסוגיה העוסקת באופן ישיר בנושא שבו עסקו הסוגיות הקודמות, שאלת היחס בין שאלת גשמים (בקשה) להזכרת גשמים. בסוגיה זו הגמרא מתייחסת לחלק אחר במשנה:

> אין שואלין את הגשמים אלא סמוך לגשמים.

הניסוח מעורפל ואינו כולל תאריך מדויק. התאריך מופיע בהמשך, במשנה ג:

בשלושה במרחשון שואלין את הגשמים. רבן גמליאל אומר בשבעה בו.

משנה ג מבליטה את הייתור של האזכור הכללי של תחילת זמן הזכרת גשמים במשנה ב. שתי הקושיות הללו על המימרא על שאלת הגשמים במשנה ב (הייתור ושאין תאריך מדויק) גורמות לתחושה שיותר משהמשנה התכוונה להורות הלכה לגבי תחילת שאלת גשמים (מה שמצוי במשנה ג), היא מביעה עמדה בעלת אופי רעיוני לגבי שאלת גשמים. המימרא במשנה ב מבליטה את הקשר המעשי, ומתוך כך גם העקרוני, בין שאלת גשמים לירידת הגשמים בפועל.

הגמרא הייתה ערה לעמימות הזו והיא מעלה באופן מפורש, לראשונה, את מה שמצוי בעומק הדיון – שאלת היחס בין שאלה להזכרה:

סברוה: שאלה והזכרה חדא מילתא היא, מאן תנא?

תחילה הגמרא מניחה ששאלה והזכרה הן "חדא מילתא" (עניין אחד, אותו דבר). רש"י מסביר:

כלומר הא דקתני אין שואלין את הגשמים היינו אין מזכירין את הגשמים. ומאן תנא דאמר סמוך לימות הגשמים מזכירין אבל לא קודם לכן.[22]

הגמרא אומרת דבר מרחיק לכת, והוא שכאשר המשנה מדברת על "שאלת גשמים", הכוונה ל"הזכרת גשמים" ואין הבדל בין המונחים. ולכן מה שהמשנה אומרת הוא שהזכרת גשמים היא רק סמוך לגשמים.

מכך ברור שהפרשנות הזו במשנה מתאימה לשיטת ר' יהושע, וכך אומר רבא:

אמר רבא: רבי יהושע היא, דאמר: משעת הנחתו.

ההתאמה לשיטת ר' יהושע היא בשני מובנים: במובן הטכני, ר' יהושע אמר שמתחילים להזכיר רק בסוף החג, שזה המועד ה"סמוך לגשמים". יתר על

22. רש"י דף ד ע"א ד"ה סברוה שאלה והזכרה חדא מילתא היא, וד"ה מאן תנא.

כן, ההתאמה לשיטת ר' יהושע היא גם בפרשנות של תפיסת ר' יהושע, כפי שפירשנו אותה עד כה, שאין הזכרה שהיא לא בקשת גשמים.

אבל אביי חולק על רבא:

אמר ליה אביי: אפילו תימא רבי אליעזר, שאלה לחוד והזכרה לחוד.[23]

אביי אומר ש"אין שואלין את הגשמים אלא סמוך לגשמים" מתאים גם לשיטת ר' אליעזר – אם מבחינים בין שאלה להזכרה, "שאלה לחוד והזכרה לחוד". אם הזכרת גשמים אינה בקשת גשמים, היא יכולה להיות שלא בזמן הגשמים, ושלא בזמן הצורך בגשמים, דהיינו בתחילת חג סוכות עצמו. לעומת זה, גם לשיטת ר' אליעזר – שאלת גשמים תהיה סמוך לזמן הגשמים.

רבא מיישב את שיטת ר' יהושע עם המשנה. אבל הפירוש של רבא הוא מגמתי, משום שהוא משנה את הכוונה של הנוסח הפשוט במשנה: הוא מפרש הזכרה כשאלה, בניגוד להבחנה שקיימת במשנה עצמה. אביי חולק על רבא וסובר שהמשנה, ממש כפשטה, מצביעה על פער בין הזכרה לשאלה, ולכן מתאימה לשיטת ר' אליעזר.

ממש כמו שהסברנו את שיטות ר' אליעזר ור' יהושע מתוך המשנה עצמה – גם הגמרא מעמידה את המחלוקת ביניהם ביחס בין הזכרה ושאלה, ובכך מפרשת את המשמעות של הדעות ההלכתיות של ר' אליעזר ור' יהושע.

סוגיה שלישית: טל עבים ורוחות

נחזור לסוגיה בדף ג ע"א, העוסקת בהזכרה של תופעות טבע נוספות הקשורות באקלים – הטל, הרוחות והעבים.

הסוגיה בנויה מדיונים על שלוש ברייתות, שתי הראשונות – בעלות אופי הלכתי, והאחרונה בעלת אופי אגדי:[24]

ברייתא ראשונה:

תנא בטל וברוחות לא חייבו חכמ' להזכיר, ואם בא להזכיר מזכיר.

23. הגמרא מביאה גם גרסה אחרת של הדיון הזה: "ואיכא דאמרי: לימא רבי יהושע היא, דאמר משעת הנחתו? אמר רבא: אפילו תימא רבי אליעזר, שאלה לחוד והזכרה לחוד". לענייננו אין הבדל בין שתי הגרסאות.

24. הברייתא השלישית והדיונים עליה מתייחסים לתועלת שבתופעות אקלימיות שונות כגון שלג, שמש, רוח שאחרי הגשם וכו'. לא נעסוק בכך כאן.

ברייתא שנייה:

> תניא בעבים וברוחות לא חייבו חכמ׳ להזכיר, ואם בא להזכיר מזכיר.

ברייתא שלישית:

> תנא עבים ורוחות שניות למטר.

על רקע ההשוואה להזכרת גשמים בולט ההבדל ההלכתי בין הזכרת הגשמים להזכרת הטל והרוח: בעוד שהמשנה מחייבת הזכרת גשמים, הזכרת טל, רוחות ועבים היא בגדר רשות, "לא חייבו להזכיר". הבדל הלכתי נוסף בין הטל לגשם מובא בדברי ר׳ חנינא בהמשך, והוא אם יש חיוב לחזור ולהזכיר במקרה של טעות.

ברייתא ראשונה והדיון שעליה

נתבונן בדיון של הגמרא על הברייתות הללו:

> תנא: בטל וברוחות לא חייבו חכמים להזכיר, ואם בא להזכיר – מזכיר.
> מאי טעמא? אמר רבי חנינא: לפי שאין נעצרין...

הגמרא מעמידה את ההבדל ההלכתי בין גשם לטל ולרוחות בעניין חיוב ההזכרה בכך שהגשם נעצר, כלומר אינו יורד באופן תמידי וקבוע, ואילו הטל הרוח והעבים מצויים תמיד, ולעולם אינם חסרים.[25] מסיבה זו אין חובה לשאול טל ורוחות, משום שהם תמיד קיימים. ואכן, הסוגיה כלל לא דנה בשאלת טל.

אומנם לגבי הזכרה האמירה ההלכתית מורכבת – אפשר להזכיר טל אבל אין חובה. המורכבות הזו יכולה להיות מוסברת באמצעות הפרשנות שהצענו לאורך הסוגיות על היחס בין שאלה להזכרה. אם הזכרה דומה לשאלה – כמו שאין טעם לשאול טל ורוחות, כי הם קבועים וקיימים בכל אופן, כך אין גם טעם להזכיר טל ורוחות. אבל אם הזכרה היא התפעלות מגבורת ה׳ בעולם, והצהרה על כוחו וגבורתו כפי שבאה לידי ביטוי בתופעות

25. נראה שעבים ורוחות הם הביטוי למחזור המים הקבוע בטבע.

טבע שונות – הרי שגם אם אין תחושת חסר או נזקקות של האדם יש מקום להזכיר.

את המורכבות הרעיונית הזו מבטאת ההוראה ההלכתית המורכבת: מצד אחד, "לא חייבו להזכיר" – כי אין תודעת חסר וצורך אנושיים, ומצד שני "אם בא להזכיר מזכיר" – כי הזכרה היא פעולה שאינה קשורה בהכרח לצורך האנושי, אלא היא ביטוי של הכרה בגדולת ה', ויש לה מקום גם כשאין צורך אנושי.

השלכה הלכתית נוספת של ההבדל בין גשם לטל מצויה בדברי רבי חנינא:

> אמר רבי חנינא: הלכך: בימות החמה, אמר משיב הרוח – אין מחזירין אותו, אמר מוריד הגשם – מחזירין אותו. בימות הגשמים, לא אמר משיב הרוח – אין מחזירין אותו, לא אמר מוריד הגשם – מחזירין אותו. ולא עוד אלא אפילו אמר מעביר הרוח ומפריח הטל – אין מחזירין אותו.

משום שרוחות אינן נעצרות, גם אם מזכירים אותן שלא בזמנן (בקיץ), וגם אם לא מזכירים אותן בזמנן (בחורף), ואפילו אם התפלל לעצירתן "מעביר הרוח ומפריח הטל" – "אין מחזירין אותו", כלומר אין צורך לחזור ולתקן. זאת לעומת הגשם, שאם טועה בהזכרתו – יש לחזור ולתקן. לאור המשמעות שנתנו להזכרת גשמים (וכיוצא בו טל, רוחות וכל תופעת טבע שהיא) – דברי רבי חנינא מובנים. הזכרה היא הכרה בגבורת ה' ללא קשר לצורך, וביתר שאת ביחס לתופעות הטבע הקבועות, שהאדם כלל לא מרגיש בחסרונן. לכן הכרה בגבורת ה' שמתבטאת בעולם הטבע יכולה לבוא לידי ביטוי בכל עונה, ללא כל קשר למצב האנושי ולצורך האנושי. בהזכרת הגשם, בשונה מהזכרת טל עבים ורוחות – יש ממד של צורך אנושי, משום שהגשם אינו קבוע ולכן יש חובה לחזור ולהזכיר כתיקונו.

שני סוגי תופעות טבע בעולם המהווים בסוגיה מודלים לשני סוגים של עבודת השם: יש בעולם תופעות קבועות, כגון הטל (והעבים והרוחות). למרות נחיצותם, חסרונם אינו מורגש, כלומר אין מודעות אנושית לחוסר ולתלות בהם. במקרה כזה, הקשר בין האדם לאל אינו מבוסס על תפילה ובקשה, כי אין חוסר, אלא על הכרה בגדולתו וביכולתו הכבירה של האל. הטל והרוחות אפוא מבטאים צורה של קשר חיבור באמצעות ביטול האדם הפרטי, יציאה מן האגו והכרה בגדולת האל.

הגשם הוא מודל לקשר אחר עם ריבונו של עולם. הגשם בא והולך. כאשר הוא חסר – נוצר חוסר בצורך אנושי בסיסי, כאשר הוא יורד – יש מענה על הצורך. הצורך האנושי מעורר את המודעות להכיר את מי שמספק את הצורך. הקשר עם ה׳ לפי המודל הזה נובעת מחוויה אנושית של חוסר ומענה, שמתוכה נוצר קשר של תלות הבא לידי ביטוי בתפילה (ובהכרת תודה על מענה לצורך).

במהלך הדיון הגמרא מבררת אם טל אכן לא נעצר לעולם ועוסקת בעצירת הגשם והטל על ידי אליהו בתקופת אחאב:

וטל מנלן דלא מיעצר? דכתיב ויאמר אליהו התשבי מתשבי גלעד אל אחאב חי ה׳ אלהי ישראל אשר עמדתי לפניו אם יהיה השנים האלה טל ומטר כי אם לפי דברי, וכתיב לך הראה אל אחאב ואתנה מטר על פני האדמה. ואילו טל לא קאמר ליה, מאי טעמא – משום דלא מיעצר.
וכי מאחר דלא מיעצר, אליהו אשתבועי למה ליה?
הכי קא״ל: אפילו טל דברכה נמי לא אתי.
וליהדריה לטל דברכה!
משום דלא מינכרא מילתא.[26]

הגמרא מוכיחה מן הפסוקים שגם כאשר אליהו איים בעצירת הטל והמטר, למעשה הוא עצר רק את המטר, ולא את הטל. הדבר משתמע מדברי ה׳ שמחזיר את המטר ואומר: ״ואתנה מטר על פני האדמה״, ולא מציין את החזרת הטל. על כך הגמרא מקשה, מדוע הוא איים בעצירת הטל אם בפועל הוא לא עשה כך? ובסופו של דבר מגיעה למסקנה שאליהו עצר רק ״טל של ברכה״. הסיבה שהגמרא מביאה לכך שה׳ לא ציין את החזרת ״טל של ברכה״ היא ״דלא מינכרא מילתא״, כלומר ירידת טל של ברכה אינה ניכרת.

ההבחנה בין טל ש״מינכרא מילתא״ לטל ש״לא מינכרא מילתא״ מושתתת על התודעה האנושית. גם כאשר יש טל של ברכה שמביא תועלת – אין התייחסות לכך בדברי ה׳ לאליהו, משום שאין תודעה אנושית שמכירה בתועלת או בכלל בקיום של הטל. החלק הזה בסוגיה מחדד את ההכרה בכך שהמודעות האנושית המלווה את תופעות הטבע, היא היא שקובעת מה תהיה ההתייחסות הרוחנית אליה. אם יש תודעה של

26. לא הבאנו את הדיון שבו מתייחסת הגמרא לעצירת הרוחות.

נוכחות – תהיה התייחסות, אבל אם יש שפע ותועלת שמגיעים לעולם, ואין הכרה בכך – אין משמעות להזכרת הטל.

ברייתא שנייה והדיון שעליה

הבחנה דומה יש גם בדיון של הגמרא על הברייתא השנייה העוסקת בהזכרת עבים ורוחות. גם כאן הגמרא אומרת שכיון שעבים ורוחות לא נעצרים יש רשות להזכירם.

> תנא: בעבים וברוחות לא חייבו חכמים להזכיר, ואם בא להזכיר – מזכיר.
> מאי טעמא? משום דלא מיעצרי.

הגמרא מבררת האם עבים ורוחות נעצרים:

> ולא מיעצרי?
> והתני רב יוסף: ועצר את השמים – מן העבים ומן הרוחות,
> אתה אומר מן העבים ומן הרוחות, או אינו אלא מן המטר? כשהוא אומר ולא יהיה מטר – הרי מטר אמור, הא מה אני מקיים ועצר את השמים – מן העבים ומן הרוחות.
> קשיא רוחות ארוחות, קשיא עבים אעבים!

מהפסוק "ועצר את השמים" לומדים שעבים ורוחות כן נעצרים, ומכאן קושיה על דברי הגמרא שאמרה שהם אינם נעצרים.

כדי להשיב על קושיה זו הגמרא מבחינה בין סוגי עבים ורוחות:

> עבים אעבים לא קשיא; הא בחרפי, הא באפלי.
> רוחות ארוחות לא קשיא; הא ברוח מצויה, הא ברוח שאינה מצויה.
> רוח שאינה מצויה חזיא לבי דרי!
> אפשר בנפוותא.

יש סוגי עבים שלא נעצרים ("חרפי", המוקדמים שלפני הגשם) ויש סוגי עבים שנעצרים ("אפלי", העננים שאחרי הגשם).[27] וכן לגבי הרוח, יש

27. רש"י שם.

רוחות שאינן נעצרות (רוח מצויה), ויש רוחות שנעצרות (רוח לא מצויה). הגמרא מקשה על רוח שאינה מצויה, שהיא "חזיא לבי דרי", כלומר מועילה לזריית הקש מן התבואה בגורן, ומשום כך יש בה תועלת – אם כן מדוע אין להזכירה? ומתרצת: את התועלת הזו אפשר להשיג גם בדרך אחרת, "אפשר בנפוותא", באמצעות נפה, ולכן אין להזכיר גם רוח שמביאה תועלת.

בדיון הזה השאלה אם להזכיר או לא קשורה לתודעת החוסר ולא לשאלת התועלת האובייקטיבית: אם האדם חש את הצורך ברוח – הוא צריך להזכיר. אבל אם אין לו צורך ברוח, למשל אם יש לו נפה – אין הוא מחויב להזכיר. בצד זה הגמרא נותנת אפשרות להזכיר כי הזכרה היא גם ביטוי להכרה שמנותקת מהצורך של האדם, והיא יכולה להתקיים גם אם אין צורך או אם הצורך לא מורגש.

שאלה שלא כהוגן

הסוגיה על הטל (והעבים והרוחות) מסתיימת במדרש על "שלושה ששאלו שלא כהוגן":

> אמר רבי שמואל בר נחמני אמר רבי יונתן: שלשה שאלו שלא כהוגן, לשנים השיבוהו כהוגן, לאחד השיבוהו שלא כהוגן. ואלו הן: אליעזר עבד אברהם, ושאול בן קיש, ויפתח הגלעדי...
> אמר רבי ברכיה: אף כנסת ישראל שאלה שלא כהוגן, והקדוש ברוך הוא השיבה כהוגן,
> שנאמר ונדעה נרדפה לדעת את ה׳ כשחר נכון מצאו ויבוא כגשם לנו. אמר לה הקדוש ברוך הוא: בתי, את שואלת דבר שפעמים מתבקש ופעמים אינו מתבקש, אבל אני אהיה לך דבר המתבקש לעולם, שנאמר אהיה כטל לישראל.
> ועוד שאלה שלא כהוגן, אמרה לפניו: רבונו של עולם, שימני כחותם על לבך כחותם על זרועך. אמר לה הקדוש ברוך הוא: בתי, את שואלת דבר שפעמים נראה ופעמים אינו נראה, אבל אני אעשה לך דבר שנראה לעולם, שנאמר הן על כפים חקתיך.

שני קשרים רעיוניים יש בין המדרש לרצף הסוגיות. האחד, הברור, הוא היחס בין הגשם והטל. גם כאן, כמו בדיון ההלכתי שקדם למדרש, מוצג הטל כדבר הקבוע היציב, לעומת הגשם שיורד רק לפעמים, ולפעמים הוא

חסר. כך משתמש המדרש בתכונות הללו של הגשם והטל כדימוי לקשר בין עם ישראל והקב"ה. היחס האלוהי הרצוי מדומה לטל, שהוא קבוע וקיים תמיד, ולא לגשם – שלעיתים קיים ולעיתים לא.

מעבר לכך יש כאן רובד נוסף של קשר לסוגיית הזכרת ושאלת גשמים. המדרש עוסק בשאלה שהיא כהוגן או שלא כהוגן. המינוח שאלה במובן של בקשה הוא מן הנושאים המרכזיים בסוגיות כאן – שאלת גשמים, וקשה שלא לראות גם את הקשר הזה בין המדרש לסוגיות כאן.

המדרש אומר שהבקשה של עם ישראל "ויבוא כגשם לנו" היא שאלה שלא כהוגן. ההסבר של המדרש קשור לכך שגשם "פעמים מתבקש ופעמים אינו מתבקש". הגשם לא תמיד נצרך, ולכן לא תמיד מבקשים אותו. למשל, בקיץ הגשם הוא סימן קללה.[28] גם מבחינת התודעה האנושית, לא תמיד האדם מרגיש את הצורך בגשם, ולכן לא תמיד הוא מבקש גשם. לכן הבקשה "ונדעה ונרדפה את ה'" בהקשר של גשם – היא לא כהוגן.

הביטוי "שלא כהוגן" ביחס לשאלת גשמים יוצר אסוציאציה לשאלת הגשמים ההלכתית, שגם היא עשויה להיות שלא כהוגן, משום שהיא מצומצמת ותלויה במצב האנושי. זוהי נקודת המבט של ר' אליעזר במשנה ושל סוגיית הפתיחה, שביססה את שאלת הגשמים כפנייה אל ה' שלא מתוך נקודת המבט האנושית המצומצמת והמרוכזת בעצמה. המדרש מצביע על חיסרון בעבודת ה' המבוססת על הצורך של האדם, שהוא חולף ואינו קבוע, כמו הגשם – הוא "לא כהוגן", משום שהוא מייצר קשר לא יציב עם ה'. לעומת זאת, המודל הראוי הוא בחינת "אהיה כטל לישראל" – קשר יציב, קבוע ועמוק עם ריבונו של עולם, המבוסס על הכרה בגדולה ובגבורה של ה', וללא תלות במצב האנושי, הרעוע והמשתנה.

מנקודת המבט הזו, הבחירה של הגמרא להביא מדרש שעוסק בשאלת גשמים שלא כהוגן מרמזת לשתי אפשרויות של עבודת ה': המשתנה והקבועה. שתי האפשרויות הללו באות לידי ביטוי גם בשתי המשמעויות הרעיוניות המגולמות בהזכרת גשמים, כפי שראינו לאורך הסוגיות, מן המשנה, דרך סוגיית הפתיחה ועד לסוגיות ההלכתיות. הזכרת גשמים והיחס לגשם ולתופעות הטבע בכלל, יכולה להיות ביטוי להכרה בגדולת האל, וללא קשר למצב האנושי או לצורך האנושי, והיא יכולה להיות קשר באמצעות בקשה ותפילה לסיפוק הצורך האנושי.

28. רש"י ד ע"א ד"ה ויבוא כגשם לנו.

מסכת מגילה – "ימי משתה ושמחה" או "דברי הצומות וזעקתם"?

הסיפור של מגילת אסתר הוא סיפור הצלה, לכן לפורים יש אופי שמח. "אֲשֶׁר נֶהְפַּךְ לָהֶם מִיָּגוֹן לְשִׂמְחָה וּמֵאֵבֶל לְיוֹם טוֹב לַעֲשׂוֹת אוֹתָם יְמֵי מִשְׁתֶּה וְשִׂמְחָה וּמִשְׁלוֹחַ מָנוֹת אִישׁ לְרֵעֵהוּ וּמַתָּנוֹת לָאֶבְיוֹנִים" (אסתר ט, כב). החג מקבל את הכינוי "יום טוב" (ט, יט), והמצוות הנוהגות בו מבטאות שמחה. זהו פורים המוכר לנו, על אופיו העליז, השתייה, החגיגות והשמחה המתפרצת.

סוגיית הפתיחה למסכת מגילה מצביעה על מורכבות ביחס לאופיו של חג הפורים. לצד "ימי המשתה והשמחה", החוגגים את ההצלה הגדולה שזכה לה עם ישראל בהובלת מרדכי ואסתר – הסוגיה מובילה למבט על פן אחר של חג פורים, פן שהוא בעל אופי של "צומות וזעקה", המוזכר גם הוא בסופה של המגילה, ורמזים לקיומו אפשר למצוא לאורכה של המגילה כולה. המורכבות הזו באה לידי ביטוי גם בהלכות שונות הנוגעות לחג הפורים, הנידונות לאורך הפרק הראשון של המסכת, וגם על כך נעמוד במהלך הפרק.

בפרק זה נעמוד על שני הפנים של חג הפורים באמצעות קריאה ספרותית בסוגיית הפתיחה, ונראה כיצד באה מורכבות זו לידי ביטוי בדיונים ההלכתיים ובהלכות חג הפורים. בעקבות סוגיית הפתיחה, המצטטת ודורשת פסוקים מן המגילה, בעיקר פסוקים העוסקים בקביעת החג לדורות (חציו השני של פרק ט במגילה) – נקדיש פרק גם לעיון מדוקדק בפסוקים הללו בהרחבה ובתשומת לב, ונראה שהפן הכפול של חג פורים מצוי כבר במגילת אסתר עצמה, וסוגיית הפתיחה רק מפנה את תשומת הלב למה שמצוי בפסוקים.

את סוגיית הפתיחה לא ניתן להבין בלי דיון ספרותי במשנה הפותחת את המסכת. לכן נעסוק תחילה במשנה הראשונה.

בחלק השלישי של הפרק נבחן שש השלכות הלכתיות של האופי הכפול של החג בסוגיות הלכתיות לאורך הפרק הראשון של מסכת מגילה.

המשנה

המשנה פותחת את מסכת מגילה בהלכה מפתיעה ולא מובנת:

> מגילה נקראת באחד עשר, בשנים עשר, בשלשה עשר, בארבעה עשר, בחמשה עשר, לא פחות ולא יותר.

הדין שבו פותחת המשנה מתייחס לימים שבהם קוראים מגילה. המשנה קובעת שאת המגילה אפשר לקרוא לא רק בשני התאריכים המצוינים במגילה עצמה, י״ד וט״ו באדר, אלא בחמישה ימים, החל מי״א באדר ועד ט״ו בו. הבחירה של המשנה לפתוח את המסכת בהלכה שעוסקת במצבים יוצאי דופן, החורגים מן התאריך הנורמטיבי לקריאת מגילה, כפי שנקבע כבר במגילה עצמה – י״ד וט״ו בלבד – היא תמוהה.

מלבד הקושי בבחירת הנושא לפתיחה, יש קושי בדין עצמו. הרי במגילה עצמה נאמר שהחג נקבע לי״ד וט״ו באדר, אם כן מדוע וכיצד המשנה מאפשרת קריאת מגילה גם בשלושת הימים הקודמים להם?

המשנה עצמה, בהמשך, מסבירה את הסיבה לאפשר להקדים את קריאת המגילה, ושם מפורט ותולה את ימי הקריאה במקומות שונים:

> כרכין המוקפין חומה מימות יהושע בן נון קורין בחמשה עשר,
> כפרים ועיירות גדולות קורין בארבעה עשר, אלא שהכפרים מקדימין ליום הכניסה.

המקרה הרגיל הוא שכרכין המוקפים חומה קוראים מגילה בט״ו, וכפרים ועיירות גדולות קוראים בי״ד. אבל בכפרים יש אפשרות להקדים את הקריאה ל״יום הכניסה״, שהוא יום שבני הכפר מגיעים לעיירות הגדולות,

לבתי הדין, שעל פי תקנת עזרא היו מתכנסים בשני וחמישי.[1] את האפשרות להקדים מסביר רש"י:

> והכפרים אינן בקיאין לקרות, וצריכין שיקראנה להם אחד מבני העיר, ולא הטריחום חכמים להתאחר ולבא ביום ארבעה עשר.[2]

הסיבה שבני הכפר יכולים להקדים לקרוא היא טכנית באופייה: כיוון שהכפרים לא בקיאים בקריאת המגילה, ומכיוון שממילא הם מגיעים לעיר בימי שני וחמישי ליום הכניסה, חכמים הקלו עליהם ומנעו מהם טרחה, ולכן מאפשרים להם לקרוא מגילה בימי הכניסה.

בהמשך הגמרא מציעה הסבר שונה, גם לו אופי טכני:

> אמר רבי חנינא: חכמים הקילו על הכפרים להיות מקדימין ליום הכניסה כדי שיספקו מים ומזון לאחיהם שבכרכין. (מגילה ד ע"א)

לפי ההסבר הזה, הסיבה אינה להקל על הכפרים, אלא דווקא על אנשי העיר, שכדי ש"יהו פנויין ליום השמחה",[3] וכל צורכיהם יהיו מוכנים על ידי אנשי הכפר.[4]

הסברים הללו אינם משכנעים. הרי הימים שבהם נקבע החג הם י"ד וט"ו, אם כן מדוע מאפשרים חכמים לשנות את היום של קריאת המגילה מטעמים של נוחות?! ועוד, מדוע אפשר לשנות את היום של קריאת מגילה?! לא מצאנו שום מקרה אחר שבו שינו את הזמן שבו יש לקיים את מצוות היום מטעמי נוחות או מטעם אחר. י"ד וט"ו הם הימים של החג, ולכן

1. רש"י ד"ה אלא שהכפרים מקדימים ליום הכניסה. תקנת עזרא מובאת בגמרא במסכת בבא קמא פב ע"א.
2. שם.
3. רש"י ב ע"א ד"ה כדי שיספקו, וכן רש"י ד ע"ב ד"ה למימרא דתקנתא דכרכין היא. לפי ההסבר הזה, ההקדמה של הקריאה לימי הכניסה אינה הכרחית, אבל יכול להיות שימי הכניסה היו ימים שבהם הגיעו בני הכפרים, מלבד לבתי הדין, גם לסידור עניינים שונים בעיר, ובין השאר גם למכירת מזון.
4. הגמרא בדף ד ע"ב מתלבטת לטובת מי התקנה: בני הכפר או בני העיר, והמסקנה היא שהתקנה היא לטובת בני הכפר. לענייננו הדבר אינו משנה, משום שבכל מקרה זו תקנה המבוססת על תועלת מעשית.

המגילה אמורה להיות נקראת בהם, ובהם בלבד. וכי יעלה על הדעת לשנות את היום שבו מדליקים נרות חנוכה?! אדם שידליק נר חנוכה בכ"ד בכסלו לא יקיים את מצוות החג. ואפילו באונס גמור, לא כל שכן מחמת נוחות.[5]

בחלק האחרון של המשנה, המשנה מפרטת באיזה יום קוראים את המגילה בכל אחד מן המקומות.

כיצד?
חל להיות ארבעה עשר בשני – כפרים ועיירות גדולות קורין בו ביום, ומוקפות חומה למחר.
חל להיות בשלישי או ברביעי – כפרים מקדימין ליום הכניסה, ועיירות גדולות קורין בו ביום, ומוקפות חומה למחר.
חל להיות בחמישי – כפרים ועיירות גדולות קורין בו ביום. ומוקפות חומה למחר.
חל להיות ערב שבת – כפרים מקדימין ליום הכניסה, ועיירות גדולות ומוקפות חומה קורין בו ביום.
חל להיות בשבת – כפרים ועיירות גדולות מקדימין וקורין ליום הכניסה, ומוקפות חומה למחר.
חל להיות אחר השבת – כפרים מקדימין ליום הכניסה, ועיירות גדולות קורין בו ביום, ומוקפות חומה למחר.

המשנה אינה מסתפקת בניסוח כלל עקרוני ומפרטת את כל האפשרויות. הפירוט הזה, מלבד שאינו אופייני למשנה, הוא מיותר, משום שאת החשבון יכול כל לומד לעשות בעצמו. הפירוט הזה יוצר תחושה שהמשנה נותנת מקום מרכזי וחשוב להלכה שעל פניו נראית שולית וטכנית.

אל השאלות הללו נוסיף עוד שתיים הנוגעות לתוכן התקנה: האחת נוגעת לזמן הקריאה ב"כרכין המוקפין חומה". המשנה מגדירה שהזמן של קריאת המגילה בערים המוקפות חומה הוא רק אם החומה מימות יהושע בן נון. וזה מוזר. הרי תקופת יהושע בן נון מרוחקת מסיפור המגילה, ולא ברור מדוע קביעת הערים המוקפות מיוחסת לתקופה זו דווקא.

קושיה נוספת קשורה לקביעה של המשנה "לא פחות ולא יותר",

5. וכן בשאר החגים, שהם דאורייתא, אז בוודאי שלא מתאפשר שינוי כזה. ההשוואה לחנוכה מראה שגם בחג דרבנן המצב הזה לא מתאפשר.

דהיינו, המשנה מאפשרת חריגה של שלושה ימים בלבד, י"א, י"ב וי"ג, ומדוע המשנה לא מאפשרת לאחֵר את קריאת המגילה? בחלק מן המקרים זה יאפשר צמצום וקירוב של קריאת המגילה לי"ד. למשל אם י"ד חל ביום ראשון, במקום להקדים לכפרים את הקריאה ליום הכניסה הקודם, יום חמישי, אפשר היה לאחר את הקריאה ביום אחד, ליום הכניסה הקרוב, יום שני.

נסכם את הקושיות על המשנה:

א. מדוע המשנה מאפשרת להקדים את קריאת המגילה?
ב. מדוע המשנה פותחת את המסכת בדין צדדי של הקדמת ימי קריאת המגילה?
ג. מה מוסיף הנימוק של הקלה על הכפרים, והרי הוא אינו טעם מספק לשינוי כל כך דרמטי?
ד. מדוע המשנה אינה מסתפקת בכלל ומפרטת את כל המקרים?
ה. מדוע המשנה קושרת את קריאת המגילה בט"ו לערים המוקפות חומה מימות יהושע בן נון? מה הקשר שלו לסיפור המגילה?
ו. מדוע המשנה מרחיבה את זמן קריאת המגילה רק לימים שלפני י"ד ולא לימים שאחרי ט"ו?

הקושיות הללו מזמינות את הלומד להעמיק בדין הייחודי הפותח את מסכת מגילה, וסוגיית הפתיחה עושה בדיוק את זה. באמצעות הדיון של הסוגיה בהקדמת הקריאה – היא מציגה בפנינו תפיסה רעיונית מורכבת של המשמעות של מגילת אסתר ושל חג הפורים.

סוגיית הפתיחה

סוגיית הפתיחה מנסה לעמוד על מקורו של דין המשנה.[6] הניסיון למצוא מקור לדין המופיע במשנה איננו טכני בלבד, אלא הוא כלי בידי סוגיית הפתיחה לעמוד על המשמעות של הדין שבמשנה, ובאמצעותו גם על המשמעות הרעיונית והרוחנית של פורים בכלל.

6. ניתוח של סוגיית הפתיחה אפשר למצוא בספרו של שמעון קליין, שלום ואמת, עמ' 156-131. אני מציעה כאן פרשנות אחרת למהלך הסוגיה ולרעיונות הטמונים בחובה.

חלק ראשון: ביסוס וחיזוק התוקף של התקנה שבמשנה

כפי שמתבקש, השאלה הראשונה של הגמרא על המשנה היא "מנלן", כלומר, מה המקור לדין המשנה? עוד לפני שהגמרא עונה על השאלה, היא מקשה על השאלה עצמה:

> מגילה נקראת באחד עשר. מנלן?
> מנלן?
> כדבעינן למימר לקמן: חכמים הקילו על הכפרים להיות מקדימין ליום הכניסה כדי שיספקו מים ומזון לאחיהם שבכרכים.

הגמרא מקשה, מדוע יש לשאול "מנלן", הרי ידוע שמקור הדין הוא בתקנת חכמים להקל על כפרים, כמובא בהמשך הפרק.

לכן הגמרא מתקנת את נוסח השאלה מ"מנלן" ל"היכא רמיזא?", כלומר, לא מה המקור הדין, שהרי המקור ידוע – תקנת חכמים, אלא היכן יש רמז לתקנה במגילה עצמה. אבל עוד קודם שאלת "היכא רמיזא" והתשובות עליה, הגמרא מפרטת ומסבירה את הקושיה על שאלת "מנלן":

> אנן הכי קאמרינן: מכדי, כולהו אנשי כנסת הגדולה תקנינהו, דאי סלקא דעתך אנשי כנסת הגדולה ארבעה עשר וחמשה עשר תקון – אתו רבנן ועקרי תקנתא דתקינו אנשי כנסת הגדולה? והתנן: אין בית דין יכול לבטל דברי בית דין חבירו אלא אם כן גדול ממנו בחכמה ובמנין, אלא פשיטא – כולהו אנשי כנסת הגדולה תקינו,
> היכא רמיזא?

כיוון שאנשי כנסת הגדולה קבעו את חג הפורים בי"ד ובט"ו, וכיוון שאין בית דין יכול לבטל תקנה של בית דין אחר, אלא אם גדול ממנו בחכמה ובמניין, ממילא גם את הקדמת הקריאה של המגילה תיקנו אנשי הכנסת הגדולה שקבעו את הקריאה בי"ד וט"ו. האופן שבו דוחה הגמרא את הצורך בשאלת "מנלן" באופן עקיף משמש גם לביסוס התוקף של התקנה שבמשנה.

כיוון שהגמרא דוחה את הפרשנות הראשונה לשאלת "מנלן", ומתוך כך מדייקת ומתקנת את השאלה ל"היכא רמיזא", יש לשאול מדוע מלכתחילה הגמרא לא שאלה "היכא רמיזא", אלא "מנלן", דחתה את השאלה הזו והביאה שאלה אחרת במקומה?

הפירוט שהגמרא נוקטת בדחייתה את שאלת "מנלן" מאפשר לגמרא לטעון שהאפשרות לקריאת מגילה בי"א, י"ב וי"ג באדר שוות ערך במעמדה ובסמכותה לעיקר הדין של קריאת המגילה בי"ד וט"ו. באמצעות האמירה ש"פשיטא" ש"כולהו אנשי כנסת הגדולה תקינו" הגמרא מבססת את התוקף של התקנה. כלומר, גם הגמרא רואה בתקנה שבמשנה תקנה חשובה ומרכזית, ושאלת "מנלן" מחזקת את התוקף שלה.

אבל החיזוק הזה בעייתי, משום שלמרות מה שהגמרא אומרת, שמי שתיקן את קריאת המגילה בי"ד וט"ו תיקן גם את האפשרות להקדים, אין רמז לכך במגילה עצמה ולא מצאנו שום התייחסות מיוחדת במגילה לימים י"א, י"ב וי"ג באדר.

יש לשים לב שהגמרא כאן לא מסבירה את התקנה אלא רק מבססת את התוקף שלה, ולמעשה מעניקה לה תוקף כמו של עצם תקנת חג פורים. המהלך הזה ממשיך את המשנה, שגם היא נתנה מקום מרכזי לתקנה הזו כשהעמידה אותה בפתיחת המסכת, ובחרה לפרט, ללא צורך, את כל האפשרויות בהתאם לימות השבוע.

אם כן, בשלב הזה עדיין אין תשובה לשאלה מה המרכזיות והחשיבות שיש להקדמת קריאת המגילה לי"א, י"ב וי"ג. ננסה לבחון אם נוכל לקבל מענה לשאלה זו בהמשך סוגיית הפתיחה.

חלק שני: "היכא רמיזא?" – רמז להקדמת קריאת מגילה במגילה עצמה

כאמור את שאלת "מנלן" החליפה שאלת "היכא רמיזא". בתשובה לשאלת "היכא רמיזא" הגמרא מביאה שתי תשובות. נעיין בכל אחת מהן וננסה לבחון אם והיכן במגילה רמוזה האפשרות להקדמת קריאת מגילה.

רב שמן בר אבא בשם רבי יוחנן מוצא את הרמז לתקנת המשנה בפסוק "לְקַיֵּם אֶת יְמֵי הַפֻּרִים הָאֵלֶּה בִּזְמַנֵּיהֶם" (ט, לא):

> אמר רב שמן בר אבא אמר רבי יוחנן: אמר קרא, לקים את ימי הפרים האלה בזמניהם – זמנים הרבה תקנו להם.
> האי מיבעיא ליה לגופיה!
> אם כן לימא קרא "זמן", מאי זמניהם? זמנים טובא.
> ואכתי מיבעי ליה: זמנו של זה לא כזמנו של זה!
> אם כן לימא קרא זמנם, מאי זמניהם? שמעת מינה כולהו.

המילה ״בזמניהם״ רומזת על ריבוי זמנים, וממנה לומד ר׳ יוחנן רמז לריבוי הימים לקריאת המגילה. הטענה הראשונה של הגמרא על הדרשה של ר׳ יוחנן היא ״מיבעיא ליה לגופיה״, דהיינו שהמילה ״בזמניהם״ נצרכת ללימוד על הימים י״ד וט״ו, וזו המשמעות של המילה בפשט הפסוקים. הגמרא משיבה ובסופו של משא ומתן היא מגיעה למסקנה שאכן זהו פסוק מתאים למבוקש.

אימא: זמנים טובא!
זמניהם דומיא דזמנם, מה זמנם תרי – אף זמניהם תרי.

קושיה נוספת של הגמרא על הלימוד של ר׳ יוחנן מתייחסת לריבוי של י״א וי״ב דווקא. מדוע לא יותר ימים? ואם רק שני ימים, מדוע לא י״ג וי״ב, שהם הימים הסמוכים לפורים עצמו?

ואימא תריסר ותליסר!
כדאמר רב שמואל בר יצחק: שלשה עשר זמן קהילה לכל היא, ולא צריך לרבויי. הכא נמי, שלשה עשר זמן קהילה לכל היא ולא צריך לרבויי.

התשובה של הגמרא היא שי״ג לא צריך לימוד מיוחד כי הוא ״זמן קהילה לכל״, ולכן ברור מאליו שאפשר לקרוא בו את המגילה.

האמירה הזו תמוהה ואין לה רמז במגילה: מדוע הגמרא סבורה שקוראים את המגילה בי״ג דווקא, ואיך זה קשור להיותו ״זמן קהילה״?

בשלב הבא של הדיון הגמרא מציעה שריבוי שני הימים יתייחס לימים שאחרי פורים, ט״ז וי״ז באדר, ולא הימים שלפניו, כמו שהציעה עד עכשיו:

ואימא שיתסר ושיבסר? ולא יעבור כתיב.

את האפשרות הזו הגמרא דוחה מהמילים ״ולא יעבור״ שבפסוק ״קִיְּמוּ וְקִבְּלוּ הַיְּהוּדִים עֲלֵיהֶם וְעַל זַרְעָם וְעַל כָּל הַנִּלְוִים עֲלֵיהֶם וְלֹא יַעֲבוֹר לִהְיוֹת עֹשִׂים אֵת שְׁנֵי הַיָּמִים הָאֵלֶּה כִּכְתָבָם וְכִזְמַנָּם בְּכָל שָׁנָה וְשָׁנָה״ (ט, כז).

גם הלימוד הזה מוזר, שכן המילים ״ולא יעבור״ בפסוק לא מתייחסות לזמן החג אלא לעצם קבלת החג לדורות.

בשלב הזה העלינו כמה קשיים על דרשת ר' יוחנן למציאת רמז בכתובים להקדמת קריאת מגילה:

א. קושי על עצם הלימוד מן המילה "בזמניהם", משום שהמילה משמשת לעניין אחר.
ב. קושי על ההנחה שקריאת מגילה בי"ג ברורה מאליה ואין צורך למצוא לה סימוכין בפסוקים.
ג. קושי על הלימוד שריבוי הזמנים הוא רק לפני החג ולא לאחריו.

קושיות דומות קיימות גם לגבי התשובה השנייה שמביאה הגמרא לשאלת "היכא רמיזא?" – תשובת רבי שמואל בר נחמני:

> ורבי שמואל בר נחמני אמר: אמר קרא כימים אשר נחו בהם היהודים, ימים כימים – לרבות אחד עשר ושנים עשר.
> ואימא תריסר ותליסר! אמר רב שמואל בר יצחק: שלשה עשר זמן קהילה לכל היא, ולא צריך לרבויי. ואימא שיתסר ושיבסר! ולא יעבור כתיב.

הרמז שרבי שמואל בר נחמני מוצא לקריאת המגילה שלא בזמנה לקוח מהפסוק: "לְקַיֵּם עֲלֵיהֶם לִהְיוֹת עֹשִׂים אֵת יוֹם אַרְבָּעָה עָשָׂר לְחֹדֶשׁ אֲדָר וְאֵת יוֹם חֲמִשָּׁה עָשָׂר בּוֹ בְּכָל שָׁנָה וְשָׁנָה: כַּיָּמִים אֲשֶׁר נָחוּ בָהֶם הַיְּהוּדִים מֵאוֹיְבֵיהֶם וְהַחֹדֶשׁ אֲשֶׁר נֶהְפַּךְ לָהֶם מִיָּגוֹן לְשִׂמְחָה וּמֵאֵבֶל לְיוֹם טוֹב לַעֲשׂוֹת אוֹתָם יְמֵי מִשְׁתֶּה וְשִׂמְחָה וּמִשְׁלוֹחַ מָנוֹת אִישׁ לְרֵעֵהוּ וּמַתָּנוֹת לָאֶבְיוֹנִים" (ט, כא-כב).

הקושיות שהקשתה הגמרא על דרשת ר' יוחנן נשאלות גם כאן ונענות באותו אופן.

שתי הדרשות דומות זו לזו באופיין. מדוע יש צורך בשתיהן? במילים אחרות: מה ההבדל ביניהן? הגמרא עצמה שואלת את השאלה הזו:

> רבי שמואל בר נחמני מאי טעמא לא אמר מבזמניהם? זמן זמנם זמניהם לא משמע ליה.
> ורב שמן בר אבא, מאי טעמא לא אמר מכימים? אמר לך: ההוא לדורות הוא דכתיב.

תשובת הגמרא היא שרבי שמואל בר נחמני מסביר את הפסוק כפשוטו, לדורות. הגמרא אינה עונה על השאלה, אלא רק אומרת שכל אמורא חולק על חברו.

לפנינו אפוא שתי דרשות מקבילות, שכל אחת מהן מסתמכת על מילה מן המגילה ולומדת ממנה ריבוי של ימים. הקשיים שהעלינו על הדרשות נותנות את התחושה שאין בדרשות הללו מענה מספק הן לשאלת "היכא רמיזא" והן לשאלה מה המקור להקדמת קריאת המגילה.

למעשה, בשלב זה שתי הדרשות שהביאה הגמרא מעצימות את הקושיה יותר מאשר עונות עליה. לכן, על השאלה המרכזית של סוגיית הפתיחה על התקנה שבמשנה וחשיבותה – אפשר להוסיף גם שאלות על הדרשות של רבי שמואל בר נחמני ור' יוחנן – מה פשר הדרשות ומה ההבדל ביניהן?

כפי שהערנו, כשהגמרא מצטטת פסוק, ובמיוחד כאשר היא מבססת דרשה על פסוק, כמו בסוגיה שלנו, יש להתבונן בהקשר המקור ולמצוא שם רבדים של משמעות רעיונית. לכן נעצור כעת את העיון בסוגיה ונפנה לפסוקי המגילה המצוטטים ולהקשר שלהם, ומהם ננסה להבין את המקור לתקנה שבמשנה ואת המשמעות הרעיונית שלה.

הרחבה רעיונית: אסתר פרק ט

שתי איגרות – שני פורים

הפסוקים שמהם האמוראים לומדים את המקור לדין שבמשנה לקוחים מחלקו השני של פרק ט במגילת אסתר, העוסק בהתקבלות החג ובקביעתו לדורות. כבר עמדו על הכפילות שקיימת בקביעת חג פורים:[7] שתי איגרות נשלחות, האחת בידי מרדכי והשנייה בידי מרדכי ואסתר, ושני תהליכים של התקבלות החג מתוארים במגילה.

7. י' בן נון, זכור ושמור, עמ' 473; י' תבורי, מועדי ישראל, עמ' 324–330, מסביר את ריבוי האיגרות בקושי של התקבלות התקנה, ומוצא לכך סימוכין בדברי חז"ל בסוגיות בבבלי (דף ז ע"ב) ובירושלמי (מגילה א, ז) ובמקורות נוספים, ועל בקשת אסתר "כתבוני לדורות" ועל הפולמוס שהיה ביחס לבקשה הזו, וביחס להכנסת מגילת אסתר לכתבי הקודש. גרוסמן, אסתר, עמ' 230–247, עומד על חמישה שלבים בהתקבלות של החג. הפרשנות של גרוסמן אינה סותרת את הצעתי כאן משום שהוא מחשיב גם שני שלבים של התקבלות ספונטנית של החג, באותה שנה ובשנים הסמוכות לה.

המפתח להבנת הדרשות, ומתוך כך להבנת המרכזיות של תקנת המשנה, מצוי בעובדה שהפסוק שמביא רב שמן בר אבא לקוח מהפסוקים המתארים את שליחת האיגרת השנייה, ואילו הפסוק שמביא רבי שמואל בר נחמני לקוח מהפסוקים המתארים את שליחת האיגרת הראשונה. לכן יש חשיבות להבנת היחס בין שתי האיגרות הללו. לשם כך אנתח את חלקו השני של פרק ט (מפסוק כ עד לסוף המגילה), הכולל את שתי האיגרות.[8] העיון בפסוקים יתמקד בעיקר בתהליך של קביעת החג, ובמיוחד בסיבה לכתיבת שתי האיגרות. כדי להבין מה הצורך באיגרת שנייה, אשווה בין האיגרות ואעמוד על האופי והתוכן של החג שנקבע לדורות בכל אחת מהן.

לאחר העיון בפסוקי המגילה – נחזור לגמרא וננסה לענות על השאלות שהעלינו על המשנה ועל סוגיית הפתיחה מתוך מה שעלה מן הפסוקים.

האיגרת הראשונה – איגרת מרדכי

(כ) וַיִּכְתֹּב מָרְדֳּכַי אֶת הַדְּבָרִים הָאֵלֶּה וַיִּשְׁלַח סְפָרִים אֶל כָּל הַיְּהוּדִים אֲשֶׁר בְּכָל מְדִינוֹת הַמֶּלֶךְ אֲחַשְׁוֵרוֹשׁ הַקְּרוֹבִים וְהָרְחוֹקִים:
(כא) לְקַיֵּם עֲלֵיהֶם לִהְיוֹת עֹשִׂים אֵת יוֹם אַרְבָּעָה עָשָׂר לְחֹדֶשׁ אֲדָר וְאֵת יוֹם חֲמִשָּׁה עָשָׂר בּוֹ בְּכָל שָׁנָה וְשָׁנָה:
(כב) כַּיָּמִים אֲשֶׁר נָחוּ בָהֶם הַיְּהוּדִים מֵאוֹיְבֵיהֶם וְהַחֹדֶשׁ אֲשֶׁר נֶהְפַּךְ לָהֶם מִיָּגוֹן לְשִׂמְחָה וּמֵאֵבֶל לְיוֹם טוֹב לַעֲשׂוֹת אוֹתָם יְמֵי מִשְׁתֶּה וְשִׂמְחָה וּמִשְׁלוֹחַ מָנוֹת אִישׁ לְרֵעֵהוּ וּמַתָּנוֹת לָאֶבְיוֹנִים:
(כג) וְקִבֵּל הַיְּהוּדִים אֵת אֲשֶׁר הֵחֵלּוּ לַעֲשׂוֹת וְאֵת אֲשֶׁר כָּתַב מָרְדֳּכַי אֲלֵיהֶם:

באיגרת הראשונה ששולח מרדכי הוא קובע את י"ד וט"ו כ"יְמֵי מִשְׁתֶּה וְשִׂמְחָה" על ההצלה: "אֲשֶׁר נֶהְפַּךְ לָהֶם מִיָּגוֹן לְשִׂמְחָה וּמֵאֵבֶל לְיוֹם טוֹב". השם של הימים הללו אינו מצוין, אלא רק האופי שלהם (שמחה), והמצוות, שהן ביטוי לשמחה.[9] נקודת המבט של מרדכי על האירועים היא הודאה על הנס ושמחה בהצלה הגדולה. מכך נגזר חג שהוא בעל אופי של שמחה.

8. לאורך הפרק נעזרתי בספרו של גרוסמן, אסתר. מצאתי הקבלות בניתוח הספרותי אך בפרשנות הלכתי בדרך אחרת משלו. בנקודות הרלוונטיות הפניתי לספרו והצבעתי על ההבדלים.

9. לא עמדתי כאן על ההבדל בין התיאור המעשי של החג שקיימו היהודים באופן ספונטני,

מה היה חסר אם מגילת אסתר הייתה מסתיימת כאן? הסיפור כולו סופר, המלחמה הסתיימה בניצחון והימים נקבעו כימי שמחה לדורות. פסוק כג מאשר שהיהודים קיבלו על עצמם את החג ואת המצוות שלו. על פניו נראה שפסוק כג הוא נקודת סיום ראויה למגילה.

אבל למרבה ההפתעה מגילת אסתר נמשכת. ההמשך של המגילה, שבמבט ראשון עשוי להיראות מיותר, למעשה מספר גם הוא סיפור. קריאה מעמיקה של פסוקי הסיום של המגילה (מפסוק כד ועד לסוף המגילה) מגלה שגם בחלקה האחרון של מגילת אסתר מתרחשת דרמה.

האיגרת השנייה – איגרת אסתר ומרדכי

פסוקי הסיום של המגילה מכילים שני חלקים. בשני הפסוקים הראשונים, כד-כה, מסופרים אירועי המגילה בתמציתיות. החלק השני, פסוקים כה-לב, עוסק בקביעה נוספת של החג לדורות, הכולל שליחה של איגרת נוספת, "אִגֶּרֶת הַפּוּרִים הַזֹּאת הַשֵּׁנִית", ובהתקבלות חוזרת של החג.

תחילה נבחן את שני הפסוקים המספרים את סיפור המגילה וננסה לעמוד על נקודת המבט שממנה הם משקיפים על סיפור המגילה:

(כד) כִּי הָמָן בֶּן הַמְּדָתָא הָאֲגָגִי צֹרֵר כָּל הַיְּהוּדִים חָשַׁב עַל הַיְּהוּדִים לְאַבְּדָם וְהִפִּל פּוּר הוּא הַגּוֹרָל לְהֻמָּם וּלְאַבְּדָם:
(כה) וּבְבֹאָהּ לִפְנֵי הַמֶּלֶךְ אָמַר עִם הַסֵּפֶר יָשׁוּב מַחֲשַׁבְתּוֹ הָרָעָה אֲשֶׁר חָשַׁב עַל הַיְּהוּדִים עַל רֹאשׁוֹ וְתָלוּ אֹתוֹ וְאֶת בָּנָיו עַל הָעֵץ:

את החזרה על סיפור המגילה יש המסבירים כחתימה בעלת אופי סיכומי. את ההבדלים בין המסופר בשני הפסוקים הללו לסיפור במגילה עצמה אפשר לתלות באופי המתומצת של הסיכום.[10] אלא שהשוני בין הסיפורים הוא כל כך עמוק, ולא נוגע רק להשמטת פרטים כאלו או אחרים, ולכן ההסבר

שכלל שמחה ומשתה ויום טוב ומשלוח מנות (פסוקים יז-יט) ובין הקביעה של מרדכי של משתה ושמחה ומשלוח מנות ומתנות לאביונים. גרוסמן, אסתר, עמ' 236, דן בהבדלים הללו אולם לענייננו אין חשיבות לפרטים הללו.

10. גרוסמן, שם, עמ' 237-238. גרוסמן אינו מייחס חשיבות עקרונית להבדלים שבין מה שמובא בפסוקים הללו לסיפור כפי שהוא מסופר במגילה. הוא מסביר אותם כהבדלים של נקודות מבט ושל סגנון כתיבה. לסיבה לשינוי נקודת המבט בסיכום הספר הוא אינו מתייחס. לדעתי, בהבדלים הללו נעוץ אחד המסרים העיקריים של המגילה ושל החג, כפי שמצביעה עליו סוגיית הפתיחה, ראו להלן.

הזה אינו מספק. נראה שהסיפור שמסופר בפסוקי הסיום הוא לא רק קיצור האירועים אלא מספר את הסיפור מנקודת מבט שונה לחלוטין משל המגילה ומזו שבאה לידי ביטוי בחג שקובע מרדכי באיגרת הראשונה.

בסיפור המגילה כפי שהוא מופיע בפסוקי הסיום – מרדכי כלל לא מוזכר, אסתר מוזכרת באופן עקיף, ללא שמה. גם אחשוורוש מוזכר רק בכינויו "המלך". רק המן מוזכר. האזכור של המן כולל פירוט לא פרופורציוני לאורך הסיפור: חצי פסוק (פסוק כד) מוקדש להמן ותאריו: "הָמָן בֶּן הַמְּדָתָא הָאֲגָגִי צֹרֵר כָּל הַיְּהוּדִים", מתוך שני פסוקים שמספרים את כל הסיפור! פסוק כד מוקדש בפירוט לתיאור הגזרה: "חָשַׁב עַל הַיְּהוּדִים לְאַבְּדָם וְהִפִּיל פּוּר הוּא הַגּוֹרָל לְהֻמָּם וּלְאַבְּדָם". הפירוט בא לידי ביטוי בהתייחסות הן למחשבה והן למעשה ובהסבר של "פור הוא הגורל". כל המידע הנוגע לגזרת ההשמדה מצוי כאן.

על רקע הפירוט הזה בולט האופן הדל שבו מתייחסים פסוקי הסיום להצלה מהגזרה. פסוק כה מוקדש לתיאור ההצלה, אבל האופן שבו התרחשה ההצלה מעומעם "וּבְבֹאָהּ (מי?) לִפְנֵי הַמֶּלֶךְ (מי?) אָמַר (מי?) עִם הַסֵּפֶר (איזה ספר?) יָשׁוּב מַחֲשַׁבְתּוֹ הָרָעָה אֲשֶׁר חָשַׁב עַל הַיְּהוּדִים עַל רֹאשׁוֹ וְתָלוּ אֹתוֹ וְאֶת בָּנָיו עַל הָעֵץ". אם לא היינו מכירים את הסיפור מהמגילה – לא היינו יכולים להבין כיצד התרחשה ההצלה. זאת כמובן, בניגוד לתיאור הגזרה בפסוק הקודם – שהיא מפורטת ומובנת. לא רק שהתיאור מעומעם, אלא שהוא גם לא מדויק. אומנם המן ובניו נתלו על עץ, אבל זה לא קרה "עם הספר",[11] הרי המלך עצמו אומר שמה שכבר נכתב בספר אי אפשר להשיב. בולטים בהעדרם שמות כל השותפים להצלה, אסתר, ואפילו אחשוורוש, ובולט בעיקר מרדכי בהעדרו, שאפילו באופן עקיף ומרומז אינו מוזכר כאן.

הדבר התמוה והבולט ביותר שנעדר מן הסיפור הזה הוא ההצלה בעצמה. התלייה של המן מתוארת כאן, אבל לא מוזכרת הגזרה "להומם ולאבדם", שהוזכרה בפסוק הקודם. שהרי כידוע – תליית המן לא ביטלה את גזרת ההשמדה עצמה, "כִּי כְתָב אֲשֶׁר נִכְתָּב בְּשֵׁם הַמֶּלֶךְ וְנַחְתּוֹם בְּטַבַּעַת הַמֶּלֶךְ אֵין לְהָשִׁיב" (ח, ח). ויוצא אפוא שהעיקר חסר מן הספר!

לכן נראה שלא מדובר בקיצור, אלא במגמתיות מכוונת של פסוקי הסיום של המגילה. בפסוקים הללו יש ביטוי לנקודת מבט שונה על ההתרחשויות המתוארות במגילה. בשפה עכשווית נאמר כי לתיאור כאן

11. הספרים שבהם נכתבו הגזרות הרשמיות ונשלחו לכל הממלכה. רש"י על הפסוק.

יש אג׳נדה שונה, או נרטיב שונה, מזה של סיפור המגילה. הפסוקים הללו אינם חזרה מיותרת, אלא פרק נוסף בדרמה של סיפור המגילה. מה מבקשים פסוקי הסיום לומר? איזה סיפור הם מבקשים להוסיף לסיפור המגילה?

ראינו שפסוקים כד-כה מתמקדים בגזרת ההשמדה, וההצלה עצמה אינה מוזכרת. לכן נראה שהנרטיב של פסוקי הסיום הוא נרטיב שרואה את עיקר הסיפור בגזרת ההשמדה, וההצלה נדחקת למקום שולי, ומיטשטשת באופן מכוון. בהמשך ננסה להבין את נקודת המבט הזו, אבל נתבונן קודם בתיאור של קביעת החג לדורות מנקודת המבט המתמקדת בגזרת ההשמדה:

(כו) עַל כֵּן קָרְאוּ לַיָּמִים הָאֵלֶּה פוּרִים עַל שֵׁם הַפּוּר עַל כֵּן עַל כָּל דִּבְרֵי
הָאִגֶּרֶת הַזֹּאת וּמָה רָאוּ עַל כָּכָה וּמָה הִגִּיעַ אֲלֵיהֶם׃
(כז) קִיְּמוּ וקבל וְקִבְּלוּ הַיְּהוּדִים עֲלֵיהֶם וְעַל זַרְעָם וְעַל כָּל הַנִּלְוִים
עֲלֵיהֶם וְלֹא יַעֲבוֹר לִהְיוֹת עֹשִׂים אֵת שְׁנֵי הַיָּמִים הָאֵלֶּה כִּכְתָבָם וְכִזְמַנָּם
בְּכָל שָׁנָה וְשָׁנָה׃
(כח) וְהַיָּמִים הָאֵלֶּה נִזְכָּרִים וְנַעֲשִׂים בְּכָל דּוֹר וָדוֹר מִשְׁפָּחָה וּמִשְׁפָּחָה
מְדִינָה וּמְדִינָה וְעִיר וָעִיר וִימֵי הַפּוּרִים הָאֵלֶּה לֹא יַעַבְרוּ מִתּוֹךְ הַיְּהוּדִים
וְזִכְרָם לֹא יָסוּף מִזַּרְעָם׃
(כט) וַתִּכְתֹּב אֶסְתֵּר הַמַּלְכָּה בַת אֲבִיחַיִל וּמָרְדֳּכַי הַיְּהוּדִי אֶת כָּל תֹּקֶף
לְקַיֵּם אֵת אִגֶּרֶת הַפּוּרִים הַזֹּאת הַשֵּׁנִית׃
(ל) וַיִּשְׁלַח סְפָרִים אֶל כָּל הַיְּהוּדִים אֶל שֶׁבַע וְעֶשְׂרִים וּמֵאָה מְדִינָה מַלְכוּת
אֲחַשְׁוֵרוֹשׁ דִּבְרֵי שָׁלוֹם וֶאֱמֶת׃
(לא) לְקַיֵּם אֵת יְמֵי הַפֻּרִים הָאֵלֶּה בִּזְמַנֵּיהֶם כַּאֲשֶׁר קִיַּם עֲלֵיהֶם מָרְדֳּכַי
הַיְּהוּדִי וְאֶסְתֵּר הַמַּלְכָּה וְכַאֲשֶׁר קִיְּמוּ עַל נַפְשָׁם וְעַל זַרְעָם דִּבְרֵי הַצֹּמוֹת
וְזַעֲקָתָם׃
(לב) וּמַאֲמַר אֶסְתֵּר קִיַּם דִּבְרֵי הַפֻּרִים הָאֵלֶּה וְנִכְתָּב בַּסֵּפֶר׃

לראשונה כאן, בפסוק כו, נקרא החג ״פורים״. השם הזה לא היה קיים בחג שקבע מרדכי באיגרות הראשונות ששלח ליהודים. השם ״פורים״, כשמו כן הוא, מתמקד בפור ובאיגרות השמד, כפי שמציין הפסוק במפורש: ״עַל כֵּן קָרְאוּ לַיָּמִים הָאֵלֶּה פוּרִים עַל שֵׁם הַפּוּר עַל כֵּן עַל כָּל דִּבְרֵי הָאִגֶּרֶת הַזֹּאת״. ״האגרת הזאת״ היא איגרת השמד וימי הפורים שנקבעים באיגרת השנייה נקבעים לזכור גזרת ההשמדה שנקבעה על פי הפור. ההצלה מופיעה

בקביעת "ימי הפורים" רק באופן מעורפל ומרומז "וּמָה רָאוּ עַל כָּכָה וּמָה הִגִּיעַ אֲלֵיהֶם".

התהליך שמתואר מפסוק כז חוזר שוב על תהליך ההתקבלות של הימים האלו לדורות. הצורך בתהליך נוסף הוא בגלל שנוסד כאן חג חדש. את "ימי השמחה והמשתה" היהודים "קיימו וקיבלו", אבל את "ימי הפורים" היהודים עדיין לא קיבלו עליהם. לכן יש צורך בתהליך של קבלה.

זו גם הסיבה שיש איגרת נוספת, שנייה.[12] משום שיש צורך להפיץ גם את "ימי הפורים", נוסף ל"ימי המשתה והשמחה" שכבר נקבעו. פסוק כט מציין את כתיבת האיגרת "השנית" בעיקר בידי אסתר.[13] פסוקים ל-לא מתארים את שליחת האיגרת השנייה אל היהודים, ופסוק לב מתאר את ההתקבלות של פורים. התהליך כולו מקביל לתהליך שהתרחש ביחס לאיגרת הראשונה – והוא קורה בשנית אך בנוגע ל"ימי הפורים" שנקבעו בהובלת אסתר.

יש להבין לשם מה נקבעים "ימי פורים" נוסף לימי השמחה והמשתה שנקבעו באיגרת הראשונה: מה תוכנם של "ימי הפורים" של אסתר, ומה עושים בהם? בעוד שבאיגרת הראשונה הימים הם ימי משתה ושמחה (ומשלוח מנות ומתנות לאביונים, הקשורים למשתה) – באיגרת הזו הם כלל לא מוזכרים. אז מה כן? מצוות היום הן כמובן הביטוי המעשי למשמעות היום, ולכן ההבנה מה המעשים שיש לעשות ב"ימי הפורים" היא גם פרשנות למשמעות של הימים הללו.

גם על כך יש מענה בפסוקים. בפסוק כח נאמר ש"הַיָּמִים הָאֵלֶּה נִזְכָּרִים וְנַעֲשִׂים" – אבל מה בדיוק עושים בימים האלה? התשובה מופיעה בהמשך "נִזְכָּרִים... וְזִכְרָם לֹא יָסוּף מִזַּרְעָם". לפי הפסוקים, הימים הללו הם ימי זיכרון. תוכן נוסף לימים הללו, הכולל גם ביטוי מעשי (מצוות), מצוין בפסוק לא: "דִּבְרֵי הַצֹּמוֹת וְזַעֲקָתָם". כלומר בימי הפורים יש צום ותפילה![14]

התמונה הכללית המתקבלת מפסוקי הסיום של המגילה היא של הצעה

12. גרוסמן, אסתר, עמ' 239-245 מסביר את הצורך באיגרת השנייה בחיזוק התוקף של החג והתקבלותו בתפוצות ישראל. על רקע מאבק פוליטי ודתי בין המרכז היהודי בשושן למרכז יהודי אלטרנטיבי בארץ ישראל – התקבלות החג אינה פשוטה, ולכן יש צורך באיגרת השנייה, המגובה בידי אסתר "המלכה". על ידי ההסבר הזה גרוסמן מסביר גם את הבדלי התוכן בין שתי האיגרות.

13. אם האיגרת הייתה נכתבת בידי שניהם היה צריך להיות כתוב: "ויכתבו אסתר המלכה בת אביחיל ומרדכי היהודי", אבל כתוב "ותכתוב", משמע שאסתר כתבה ומרדכי הצטרף.

14. גרוסמן, אסתר, עמ' 242, מסביר את "דברי הצומות וזעקתם" לא כתוכן של הימים

לנקודת מבט אלטרנטיבית לאירועי המגילה. נקודת המבט הזו מתמקדת בגזרה ובפור, ולא בהצלה, שכלל לא מוזכרת. אסתר היא שמובילה את ההצעה הזו (אם כי מרדכי מצטרף ושותף גם הוא). אסתר קובעת ימי פורים, שהם ימים שזוכרים בהם את הפור, אלו ימים של צום וזעקה.

נסכם את ההבדל בין שני החגים שנקבעו בשתי האיגרות:[15]

	האיגרת הראשונה	**האיגרת השנייה**
כותב האיגרת	מרדכי	בעיקר אסתר, ומרדכי מצטרף
השם	ימי משתה ושמחה	פורים
התאריכים	י"ד וט"ו באדר	לא מוזכר
המצוות	משתה שמחה משלוח מנות מתנות לאביונים	זיכרון צום זעקה (תפילה)

מכל האמור עולה השאלה לגבי הטעם בקביעת ימי הפורים באיגרת השנייה: מדוע משמיטה אסתר את ההצלה והשמחה עליה מהנרטיב שלה על אירועי המגילה? האם היא לא רואה את ההצלה הגדולה שעם ישראל זכה לה? מדוע מבקשת מן היהודים לצום ולזעוק ולא לשמוח?

גם כאן, התשובה טמונה בפסוקי המגילה עצמה, בשלושת הפסוקים החותמים את המגילה, פרק י פסוקים א-ג:

(א) וַיָּשֶׂם הַמֶּלֶךְ אֲחַשְׁוֵרוֹשׁ מַס עַל הָאָרֶץ וְאִיֵּי הַיָּם:
(ב) וְכָל מַעֲשֵׂה תָקְפּוֹ וּגְבוּרָתוֹ וּפָרָשַׁת גְּדֻלַּת מָרְדֳּכַי אֲשֶׁר גִּדְּלוֹ הַמֶּלֶךְ
הֲלוֹא הֵם כְּתוּבִים עַל סֵפֶר דִּבְרֵי הַיָּמִים לְמַלְכֵי מָדַי וּפָרָס:
(ג) כִּי מָרְדֳּכַי הַיְּהוּדִי מִשְׁנֶה לַמֶּלֶךְ אֲחַשְׁוֵרוֹשׁ וְגָדוֹל לַיְּהוּדִים וְרָצוּי לְרֹב
אֶחָיו דֹּרֵשׁ טוֹב לְעַמּוֹ וְדֹבֵר שָׁלוֹם לְכָל זַרְעוֹ:

שקובעת אסתר באיגרת השנייה, אלא כחלק מבקשה לנתינת תוקף לתקנת חג הפורים, באמצעות הסתמכות על הצומות (האחרים) שקיבלו עליהם עם ישראל.

15. השימוש במילה "חג" לציון הימים שנקבעו באיגרת השנייה אינו מתאים, משום שאלו אינם ימים של חגיגות ושמחה כמשתמע מן הלשון "חג". ובכל זאת, כיוון שפורים נתפס כחג, ובשל קוצר הלשון, בחרנו להשתמש במינוח הזה ולסייגו.

לכאורה לפנינו סגירה פסטורלית ושלווה לסיפור הדרמטי. הכול שב על מקומו: מרדכי משנה למלך ואין חשש למלחמה נגד היהודים. אבל התיאור הזה הוא מסכה המחביאה מאחוריה סיפור מורכב ואפילו קשה. מתחת לפני השטח, בראייה עמוקה יותר של המאורעות – הפסוקים הללו מספרים את סיפור ההשתרשות העמוק של עם ישראל בגלות. הימים של אירועי המגילה הם ימי שיבת ציון,[16] והעם שזה עתה עבר טלטלה עמוקה, שכמעט והייתה לשואה נוראה, שוקע בסופו של הסיפור אל הנוחות, השלום והטוב של הגלות. הספר שבו נכתבים "תוקפו וגבורתו" של מרדכי הוא ספר דברי הימים "למלכי מדי ופרס", ולא למלכי יהודה וישראל,[17] כפי שהיה מתבקש על רקע שיבת ציון שמקבילה לסיפור המגילה.

גם הפסוק החותם את המגילה טומן שני רבדים שונים ואף הפוכים של משמעות.[18] ברובד הגלוי הפסוק הוא סוף טוב לסיפור הגזירה. מרדכי לא רק שלא נתלה על העץ או הושמד עם כל היהודים אלא אף זכה לגדולה רבה. אך ברובד העמוק הפסוק נושא את המסר שכל עוד גדולת מרדכי היא ביחס לאחשוורוש, היא הפכפכה ויכולה להשתנות ברגע, כמו שקרה להמן, ויכול לקרות לכל משנה למלך. יותר מכך, היותו של מרדכי משנה למלך אחשוורוש מהווה זרז להשתקעות עמוקה יותר של העם בגלות, משום שהמצב שלו טוב יותר. וזה עצמו גורם לכך שעזיבת סיר הבשר והעלייה לארץ ישראל הופכת להיות אפילו קשה יותר.

המסר העמוק שחבוי בפסוקי הסיום של המגילה הוא זעקה גדולה ומרה על השתקעות העם בגלות. הסוף המתבקש למגילה הוא שמרדכי יוביל את היהודים לארץ ישראל, לכונן שם את בית המקדש השני ולבנות מדינה יהודית עצמאית, שאינה תלויה בגחמות של מלכים ושליטים שונאי יהודים. אבל לא כך היה. סיומה של המגילה מבטא באופן סמוי ואירוני ביקורת על הקשר החזק של היהודים לגלות.[19] על פניו הכול נראה טוב,

16. לאו, אסתר, עמ' 9–13; מדן, פורים, עמ' 94–105; גרוסמן, אסתר, עמ' 12–20.
17. גרוסמן, אסתר, עמ' 251–252. הפרשנות שמעניק גרוסמן לקישור הספרותי ל"ספר דברי הימים למלכי ישראל" קשורה לרמיזה לאופי השונה של בתי המלוכה ולהיות היהודים זרים תחת מלכי מדי ופרס. אני מציעה פרשנות אחרת, הקשורה לקריאה של אסתר לעלות לארץ.
18. גרוסמן, אסתר, עמ' 253–255.
19. מדן, פורים, עמ' 88–90, מפנה למדרשי חז"ל הקושרים בין סיפור המגילה לחורבן המקדש, ובכך רומזים להחמצה הגדולה שבסיפור המגילה, שיכלו לעלות לארץ ולבנות את המקדש – הזדמנות שלא מומשה.

אבל פורים כידוע, הוא חג של תחפושות. התחפושת השמחה של היהודים בסוף המגילה מסתירה מציאות קשה, שבה העם נשאר נתון לחסדיו של מלך גחמן ושל שרים שונאי ישראל.

זהו הפרק האחרון בדרמה של מגילת אסתר. אין ראויה יותר מאסתר לכתוב את הפרק האחרון והכואב של המגילה. הרי אסתר שנשארת בארמונו של אחשוורוש, ומשום כך דווקא היא יכולה לראות את מה שמצוי מתחת לתחפושת של המציאות הרגועה והשקטה. אסתר שולחת איגרת שנייה ליהודים, "איגרת הפורים", איגרת שמתמקדת בפור, ולא בהצלה. באיגרת הזו היא תובעת מהם שאסור לשכוח שאנחנו בגלות ועומק הבעיה לא נפתרה, ועלינו להמשיך ולזכור, להמשיך לצום ולזעוק כי המן חדש יכול לקום בכל יום, כפי שאכן אירע לאורך ההיסטוריה היהודית. הפרק הזה מביא את הזעקה של אסתר, שמחזירה את היהודים מחגיגות השמחה והניצחון אל מציאות גלותית הפכפכה וקשה. את הזעקה הזאת מבקשת אסתר "לקבוע לדורות" באמצעות קביעת "ימי הפורים" – עד לגאולה השלמה, ולחזרה לארץ ישראל ולבית המקדש.

לאור כל האמור לעיל, י"ד וט"ו באדר הם ימים הנושאים אופי כפול ואף סותר.[20] הימים הללו הם "ימי שמחה ומשתה" שבהם מצווה לחגוג, לשמוח ולשתות – על ההצלה הגדולה משואת המן. אבל הימים האלו הם גם "ימי פורים", שבהם העם נדרש לזכור, לצום ולזעוק על גלות שעדיין לא באה אל קיצה.[21]

"חג הפורים" וסוגיית הפתיחה

האופי הכפול של חג הפורים במגילה הוא המפתח להבנת סוגיית הפתיחה.

20. הכינוי "חג פורים", על פי הפרשנות שהצעתי, הוא שם שמכיל סתירה: על פי מרדכי הימים האלו הם חג, ואי אפשר לקרוא להם "פורים". ולפי האיגרת השנייה, הם "פורים" ולכן אי אפשר לקרוא להם "חג". לכן, לאורך הפרק השתמשתי במינוח "ימי הפורים" או "ימי שמחה", וכאשר רציתי לבטא את הכפילות, השתמשתי במינוח "חג הפורים".
21. לאורך הפרק עסקתי בפן הלאומי של הגלות. אבל, מלבד ההיבט הלאומי הגלותיות באה לידי ביטוי ברובד העמוק של המגילה גם בהיבט הדתי ובזהות היהודית, שגם היא בולטת בהעדרה. על הרמזים לכך במגילה ראו לאו, אסתר, עמ' 25 ואילך, לאורך הפרשנות למגילה; בן נון, זכור ושמור, עמ' 475 ואילך; מדן, פורים, עמ' 106-107. הפרשנות שהצעתי לאיגרת הפורים השנית, כמנכיחה את הגלותיות וקוראת לשינוי – נכונה לא רק להיבט הלאומי אלא גם להיבט הדתי והרוחני.

היחס של הסוגיה לתקנה שבמשנה יכול להיות מוסבר באמצעות המורכבות של חג הפורים, כפי שהראינו בפסוקי המגילה.

כדי להבין את הסוגיה נחזור ונזכיר בקצרה את השאלות המרכזיות ששאלנו על סוגיית הפתיחה:

א. מדוע פתחה המשנה את מסכת מגילה בתקנה שמאפשרת להקדים את קריאת מגילה?
ב. מדוע התקנה מאפשרת רק להקדים את קריאת המגילה ולא לאחר אותה?
ג. כיצד יש להבין את הדרשות שמוצאים האמוראים לרמז בפסוקי המגילה לתקנה הזו?

נתבונן כעת בתקנה שבמשנה מנקודת המבט של המשמעות הכפולה של פורים. המשנה עוסקת בתאריכים של קריאת מגילה, לכן במקביל לתאריכים שבמשנה נבחן את התאריכים של אירועי המגילה. ההשוואה בין התאריכים שבמגילה לתאריכים שבמשנה תיתן פשר לתקנה שבמשנה.

י"ד וט"ו באדר הם הימים של חגיגות הניצחון והשמחה על ההצלה "וְנוֹחַ בְּאַרְבָּעָה עָשָׂר בּוֹ וְעָשֹׂה אֹתוֹ יוֹם מִשְׁתֶּה וְשִׂמְחָה" (ט, יז). בשושן חגגו בט"ו "וְנוֹחַ בַּחֲמִשָּׁה עָשָׂר בּוֹ וְעָשֹׂה אֹתוֹ יוֹם מִשְׁתֶּה וְשִׂמְחָה" (ט, יח), מכיוון שבי"ד עדיין נלחמו.

י"ג באדר הוא היום שעלה בפור של המן. הוא היום שבו אמורה להתבצע גזרת ההשמדה ההמונית, ובפועל, בגלל הרשות שניתנה ליהודים להגן על עצמם[22] – התרחשה בו מלחמה, "וּשְׁאָר הַיְּהוּדִים אֲשֶׁר בִּמְדִינוֹת הַמֶּלֶךְ נִקְהֲלוּ וְעָמֹד עַל נַפְשָׁם וְנוֹחַ מֵאֹיְבֵיהֶם וְהָרֹג בְּשֹׂנְאֵיהֶם חֲמִשָּׁה וְשִׁבְעִים אָלֶף וּבַבִּזָּה לֹא שָׁלְחוּ אֶת יָדָם. בְּיוֹם שְׁלֹשָׁה עָשָׂר לְחֹדֶשׁ אֲדָר" (ט, טז-יז).

לימים הקודמים לי"ג באדר אין התייחסות מפורשת במגילה, אבל אפשר לשער שמכיוון שהימים הללו היו ימי "טרום מלחמה", סביר להניח שאלו היו ימים שהייתה בהם אווירה של פחד וחשש לצד התארגנות מעשית למלחמה. ייתכן שהייתה גם היערכות דתית, הכוללת צום ותפילות. היהודים

22. על ההיתר להגן על עצמם, ראו הרחבה אצל בן נון, זכור ושמור, עמ' 490-491.

קיבלו אומנם רשות להתגונן ולהשיב מלחמה, אבל הבטחה לניצחון ולהצלה לא הייתה להם.[23]

התקנה שבמשנה מרחיבה את האפשרות לקרוא מגילה לימים הקודמים לניצחון בלבד, ולא לימים שאחרי הניצחון. בכך המשנה מחברת את קריאת המגילה לימי גזרת ההשמדה, לתחושות האיום הקיומי הפחד והחשש. ימי השמחה והמשתה נקבעו באיגרת הראשונה בימים שבהם חגגו היהודים את השמחה על ההצלה, י״ד וט״ו באדר. ל״ימי הפורים״ שנקבעים באיגרת השנייה אין תאריך במגילה. המשנה מוסיפה אפשרות לקריאת מגילה גם בימים שבהם עדיין ריחפה גזרת ההשמדה מעל ראשי היהודים, י״ג, י״ב וי״א באדר. בכך מנכיחה המשנה את ״ימי הפורים״ שקבעה אסתר באיגרת השנייה לזכר הגזרה. אפשר אולי להציע שי״א, י״ב וי״ג באדר הם ההצעה של חכמים ל״ימי הפורים״ שקובעת אסתר, ובכל מקרה ברור שאין לציין אותם בי״ד וט״ו, שהם הימים שבהם חגגו כבר את ההצלה.

לאור זאת מובנת החשיבות שמקבלת התקנה במשנה. המשנה בחרה לפתוח את מסכת מגילה בתקנה הזו לפרטי פרטיה מפני שהיא ראתה בתקנה הזו אמירה מהותית ועקרונית על המשמעות של קריאת המגילה. התקנה הזו היא הדרך של חכמים להצביע על היבט עקרוני ומהותי ב״ימי הפורים״ ובקריאת המגילה, נוסף על ההיבט המוכר של שמחה והודאה.

סוגיית הפתיחה מדגישה את המרכזיות והחשיבות של התקנה במשנה (בחלקה הראשון), וגם מסבירה אותה (בחלקה השני). הגמרא מבינה שהיסוד של תקנת המשנה אינו רק הקלה טכנית. הקלה לא תתאפשר בלי בסיס מהותי מוצק שיאפשר אותה. ההקלה על הכפרים מתאפשרת רק מפני שכבר במגילה עצמה, לצד ״ימי המשתה והשמחה״ בי״ד וט״ו באדר – נקבעים גם ״ימי פורים״ זכר לגזרה עצמה. ושוב, במגילה אומנם לא מוזכרים התאריכים של ״ימי הפורים״, אבל סביר להניח שהם צוינו לפני הניצחון, בזמן שהייתה עדיין גזרה, ולא אחרי שהיא התבטלה.

חלקה הראשון של סוגיית הפתיחה מצביע בדיוק על הנקודה הזו. הקביעה ש״כולהו אנשי כנסת הגדולה תקנינהו״ נותנת מקום וסמכות הלכתית ל״ימי הפורים״ שנקבעו בידי אסתר ומרדכי במקביל ובסמוך

23. אפשר אולי לנסות להבין את האווירה של הימים הללו בהשוואה לתחושות שהיו במדינת ישראל ערב מלחמת ששת הימים. המלחמה אומנם הסתיימה בניצחון מזהיר של המדינה, אבל לפניה הייתה אווירה קשה, עד כדי ייאוש וחששות על עצם קיומה של המדינה.

לקביעת י"ד וט"ו באדר באיגרת הראשונה. הדברים מתיישבים עם פשוטם של מקראות, כפי שהראינו לעיל. ולכן המסקנה של הגמרא, שהתקנה על הקדמת הקריאה שווה בתוקפה לעצם התקנה של חג פורים – גם היא מוסברת ממש כפשוטה.

סוגיית הפתיחה, בעקבות המשנה, מחברת את קריאת המגילה לגזרת המן ולאיום ההשמדה, ולא רק להצלה ממנה. באיגרת השנייה אסתר מציינת שימי הפורים הם ימים של זיכרון הפור. בעקבות זאת, חז"ל מבינים שקריאת המגילה היא היא מעשה הזיכרון. הביטוי המעשי של זיכרון הגזרה הוא בקריאת המגילה, ליתר דיוק, קריאת המגילה בימי הגזרה, שהם י"א, י"ב וי"ג באדר.

יש לשים לב שהתקנה של המשנה עוסקת רק בקריאת המגילה ולא בשאר מצוות הפורים. מצוות השמחה, המשתה משלוח מנות ומתנות לאביונים, כולן הן מצוות המבטאות את השמחה, ואותן לא ניתן להקדים לימי הגזרה, אלא הן נוהגות בי"ד וט"ו בלבד. קריאת המגילה בלבד היא שמבטאת את הזיכרון, ורק היא מוקדמת לימי הגזרה, קודם ימי הניצחון והשמחה.

נתבונן כעת בחלקה השני של סוגיית הפתיחה, בדרשות האמוראים המבקשות למצוא לתקנה רמז במגילה עצמה. דרשת רב שמן בר אבא "זמנים הרבה תקנו להם" מבוססת על הפסוק "בִּזְמַנֵּיהֶם... וְכַאֲשֶׁר קִיְּמוּ עַל נַפְשָׁם וְעַל זַרְעָם דִּבְרֵי הַצּוֹמוֹת וְזַעֲקָתָם" (פסוק לא) העוסק בקביעת "ימי הפורים" של האיגרת השנייה לדורות. לאור דברינו עד כאן, הדרשה מקבלת משמעות עמוקה. אין מדובר רק בדרשה טכנית־מילולית, הדורשת מילה אקראית הנושאת משמעות של ריבוי ימים, אלא בקשר מהותי, המכוון להקשר הרחב שממנו לקוח הפסוק. באיגרת השנייה אסתר בעצמה מעניקה לימי הפורים משמעות המתמקדת בגזרה ובקושי המתלווה אליה, וקשורה מצד תוכנה דווקא לימים שקודמים לימי השמחה על הניצחון במלחמה. במובן הזה, יש בדרשה מקור אמיתי לאפשרות להקדמת קריאת המגילה מתוך המגילה עצמה. במבט כללי יותר אפשר לראות שהדרשה הזו מעניקה גם משמעות רעיונית ורוחנית לקריאת המגילה ולחג הפורים – משמעות המבוססת על האיגרת של אסתר, המביאה נקודת מבט קשה על אירועי הפורים.

הדרשה השנייה, דרשת רבי שמואל בר נחמני, מבססת את תקנת המשנה על הפסוק "כַּיָּמִים אֲשֶׁר נָחוּ" (פסוק כב), הימים שחגגו את הניצחון וההצלה מן הגזרה, כמו שמובא באיגרת הראשונה. גם כאן נראה בדרשה

יותר מאשר לימוד טכני-מילולי, אלא בחירה של בעל הדרשה לחיבור של קריאת המגילה דווקא לאיגרת הראשונה, הרואה בחג הפורים חג של שמחה על ההצלה מהגזרה. אומנם אין רבי שמואל בר נחמני מתנגד לתקנה שבמשנה, אבל הוא מחבר את המשמעות של הקריאה דווקא לימי ההצלה והשמחה, ובכך הוא גם מצביע על המשמעות העיקרית של קריאת המגילה ושל הימים הללו כימים של שמחה והודאה על הנס.

הפרשנות הזו מסבירה לא רק את דרשות ה"היכא רמיזא", אלא גם מה הדיון של הגמרא על הדרשות. כך מוסברת הקביעה של הגמרא ש"לא יעבור", כלומר שלא לאפשר קריאת מגילה בימים שאחרי י"ד וט"ו, אלא רק לפניהם. הרי לא שייך לאפשר קריאת מגילה בימים המאוחרים יותר, ט"ז וי"ז, כיוון שגם הם ימי שמחה על הניצחון, בעוד מטרת התקנה היא דווקא לתת מקום לגזרת ההשמדה ולימים שבהם עדיין ריחפה הגזרה על ראשי היהודים.

על פי הפרשנות הזו גם מובן מדוע הגמרא סבורה שאין צורך בלימוד מיוחד שאפשר לקרוא מגילה בי"ג באדר. רב שמואל בר יצחק אמר ש"שלשה עשר זמן קהילה לכל היא, ולא צריך לרבויי". "זמן קהילה" הוא זמן המלחמה, כפי שכתוב "נִקְהֲלוּ וְעָמֹד עַל נַפְשָׁם וְנוֹחַ מֵאֹיְבֵיהֶם וְהָרֹג בְּשֹׂנְאֵיהֶם" (פסוק טז),[24] וכך הסביר רבנו תם:[25]

> ופירש רבנו תם: "זמן קהלה לכל היא" – שהכל מתאספין לתענית אסתר, ובאים בני הכפרים לעיירות לומר סליחות ותחנונים לפי שבו נקהלו על נפשם והיו צריכים רחמים.

לפי הפרשנות הזו, כשהגמרא אומרת שאין צורך בלימוד מיוחד לקריאת המגילה בי"ג, היא בעצם אומרת שברור שקוראים את המגילה בזמן המלחמה, משום שזהו יום הגזרה עצמו, ובכך הגמרא רומזת שקריאת המגילה אינה רק ביטוי לשמחה על ההצלה אלא יש בה גם זיכרון לגזרה. מתוך כך, כפי

24. רש"י ב ע"א ד"ה זמן קהלה לכל היא: "הכל נקהלו להנקם מאויביהם בין בשושן בין בשאר מקומות, כמו שכתוב בספר. הלכך לא צריך קרא לריבויי שיהא ראוי לקרייה דעיקר הנס בו היה". רש"י מתייחס לי"ג כיום שנעשה בו נס, והוא חלק מהשמחה. אבל מהפסוק עצמו "יום קהילה" מכוון למלחמה עצמה ולא לניצחון, שהוא התוצאה שלה.
25. מובא אצל הרא"ש, מגילה פ"א סי' א.

שאומר רבנו תם, האפשרות לקרוא מגילה בי"ג הופכת את קריאת המגילה עצמה לבקשת רחמים.[26]

סיכום

סוגיית הפתיחה עוסקת בתקנה התמוהה שבמשנה. באמצעות הניסיון למצוא לה רמז בפסוקי המגילה הסוגיה מעניקה משמעות לתקנה. תקנה כזו לא הייתה מתאפשרת אילולא היה לה צידוק עקרוני הקשור למהות הימים הללו. ואכן, החלק הראשון של הסוגיה מוקדש לאמירה הזו בדיוק, שהתקנה הזו היא מיסודות החג.

החלק השני של הסוגיה, שאלת "היכא רמיזא" והתשובה הכפולה של הסוגיה לשאלה, מסביר את האמירה של החלק הראשון, ומצביע על קיומם של "שני חגי פורים" כבר במגילה עצמה, בשתי האיגרות ובשתי המשמעויות שמקבלים הימים הללו. הפרשנות שלנו לסוגיית הפתיחה מראה שסוגיית הפתיחה הופכת ממה שנראה במבט ראשון כדרשות מילוליות העוסקות בתקנה שולית ותמוהה לסוגיה משמעותית הפותחת את העיסוק בחג הפורים בדיון המצביע על המשמעות הרעיונית המורכבת של ימי הפורים.

שתי המשמעויות שמציגה סוגיית הפתיחה באות לידי ביטוי בסוגיות הלכתיות שונות לאורך הפרק הראשון של מסכת מגילה ובפרטים הלכתיים שונים מהלכות חג הפורים. בחלק הבא נתבונן בכמה סוגיות הלכתיות מפרק ראשון ונראה כיצד פרטים הלכתיים שונים יכולים להיות מוסברים באמצעות שתי נקודות המבט על קריאת מגילה ועל פורים.

סוגיות הלכתיות

הפנים הכפולים של חג הפורים אינם רעיון תיאורטי בלבד. חכמים, כדרכם, מבטאים את התפיסות הרעיוניות שלהם גם בעולם המעשה, באמצעות הלכות. ואכן, כפי שנראה, בכמה סוגיות מפרק ראשון של מסכת מגילה, התפיסה המורכבת של פורים באה לידי ביטוי גם במצוות המעשיות של היום הזה. ביטוי הלכתי ראשון ומובהק מצוי במשנה הראשונה, באפשרות להקדים את קריאת המגילה לימים הקודמים לחג הפורים. על המשמעות

26. ביטויים נוספים לכך בגמרא יובאו בהמשך הפרק, ראה להלן.

הרעיונית של הלכה זו כבר עמדנו. בחלק הזה של הפרק נראה עוד חמישה ביטויים מעשיים של התפיסה הכפולה של פורים כפי שהוצגה בסוגיית הפתיחה בסוגיות שבפרק הראשון של מסכת מגילה.

תוקף התקנה בזמן הזה

במשנה מוצגת האפשרות להקדים את קריאת המגילה בלי מחלוקת, הסתייגות ותנאים. אבל הגמרא, מיד לאחר סוגיית הפתיחה, מצמצמת את הדין הזה באופן רחב ומפתיע:

> אמר רבה בר בר חנה אמר רבי יוחנן: זו דברי רבי עקיבא סתימתאה, דדריש זמן זמנם זמניהם, אבל חכמים אומרים: אין קורין אותה אלא בזמנה.

רבי יוחנן מעמיד את המשנה בדעת יחיד, דעת רבי עקיבא,[27] ואילו חכמים, לדעתו, אינם מקבלים את התקנה שבמשנה. בדברי רבי יוחנן יש צמצום גדול של התקנה שבמשנה, ולמעשה של ההיבט של האיגרת השנייה של חג פורים. המשנה עצמה הביאה זאת כדעה היחידה, ללא מחלוקת, אבל ר׳ יוחנן מעמיד זאת רק בדעת מיעוט, ולמעשה קובע שההלכה אינה כך.

הגמרא אינה מקבלת את דברי ר׳ יוחנן. והיא עושה זאת בשני שלבים. בשלב ראשון על ידי הניסיון להתאים את דברי רבי יהודה לאחת מן הדעות שהוזכרו קודם, ר׳ עקיבא או חכמים:

> מיתיבי: אמר רבי יהודה, אימתי? בזמן שהשנים כתיקנן, וישראל שרויין על אדמתן. אבל בזמן הזה, הואיל ומסתכלין בה – אין קורין אותה אלא בזמנה.
>
> רבי יהודה אליבא דמאן? אילימא אליבא דרבי עקיבא – אפילו בזמן הזה איתא להאי תקנתא.

27. הכינוי ״סתימתאה״ מתייחס לרבי עקיבא, משום ש״סתם משנה רבי עקיבא״, כפירוש הראשון ברש״י, ד״ה סתימתאה. ייתכן שרבי יוחנן נוקט בכינוי הזה כדי לנמק באופן עקיף מדוע המשנה לא ציינה שיש מחלוקת ושזו דעת יחיד. בסופו של דבר, הגמרא דוחה את דברי ר׳ יוחנן, ומסתבר שהמשנה לא ציינה זאת כי זו לא רק דעת יחיד, אלא אפילו לפי חכמים.

אלא לאו – אליבא דרבנן, ובזמן שהשנים כתיקנן וישראל שרויין על אדמתן מיהא קרינן!
תיובתא דרבי יוחנן, תיובתא.

הגמרא מביאה את דעת רבי יהודה, הסבור שהתקנה להקדמת קריאת מגילה נוהגת רק בזמן שישראל שרויים על אדמתם אך לא בזמן הגלות. דעת רבי יהודה היא דעת ביניים, ולשיטתו יש זמנים שאפשר להקדים את קריאת המגילה (בשנים כתיקנן) כמשנה, ויש זמנים שקורים את המגילה רק בזמנה, כדעת חכמים (בזמן הזה).

שאלת הגמרא "רבי יהודה כמאן" היא ניסיון להתאים בין רבי יהודה לאחת מן הדעות, רבי עקיבא או חכמים. אבל האמת היא ששיטת ר' יהודה אינה דומה לאף אחת מן הדעות, אלא הוא חולק על כל אחת מהן. משום שלפי רבי עקיבא בכל מצב, ולא רק בשנים כתיקנן, אפשר להקדים את קריאת המגילה, ולפי חכמים בכל מצב, ולא רק בשנים כתיקנן, אי אפשר להקדים את קריאת המגילה. בסופו של דבר, הגמרא קובעת ששיטתו היא כשיטת חכמים ומסיימת בתיובתא על רבי יוחנן. לצורך המהלך הזה הגמרא צריכה לומר שגם חכמים יסכימו שבשנים כתיקנן מקדימים את קריאת המגילה. זוהי פרשנות מגמתית של הסוגיה את דברי חכמים, משום שבאותה מידה הגמרא הייתה יכולה לקבוע ששיטת ר' יהודה היא כשיטת ר' יוחנן ולהעמיד את חכמים בתיובתא. הסוגיה בחרה בפרשנות שלה לדחות את שיטת ר' יוחנן.

בשלב השני בסוגיה, הדחייה של שיטת ר' יוחנן היא מגמתית יותר. כאן הגמרא מביאה גרסה אחרת של דברי רבי יוחנן והדיון שעליהם:

איכא דאמרי: אמר רבה בר בר חנה אמר רבי יוחנן: זו דברי רבי עקיבא סתימתאה. אבל חכמים אמרו: בזמן הזה, הואיל ומסתכלין בה אין קורין אותה אלא בזמנה.
תניא נמי הכי: אמר רבי יהודה: אימתי? בזמן שהשנים כתיקנן וישראל שרויין על אדמתן, אבל בזמן הזה, הואיל ומסתכלין בה – אין קורין אותה אלא בזמנה.

הדעה של ר' יוחנן כפי שהיא מובאת בגרסה כאן היא רכה יותר. לפי הגרסה הזו הוא לא סובר שחכמים שוללים את האפשרות להקדים את קריאת המגילה

באופן גורף, אלא רק בזמן הזה. זו גם דעת ר' יהודה בברייתא. אם כן, שיטת חכמים, וגם רבי יהודה בברייתא, היא שבשנים כתיקנן יש אפשרות להקדים את הקריאה, אבל בשנות הגלות – אין מקדימים. אין כאן כלל מקום לדעה שהובאה בגרסה הקודמת כשיטת חכמים – שאין בכלל מקום לתקנת המשנה. זו הצגה של המחלוקת באופן שמאפשר יותר מקום לתקנת המשנה.

נוסף לצמצום של שיטת ר' יוחנן, הגמרא מוסיפה להרחיב את המקום שניתן לתקנה של המשנה:

> רב אשי קשיא ליה דרבי יהודה אדרבי יהודה, ומוקים לה לברייתא כרבי יוסי בר יהודה:
> ומי אמר רבי יהודה בזמן הזה הואיל ומסתכלין בה אין קורין אותה אלא בזמנה?
> ורמינהי, אמר רבי יהודה: אימתי? מקום שנכנסין בשני ובחמישי, אבל מקום שאין נכנסין בשני ובחמישי – אין קורין אותה אלא בזמנה. מקום שנכנסין בשני ובחמישי מיהא קרינן, ואפילו בזמן הזה!
> ומוקים לה לברייתא כרבי יוסי בר יהודה.
> ומשום דקשיא ליה דרבי יהודה אדרבי יהודה מוקים לה לברייתא כרבי יוסי בר יהודה?
> רב אשי שמיע ליה דאיכא דתני לה כרבי יהודה, ואיכא דתני לה כרבי יוסי בר יהודה, ומדקשיא ליה דרבי יהודה אדרבי יהודה אמר: מאן דתני לה כרבי יהודה – לאו דווקא, מאן דתני לה כרבי יוסי בר יהודה – דווקא.

רב אשי מביא ברייתא שבה רבי יהודה מאפשר הקדמה של קריאת המגילה לא רק בשנים כתיקנן, כמו בברייתא הקודמת, אלא אפילו בזמן הזה – בימי שני וחמישי, בזמן שנכנסים.[28]

הסוגיה מצביעה על סתירה בין הברייתא הזו לברייתא הקודמת והפתרון הוא שהברייתא הראשונה היא דעת רבי יוסי בר יהודה, ולא רבי יהודה עצמו.[29]

28. הסיבה היא שבית הדין יכול להורות את הזמן של פסח ובכך למנוע טעויות במקרה של הסתמכות על יום הקריאה בספירת הימים לקראת פסח.

29. רש"י ד"ה קשיא דרבי יהודה. החלק האחרון של הסוגיה "ומשום דקשיא ליה וכו'" עד

בשלב הזה, שיטת ר' יוחנן שמעמיד את דעת חכמים כחולקת על התקנה שבמשנה מצטמצמת צמצום נוסף.

א. חכמים עצמם סוברים שאפשר להקדים את קריאת המגילה ב"שנים כתיקנן", כשיטת רבי יהודה.
ב. רבי יהודה עצמו (או רבי יוסי בר יהודה), בברייתא השנייה, סבור שגם בזמן הזה אפשר להקדים את קריאת המגילה במקומות שיש בית דין.

אל מול הצמצום של רבי יוחנן את תקנת המשנה, הסוגיה הולכת בכיוון של ביטול הצמצום הזה, עד שהיא מוצגת במשנה כפשטה. בסופו של דבר, המסקנה היא שגם לפי הדעה החולקת על המשנה, הקדמת קריאת המגילה נוהגת בזמן הזה, אפילו לפי ר' יהודה (במקומות שבהם יושב בית דין), ורק לפי דעת רבי יוסי בר יהודה, שהיא דעה שולית, לא מקדימים את קריאת המגילה כלל בזמן הזה, כברייתא הראשונה.

מהי השורה התחתונה של הסוגיה לגבי קריאת המגילה בי"א, י"ב וי"ג באדר גם בזמן הזה? לפי רבי יוסי בר' יהודה התשובה היא שלא ניתן להקדים. אבל רבי עקיבא (המשנה) ורבי יהודה (במקומות שמתכנסים) סוברים שהקדמת הקריאה נוהגת גם בזמן הזה.[30]

מעבר למהלך הסוגיה להרחבת התקנה שבמשנה, באמצעות הצמצום של שיטת ר' יוחנן, גם לתוכן הדיון יש משמעות חשובה. "בזמן הזה", בפי האמוראים, מתייחס לתקופת הגלות. בעומק השאלה ההלכתית על חלות התקנה של המשנה בתקופת הגלות מצויה אמירה רוחנית וערכית על המקום שיש לתת לפן של התפילה על הגלות בפורים עצמו. הקדמת קריאת המגילה נותנת מקום מרכזי לפורים כיום של זעקה ותפילה על הגזרה הקשה. הפרשנות הזו רואה במחלוקת התלבטות מהותית: האם בזמן שעם ישראל עדיין שרוי בגלות פורים יהיה יום שבו זועקים ומתפללים על צרת

סוף הסוגיה הוא הצדקה של הסוגיה לפתרון שהיא מציעה, שהברייתא השנייה היא לא של רבי יהודה אלא של רבי יוסי בר יהודה.

30. הרמב"ם, משנה תורה, הלכות מגילה, א, ט, פוסק כר' יהודה, שתקנת המשנה היא רק כשיש לישראל מלכות. שולחן ערוך, או"ח, הלכות מגילה ופורים, תרפח, ז והרמ"א שם סוברים שמי שאין לו אפשרות לקרוא בזמנה יכול לקרוא לפני כן, ואפילו מתחילת החודש, אבל ללא ברכה, ואם מזדמנת לו אפשרות לקרוא לאחר מכן, בזמן, עליו לחזור ולקרוא. דהיינו שלא יצא ידי חובה בקריאה המוקדמת.

הגלות, או שהוא יהיה יום שקוראים את המגילה רק בזמנה, כדי לתת מקום דווקא להצלה ולשמחה שיש בה, וכך לטעת תקווה בלב העם ששרוי בגלות.

המגמה של הגמרא היא לאפשר הקדמה של קריאת המגילה, ובכך לצקת לפורים גם את ממד התפילה והזעקה, אולי דווקא משום שהעם עדיין בגלותו. המגמה ההלכתית של הגמרא היא להרחיב את הביטוי שניתן דווקא לקול של אסתר באיגרת השנייה, ובאמצעותו היא מנסה לעורר את העם לשאוף לגאולה שלמה ולא להסתפק בהצלה מקומית. המגמה של הגמרא היא לתת מקום לקריאה של אסתר, משום שהיא רלוונטית בכל תקופת הגלות, גם "בזמן הזה".

מה הקשר של יהושע בן נון לפורים?

ביטוי הלכתי נוסף ל"איגרת הפורים השנית" מצוי גם הוא כבר במשנה, הקובעת שבערים המוקפות חומה מימות יהושע בן נון המגילה נקראת בט"ו באדר. הבחירה של המשנה לתלות את דין ערים מוקפות חומה ביהושע בן נון, ולא באחשוורוש, תמוהה. מה הקשר של יהושע למגילה ולפורים?

הייחודיות של זמן קריאת המגילה בשושן מצוינת כבר במגילה עצמה וקשורה לכך שבשושן נלחמו היהודים גם בי"ד באדר, ולכן חגגו את הניצחון בט"ו:

(יח) וְהַיְּהוּדִים אֲשֶׁר בְּשׁוּשָׁן נִקְהֲלוּ בִּשְׁלֹשָׁה עָשָׂר בּוֹ וּבְאַרְבָּעָה עָשָׂר בּוֹ וְנוֹחַ בַּחֲמִשָּׁה עָשָׂר בּוֹ וְעָשֹׂה אֹתוֹ יוֹם מִשְׁתֶּה וְשִׂמְחָה:
(יט) עַל כֵּן הַיְּהוּדִים הַפְּרָזִים הַיֹּשְׁבִים בְּעָרֵי הַפְּרָזוֹת עֹשִׂים אֵת יוֹם אַרְבָּעָה עָשָׂר לְחֹדֶשׁ אֲדָר שִׂמְחָה וּמִשְׁתֶּה וְיוֹם טוֹב וּמִשְׁלוֹחַ מָנוֹת אִישׁ לְרֵעֵהוּ:

ההבדל בפועל בימי המלחמה והחגיגות הוא בין שושן ל"שאר מדינות המלך".[31] אבל המגילה אינה מבחינה בין שושן ל"שאר מדינות המלך", אלא בין "ערים פרוזות" לערים "שאינן פרוזות", ואילו לשושן אין התייחסות מיוחדת. לכן עלינו לבחון מה בין ערים פרוזות לכרכים המוקפים חומה.[32]

31. ביטוי שהמגילה משתמשת בו לתיאור היהודים שמחוץ לשושן, למשל בפרק ט פסוקים יב וטז.

32. אל השאלה הזו מצרף גרוסמן שאלה נוספת על עצם הקביעה של שני ימים שונים ליהודי שושן (או הפרזים) בנפרד משאר היהודים. גרוסמן שואל מדוע שאר היהודים לא יכלו

הגמרא (ב ע"ב) מביאה דעה חולקת, הקושרת את ההבחנה לתקופת אחשוורוש ולא לתקופת יהושע בן נון:

> מתניתין דלא כי האי תנא,
> דתניא, רבי יהושע בן קרחה אומר: כרכין המוקפין חומה מימות אחשורוש קורין בחמשה עשר.
> מאי טעמא דרבי יהושע בן קרחה? כי שושן, מה שושן מוקפת חומה מימות אחשורוש וקורין בחמשה עשר – אף כל שמוקפת חומה מימות אחשורוש קורין בחמשה עשר.

לפי רבי יהושע בן קרחה זמן קריאת המגילה בערים מוקפות נקבע לפי תקופת אחשוורוש. הדעה הזו מובנת והגיונית, ועצם קיומה מבליט את הדעה התמוהה של המשנה לקשר את קריאת המגילה לתקופת יהושע בן נון. הגמרא מנסה לעמוד על הטעם של תנא קמא:

> ותנא דידן מאי טעמא?
> יליף פרזי פרזי, כתיב הכא על כן היהודים הפרזים, וכתיב התם לבד מערי הפרזי הרבה מאד, מה להלן מוקפת חומה מימות יהושע בן נון – אף כאן מוקפת חומה מימות יהושע בן נון.

את הטעם להלכה שבמשנה, שערים המוקפות חומה מימות יהושע בן נון קוראות את המגילה כמו שושן, מסבירה הגמרא בגזרה שווה של המילה "פרזי" מפסוק הלקוח מתיאור מלחמות משה בעמי האזור לפני הכניסה לארץ: "לְבַד מֵעָרֵי הַפְּרָזִי הַרְבֵּה מְאֹד" (דברים ג, ה).

גזרה שווה היא לימוד של דין מעניין אחד לעניין אחר, על פי מילה זהה בשני העניינים, ובמקרה הזה, המילה הזהה "פרזי" נושאת משמעות מילולית זהה (ערים שאין להן חומה).[33] ובכל זאת, הגזרה שווה תמוהה,

לחכות יום אחד ולקבוע תאריך משותף לכל היהודים לחג? ועוד, שט"ו בחודש הוא תאריך מתאים לחגים בלוח השנה היהודי! ההסבר של גרוסמן נוגע לרצון להוריד במעמד של יהודי שושן ולתת חשיבות דווקא למרכז הארצישראלי, ראו י' גרוסמן, אסתר, עמ' 231-232; 245-247. בכיוון הזה הולך גם בן נון, זכור ושמור, עמ' 474-475.

33. רש"י דברים ג, ה ד"ה מערי הפרזי: "פרוזות ופתוחות בלא חומה, וכן (זכריה ב, ח) פרזות תשב ירושלים".

ויותר משהיא מסבירה את הטעם להלכה שבמשנה היא מעצימה את הקושי בחיבור של שני העניינים האלו, שכן שני הנושאים עוסקים בנושאים שונים ורחוקים זה מזה. מדוע אפוא סבורה הגמרא שיש ללמוד על דיני קריאת מגילה ממילה דומה שמופיעה בעניין שונה לחלוטין?!

גזרה שווה איננה לימוד טכני המנותק ממשמעות והיגיון, כפי שלעיתים הוא עשוי להיראות. גזרה שווה היא אמצעי ספרותי שעל ידו בעל הדרשה מעניק פרשנות ומשמעות רעיונית מתוך חיבור לנושא שנראה רחוק ממנו. במקרה שלנו הסוגיה יוצרת קשר בין סיפור המגילה למלחמות שמנהל משה בעמי האזור טרם הכניסה לארץ. נתבונן בפסוקים שאליהם מפנה הגמרא:

וַנֵּפֶן וַנַּעַל דֶּרֶךְ הַבָּשָׁן וַיֵּצֵא עוֹג מֶלֶךְ הַבָּשָׁן לִקְרָאתֵנוּ הוּא וְכָל עַמּוֹ לַמִּלְחָמָה אֶדְרֶעִי: וַיֹּאמֶר ה׳ אֵלַי אַל תִּירָא אֹתוֹ כִּי בְיָדְךָ נָתַתִּי אֹתוֹ וְאֶת כָּל עַמּוֹ וְאֶת אַרְצוֹ וְעָשִׂיתָ לּוֹ כַּאֲשֶׁר עָשִׂיתָ לְסִיחֹן מֶלֶךְ הָאֱמֹרִי אֲשֶׁר יוֹשֵׁב בְּחֶשְׁבּוֹן: וַיִּתֵּן ה׳ אֱלֹהֵינוּ בְּיָדֵנוּ גַּם אֶת עוֹג מֶלֶךְ הַבָּשָׁן וְאֶת כָּל עַמּוֹ וַנַּכֵּהוּ עַד בִּלְתִּי הִשְׁאִיר לוֹ שָׂרִיד: וַנִּלְכֹּד אֶת כָּל עָרָיו בָּעֵת הַהִוא לֹא הָיְתָה קִרְיָה אֲשֶׁר לֹא לָקַחְנוּ מֵאִתָּם שִׁשִּׁים עִיר כָּל חֶבֶל אַרְגֹּב מַמְלֶכֶת עוֹג בַּבָּשָׁן: כָּל אֵלֶּה עָרִים בְּצֻרֹת חוֹמָה גְבֹהָה דְּלָתַיִם וּבְרִיחַ **לְבַד מֵעָרֵי הַפְּרָזִי הַרְבֵּה מְאֹד**: וַנַּחֲרֵם אוֹתָם כַּאֲשֶׁר עָשִׂינוּ לְסִיחֹן מֶלֶךְ חֶשְׁבּוֹן הַחֲרֵם כָּל עִיר מְתִם הַנָּשִׁים וְהַטָּף: וְכָל הַבְּהֵמָה וּשְׁלַל הֶעָרִים בַּזּוֹנוּ לָנוּ: וַנִּקַּח בָּעֵת הַהִוא אֶת הָאָרֶץ מִיַּד שְׁנֵי מַלְכֵי הָאֱמֹרִי אֲשֶׁר בְּעֵבֶר הַיַּרְדֵּן מִנַּחַל אַרְנֹן עַד הַר חֶרְמוֹן:[34]

ננסה להבין איזו משמעות רעיונית מעניק החיבור למלחמת משה בעוג מלך הבשן לקריאת המגילה.[35]

34. דברים ג, א-ח.

35. בן נון, זכור ושמור, עמ׳ 474, וכן גרוסמן, אסתר, עמ׳ 244. גרוסמן ובן נון מסבירים את הקישור שיוצרת המגילה בין מלחמות משה לכיבוש הארץ למגילה – ברמיזה למרכז היהודי האלטרנטיבי לזה שבשושן. גרוסמן מסביר שיהודי ארץ ישראל התנגדו לקביעת החג על ידי יהודי שושן, והשלבים השונים בקביעת החג הם ביטוי למאבק הזה. ״יתכן שלשם הבלטה ספרותית של עניין זה נבחר גם הכינוי המפתיע ׳הפרזים היושבים בערי הפרזות׳. הכינוי הרגיל במגילה (׳שאר מדינות המלך׳) מבליט את נחיתות שאר הארצות ביחס לשושן. יש את עיר המלכות, ויש את ׳השאר׳. בחגיגת הצלת היהודים ביום י״ד ולא ביום ט״ו הבליטו ׳יהודי שאר הארצות׳ את עצמאותם ואת אי כפיפותם

החיבור שהגמרא יוצרת בין סיפור המגילה בשושן למלחמת משה לפני הכניסה לארץ ישראל מכוון למבט הרואה את הסיפור של מגילת אסתר בדומה למלחמות של משה לקראת הכניסה לארץ. בתקופת משה המלחמות הללו היו השלב המקדים לכיבוש הארץ. המלחמות הללו הכשירו את הקרקע לכניסת עם ישראל לארץ, הן מצד הכיבוש והן מצד החיזוק המורלי שהעניקו לעם לקראת הכניסה לארץ והמלחמות הצפויות להם. המשנה מציעה לראות את המגילה לא רק כסיפור נקודתי של הצלה, אלא כחלק ממהלך ארוך ועמוק של שיבת עם ישראל לארצו, בדומה לתהליך שהחל במלחמות משה טרם הכניסה לארץ. לפי המבט הזה, המגילה אינה סיפור סגור, מנותק מהקשר של גזרה והצלה ממנה, אלא היא שלב ראשון של עלייה לארץ והתיישבות בה, ממש כמו בימי משה ויהושע.[36] נקודת המבט הזו היא עצמה נקודת המבט של אסתר באיגרת השנייה, המבקשת לראות את סיפור המגילה חלק מהסיפור של עם ישראל, הקשור גם לעלייה לארץ ולהתיישבות בה כחלק ממהלך כולל של גאולה.

ההלכה של "ערים מוקפות חומה מימות יהושע בן נון", המובאת במשנה ובהלכה,[37] מביאה לידי ביטוי דווקא את האיגרת השנייה של פורים. היא אינה מסתפקת בפורים כיום שמחה על ההצלה שהתרחשה בשושן. זו הדרך של חכמים לחבר את סיפור המגילה לשיבת ציון ולקריאה לגאולה שלמה, שלא הושגה בתקופת אסתר ומרדכי.

הגמרא ממשיכה להתדיין על המחלוקת בין תנא קמא ורבי יהושע בן קרחה, ומקשה על תנא קמא מהמקרה של שושן:

> בשלמא רבי יהושע בן קרחה לא אמר כתנא דידן – דלית ליה פרזי פרזי, אלא תנא דידן מאי טעמא לא אמר כרבי יהושע בן קרחה? מאי טעמא? דהא אית ליה פרזי פרזי!

לשושן, ועל כן הם 'זכו' בכינוי עצמי ('פרזים') ולא בכינוי יחסי לשושן" (עמ' 232). וכן, "ממילא, בהכרעה ההלכתית שהגדרת 'ערים מוקפות חומה' תיקבע על פי תקופת יהושע בן נון ולא על פי שושן יש היעתרות למרכז היהודי האלטרנטיבי, זה שלא נמצא בשושן" (עמ' 246). דבריו מתייחסים למאבק פוליטי ודתי בין שני המרכזים היהודיים באותה תקופה, בירושלים ובשושן. ההסבר שאני מציעה כאן הוא בעל אופי רעיוני.

36. ההסבר הזה יכול להסביר גם את הפער בין הפסוק המשמש לגזרה שווה ממלחמות משה לקביעה "מימות יהושע בן נון". אומנם המלחמה בעוג היא בהנהגת משה, אבל היא נתפסת כשלב ראשוני של מלחמות יהושע בכיבוש ארץ ישראל כולה.

37. שולחן ערוך או"ח, תרפח, א; ג.

הכי קאמר: אלא שושן דעבדא כמאן, לא כפרזים ולא כמוקפין!

השאלה "אלא שושן וכו'" מביאה את הדעה של המשנה לאבסורד: איך יכול להיות ששושן, שהיא המקור לשינוי יום הקריאה מי"ד לט"ו, לא נכללה בקטגוריה של עיר שמוקפת חומה מימות יהושע?! השאלה מקצינה את החידוש שיש בדעה של תנא קמא, הקובעת את ההלכה לפי יהושע בן נון ולא לפי שושן.

אמר רבא ואמרי לה כדי: שאני שושן הואיל ונעשה בה נס.

התשובה של רבא היא ששושן היא מקרה מיוחד ולא מייצג. התשובה הזו מבליטה את המגמתיות של הגמרא: במקום ששושן תהיה המודל שממנו נגזרות הלכות המגילה, שושן הופכת להיות חריגה ולא מייצגת. כך גם משמע מהמשך הסוגיה:

בשלמא לתנא דידן – היינו דכתיב מדינה ומדינה ועיר ועיר. מדינה ומדינה – לחלק בין מוקפין חומה מימות יהושע בן נון למוקפת חומה מימות אחשורוש, עיר ועיר נמי – לחלק בין שושן לשאר עיירות. אלא לרבי יהושע בן קרחה, בשלמא מדינה ומדינה – לחלק בין שושן לשאר עיירות, אלא עיר ועיר למאי אתא?

הגמרא הופכת את נקודת המבט על ההלכה הקושרת את קריאת המגילה ליהושע בן נון, שהיא מתיישבת בפשטות עם הפסוק "מדינה ומדינה ועיר ועיר", ואילו ההלכה הפשוטה של רבי יהושע בן קרחה – היא זו שהופכת להיות קשה בפסוקים. הגמרא הופכת את המודל של קריאת מגילה משושן ליהושע על ידי שהיא מראה שזהו המודל שמתיישב יותר טוב עם המגילה, למרות שברור שבפשט זה ממש לא כך!

בשלב האחרון בדיון, הגמרא מראה כי גם דעת תנא קמא אינה מתיישבת עם הפסוקים, והמילים "מדינה ומדינה" מיותרות.

אמר לך רבי יהושע בן קרחה: ולתנא דידן מי ניחא? כיון דאית ליה פרזי פרזי מדינה ומדינה למה לי?

אלא, קרא לדרשה הוא דאתא, וכדרבי יהושע בן לוי הוא דאתא. דאמר רבי יהושע בן לוי: כרך וכל הסמוך לו וכל הנראה עמו נידון ככרך. עד כמה? אמר רבי ירמיה ואיתימא רבי חייא בר אבא: כמחמתן לטבריא, מיל. ולימא מיל! הא קא משמע לן: דשיעורא דמיל כמה הוי – כמחמתן לטבריא.

גם לכך יש לסוגיה מענה, והפתרון הוא בדרשה אחרת שתנא קמא לומד מהמילים הללו ("כרך וכל הסמוך לו"), ובכך מיישבת את דעת תנא קמא גם עם פסוקי המגילה.

בסוגיה יש מהלך מגמתי להוביל לקבלתה של שיטת תנא קמא על פני שיטת רבי יהושע בן קרחה. למרות ששיטת ר' יהושע בן קרחה מלכתחילה היא סבירה ופשוטה יותר, הן מצד ההיגיון והן מצד הפסוקים של המגילה, הגמרא תומכת בשיטת תנא קמא. המגמתיות הזו, שהיא קשה ובלתי מובנת מצד ההיגיון ומצד פשט הפסוקים, יכולה להיות מוסברת ברובד הרעיוני. הגמרא מעניקה לפורים משמעות רחבה ומורכבת, המקשרת אותו למהלך רחב ושלם יותר של גאולה שלמה ושיבה לארץ, יותר מאשר יום של שמחה פשוטה על ההצלה מהגזרה. הקישור לארץ ישראל הוא תזכורת כואבת שסיפור המגילה לא מסתיים בארץ ישראל אלא תחת מלכות אחשוורוש. ולכן פורים הם גם "ימי צום וזעקה", כהצעתה של אסתר, ולא רק ימי משתה ושמחה.

קריאת המגילה בלילה וגם ביום

בכל החגים, דאורייתא וגם דרבנן, ההלכה היא שיש לקיים את המצווה הייחודית לחג פעם אחת, בערב או בבוקר. למשל, המצווה לאכול מצה נוהגת רק בליל הסדר, נטילת לולב בחג הסוכות – פעם אחת, בבוקר, הדלקת נרות חנוכה – בערב. אבל המגילה, כידוע, נקראת פעמיים, בערב ובבוקר. בעניין הזה עוסקת הגמרא בדף ד עמוד א:

ואמר רבי יהושע בן לוי: חייב אדם לקרות את המגילה בלילה ולשנותה ביום, שנאמר אלהי אקרא יומם ולא תענה ולילה ולא דמיה לי.
סבור מינה: למקרייה בליליא, ולמיתנא מתניתין דידה ביממא.
אמר להו רבי ירמיה: לדידי מיפרשא לי מיניה דרבי חייא בר אבא: כגון דאמרי אינשי: אעבור פרשתא דא ואתנייה.

דעת רבי יהושע בן לוי היא שיש לקרוא את המגילה בלילה וגם ביום. זו הוראה ייחודית ויוצאת דופן ביחס לשאר מצוות החגים. גם הלשון שבה נוקט רבי יהושע בן לוי, "לשנותה", מדגישה את הכפילות שיש בקריאה הנוספת. ואכן, הגמרא עצמה מעידה על הטעות של "בני הישיבה", שחשבו שקריאת המגילה היא רק בלילה.[38]

את הדין יוצא הדופן של קריאה ביום וגם בלילה אפשר להסביר על ידי האופי הכפול של היום הזה. כל אחת מהקריאות של המגילה, בלילה וביום, היא ביטוי לפן אחר של פורים. קריאת המגילה כביטוי לזיכרון הפור, כהוראתה של אסתר באיגרת השנייה – מצוינת באמצעות קריאת המגילה של הלילה. הלילה הוא סמל לגלות, לצרות ולקושי. קריאת מגילה בלילה מבטאת קריאה שהיא מתוך חושך, מתוך סבל קושי ופורענות, ממש כמו שהורתה אסתר. למשמעות הזו של קריאת המגילה יש ביטוי הלכתי. יש פוסקים שאוסרים לאכול לפני קריאת המגילה של הלילה,[39] ואז בפועל קריאת המגילה של הלילה היא בזמן התענית.[40] מנגד, היום הוא זמן השמחה, והזמן שבו יש לקיים את מצוות השמחה – משלוח מנות ומשתה. כך גם קריאת המגילה שביום נושאת משמעות של שמחה והודיה על נס ההצלה.

גם תוספות מעירים על הכפילות של זמני קריאת המגילה:[41]

38. רש"י ד ע"א, ד"ה סבור מינה. על פי רש"י הטעות נבעה מהבנה לא נכונה של ההוראה "לשנותה" – ללמוד משנה במקום לחזור פעם שנייה על קריאת המגילה. ועדיין, הטעות הזו מבליטה את הייחודיות של ההוראה של רבי יהושע בן לוי לכפול את קריאת המגילה. אבל מהמשניות משמע שקריאת המגילה היא דווקא ביום. כך במשניות של פרק א "מקדימים ליום הכניסה" (משנה א), "קורין בו ביום" (משנה ב), וכן בפרק ב משנה ד "אין קורין את המגילה... עד שתנץ החמה", "כל היום כשר לקריאת מגילה" (משנה ה). במשנה עצמה אין רמז לקריאת מגילה בלילה. התוספתא (ב, ד) אומרת שקריאת מגילה בלילה אינה מוציאה ידי חובה. מכאן נראה שהקריאה הנוספת היא דווקא זו שבלילה. על התוספתא יש לשאול, מדוע לקרוא את המגילה בלילה אם לא יוצאים ידי חובה בקריאה? הפרשנות שאנו נותנים כאן לסוגיה מסבירה את התוספתא: קריאת המגילה של הלילה אינה מוציאה ידי חובת קריאת המגילה של השמחה, שהיא ביום, אבל היא נצרכת משום שהיא מעשה הזיכרון של ימי הפורים שעליהם הורתה אסתר באיגרת השנייה.
39. שולחן ערוך או"ח תרצב, ד: "אבל אסור לאכול קודם שישמע קריאת המגילה, אפי' התענית קשה עליו".
40. הרחבה על המשמעות של צום תענית אסתר בסוף הפרק, בתת־הפרק "הרחבה רעיונית".
41. תוספות, ד ע"א ד"ה חייב.

אומר ר"י דאף על גב דמברך זמן בלילה חוזר ומברך אותו ביום דעיקר פרסומי ניסא הוי בקריאה דיממא וקרא נמי משמע כן דכתיב ולילה ולא דומיה לי כלומר אף על גב שקורא ביום חייב לקרות בלילה והעיקר הוי ביממא כיון שהזכירו הכתוב תחילה וגם עיקר הסעודה ביממא הוא כדאמר לקמן (ז ע"ב) דאם אכלה בלילה לא יצא י"ח והכי נמי משמע מדכתיב נזכרים ונעשים ואיתקש זכירה לעשייה מה עיקר עשייה ביממא אף זכירה כן.

תוספות נדרשים לשאלה מדוע מברכים שהחיינו גם על הקריאה של היום, למרות שקראו ובירכו כבר בלילה. תשובתם היא שהקריאה העיקרית היא ביום, שבו עיקר פרסום הנס, ובו מקיימים את מצוות הסעודה ושאר מצוות השמחה – ולכן גם על קריאת היום מברכים שהחיינו.

מדברי התוספות משמע ששתי קריאות המגילה הן שתי מצוות נפרדות. זו שביום קשורה למצוות השמחה המפרסמות את הנס. הם לא מתייחסים בפירוש לקריאת הלילה, אבל לפי הסברנו עד כה אפשר להבין מדבריהם שקריאת הלילה היא מצווה נפרדת, בעלת משמעות משל עצמה. המשמעות של הקריאה בלילה, כפי שהסברנו לעיל, אינה מתמקדת בנס, בפרסומו ובשמחה עליו, אלא היא בעלת אופי של תפילה וזעקה על הגזרה.

הפסוק שבחר רבי יהושע בן לוי כראיה לשיטתו תומך במשמעות הרעיונית של קריאת המגילה שבלילה. בפסוק (והקשרו) יש חוויה של תפילה ותחינה מתוך מצב של ריחוק וצרה:

> אֵלִי אֵלִי לָמָה עֲזַבְתָּנִי רָחוֹק מִישׁוּעָתִי דִּבְרֵי שַׁאֲגָתִי:
> אֱלֹהַי אֶקְרָא יוֹמָם וְלֹא תַעֲנֶה וְלַיְלָה וְלֹא דוּמִיָּה לִי: (תהלים כב, ב–ג)

הבחירה בפסוק הזה יוצרת הקבלה ברורה בין קריאה כפולה לאל, בלילה וגם ביום – לקריאת מגילה כפולה, בלילה וגם ביום. אבל יש כאן יותר מכך. הפסוק המובא בסוגיה הוא יותר מאשר הוכחה מילולית משום שגם ההקשר של הפסוק תורם למשמעות הרעיונית של ההלכה הזו. הפנייה לאלוהים בפסוקים הללו היא מתוך צרה וקושי. הפונה מרגיש מרוחק מה', שה' עזב אותו, וגם הקריאה אליו אינה נענית. דברי ר' יהושע בן לוי מטעינים את קריאת המגילה במשמעות של קריאה לה' מתוך תחושה של ריחוק ונטישה: "אלי אלי למה עזבתני... אקרא ולא תענה".

את הפסוק הזה חז"ל ייחסו לאסתר,[42] ויש קהילות שנוהגות לומר את המזמור הזה במקום שיר של יום בפורים.[43] לכן מתחזקת התחושה שדברי ר' יהושע בן לוי אינם מכוונים להשוואה מילולית בלבד, אלא הם מביעים קשר עמוק של מזמור כב לפורים, קשר בעל משמעות רעיונית לקריאת המגילה ולפורים בכלל.

בהמשך מביאה הסוגיה פסוק אחר כמקור לקריאת המגילה של הלילה:

> איתמר נמי, אמר רבי חלבו אמר עולא ביראה: חייב אדם לקרות את המגילה בלילה ולשנותה ביום, שנאמר למען יזמרך כבוד ולא ידם ה' אלהי לעולם אודך.

הפסוק שבדרשה השנייה שונה לחלוטין באופיו מהפסוק שהביא ר' יהושע בן לוי בדרשתו. פסוק זה הוא ממזמור ל בתהילים, המתאר הצלה ממצבים קשים והודאה עליה:

> (ב) אֲרוֹמִמְךָ ה' כִּי דִלִּיתָנִי וְלֹא שִׂמַּחְתָּ אֹיְבַי לִי:
> (ג) ה' אֱלֹהָי שִׁוַּעְתִּי אֵלֶיךָ וַתִּרְפָּאֵנִי:
> (ד) ה' הֶעֱלִיתָ מִן שְׁאוֹל נַפְשִׁי חִיִּיתַנִי מיורדי מִיָּרְדִי בוֹר:
> (ה) זַמְּרוּ לַה' חֲסִידָיו וְהוֹדוּ לְזֵכֶר קָדְשׁוֹ:
> (ו) כִּי רֶגַע בְּאַפּוֹ חַיִּים בִּרְצוֹנוֹ בָּעֶרֶב יָלִין בֶּכִי וְלַבֹּקֶר רִנָּה:
> (ז) וַאֲנִי אָמַרְתִּי בְשַׁלְוִי בַּל אֶמּוֹט לְעוֹלָם:...
> (יב) הָפַכְתָּ מִסְפְּדִי לְמָחוֹל לִי פִּתַּחְתָּ שַׂקִּי וַתְּאַזְּרֵנִי שִׂמְחָה:
> (יג) לְמַעַן יְזַמֶּרְךָ כָבוֹד וְלֹא יִדֹּם ה' אֱלֹהַי לְעוֹלָם אוֹדֶךָּ:

למרות שהקשר המילולי של הדרשה הזו לקריאת המגילה הכפולה פחות מובהק מהדרשה הקודמת,[44] המשמעות ברורה: קריאת המגילה היא שמחה

42. יומא כט ע"א; ילקוט שמעוני תהילים, רמז תרפה, ועוד.
43. בסידור הרב גורן מובא: 'שיר של יום בערי הפרזות בי"ד באדר ובירושלים בט"ו באדר לדעת הגר"א – תהלים מזמור כ"ב'. הרחבה והעמקה בקשר שבין תהילים כב ומגילת אסתר ראו במאמר של חנן פורת https://www.yeshiva.org.il/midrash/3290.
44. לפי רש"י שם הלימוד מהפסוק הוא מהמילים "ולא ידום", המוסיפים על "יזמרך כבוד" שביום גם את הלילה.

והודאה לה' על הצלה מן השאול והתחתיות, "ה' אֱלֹהַי לְעוֹלָם אוֹדֶךָּ". כפי שמפרש שם רש"י:[45]

וקריאת המגילה שבח הוא שמפרסמין את הנס והכל מקלסין לקדוש ברוך הוא.

לדברי ר' חלבו, שהם אלטרנטיבה ללימודו של ר' יהושע בן לוי, יש הקשר אחר לקריאת המגילה הכפולה, ומתוך כך גם פרשנות אלטרנטיבית למשמעות של חג פורים: חג של הודיה ושמחה בהצלה.

לסיכום, בסוגיה שלפנינו שני ביטויים לפנים הכפולות של חג הפורים:

א. ביטוי הלכתי – באופן ייחודי ויוצא דופן המגילה נקראת פעמיים בפורים. זו דרכה של ההלכה לתת ביטוי לשתי המשמעויות של הקריאה: הקריאה בלילה היא עצמה תפילה וזעקה לאל על הקושי של העם והקריאה ביום היא הודיה לה' על הנס וההצלה.
ב. שני הפסוקים שמובאים בסוגיה מבטאים את שתי המשמעויות של המגילה ושל פורים עצמו.

האם אפשר לקיים סעודת פורים בלילה?

ראינו שהגמרא מרחיבה את קריאת מגילה גם ללילה ובכך מאפשרת ביטוי גם למשמעות שיוצקת האיגרת השנייה לאופי של הימים הללו. האם קיים ביטוי כזה גם במצוות אחרות בפורים? כלומר, האם יש מצוות נוספות שמקיימים אותן גם בלילה?

הגמרא בדף ז ע"ב דנה באפשרות לאכול את סעודת פורים בלילה:

אמר רבא: סעודת פורים שאכלה בלילה לא יצא ידי חובתו,
מאי טעמא? ימי משתה ושמחה כתיב.

לפי רבא, מי שאכל סעודת פורים בלילה לא יצא ידי חובתו, כלומר, ההרחבה של קריאת המגילה גם ללילה אינה קיימת לגבי הסעודה. ההסבר של הגמרא הוא מילולי, הפסוק מדבר על היום ולא על הלילה.

45. רש"י ד"ה יזמרך כבוד מפנה לפסוק מפסיקתא דרב כהנא, פיסקא ח, מצוות העומר, הקושר את המזמור הזה למרדכי ואסתר ושם בפיהם את הפסוקים הללו.

הנימוק הזה הוא לא רק טכני אלא גם ביטוי למשמעות הרעיונית של מצוות סעודת פורים. למרות ששני הפנים של הפורים הפוכים ואף סותרים זה את זה, חכמים מעצבים את הלכות החג כך שהם מבטאים את שתי המשמעויות שלו, וזה על ידי הבחנה בין הלילה והיום: יש מצוות של הלילה ויש מצוות של היום.

יום הפורים הוא הזמן שבו יש ביטוי לשמחה ולהודאה על נס ההצלה. לכן הסעודה ושאר מצוות היום (כולל קריאת המגילה), שהן ביטוי לשמחה – מצוותן ביום.[46] לעומת היום, בלילה יש ביטוי לצד התפילה והזעקה על הגזרה. לכן יש קריאת מגילה בלילה, משום שהיא מעשה שבאמצעותו זוכרים, אבל הסעודה ושאר מצוות המבטאות שמחה אינן שייכות בלילה.

ההבחנה בין היום ללילה מאפשרת להביא לידי ביטוי מורכבות ולבטא הלכה למעשה את שני הפנים השונים וההפוכים של חג הפורים.

אמירת הלל בפורים

פורים הוא יום של הלל והודאה "על הניסים ועל הפורקן ועל הגבורות ועל התשועות ועל הנפלאות ועל הנחמות שעשית לאבותינו", ולכן מוזר שלא אומרים בו הלל.

הגמרא, יד ע"א, נדרשת לעניין זה:

> תנו רבנן: ארבעים ושמונה נביאים ושבע נביאות נתנבאו להם לישראל, ולא פחתו ולא הותירו על מה שכתוב בתורה, חוץ ממקרא מגילה. מאי דרוש? אמר רבי חייא בר אבין אמר רבי יהושע בן קרחה: ומה מעבדות לחירות אמרינן שירה – ממיתה לחיים לא כל שכן?

האפשרות להוסיף מצווה על מה שכתוב בתורה ולחייב לקרוא במגילה נלמדת בקל וחומר מיציאת מצרים: אם כשיצאו מעבדות לחירות היו חייבים לומר שירה – כשניצלו ממוות קל וחומר שיש לומר שירה. למרבה ההפתעה, מהקל וחומר הזה למדו את החובה לקריאת המגילה, אך לא לאמירת ההלל.

46. שולחן ערוך או"ח תרצה, א; ד והגהות הרמ"א שם.

כבר מכאן משמע שהגמרא רואה בקריאת המגילה שירת הלל, כפי שמציע רב נחמן.[47]

אבל הגמרא מקשה, ובמידה רבה של היגיון, שאם פורים הוא יום של הודאה על יציאה ממוות לחיים, מדוע אין אומרים בו הלל?

אי הכי הלל נמי נימא!
לפי שאין אומרים הלל על נס שבחוצה לארץ.
יציאת מצרים דנס שבחוצה לארץ, היכי אמרינן שירה? כדתניא:
עד שלא נכנסו ישראל לארץ הוכשרו כל ארצות לומר שירה.
משנכנסו ישראל לארץ לא הוכשרו כל הארצות לומר שירה.
רב נחמן אמר: קרייתא זו הלילא,
רבא אמר: בשלמא התם הללו עבדי ה' – ולא עבדי פרעה, אלא הכא – הללו עבדי ה' ולא עבדי אחשורוש? אכתי עבדי אחשורוש אנן.
בין לרבא בין לרב נחמן קשיא: והא תניא, משנכנסו לארץ לא הוכשרו כל הארצות לומר שירה, כיון שגלו – חזרו להכשירן הראשון.

על עצם הדין שאין אומרים הלל בפורים אין מערער, והמחלוקת היא רק על הטעם. הגמרא מביאה שלוש תשובות. רב נחמן חוזר למה שהגמרא הביאה קודם לכן, שקריאת המגילה בעצמה היא ההלל. כלומר לפי דעה זו למעשה יש הלל בפורים. שתי התשובות האחרות בגמרא מסבירות מדוע אין הלל בפורים, ולדעתן ההצלה לא הייתה שלמה. לפי התשובה הראשונה הנס היה בחוץ לארץ, וזה עצמו נס שאינו שלם, משום שהגאולה השלמה היא רק בחזרת עם ישראל לארצו. התשובה השנייה, "עדיין עבדי אחשוורוש אנחנו", גם היא מצביעה על גאולה שאינה שלמה, משום שגם בסיומה נשארו היהודים תחת שלטון אחשוורוש.

שתי התשובות הללו, ובייחוד התשובה השנייה, מצביעות בדיוק על מה המסר הטמון בפסוקי הסיום של המגילה. המסר של שלושת הפסוקים של פרק י בסיום המגילה, ושל התוכן של איגרת הפורים השנייה, הוא שכיוון ש"נגאלו אלא מן המיתה",[48] גאולה שלמה לא הייתה משום שנשארו בגלות, תחת שלטון זר, ולכן אין אמירת הלל בפורים.

47. רש"י ד ע"א ד"ה יזמרך כבוד.
48. רש"י שם ד"ה אכתי עבדי אחשורוש אנן.

ההלכה, שמוסכמת על כל השיטות, וגם נוהגת למעשה, שאין הלל בפורים, מביאה לידי ביטוי את הגישה שרואה בפורים גם את מה שחסר בו. אי אמירת ההלל יוצרת חלל, והשתיקה הזו רועמת והיא מבטאת את הזעקה על הקושי וצרות הגלות המתבטאים דווקא בסיפור המגילה.

ובכל זאת, וגם בהלכה זו הגמרא מטעינה את חג הפורים ואת קריאת המגילה במשמעות כפולה: לפי רב נחמן – שקריאת המגילה היא ההלל, המגילה היא סיפור של הצלה ניסית מגזרת שמד ותוכנה הוא שמחה והודאה. קריאת המגילה מקבלת משמעות של תפילה וזעקה על הגאולה השלמה.

פתיחה למדרש אגדה למגילת אסתר

מלבד הדיונים ההלכתיים, הגמרא בפרק הראשון של מסכת מגילה מביאה מדרש אגדה ארוך על המגילה, הנמשך מדף י ע"ב ועד סוף הפרק. שבעת הדפים הללו עוסקים בדרשות רעיוניות על פסוקי המגילה. לא נעסוק כאן בדרשות הללו אבל נעיין במדרש הפותח את רצף הדרשות.

> ויהי בימי אחשורוש. אמר רבי לוי ואיתימא רבי יונתן: דבר זה מסורת בידינו מאנשי כנסת הגדולה: כל מקום שנאמר ויהי אינו אלא לשון צער.

הפתיחה למדרש המגילה היא באמירה המכוונת את הקוראים ואת נקודת המבט שלהם, כאומרים: שימו לב, המגילה פותחת בלשון צער, בפניכם סיפור עצוב.

האם הדרשן התכוון שהקושי נעוץ רק בתחילתה של המגילה אבל סופה טוב? אפשר לומר כך, אבל אפשר גם לומר שהפתיחה מעידה על המגילה כולה, שהיא סיפור קשה, מצער על גורל עם ישראל. והרי לפנינו ביטוי נוסף לכך שהגמרא מכוונת להיבט המצער והכואב של סיפור המגילה.

תענית אסתר

תענית אסתר אינה מוזכרת במשנה או בגמרא ומוזכרת לראשונה אצל הגאונים.[49] למרות זאת, תענית אסתר היא מקרה מרתק המשלים את הדיון

49. על המשמעות של תענית אסתר ראו אצל מדן, פורים, עמ' 44–48. לפי דבריו, תענית אסתר היא חלק ממערכת השמחה בפורים, כלומר היא עצמה ביטוי להודאה והשמחה על ההצלה והנס.

בפנים הכפולות של חג הפורים שהוצגו כאן לאורך הפרק. לכן בחרנו לחתום את הדיון בסוגיית הפתיחה בעיון בתוכן של התענית הזו ובמשמעות הנוספת שהיא מוסיפה לימי הפורים.

צום תענית אסתר מוסבר אצל חלק מהפרשנים כזכר לצום בתקופת המגילה עצמה, לפני שאסתר נכנסה לאחשוורוש (אסתר ד, טו-טז):

> וַתֹּאמֶר אֶסְתֵּר לְהָשִׁיב אֶל מָרְדֳּכָי: לֵךְ כְּנוֹס אֶת כָּל הַיְּהוּדִים הַנִּמְצְאִים בְּשׁוּשָׁן וְצוּמוּ עָלַי וְאַל תֹּאכְלוּ וְאַל תִּשְׁתּוּ שְׁלֹשֶׁת יָמִים לַיְלָה וָיוֹם גַּם אֲנִי וְנַעֲרֹתַי אָצוּם כֵּן וּבְכֵן אָבוֹא אֶל הַמֶּלֶךְ אֲשֶׁר לֹא כַדָּת וְכַאֲשֶׁר אָבַדְתִּי אָבָדְתִּי:

כך משמע במסכת סופרים:

> מנהג רבותינו שבמערב להתענות שלשת ימי צום מרדכי ואסתר פרודות, ולאחר פורים, שני וחמישי ושני.[50]

וכן ברמב"ם:

> ונהגו כל ישראל בזמנים אלו להתענות בשלשה עשר באדר זכר לתענית שהתענו בימי המן שנאמר דברי הצומות וזעקתם.[51]

ובשולחן ערוך:

> יש מתענים ג' ימים, זכר לתענית אסתר.[52]

אבל יש שמפרשים שהצום הוא לא זכר לתענית של אסתר ומרדכי אלא זכר לצום שנהגו כל היהודים בגלל הגזרה. כן משמע בשאילתות:

> אבל תענית בין כרכים בין כפרים בין עיירות כולן מתענין בשלשה עשר באדר דאמר שמואל בר רב יצחק שלשה עשר זמן קהילה לכל

50. כא, א.
51. הלכות תעניות ה, ה.
52. או"ח תרפו, ג.

> היא שנאמר ושאר היהודים אשר במדינות המלך נקהלו ועמד על נפשם ביום שלשה עשר לחדש אדר מאי קהילה יום תענית, ומאי יום כניסה שמתכנסי׳ בו ויושבין בתענית ומבקשי׳ רחמים.[53]

וכך בטור:

> י״ג זמן קהילה לכל היא פי׳ שהכל מתקבצין לתענית אסתר ובאין בני הכפרים לעיירות לומר סליחות ותחנונים לפי שבו נקהלו לעמוד על נפשם והיו צריכין רחמים ואנו עושין כמו שהם היו עושין בימי מרדכי ואסתר.[54]

גם הבית יוסף, בשם רבנו תם, מסביר שהימים שקדמו למלחמה היו ימי צום ותפילה, כפי שהיה נהוג במלחמות נוספות:

> שלשה עשר זמן קהילה לכל היא ופירש רש״י (שם ד״ה זמן קהלה) זמן מלחמה. דרבינו תם הקשה עליו ופירש דזמן קהילה לכל היא היינו לומר שהכל מתאספין לתענית אסתר ובאים בני הכפרים לעיירות לומר סליחות ותחנונים לפי שבו נקהלו לעמוד על נפשם והיו צריכין רחמים וכן מצינו במשה שעשה תענית כשנלחם בעמלק דכתיב (שמות יז, י) ומשה ואהרן וחור עלו ראש הגבעה ודרשינן במסכת תעניות מכאן לתענית צבור שצריך שלשה מכאן נראה לרבינו תם סעד לתענית אסתר שאנו עושים כמו שעשו בימי מרדכי ואסתר שנקהלו היהודים לעמוד על נפשם.[55]

לפי ההסברים האחרונים, תענית אסתר אינה צום לזיכרון היסטורי של מה שאירע בימי מרדכי ואסתר, אלא היא צום שמנציח לדורות את התפילה והזעקה של היהודים לפני המלחמה לביטול הגזרה. למעשה, זהו הביטוי המעשי להצעה של אסתר באיגרת השנייה לימי זיכרון של הקושי וגזרות השמד.

53. פרשת ויקהל שאילתא סז.
54. או״ח סימן תרפו.
55. או״ח תרפו, ב.

ההפרדה בין תענית אסתר לפורים מאפשרת הפרדה בין שתי המשמעויות של ימי הפורים שמוצעות במגילת אסתר עצמה. יש בכך פתרון מסוים לסתירה בין הימים האלו. מצד איגרת אסתר, האופי והמצוות של היום הזה הוא "צומות וזעקתם", והתוכן הזה סותר את ימי המשתה והשמחה שקבע מרדכי, ואי אפשר לקיימם יחד. לכן ההפרדה לשני ימים שונים מאפשרת לכל יום להתקיים ולהביא לידי ביטוי את מלוא משמעותו. לפי ההצעה הזו, י"ג באדר, שהוא היום שבו הייתה אמורה להתבצע הגזרה והתרחשה מלחמה, הוא היום שמתאים לקיים את "הצומות וזעקתם" בתפילה וזעקה לגאולה שלמה. לצד התענית, את ימי המשתה והשמחה על הניצחון ראוי לחגוג בימים שבהם כבר חגגו היהודים את הניצחון – י"ד וט"ו באדר.

התקנה המאוחרת של תענית אסתר היא ביטוי נוסף למורכבות של ימי הפורים כפי שמתואר כבר במגילה עצמה. סוגיית הפתיחה מצביעה על המורכבות הזו, והגמרא לאורך פרק ראשון מביאה את המורכבות הזו לידי ביטוי בסוגיות הלכתיות ואגדיות שונות.

מסכת מועד קטן – חול המועד:
בין טרחה להרווחה

אחד הביטויים המעשיים המרכזיים בשבת ובמועדים, לצד מצוות עשה ייחודיות ואופייניות לשבת ולכל אחד מהמועדים, הוא ההימנעות מעשיית מלאכות מסוימות. לשביתה ממלאכה יש גורם משמעותי בעיצובכם המעשי והרוחני של הימים הללו. אך מה דינם של ימי חול המועד? האם גם בהם יש מרכיב של הימנעות ממלאכה? אילו מלאכות אסורות ואילו מלאכות מותרות בהם, ומהו העיקרון המנחה את קביעת האיסור וההיתר? איפה ניצבים ימי חול המועד בין ממד החול לממד המועד שבהם?[1]

ההתלבטות הזו באה לידי ביטוי בספרי:

> רבי ישמעאל אומר לפי שלא למדנו שימי מועד אסורים במלאכה, מנין לימי מועד שאסורים במלאכה? תלמוד לומר ששת ימים תאכל מצות וביום השביעי עצרת, מה שביעי עצור אף ששי עצור.
>
> או מה שביעי עצור מכל מלאכה אף ששי עצור מכל מלאכה? תלמוד לומר ששת ימים תאכל מצות וביום השביעי עצרת לה׳ אלהיך שביעי עצור מכל מלאכה ואין ששי עצור מכל מלאכה.

1. נעסוק כאן במשמעות של הימים הללו כפי שהיא באה לידי ביטוי בסוגיית הפתיחה של מסכת מועד קטן ובסוגיות שאחריה, ומטבע הדברים הדיון יהיה מצומצם. להרחבה על אופיים והלכותיהם של ימי חול המועד ראו אנציקלופדיה תלמודית, כרך יג, ערך ׳חול המועד׳, עמ׳ קג-קלג; תבורי, מועדי ישראל, עמ׳ 72-77.

> הא לא מסרו הכתוב אלא לחכמים לומר איזה יום אסור ואיזה יום מותר איזו מלאכה אסורה ואיזו מלאכה מותרת.[2]

ר׳ ישמעאל מתלבט אם להשוות את איסורי המלאכה בחול המועד ליום השביעי, שאסור ״בכל מלאכה״, ומגיע למסקנה שלא כך. את ההכרעה על טיבן של המלאכות שנאסרות בחול המועד משאיר ר׳ ישמעאל בידי החכמים, וזהו עיקר עניינה של מסכת מועד קטן.

הסוגיה הפותחת את הדיון התלמודי בשאלה זו, סוגיית הפתיחה למסכת, מציגה עקרונות להבחין בין המותר לאסור. כדרכם של חז״ל, הדיון הוא בעל אופי הלכתי, אבל לא מחפשים הגדרה טכנית שרירותית, המנסה לקבוע קו גבול ממוצע בין איסור מלאכה מוחלט כמו ביום טוב לחול מוחלט שבו כל המלאכות מותרות. הדיונים ההלכתיים נובעים מתוך תפיסה מהותית של הימים הללו. הדיון המבקש לקבוע אילו מלאכות אסורות ואילו מותרות הוא ביטוי לאופן שבו חכמים תפסו את האופי והמשמעות של חול המועד, מחד גיסא, ומאידך גיסא, ההלכות המעשיות נגזרות מן הדיונים ההלכתיים הן האופן שבו חכמים מבקשים לעצב ולקבוע את דמותם של ימי חול המועד ולהעניק לימים הללו את תוכנם ואת משמעותם.

המשנה הפותחת את מסכת מועד קטן מונה מלאכות האסורות והמותרות בחול המועד ובשביעית. מרשימת המלאכות במשנה נראה כי הקריטריון הקובע את האיסור או ההיתר לביצוע פעולה מסוימת הוא מידת הטרחה הכרוכה בביצוע הפעולה. פעולה הכרוכה בטרחה מרובה נאסרת, ופעולות שהטרחה הכרוכה בהן מועטה מותרות בחול המועד.

סוגיית הפתיחה מחדשת קריטריון שעל פיו יש לבחון אם מלאכה אסורה או מותרת בחול המועד. בעוד המשנה נותנת מקום מרכזי לקריטריון הטרחה, סוגיית הפתיחה מחדשת את עיקרון ההרווחה ואף מחילה אותו על המשנה ומפרשת אותה על פיו. בכך מציבה סוגיית הפתיחה חלופה מושגית לתפיסה המהותית של איסורי המועד ולמשמעותו של המועד בכלל.

תרומתה של סוגיית הפתיחה היא בהצבעה על שני כיוונים פרשניים לאיסורי המועד: הפרשנות של המשנה ולצידה פרשנות אלטרנטיבית של

2. ספרי דברים פרשת ראה, קלה.

הגמרא. הפרשנויות הללו מצביעות על משמעויות רעיוניות שונות למועדים. לאור הפרשנויות שמציגה סוגיית הפתיחה, נעמוד בחלקו השני של הפרק גם על פירושן של כמה סוגיות הלכתיות מתחילת הפרק ועל הרבדים הרעיוניים המצויים בהן.

המשנה - עקרון הטרחה

המשנה בתחילת מסכת מועד קטן עוסקת בדיני השקיה בחול המועד ובשביעית:

> משקין בית השלחים במועד ובשביעית בין ממעין שיצא בתחילה ובין ממעין שלא יצא בתחילה אבל אין משקין לא ממי גשמים ולא ממי הקילון ואין עושין עוגיות לגפנים.

העיקרון העומד ביסוד דין המשנה הוא האיסור לטרוח ולהתאמץ בחול המועד. הסיבה שמותר להשקות במועד ממעיין היא משום שהמים זורמים ללא צורך בהתערבות אנושית. המשנה מדגישה שההיתר הוא לא רק אם המעיין "לא יצא בתחילה", כלומר ביחס למעיין שקיים זמן רב, ואין חשש שיבוא לטרוח ולהכין מקום לזרימת המים, אלא אפילו אם המעיין "יצא בתחילה", כלומר מעיין חדש שרק עכשיו מתחיל לנבוע ועדיין אין לו מקום קבוע לזרום.[3] בניגוד למעיין שממנו מותרת ההשקיה במועד, אסורה השקיה ממי הגשמים או הקילון, ששם יש צורך לטרוח, לחפור או לדלות כדי לאפשר את זרימת המים.[4]

ההלכה שבמשנה מתייחסת ל"בית השלחין", שהוא שדה שתלוי בהשקיה בידי אדם,[5] ואינה מתייחסת באופן מפורש להשקיה בבית הבעל, שהוא שדה "המניב יבול ללא תוספת השקאה", אלא תלוי במי גשמים

3. רש"י על המשנה.
4. כך מסביר רש"י, ב ע"א, ד"ה אבל לא ממי הגשמים: "משום דאית ביה טירחא יתירא". וכן ב ע"ב, ד"ה בשלמא מועד: "דלא אסיר בשום מלאכה אלא משום טירחא", וכן ריטב"א, יג ע"א, ד"ה אלא אמר רב אשי.
5. רש"י על המשנה. וראו גם פליקס, החקלאות, עמ' 276.

בלבד.[6] גם בשאר הפרק לא קיימת התייחסות להשקיה בבית הבעל במועד. סביר להניח שהסיבה היא שבית הבעל אינו זקוק להשקיה, ומשום כך המשנה, העוסקת במצבי השקיה שונים, לא מתייחסת אליו.

כיוון שסוגיית הפתיחה על המשנה דנה בהשקיה בבית הבעל, ננסה כבר בשלב זה לנסות לשער מה יחסה של המשנה להשקיה בבית הבעל במועד. ישנם שני כיוונים אפשריים:

א. המשנה מתירה השקיה במועד רק בבית השלחין, משום שרק בבית השלחין יש צורך בהשקיה, וללא השקיה ייגרם הפסד מרובה.[7] לכן בבית הבעל, שאין בו צורך בהשקיה – אסורה ההשקיה. במקרה זה, הגדרת הפעולות המותרות בהשקיה במועד קשורה למידת הצורך ולהפסד הנגרם כתוצאה מן האיסור, כלומר לתוצאה של ההשקיה ולא לעצם הפעולה עצמה.

ב. אם העיקרון המנחה את האיסורים במשנה הוא מידת הטרחה, גם בבית הבעל מותרת השקיה ממעיין שלא יצא בתחילה משום שלא כרוכה בהשקיה זו טרחה.[8] אפשרות זו קשורה לאופייה של הפעולה עצמה ולא לתוצאה שלה.

מתוך המשנה עצמה לא ניתן להכריע בין שתי האפשרויות. אבל נראה שההסבר שיותר מתיישב עם פשט המשנה הוא ההסבר השני. זאת משום שבמשנה עצמה יש הבחנה (גם אם היא רק בהגדרות ולא בהלכה) בין השקיה ממעיין שיצא בתחילה לבין מעיין שלא יצא בתחילה, ובין אלו לבין השקיה

6. פליקס, החקלאות, עמ' 278.

7. כך מסביר רש"י, ד"ה משקין בית השלחין במועד: "שדה שהיא עומדת בהר וצריך להשקותה תמיד – משקין אותה, אפילו בחולו של מועד. לפי שהוא לו הפסד גדול אם אינו משקה אותה. ודבר של הפסד התירו חכמים לטרוח בו בחולו של מועד". היינו, שיש ביטוי מסוים במשנה גם לכך שהטרחה מותרת רק במקרה של צורך, ולא בכל תנאי, אולם ברור מהמשנה כי גם בצורך גדול, אם כרוכה בדבר טרחה מרובה – היא אסורה.

8. אפשרות פרשנית זו לגבי המשנה מועלית מיד בתחילתה של סוגיית הפתיחה: "אבל מעין שלא יצא בתחילה דלא אתי לאינפולי אימא אפילו בית הבעל נמי (מותר)". הגמרא אומנם דוחה הבנה זו על סמך נוסח המשנה, אבל דחייה זו אינה מוכרחת. האפשרות הזו מועלית גם בהמשך הסוגיה בדיון על שיטת ר' יהודה ביחס למשנה, בדף ב ע"ב.

ממי הגשמים והקילון (בהלכה). לכל אלו יש משמעות רק מנקודת המבט של הטרחה, אך הן לא קשורות לתוצאות של ההשקיה.

ובכל זאת יש במשנה ביטוי גם לעקרון ההפסד – במקרה של השקיה ממעיין שיצא בתחילה, שההשקיה ממנו מותרת רק בבית השלחין, בגלל ההפסד, אבל לא בבית הבעל, משום שבו אין הפסד. למעשה, זו המשמעות של הגדרת "בית השלחין" בראש המשנה, שיש הבדל בין בית שלחין לבית בעל, הבדל שיש לו משמעות מצד ההפסד ולא מצד הטרחה, אם כי העיקרון הזה בא לידי ביטוי רק במקרה של השקיה ממעיין שיצא בתחילה.

בסיכומו של דבר, כיוון שהמשנה אינה מתמקדת בהבחנה בין השלחין לבעל, נראה שלפי המשנה ההבחנה הזו משנית לעקרון הטרחה, שהוא הסיבה היסודית יותר לאיסור או היתר השקיה (מעיין היוצא בתחילה או שאינו יוצא בתחילה). אפשר לומר שהפריזמה של המשנה על דיני המועד היא עקרון הטרחה, ואף שעקרון ההפסד נוכח, הוא לא עיקרי במשנה.

עיקרון נוסף המגדיר את איסורי המלאכה במועד, ואינו מצוי במשנה, הוא "דבר האבד". המושג הזה מוזכר בתוספתא:

> דבר האבד עושין אותו במועד, דבר שאין אבד אין עושין אותו במועד.[9]

על פי ההבנה הפשוטה, "דבר האבד" (או "פסידא" בניסוח אחר שמופיע בגמרא)[10] מתייחס לעיקרון המצוי בתשתיתה של ההבחנה בין בית שלחין ובית הבעל.[11]

העובדה כי המשנה כלל לא הזכירה את הביטוי "דבר האבד", והעדיפה את הניסוח הקונקרטי והעקיף "בית השלחין" – מחזקת את התחושה שהמשנה בחרה שלא להתייחס ל"דבר האבד" כמארגן את הלכות חול המועד, אלא הניחה יסוד מושגי אחר להלכות חול המועד, הוא עקרון הטרחה.[12]

9. תוספתא מועד קטן א, יא.
10. מונח זה מופיע כמה פעמים גם בדברי האמוראים בבבלי במסכת מועד קטן: בבלי, י ע"ב; יא ע"א; יב ע"א-ע"ב.
11. כך מבין רש"י, בד"ה הראשון למסכת; ב ע"א, ד"ה הא הרי לא מסרן הכתוב אלא לחכמים.
12. בניגוד לפירוש ספראי, מועד קטן, עמ' 20, הסובר שיש להחיל את הנימוק של "דבר האבד" גם על משנתנו ומשניות אחרות, למרות שהמונח אינו מופיע בהן.

סוגיית הפתיחה – עקרון ההרווחה

סוגיית הפתיחה מציבה אלטרנטיבה רעיונית לתפיסת המשנה את איסורי המלאכה במועד. בקטע השני של הסוגיה הגמרא שואלת על המשנה:

> מאן תנא דפסידא אין הרווחה לא, ואפילו במקום פסידא מיטרח נמי לא טרחינן?

בשאלה זו מנסח בעל הסוגיה את הפרשנות שלו לעיקרון שעליו מבוססים האיסורים שבמשנה: "הרווחה", דהיינו השקיה שלא נועדה למניעת הפסד.[13] בעוד המשנה התירה השקיה בבית השלחין, אבל לא עסקה בסיבה להיתר זה, אלא בעיקר בהגדרת מלאכות על פי מידת הטרחה הכרוכה בהן – סוגיית הפתיחה מבססת את הדיון על שאלת ההרווחה וההפסד, או לפי הניסוח של המשנה, על ההבחנה בין שלחין ובעל.

בדיון המשתלשל מקושיית "מאן תנא?" יש שתי מגמות: אחת באה לידי ביטוי בניסוח המופשט של הביטויים הקונקרטיים במשנה, והשנייה מתבטאת בהחלה של המושגים הללו על המשנה, ומתוך כך בפרשנות מגמתית של המשנה, באופן שמשנה את מרכזיותם ומעמדם בקביעת ההיתר והאיסור.

יוצא אפוא שההבחנה בין בית הבעל לבית השלחין, המוזכרת במשנה באופן שולי – הופכת בחלקה הראשון של סוגיית הפתיחה לנושא של הסוגיה, עד שהסוגיה מנסה להתאים בין הברייתא למשנה בהגדירה את עקרון ההרווחה כעיקרון העומד ביסוד המשנה ובניגוד לפשטה.

המקום המרכזי שיש בסוגיית הפתיחה להבחנה בין שלחין לבעל (הרווחה והפסד) הולך ומתפתח לאורכה, ותופס מקום משמעותי יותר ויותר בקביעת איסורי המועד. להלן נעקוב אחרי האופן שבו בונה סוגיית הפתיחה את התפיסה הרעיונית שהיא מחדשת, וכיצד כל אחד מן הקטעים המרכיבים אותה תורם למגמה הזו.

13. רש"י, ב ע"א, ד"ה הרווחה לא: "כגון דבית הבעל דאסור להשקותה מאחר שאין בה הפסד שאין צריך להשקותה אלא להרווחה דמילתא לשוויה אפלי חרפי".

בית השלחין ובית הבעל

נחזור לראש סוגיית הפתיחה:

> השתא יש לומר ממעיין שיצא בתחילה, דאתי לאינפולי – משקין, ממעיין שלא יצא בתחילה, דלא אתי לאינפולי, מיבעיא?

כפי שאנו רואים בסוגיות פתיחה רבות, השאלה הראשונה של סוגיית הפתיחה מתייחסת לנוסח המשנה ולא לתוכן שלה או להלכה המצויה בה. שאלה כזו היא האמצעי הספרותי שעל ידו יוצרי סוגיות מביעים עקרונות רעיוניים בפתיחות של מסכתות ופרקים. הגמרא מקשה על הפירוּט הקיים בלשון המשנה, שלכאורה אינו נדרש: מדוע המשנה מפרטת גם מעיין שלא יצא בתחילה, הרי הדין שלו יכול להילמד בקל וחומר מן ההיתר של מעיין שיצא בתחילה, שהוא המקרה החמור יותר.

תשובת הגמרא מצדיקה את לשון המשנה על יסוד ההבחנה בין בית השלחין ובית הבעל:

> אמרי: איצטריך; אי תנא מעיין שיצא בתחילה – הוה אמינא: הכא הוא דבית השלחין – אין, בית הבעל – לא, משום דאתי לאינפולי. אבל מעיין שלא יצא בתחילה, דלא אתי לאינפולי, אימא אפילו בית הבעל נמי,
>
> קא משמע לן: לא שנא מעיין שיצא בתחילה, ולא שנא מעיין שלא יצא בתחילה, בית השלחין – אין, בית הבעל – לא.

אם המשנה הייתה מדברת רק על מעיין שיצא בתחילה היה אפשר לחשוב שההבחנה בין בית שלחין (שמותר בגלל ההפסד) ובית הבעל (שאסור) נוגעת רק למעיין כזה, ואילו במעיין שלא יצא בתחילה – ההבחנה בין שלחין לבעל אינה תקפה, ובשניהם מותר להשקות ממעיין כזה. החידוש שנלמד מהפירוט של ההיתר להשקיה ממעיין שלא יצא בתחילה הוא שגם בבית הבעל אסורה השקיה ממעיין כזה.

לבחירה של הגמרא להעמיד את ההבדל בין שלחין לבעל כעיקרון המרכזי הקובע להיתר או איסור השקיה יש נפקא מינה הלכתית: בעוד שבבית השלחין מותרת השקיה מכל מעיין, בבית הבעל אסורה השקיה מכל מעיין.

יש לשים לב שהדיוק של הגמרא במשנה, כמו גם ההלכה הנובעת מן הדיוק הזה, אינו מתאים לפשט המשנה. המשנה אומנם מתייחסת לבית השלחין, אבל אינה מפרטת את הדין ביחס לבית הבעל, הן במקרה של מעיין שיצא בתחילה והן במקרה של מעיין שלא יצא בתחילה. המכנה המשותף למקרים הנידונים במשנה נוגע למידת הטרחה הכרוכה בהם, והפירוט של המשנה "מעיין שיצא בתחילה ומעיין שלא יצא בתחילה" על פי הפשט מדגיש כי המקרה של מעיין הוא יוצא דופן, שכן גם במקרה של מעיין חדש, שיצא בתחילה, ויש בו חשש "דאתי לאינפולי", כלומר שהקרקע תיפול לאפיק זרימת המים ותפריע לזרימה, ואנו חוששים שהחקלאי יטרח ויתקן את האפיק – גם במקרה כזה מותרת ההשקיה בו. כל זאת בניגוד למי הגשמים והקילון, שבגלל החשש לטרחה אסרו חכמים השקיה בהם.

הגמרא, באמצעות השאלה על נוסח המשנה והתשובה שהיא עונה, קובעת קריטריון אחר, יסודי יותר מעקרון הטרחה, שהוא העיקרון היסודי על פי המשנה. הקריטריון של סוגיית הפתיחה נוגע לשאלה אם מדובר בבית הבעל או בבית השלחין. הקושיה הלשונית משמשת את הגמרא ליצור שינוי בקריטריון הקובע את המלאכות האסורות במועד. בעוד שבמשנה הקריטריון הוא מידת הטרחה (ואין התייחסות לדין של בית הבעל), בפתיחתה של סוגיית הפתיחה שאלת היות השדה שלחין או בעל מקבלת מקום יסודי וראשוני יותר.

המשמעות המילולית של "שלחין" ו"בעל"

לאחר שהגמרא העמידה את הבעל והשלחין כמושגים היסודיים, היא מבססת את החשיבות שנתנה למושגים האלו באמצעות דיון במשמעות המילולית של השמות "שלחין" ו"בעל".

ומאי משמע דהאי בית השלחין?

לישנא דצחותא היא, דכתיב "ואתה עיף ויגע" ומתרגמינן: ואת משלהי ולאי.

ומאי משמע דהאי בית הבעל?

לישנא דמייתבותא היא, דכתיב "כי יבעל בחור בתולה", ומתרגמינן: ארי כמה דמיתותב עולם עם בתולתא יתייתבון בגויך בנייך.

לפי הגמרא, הלשון "שלחין" מבוססת על התרגום של המילה "עייף" בפסוק "ואתה עייף ויגע", ופירוש המילה "בעל" מבוסס על תרגום הפסוק "כי יבעל בחור בתולה".

מעבר לעצם קיומו של דיון כזה, הממקד את תשומת הלב במרכזיות של המושגים הללו, יש לבחון את תוכן הדיון ואת המשמעות שהגמרא מעניקה למושגים הללו באמצעות הפסוקים שבהם היא משתמשת כדי לפרש את המונחים הללו.

במבט ראשון, הדרשות של הגמרא מנסות לעמוד על המשמעות הלשונית של המונחים "שלחין" ו"בעל", אבל למעשה הן חורגות מההקשר הלשוני, כפי שפליקס כותב:[14]

> ברור אפוא ש"שלחין" מציינים את מי ההשקאה ולא את טיב השדה המושקה, לכן יש לדחות את הניסיון לגזור "שלחין" מל' "שלהי" – מצא – עייף, כלומר שבא לציין שדה יבש, שאינו מגדל צמחים ללא השקאה.

לדבריו, המשמעות הלשונית של "שלחין" קשורה לשלח'ת, שהוראתה באכדית תעלה.

פירוש אחר למינוח "שלחין" מצוי בגמרא בבבא בתרא, סח ע"א, שם מובאת מחלוקת אם שלחין הם "גינוניאתא", דהיינו גינות, או "בגי" – שדות, לפי הפסוק "שולח מים על פני חוצות" (איוב ה, ו).

גם על המינוח "בעל" יש דרשות שונות. בבבלי תענית ישנה דרשה הקושרת, כמו בסוגיה כאן, את המונחים "רביעה" (עונת הגשמים) עם "בעילה", אבל מבוססת על דרשה שונה מאשר בסוגיה שלפנינו:

> אמר רבי אבהו: מאי לשון רביעה? דבר שרובע את הקרקע, כדרב יהודה. דאמר רב יהודה: מיטרא בעלה דארעא הוא, שנאמר כי כאשר ירד הגשם והשלג מן השמים ושמה לא ישוב כי אם הרווה את הארץ והולידה והצמיחה.[15]

14. פליקס, החקלאות, עמ' 300. וכן אצל ספראי, מועד קטן, עמ' 18, "בית השלחים על שם המים הנשלחים אליהם".
15. דף ו ע"ב.

קשר דומה, גם אם לא מילולי, קיים גם בירושלמי (ברכות ט, ב; תענית א, ג):

> ואמר רבי לוי, המים העליונים זכרים והתחתונים נקבות. מה טעם? תפתח ארץ. כנקבה הזאת שהיא פותחת לפני הזכר.

בדומה לדרשות הללו, אבל מכיוון אחר, פליקס סובר שהשם "בעל" הוא כינויו של אל הפוריות, שחשבוהו למוריד גשמים.[16]

הדרשה על בעל בסוגיית הפתיחה של מועד קטן גם היא קושרת מבחינה מילולית את "שדה הבעל" ל"יבעל בחור בתולה", אבל מפרשת את המשמעות באופן שונה, לא כ"בעילה" אלא כ"מיתותב", מלשון התיישבות.

קיומן של פרשנויות מילוליות שונות ודרשות חז"ליות שונות מאלו המצויות במועד קטן, כמו גם הפרשנות המחקרית, מחזקות את התחושה שהפרשנות של הגמרא בסוגיית הפתיחה של מועד קטן, למרות האופי ה"לשוני" של הדיון, אינה פרשנות מילולית, אלא דרשה מגמתית הנושאת משמעות רעיונית. הדרשות הללו בוחרות לקשור דווקא את הפסוקים האלו (מבין אפשרויות אחרות) לסוגיה העוסקת באיסורי המלאכה במועד. זו אחת הדרכים שבאמצעותן מעניקה הסוגיה משמעות רעיונית לנושא ההלכתי הנידון כאן, איסורי המלאכה במועד והמשמעות הרעיונית של ימי המועד בכלל.

לכן נפנה לעיין בפסוקים מתוך הקשרם כדי לעמוד על המשמעות הרעיונית שלהם ולהשליך מהמשמעות הזו על המשמעות הרעיונית של ימי חול המועד. שני הפסוקים שאליהם מפנה הסוגיה נוגעים למצבים של גאולה, בעבר ובעתיד. הפסוק שמביאה הסוגיה להסבר המונח "שלחין" לקוח ממלחמת עמלק בישראל בזמן נדודיו במדבר לקראת הכניסה לארץ ישראל (דברים כה, יז-יט):

> זָכוֹר אֵת אֲשֶׁר עָשָׂה לְךָ עֲמָלֵק בַּדֶּרֶךְ בְּצֵאתְכֶם מִמִּצְרָיִם: אֲשֶׁר קָרְךָ בַּדֶּרֶךְ וַיְזַנֵּב בְּךָ כָּל הַנֶּחֱשָׁלִים אַחֲרֶיךָ וְאַתָּה עָיֵף וְיָגֵעַ וְלֹא יָרֵא אֱלֹהִים: וְהָיָה בְּהָנִיחַ ה׳ אֱלֹהֶיךָ לְךָ מִכָּל אֹיְבֶיךָ מִסָּבִיב בָּאָרֶץ אֲשֶׁר ה׳ אֱלֹהֶיךָ נֹתֵן לְךָ נַחֲלָה לְרִשְׁתָּהּ תִּמְחֶה אֶת זֵכֶר עֲמָלֵק מִתַּחַת הַשָּׁמָיִם לֹא תִּשְׁכָּח:

16. שם, עמ׳ 302.

הפסוק שמובא בסוגיה להסבר המונח "בעל" קשור לתיאור הגאולה (ישעיהו סא, י – סב, ה):

שׂוֹשׂ אָשִׂישׂ בַּה' תָּגֵל נַפְשִׁי בֵּאלֹהַי כִּי הִלְבִּישַׁנִי בִּגְדֵי יֶשַׁע מְעִיל צְדָקָה יְעָטָנִי כֶּחָתָן יְכַהֵן פְּאֵר וְכַכַּלָּה תַּעְדֶּה כֵלֶיהָ:
כִּי כָאָרֶץ תּוֹצִיא צִמְחָהּ וּכְגַנָּה זֵרוּעֶיהָ תַצְמִיחַ כֵּן ה' אלקים יַצְמִיחַ צְדָקָה וּתְהִלָּה נֶגֶד כָּל הַגּוֹיִם:
לְמַעַן צִיּוֹן לֹא אֶחֱשֶׁה וּלְמַעַן יְרוּשָׁלַםִ לֹא אֶשְׁקוֹט עַד יֵצֵא כַנֹּגַהּ צִדְקָהּ וִישׁוּעָתָהּ כְּלַפִּיד יִבְעָר:
וְרָאוּ גוֹיִם צִדְקֵךְ וְכָל מְלָכִים כְּבוֹדֵךְ וְקֹרָא לָךְ שֵׁם חָדָשׁ אֲשֶׁר פִּי ה' יִקֳּבֶנּוּ:
וְהָיִית עֲטֶרֶת תִּפְאֶרֶת בְּיַד ה' וצנוף וּצְנִיף מְלוּכָה בְּכַף אֱלֹהָיִךְ:
לֹא יֵאָמֵר לָךְ עוֹד עֲזוּבָה וּלְאַרְצֵךְ לֹא יֵאָמֵר עוֹד שְׁמָמָה כִּי לָךְ יִקָּרֵא חֶפְצִי בָהּ וּלְאַרְצֵךְ בְּעוּלָה כִּי חָפֵץ ה' בָּךְ וְאַרְצֵךְ תִּבָּעֵל:
כִּי יִבְעַל בָּחוּר בְּתוּלָה יִבְעָלוּךְ בָּנָיִךְ וּמְשׂוֹשׂ חָתָן עַל כַּלָּה יָשִׂישׂ עָלַיִךְ אֱלֹהָיִךְ:

שני המקורות המקראיים הללו מתארים שני היבטים שונים של הגאולה. הפסוקים שעוסקים בעמלק מתייחסים להליכה במדבר, בדרך אל ארץ ישראל. בפסוקים הללו עם ישראל עדיין בדרך, עדיין לא הגיע אל המנוחה והנחלה, והפסוקים מבטאים את הקשיים שעם ישראל חווה בדרך: העייפות, הצמא והאויבים (עמלק). הפסוקים הללו מבטאים פן של הגאולה שהוא "בדרך", שהוא לא שלם, שבו נאלצים להתמודד עם קשיים ואתגרים. הדרשה של הסוגיה בוחרת לקשור בין המילה "שלחין" למצב הזה.

הפסוקים מישעיהו מתארים גם הם גאולה, אבל הם מתייחסים להיבט שונה שלה. הפסוקים אינם מתייחסים לקשיים ואתגרים שנוגעים לגאולה, אלא את הגאולה במצבה השלם. המשמעות שיוצקת הדרשה למונח "בעל" קשורה למציאות של גאולה שלמה ומימוש של קשר עמוק וקרוב בין ישראל לאלוהיו.

כיצד תורמת הדרשה הרעיונית של המונחים "בעל" ו"שלחין" לפרשנות הרעיונית של האיסורים ההלכתיים במועד, כפי שהם מוצגים בסוגיית הפתיחה?

באמצעות הפסוקים שנבחרו, קושרת הדרשה את חול המועד אל גאולת ישראל, ויש קשר ברור בין הנושאים הללו. חול המועד הוא חלק

מהחגים שמציינים את הגאולה, סוכות ופסח. החגים הללו מציינים את השלבים הראשונים של גאולת ישראל: יציאת מצרים וההליכה במדבר. סוגיית הפתיחה מעניקה לחול המועד רובד נוסף של ביטוי לגאולה, לא רק באירועים ההיסטוריים שבהם נגאלו ישראל, ונראה שהיא מבקשת לקשור בין ההווה החקלאי בארץ ישראל, הכולל פעולה פשוטה כמו השקיה, ובין גאולת ישראל שהתחילה במצרים, ולהצביע על כך שגם הוא חלק מן הגאולה הזו.

חיזוק לנקודת המבט המבקשת לראות בשדות ובחקלאות ביטוי לגאולה אפשר לראות בנבואת ישעיהו שממנה מובא הפסוק בדרשה. מלבד פרשנות למילה "בעל", הפסוקים הללו מדברים על הגאולה בדימויים שקשורים לעבודת האדמה: "כִּי כָאָרֶץ תּוֹצִיא צִמְחָהּ וּכְגַנָּה זֵרוּעֶיהָ תַצְמִיחַ", ו"וּלְאַרְצֵךְ לֹא יֵאָמֵר עוֹד שְׁמָמָה". הדימויים הללו מחזקים את התחושה שהסוגיה רוצה שהלומד יראה בעבודת האדמה, ולא רק באירועים היסטוריים דרמטיים, ביטוי לגאולת ישראל. שאלת ההשקיה וההפסד הממוני שנובע ממנה מקבלת בדרשות הללו משמעות רוחנית, הרבה מעבר לשאלה המעשית והכלכלית שממנה מתחיל הדיון.

אבל יותר מכך. אפשר לראות בדרשות הללו גם פרשנות ספציפית להבחנה בין בית שלחין לבית בעל. בית הבעל ובית השלחין מייצגים שתי צורות של עבודה חקלאית: בית הבעל הוא שדה שגדל מעצמו, ללא צורך בהשקיה אנושית, בעוד שדה השלחין הוא שדה שדורש מאמץ והשקעה אנושיים. הבחנה כזו קיימת גם לגבי הגאולה. יש גאולה שלמה ומלאה, שאינה דורשת התערבות ומאמץ אנושיים. גאולה כזו באה לידי ביטוי בפסוק שהדרשה מביאה לגבי בית הבעל, בדומה לאופי של שדה הבעל בעצמו, שאינו זוקק התערבות אנושית כדי ליהנות מפירותיו (לפחות מההיבט של ההשקיה). שדה בעל הוא ביטוי לברכה האלוהית השלמה שהאדם זוכה לה בלי לטרוח ולהתאמץ עבורה. שדה שלחין גם הוא מביא איתו ברכה ושפע אלוהיים, אבל שם האדם נדרש לטרוח ולעמול כדי לזכות בפירות. שדה שלחין הוא ביטוי לגאולה שדורשת מאמץ אנושי. הפסוק שקושר "שלחין" ל"עייף ויגע" מבטא את המאמץ שאדם צריך לעשות בדרך אל הברכה ואת הקשיים שהוא נאלץ להתמודד איתם בדרך אל השפע האלוהי שהוא זוכה לו, כמו גם בדרך אל הגאולה ההיסטורית.

סוגיית הפתיחה של מועד קטן קושרת את עבודת האדם לחוויית הגאולה. ימי המועד הם ימים של שמחה בגאולת מצרים ההיסטורית. הדרשה שמביאה סוגיית הפתיחה מצביעה על המשכה של הגאולה ונוכחותה גם

בהווה, באמצעות הברכה שמעניק ה׳ לאדם בפירות הגדלים בשדהו. ההבחנה בין בעל ושלחין היא ביטוי למורכבות ביחס לברכה הזו: יש ברכה שמגיעה לאדם באופן שלם ומלא, שהשפע כבר מוכן לאדם, וזו הגאולה המתבטאת בבית הבעל. ויש ברכה (וגאולה) שמגיעה לאדם מתוך מאמץ וטרחה, וזו הגאולה שמתבטאת בפירות שדה השלחין.[17]

פסידא והרווחה

בחלק השני של סוגיית הפתיחה הגמרא מחדשת ניסוח מושגי מופשט של ההבחנה הקונקרטית בין בעל לשלחין שבה השתמשה עד כה באמצעות המונחים ״פסידא״ ו״הרווחה״:

> מאן תנא פסידא אין הרויחה לא ואפילו במקום פסידא מטרח לא טרחינן?!

הגמרא שואלת מי התנא של המשנה, הסובר שמותר לעשות במועד פעולות שמונעות הפסד, אבל נאסרות פעולות שגורמות ל״הרווחה״, להשבחת הפירות, ונוסף לכך סובר שאפילו במקום הפסד – אסור לטרוח?

לפני שנפנה לתשובת הגמרא נבחן לעומק את השאלה עצמה. ברובד הגלוי של הדיון, שאלת ״מאן תנא״ מבררת מי התנא של המשנה. אבל הגמרא אינה שואלת את השאלה ״מאן תנא?״ בלבד, אלא היא גם מפרטת את העיקרון המושגי שסובר התנא של משנתנו ״פסידא אין הרווחה לא וכו׳״. ניסוח כזה כבר כולל פרשנות לגבי העיקרון העומד ביסוד המשנה. הפרשנות שמובלעת בשאלה היא שעל פי המשנה מותר למנוע הפסד, אם אין טרחה, אבל אסור ליצור הרווחה, כלומר השבחה של הפירות. לפי הפרשנות הזו, העיקרון המרכזי של המשנה הוא עקרון ה״פסידא־הרווחה״, והטרחה נדחקת למטה בסדר השיקולים.

כפי שהראינו לעיל, הפרשנות הפשוטה של המשנה היא שעקרון הטרחה הוא העיקרון הבסיסי, ולא עקרון ההרווחה, אבל בסוגיה עקרון ההרווחה הוא העיקרון המרכזי ועקרון הטרחה משני. חשוב לשים לב שההבדל המושגי הוא לא רק תיאורטי, אלא יש לו נפקא מינה הלכתית, לגבי

17. הרחבה על המשמעות הרעיונית של ימי חול המועד מנקודת המבט של המשנה ושל איסור הטרחה, מעבר למה שעולה מן הדרשות כאן, ראו בסיכום לפרק הזה.

השקיה בבית הבעל: לפי פשט המשנה יש אפשרות שבמקום שאין טרחה מותר להשקות גם בבית הבעל, ולפי שאלת "מאן תנא" בכל מקרה אסורה השקיה בבית הבעל. למרות שהגמרא מציגה זאת כעמדת המשנה, למעשה זו נקיטת עמדה שונה מזו של המשנה. נמצא שכבר בניסוח של שאלה תמימה ונפוצה של סוגיית הפתיחה יש הסטה מגמתית של נקודת הכובד הפרשנית לגבי קביעת איסורי המלאכה במועד מעקרון הטרחה לעקרון ההפסד וההרווחה. למהלך הזה יש משמעות רעיונית, כפי שנראה בהמשך.

המגמתיות של הגמרא להעדיף את עקרון ההרווחה על פני עקרון הטרחה באה לידי ביטוי גם בתשובות לשאלה ובשקלא וטריא עליהן:

> אמר רב הונא: רבי אליעזר בן יעקב היא,
> דתנן, רבי אליעזר בן יעקב אומר: מושכין את המים מאילן לאילן,
> ובלבד שלא ישקה את השדה כולה.
> אימור דשמעת ליה לרבי אליעזר הרווחה דלא, טירחא במקום פסידא
> מי שמעת ליה?

ההצעה הראשונה של הגמרא, בשם רב הונא, היא שיש התאמה בין המשנה לדעת ר' אליעזר בן יעקב (במשנה ב). רבי אליעזר בן יעקב מתיר השקיה "מאילן לאילן" אבל לא השקיה של שטח נרחב. התאמה זו מתיישבת יפה בהנחה שר' אליעזר בן יעקב אוסר מלאכות שכרוכות בטרחה מרובה. תשובת רב הונא לשאלת "מאן תנא" היא תשובה פשוטה והגיונית.

במפתיע, הסוגיה לא מקבלת את ההצעה של רב הונא אף שהיא מתיישבת בפשטות עם הפרשנות הפשטית של המשנה (שהעיקרון המרכזי הוא הטרחה), משום שהפרשנות הזו אינה מתאימה להנחת היסוד של הסוגיה כפי שהיא הוצגה בשאלת "מאן תנא דפסידא אין הרווחה לא, ואפילו במקום פסידא מטרח לא טרחינן". ההסבר של הגמרא הוא שיש התאמה בין שיטת ר' אליעזר בן יעקב לעקרון ההרווחה, שהיא אסורה, "אימור דשמעת ליה לרבי אליעזר הרווחה דלא", אבל אין התאמה לגבי הטרחה "טרחא במקום פסידא מי שמעת ליה?!", ולכן ההסבר של רב הונא נדחה.[18]

18. הפער בין שני פירושי רש"י לסוגיה, על הגמרא ובדפי הרי"ף, ממחיש את הפער בין שתי האפשרויות הפרשניות. פירוש רש"י בגמרא, ד"ה לא ישקה את השדה כולה, תולה את האיסור של ר' אליעזר בן יעקב במשנה ב באיסור הרווחה, ואילו פירוש רש"י בדפי

מהלך דומה יש גם בהצעה השנייה של רב פפא, הסובר שהמשנה מתאימה לשיטת רבי יהודה בברייתא:

> אלא אמר רב פפא: הא מני – רבי יהודה היא,
> דתניא: מעיין היוצא בתחילה משקין ממנו אפילו שדה בית הבעל, דברי רבי מאיר. רבי יהודה אומר: אין משקין אלא שדה בית השלחין שחרבה. רבי אלעזר בן עזריה אומר: לא כך ולא כך. יתר על כן אמר רבי יהודה: לא יפנה אדם אמת המים וישקה לגינתו ולחורבתו בחולו של מועד.
> מאי חרבה? אילימא חרבה ממש – למה לי דמשקי לה?
> אמר אביי: שחרבה ממעיין זה, ויצא לה מעיין אחר.
> רבי אלעזר בן עזריה אומר לא כך ולא כך. לא שנא חרב מעיינה ולא שנא לא חרב מעיינה, מעיין שיצא בתחילה – לא.
> וממאי? דלמא עד כאן לא קאמר רבי יהודה בית השלחין אין, בית הבעל לא – אלא מעיין שיצא בתחילה, דלמא אתי לאינפולי. אבל מעיין שלא יצא בתחילה, דלא אתי לאינפולי – אפילו בית הבעל נמי.

לפי רב פפא, ישנה התאמה בין המשנה לשיטת ר' יהודה ש"אין משקין אלא שדה בית שלחין שחרבה (התייבשה)", על פי פירושו של אביי, שמדובר "שחרבה ממעיין זה ויצא לה מעיין אחר (התייבש המעיין שרגילים להשקות ממנו אך יוצאים מים ממעיין אחר)". יוצא אפוא שלפי פירושו של אביי, ר' יהודה מתיר להשקות שדה שלחין ממעיין שיצא בתחילה, ממש כמשנה. גם הגמרא מסבירה כך את דעת ר' יהודה, "אבל מעיין שלא יצא בתחילה דלא אתי לאינפולי אפילו בית הבעל נמי".

גם את ה"יתר על כן" שמוסיפה הברייתא לשיטת ר' יהודה, האוסר לפנות אמת מים שנסתמה ולהשקות ממנה אפילו את חורבתו, למרות ההפסד המרובה – את כל זה אפשר להסביר בפשטות על פי עקרון הטרחה.

וגם כאן, ובמפתיע, הסוגיה אינה מקבלת את ההסבר הפשוט של רב פפא, משום שהיא מנסה להעמיד את המשנה באופן מגמתי על עקרון ההרווחה ולפרש שנאסרת כל עבודה בבית הבעל, אפילו עבודה שאין בה

הרי"ף, ב ע"א, ד"ה מושכין את המים, וד"ה אבל לא ישקו את השדה כולה, תולה את האיסור בטרחה.

טרחה. מגמתיות זו יוצרת אילוץ הן בפרשנות של המשנה, הן בפרשנות של שיטת ר׳ יהודה והן בהתאמה של ר׳ יהודה בברייתא למשנה. ולכן בשלב הזה נדחית ההתאמה של רבי יהודה למשנה.

בסופו של דבר, הגמרא כן מקבלת שרבי יהודה הוא התנא של המשנה, אבל מנימוק שונה:

> אם כן מתניתין אמאן תרמייה? אלא: לרבי יהודה לא שנא מעיין שיצא בתחילה ולא שנא מעיין שלא יצא בתחילה, בית השלחין – אין, בית הבעל – לא.

הנימוק הוא שאם לא נעמיד את המשנה כר׳ יהודה, אין תנא אחר שאפשר להעמיד את המשנה על פיו. בסופו של דבר, הגמרא בוחרת לקבל דעה משיקול לא ענייני שאינו נוגע לתוכן הדברים: לא משום שיש התאמה בין הדעות, שהרי הגמרא הראתה שאין התאמה, אלא מפני שאין אפשרות אחרת. תירוץ דחוק זה, יותר משהוא מיישב את הקושי – הוא מעצים אותו ולמעשה מבליט את המגמתיות של הדיון.

הגמרא בוחרת להעדיף את הקריטריון השני, ההרווחה, ולא את עקרון הטרחה, וקובעת כי על אף האילוץ, ר׳ יהודה מבחין בין שלחין לבעל, ואינו מבחין בין מעיין שיצא בתחילה למעיין שלא יצא בתחילה. בכך מעמידה הסוגיה את ר׳ יהודה ואת המשנה על עקרון ההרווחה, ולא על עקרון הטרחה. המאמץ הפרשני של הסוגיה סוטה באופן בולט מן ההבנה הפשוטה של המקורות, והוא עצמו מביא לידי ביטוי מגמה ברורה של בעל הסוגיה לבסס את עקרון ההרווחה, על פני עקרון הטרחה.

הסוגיה מצביעה על אילוץ נוסף, לשוני, הנובע מהבחירה בר׳ יהודה להיות התנא של משנתנו:

> והאי דקתני מעיין שיצא בתחילה – להודיעך כחו דרבי מאיר, דאפילו מעיין היוצא בתחילה משקין ממנו אפילו שדה הבעל.

הרי הברייתא עצמה מבחינה בין מעיין שיצא בתחילה למעיין שלא יצא בתחילה, בעוד שמתוך המהלך של הסתמא, לדעת ר׳ יהודה אין משמעות להבדל זה, כי לדעתו בכל אופן בבית הבעל הכול אסור ובבית השלחין

הכול מותר. הגמרא אומנם מתרצת את הקושי הלשוני, אבל התירוץ דחוק: "להודיעך כוחו דר' מאיר", הוא כל כך מקל שמתיר להשקות אפילו שדה בעל ואפילו ממעיין שיצא בתחילה.[19]

הקושיה והדוחק שבתירוץ מחזקים ומדגישים את מגמת הסוגיה להעדיף את עקרון ההרווחה (לשיטת ר' יהודה) על פני עקרון הטרחה (לשיטת ר' אלעזר בן עזריה ולשיטת ר' מאיר). הזיהוי (המאולץ) של ר' יהודה בברייתא עם המשנה מבטל את ההבחנה הקיימת בברייתא עצמה לגבי סוג ההשקיה ("מעין שיצא בתחילה"), ומעדיפה את ההבחנה בין בית השלחין לבית הבעל, למרות הקושי בנוסח המשנה שבפרשנות הזו. הסוגיה עצמה לא מנסה לטשטש את האילוץ אלא מצביעה עליו במהלך הדיון. יש בכך חיזוק לתחושה שהסוגיה מעדיפה את עקרון ההרווחה על פני עקרון הטרחה.

סיכום – המגמתיות של סוגיית הפתיחה

המגמתיות של סוגיית הפתיחה להעדיף את עקרון ההרווחה על פני עקרון הטרחה בקביעת איסורי המלאכה במועד באה לידי ביטוי בשלבים שונים לאורך הסוגיה:

בשלב ראשון מעמידה הסוגיה את המושגים בית השלחין ובית הבעל כנושא מרכזי במשנה. החלת המושגים הללו על המשנה יוצרת את השינוי התפיסתי (וההלכתי) בהגדרת איסורי המלאכה במועד, אם כי בשלב זה הניסוח עדיין קונקרטי (שלחין ובעל) ולא עקרוני (עקרון ההרווחה).

בשלב הבא הגמרא מחזקת את החשיבות שהיא נותנת למושגים אלו על ידי דיון במשמעות הלשונית שלהם. מעבר לכך, הדרשות של הסוגיה את המשמעות הלשונית של המונחים "שלחין" ו"בעל" מטעינות את ההגדרות ההלכתיות־מעשיות במשמעות רעיונית.

בשלב האחרון, באמצעות שאלת "מאן תנא?" הגמרא מחזקת את המגמה הזו בשני אופנים:

א. בעצם השאלה ובניסוח שלה, שהעיקרון המגדיר את איסורי המלאכה במועד הוא הרווחה ולא טרחה.
ב. התשובה של הסוגיה לשאלת "מאן תנא?" מגמתית משום שהיא

19. תוספות, ב ע"ב, ד"ה כחו דר' מאיר דמיקל, מצביעים על הדוחק, ומתרצים: "ואם תאמר וליתני שלא יצאו בתחילה להודיעך כחו דר' יהודה דמחמיר כח דהיתרא עדיפא".

> מעדיפה תשובה דחוקה המבוססת על עקרון ההרווחה על פני תשובות פשוטות המבוססות על עקרון הטרחה.

למגמה של סוגיית הפתיחה להעדפת עקרון ההרווחה על עקרון הטרחה בקביעת איסורי המלאכה במועד יש גם משמעות רעיונית. כל אחד מהמושגים הללו מבטא תפיסה מסוימת של המועד, המתבטאת באיסורים שבו ובעיקרון שקובע מהם האיסורים.

בסיום הפרק נעמוד על המשמעות הרעיונית של ימי חול המועד מתוך שתי נקודות המבט השונות של הרווחה וטרחה. קודם לכן נעיין באופן שבו באה לידי ביטוי המגמה המושגית של סוגיית הפתיחה בכמה סוגיות הלכתיות העוסקות בהשקיה במועד.

הסוגיות ההלכתיות

המתח בין שני העקרונות המנחים בקביעת איסורי המועד, טרחה והרווחה, בא לידי ביטוי גם בסוגיות הלכתיות העוסקות בדיני השקיה במועד. לא זו בלבד, אלא שהמבט המושגי על הסוגיות יכול להסביר קשיים הלכתיים או ספרותיים בסוגיות השונות. נדון בסוגיות ההלכתיות על הרישא של המשנה הראשונה של מסכת מועד קטן ונראה כיצד שני העקרונות, הטרחה וההרווחה, באים לידי ביטוי ואף מפרשים את השקלא וטריא בסוגיות הללו.[20]

מי גשמים ומי קילון

בסוגיה הבאה עוסקת הגמרא בהשקאה ממי גשמים. המשנה אמרה שאין להשקות במועד במי גשמים או מי קילון, ועל כך הגמרא מקשה:

> אבל לא ממי הגשמים וממי הקילון.

20. הסוגיות שנעסוק בהן מופיעות בדף ד. בין סוגיית הפתיחה, שמסתיימת בדף ב ע"ב, ועד לסוגיית מי גשמים ומי קילון, הסוגיה הראשונה שנעסוק בה, ישנן כמה סוגיות העוסקות בהשקיה בשבת ובאיסורי שביעית. גם הסוגיות הללו הן חלק מן המבנה הכללי של הפרק ומהמגמה הרעיונית, אבל מפאת קוצר היריעה – בחרנו לעסוק בסוגיות הלכתיות שמתייחסות באופן ישיר למשנה ולחול המועד.

> בשלמא מי קילון איכא טירחא יתירא, אלא מי גשמים מאי טירחא איכא?

כלומר, מובן מדוע המשנה אוסרת השקיה בקילון, משום שהיא כרוכה בטרחה רבה, אבל מדוע אסורה השקיה במי גשמים? והרי אין בה כלל טרחה!

אלבק מסביר שקילון היא מילה יוונית ופירושה משאבה של עץ שבאמצעותה היו שואבים מים מבורות עמוקים. ממי הקילון היו ממלאים את החריצים והבריכות שבצד השדה, ומשם המים היו נמשכים לתוך השדה. פעולה כזו, כפי שאלבק כותב בפירושו, כרוכה בטרחה מרובה.[21]

השאלה הפותחת את הסוגיה מניחה שהסיבה לאיסורי ההשקיה השונים במשנה היא טרחה, ולכן האיסור על השקיה ממי קילון מובן. מתוך הנחת היסוד הזו, קשה להבין את האיסור על השקיה במי גשמים, שכן איזו טרחה כרוכה בהשקיה המבוססת על הגשם?

בתשובה היא מביאה דעתם של שני אמוראים:

> אמר רבי אילעא אמר רבי יוחנן: גזירה מי גשמים אטו מי קילון.
> רב אשי אמר: מי גשמים גופייהו לידי מי קילון אתו.

שני החכמים אוסרים השקיה במי גשמים מתוך זיקה למי הקילון. אבל אופי הזיקה מנוסח באופן שונה בדעת כל אחד מן החכמים. לדעת ר' יוחנן: "גזרה מי גשמים אטו מי קילון", כלומר גזרה על הגשמים משום מי הקילון, ולדעת רב אשי: "מי גשמים גופייהו לידי מי קילון אטו", כלומר שמי הגשמים עצמם הופכים למי קילון.

מה היחס בין שתי התשובות הללו? האם האמוראים אומרים שניהם אותו דבר או שהם חלוקים ביניהם?

מהאופן שבו מנוסחים דברי האמוראים עצמם, ישנה אפשרות סבירה שר' יוחנן ורב אשי אינם חלוקים זה עם זה, ושניהם סוברים שהטעם לאיסור מי גשמים הוא משום טרחה. יתרה מזאת, ישנה אפשרות כי רב אשי, המאוחר לר' יוחנן, מסביר את דברי ר' יוחנן הסתומים.

21. אלבק, מועד, פירוש למשנת מועד קטן, א, ב, עמ' 375. הרחבה של המנגנון המכונה "קילון" ושל אופן השימוש בו ראו אצל ספראי, מועד קטן, עמ' 25–28.

כך מסביר רש״י,[22] וכך משמע גם מן הירושלמי, א, א, שם מובאים דברי ר׳ יוחנן כך: ״אמר רבי יוחנן, גזרו מי גשמים מפני שהן כמי קילון״. ניסוח זה דומה יותר לעמדת רב אשי בבבלי, מה שמחזק את האפשרות שרב אשי מסביר את ר׳ יוחנן ולא חולק עליו או מציג עמדה שונה ממנו.

לפי גישה זו, היסוד לאסור השקיה במי גשמים, ולא כל שכן מי קילון, הוא החשש מטרחה.

לאור ההבנה הזו, הבחירה הפרשנית של הסוגיה לקבוע כי רב אשי ור׳ יוחנן חלוקים מפתיעה:

> וקמיפלגי בדרבי זירא. דאמר רבי זירא אמר רבה בר ירמיה אמר שמואל: נהרות המושכין מים מן האגמים – מותר להשקות מהן בחולו של מועד. מר אית ליה דרבי זירא, ומר לית ליה דרבי זירא.
>
> גופא, אמר רבי זירא אמר רבה בר ירמיה אמר שמואל: נהרות המושכין מים מן האגמים – מותר להשקות מהן בחולו של מועד.
>
> איתיביה רבי ירמיה לרבי זירא: אבל לא ממי גשמים ולא ממי קילון!
>
> אמר ליה: ירמיה ברי, הני אגמים דבבל – כמיא דלא פסקי דמו.

הגמרא מעמידה את רב אשי ור׳ יוחנן במחלוקת, ״וקמיפלגי בדרבי זירא״, והמחלוקת היא אם הם מקבלים את שיטת ר׳ זירא: רב אשי סובר כר׳ זירא ש״נהרות המושכין מים מן האגמים מותר להשקות מהן בחולו של מועד״, ור׳ יוחנן לא מקבל את דעתו. בחירה זו אינה הפרשנות המתבקשת או היחידה האפשרית, ובכל זאת הגמרא מציעה אותה ואותה בלבד.

להעמדה של הגמרא את רב אשי ור׳ יוחנן במחלוקת יש השלכות פרשניות לכל אחת מהדעות: לשיטת רב אשי לפי ר׳ זירא, האיסור לטרוח במועד מצומצם רק למקרים שבהם האיסור הוא ממשי, ולא לכל המקרים של מי גשמים, כמו למשל במקרה של ״אגמים דבבל כמיא דלא פסקי דמו״. מכאן נובע שבמקרים של מי גשמים המגיעים מאגמים גדולים מותר להשקות, בניגוד לעמדת המשנה, שבה אין הבחנה הלכתית הנוגעת לגודלם של מקורות המים. הגמרא עצמה מצביעה על הסתירה בין הפרשנות הזו למשנה, ועונה באמצעות אוקימתא, ״הני אגמים דבבל כמיא דלא פסקי

22. ד״ה מי גשמים נמי אתי לידי מי קילון: ״כי מדלו מינה דלא הויא מליאה נעשית ממילא מי קילון שאינו מלא וטירחה מילתא״.

דמו", דהיינו שהמשנה אינה עוסקת במי קילון ממקורות מים גדולים כמו האגמים של בבל. האוקימתא הזו מצמצמת את הדין שבמשנה רק למקרים שבהם יש חשש מעשי שמי הגשמים יגיעו למצב של קילון.

לשיטת ר' יוחנן לפי ר' זירא גם יש הרחקה מהטעם של הטרחה. שהרי, גם במצב שאין טרחה ר' יוחנן אינו מתיר להשקות ממי גשמים. יש כאן גזרה שטעמה לא ידוע אבל היא ודאי לא קשורה לטרחה.[23] הבחירה להעמיד את ר' יוחנן כחולק על רב אשי מנתקת לשיטת ר' יוחנן את איסור ההשקיה במי הגשמים מאיסור הטרחה.

למרות שדברי ר' יוחנן עצמם יכולים להתפרש באופנים שונים הסוגיה בוחרת להעמיד את האמוראים במחלוקת. ההשלכה הפרשנית של ההעמדה הזו מבהירה את המשמעות של דברי ר' יוחנן, שהוא אינו גוזר מי גשמים בגלל החשש להגיע לטרחה, אלא כגזרה עקרונית, ואפילו בבית השלחין, כלומר במצב של הפסד.[24]

הבחירה הפרשנית של הסוגיה להעמיד את האמוראים כחולקים יוצרת חלל פרשני המאפשר להסביר את שיטת ר' יוחנן שלא על פי עקרון הטרחה. למרות שזו לא הבחירה הפרשנית הפשוטה, הבחירה של הסוגיה יכולה להיות מוסברת מתוך המגמה הפרשנית של סוגיית הפתיחה, לצמצם את היסוד של הטרחה כגורם הקובע את איסורי המועד, ולתת מקום מרכזי יותר לעקרון ההרווחה.

רצף ברייתות הנוגעות להשקיה במי גשמים ומי קילון

בסוגיה זו מובא רצף ברייתות העוסקות בדין השקיה במועד במצבי השקיה שונים הנעים על הרצף בין השקיה ממי גשמים למי קילון. גם בסוגיה הזו ניתן לראות מגמתיות, הן בפרשנות שנותנת הגמרא לכל אחת מן הברייתות (פרשנות שבמקרים רבים אינה כפשטה) והן במבט הכללי על המבנה והמגמה של רצף הברייתות בסוגיה השלמה.

הדיון בסוגיות מתייחס לשלושה רבדים:

א. הברייתות עצמן – מה עמדתן לגבי שאלת הטעם לאיסור מלאכה במועד: טרחה או הרווחה.

23. כך מסביר רש"י ד"ה מותר להשקות מהן בחולו של מועד.

24. תלמיד רבנו יחיאל מפריש, מועד קטן, ד ע"א, ד"ה ומר לית ליה דר' זירא, עמ' ל.

ב. הדיון התלמודי על כל אחת מן הברייתות ועמדתו לגבי שאלת הטעם לאיסור מלאכה במועד: טרחה או הרווחה. במקרים רבים עמדת הגמרא שונה מעמדת הברייתות עצמן.
ג. המבנה והמגמה של הסוגיה השלמה והמשמעות שלהם.

ברייתא ראשונה: הפסיקות והבריכות

הברייתא הראשונה עוסקת בהשקיה מבריכות:[25]

תנו רבנן: הפסיקות והבריכות שנתמלאו מים מערב יום טוב – אסור להשקות מהן בחולו של מועד, ואם היתה אמת המים עוברת ביניהן – מותר.
אמר רב פפא: והוא שרובה של אותה שדה שותה מאותה אמת המים.
רב אשי אמר: אף על פי שאין רובה של אותה שדה שותה, כיון דקא משכא ואתיא – מימר אמר: אי לא שתיא לחד יומא – תשתי לתרי ותלתא יומי.

המשנה אוסרת השקיה ממי הגשמים והקילון. הברייתא המובאת כאן מקילה בהשקיה במי גשמים אם יש אמת מים בשדה המושקית ממי גשמים, והטעם הוא שאם ייגמרו המים בבריכה – תשתה השדה מאמת המים.[26] הברייתא מקילה יותר מהמשנה, אבל עדיין אוסרת השקיה שיש בה חשש לטרחה, כי ההשקיה מותרת רק אם יש שם אמת מים.

רב פפא מסייג את הקולא ודורש שזו תהיה אמת מים גדולה דיה כדי להשקות את רוב השדה. לפי רש"י, הסיבה היא שאם המים שבאמת המים לא יספיקו כדי להשקות את רוב השדה, והמים ייגמרו יש חשש שיטרח, ידלה וישקה את שאר השדה. לעומתו, רב אשי תומך בקולא שבברייתא גם ללא התנאי של רב פפא, משום שלדבריו כל עוד יש אמת מים, גם אם המים לא הספיקו לכל השדה ביום מסוים, בעל השדה יודע שבאחד הימים הבאים יגיעו מים לשאר השדה.

שיקולים הקשורים למניעת הפסד או מניעת הרווחה אינם נוגעים

25. לפי רש"י, ד"ה פסיקות ובריכות, פסיקות הן בריכות.
26. רש"י ד ע"א, ד"ה אם אמת המים עוברת ביניהן. וראו גם אצל ספראי, מועד קטן, עמ' 24.

לברייתא, והם אינם המושגים הרלוונטיים להסבר הברייתא. ברור שהברייתא, כמו המשנה, וכמו מקורות תנאיים נוספים בהמשך, אוסרת מלאכות במועד משום טרחה.

ברייתא שנייה: בריכה שנטפה

> תנו רבנן: בריכה שנוטפת מים משדה בית השלחין זו – מותר להשקות ממנה שדה בית השלחין אחרת.
> והא עבידא דפסקא!
> אמר רבי ירמיה: ועדיין היא מטפטפת.
> אמר אביי: והוא שלא פסק מעיין ראשון.

רש"י מסביר שמדובר בשדה גבוה שיש בצידו מעיין, ונמוך ממנו נמצא שדה אחר. המים נוטפים מן המעיין ומשקים את השדה הגבוה, וגם נוטפים לתוך הבריכה שבשדה הנמוך, ומהבריכה הנמוכה מותר להשקות את השדה הנמוך.

האמוראים מסייגים את הקולא בגלל החשש שהמים בבריכה ייגמרו והאדם יטרח טרחה מרובה להשקות ממקור מים אחר. לכן רבי ירמיה מעמיד את ההיתר רק במקרה שהשדה העליון עדיין נוטף מים לתוך הבריכה התחתונה. אביי מחמיר יותר מרבי ירמיה, ומעמיד את ההיתר בכך שגם המעיין עצמו שממנו מושקה השדה העליון עדיין נוטף מים.

הצמצום של הדין בברייתא הוא שלא כפשטה, והוא מבליט את החידוש בקולא שבברייתא: למרות שבברייתא הקודמת נאמר שאסור להשקות מבריכה, כאן הברייתא למעשה מתירה להשקות מבריכה.

ברייתא שלישית: "לא ידלה וישקה"

הברייתא השלישית עוסקת בהשקיה מערוגה לערוגה:

> תניא, רבי שמעון בן מנסיא אומר: שתי ערוגות זו למעלה מזו – לא ידלה מן התחתונה וישקה את העליונה.
> יותר על כן אמר רבי אלעזר בר שמעון: אפילו ערוגה אחת, חציה נמוך וחציה גבוה – לא ידלה ממקום נמוך וישקה למקום גבוה.

גם בברייתא הזו האיסור מוסבר בפשטות על יסוד החשש לטרחה: כל עוד ההשקיה כרוכה במאמץ, כלומר בהשקיה ממקום נמוך למקום גבוה, מערוגה לערוגה, ואפילו בתוך אותה ערוגה – היא אסורה.

בשלוש הברייתות המובאות בסוגיה יש מגמה עקבית, הממשיכה את המגמה של המשנה – לקבוע את אופני ההשקיה המותרים במועד מנקודת המבט של מידת הטרחה הכרוכה בה: אם ההשקיה לא כרוכה בטרחה, הברייתות מתירות אותה, ואילו במקרים שיש טרחה בהשקיה – היא נאסרת. בשתי הברייתות הראשונות – האמוראים חוששים שמא יטרח, ולכן מוסיפים סייג ומצמצמים את ההיתר שבברייתא.

ברייתא רביעית: "מדלין לירקות"

על רקע הברייתות הקודמות, הברייתא הבאה מפתיעה:

> תנו רבנן: מדלין לירקות כדי לאוכלן, ואם בשביל לייפותן – אסור.

עד כאן, המקורות התנאיים השונים, המשנה ושלוש הברייתות, למרות השוני ביניהן – כולן מושתתות על תפיסה עקרונית אחידה, הגורסת שכל השקיה שאין בה טרחה, כגון שהמים מנטפים – מותרת, ואילו השקיה שיש בה טרחה או שיש בה חשש לטרחה – אסורה. לעומת זאת, הברייתא כאן אומרת שדלייה, שהיא פעולה הכרוכה בטרחה ממש – מותרת! החידוש כאן בולט לעומת הברייתא הקודמת שהובאה בסוגיה, שאסרה את אותה פעולה ממש "לא ידלה" (והמשנה שאסרה השקיה במי קילון, כלומר בדליים).[27]

הסיבה שמביאה הברייתא להיתר המפתיע קשורה לתוצאה של ההשקיה: "לאוכלן", ולא "ליפותן", ולא מידת הטרחה הכרוכה בעשייתה. הנימוק הזה הוא הוא עקרון ההרווחה שהזכירה סוגיית הפתיחה.[28] אם כן,

27. את הסתירה בין הברייתות אפשר ליישב ולומר שהברייתא השלישית אוסרת השקיה ממקום נמוך למקום גבוה. אפשר לומר שמשמע ממנה שדלייה ללא הפרשי גבהים תהיה מותרת גם לפי הברייתא הזו. ההסבר הזה לא מתיישב על הדעת, כי מהותה של הדליה היא שאיבה ממקום נמוך למקום גבוה (פליקס, החקלאות, עמ' 299), וגם משום שהברייתא הרביעית, שמתירה הדליה, לא תולה זאת בשיקולי טרחה אלא בהשפעה על הפירות.

28. רש"י ד ע"א, ד"ה ואם בשביל ליפותן.

לראשונה מובא בסוגיה מקור תנאי המעדיף את עקרון ההרווחה על פני עקרון הטרחה בקביעת האיסור וההיתר במועד.

מיד לאחר הברייתא הגמרא מספרת על מקרה, שבו מובאת עמדה החולקת על ההיתר שבברייתא.

> רבינא ורבה תוספאה הוו קא אזלי באורחא, חזו לההוא גברא דהוה דלי דוולא בחולא דמועדא.
> אמר ליה רבה תוספאה לרבינא: ליתי מר לשמתיה!
> אמר ליה: והתניא: מדלין לירקות כדי לאוכלן!
> אמר ליה: מי סברת מאי מדלין – מדלין מיא? מאי מדלין – שלופי. כדתנן: המידל בגפנים, כשם שהוא מידל בשלו – כך הוא מידל בשל עניים, דברי רבי יהודה. רבי מאיר אומר: בשלו – רשאי, ואינו רשאי בשל עניים.
> אמר ליה: והתניא: מדלין מים לירקות כדי לאוכלן!
> אמר ליה: אי תניא – תניא.

רבינא ורבה תוספאה רואים אדם המשקה מדלי (מדלה) בחול המועד. רבה תוספאה סבור שהדבר אסור וקורא לרבינא לנדות אותו. בתשובה מצטט רבינא את הברייתא שהובאה כאן, המתירה להשקות בדלי. רבה תוספאה סבור ש"מדלין" בברייתא קשור לדילול ולא להשקיה בדלי, אבל רבינא מוכיח לו מלשון הברייתא, שנאמר בה בפירוש "מדלין מים", שהכוונה להשקיה בדלי מים. בסופו של דבר, רבה תוספאה מקבל את ההלכה שמותר להשקות בדלי בחול המועד.

ייתכן שרבה תוספתאה, שהוא אמורא מאוחר, לא הכיר את ההיתר המצוי בברייתא, וזה מסתבר לאור השוני במגמה של שאר המקורות התנאיים. ובכל זאת הסוגיה מסתיימת ב"אי תניא תניא" – בקבלת ההיתר הזה. המקרה המובא כאן מדגיש את החידוש וההפתעה הטמונים בהיתר שבברייתא.

כנגד המשנה ושלוש הברייתות הקודמות זה אומנם המקור התנאי היחיד שמציב עיקרון שונה מעקרון הטרחה, ושממנו משתמע שמותרת השקיה גם אם כרוכה בה טרחה. ובכל זאת יש כאן שלב נוסף בקידום מגמת הסוגיה להרחיב את התוקף של איסור ההרווחה, ולצמצם את המרכזיות של איסור הטרחה. זאת משום שהגמרא מראה שכבר אצל התנאים, עוד קודם האמוראים, יש מי שתמך בעקרון ההרווחה על פני עקרון הטרחה. לא רק זאת

אלא שהדיון בין רבינא ורבה תוספאה מעיד על התקבלותה של הברייתא הזו הלכה למעשה, למרות ההתנגדות שהייתה קיימת אפילו בקרב האמוראים.

מבנה ומגמה ברצף הברייתות

המשותף לאוסף הברייתות שבסוגיה הוא התוכן: כולן עוסקות באיסור או היתר של מצבי השקיה שונים במועד. אבל אם בוחנים את הסוגיה מנקודת המבט הדואלית של עקרון ההרווחה מול עקרון הטרחה – לרצף הברייתות בסוגיה יש מבנה מסודר ומשמעות.

שלוש הברייתות הראשונות ממשיכות בקו הרעיוני של המשנה ומציגות עמדה שתופסת את עקרון הטרחה כיסוד הבסיסי של המועד. ברם, הברייתות הללו בעצמן מצמצמות את המרכזיות של עקרון הטרחה בכך שאף שהן נשענות על איסור הטרחה, הן נוקטות עמדה מקילה יותר ויותר מזו שמצויה במשנה לגבי איסור הטרחה.

ישנה הדרגתיות גם במידת ההקלה בברייתות לאורך הסוגיה: הברייתא הראשונה מתירה להשקות מבריכה רק אם יש אמת מים, הברייתא השנייה מתירה להשקות מבריכה גם אם היא רק מנטפת, ואפילו אם אין אמת מים. הברייתא השלישית מתירה אפילו להדלות, אך לא משדה נמוך לשדה גבוה, אלא ככל הנראה בין שדות שהם באותו גובה, או משדה גבוה לנמוך.

בשלב הראשון, בשלוש הברייתות הללו, לצד ההקלה והצמצום של איסורי הטרחה – אין עיקרון אחר שעומד במקום עקרון הטרחה. הברייתא הרביעית, המסיימת את רצף הברייתות, משלימה את החוסר הזה כשמעמידה עיקרון אחר בקביעת איסורי חול המועד, האיסור "ליפותן", איסור ה"הרווחה" (ומתוך כך מתירה השקיה שיש בה טרחה, "מדלין").

דברי האמוראים על הברייתות מהווים כעין בלמים להיתרים שבברייתות, ובכך פותחים פתח לעקרון ההרווחה ושומרים על איזון עדין בין שני העקרונות.

לפנינו אפוא סוגיה בעלת מבנה ברור של מגמתיות הדרגתית להפחית במרכזיות של עקרון הטרחה שבמשנה ובמקביל להעמיד את עקרון ההרווחה כעיקרון המרכזי. בשלב זה המגמתיות הזו בולטת אף יותר בשל העובדה שהיא באה לידי ביטוי גם בברייתות ולא רק בתורתם של האמוראים המאוחרים.

עוגיות לגפנים

בסוגיה זו הגמרא מתייחסת למלאכה נוספת שקשורה להשקיה:

ואין עושין עוגיות לגפנים.
מאי עוגיות? אמר רב יהודה: בנכי.
תניא נמי הכי: אלו הן עוגיות – בדידין שבעיקרי זיתים ושבעיקרי גפנים.

עוגיות לגפנים הם החריצים שעושים סביב העץ כדי שיתמלאו מים וייספגו לאיטם בשורשי העץ.[29] לפנינו אפוא בבא נוספת במשנה האוסרת מלאכה הקשורה להשקיה, וגם כאן, ככל הנראה משיקולים שנוגעים לטרחה.[30]

על האיסור הזה מקשה הגמרא ומתרצת באוקימתא:

איני?
והא רב יהודה שרא לבני בר ציתאי למעבד בנכי לכרמיהון!
לא קשיא, הא בחדתי, הא בעתיקי.

הקושיה: הרי רב יהודה התיר חפירת בנכי, ובניגוד למשנה?! והתירוץ של הגמרא הוא אוקימתא: "הא בחדתי (חדשות) הא בעתיקי (ישנות)".

את האוקימתא ניתן להסביר בשני אופנים. רש"י מסביר את האוקימתא כמתייחסת לגומות עצמן, שאם הגומות חדשות ויש בחפירתן טורח מרובה – אסור, אבל אם כבר היו קיימות שם גומות ונסתמו – מותר לחזור ולחפור אותן בחול המועד, משום שאין בכך טרחה רבה.[31] במכתם מובא פירוש אחר בשם רב נטוראי גאון:[32]

ובשם רב נטוראי מצאנו דמפרש בחדתי בנטיעות חדשות מותר עוגיאות משום דהוי פסידא רבא, שאין יכולין לחיות אלא אם כן נקוו שם המים, אבל בעתיקי אסור.

לפי פירושו, "חדתי" ו"עתיקי" מוסב על האילנות ולא על העוגיות, וטעם

29. אלבק, מועד, בפירושו לא, א, עמ' 375; פליקס, החקלאות, עמ' 296; ספראי מועד קטן, עמ' 28.
30. ספראי, מועד קטן, עמ' 28 מסביר שאפשר היה לחפור את העוגיות לפני המועד, ולכן לא התירו במועד.
31. רש"י ד ע"ב, ד"ה הא בחדתי.
32. ד ע"ב, ד"ה הא בחדתי הא בעתיקי, עמ' 271. וראו הע' כא שם.

ההיתר הוא שבגפנים חדשות אם לא יעשו עוגיות – הגפנים יינזקו. ולכן, משום הפסד, על אף הטרחה בגפנים חדשות – מותר לחפור עוגיות, ואילו גפנים ישנות לא ייפסדו כל כך אם לא יקבלו מים. במקרה כזה, תוספת מים בעוגיות תגרום להרווחה ולא רק תמנע הפסד – ולכן אסורה חפירת עוגיות.

בוודאי לפי פירוש רב נטוראי גאון, אבל גם לפי פירוש רש"י, ההיתר של רב יהודה סותר את האיסור שבמשנה, משום שהוא מתיר מה שבמשנה מופיע כאיסור גורף. גם האוקימתא, שמצמצמת את ההיתר של רב יהודה – עדיין משאירה מצבים שבהם רב יהודה התיר חפירת עוגיות לגפנים (בעוגיות חדשות או בעצים חדשים). לפי רש"י, ההיתר של רב יהודה נוגע רק למצבים שבהם חפירת הגומות אינה מלווה בטורח מרובה. לפי פירוש רב נטוראי גאון, רב יהודה התיר גם חפירת גומות בטורח מרובה במקרה של הפסד.

גם בסוגיה שלפנינו, כמו בשתי הסוגיות ההלכתיות הקודמות, וכמו בסוגיית הפתיחה, המגמה הברורה של הגמרא היא לצמצם את המרכזיות של איסור הטרחה, שקיבל מקום מרכזי במשנה, ולתת מקום מרכזי לעקרון ההרווחה. למשמעות הרעיונית של ההבחנה בין שני המושגים הללו נקדיש את החלק הבא, החותם את הפרק.

הרחבה רעיונית – קדושה וברכה: משמעות רוחנית כפולה

לאחר שהצבענו על המגמתיות של הגמרא יש לבחון את המשמעות של המגמתיות הזו. פרשנות מושגית נושאת בקרבה משמעות רעיונית, ולכל אחד מן העקרונות, טרחה והרווחה, יש משמעות רעיונית משלו. בחירה באחד מן המושגים הללו מעניקה משמעות רעיונית ורוחנית לימי המועד. כלומר, אם עקרון הטרחה הוא שקובע אילו מלאכות מותרות ואסורות במועד – ימי המועד מקבלים משמעות אחת, ואם עקרון ההרווחה הוא שקובע את המלאכות המותרות ואסורות במועד – לימי חול המועד תהיה משמעות שונה.

לשם כך נעיין תחילה במשמעות הרוחנית של השבת והחגים באופן כללי, ולאחר מכן ננסה להשליך את הפרשנות הזו גם על ימי חול המועד.

הרב ברויאר ואחרים בעקבותיו הצביעו על המשמעות הכפולה של

השבת והחגים.[33] הפרשנות הזו נשענת על פסוקי המקרא ויש לה גם ביטוי הלכתי בחז"ל.

הקדושה והברכה בשבת ובחגים

לגבי השבת הרב ברויאר מאפיין שתי שבתות השונות זו מזו באופיין, במשמעות שלהן, ובציוויים הנכללים בהן: שבת בריאת העולם ושבת של המן.[34]

כפל המשמעויות של השבת נשען על תיאורים שונים של השבת בפסוקי התורה: בפסוקים המתייחסים לשבת כיום של שביתה לא מוזכרים איסורי המלאכה. מכאן עומד הרב ברויאר על שתי משמעויות שונות הגלומות ביום השבת: יש שבת שהיא יום שביתה ויש שבת שהיא יום של איסורי מלאכה. הרב ברויאר לא רק מצביע על התיאור הכפול של השבת, אלא גם מאפיין את המשמעות הרוחנית של כל אחד מן ההיבטים של השבת:

> שבת של בריאת העולם קשורה במישרין לעצם מעשה הבריאה, ומכאן שהיא פונה אל האדם הממשיך את מעשי הבורא. אדם זה חייב לזכור, שאין הוא כובש את הארץ בכוח עצמו, ולא הוא אדון העולם, אלא אדון העולם מסר לו את עולמו... ולפיכך כל אימת שהוא עוסק במלאכת מחשבת, יזכור את מלאכת הבורא, וכדרך שהבורא כילה מלאכתו בששה ימים ושבת ביום השביעי, כן יעשה גם הנברא: ששה ימים יעשה את מלאכתו, יכבוש את הארץ ויבנה את העולם, ואילו ביום השביעי יחזיר את העולם לידי מי שנתנו לו על מנת לחזור ולקבל אותו לששה ימים נוספים. ועל ידי כך הוא מעיד, שמלאכת האדם היא מלאכת שמיים – ברשות הבורא ומטעם הבורא וכהמשך למלאכת הבורא...[35]

33. ברויאר, פרקי מועדות, בעיקר בפרק על השבת, עמ' 39-23, אבל גם בפרקי הספר האחרים, העוסקים בחגים אחרים. ספרו של בן נון, זכור ושמור, מוקדש לתיאור האופי הכפול של השבת והמועדים. ההסבר שלו שונה מזה של ברויאר. ונוגע בעיקר להבחנה בין ההיבט ההיסטורי להיבט החקלאי. הסבר כללי יותר על התפיסה הכללית של ברויאר את הכפילויות בתורה ראו בהפניות בהע' 20, בתת־הפרק "דיאלקטיקה ומורכבות" במבוא.
34. הרב ברויאר מאריך לבסס את דבריו על הפסוקים, אולם אנחנו נביא כאן רק את סיכום דבריו על המשמעות של שתי השבתות הללו, והרוצה להרחיב יעיין בדברים במקורות.
35. כל הציטוטים כאן הם מספרו של ברויאר, פרקי מועדות, עמ' 32-36 (בדילוגים).

את השבת של בריאת העולם אפשר להגדיר באמצעות מונח הקדושה. המינוח קדושה שייך לעולמות של ריחוק ופער מובנים בין האדם ובין האל. בהקשר הזה השבת היא ביטוי לרוממותו ועליונותו של האל, שבאה לידי ביטוי בהיותו בורא.

> משמעות אחרת לחלוטין יש לשבת של פרשת המן. פרשת המן אין היא פונה אל האדם הכובש את הארץ והבונה את העולם בתבונה, אלא היא פונה לאדם המתאווה והנהנה והזקוק לסיפוק צרכיו, והיא באה ללמדו שה׳ עורך לו שלחן ומתקין לו סעודה ודואג לסיפוק מזונותיו. מן זה שישראל היו לוקטים במדבר איננו אלא דוגמא ללחם שעתידים הם לאכול בארצם, וגם בבואם לאכול מלחם הארץ עדיין יהיו סמוכים על שולחנו של ה׳. השבת נתנה לאדם הנצרך והנהנה והזקוק ללחם לאכלה, והיא באה ללמדנו "כי לא על הלחם לבדו יחיה האדם כי על כל מוצא פי ה׳ יחיה האדם".

את השבת של פרשת המן אפשר להגדיר באמצעות המונח ברכה. השבת היא יום שבו האדם יושב בביתו, מכיר בברכת ה׳ המספקת לו את כל צרכיו ונהנה ממנה.

הקדושה והברכה, לכל אחת מהן יש ביטוי הלכתי־מעשי. איסורי המלאכה קשורים ומכוונים לעולם של הקדושה. האיסור לפעול וליצור שם גבול לכוחות היצירה האנושיים,[36] ובכך יוצר אצל האדם את תודעת המוגבלות והחלקיות שלו אל מול בורא עולם. זו חוויה של מפגש עם הקודש, עם הגבוה הנשגב, האין־סוף, מול החלקיות והמוגבלות של בני האדם.

> השבת שנתקדשה בבריאת העולם ניכרת בכך שיש בפרשות אלו איסור מלאכה, מלאכת מחשבת, מלאכה שיש לה תכלית ויש בה משום יצירה...[37]

36. וכן אצל ברקוביץ, זרעים מועד, עמ׳ 148–149: "המושג ׳אב מלאכה׳ הוא ברור וחד משמעי, והוא מתייחס לפעילותו של האדם היוצר ולתרבותו. כל אחת מהמלאכות היא מעשה חיוני המביא לידי ביטוי את כוחות היצירה של האדם, אבן דרך בתהליכים המכוננים את תשתית הציביליזציה...".
37. ברויאר, שם.

אבל ההימנעות ממלאכה מביאה לידי ביטוי לא רק את הקדושה, אלא גם את הברכה, משום שהיא כוללת גם שביתה, כפי שבא לידי ביטוי בפרשת המן. השביתה מאפשרת לאדם להכיר בכך שכל מה שיש לו הוא מידי ה׳, והיא גם מאפשרת לו להפסיק את מרוץ החיים וליהנות מהברכה, שבשבת היא מופיעה כפל כפליים (לחם משנה):

> העבודה היחידה שנאסרה בלא ספק בפרשת המן היא היציאה מן המחנה כדי ללקוט מן ומכאן למדו חכמים את האיסור להוציא מרשות לרשות... איסור זה מבטא את העובדה שהאדם סמוך על שולחנו של ה׳, הזן ומפרנס לכל ברואיו. משום כך ששה ימים יצא אדם ממקומו כדי להביא לחם לביתו, כברכת ה׳ אשר נתן לו. ואילו ביום השביעי אל יצא ממקומו.[38]

ביטוי הלכתי נוסף לשבת כיום של ברכה הוא הלכות עונג שבת. המצווה להתענג בשבת מנכיחה את השפע הקיים, מחייבת את האדם ליהנות ממנו, ומתוך כך מחברת את האדם לאלוהיו כמברך, כמקור השפע.

שתי הפנים הללו, הקדושה והברכה – באות לידי ביטוי גם בכל אחד מן המועדים, פסח, שבועות וסוכות.[39] לכל אחד מן המועדים פן היסטורי ופן חקלאי. כל אחד מהם הוא חג המבטא זיכרון ליציאת מצרים וגם את ברכת ה׳ החקלאית. חג המצות ההיסטורי, שהוא זכר ליציאת מצרים יש לחוג בחודש האביב, המחבר אותו לטבע. החיבור לחקלאות מתבטא גם בספירת העומר, המתחילה בט״ז בניסן, עם קצירת התבואה החדשה. בט״ו בתשרי נחוג חג הסוכות זכר ליציאת מצרים, וגם חג האסיף על היבול החקלאי. חג שבועות הוא חג הקציר וחג הביכורים, וחז״ל הצמידו לו את חג מתן תורתנו ההיסטורי.[40]

הכפילות של המועדים באה לידי ביטוי בפסוקי התורה באמצעות

38. ברויאר, שם.

39. אצל ברויאר מופיע בספרו הנ״ל, בפרקים העוסקים במועדים הללו. בכל אחד מן המועדים יש ביטוי מעט שונה לכפילות. אצל בן נון, זכור ושמור, עמ׳ 51–71, הסבר שיטתי לאופי הכפול של המועדים, החקלאי וההיסטורי.

40. בכל אחד מן המועדים יש ניואנסים ודיוקים, שמייחדים אותו במשמעויות המדויקות של הכפילות, והדברים ראויים לעיון והעמקה הרבה מעבר למובא כאן. לענייננו חשובה ההבחנה הכללית על הפנים הכפולים של המועדים, ולכן נסתפק בהצגת הדברים באופן כללי. להרחבה ניתן לעיין בפרקים הרלוונטיים בספריהם המוזכרים לעיל של ברויאר ובן נון.

מינוחים שונים, שכל אחד מהם מתאר פן אחד של המועד: שבתון ומקראי קודש.[41] החגים ההיסטוריים מכונים מקראי קודש והחג הטבעי־חקלאי מכונה שבתון.[42] החגים ההיסטוריים, המכונים מקראי קודש, הם ביטוי לגדולת ה׳ המתגלה בהיסטוריה כגואל ישראל.

> המשמעות של הרגלים בתורה היא הקשורה בנס, ביציאת מצרים, בהיסטוריה המיוחדת של האומה הישראלית, אשר גרעיניה באבות, הורתה בכור הברזל של מצרים ולידתה ביציאת מצרים. יציאת מצרים היא הנס המעצב את ההיסטוריה הישראלית לדורותיה... הבורא מתגלה בדרך זו גם כמושל בהיסטוריה... עם ישראל לבדו, יחידי בין כל העמים ואין דומה לו, התגבש ונולד בנס היציאה מגלות מצרים, וארץ ישראל עבורו אינה סתם מולדת טבעית...[43]

אותם חגים עצמם הם גם חגים חקלאיים, המכונים בתורה שבתון, ועניינם הוא שמחה והודאה לה׳ על ברכתו בהווה, בקצירת ואספת פירות שדהו, כפי שמשמע מפסוקי התורה (דברים טז, יג–יז):[44]

> חַג הַסֻּכֹּת תַּעֲשֶׂה לְךָ שִׁבְעַת יָמִים בְּאָסְפְּךָ מִגָּרְנְךָ וּמִיִּקְבֶךָ: וְשָׂמַחְתָּ בְּחַגֶּךָ אַתָּה וּבִנְךָ וּבִתֶּךָ וְעַבְדְּךָ וַאֲמָתֶךָ וְהַלֵּוִי וְהַגֵּר וְהַיָּתוֹם וְהָאַלְמָנָה אֲשֶׁר בִּשְׁעָרֶיךָ: שִׁבְעַת יָמִים תָּחֹג לַה׳ אֱלֹהֶיךָ בַּמָּקוֹם אֲשֶׁר יִבְחַר ה׳ כִּי יְבָרֶכְךָ ה׳ אֱלֹהֶיךָ בְּכֹל תְּבוּאָתְךָ וּבְכֹל מַעֲשֵׂה יָדֶיךָ וְהָיִיתָ אַךְ שָׂמֵחַ: שָׁלוֹשׁ פְּעָמִים בַּשָּׁנָה יֵרָאֶה כָל זְכוּרְךָ אֶת פְּנֵי ה׳ אֱלֹהֶיךָ בַּמָּקוֹם אֲשֶׁר יִבְחָר בְּחַג הַמַּצּוֹת וּבְחַג הַשָּׁבֻעוֹת וּבְחַג הַסֻּכּוֹת וְלֹא יֵרָאֶה אֶת פְּנֵי ה׳ רֵיקָם: אִישׁ כְּמַתְּנַת יָדוֹ כְּבִרְכַּת ה׳ אֱלֹהֶיךָ אֲשֶׁר נָתַן לָךְ:

הביטוי ההלכתי של שני הפנים הללו, בדומה לשבת, הוא בהימנעות מעשיית מלאכה.[45] אבל בכל אחד מן ההיבטים של החגים הוא נושא משמעות שונה.

41. גם השבת מכונה בתורה בשני הכינויים (ויקרא כג, ג): "ששת ימים תעשה מלאכה וביום השביעי שבת שבתון מקרא קודש", משום שגם היא כוללת את שני ההיבטים האלו. בן נון, זכור ושמור, עמ׳ 66.
42. בן נון, זכור ושמור, עמ׳ 65–66.
43. בן נון, זכור ושמור, עמ׳ 53–54 (בדילוגים).
44. ברויאר פרקי מועדות, עמ׳ 570.
45. זאת, כמובן, נוסף למצוות עשה נוספות, המאפיינות כל אחד מן החגים ומאפשרות

מקרא קודש קשור לאיסורי המלאכה, להימנעות היוצרת מציאות של קדושה ומרחק בין האדם לבין האל הבורא והגואל, השולט בהיסטוריה ובעולם, ואין בו מצוות שמחה. שבתון קושר את ההימנעות ממלאכה לשביתת השדות, שמאפשרת לאדם לחדול מן העשייה כדי שיוכל ליהנות מברכת ה׳ ללא טרחה ויגיעה. שם מוזכרת מצוות השמחה, ולא מוזכר מקרא קודש או איסור מלאכה.[46]

הקדושה והברכה בחול המועד

בדומה לשבת ולמועדים, גם לחול המועד יש משמעות מורכבת של הקדושה והברכה.[47] וכמו בשבת ובמועדים, גם בחול המועד שתי המשמעויות הרוחניות באות לידי ביטוי מעשי בהגדרות ההלכתיות של איסורי מלאכה. שני העקרונות שעליהם מבססים חכמים את איסורי המלאכה במועד, הטרחה וההרווחה, הם ביטוי של שתי המשמעויות הרוחניות של חול המועד, הקדושה והברכה: עקרון הטרחה קשור ליסוד הברכה, ועקרון ההרווחה קשור ליסוד הקדושה.

על פי המשנה, בחול המועד נאסרה הטרחה, וכל מה שאין בו טרחה מרובה מותר. מנקודת מבט זו חול המועד הוא זמן מנוחה ושביתה. בדומה למה שראינו בפרשת המן – המנוחה מאפשרת לאדם ליהנות ולשמוח בברכת ה׳, וכך מקבלים ימי חול המועד משמעות של ימי שמחה והנאה מברכת ה׳. לפי התפיסה הזו, אין משמעות לשאלת ההשפעה של המלאכה על הגידולים. פעולה תהיה מותרת או אסורה לפי מה שיאפשר לאדם לנוח כדי ליהנות מברכת ה׳. האיסור לטרוח מזכיר את ההוראה בפרשת ״אל יצא איש ממקומו״ שבפרשת המן.

נקודת מבט אחרת על המשמעות של ימי חול המועד קיימת בסוגיית הפתיחה, הקובעת את איסורי המלאכה על פי ההרווחה, כלומר לפי התוצאה של המלאכה. אם המלאכה נועדה למנוע הפסד, היא מותרת, אבל אם היא גורמת להרווחה, כלומר לפיתוח ויצירה – היא אסורה. אם ימי חול המועד

להביא לידי ביטוי את המשמעויות הייחודיות לכל חג ולשבת.

46. ברויאר, פרקי מקראות, עמ׳ 208–210. בדבריו אלו יש גם בכדי להרחיב ולהעמיק במשמעות של ״מקרא קודש״. פרשנות שונה מופיעה אצל בן נון, זכור ושמור, עמ׳ 65–66.

47. לא מצאתי התייחסות מפורשת לפנים הכפולים של חול המועד, כפי שקיים למשל אצל ברויאר ובן נון לגבי שבתות וחגים.

הם ימים שאסורים ביצירה חדשה, כפי שקובעת סוגיית הפתיחה – המשמעות שהם מקבלים קשורה לעולם הקדושה. בדומה לאיסורי המלאכה בשבת של בריאת העולם ("מלאכת מחשבת") – בהימנעות מיצירה חדשה האדם מצמצם את עצמו, את כוחותיו, את יכולותיו, ובכך מעיד על אלוהים כבורא וכיוצר האולטימטיבי.[48]

מתברר אפוא שבתשתיתו של הדיון בהגדרה של המלאכות שאסרו חכמים במועד יש דיון רעיוני על המשמעות הרוחנית של ימי חול המועד. המשנה וסוגיית הפתיחה מציעות כל אחת מהן משמעות אפשרית לתוכן של חול המועד: המשנה רואה את חול המועד כימי שבתון, שתוכנם הוא שמחה וברכה על טוב ה' וברכתו ואילו סוגיית הפתיחה רואה את האופי של הימים הללו כמקראי קודש, דהיינו, זמן של הכרה בה' כבורא וכגואל ישראל.

סיכום

כנגד העיקרון המארגן את איסורי המלאכה במועד במשנה, עקרון הטרחה, סוגיית הפתיחה מציבה עיקרון אחר, עקרון ההרווחה. הסוגיות ההלכתיות שדנות במשנה גם הן בעלות מגמה כזו, הן מצד תוכנן ההלכתי והן מצד המבנה של הסוגיות.

את המגמה הזו אפשר להסביר ברובד המושגי בלבד, אבל ניתן גם להציע לה הסבר רעיוני ורוחני, וכך עשינו בחלק האחרון של הפרק. ההסבר הזה מסביר לא רק את המגמתיות של הגמרא, אלא יש בו גם התייחסות לממד המהותי והרוחני של ימי חול המועד והסבר של המשמעות של הימים האלו.

המשנה רואה בימים הללו ימים שבהם בראש ובראשונה האדם צריך לשבות מטרחה פיזית, ממאמץ. בכך דומים ימי חול המועד לימים הטובים

48. ביטוי להיבט הזה של חול המועד מצוי במכילתא, מכילתא דרבי ישמעאל בא, מסכתא דפסחא, פרשה ט: "ביום הראשון מקרא קודש וביום השביעי מקרא קודש ארעם במאכל ובמשתה ובכסות נקיה. אין לי אלא יו"ט הראשון והאחרון שהם קרויין מקרא קודש חולו של מועד מנין? ת"ל (ויקרא כג, לז) אלה מועדי ה' אשר תקראו אותם מקראי קודש... אין לי אלא יו"ט הראשון והאחרון שהם אסורין בעשיית מלאכה חולו של מועד מנין? ת"ל את חג המצות תשמור (שמות כג, טו) מכל מקום דברי ר' יאשיה... הא למדנו על חולו של מועד שהוא אסור במלאכה". וכן בספרא אמור, יב, ה; ספרי דברים פרשת ראה, קלה.

של המועדים. אלו ימים שבהם האדם מפנה את עצמו מכל טרחה כדי להתפנות ולהתחבר לטוב ה׳ שקיים בעולם. בזמן של עשייה אדם אינו פנוי, הן מההיבט הפיזי והן מבחינה נפשית, לחוש את השפע והברכה המצויים בחייו. מטרתם של המועדים לפי המשנה היא לאפשר לאדם לחוש את הברכה הזו.

ברובד עמוק יותר המשמעות, ואולי אפילו המטרה, של המועדים היא לאפשר חיבור בין האדם ואלוהיו המושתת על נתינה, אהבה ושמחה. אלו ימים שבהם הקשר בין האדם לאל הוא קשר של ״אבינו״.

שלא כמו המשנה, סוגיית הפתיחה מאירה את עקרון ההרווחה כעיקרון המארגן סביבו את איסורי המועד. לפי העיקרון הזה, בחול המועד האדם נמנע מלפתח וליצור מה שעדיין לא קיים. כאן האדם נמנע מליצור, להתקדם, לפתח, מתוך הכרה בפער שבינו לאלוהיו. האדם השובת מהרווחה במועד מנכיח את ה׳ כנשגב, רחוק וקדוש. יש בכך צמצום של מקומו של האדם אל מול גדלותו ואין־סופיותו של האל. מה שגורם לאדם להכיר ולהנכיח את הפער שבינו ובין האל, ליצור הירככיה בינו לאלוהיו. זה מה שמכונה בשפה הדתית קדושה, נבדלות. זהו הפן של מקראי הקודש. בימים כאלו הקשר של האדם עם ה׳ הוא קשר של ״מלכנו״.

מעבר לכך, בחלקו השני של הפרק ביקשנו להראות שמנקודת המבט הרואה בפרק יחידה שלמה – אפשר לראות שהסוגיות השונות והפרטים הרבים המרכיבים את הפרק מצטרפים למהלך רעיוני קוהרנטי, ותורמים כל אחד מהם לעיצוב השלם והמלא של אופיו של חול המועד באמצעות הפרטים השונים הנידונים בו.[49] כך הולכת ונבנית בגמרא המשמעות הרוחנית של ימי חול המועד, צעד אחרי צעד, פרט אחרי פרט, סוגיה אחרי סוגיה. כל סוגיה תורמת היבט נוסף של עיצובו של חול המועד בהתאם לעיקרון שבו היא אוחזת על ידי העניין ההלכתי הספציפי שבו היא דנה.

49. מפאת קוצר היריעה עסקנו במספר מצומצם של סוגיות, אך ניתן לראות בהצעת הדברים הזמנה להמשך לימוד הפרק והמסכת על פי המגמות והעקרונות שהצגנו כאן.

מסכת סוטה – התמודדות עם משבר בנישואין

בחיים, כמו בחיים, יש גם משברים. גם החיים הזוגיים רצופים עליות ומורדות, מצבים של ריחוק לצד רגעים של קרבה. מה עושה זוג שנקלע למשבר? כיצד מתמודדים עם רגשות קשים של קנאה, חוסר אמון, פגיעה, בתוך הזוגיות? במצבים כאלו, בני הזוג יכולים לתעל את הקושי לכיוון של האשמה, כעס, תסכול, מה שמוביל להתרחקות ואולי אפילו לפרידה. אבל יש גם אפשרות אחרת – לבחור בשיקום ובתיקון מערכת היחסים.

פרשת סוטה בתורה מתייחסת למצב כזה. משבר אמון בין בני הזוג מוביל את הגבר לקנא לאשתו ולחשוד שהיא בגדה בו. אם יש לאיש הוכחות (שני עדים) שאשתו בגדה בו עם גבר זר – הזוג מתגרש והאישה נשארת בלי כתובה. אבל אם אין הוכחות, מצד אחד כל עוד לא הוכחה הבגידה – אין עילה לפרידה, ומצד שני הקנאה וחוסר האמון אינם נותנים מנוח. ייתכן גם שבני הזוג מעוניינים להמשיך בנישואין, אבל רגשות החשד אינם מרפים ואינם מאפשרים לבני הזוג להמשיך בחיים משותפים תקינים. מצב כזה מערער את שלמות הבית. פרשת סוטה נותנת כלי כדי להכריע במצבים של ספק, כדי לאפשר לבני הזוג לצאת מן המערבולת הרגשית שבה הם מצויים.

מסכת סוטה עוסקת בפרטים של התהליך שמטרתו היא התמודדות עם משבר אמון בנישואין. הסוגיות הדנות בפרטי ההלכות של סוטה חושפות ומעצבות שתי תפיסות עקרוניות לגבי המשמעות של הליך השקיית הסוטה ולגבי האפשרות להתמודד עם משבר בנישואין. יש מהחכמים הרואים בפרשיית סוטה כלי מעשי בידי הגבר לבירור חד־משמעי של שאלת האשמה של האישה כדי להכריע אם עליהם להיפרד. זו גם המשמעות של פרשת סוטה כפי שעולה מפסוקי התורה. אבל יש במסכת סוטה גם תפיסה אחרת,

הרואה בהליך שעוברת אישה סוטה כלי שנועד לעזור לבני הזוג לצלוח את המשבר, לשקם את מערכת היחסים ולחזור לזוגיות תקינה.

לאורך הפרק נעיין במשניות, בסוגיית הפתיחה ובכמה סוגיות הלכתיות. מתוך עושר המרכיבים של הסוגיות – שלבי המשא ומתן התלמודי, שילוב המקורות השונים וההלכות המופיעות בסוגיות – נעמוד על שתי התפיסות הרעיוניות הללו לגבי התמודדות עם משבר בזוגיות, ואף מעבר לכך – גם לגבי זוגיות ונישואין בכלל.

המשנה

המשנה מתייחסת לפרשת סוטה ולטקס שאותו נאלצת לעבור אישה סוטה באופן שונה מן הפסוקים. כדי לעמוד על החידוש של המשנה נעיין תחילה בפרשת סוטה בתורה ולאחר מכן נעיין במשנה הפותחת את המסכת.

פרשת סוטה בתורה

התורה בפרשת סוטה (במדבר ה, יא-לא) מתייחסת למצב של משבר אמון קשה בין גבר ואישה נשואים. האיש חושד באשתו שהיא בגדה בו עם גבר זר. לאיש אין הוכחות חותכות (שני עדים), משום שאם כך היה – בני הזוג היו נאסרים זה על זה לעולם והיו מתגרשים (מרצון או שלא מרצון). במצב כזה התורה נותנת בידי האיש כלי להכרעת הספק ולבירור אשמת האישה:

> אִישׁ אִישׁ כִּי תִשְׂטֶה אִשְׁתּוֹ וּמָעֲלָה בוֹ מָעַל: וְשָׁכַב אִישׁ אֹתָהּ שִׁכְבַת זֶרַע וְנֶעְלַם מֵעֵינֵי אִישָׁהּ וְנִסְתְּרָה וְהִיא נִטְמָאָה וְעֵד אֵין בָּהּ וְהִוא לֹא נִתְפָּשָׂה: וְעָבַר עָלָיו רוּחַ קִנְאָה וְקִנֵּא אֶת אִשְׁתּוֹ וְהִוא נִטְמָאָה אוֹ עָבַר עָלָיו רוּחַ קִנְאָה וְקִנֵּא אֶת אִשְׁתּוֹ וְהִיא לֹא נִטְמָאָה: (במדבר ה, יב-יד)

האיש מביא את אשתו לבית המקדש, שם פורעים את ראשה ואת בגדיה, הכוהן משביע אותה שהיא לא שטתה ומקריב את קרבן המנחה שהיא הביאה. בסופו של תהליך היא מושקית במים מיוחדים, "המים המרים המאררים". המים הללו הם מים שמעורב בהם עפר מרצפת המשכן, ונמחה בתוכם ספר שעליו נכתבו דברי השבועה:

וְהִשְׁקָהּ אֶת הַמַּיִם וְהָיְתָה אִם נִטְמְאָה וַתִּמְעֹל מַעַל בְּאִישָׁהּ וּבָאוּ בָהּ הַמַּיִם הַמְאָרְרִים לְמָרִים וְצָבְתָה בִטְנָהּ וְנָפְלָה יְרֵכָהּ וְהָיְתָה הָאִשָּׁה לְאָלָה בְּקֶרֶב עַמָּהּ: וְאִם לֹא נִטְמְאָה הָאִשָּׁה וּטְהֹרָה הִוא וְנִקְּתָה וְנִזְרְעָה זָרַע: (במדבר ה, כז-כח)

על פי הפסוקים, הטקס נועד לברר באופן ניסי אם האישה חטאה או לא. אם היא אשמה, היא מתה במיתה קשה, "וצבתה בטנה ונפלה ירכה". אם היא לא חטאה, האישה לא מתה ואף זוכה להיפקד בהיריון.

פרטי הטקס, השלבים השונים שלו ועניינים הלכתיים שונים הנוגעים אליו נידונים בשלושת הפרקים הראשונים של מסכת סוטה.

החידוש של משנת סוטה

מעניין לשים לב שהמשנה הפותחת את מסכת סוטה מחדשת דין שאינו מצוי בפסוקי התורה. כך אומרת המשנה:

המקנא לאשתו,
רבי אליעזר אומר: מקנא לה על פי שנים, ומשקה על פי עד אחד או ע"פ עצמו;
רבי יהושע אומר: מקנא לה על פי שנים ומשקה ע"פ שנים.
כיצד מקנא לה? אומר לה בפני שנים אל תדברי עם איש פלוני, ודברה עמו – עדיין היא מותרת לביתה ומותרת לאכול בתרומה, נכנסה עמו לבית הסתר ושהתה עמו כדי טומאה – אסורה לביתה ואסורה לאכול בתרומה, ואם מת – חולצת ולא מתייבמת.

המשנה פותחת במילים "המקנא לאשתו". זהו המצב שבו עוסקת פרשת סוטה. אבל בניגוד לפסוקי התורה, המשנה אינה מאפשרת לאיש להיענות לרגש הקנאה שמפעם בו (בצדק או שלא בצדק), אלא מטילה עליו מגבלה: המשנה מחייבת עדים.

על פי התורה, הגורם היחיד הנדרש להבאת אישה למקדש, להשקותה במי סוטה ולהעביר אותה את כל התהליך הקשה הוא רצון האיש. כשהאיש מקנא, בין אם יש רגליים לדבר ובין אם מדובר בדמיונות שווא – התורה מאפשרת[1]

1. סוגיית הפתיחה דנה אם הקינוי הוא בדיעבד או לכתחילה, וכן בברייתא בדף ג ע"א

לאיש להביא את אשתו למקדש ולהעביר אותה את הטקס הקשה אך ורק לפי הרגש והרצון שלו. התורה אינה מחייבת דרישות משפטיות בתהליך שעוברת אישה סוטה, מתחילתו ועד סופו.

המשנה מעבירה את הזירה שבה מתרחשת פרשת סוטה מהמישור הרגשי־פרטי אל המישור המשפטי כשהיא עוסקת במספר העדים הדרושים לשלבים השונים של התהליך. על פי המשנה, העדים הללו הם תנאי הכרחי כדי להביא אישה אל המקדש ולחייבה בשתיית המים. המשנה דורשת הליך פורמלי משפטי מסודר כתנאי להתחלת התהליך של השקיית מי סוטה. כשהמשנה פותחת "המקנא לאשתו" – היא מיד מוסיפה שצריך עדים. כלומר שהתהליך שעוברת אישה סוטה במקרה של קנאה מצד בעלה אינו תלוי בגחמה כזו או אחרת של בעלה או בנקודת מבטו הסובייקטיבית והרגשית, שעלולה כמובן להיות מושפעת מגורמים שונים ולא רלוונטיים, אלא היא הליך משפטי מוסדר. הביטוי לכך הוא שיש צורך בעדים.

נוסף לחיוב עדים, המשנה מגדירה שני שלבים שונים כתנאי להתחלת התהליך של השקיית המים המרים, שכל אחד מהם בפני עצמו מצריך עדים: הקינוי והסתירה. קינוי הוא השלב שבו האיש מקנא לאשתו, וזה על ידי שמזהיר אותה מלהתייחד עם אדם מסוים. כשהמשנה אומרת ש"מקנא לה על פי שנים", הכוונה היא שהאיש צריך להתרות באישה שאסור לה להיסתר עם איש מסוים (רש"י). את המעמד הזה דורשת המשנה שיעשה האיש בפני שני עדים ("עדי קינוי").

בניגוד למה שמשתמע מהפסוקים, הקינוי הוא לא פרץ רגשות סובייקטיבי של הגבר, אלא הוא מעמד מסודר שבו מתרה האיש בפני אשתו בפני שני עדים שאין לה להתייחד עם איש פלוני.

אבל המשנה אינה מסתפקת בדרישת עדות לשלב הזה בלבד, אלא דורשת עדים גם על עצם ההתייחדות של האישה עם האיש שעליו היא הוזהרה. "משקה לה על פי שניים" הכוונה שיש צורך בעדות גם שהיא נכנסה עימו ל"בית הסתר" ("עדי סתירה").[2]

בספר מהפכות פרשניות בהתהוותן, מקדיש הלברטל פרק לדיון

יש מחלוקת בין רבי ישמעאל לרבי עקיבא אם פרשת סוטה היא רשות או חובה, כלומר אם הגבר חייב או יכול להשקות אותה במקרה של חשד. הגמרא עוסקת שם בשאלה זו ונרחיב על כך בהמשך.

2. יש לשים לב שהאופי של העדות שונה בכל אחד מן המצבים. עדי הקינוי הם עדי קיום, כלומר זו עדות שתכליתה מתן תוקף למעמד, המאשרת את הקיום של מה שהתרחש,

במשמעות הערכית של הפרשנות של המשנה (ומקורות תנאיים נוספים) את פרשת סוטה.[3] הטענה המרכזית שלו היא שהמשנה, באמצעות הדרישה לעדים ובאמצעות דרישות הלכתיות נוספות, מחלישה את הכוח שנתון באופן בלעדי בידי הגבר לפי פסוקי התורה.

> הפסוקים מתארים את הבעל כיוזם הבלעדי של התהליך, וחוסר הראיות תולה את כל העניין במצב רוחו: אם תעבור עליו רוח קנאה, יביא את האישה אל הכהן, אם תסור ממנו הרוח, ישב בשלום בביתו. מצב כזה הופך את האישה לחשודה תמידית ולתלויה בגחמות הקנאה של בעלה...[4] הפירוש של מדרשי ההלכה והמשנה למקרא חותר לספק בסיס לחשד ולהפקיע את העניין מהלך נפש של קנאה... פרשנות זו מצביעה על מגמה שבאה ליצור בסיס אובייקטיבי להבאת האישה אל הכוהן ולשחרר את האישה מתלות בשגיונותיו של הבעל, תלות הנובעת מפירוש הקינוי כהלך רוח, ואת ההסתתרות כחלק מהחשד.[5]

הלברטל מסביר את המשנה הפותחת את מסכת סוטה כחלק ממערך רחב של תנאים שנועד להפקיע את הכוח המוחלט והבלעדי של האיש להביא את האישה אל הכוהן ואף לשלוט במעשיה, ונוסף לכך גם לאפשר הדדיות רבה יותר בתהליך הזה באמצעות הטלת חלק מן האחריות על האיש.[6]

על פי הניתוח של הלברטל, על אף השינוי שעושים חכמים ממה שמצוי בפסוקים – המגמה של התהליך והטקס זהה למה שמתואר בתורה. משום שגם לפי הלברטל, אפילו לאחר הסייגים והדרישות שמוסיפים חכמים,

בדומה לעדי הנישואין. לעומת זאת עדי הסתירה הם עדי הוכחה, שעדותם מאשרת שאירוע מסוים אכן קרה, בדומה לעדות על רצח וכדומה.

3. הלברטל, מהפכות פרשניות, עמ' 94-112.
4. הלברטל, מהפכות פרשניות, עמ' 94-95.
5. הלברטל, מהפכות פרשניות, עמ' 96-97. לאורך הפרק הלברטל עוסק בהלכות ודרישות נוספות של התנאים לתהליך של אישה סוטה, שעניינן, לטענתו, הפקעת הכוח המוחלט מן האיש ויצירת הדדיות בתהליך.
6. הפרשנות של הלברטל עוסקת בשאלה בידי מי מצוי הכוח: הגבר או האישה. נקודת מבט זו נשענת (במודע או שלא במודע) על התפיסה המערבית העכשווית, המבוססת על הפמיניזם, הבוחן את מערכות היחסים בין גברים לנשים, ואת מוסד הנישואין מבעד לפרספקטיבה של יחסי כוחות: מי חזק ממי, למי יש יותר זכויות וכו'. ברצוננו להציע כי סוגיית הפתיחה מציעה פרשנות אחרת וקריאה שונה של פרשת אישה סוטה.

המגמה של פרשת סוטה נותרת כפי שהיא מצטיירת בתורה – בירור אשמה של אישה שנחשדת בבגידה והענשתה אם מתברר שהיא אשמה.[7]

הפרשנות של סוגיית הפתיחה להליך שעוברת אישה סוטה שונה ממה שעולה מהפסוקים וגם ממה שמתואר במשנה (על פי פשטה ועל פי ההסבר של הלברטל), והיא תעניק לתהליך כולו משמעות רעיונית ייחודית ומפתיעה.

סוגיית הפתיחה

סוגיית הפתיחה מציגה פרשנות אלטרנטיבית למשמעות של פרשת סוטה ולטקס שהאישה הנחשדת כסוטה עוברת. סוגיית הפתיחה של מסכת סוטה היא ארוכה ומורכבת מכמה סוגיות משנה. לשם הנוחות, חילקנו את הסוגיה לחמישה חלקים. בכל אחד מחלקי הסוגיה נבחן את המגמה של הסוגיה ואת המשמעויות הרעיוניות של סוטה כפי שהן עולות מן הפרשנויות הללו.

חלק ראשון: הצעה פרשנית אלטרנטיבית לפרשת סוטה – התמודדות עם משבר בנישואין

החלק הראשון של סוגיית הפתיחה מורכב משלוש סוגיות קצרות. כל אחת מהן בנפרד מציגה תפיסה מסוימת של פרשת סוטה או של מוסד הנישואין בכלל, וביחד הן יוצרות מגמה ברורה של פרשנות רעיונית אלטרנטיבית של המשמעות של פרשת סוטה.

כתובות־נדרים־נזיר־סוטה

החלק הראשון של סוגיית הפתיחה עוסק במיקום של מסכת סוטה בסדר המשניות. הדיון הזה נוגע לענייני עריכה והוא אופייני לסוגיות פתיחה.

מכדי תנא מנזיר סליק, מאי תנא דקא תנא סוטה?

7. פרשנות רעיונית נוספת לסוגיות מן המסכת ולמגמה של פרשנות חז"ל קיימת לאורך ספרו של א' הכהן, וימתקו המים. לאורך הספר, הכהן מנתח ספרותית ורעיונית סוגיות שונות מן המסכת, ולרוב הפרשנות שלו שונה מזו שנציע כאן.

הסוגיה פותחת בשאלה מדוע מסכת סוטה מובאת אחרי מסכת נזיר. התשובה של הגמרא מבוססת על דברי רבי יהודה הנשיא.

כדרבי,
דתניא, רבי אומר: למה נסמכה פרשת נזיר לפרשת סוטה?
לומר לך, שכל הרואה סוטה בקלקולה יזיר עצמו מן היין.

רבי שואל מדוע בתורה נסמכה פרשת נזיר לפרשת סוטה. עצם השאלה יכולה לספק הסבר לבחירה של רבי לסמוך את מסכת סוטה למסכת נזיר. אבל רבי אינו מסתפק בכך והוא מוצא קשר רעיוני־מוסרי בין סוטה לנזיר: "כל הרואה סוטה בקלקולה יזיר עצמו מן היין".

פרשנים רבים נדרשו להסבר הקשר שבין סוטה לשתיית יין,[8] ומתוכם נביא את דברי המסילת ישרים:[9]

8. רש"י, ד"ה יזיר עצמו מן היין: "שהיין מביא לידי קלות ראש והוא גרם לה". הכהן, מסכת סוטה, עמ' 17–18 מקשה מדוע אדם שרואה סוטה בקלקולה צריך להזיר עצמו מן היין ולא מנשים? הכהן רואה בכך הזמנה לקבלת אחריות ועבודה פנימית גם לגבר, ולא הטלת אשמה ואחריות על האישה בלבד. אבל הלקח המוסרי אינו רק לאדם ספציפי, אלא גם לחברה הסובבת. המדרש בתנחומא, כי תצא ט, מסביר כיצד: "משל לאמבטי רותחת שאין כל אדם יכול להכנס לתוכה, בא בן בליעל אחד, קפץ וירד לתוכה. אף על פי שנכווה – קרר אותה בעיני אחרים". מפרשים רבים מסבירים את הקשר בין סוטה לנזירות (או לכל הפחות נזירות רק מיין) שהחשיפה לחטא יש לה השפעה מוסרית רעה על האדם, והוא צריך לעשות מעשים של תיקון בעצמו, למשל להמעיט בשתיית יין, שהוא גורם לחטא. את הלקח המוסרי שצריך כל אדם ללמוד מאישה סוטה אפשר למצוא אצל כמה פרשנים והוגים נוספים, למשל אמת ליעקב על התורה, פרשת נשא, במדבר, ו ז; וכן אצל ר' צדוק הכהן מלובלין בכמה תורות, למשל, פרי צדיק, ויקרא לחג הפסח, פסקה ל, עמ' 65:

וכל דבר שבא לנגד עיני האדם, בכוונה ובהשגחה פרטית נזדמן דבר זה לנגד עיניו כדי שילמד את עצמו ממנה, וכמו שמספרים מרבינו הקדוש רבי ר' זושא זצ"ל שהלך בדרך לתומו, ובא לנגדו ערל וביקש אותו שיסייעהו להעמיד את העגלה שלו עם שחת (שקורין ה"א) שנפלה, ואמר לו שאינו יכול, והשיב לו הערל יכול אתה אבל אינך רוצה, ואמר על זה רבינו הקדוש הנ"ל שרמזו לו שהה"א תתאה נפלה וביכולתו להעמידה רק שאינו רוצה, וכן מה שאמרו (סוטה ב, א) רבי אומר למה נסמכה פרשת נזיר לפרשת סוטה לומר לך שכל הרואה סוטה בקלקולה יזיר עצמו מן היין, ולמה יזיר עצמו הא הוא לא חטא רק שהוא כמו שאמרנו שכיון שהזמין ה' יתברך לנגד עיניו הסוטה בקלקולה אין זה אלא כדי שילמד את עצמו להזיר עצמו מן היין, וזה שנאמר גדולים מעשי ה', במה שהם דרושים לכל חפציהם שכל מי שחפץ ליקח איזה לימוד לעבודתו יתברך שמו יכול ליקח לעצמו ממעשה ה'.

> וכן על ענין הזנות אמרו (סוטה ב): כל הרואה סוטה בקלקולה יזיר עצמו מן היין. ותראה כי זאת היא תחבולה גדולה לאדם למען הנצל מיצרו, כי כיון שבהיותו בעסק העבירה קשה עליו לנצחו ולכבוש אותו, על כן צריך שבעודנו רחוק ממנה ישאיר עצמו רחוק, כי אז יהיה קשה ליצר לקרבו אליה.

הרמח"ל כותב שההינזרות מיין מרחיקה את האדם מהעברה, וזה יקל עליו לכבוש את יצרו אם הוא יתעורר לפתותו לחטא עם אישה.

הגמרא דוחה את ההסבר המבוסס על דברי רבי, משום שלפי זה, מסכת סוטה צריכה להיות קודם למסכת נזיר, משום שהסוטה גורמת לנזירות ולא ההפך. לכן הגמרא מציעה הסבר אחר לסדר המסכתות:

> וליתני סוטה והדר ליתני נזיר!
> איידי דתנא כתובות ותנא המדיר תנא נדרים,
> ואיידי דתנא נדרים תנא נזיר דדמי לנדרים,
> וקתני סוטה כדרבי.

ההסבר השני של הגמרא לסדר המסכתות קושר את מסכת סוטה למסכת כתובות דווקא, המסכת שקודמת למסכת נזיר. הגמרא מסבירה את הקשר לכתובות: במסכת כתובות נמצא פרק המדיר (הפרק השביעי), העוסק בנדרים, ולכן אחר כך מובאת מסכת נדרים. ומכיוון שנזיר הוא סוג של נדר – מובאת מסכת נזיר בסמיכות למסכת נדרים (שעל פניו לא קשורה לסדר נשים), ואחריה מסכת סוטה, בגלל הקשר שעליו הצביע רבי.

ההסבר של הגמרא לסדר המסכתות מבוסס על דמיון בין הנושאים של המסכתות. אבל הדמיון הזה גם נושא מסר בעל משמעות רעיונית. התפיסה הספרותית של סוגיית הפתיחה היא שההקשר שבו מצוי נושא מסוים מעניק לו את משמעותו. סוגיית הפתיחה מציעה שני הקשרים למסכת סוטה, ומתוך כך היא מעניקה לעיסוק בסוטה שתי משמעויות רעיוניות שונות.

ההצעה הראשונה של הגמרא, הקושרת את מסכת סוטה לנזיר, מתמקדת בהיבט השלילי של סוטה. זו נקודת מבט שמצביעה על החטא

9. מסילת ישרים, פרק יג, עמ' צז.

והקלקול כנושא עיקרי של פרשת סוטה. מנקודת מבט כזו, עניינה של פרשת סוטה הוא ללמד כיצד יש לברר אם נעשה חטא ולהעניש לפי צורך. זו המשמעות של פרשת סוטה המשתמעת גם מהפסוקים בתורה.

לעומת זאת, מסכת כתובות עוסקת בנישואין, במערכת היחסים שבין הגבר לאישה, וההצעה של הגמרא לחבר את סוטה לכתובות רואה בפרשת סוטה חלק מעיסוק בנישואין. פרק המדיר עוסק במשברים בתוך נישואין: משניות א-ה עוסקות בנדרים שונים שאדם נודר לרעת אשתו, "המדיר את אשתו מ...". משנה ו עוסקת בהתנהגויות שונות של האישה שפוגעות בבעלה, והן מהוות עילה לגירושין. קישור פרשת סוטה למסכת כתובות בכלל, ולפרק המדיר בפרט, מעניק לפרשת סוטה הקשר של משבר בנישואין. מעשה האישה הסוטה והקנאה של האיש אינם נבחנים לפי השאלה אם האישה חטאה וכיצד נדע זאת, אלא מנקודת המבט הרואה את הקנאה וההאשמה ביטוי למשבר בנישואין. מתוך כך, המיקוד של פרשת סוטה אינו בחטא ועונשו, אלא במשבר ותיקונו. בהצעה הזו של הגמרא, השייכות של נזיר לסוטה מצטמצמת עד כדי נעלמת, ונזיר הופך להיות רק סעיף של נדרים. בהסבר הזה של הגמרא יש אמירה פרשנית שפרשת סוטה היא כלי להתמודדות עם משבר בנישואין.

זהו מהלך יפה של סוגיית הפתיחה. באמצעות שאלה על סדר המסכתות, שהיא לכאורה שאלה בעלת אופי טכני, ובאמצעות שני הסברים תמציתיים שבמבט ראשון גם הם בעלי אופי טכני – הסוגיה מציעה שתי פרשנויות רעיוניות אפשריות למשמעות של פרשת סוטה.

החידוש של סוגיית הפתיחה שפרשת אישה סוטה היא אמצעי להתמודדות עם משבר בנישואין בא לידי ביטוי בחלק הבא של סוגיית הפתיחה, שבו מגיעה הסוגיה למסקנה מרחיקת לכת.

אסור לקנאות

האם ראוי להשתמש במנגנון של פרשת סוטה אם בעל חושד שאשתו בגדה בו? מהפסוקים משתמע שכן. נראה שהתורה מכוונת את האיש להביא את האישה אל הכוהן אם מתעורר לו חשד על אשתו, אך התנאים נחלקו בכך. בדף ג ע"א מביאה הגמרא ברייתא:

וקנא את אשתו – רשות, דברי רבי ישמעאל, רבי עקיבא אומר: חובה.

רבי עקיבא סובר שאדם שמקנא לאשתו חייב לנקוט בהליך המובא בתורה, אבל רבי ישמעאל חולק עליו וסובר שזו רשות בלבד.[10]

סוגיית הפתיחה אינה מביאה את דעות התנאים הללו, אלא דעה שלישית, ואותה בלבד:

המקנא. דיעבד אין, לכתחילה לא, קסבר תנא דידן: אסור לקנאות.

הגמרא מסיקה מלשון המשנה שהקינוי הוא רק בדיעבד,[11] וטוענת שהתנא של המשנה סובר ש"אסור לקנאות". דעה כזו, כאמור, כלל לא מצויה אצל התנאים והיא חידוש של סוגיית הפתיחה. בעצם הסוגיה אומרת שההליך שאמורה לעבור אישה הנחשדת בבגידה, שהתורה בעצמה מציעה – הוא רק בדיעבד, ואפילו אסור.[12] במהלך של סוגיית הפתיחה יש אמירה מוסרית משמעותית, שקנאה בתוך מערכת יחסים זוגית היא לא דבר טוב.

אם הנושא של פרשת סוטה הוא חשיפת האמת, התהליך שמציעה פרשת סוטה הוא טוב וראוי להשתמש בו. האמירה "אסור לקנאות" נשענת על תפיסה אחרת של פרשת סוטה, משום שיש לה משמעות רק אם הנושא הוא מערכת היחסים עצמה.[13]

אחריות הדדית

דברי ריש לקיש בחלק הבא של סוגיית הפתיחה, והכיוון שאליו מתפתחת הסוגיה בעקבותיהם, גם הם מצטרפים לפרשנות המבטאת תפיסה הדדית בהתמודדות עם משברים וקשיים בנישואין יותר מאשר הטלת אחריות וענישה.

10. במחלוקת הזו ובסוגיית הגמרא שעליה נעסוק בהמשך בהרחבה, להלן עמ' 277 ואילך.
11. ראו הסבר ברש"י ב ע"א ד"ה לכתחילה לא, ובהסבר של תוספות לרש"י ד"ה המקנא דיעבד אין.
12. יש פרשות נוספות בתורה שמתייחסים אליהן כאל מצב שבדיעבד: בן סורר ומורה ("דרוש וקבל שכר", סנהדרין עא ע"א), אשת יפת תואר ("לא דיברה תורה אלא כנגד יצר הרע", קידושין כא ע"ב). החידוש שיש באמירה כזו דווקא לגבי סוטה הוא משמעותי יותר, משום שהיא נראית פחות לא מוסרית מן הדוגמאות האחרות.
13. בהתבססו על האמירה ש"אסור לקנאות", מציע ברקוביץ פרשנות פסיכולוגית-רעיונית שונה מזו שאנו מציעים, ברקוביץ, נשים, עמ' 349–357. ברוח האיסור "אסור לקנאות" מסביר ברקוביץ גם מימרות נוספות בסוגיית הפתיחה, ומול העמדה הזו הוא מסביר גם את המשמעות הערכית של הגישה שרואה בפרשת סוטה דבר חיובי, גם היא בהתבסס על מימרות נוספות בסוגיה. גם אנו נדון במימרות השונות שהוא מפרש – כל אחת במקומה לפי סדר הסוגיות.

א"ר שמואל בר רב יצחק: כי הוה פתח ריש לקיש בסוטה, אמר הכי: אין מזווגין לו לאדם אשה אלא לפי מעשיו, שנא': כי לא ינוח שבט הרשע על גורל הצדיקים.

ריש לקיש היה פותח את לימוד מסכת סוטה באמירה ש"מזווגין לאדם אישה לפי מעשיו". מדוע הוא בחר דווקא באמירה כזו כפתיחה למסכת סוטה? אמירה כזו עשויה להתאים יותר כפתיחה למסכת קידושין או למסכת כתובות!

הפתיחה שבוחר ריש לקיש למסכת סוטה היא ביטוי לנקודת המבט שלו על המסכת. בשונה מהמשמעות של פרשת סוטה בתורה, שמטרת ההליך הוא בירור האשמה של האישה – ריש לקיש אומר שהתנהגות לא ראויה של אישה היא "לפי מעשיו" של האיש, ואם היא מתנהגת באופן לא ראוי – זה שיקוף וביטוי למעשים של האיש. אין כאן הטלת אשמה בלעדית על האישה, כמו שעולה מהפסוקים, אלא הטלת אחריות הדדית ומשותפת על שני בני הזוג על משבר הזוגיות שהם עוברים.

הסוגיה ממשיכה בכיוון הפרשני הזה, ומביאה שתי דרשות נוספות שעוסקות בזיווג באופן כללי:

אמר רבה בר בר חנה אמר ר' יוחנן: וקשין לזווגן כקריעת ים סוף, שנאמר: אלהים מושיב יחידים ביתה מוציא אסירים בכושרות.
איני? והא אמר רב יהודה אמר רב: ארבעים יום קודם יצירת הולד, בת קול יוצאת ואומרת: בת פלוני לפלוני בית פלוני לפלוני שדה פלוני לפלוני!
לא קשיא: הא בזוג ראשון, הא בזוג שני.

הסוגיה מביאה שתי דרשות על זוגיות ומצביעה על הסתירה ביניהן. דרשת ר' יוחנן מביאה לידי ביטוי את הקושי שבזוגיות ודרשת רב מבטאת את השלמות וההרמוניה שבזוגיות. הגמרא אומרת שאין סתירה בין הדרשות: "הא בזיווג ראשון הא בזיווג שני". יש המפרשים את תשובת הגמרא שמדובר בשני זיווגים שונים.[14] אבל אפשר לפרש שמדובר בשני פנים של אותו זיווג

14. רש"י מסביר שזיווג ראשון נקבע לאדם עוד לפני לידתו, אבל אם הוא התגרש או התאלמן – זה זיווג קשה. אבל זה קשה משום שדברי ריש לקיש מנוסחים בצורה כללית ולא נראים כמכוונים רק למקרים השוליים יחסית של נישואין שניים.

עצמו, דהיינו, גם זיווג שנקבע לאדם משמיים, בהתאמה אלוקית של הנשמות עוד טרם לידתן – גם בו יש קשיים הנובעים מהבדלים ופערים שקיימים באופן מובנה בכל זוגיות.[15]

לבחירה להביא את הדרשות הללו בפתיחתה של מסכת סוטה יש משמעות רעיונית. טמון בה מסר על קיומם של קשיים בנישואין. האמירה של סוגיית הפתיחה היא שיש להתבונן על מסכת סוטה מנקודת מבט המכירה בקיומם של קשיים ומשברים בחיי הנישואין, והמסר הוא שלא רק שישנם קשיים, אלא ששני בני הזוג נושאים באחריות משותפת לקשיים ולנישואין.[16]

החלק הראשון של סוגיית הפתיחה, על שלושת חלקיו, מציע נקודת מבט שונה משל התורה על פרשת אישה סוטה. נקודת המבט הזו מגדירה את הנושא של פרשת סוטה כהתמודדות הדדית עם משבר בנישואין ולא כשאלה של בירור אשמה וענישה.

חלק שני: עד אחד מהימן בטומאה

למרבה ההפתעה, מנקודה זו ולאורך כשלושה עמודים, סוגיית הפתיחה מתמקדת בנושא אחר מזה שבמשנה – בעדות הטומאה, ומקדישה לו דיון נרחב. טומאה היא מעשה הבעילה עצמו, והגמרא אומרת שבניגוד לעדי קינוי וסתירה, שבמשנה נחלקו כמה עדים נדרשים להם, בטומאה שלאחר קינוי וסתירה לכל הדעות די בעד אחד כדי לאסור את האישה על בעלה לעולם.

> ר"א אומר: מקנא לה על פי שנים וכו'.
> עד כאן לא פליגי אלא בקינוי וסתירה, אבל בטומאה – עד אחד מהימן,
> ותנן נמי: עד אחד אומר אני ראיתי שניטמאת – לא היתה שותה.

הגמרא מבססת את דבריה על משנה מפרק שישי, וזה לשונה המלא (בסוגיית הפתיחה היא הובאה בקיצור):

> אמר עד אחד אני ראיתיה שנטמאת לא היתה שותה.

15. בריליאנט, על רגל אחת, עמ' רכז-רכח.
16. הרחבה של פרשנות ברוח הדברים האלו, על פי האגדות לאורך הפרק הראשון של מסכת סוטה, ראו אצל הכהן, מסכת סוטה, עמ' 18-24; 51-55.

> ולא עוד אלא אפילו עבד אפילו שפחה הרי אלו נאמנין אף לפוסלה מכתובתה.
> חמותה ובת חמותה וצרתה ויבמתה ובת בעלה הרי אלו נאמנות ולא לפסלה מכתובתה אלא שלא תשתה. (משנה סוטה ו, ב)

המשנה אומרת שאישה שבעלה חשד בה והתחיל בהליך השקיית המים, ובא עד אחד ומעיד שהיא נטמאה ממש – "לא היתה שותה", כלומר מפסיק הליך הבירור והיא נאסרת על בעלה לעולם.[17] המשנה מוסיפה שלא רק שדי בעד אחד, אלא אפשר שהוא יהיה עבד או שפחה או קרובת משפחה, שבדרך כלל עדותם אינה מתקבלת. כלומר, המשנה מקילה ומסתפקת בעדות מינימלית כדי לאסור אישה במקרה של עדות על טומאה לאחר שכבר היו עדי קינוי וסתירה.[18]

הקשר של עדות על טומאה לפתיחת מסכת סוטה

לפני שנפנה לעיין בסוגיה עצמה, יש לתת את הדעת לעצם הבחירה של סוגיית הפתיחה לעסוק באופן נרחב בעדות הטומאה. זו בחירה תמוהה, משום שעדות הטומאה היא לא הנושא שנידון במשנה שפותחת את המסכת. עדות על טומאה נידונה במשנה בפרק שישי, באמצע מסכת סוטה, בסוף דיני הסוטה עצמה, וזה מובן משום שפרשת סוטה עוסקת במצב של ספק אם האישה נטמאה, ואילו עדות הטומאה עוסק במצב שכבר יש ודאות על טומאת האישה. לכן, לכאורה, פרק שישי הוא המקום הראוי גם לסוגיה התלמודית שעוסקת בנושא הזה. הציפייה היא שבראש המסכת ידונו בעניינים הנוגעים באופן ישיר לנושא המרכזי של המסכת – כלומר למצבי הספק ולתהליך של שתיית המים וכל הכרוך בו, ורק בהמשך, כהסתעפות צדדית, תהיה התייחסות גם לנושאים משיקים, כגון מצבים שבהם יש גם עדות על טומאה, וכפי הסדר שנקטה המשנה.

17. חשוב להדגיש: עד אחד נאמן להעיד רק כדי לעצור את תהליך השקיית המים. המשמעות היא שהיא תתגרש מבעלה ולא תהיה זכאית לקבל את כסף הכתובה. כדי להאשימה בבגידה בבעלה ולקבוע שהיא אישה נואפת עד אחד אינו מספיק, ולשם כך צריך שני עדים.

18. הכהן, מסכת סוטה, עמ' 44–48, מסביר את המגמה של הגמרא בצמצום האפשרות להשתמש בתהליך שתיית המים, משום שאסור לקנאות, ולכן אם יש אפילו עד אחד על הטומאה, די בזה כדי לעצור את התהליך הזה. הטיעון שלו הוא טיעון מעגלי, משום שהטענה אסור לקנאות לא מסבירה את המגמה אלא היא חלק ממנה.

נראה שסוגיית הפתיחה בוחרת באופן מכוון ומגמתי לדון בעדות הטומאה דווקא בראש מסכת סוטה. לבחירה כזו יש משמעות רעיונית ביחס למסכת סוטה. לכן, עוד לפני הדיון בפרטים ובמשמעות הטמונה בתוכן הדיון על עדות הטומאה, נעמוד על המשמעות הטמונה בעצם הבחירה בנושא.

נקודת המבט הפשוטה על פרשת סוטה היא שההליך שעוברת אישה סוטה נועד לברר אם היא בגדה בבעלה או לא. בדומה למגמה שראינו בחלק הראשון של סוגיית הפתיחה, הבחירה של הגמרא לעסוק בסוטה שיש עד אחד על טומאתה, כלומר מנקודת המבט של אישה שיש ודאות שהיא בגדה בבעלה, למעשה מדלגת על השאלה אם היא אשמה או לא, ופותחת פתח להתבונן בתהליך שעוברת אישה סוטה באופן אחר ומפריזמה שונה.

בשלב ראשון זה של הדיון אומנם מסתמן שהסוגיה מכוונת למשמעות שאינה קשורה לבירור אשמה, אבל עדיין לא ברור מהי נקודת המבט שמציעה סוגיית פתיחה, כלומר איזו משמעות פוזיטיבית מייחסת הסוגיה להליך הסוטה. נקודת מבט כזו תתברר ככל שנתקדם בלימוד הסוגיה, ובעיקר לאחר שנעמוד על המבנה והתוכן של סוגיית נאמנות עד אחד בטומאה כולה.

הברייתא - מקור לנאמנות עד אחד בטומאה

אחרי שהגמרא ציטטה את המשנה שעד אחד נאמן לעדות טומאה היא מחפשת מקור בתורה לדין הזה:

> מדאורייתא מנלן דמהימן עד אחד?
> דתנו רבנן: ועד אין בה – בשנים הכתוב מדבר, או אינו אלא אפילו באחד? ת"ל: "לא יקום עד אחד באיש", ממשמע שנאמר לא יקום עד באיש, איני יודע שהוא אחד? מה ת"ל אחד? זה בנה אב: כל מקום שנאמר עד, הרי כאן שנים, עד שיפרוט לך הכתוב אחד;
> ואמר רחמנא: תרי לית בה אלא חד,
> והיא לא נתפשה – אסורה.

הגמרא מביאה ברייתא (להלן "הברייתא") שבא מובא מדרש הלכה על פסוק מספר דברים:

לֹא יָקוּם עֵד אֶחָד בְּאִישׁ לְכָל עָוֹן וּלְכָל חַטָּאת בְּכָל חֵטְא אֲשֶׁר יֶחֱטָא
עַל פִּי שְׁנֵי עֵדִים אוֹ עַל פִּי שְׁלֹשָׁה עֵדִים יָקוּם דָּבָר: (דברים יט, טו)

הפסוק עוסק בדיני עדויות באופן כללי ואומר ש"לְכָל עָוֹן וּלְכָל חַטָּאת בְּכָל חֵטְא" עד אחד אינו מספיק ויש צורך בשני עדים לפחות. הברייתא מדייקת שהמילה "אחד" בפסוק מיותרת ומלמדת שרק במקום שכתוב "עד אחד" הכוונה לעד אחד, אבל אם כתוב "עד" בלבד – הכוונה לשני עדים. מכאן הברייתא מסיקה כלל רחב ("בנה אב") שבכל מקום שנאמר בתורה "עד" הכוונה לשני עדים.

בפרשת סוטה נאמר "וְעֵד אֵין בָּהּ". מכיוון שבפסוק מופיעה המילה "עד" בלבד, לפי הכלל שהובא קודם, הכוונה לשני עדים. ומכאן שהמשמעות של הפסוק "וְעֵד אֵין בָּהּ", שאין שם שני עדים, אבל יש עד אחד למעשה הטומאה – וזה מספיק כדי לאסור אותה על בעלה.[19]

הברייתא מבססת את הדין שעד אחד נאמן לעדות טומאה (אחרי קינוי וסתירה) דווקא על פסוק שמחייב שני עדים בכל עניין. בשלב שני הברייתא מצמצמת את הדרישה לשני עדים במקרה של עדות על טומאה בגלל הפסוק "ועד אין בה". לכן למעשה באופן עקיף חלקה הראשון של הברייתא הוא מקור לא רק לעד אחד בטומאה אלא גם לדרישה לשני עדים בקינוי וסתירה.

מהבחירה של הברייתא ללמוד דיני סוטה דווקא מפסוק שעוסק בדיני עדויות לכל החטאים עולה שהברייתא רואה גם את האישה הסוטה כאחד מן החטאים הללו.[20] דהיינו, העדות על קלקול של הסוטה הוא לא מקרה ייחודי, אלא היחס אליו והדרישה המשפטית אליו הם כמו לכל החטאים האחרים. מנקודת המבט הזו, ההליך של סוטה הוא תגובה לחטא. אם האישה אכן חטאה – היא תיענש על ידי שתיית המים.

בהמשך הסוגיה דנה באריכות בלימוד של הברייתא מן הפסוק בדברים. שלוש פעמים היא מקשה מדוע נצרך לימוד מן הפסוק בדברים "עַל פִּי שְׁנֵי עֵדִים", ושלוש פעמים דוחה את הקושיה ועונה מדוע הוא נדרש בכל זאת.

19. לגבי סוטה נאמר בהמשך הפסוק "וְהִוא לֹא נִתְפָּשָׂה", כלומר שהיא לא נאנסה, והגמרא מוסיפה גם את התנאי הזה.

20. ספרי דברים פרשת שופטים, קפח טו: "אין לי אלא לדיני נפשות, לדיני ממונות מנין? תלמוד לומר לכל עון".

האריכות הזו יוצרת רושם שהגמרא בוחרת להצדיק דווקא את הלימוד של הברייתא ולתת לו מקום מרכזי כמקור לדין נאמנות עד אחד בטומאה.[21]

כפי שנראה מיד, הלימוד של הברייתא שרואה את מעשה הסוטה כחטא אינו האפשרות היחידה להבין את פרשת סוטה.

המשנה – מקור אלטרנטיבי לנאמנות עד אחד בטומאה

גם המשנה בפרק שישי מביאה מקור מן הפסוקים לדין שעד אחד נאמן בטומאה. הדרשה של המשנה שונה מהדרשה שהובאה בברייתא. דרשה אלטרנטיבית מבליטה את הבחירה של סוגיית הפתיחה במדרש של הברייתא על פני המדרש של המשנה.

המדרשים של המשנה והברייתא מספקים פרשנות רעיונית לעדות הטומאה בפרט ולפרשת סוטה בכלל. השוואת הדרשות מחדדת את הייחודיות שבכל אחת מן הפרשנויות הללו.

המקור להלכה שעד אחד נאמן בטומאה מצוי במשנה (משנה סוטה ו, ג):

> שהיה בדין, ומה אם עדות ראשונה שאין אוסרתה איסור עולם אינה מתקיימת בפחות משנים, עדות אחרונה שאוסרתה איסור עולם אינו דין שלא תתקיים בפחות משנים?!
> תלמוד לומר (במדבר ה) "ועד אין בה" – כל עדות שיש בה.

"שהיה בדין" מקשה על הדין שבמשנה: אם עדות קינוי וסתירה צריכה שני עדים, מדוע עדות על טומאה, על מעשה הבגידה עצמו, שההשלכה על כך חמורה יותר (פירוק הנישואין) זוקקת רק עד אחד?

בתשובה לשאלה המשנה דורשת את הפסוק שנאמר ביחס לסוטה "וְעֵד אֵין בָּהּ" שאין שום עדות, ממש כפשט הפסוק. כלומר, ההליך של סוטה מתקיים כאשר אין שום עדות. מכאן נובע שכאשר יש עדות כלשהי (על הטומאה), ואפילו של עד אחד, ואפילו של עבד או שפחה, ואפילו קרובות משפחה – האישה כבר יוצאת מגדר סוטה ונאסרת על בעלה לעולם.

21. בחרנו שלא לעסוק בדיון זה במסגרת המצומצמת של הפרק, משום שאין בפרטי הדיון חידוש ביחס למהלך הרעיוני של הפרק.

כל זה נכון רק אם קדמו לעדות הטומאה שני עדים על קינוי וסתירה. לביסוס הצורך בשני עדים על קינוי וסתירה מוקדש החלק השני של המשנה.

> קל וחומר לעדות הראשונה! מעתה ומה אם עדות אחרונה שאוסרתה איסור עולם הרי היא מתקיימת בעד אחד עדות הראשונה שאין אוסרתה איסור עולם אינו דין שתתקיים בעד אחד?
> תלמוד לומר (דברים כד) "כי מצא בה ערות דבר" ולהלן הוא אומר (שם יט) "על פי שנים עדים יקום דבר", מה להלן על פי שנים עדים אף כאן על פי שנים עדים.

בחלק השני, המשנה מציעה קל וחומר בכיוון ההפוך: אם על טומאה נדרש רק עד אחד, אז גם על קינוי וסתירה ("עדות ראשונה"), מפני שהם קלים יותר (קינוי וסתירה מניעים את התהליך של שתיית המים, וטומאה גורמת לפירוק הנישואין) יידרש רק עד אחד.

המשנה שוללת את האפשרות הזו ומביאה מדרש הלכה נוסף כמקור להלכה המובאת במשנה בפתיחת מסכת סוטה על הצורך בשני עדים לקינוי וסתירה.[22]

את הצורך בשני עדים לקינוי וסתירה המשנה לומדת בגזרה שווה של המילה "דבר". על פי הפסוק "על פי שניים עדים יקום דבר" יש צורך בשני עדים ל"דבר" – מכאן לומדת המשנה שיש צורך בשני עדים גם ב"ערוות דבר", כלומר בקינוי וסתירה.

הדרשה של המשנה מפתיעה. הרי הפסוק שאותו דורשת המשנה עוסק בגירושין ולא בסוטה או בקינוי וסתירה:

> כִּי יִקַּח אִישׁ אִשָּׁה וּבְעָלָהּ וְהָיָה אִם לֹא תִמְצָא חֵן בְּעֵינָיו כִּי מָצָא בָהּ עֶרְוַת דָּבָר וְכָתַב לָהּ סֵפֶר כְּרִיתֻת וְנָתַן בְּיָדָהּ וְשִׁלְּחָהּ מִבֵּיתוֹ: וְיָצְאָה מִבֵּיתוֹ וְהָלְכָה וְהָיְתָה לְאִישׁ אַחֵר: (דברים כד, א-ב)

הדרשה מניחה ש"ערוות דבר" שבפסוק הוא קינוי וסתירה, אף שהפסוק בכלל לא עוסק בסוטה ובקינוי וסתירה אלא בגירושין! נוסף לכך, אם כבר

22. במשנה הפותחת את המסכת יש מחלוקת לגבי שני עדים לסתירה. במחלוקת הזו נעסוק בהמשך.

לומדים מן הפסוק שעוסק בגירושין על סוטה – יותר מתאים ללמוד ממנו על המצב של טומאה, שיותר מתאים ל"ערוות דבר", מאשר על קינוי וסתירה!

המהלך של הדרשה והבחירה בפסוק "ערוות דבר" יכולים להיות מובנים מנקודת מבט רעיונית. על ידי המדרש של פסוק שעוסק בגירושין המשנה מחברת את הסוטה לגירושין. בכך המשנה אומרת שהמשמעות של ההליך של הסוטה הוא כהליך של גירושין (במצב של ספק). מתוך הקשר שיוצרת המשנה לגירושין, הפרשנות של המשנה להליך הסוטה הוא כזה: בגידה ודאית מספקת עילה מספקת לגירושין. אך במקרה של ספק אם הייתה בגידה, שזה המצב שבו עוסקת פרשת סוטה, אין עילה מספקת לגירושין, ואז יש צורך בהליך של פרשת סוטה. כלומר, ההליך של סוטה נועד לברר את הספק כדי לאפשר גירושין בסופו של תהליך, אם יתברר שהאישה חטאה, או המשך של הנישואין – אם האישה לא חטאה. בשלב ראשון – יש צורך בשני עדים לקינוי וסתירה. מנקודת המבט הקושרת את פרשת סוטה לגירושין – העדים הללו הם למעשה עדי גירושין, וכתוצאה מעדותם הזוג נפרד זה מזה באופן זמני. ההליך של הסוטה נועד לברר אם האישה חטאה והגירושין הם מוחלטים לעולם או לא. אם אחרי עדי הקינוי והסתירה יש גם עד אחד על טומאה, די בזה כדי להוציא מן הספק ולאשרר את הגירושין באופן מוחלט, ואז גם אין צורך בשתיית המים.

המשנה מביאה שני מדרשי הלכה. המדרש הבסיסי (המובא שני במשנה), המבוסס על הגזרה שווה "דבר", מלמד שיש צורך בשני עדים לקינוי וסתירה, כמו שבגירושין יש צורך בשני עדים. המדרש השני (המובא ראשון במשנה) מבוסס על הפסוק "ועד אין בה", והוא ממעט מהמדרש הבסיסי ומלמד שיש צורך בעד אחד בלבד לטומאה לאחר קינוי וסתירה, משום שלאחר עדות על קינוי וסתירה האישה כבר מגורשת.

בניגוד לדרשה בברייתא, שבחרה ללמוד את הצורך בשני עדים מפסוק שעוסק ב"עוון וחטא", המדרש של המשנה בוחר ללמוד את הדין הזה מפסוק שעוסק בגירושין. כל אחד מהמקורות בוחר לייחס את פרשת סוטה לעולם תוכן שונה. על המשמעות של שני ההקשרים הללו נדון בהרחבה בהמשך, אבל תחילה נראה שהגמרא בעצמה מצביעה על הכפילות של הדרשות.

הגמרא בעצמה מצביעה על סתירה בין המשנה לברייתא

לפנינו אפוא שני מקורות שונים, המשנה מפרק שישי והברייתא, המביאים כל אחד מקור שונה לדין עד אחד לטומאה לאחר עדי קינוי וסתירה.

הגמרא בעצמה מצביעה על הכפילות של שתי דרשות שונות לאותו עניין. בסוף סוגיית הפתיחה, ג ע"ב, לאחר דיון ארוך על הברייתא, הגמרא מביאה גם את הדרשה של המשנה להצדקת נאמנות עד אחד בטומאה. ולמרות שהמשנה הזו עמדה ברקע הדיון עד כה, הגמרא מביאה אותה רק בסוף הסוגיה, מה שתומך במגמתיות של הסוגיה להעמיד את הברייתא בחזית הדיון ובחזית המסכת.

הגמרא שם מקשה על הדרשה של המשנה:

> האי מכי מצא בה ערות דבר נפקא?
> מ"בה" נפקא, בה – ולא בקינוי, בה – ולא בסתירה, מיבעי ליה!

הסוגיה מקשה על הצורך בלימוד של המשנה: לפי המשנה, המקור הוא "כי מצא בה ערות דבר" וגזרה שווה של המילה "דבר" לכל עדויות שבתורה. הגמרא מקשה על הצורך בלימוד הזה בגלל קיומו של לימוד אחר למקור לדרישה לשני עדים בקינוי וסתירה. האפשרות האחרת מתייחסת לפסוק "ועד אין בה" – שרק בעדות על טומאה ("בה") די בעד אחד, אבל לקינוי וסתירה צריך שני עדים.[23] בקושיה הגמרא מצביעה בפירוש על שתי דרשות שונות, מקבילות, ומתוך כך על שתי תפיסות של פרשת סוטה.

תשובת הגמרא "הכי נמי קאמר" היא שאכן הלימוד לעניין סוטה הוא מן הפסוק "בה", והדרשה המבוססת על "ערוות דבר" מתייחסת לעדות על "טומאה בעלמא", כלומר טומאה שלא קשורה לסוטה:

> הכי נמי קאמר, תלמוד לומר: בה, בה – ולא בקינוי, בה – ולא בסתירה, וטומאה בעלמא בלא קינוי ובלא סתירה דלא נאמן עד אחד מנלן? נאמר כאן כי מצא בה ערות דבר ונאמר להלן על פי שני עדים או על פי שלשה עדים יקום דבר, מה דבר האמור להלן עדים שנים, אף כאן עדים שנים.

23. הלימוד הזה מצוי בגמרא בדף ב ע"ב, ונדון בו להלן לפי סדר הסוגיה.

הגמרא מסבירה שהלימוד שהמשנה מביאה מגזרה שווה לא מתייחס לעדות על טומאה לאחר קינוי וסתירה, אלא לעדות על טומאה בכלל, ולא במקרה המיוחד של סוטה. במצב כזה, אומרת המשנה, אכן נדרשים שני עדים, בהתבסס על הגזרה השווה "דבר דבר", וכמו בכל עדויות שבתורה. לעומת זה, בקינוי וסתירה יש צורך בשני עדים, אבל לא בגלל הגזרה השווה ל"דבר ערווה", כמו במשנה, אלא בגלל הלימוד של הברייתא מהמילה "בה".

כדי ליישב את הקושי של הגמרא וכדי לקבל את הדרשה של הברייתא, הגמרא משנה את המשמעות של המשנה, ולומדת אותה שלא כפשטה, שהיא מתייחסת לטומאה בכלל ולא לטומאה של סוטה. המהלך הזה של הגמרא הוא ביטוי להעדפת הגמרא את דרשת הברייתא על פני דרשת המשנה.

"רגליים לדבר" – הדיון של הגמרא על הברייתא והתובנות שעולות ממנו

נעיין בשלב אחד נוסף (בלבד) בסוגיה ובתרומה שלו למגמה של הסוגיה לפני שנעמוד על המשמעות הרעיונית של המגמה של סוגיית הפתיחה.

בחלק הבא של הדיון (ב ע"ב, מהמילים "אלא טעמא דכתיב" עד "דאתחלתא דטומאה היא") הגמרא מתמקדת בהצדקת המקור שהביאה הברייתא להלכה שעד אחד נאמן בטומאה, המבוסס על דרשת הפסוק "לא יקום עד אחד". מבנה הדיון הוא שהגמרא מקשה על הלימוד של הברייתא, מצדיקה אותו ודוחה את ההצדקה. המהלך הזה נמשך כמה פעמים, עד שהסוגיה מסתיימת בקבלה של הלימוד של הברייתא מהפסוק מספר דברים.

התרומה של החלק הזה של הסוגיה היא בראש ובראשונה בחשיבות שהוא מעניק ללימוד של הברייתא על פני זה של המשנה. הדיון מתמודד פעם אחר פעם עם טענות נגד האפשרות ללמוד את ההלכה מהפסוק שבפרשת סוטה, כמו בברייתא, וחוזר ודוחה את הטענה הזו, ובכך למעשה מחזק את הבחירה להעדיף את הברייתא על פני המשנה.

גם התוכן של הדיון תורם לביסוס הברייתא על פני המשנה. במהלך הדיון, הגמרא מקשה על הצורך ללמוד ש"עד" בפסוק בדברים הכוונה לשני עדים, ואומרת שאפשר היה ללמוד זאת מהפסוק בסוטה "ועד אין בה". הגמרא דוחה את האפשרות הזו ואומרת שהפסוק מדברים נצרך, משום שאת הפסוק מסוטה "ועד אין בה" אפשר לפרש שעד אחד אינו נאמן בה. את האפשרות הפרשנית הזו הגמרא דוחה בטענה שגם אם התורה לא הייתה אומרת דבר היינו יודעים שלעדות צריך שני עדים, כדין כל עדויות

שבתורה. לכן לא צריך פסוק מיוחד כדי ללמוד שעד אחד אינו נאמן להעיד על סוטה. הגמרא אומרת שיש יסוד לחשוב שעד אחד נאמן להעיד על אישה סוטה, ולכן הלימוד מהפסוק בדברים נצרך. הסיבה שמביאה הגמרא לאפשרות לחשוב שבמקרה של סוטה אפשר לחשוב שאפשר להסתפק בעד אחד היא כזו:

> איצטריך, סד"א סוטה שאני, דרגלים לדבר, שהרי קינא לה ונסתרה, ליתהימן בה עד אחד.

לסיבה זו חשיבות מיוחדת משום שיש בה נימוק לדין הנידון כאן. הגמרא אומרת שהמקרה של סוטה שונה משאר העדויות שבתורה, כי במקרה של סוטה "רגליים לדבר". בסוטה לא צריך עדות של שני עדים כיוון שגם קודם לעדות היה יסוד סביר להניח שהאישה חטאה, משום שכבר קינא לה בעלה והיא נסתרה עם מי שנחשדה עימו (בפני עדים). השלבים הקודמים ל"דבר" הם "רגליים" המבססות את החשד על טומאה ומצטרפות עם עד אחד לאסור אישה באופן ודאי. ועדיין האמירה של הסוגיה היא שלא די לבסס את הדרישה לעד אחד על "רגליים לדבר" אלא על הפסוק מדברים, שבו יש דרישה לשני עדים.

"רגליים לדבר" אינו רק הסבר טכני להצדקת הצורך בלימוד מפסוק אחר, אלא גם סיבה להלכה עצמה. כאן נעוצה התשובה על השאלה שנשאלה בגמרא על הברייתא ועל המשנה על ההקלה בדרישה לעד אחד בלבד בטומאה. הרי טומאה אוסרת אישה על בעלה לעולם, לכן היינו חושבים שאם תוצאת הדין היא דרמטית, תהיה דרישה להחמיר במספר העדים ולא להקל?!

המקור התנאי של ההסבר הזה מובא בגמרא בעמוד הבא, ג ע"א:

> תנא דבי רבי ישמעאל: מפני מה האמינה תורה עד אחד בסוטה? שרגלים לדבר, שהרי קינא לה ונסתרה, ועד אחד מעידה שהיא טמאה.

הטיעון "רגליים לדבר" הוא תשובה לקושיה. בדרך כלל צריך שני עדים כדי לאסור אישה שבגדה בבעלה, אבל במקרה של אישה סוטה, עדי קינוי ועדי סתירה שקדמו לעדות הטומאה הם "רגליים" מספיק מבוססות ואיתנות כדי לבסס את ה"דבר", כלומר את העדות שהאישה זינתה תחת בעלה, ודי בעד

אחד. במילים אחרות: עדי הקינוי והסתירה הם הרגל הנוספת המצטרפת לעד היחיד הנוסף וביחד הם אוסרים אישה על בעלה לעולם.

הטיעון "רגליים לדבר" מחזק את התפיסה שהדין של נאמנות עד אחד אינה נובעת מהקלה בדין, אלא היא מציבה רף גבוה של דרישה מעדות הנצרכת כדי לעצור את הליך השקיית המים ולאסור את האישה באופן מוחלט על בעלה.

מבט על: המגמה של סוגיית "עד אחד נאמן בטומאה"

מבעד לריבוי הפרטים בשקלא וטריא הפתלתל בסוגיית "עד אחד נאמן בטומאה" – אפשר להבחין במגמה פרשנית ורעיונית קוהרנטית. המגמה מתבטאת גם בבחירת הנושאים והמקורות בסוגיה וגם בתוכן הדיונים. נחזור ונסכם את הנקודות העיקריות שעליהן הצבענו לאורך הפרק ונצביע על המגמה העולה מהן:

א. סוגיית הפתיחה עוסקת באופן נרחב בסוגיית עדות הטומאה, אף שזהו נושא שולי שלא קשור לעיקרי מסכת סוטה (ואכן המשנה עוסקת בו רק בשולי המסכת, בפרק שישי). פרשת סוטה עוסקת במצב של ספק, ואילו עדות הטומאה היא על מצב ודאי. ובכל זאת, סוגיית הפתיחה מביאה את הנושא לחזית המסכת.

ב. הסוגיה אינה עוסקת בעדות הטומאה בהסתמך על המשנה מפרק שישי. אף שבמשנה מתקיים דיון כזה, אלא מביאה מקור אלטרנטיבי למשנה, ברייתא, שיש בה דרשה שונה מזו שבמשנה. בכך הסוגיה מבטאת את העדפתה לעמדת הברייתא על פני עמדת המשנה.

ג. הסוגיה מקדישה דיון רחב ומפורט להצדקת הברייתא.

ד. בסופו של דיון, הגמרא מצטטת את המשנה מפרק שישי ומעמתת בין המשנה לברייתא, תוך שהיא מקבלת את הברייתא ומפרשת באופן דחוק ומאולץ את המשנה שלא כפשוטה. גם בכך הגמרא מראה שהיא מעדיפה את עמדת הברייתא על פני זו של המשנה.

לסיכום, בחלק הזה של סוגיית הפתיחה מצטיירת מגמה ברורה וחד־משמעית, הבאה לידי ביטוי בבחירה לעסוק בנושא של עדות הטומאה דווקא מנקודת המבט של הברייתא (על פני זו של המשנה). בשלב הבא ננסה לעמוד על

המשמעות הרעיונית של המגמה הזו. המשמעות של המגמה תשפוך אור על המשמעות הרעיונית שמעניקה סוגיית הפתיחה לנושא של סוטה ולנישואין בכלל.

שתי תפיסות רעיוניות של פרשת סוטה

את הדרשות של המשנה והברייתא, המתייחסות למקורות לעדות בתהליך של סוטה (שני עדים לקינוי וסתירה ועד אחד לטומאה) אפשר להציב בטבלה:

	הפסוק המרכזי	**שני עדים לקינוי וסתירה**	**עד אחד נאמן בטומאה**	**ההקשר שיוצרת הדרשה**
במשנה	דברים כד, א: "כי מצא בה ערוות דבר"	גזרה שווה "כי מצא בה ערוות דבר" "על פי שניים עדים יקום דבר", מה להלן על פי שנים עדים אף כאן על פי שנים עדים.	"ועד אין בה" – כל עדות שיש בה מוציאה מהליך הסוטה.	קינוי וסתירה הם גירושין, ולכן עדות מינימלית על טומאה מספיקה כדי לאסור לעולם.
בברייתא	דברים יט, טו: "לא יקום עד אחד באיש"	לא מופיע בפירוש בברייתא, אבל הגמרא אומרת על הפסוק שהברייתא מביאה: "ועד אין בה", בה – ולא בקינוי, בה – ולא בסתירה.	"לא יקום עד אחד באיש" – עד = שני עדים בסוטה: "ועד אין בה" – תרי לית בה אלא חד.	קינוי וסתירה הם "חטא", איסור. בקינוי וסתירה צריך שני עדים כדי לאסור אישה על בעלה, כדין כל עדויות שבתורה, ובטומאה מספיק עד אחד כי כבר יש "רגליים לדבר".

הדרשה של המשנה והדרשה של הברייתא עוסקות שתיהן באותו הדין – עד אחד נאמן בטומאה,[24] אבל כל אחת מהן מגיעה אל הדין בדרשה שונה המבוססת על פסוקים שונים. מדרש ההלכה שמביא כל אחד מן המקורות אינו רק האמצעי הטכני לביסוס ההלכה, אלא הוא חיבור לפסוקים, שהם המקור למשמעות שהוא מייחס להלכה הזו. לכן כל אחת מן הדרשות היא ביטוי למשמעות שכל אחד מן המקורות, המשנה והברייתא, מייחסים להלכה שעד אחד נאמן בטומאה ולפרשת סוטה בכלל.

נקודת המוצא של הברייתא היא הפסוק "לֹא יָקוּם עֵד אֶחָד בְּאִישׁ לְכָל עָוֹן וּלְכָל חַטָּאת בְּכָל חֵטְא אֲשֶׁר יֶחֱטָא עַל פִּי שְׁנֵי עֵדִים אוֹ עַל פִּי שְׁלֹשָׁה עֵדִים יָקוּם דָּבָר". הפסוק הזה עוסק בחטא, ומשמעו שכדי לאסור את בני הזוג זה על זה יש צורך בשני עדים. אצל הסוטה יש ספק אם האישה חטאה. כדי שהחטא יאסור אותה על בעלה יש צורך בשני עדים. לכן לקינוי וסתירה דרושים שני עדים, והם אוסרים אותה זמנית, ועד אחד לטומאה יאסור אותה על בעלה לעולם (כי "רגליים לדבר").

נקודת המוצא של המשנה היא הפסוק "כי מצא בה ערוות דבר", העוסק בגירושין. מכאן לומדת הברייתא שקינוי וסתירה צריכים שני עדים, כמו גירושין. העדים הם עדי קיום, בדומה לעדי גירושין, המקיימים את הפרידה. אחרי שני עדים על קינוי וסתירה, הזוג כבר בפרידה, ולכן מספיקה עדות מינימלית, של עד אחד, כדי לאוסרם לעולם ולחייב את פרידתם באופן סופי.

אף שאין זו מחלוקת הלכתית, והמשנה והברייתא מסכימות על מספר העדים הנחוצים לכל שלב בתהליך, כל אחד מהמקורות רואה את ההליך של סוטה באופן אחר ומעניק לו משמעות רעיונית שונה:

המשנה רואה בהליך הסוטה הליך של בירור אשמה המוביל לגירושין. כשיש שני עדים שמוציאים מן הספק, הם מאשרים את הגירושין. אחרי הקינוי והסתירה יש גירושין זמניים. במצב כזה יש שתי אפשרויות להגיע לוודאות: אם יש עד אחד על הטומאה – הוא מאשר את הגירושין באופן סופי. אם אין עד על הטומאה, האישה צריכה לשתות מים. שתיית המים היא ההליך שנועד לתקף את הגירושין או להפריך אותם באמצעות בירור

24. המשנה מוסיפה על הברייתא. הברייתא אינה עוסקת באיכות של העד היחיד, אלא רק במספר העדים. אבל המשנה כן מתייחסת לטיבו של העד וקובעת שלא רק שעד אחד נאמן לעדות על טומאה אלא אפשר שהעד הזה יהיה עבד (שבדרך כלל פסול לעדות) או קרובת משפחה (החשודה שהיא נוגעת בדבר ופסולה לעדויות אחרות).

אם האישה חטאה או לא. המשנה אומרת שפרשת סוטה מבררת אם יש לקבוע שבני הזוג אסורים.

הברייתא רואה בהליך של סוטה התמודדות עם חטא. הברייתא רואה את החטא כנקודה של משבר בנישואין, אבל החטא אינו גורם לפירוק הנישואין. הנישואין נשמרים והאישה מתחילה תהליך. משמעותו של התהליך הזה היא כפולה – אפשר לפרש אותו כעונש, אם כך יתברר במהלך התהליך. אבל אפשר לראות בו גם הזדמנות לתיקון המשבר. המטרה של ההליך של הסוטה הוא להתגבר על החטא ולהשיב את בני הזוג לחיים המשותפים. הברייתא אומרת שגם כאשר יש בעיות בזוגיות, חוסר אמון, חשד, אין זו עילה לפירוק הנישואין, אלא יש לתת לבני הזוג אפשרות לחזור לשקם את הנישואין ואת האמון ביניהם, וזו המטרה של ההליך של הסוטה. ההליך של שתיית מי סוטה הוא חלק מהאפשרות לתקן את המשבר שנוצר מהחטא.

האופן שבו מתארים הפסוקים את המצב של האישה תומך בעמדת הברייתא. הפסוקים משתמשים בלשון טומאה כדי לתאר את החטא של האישה: "וְהִיא נִטְמָאָה". טומאה היא מצב של איסור בנישואין, בדומה לטומאת נידה.[25] למרות השוני הברור בין טומאת נידה לטומאת סוטה, ההשוואה לנידה מחזקת את התחושה שזהו איסור זמני ובסופו בני הזוג יחזרו להיות יחד.

מקרים שבהם שתיית המים אינה מצביעה על אשמה

התפיסה שרואה את ההליך שעוברת הסוטה לא כעונש או כאמצעי לבירור אשמה אלא כתיקון והזדמנות להחזיר את בני הזוג לחיים המשותפים באה לידי ביטוי במקורות נוספים במסכת סוטה.

"זכות תולה"

המשנה בפרק שלישי אומרת:

> אם יש לה זכות היתה תולה לה.
> יש זכות תולה שנה אחת, יש זכות תולה שתי שנים, יש זכות תולה שלש שנים.

25. ויקרא יח, יט: "וְאֶל אִשָּׁה בְּנִדַּת טֻמְאָתָהּ לֹא תִקְרַב לְגַלּוֹת עֶרְוָתָהּ".

מכאן אומר בן עזאי: חייב אדם ללמד את בתו תורה, שאם תשתה תדע שהזכות תולה לה.
ר"א אומר: כל המלמד בתו תורה – לומדה תפלות. (משנה סוטה ג, ד)

המשנה הזו אומרת דבר דרמטי על ההליך של אישה סוטה: לעיתים אישה אשמה אבל היא לא תמות משתיית המים משום שיש לה זכות. מכיוון שלכל אישה, ואפילו לאישה שנטמאה יש זכות, כלומר מעשה טוב או מצווה כלשהם שהיא עשתה מימיה,[26] לכן, למעשה, לפי המשנה, הליך הסוטה יכול להסתיים בזיכוי האישה גם אם היא חטאה. המשנה הזו שומטת את הקרקע מתחת הליך הסוטה אם מבינים אותו כהליך של בירור אשמה. מה המשמעות של ההליך אם הוא לא מביא לבירור הספק?

ואכן, רבי שמעון חולק על דעת תנא קמא במשנה הבאה, בדיוק מהסיבה הזו:

רבי שמעון אומר, אין זכות תולה במים המרים ואם אתה אומר הזכות תולה במים המאררים, מדהה אתה את המים בפני כל הנשים השותות ומוציא אתה שם רע על הטהורות ששתו, שאומרים טמאות הן אלא שתלתה להן זכות. (משנה סוטה ג, ה)

הנימוקים שמביא רבי שמעון במשנה לדעתו ש"אין זכות תולה במים" הם ש"מדהה אתה את המים בפני כל הנשים השותות, ומוציא שם רע על הטהורות". המאירי מסביר ש"מדהה את המים" הכוונה שמקטין את ערכם של המים, כלומר המים מאבדים את המשמעות שלהם.

ההתנגדות של ר' שמעון לדעה שהזכות תולה לאישה מובנת. ויש להבין מה לפי תנא קמא המשמעות של המים, אם המים לא משפיעים גם על אישה שחטאה, לפחות לא באופן מיידי, מדוע היא צריכה לעבור את ההליך אם הוא לא מברר את מידת האשמה של האישה והספק נשאר גם אחרי שתיית המים?

גם דעת בן עזאי המובאת במשנה קשה, ואפילו יותר מדעת תנא קמא. לדבריו אדם חייב ללמד את בתו תורה כדי שתדע שגם אם היא תבגוד

26. הגמרא בדף כא ע"א דנה בשאלה באיזו זכות מדובר. ההנחה שלנו כאן היא על פי הפשט, שמדובר בזכות כלשהי.

בבעלה ותשתה מן המים – הזכות תולה לה והיא לא תמות.[27] על פניו נראה שדברי בן עזאי מעודדים זנות! הפרשנות הזו באה לידי ביטוי בדעת ר' אליעזר, האוסר ללמד את הבת תורה משום ש"כל המלמד בתו תורה לומדה תפלות".

דברי בן עזאי יכולים להיות מובנים רק אם נניח שהוא רואה את הליך שתיית המים לא כבירור אשמה אלא כאמצעי לשיקום משברים בנישואין. מנקודת המבט הזו, דברי בן עזאי משקפים הוראה לאב להכין את בתו גם למשברים וקשיים בנישואין וללמד אותה את הדרך לפתור בעיות – שתיית המים. המסר הטמון בדבריו הוא שערך הנישואין הוא עליון ושיש אמצעים שבעזרתם אפשר להתגבר גם על המשברים הגדולים ביותר.

המצב המוסרי של האיש

אפשרות נוספת למצב שבו אישה חוטאת תצא טהורה אחרי שתיית המים קשורה למצב המוסרי של האיש. בגמרא בפרק חמישי מובאת ברייתא:

> "ונקה האיש מעון והאשה ההיא תשא את עונה",
> בזמן שהאיש מנוקה מעון – המים בודקין את אשתו, אין האיש מנוקה מעון – אין המים בודקין את אשתו. (כח ע"א; ודף מז ע"ב)

גם כאן יש אמירה מרחיקת לכת של הברייתא על נאמנות בדיקת המים: אם האיש חוטא – המים לא בודקים את אשתו. רוב הראשונים סוברים שמדובר בעוון ספציפי, שבא על אשתו לאחר שנאסרה עליו,[28] אבל הרמב"ם סובר שהכוונה היא לחטא של ביאה אסורה כלשהי בימי חייו.[29]

הכיוון הפרשני של הרמב"ם, המרחיב את המקרים שבהם המים לא

27. רבות עסקו במשנה זו בהקשר לסוגיית לימוד תורה לנשים. אנו לא נעסוק כלל בהיבט הזה של המשנה, משום שאין זה הנושא של הדיון כאן. לסיכום הפרשנויות השונות של דעת בן עזאי ורבי אליעזר על לימוד תורה לנשים ראו למשל: גוטל, תלמוד תורה לנשים, עמ' 45-49, ובעיקר בהערות שם, שם מובאות פרשנויות שונות למשנה זו. קהת, תלמוד תורה, עמ' 631-648, סוקרת שלוש גישות למצוות לימוד תורה לנשים: היתר, איסור ומצווה, בהסתמך, בין השאר, על המשנה בסוטה, ומתוך כך מביאה פרשנויות שונות למשנה.
28. למשל רש"י כח ע"א ד"ה דאי אית ביה עון.
29. רמב"ם, הלכות סוטה ב, ח.

יבדקו אישה גם אם היא חטאה מפני שגם האיש חטא בפריצות, נתמך מדברי הגמרא בעצמה על הברייתא הזו:

> ת"ר: "ונקה האיש מעון, בזמן שהאיש מנוקה מעון – המים בודקין את אשתו, אין האיש מנוקה מעון" – אין המים בודקין את אשתו, ואומר: "לא אפקוד על בנותיכם כי תזנינה" כו'.
> מאי ואומר? וכי תימא, עון דידיה אין, דבניה ודבנתיה לא, תא שמע: "לא אפקוד על בנותיכם כי תזנינה ועל כלותיכם כי תנאפנה";
> וכי תימא, עון אשת איש אין, עון דפנויה לא, ת"ש: "כי הם עם הזונות יפרדו ועם הקדשות יזבחו" וגו'.
> מאי "ועם לא יבין ילבט"? אמר רבי אלעזר, אמר להם נביא לישראל: אם אתם מקפידין על עצמכם – מים בודקין נשותיכם, ואם לאו – אין המים בודקין נשותיכם. (מז ע"ב)

הגמרא מביאה שם גם חטאי ניאוף של בניה ובנותיה, ולא רק של בעלה, ואפילו חטא של בעלה עם אישה פנויה ולא רק עם אשת איש גורמים למים שלא לבדוק אותה. הרעיון של ההרחבה הזו מצוי במשפט החותם את הסוגיה: "אם אתם מקפידין על עצמיכם – מים בודקין נשותיכם, ואם לאו – אין המים בודקין נשותיכם". המים לא יבדקו במצבים של מוסר כפול. ברור שהברייתא הזו עם הפרשנות המרחיבה של הגמרא מרחיבה את ההדדיות של התהליך ואת הטלת האחריות גם על האיש.[30] ברם, המשמעות היא שהליך שתיית המים מאבד את האפקטיביות שלו כבודק את אשמת האישה.

"גדול השלום"

המשנה שאומרת ש"זכות תולה" (וגם הברייתא בפרק תשיעי "בזמן שהאיש מנוקה מעוון") סבורה שאישה שעברה את ההליך ולא מתה חוזרת לביתה וממשיכה לחיות עם בעלה, בין אם חטאה ובין אם לא! שני המקרים הללו יכולים להסביר את התפיסה הרעיונית של הברייתא שהביאה סוגיית הפתיחה ולתמוך בה.

ביסוד המקורות הללו ישנה מגמה להמשיך לקיים את הנישואין גם אם

30. הברייתא מסבירה את המשנה בדף מז ע"א, שרבן יוחנן בן זכאי ביטל את שתיית מי סוטה. להרחבה ראו הלברטל, מהפכות פרשניות, עמ' 104–106.

האישה חטאה. ומתוך כך רואים שהמטרה של שתיית המים אינה לברר אם האישה אשמה כדי להענישה. התפיסה היא שיש לקיים את הנישואין למרות המשבר, חוסר האמון, ואולי אפילו הבגידה (של האישה, ואולי גם של האיש). מנקודת המבט הזו, הליך שתיית המים מאפשר לבני הזוג להתקדם מהמשבר, מהחשדנות ומהרגשות הקשים שביניהם. זו פעולה שמקבלת משמעות של קתרזיס, שאחריה בני הזוג יכולים להמשיך בחיים המשותפים. לפי התפיסה הזו, שתיית מי סוטה אינה אמצעי טכני לבירור אשמת האישה ולהענשת האישה אלא היא כלי שמאפשר לבני הזוג להתקדם מהמשבר ולשקם את מערכת היחסים הזוגית שלהם. מנקודת המבט הזו, שתיית מי סוטה היא כלי לשיקום הנישואין של זוג שעבר משבר אמון.

הפרשנות הזו להשקיית מי סוטה באה לידי ביטוי במדרש:[31]

> גדול השלום ששם שנכתב בקדושה נמחה על המים מפני שלום בשביל להטיל שלום בין איש לאשתו.

לפי המימרא הזו, התכלית של פרשת סוטה אינה לברר את אשמת האישה, אלא להביא שלום, דהיינו, שיקום הנישואין של בני זוג שיחסיהם עלו על שרטון.[32]

מימרת "גדול השלום" מסבירה את המגמה של סוגיית הפתיחה. סוגיית הפתיחה, על שני חלקיה, וכפי שנראה גם בשלושת החלקים הבאים שלה, מציגה פרשנות רעיונית אלטרנטיבית לפרשת סוטה השונה מהפשט של פרשת סוטה ומזו של המדרש שבמשנה.

31. ספרי במדבר פרשת נשא פיסקא מב; בבלי נדרים סו ע"ב; ויקרא רבה ט, ט.
32. פרשנות ברוח הדברים הללו למהלך של חז"ל אפשר לראות אצל פרשנים אחרים שהתייחסו להיבטים הרעיוניים של פרשת סוטה ומסכת סוטה. למשל: סמט, א, עיונים, עמ' 169–172, וברקוביץ, נשים, עמ' 371–379. שניהם מתייחסים בהרחבה להתערבות האלוהית החריגה בהליך של הסוטה ומסבירים אותו בערך הגדול שמייחסת התורה להשכנת השלום. מתוך כך הם מתייחסים לכמה מימרות והלכות לאורך מסכת סוטה. בריליאנט, על רגל אחת, עמ' רכג-רכד, מסביר באופן כללי ובקצרה בדרך דומה את מהלך הסוגיה ומצביע על פרטים שונים מאלו שהתייחסנו אליהם כאן. החידוש של דברינו כאן בא לידי ביטוי לא בעצם ההצבעה על ערך השלום כמרכזי בפרשת סוטה, שעל כך כבר עמדו רבים, אלא בפרשנות של השקלא וטריא לאורך הסוגיות כמבטאים את המגמה הרעיונית הזו.

חלק שלישי: עדי קינוי וסתירה

החלק הבא של סוגיית הפתיחה חוזר לנושא של המשנה, עדי הקינוי והסתירה. במשנה יש מחלוקת כמה עדים נדרשים לקינוי וסתירה. רבי אליעזר סובר שהקינוי צריך להיות בפני שני עדים, אבל הסתירה בפני עד אחד בלבד, ואפילו הבעל עצמו. רבי יהושע סבור ששני השלבים צריכים להתקיים בפני שני עדים.

הסבר למחלוקת ר׳ אליעזר ור׳ יהושע

בחלק זה של הסוגיה הגמרא מסבירה את המחלוקת בין ר׳ אליעזר ור׳ יהושע:

רבי יהושע אומר: מקנא לה על פי שנים וכו׳.
מ״ט דרבי יהושע? אמר קרא: ״בה״, בה – ולא בקינוי, בה – ולא בסתירה;
ורבי אליעזר אומר: בה – ולא בקינוי.

ההבדל בין התנאים מוסבר בגמרא על ידי דרשה מילולית של הפסוק ״וְעֵד אֵין בָּהּ״, והכוונה של המילה ״בה״. לפי ר׳ יהושע ״בה״ הכוונה למעשה הטומאה בעצמו, והמשמעות היא שעד אחד מספיק רק לטומאה, אבל לקינוי וסתירה נדרשים שני עדים. ר׳ אליעזר דורש את המילה ״בה״ לא רק על הטומאה אלא גם על הסתירה, ומאפשר עד אחד בטומאה ובסתירה, ודורש שני עדים רק בקינוי.

הדרשה המילולית שמצדיקה את הדעות של התנאים קשה, שהרי הפסוק כלל לא מתייחס לקינוי וסתירה אלא רק לטומאה, ולכן אי אפשר להבין מהפסוק עצמו אם הוא מתייחס לשלב אחד או לשניהם.

הגמרא בעצמה מצביעה על כך שכל אפשרות פרשנית שקולה לאפשרות האחרת, וניתן ללמוד מהפסוקים כל אחת מן האפשרויות:

ואימא: בה – ולא בסתירה!
סתירה איתקש לטומאה, דכתיב: ונסתרה והיא נטמאה.
קינוי נמי איתקש לטומאה, דכתיב: וקנא את אשתו והיא נטמאה!
הא מיעט רחמנא בה. ומה ראית?
מסתברא סתירה עדיפא, שכן אוסרתה כטומאה.
אדרבה, קינוי עדיף, שכן עיקר גרם לה!

אי לאו סתירה, קינוי מי איכא?
ואי לאו קינוי, סתירה מאי אהני?
אפ"ה סתירה עדיפא, דאתחלתא דטומאה היא.

הגמרא מציעה סברה לכאן ולכאן: "סתירה עדיפא, שכן אוסרתה כטומאה" – סתירה חמורה יותר כי היא המעשה האוסר את האישה, ומצד שני "קינוי עדיף, שכן עיקר גרם לה", כלומר שהוא מתחיל את כל התהליך, ואילולא הקינוי, הסתירה לא הייתה אוסרת את האישה (רש"י). הגמרא מציגה את הטענות לכאן ולכאן, ובסופו של דבר מגיעה למסקנה ש"סתירה עדיפא", והנימוק הוא "דאתחלתא דטומאה היא".

הדיון הזה, למרות שהוא מגיע להכרעה, מציג בעיקר את שני צדדי המחלוקת, גם מההיבט המילולי של הדרשה וגם מצד ההיגיון. לכן ננסה לבחון כל אחת מן הדעות מצד המשמעות ההלכתית של עד אחד לעומת שני עדים. כלומר, הדרישה לעד אחד לעומת שני עדים אינה ביטוי לקולא, למרות שאפשר לראות זאת גם כך, אלא היא ביטוי להקשר הלכתי שונה שגם מעניק הקשר רעיוני שונה לכל אחד מן השלבים שאישה סוטה נדרשת לעבור.

כבר ראינו שלכל העדויות בתורה נדרשים שני עדים.[33] אבל יש מקרים שבהם עד אחד מספיק: "עד אחד נאמן באיסורין".[34] מדובר בספק אם מצב מסוים הוא אסור או מותר, כגון בשר, אם הוא כשר או לא. במקרים כאלו די לסמוך על עדות של אדם אחד שאומר שהמאכל כשר, ואין צורך בשני עדים כדי להתירו. מכאן נובע שאם על פעולה מסוימת נדרשים שני עדים, משמע שהפעולה קובעת מציאות (קיומו של חטא או קביעת מעמד אישי, כגון נישואין). אבל אם נדרש עד אחד, המשמעות היא שהאיסור כבר קיים במציאות ולא נקבע על ידי המעשה שעליו יש עדות.

את שני ההיבטים הללו אפשר להשליך על עדי קינוי וסתירה: הדרישה לעד אחד מבטאת את נקודת המבט על המשמעות של פעולת הקינוי והסתירה. על הקינוי ר' יהושע ור' אליעזר מסכימים שצריך שני עדים, ומכאן משמע ששניהם מייחסים לקינוי משמעות של קביעת המצב האישי של הזוג או קביעת התוקף של המעשה.

33. ראה לעיל הע' 20.
34. בבלי גיטין ב ע"ב, ועוד.

המחלוקת ביניהם היא על עדי הסתירה. רבי אליעזר מחייב רק עד אחד לסתירה, משום שלאחר שלב הקינוי האישה כבר אסורה על בעלה. לעומת זאת, לדעת רבי יהושע הקינוי אינו אוסר את האישה על בעלה, וכל עוד לא התרחשה סתירה, כלומר כל עוד האישה לא התייחדה עם האיש שעליו היא הוזהרה – הנישואין שלה תקפים לגמרי, ולכן גם לסתירה צריך שני עדים. יוצא שלרבי אליעזר הקינוי מפרק את הנישואין, ולר׳ יהושע הסתירה מפרקת אותם.

בקינוי האיש מזהיר את האישה שלא תסתתר עם גבר זר, והסתירה זה ייחוד שלהם במקום מסתור. הקינוי מבטא קשר שבא לידי ביטוי בדיבור, ובקשר הפנימי שדיבור מבטא. הסתירה מבטאת קשר שבא לידי ביטוי במעשה, בהתנהגות. קשר בין גבר לאישה מבוסס על שני ההיבטים הללו: דיבור, המבטא את ההיבט הרגשי והפנימי של הקשר, והמעשה – המבטא את הקשר שלהם בפועל, במציאות.

מכאן אפשר לראות כי למעשה מסתתרת כאן מחלוקת עמוקה ועקרונית בשאלה מה יוצר את הקשר העיקרי בין בני הזוג בנישואין. במילים אחרות: את המחלוקת על הגורם המפרק של הנישואין אפשר לראות כתמונת ראי של המחלוקת על הגורם המחבר בין בני הזוג.

לדעת רבי אליעזר, הנקודה המרכזית בנישואין היא הקשר הפנימי, הרגשי, שמתבטא בדיבור. לכן, לאחר הקינוי בפני שני עדים, ישנו ערעור של הקשר הפנימי והרגשי, והאישה נאסרת ולשלב הבא מספיק רק עד אחד, משום שעד אחד נאמן באיסורין. לפי רבי יהושע הביטוי המרכזי של הנישואין הוא במציאות בפועל, ברובד המעשי. לכן, גם אם היה קינוי בפני שני עדים, בפועל לא התרחש מעשה שפגע בקשר והאישה עדיין לא נאסרה, ויש צורך בשני עדים גם לשלב הסתירה בפועל.

"אין לדבר סוף"

הסוגיה מביאה שיטה שלישית למספר העדים הנחוצים לקינוי וסתירה, ר׳ יוסי בר׳ יהודה בשם ר׳ אליעזר. ר׳ יוסי בר׳ יהודה סובר שיש צורך בשני עדים רק על הסתירה, אבל לקינוי ולטומאה מספיק עד אחד.

מתני׳ דלא כי האי תנא;
דתניא, רבי יוסי ברבי יהודה אומר משום ר׳ אליעזר: המקנא לאשתו,
מקנא ע"פ עד אחד או ע"פ עצמו, ומשקה לה על פי שנים;

השיבו חכמים: לדברי רבי יוסי ברבי יהודה, אין לדבר סוף.

הדרישה של ר׳ יוסי בר׳ יהודה לשני עדים רק על סתירה ולא על הקינוי מבטאת את המשקל שהוא מייחס להיבט המעשי בזוגיות. מבחינתו הקינוי אינו העיקר, ולכן לא נדרשת בו עדות של שני עדים, אלא דווקא על הצד המעשי של הייחוד של האישה עם גבר זר בפועל, שהוא הביטוי למשבר הנישואין, יותר מהצד הרגשי.

הגמרא מסבירה את שיטת רבי יוסי על ידי הפסוקים, בדומה למה שעשתה קודם על שיטות ר׳ אליעזר ור׳ יהושע במשנה:

מ״ט דר׳ יוסי ברבי יהודה? אמר קרא: ״בה״, בה – ולא בסתירה.
ואימא: בה – ולא בקינוי!
קינוי איתקש לטומאה, דכתיב: וקנא את אשתו והיא נטמאה.
סתירה נמי איתקש לטומאה, דכתיב: ונסתרה והיא נטמאה!
ההוא, לכמה שיעור סתירה – כדי טומאה הוא דאתא.

המילה ״בה״ לשיטתו מצמצמת את הדרישה לעד אחד בקינוי ולא בסתירה. הגמרא מיישבת גם את הטענה על הסמיכות של טומאה דווקא לסתירה, ומתוך כך את הדרישה לעד אחד בסתירה כמו בטומאה. התשובה שלה היא שמהסמיכות לומדים את משך הזמן הדרוש לסתירה ולא את מספר העדים.

על שיטת ר׳ יוסי בר׳ יהודה בברייתא הקשו חכמים, ״אין לדבר סוף״, ואחרי שהגמרא מבססת את דעת ר׳ יוסי ברבי יהודה היא דנה בתגובת חכמים לדבריו.

השיבו חכמים: לדברי ר׳ יוסי בר׳ יהודה, אין לדבר סוף.
מאי ניהו?
דזמנין דלא קני ואמר קנאי.

הגמרא שואלת ״מאי ניהו״, כלומר מה הכוונה ש״אין לדבר סוף״, ועונה שיכול להיווצר מצב שבו לאחר שהיו שני עדים על סתירה הבעל יכול לומר שהיה גם קינוי (על פי עדות עצמו, כדעת רבי יוסי ברבי יהודה על שיטת ר׳ אליעזר), אף שלא היה קינוי, ובכך לגרום לאישה לשתות אף שזה שקר, כי לא היה קינוי בפועל. חכמים מצביעים על כך שהדרישה לעד אחד בלבד,

ובמיוחד אם זה הבעל עצמו, בעייתית, שהרי היא נותנת כוח רב בידי הבעל, שעלול בקנאותו ובכעסו להשתמש בו כדי לחייב אישה בשתיית המים רק על פי עדות עצמו!

הגמרא מרחיבה את הטענה ומשליכה אותה גם על דעת ר׳ אליעזר במשנה:

> הא למשנתינו יש לדבר סוף? זמנין דלא איסתתר ואמר איסתתר!
> אמר רב יצחק בר יוסף א״ר יוחנן: אף לדברי רבי יוסי בר׳ יהודה, אין לדבר סוף.
> אף לדברי רבי יוסי בר׳ יהודה, ולא מיבעיא למשנתינו?
> אדרבה, למשנתינו איכא עיקר, התם ליכא עיקר!

הגמרא אומרת שהבעיה בשיטת ר׳ יוסי בר׳ יהודה קיימת גם בשיטת ר׳ אליעזר, הדורש עד אחד לסתירה. יתרה מכך, החשש בעדות עצמו בסתירה גבוה יותר מאשר בדעת רבי יוסי ברבי יהודה, ״אדרבה למשנתנו איכא עיקר״, משום שבעל שקינא לאשתו בפני שני עדים יכול על פי עדות עצמו בלבד לחייב אותה בשתיית המים, וגם לפי שיטה זו יש בידי הבעל הנגוע בדבר כוח רב!

לכן הגמרא מתקנת את גרסת חכמים בברייתא:

> אלא אי איתמר הכי איתמר, א״ר יצחק בר יוסף א״ר יוחנן:
> לדברי ר׳ יוסי בר׳ יהודה, אף למשנתינו אין לדבר סוף.

לפי תיקון הגרסה, הטענה ״אין לדבר סוף״ מתייחסת לא רק לדעת רבי יוסי בר׳ יהודה אלא גם לדעת ר׳ אליעזר במשנה. ההתאמה הזו דחוקה בברייתא, וזו הדרך של הגמרא להצביע על הקושי בשיטת ר׳ אליעזר במשנה, ובאופן עקיף לבטא את ההעדפה של שיטת ר׳ יהושע.

טענת אין לדבר סוף היא למעשה החשש שגבר ינצל את האפשרות להעיד על פי עצמו כדי לגרום לאשתו לשתות מים גם מבלי שיש בסיס איתן לדבר וקנאה או ממניעים אחרים. בכך הגמרא חוששת שהשקיית הסוטה יכולה להפוך לכלי נקמה בידי גברים המונעים מסערת רגשות וללא ביסוס מציאותי. מכאן מתברר כי דרישת המשנה, ובייחוד דעת ר׳ יהושע, לעדות שני עדים על קינוי וסתירה נועדה למנוע ״אצבע קלה על ההדק״ של פירוק

הנישואין או של חיוב אישה בשתיית המים במקרה של כעס רגעי או סערת רגשות כזו או אחרת. טענת חכמים "אין לדבר סוף", כפי שמסבירה ומרחיבה הגמרא, היא ביטוי לגישה שרואה בהשקיית הסוטה מוצא אחרון ולא רצוי של משבר אמון בנישואין, ומבקשת לדחות אותו באמצעות הדרישה לעדות של שני עדים לאורך כל התהליך.[35]

דברי רבי חנינא מסורא המובאים בסוגיה מיד לאחר מכן מבססים גם הם את היחס המסתייג להליך השקיית הסוטה:

> א"ר חנינא מסורא: לא לימא איניש לאיתתיה בזמן הזה לא תיסתרי בהדי פלוני, דילמא קי"ל כרבי יוסי בר' יהודה, דאמר: קינוי על פי עצמו, ומיסתתרא, וליכא האידנא מי סוטה למיבדקה, וקאסר לה עילויה איסורא דלעולם.

רבי חנינא מזהיר מפני מצב שבו גבר מתרה באשתו שלא תסתתר עם גבר מסוים. משום שלפי שיטת רבי יוסי ברבי יהודה, עדות עצמו מספיקה לשלב הזה – ואז אם היא נסתרת עם הגבר הזה, היא תהיה אסורה על הבעל עד שתשתה מי סוטה. מכיוון שהליך אישה סוטה לא קיים בזמן הזה, המשמעות היא שהאישה נאסרת על בעלה לעולם והנישואין יתפרקו. ברובד עמוק יותר, רבי חנינא מצביע על נקודת התורפה של ההליך, ומזהיר מפני הקלות הבלתי נסבלת שבה אפשר להגיע באמצעות ההליך של מי סוטה לפירוק הנישואין.

"דבר המטיל קנאה"

בשלב הבא בסוגיה הגמרא מרחיבה את ההיבטים וההשלכות השליליים של הליך השקיית הסוטה. באמצעות פרשנות מילולית למילה "קינוי", הגמרא מצביעה על שתי השלכות שליליות אפשריות לקינוי ולהליך השקיית הסוטה בכלל.

> אמר ריש לקיש: מה לשון קינוי? דבר המטיל קנאה בינה לבין אחרים.

35. כאמור, זו התיאוריה המרכזית של הלברטל, מהפכות פרשניות, עמ' 94-112. ברליאנט, על רגל אחת, עמ' רכה, מסביר את דעת ר' אליעזר ודעת ר' יוסי ברבי יהודה באמצעות התפיסה הסוברת שהשקיית המים אינה בירור משפטי, משום שאז בעל הנוגע בדבר אינו יכול להיות עד יחיד, אלא הליך של שיקום הנישואין. מנקודת המבט הזו, יש דווקא לתת מקום למצב הרגשי של הבעל, בין אם הוא מבוסס מבחינה משפטית ובין אם לא.

> אלמא קסבר: קינוי על פי עצמו, וכולי עלמא לא ידעי דקני לה, ואמרי מאי דקמא דקא בדלה? ואתו למיעבד קנאה בהדה.
> ורב יימר בר ר' שלמיא משמיה דאביי אמר: דבר המטיל קנאה בינו לבינה.
> אלמא קסבר: קינוי על פי שנים עדים, וכולי עלמא ידעי דקני לה, ואיהו הוא דאתי למיעבד קנאה בהדה.

באופן פשוט, "קינוי" הוא לשון קנאה, המבוסס על הפסוק "וְעָבַר עָלָיו רוּחַ קִנְאָה וְקִנֵּא אֶת אִשְׁתּוֹ". אבל החכמים כאן מעניקים ל"קינוי" משמעות שונה הקשורה לתוצאה של התהליך ולא למה שמניע אותו: "דבר המטיל קנאה בינה לבין אחרים", לפי ריש לקיש, ו"דבר המטיל קנאה בינו לבינה", לפי אביי. הפירושים הללו אינם עולים יפה עם לשון הקנאה שבפסוק, לכן רש"י מסביר ש"קנאה" משמעה כעס.[36]

הגמרא מסיקה גם מסקנה הלכתית מכל אחד מן הפירושים. לדעת ריש לקיש המשמעות היא שהקינוי נעשה גם על פי עדות האיש בלבד ("על פי עצמו"). כך מסביר ריש לקיש את התהליך: האיש מתרה באשתו על פי עצמו, האישה חוששת שהיא תגיע למצב של סתירה ותיאסר על בעלה לעולם ולכן היא מתרחקת מן החברה. החברה, שאינה יודעת שהאישה מתרחקת בגלל הקינוי של בעלה – כועסת על האישה שהיא מתבדלת ממנה, מה שיוצר כלפיה כעס חברתי. לדעת אביי, הקינוי נעשה בפני שני עדים, לכן החברה יודעת על הקינוי (מן העדים), ואין חשש שיבואו לכעוס עליה, אבל הכעס הוא בין האישה לבעלה, שמקניטה אותו על שחושד בה.[37]

מעבר להסברים למשמעות ההלכתית של כל אחד מן הפירושים, ההסברים של הגמרא לשיטות אביי וריש לקיש מזהירים מפני הסכנות הטמונות בהליך מי סוטה כהליך של אשמה והענשה. ריש לקיש מזהיר מפני הבידול החברתי שהקינוי עשוי לגרום לאישה, ואביי מזהיר מפני המתח והריחוק בין בני הזוג עצמם.

המסקנה של משמעות הליך השקיית הסוטה על פי הגמרא הוא:

> אלמא קסברי דאסור לקנאות.

36. ב ע"ב, ד"ה קנאה.

37. רש"י ב ע"ב, ד"ה ואיהו דאתי למיעבד קנאה בהדה.

הגמרא מגיעה למסקנה שביסוד הדעות הללו עומדת התפיסה מרחיקת הלכת ש"אסור לקנאות". הדעה הזו הוזכרה כבר בתחילת סוגיית הפתיחה. בשלב הזה, לאחר החלקים השונים של סוגיית הפתיחה עד כה, לאמירה הזו יש משמעות ברורה יותר. הקינוי כחלק מהליך השקיית הסוטה והתהליך כולו הולכים ומתבררים לאורך הסוגיה כהליך שעשוי להיות שלילי. התפיסה שמצביעה על הבעייתיות שבתהליך לא יכולה להיות מוסברת אם רואים את התהליך כאמצעי שנועד לברר מצבי ספק, אלא רק אם מבינים שמטרתו לקיים את הנישואין ולא לפרקם. כיוון שהקינוי פוגע בנישואין, לפי אביי (ובאישה לפי ריש לקיש), לא רק שיש לנסות להימנע ממנו, אלא אפילו אסור להגיע אליו.

אל מול הדעה שאסור לקנאות הגמרא מביאה גם את הדעה שמותר לקנאות (וגם כאן, זו רק הוראה של בדיעבד, ולא לכתחילה):[38]

ומאן דאמר: מותר לקנאות, מהו לשון קינוי?
אמר רב נחמן בר יצחק: אין קינוי אלא לשון התראה,
וכן הוא אומר: "ויקנא ה' לארצו" (יואל ב, יח).

דהיינו, גם לפי הדעה שמותר לקנאות, משמעותה של קנאה זו היא התראה בעלמא.

מהפסוק שהגמרא מביאה כביסוס לפרשנות הזו "וַיְקַנֵּא ה' לְאַרְצוֹ" משמע שקנאה במשמעות של התראה היא דאגה ואכפתיות.[39] אבל הפסוק אינו רק פרשנות מילולית למילה קנאה, ויש לבחון את ההקשר הרחב שלו. פרק ב בספר יואל מספר על פורענות בדמות ארבה שה' מביא על עם ישראל. לאחר מכן ה' קורא לעם לחזור בתשובה, ובעקבות התשובה ה' מסלק את הפורענות ומשקם את ההרס שגרם הארבה. שיקום המצב של העם והארץ מתואר בפסוקים במילה "ויקנא":

וַיְקַנֵּא ה' לְאַרְצוֹ וַיַּחְמֹל עַל עַמּוֹ: וַיַּעַן ה' וַיֹּאמֶר לְעַמּוֹ הִנְנִי שֹׁלֵחַ לָכֶם אֶת הַדָּגָן וְהַתִּירוֹשׁ וְהַיִּצְהָר וּשְׂבַעְתֶּם אֹתוֹ וְלֹא אֶתֵּן אֶתְכֶם עוֹד חֶרְפָּה בַּגּוֹיִם: וְאֶת הַצְּפוֹנִי אַרְחִיק מֵעֲלֵיכֶם וְהִדַּחְתִּיו אֶל אֶרֶץ צִיָּה וּשְׁמָמָה אֶת

38. הדעה הזו תופיע בהמשך, בדעת ר' עקיבא.
39. כך גם אצל הכהן, מסכת סוטה, עמ' 29.

פָּנָיו אֶל הַיָּם הַקַּדְמֹנִי וְסֹפוֹ אֶל הַיָּם הָאַחֲרוֹן וְעָלָה בָאְשׁוֹ וְתַעַל צַחֲנָתוֹ כִּי הִגְדִּיל לַעֲשׂוֹת: אַל תִּירְאִי אֲדָמָה גִּילִי וּשְׂמָחִי כִּי הִגְדִּיל ה' לַעֲשׂוֹת: ... וּבְנֵי צִיּוֹן גִּילוּ וְשִׂמְחוּ בַּה'... וַאֲכַלְתֶּם אָכוֹל וְשָׂבוֹעַ וְהִלַּלְתֶּם אֶת שֵׁם ה' אֱלֹהֵיכֶם אֲשֶׁר עָשָׂה עִמָּכֶם לְהַפְלִיא וְלֹא יֵבֹשׁוּ עַמִּי לְעוֹלָם: וִידַעְתֶּם כִּי בְקֶרֶב יִשְׂרָאֵל אָנִי וַאֲנִי ה' אֱלֹהֵיכֶם וְאֵין עוֹד וְלֹא יֵבֹשׁוּ עַמִּי לְעוֹלָם: (יואל ב, יח-כז)

הפסוקים ממשיכים ומתארים את החסד והשפע שמשפיע ה' על עמו ואת חידוש הקשר בין עם ישראל לה' מתוך כך. על פי הפרשנות של רב נחמן בר יצחק, המבוססת על הפסוק הזה, יש הקבלה בין מערכת היחסים של עם ישראל לקב"ה המתוארת בפסוקים הללו למשמעות של התהליך שעוברת אישה סוטה ובעלה. בתחילה יש התרחקות בין ה' לעמו, מתוך כך יש ענישה, אבל בעקבות חזרה בתשובה ורצון של העם לחזור למערכת יחסים קרובה ונאמנה – גם ה' מצידו מקנא, כלומר חומל ומרפא את הפורענות שהביא על עם ישראל. מתוך כך משוקמת מערכת היחסים והופכת להיות מערכת יחסים שיש בה שמחה וידיעה הדדית,[40] המביאה לכך ש"לא יבושו", שלא תהיה יותר בושה.

כמה מקבילות מילוליות נוספות מלבד קנאה מחזקות את הקשר בין הפסוקים הללו לפרשת סוטה: "וִידַעְתֶּם כִּי בְקֶרֶב יִשְׂרָאֵל אָנִי" (יואל ב, כז) מהדהד את "וְהָיְתָה הָאִשָּׁה לְאָלָה בְּקֶרֶב עַמָּהּ" (במדבר ה, כז) מפרשת סוטה. "מנחת הקנאות" שמביאה אישה סוטה מהדהדת את "מִי יוֹדֵעַ יָשׁוּב וְנִחָם וְהִשְׁאִיר אַחֲרָיו בְּרָכָה מִנְחָה וָנֶסֶךְ לַה' אֱלֹהֵיכֶם" (יואל ב, יד). המנחה שיקריב עם ישראל היא ממה שה' ישאיר, ולכן היא ביטוי לתיקון ולהתקרבות מחודשת.[41] המים המרים המאררים מהדהדים את הגשם שה' משפיע על עמו כדי לשמח אותם, "וּבְנֵי צִיּוֹן גִּילוּ וְשִׂמְחוּ בַּה' אֱלֹהֵיכֶם כִּי נָתַן לָכֶם אֶת הַמּוֹרֶה לִצְדָקָה וַיּוֹרֶד לָכֶם גֶּשֶׁם מוֹרֶה וּמַלְקוֹשׁ בָּרִאשׁוֹן".

התהליך של חזרת עם ישראל לה' מתואר באופן שמזכיר את התהליך שעוברת אישה סוטה. ההשוואה הזו לפרשת סוטה מפרשת את התהליך

40. "ידיעה" משמשת בלשון המקרא ביטוי קשר של אישות בין גבר לאישה, "והאדם ידע את חווה אשתו" (בראשית ד, א).
41. רד"ק בפירושו ליואל ב, יד ד"ה והשאיר אחריו ברכה.

של השקיית המים כתהליך שעניינו הוא התקרבות וחידוש היחסים לאחר התרחקות ופירוד ולא של תהליך שנועד לבירור אשמה וענישה.

ראינו אפוא שהסוגיה מציעה כמה פירושים למילה קנאה. הפירושים השונים הם ביטוי לנקודות מבט אפשריות שונות על ההליך של אישה סוטה ועל המשמעות שלו. קנאה במובנה השלילי עשויה להוביל לפירוק הנישואין ולבידוד חברתי, ולכן אסור לקנאות. לעומת זאת, מי שסבר שמותר לקנאות, לשיטתו יש לקנאה משמעות של דאגה ואכפתיות הגורמים לשיקום היחסים וחזרה לקרבה ולקשר לאחר משבר אמון והתרחקות כואבת וקשה.

מן הנסתר אל הגלוי

החלק הזה של סוגיית הפתיחה מסתיים בשתי מימרות על חטאים. המימרות הללו מבוססות על פסוקים מפרשת סוטה אבל אינן עוסקות רק בסוטה אלא מתייחסות לחטאים באופן כללי. הבחירה של הסוגיה לשבץ כאן את המימרות הללו תורמת לבניית הפרשנות והמשמעות הרעיונית שמבקשת הסוגיה להעניק להליך הסוטה.

> תניא, היה רבי מאיר אומר: אדם עובר עבירה בסתר והקב"ה מכריז עליו בגלוי, שנאמר: ועבר עליו רוח קנאה, ואין עבירה אלא לשון הכרזה, שנאמר: ויצו משה ויעבירו קול במחנה.

דברי רבי מאיר מסתמכים על פסוק מפרשת סוטה וזה הקשר הראשון לסוגיה כאן. דבריו מתייחסים לפער בפסוק בין "ונעלם מעיני אישה", שהבעל לא יודע שאשתו חטאה, ובין הידיעה של הבעל שגורמת לו לקנא (רש"י).[42] מכאן ר' מאיר מסיק ש"אדם עובר עבירה בסתר והקב"ה מכריז עליו בגלוי", כלומר שגם אם האישה חטאה בסתר – הקב"ה נותן בלב בעלה קנאה וסופו של החטא להתפרסם.

אבל בדברי רבי מאיר טמונה גם פרשנות רעיונית כפולה למשמעות של התהליך של סוטה.

משמעות אחת נוגעת למניע הראשוני לתחילת ההליך של השקיית האישה. על פי הפסוק, המניע שייך לרובד הפנימי, הרגשי: "ועבר עליו

42. רבי מאיר מפרש את המילים "עברה עליו רוח קנאה" כהכרזה פומבית. בהמשך, הגמרא עוסקת במשמעות של "עברה עליו רוח".

רוח קנאה". דברי רבי מאיר מסיטים את המניע הראשוני מהרובד הפנימי אל הרובד הגלוי: בדרשת רבי מאיר המוטיבציה של האיש משתנה מ"רוח קנאה" ל"קול במחנה".

בהקשר של סוטה, דברי רבי מאיר מקבלים ביטוי מעשי באמצעות דרישת המשנה לעדי קינוי וסתירה. הדרישה המשפטית לעדים משמעה שלא די בחשד ברובד הרגשי. דרשת ר' מאיר מעבירה את המניע לתהליך מהרובד הפנימי "ועבר עליו רוח קנאה" אל הרובד הגלוי: דהיינו, לא די שהאיש יחוש רגשות קנאה בסתר ליבו, אלא עליו להכריז על הרגשות הללו, לבטא אותם בחברה, להעביר את הקול במחנה, ולתת לדברים תוקף. זו למעשה המשמעות של עדי קינוי וסתירה. המשנה דורשת חשד מבוסס שאינו מסתמך רק על רגשות אישיים, שהם סובייקטיביים במהותם, כדי להתחיל תהליך כזה. ההכרזה על החשד בפני עדים היא ביטוי שהחשד מבוסס יותר מרגש חולף.

ההסבר שיש בדברי רבי מאיר לדרישה לעדי קינוי וסתירה משלים פער שעד כה טרם נמצא לו מענה בסוגיית הפתיחה. החלק השני של סוגיית הפתיחה עסק במקור לדרישה לעד אחד בטומאה ושני עדים בקינוי וסתירה במשנה ובברייתא.[43] המשנה למדה את הדרישה לשני עדים מ"ערוות דבר", והסברנו שהמשנה רואה בקינוי ובסתירה את השלב המכריע בתהליך הפרידה שעוברים בני הזוג. הברייתא ניתקה את המשמעות של עדי קינוי וסתירה מ"ערוות דבר", אבל לא הציבה אלטרנטיבה שתסביר את הדרישה לשני עדים. בדברי רבי מאיר אפשר למצוא את מה שהיה חסר עד כה. לפי הברייתא נדרשים שני עדים לא כדי לקבוע את המעמד האישי, בדומה לגירושין, אלא כדי לקבוע שזהו תהליך רציני ושהחשד שעליו הוא נשען יהיה מבוסס.

היבט אחר של הוצאת החטא מן הנסתר אל הגלוי קשורה לאפשרות של תיקון. כל עוד החטא הוא בסתר – אי אפשר להתמודד איתו וגם לא לתקן. כשהחטא נחשף, גם אם הנוכחות שלו יוצרת בשלב הראשון קושי ומשבר, זהו גם תחילתו של תיקון, "אור השמש מחטא". כאשר משבצים את האמירה הכללית הזו בהקשר של סוטה, כפי שעשתה הסוגיה כאן, יש בכך ביטוי לנקודת מבט פרשנית שרואה בהליך של השקיית הסוטה אפשרות לתיקון ולא רק לענישה.

43. ראו לעיל סיכום הדברים בטבלה, עמ' 190.

סטייה או שטות?
הסוגיה מביאה דרשה כללית נוספת על חטאים הנשענת על פסוק מפרשת סוטה:

> ריש לקיש אמר: אין אדם עובר עבירה אא"כ נכנס בו רוח שטות, שנא': איש איש כי תשטה אשתו, תשטה כתיב.

זו המימרא האגדית השלישית של ריש לקיש בסוגיה. המימרא הראשונה, בתחילת סוגיית הפתיחה: "אין מזווגין לו לאדם אישה אלא לפי מעשיו", המימרא השנייה של ריש לקיש פירשה שקינוי הוא "דבר שמטיל קנאה בינה לבין אחרים". שתי המימרות הללו מבטאות ביקורת על שימוש בתהליך של אישה סוטה ככלי להאשמה והענשה, ומפרשות אותו כאמצעי לשיקום הנישואין. המימרא השלישית של ריש לקיש מבטאת גם היא נקודת מבט דומה. ריש לקיש קורא את הפסוק "אִישׁ אִישׁ כִּי תִשְׂטֶה אִשְׁתּוֹ" לא על פי הפשט, מלשון "סוטה", אלא במשמעות של "שטות" (בש' ימנית), ומכאן הדרשה היא שחטא נובע מ"רוח שטות". היחס הביקורתי לאישה הנחשדת בבגידה ("סטייה") מתחלף בדרשת ריש לקיש ליחס סלחני ומקל שבא לידי ביטוי במילה "שטות". ריש לקיש מסיט את נקודת המבט המאשימה לנקודת מבט סלחנית יותר, שמדגישה את הסליחה יותר מאשר אשמה.

חלק רביעי: "ועבר לכם כל חלוץ"

בחלק הזה הגמרא חוזרת לדון בסיבה לנאמנות עד אחד לטומאה:

> תנא דבי רבי ישמעאל: מפני מה האמינה תורה עד אחד בסוטה? שרגלים לדבר, שהרי קינא לה ונסתרה, ועד אחד מעידה שהיא טמאה.

תשובת רבי ישמעאל היא שאחרי עדי קינוי וסתירה יש "רגליים לדבר", כלומר עדות על קינוי וסתירה מספקת בסיס מספיק מהימן כדי שיספיק עד אחד על הטומאה.[44]

רב פפא מקשה על ההנחה הזו:

44. במשמעות הביטוי "רגליים לדבר" דנו לעיל בחלק השני של סוגיית הפתיחה. כאן נתמקד בדיון של האמוראים על דברי תנא דבי רבי ישמעאל.

אמר ליה רב פפא לאביי: והא כי כתיבה קינוי – בתר סתירה וטומאה הוא דכתיבה!
א"ל: "ועבר", וכבר עבר.
אלא מעתה, "ועבר לכם כל חלוץ", ה"נ!
התם, מדכתיב "ונכבשה הארץ לפני ה' ואחר תשובו", משמע דלהבא,
אלא הכא אי ס"ד כדכתיבי, "ועבר" בתר טומאה וסתירה, קינוי למה לי.

הוא מראה שבפסוקים הקנאה מוזכרת אחרי הסתירה והטומאה. רק אחרי הפסוק "וְנִסְתְּרָה וְהִיא נִטְמָאָה וְעֵד אֵין בָּהּ" (פסוק יג) נאמר: "וְעָבַר עָלָיו רוּחַ קִנְאָה וְקִנֵּא אֶת אִשְׁתּוֹ" (פסוק יד). כלומר עד אחד מתקבל במקרה של טומאה גם אם אין קינוי שקודם לו (רש"י).

תשובת אביי לרב פפא והדיון המתפתח ביניהם מתבססים על הפרשנות של המילה "ועבר" בפסוק "וְעָבַר עָלָיו רוּחַ קִנְאָה". אביי דוחה את דברי רב פפא ומפרש ש"ועבר" פירושו כבר עבר, עוד לפני הסתירה והטומאה.

בתגובה רב פפא מקשה מהפסוק: "וְעָבַר לָכֶם כָּל חָלוּץ" (במדבר לב, כא), שבו המילה "ועבר" לא יכולה להתפרש במשמעות ש"כבר עבר", אלא רק על העתיד.

תשובת אביי לרב פפא מבוססת על היגיון: אומנם הפסוק "ועבר לכם כל חלוץ" מתייחס על העתיד, אבל את המילה "ועבר" בפרשת סוטה אי אפשר לפרש כך, כי אם "ועבר בתר טומאה וסתירה – קינוי למה לי" כלומר, אם קינוי הוא רק אחרי סתירה וטומאה – אין לו משמעות, ולכן ברור שמדובר בקינוי שלפני סתירה וטומאה. ומכאן המסקנה שעד אחד נאמן בטומאה רק אחרי שיש "רגליים" של קינוי וסתירה.

הפסוק "ועבר לכם כל חלוץ" מפרשת בני גד ובני ראובן מובא כהוכחה למשמעות המילולית של המילה "ועבר" בפרשת סוטה. הלימוד מהפסוק הזה תמוה מאוד! אומנם המילים "ועבר" זהות אך המשמעות שלהן שונה לחלוטין.

אלא שעיון בפרשה מגלה שלמרות השוני במשמעות המילה "ועבר", ולמרות ריחוק העניינים בין פרשת סוטה לפרשת בני גד ובני ראובן בכניסה לארץ – יש קשר משמעותי בין הפרשות. לקשר המילולי שעליו מצביעה הסוגיה יש משמעות פרשנית בפרשת סוטה. אם נרחיק לכת, אפשר יהיה אפילו לומר שהדיון המילולי במשמעות של המילה "ועבר" הוא ה"תירוץ" של הסוגיה להביא את פרשת בני גד ובני ראובן לדיון על סוטה כדי לתת לפרשת סוטה משמעות רעיונית ברוח המגמה של הסוגיה.

בפרק לב בספר במדבר מתואר שבני גד ובני ראובן פונים למשה רבנו בבקשה להתיישב בעבר הירדן המזרחי. משה רואה שתי בעיות בבקשה זו: האחת היא שמהלך כזה פירושו התנתקות מכלל העם: "הַאַחֵיכֶם יָבֹאוּ לַמִּלְחָמָה וְאַתֶּם תֵּשְׁבוּ פֹה" (פסוק ו). הבעיה השנייה היא שהבקשה הזו עשויה להחליש את המוטיבציה של עם ישראל להיכנס לארץ. משה רואה בבקשה שלהם המשך לחטא המרגלים "וְלָמָּה תְנִיאוּן אֶת לֵב בְּנֵי יִשְׂרָאֵל מֵעֲבֹר אֶל הָאָרֶץ אֲשֶׁר נָתַן לָהֶם ה'" (פסוק ז). משה סובר שבני גד ובני ראובן מבקשים להתנתק מעם ישראל וזה מעורר כעס ומשבר אמון עד שמשה מכנה אותם "תַּרְבּוּת אֲנָשִׁים חַטָּאִים" (פסוק יד).

התיקון לבקשה הזו היא ההצעה של בני גד ובני ראובן "וַאֲנַחְנוּ נֵחָלֵץ חֻשִׁים לִפְנֵי בְּנֵי יִשְׂרָאֵל עַד אֲשֶׁר אִם הֲבִיאֹנֻם אֶל מְקוֹמָם" (פסוק יז). בני גד ובני ראובן משנים את כוונתם המקורית ומציעים להמשיך ולהילחם לצד שאר שבטי ישראל, ואף לצאת לקרב בראש הכוח.

תגובת משה להצעה היא:

> וַיֹּאמֶר אֲלֵיהֶם מֹשֶׁה אִם תַּעֲשׂוּן אֶת הַדָּבָר הַזֶּה אִם תֵּחָלְצוּ לִפְנֵי ה' לַמִּלְחָמָה: וְעָבַר לָכֶם כָּל חָלוּץ אֶת הַיַּרְדֵּן לִפְנֵי ה' עַד הוֹרִישׁוֹ אֶת אֹיְבָיו מִפָּנָיו: וְנִכְבְּשָׁה הָאָרֶץ לִפְנֵי ה' וְאַחַר תָּשֻׁבוּ וִהְיִיתֶם נְקִיִּם מֵה' וּמִיִּשְׂרָאֵל וְהָיְתָה הָאָרֶץ הַזֹּאת לָכֶם לַאֲחֻזָּה לִפְנֵי ה': וְאִם לֹא תַעֲשׂוּן כֵּן הִנֵּה חֲטָאתֶם לַה' וּדְעוּ חַטַּאתְכֶם אֲשֶׁר תִּמְצָא אֶתְכֶם: (פסוקים כ–כג)

מבחינת משה, השאלה אם בני גד ובני ראובן יילחמו לצד שאר שבטי ישראל היא נקודת מבחן עבורם, האם הם "נקיים מה' ומישראל" או "חטאים לה'". לכן המלחמה של בני גד ובני ראובן לצד שבטי ישראל היא התיקון של המשבר שנוצר בגלל הבקשה שלהם להתנתק מאחיהם, משום שהיא עצמה מבטאת את החיבור שלהם לעם ישראל.

ההקבלה של פרשת בני גד ובני ראובן לפרשת סוטה מדהימה ונקודות הדמיון בין הפרשות הן רבות:

א. בשתי הפרשות נקודת המוצא היא משבר אמון המאיים לקרוע את החיבור והשותפות.
ב. בשתי הפרשות הצד האשם עומד למבחן מעשי.
ג. בשתי הפרשות העניין מובא לפני סמכות שיש בה גם כוהן: "וַיָּבֹאוּ

בְנֵי גָד וּבְנֵי רְאוּבֵן וַיֹּאמְרוּ אֶל מֹשֶׁה וְאֶל אֶלְעָזָר הַכֹּהֵן וְאֶל נְשִׂיאֵי הָעֵדָה לֵאמֹר" (פסוק ב).

ד. בשתי הפרשות התהליך מתרחש גם "לפני ה'": בפרשת סוטה "וְהֶעֱמִיד אֶת הָאִשָּׁה לִפְנֵי ה'" (פסוק ל), ובפרשת בני גד ובני ראובן הביטוי "לפני ה'" חוזר שלוש פעמים: "אִם תֵּחָלְצוּ לִפְנֵי ה' לַמִּלְחָמָה: וְעָבַר לָכֶם כָּל חָלוּץ אֶת הַיַּרְדֵּן לִפְנֵי ה'... וְנִכְבְּשָׁה הָאָרֶץ לִפְנֵי ה'" (פסוקים כ-כב).

ה. בשתי הפרשות יש שבועה. בפרשת סוטה "וְהִשְׁבִּיעַ הַכֹּהֵן אֶת הָאִשָּׁה בִּשְׁבֻעַת הָאָלָה" (פסוק כא), ובפרשת בני גד ובני ראובן אומנם לא מופיעה לשון שבועה, אבל זה מה שקורה בפועל: "וְהַיֹּצֵא מִפִּיכֶם תַּעֲשׂוּ... וַיֹּאמֶר בְּנֵי גָד וּבְנֵי רְאוּבֵן אֶל מֹשֶׁה לֵאמֹר עֲבָדֶיךָ יַעֲשׂוּ כַּאֲשֶׁר אֲדֹנִי מְצַוֶּה" (פס' כד-כה).

ו. בשתי הפרשות רוצים לברר אם בסופו של דבר אם מי שעומד לבירור או נקי או חוטא. הביטוי "וִהְיִיתֶם נְקִיִּם" (פסוק כב) על בני גד ובני ראובן, והביטוי "הִנָּקִי" (פסוק יט) ו"וְנִקָּה הָאִישׁ מֵעָוֹן" (פסוק לא) – הן על האישה והן על האיש. ומצד שני הביטוי "וְאִם לֹא תַעֲשׂוּן כֵּן הִנֵּה חֲטָאתֶם לַה' וּדְעוּ חַטַּאתְכֶם אֲשֶׁר תִּמְצָא אֶתְכֶם" (פסוק כג) על בני גד ובני ראובן, והביטוי "תִּשָּׂא אֶת עֲוֹנָהּ" (פסוק לא) על הסוטה.

ההקבלה בין שתי הפרשות הללו כל כך משמעותית, שקשה לחשוב שאביי מכוון רק למשמעות המילולית של הפסוק ולא להקשרו הכולל.

אפשר להרחיק לכת אפילו יותר. במקום נוסף בתורה מופיעה המילה "ועבר" במשמעות שמורה על העתיד: "וְעָבַר ה' לִנְגֹּף אֶת מִצְרַיִם" (שמות יב, כג). הפסוק היה יכול להתאים לקושיית רב פפא, משום שגם הוא מורה על העתיד. לא רק זה, אלא שהוא כולל נגף שה' מטיל על החוטאים, ממש בדומה למה שקורה לאישה סוטה אם תתברר אשמתה. אבל רב פפא לא בוחר בפסוק שבסופו יש נגף, למרות הדמיון לפרשת סוטה, אלא דווקא בפסוק שמתאר תהליך שבסופו יש חיבור!

הבחירה של רב פפא להשוות את פרשת סוטה לפרשת בני גד ובני ראובן מחדדת את המשמעות הרעיונית שסוגיית הפתיחה מבקשת להעניק להליך שעוברת אישה סוטה, בשונה ממה שעולה מפשט פרשת סוטה: ההיחלצות של בני גד ובני ראובן להילחם יחד עם ישראל היא לא רק מבחן להיותם חלק מעם ישראל, אלא היא מעשה של תיקון וחיבור. סביר

להניח שההצעה הראשונה שלהם, כפי שהבין משה, אכן התבססה על הרצון להתנתק מעם ישראל ולהקים יישוב נפרד בעבר הירדן המזרחי.[45] ההצעה להילחם יחד עם ישראל היא גם מבחן נאמנות, אבל היא גם מעשה המאפשר להם לשוב ולהתחבר עם ישראל. מעשה זה משיב את האמון, ומתקן את השבר במקום שבו התרחשו בגידה וריחוק. מנקודת המבט הזו, גם להליך של השקיית הסוטה יש משמעות לא רק של מבחן למידת הנאמנות אלא גם של מעשה שבאמצעותו אפשר להגיע לתיקון המשבר ולחיבור מחודש של בני הזוג. לפי דברינו נראה שפרשת בני גד ובני ראובן היא התוויה של מודל לניהול משבר באמון המביא לריחוק ביחסים.

ההשוואה הזו מצטרפת למגמה של סוגיית הפתיחה, על כל חלקיה, לתת לפרשת סוטה משמעות של תיקון ושיקום הנישואין על פני המשמעות של בירור אשמה והענשה.

חלק חמישי: מחלוקת רבי עקיבא ורבי ישמעאל

בניגוד לדעה שהובאה כבר פעמיים ש"אסור לקנאות", בחלק הזה דנה הגמרא בדעות שקנאה היא חובה או לכל הפחות מותרת.

"רוח טומאה" או "רוח טהרה"?

קודם לכן הביאה הגמרא את דברי ריש לקיש שהחטא נובע מ"רוח שטות". כאן מביאה הגמרא מימרה של תנא דבי רבי ישמעאל, הדומה בניסוח שלה לדברי ריש לקיש לעיל על "רוח שטות", אבל מטה את הדברים למקום אחר:

> תנא דבי רבי ישמעאל: אין אדם מקנא לאשתו אא"כ נכנסה בו רוח, שנאמר: ועבר עליו רוח קנאה וקנא את אשתו.

הביטוי "נכנסה בו רוח" אינו מובן, והגמרא מבררת את משמעותו:

> מאי רוח? רבנן אמרי: רוח טומאה, רב אשי אמר: רוח טהרה.

45. כך סובר בעל פירוש דעת מקרא לבמדבר לב, ה, וכך מפירוש הרש"ר הירש לפסוק טז. נראה שכך הבינו בני ישראל את בניית המזבח על ידי בני גד, ראובן וחצי המנשה בעבר הירדן המזרחי בימי יהושע, ומשום כך יצאו להילחם בהם (יהושע פרק כב).

המחלוקת בין חכמים לרב אשי משקפת מחלוקת על התהליך של אישה סוטה: האם הוא שלילי ופסול, ונובע מ"רוח טומאה", כחכמים, או שהוא הליך חיובי, ונובע מ"רוח טהורה" של הבעל המקנא. לפי חכמים, הייחוס של "רוח טומאה" לקנאת הבעל דומה לדרשת ריש לקיש על "רוח שטות" של החוטא. אבל בשונה ממנה, חכמים מייחסים את "הרוח השלילית", את "רוח הטומאה", לאיש המקנא, ולא לאישה.

הגמרא מקבלת את דעת רב אשי בהסתמך על ברייתא:

> ומסתברא כמאן דאמר רוח טהרה,
> דתניא: וקנא את אשתו – רשות, דברי ר' ישמעאל, ר"ע אומר: חובה;
> אי אמרת בשלמא רוח טהרה – שפיר, אלא אי אמרת רוח טומאה,
> רשות וחובה לעיולי לאיניש רוח טומאה בנפשיה?

הגמרא תומכת בדעת רב אשי בגלל הדעות של רבי עקיבא ור' ישמעאל בברייתא. ר' עקיבא מעודד את תהליך השקיית הסוטה ("חובה"), ור' ישמעאל אינו שולל אותו ("מותר"). הגמרא טוענת שאם התנאים רואים בחיוב את התהליך שעוברת האישה הסוטה, אין היגיון לראות אותו כנובע מרוח טומאה, "רשות וחובה לעיולי לאיניש רוח טומאה בנפשיה?!", כלומר, לא ייתכן לומר שרשות או חובה לאדם להביא על עצמו רוח טומאה. דברי רב אשי משקפים יחס חיובי לפרשת סוטה ושהיא נובעת מרוח טהרה.[46]

לחלק הזה של הסוגיה יש שתי משמעויות פרשניות: ברובד הפשוט הגמרא מביאה דעה החולקת על העמדה המרכזית של סוגיית הפתיחה ומתנגדת לשימוש בהליך השקיית הסוטה, "אסור לקנאות". הדעה שאסור לקנאות הובאה כבר פעמיים בסוגיית הפתיחה עד כה, וכאן הגמרא מביאה עמדה חולקת.

46. הספורנו בפירושו לפסוקים יד-טו רואה בתהליך הזה דבר חיובי וראוי, אפילו אם בסופו של דבר מתברר שהאישה לא חטאה, וכל התהליך היה לשווא: "רוח קנאה" מפרש ספורנו: "רוח טהרה להתרות בה, מאחר שידע ששטתה מדרכי צניעות". ובהמשך דבריו: "ולא נאמר מאחר שבכל זה ששטתה אשתו מדרכי הצניעות ומעלה בו מעל ישב ודמם, אין זה כי אם רוע לב, ואף על פי שנעלם מעיניו ששכב איש אותה לא נחוש לקנאתו, וכן אם קנא בלי סיבה, לא בשביל זה נאמר שתהיה קנאתו דבר בטל. כי אמנם אף על פי כן נמחוק המגילה ונקריב ככתוב בפרשה".

אבל ההקשר שהגמרא נותנת לדעות התנאים הללו מעניק ליחס החיובי לתהליך השקיית הסוטה פרשנות אחרת. החיבור של הגמרא בין דעת ר' עקיבא ור' ישמעאל, המעודדים (או לכל הפחות לא שוללים) את השקיית הסוטה – לדברי רב אשי על "רוח טהרה" – מבטא עמדה שרואה בהשקיית הסוטה תהליך רצוי רק אם הוא מגיע מרוח טהורה, כלומר מרצון לתקן, ולא מרצון להאשים, לנקום ולהעניש.

"לא תשנא את אחיך בלבבך" ופרשת סוטה

בשלב השני הגמרא עוברת לדון במחלוקת רבי עקיבא ורבי ישמעאל. בתחילה היא מצביעה על שתי מחלוקות נוספות ביניהם, שגם בהן הם חלוקים אם "רשות" או "חובה". מחלוקת אחת ביחס לטומאה של כוהן לקרוביו, ומחלוקת נוספת על עבד כנעני:

> גופא: וקנא את אשתו – רשות, דברי רבי ישמעאל, ורבי עקיבא אומר חובה.
> לה יטמא – רשות, דברי רבי ישמעאל, ור"ע אומר: חובה.
> לעולם בהם תעבודו – רשות, דברי רבי ישמעאל, ר' עקיבא אומר: חובה.

לא נדון כאן בפרטי המחלוקות הנוספות, אך נראה מה אומרת הגמרא על המחלוקות הללו:

> אמר ליה רב פפא לאביי, ואמרי לה רב משרשיא לרבא: לימא, ר' ישמעאל ור' עקיבא בכל התורה כולה הכי פליגי, דמר אמר: רשות, ומר אמר: חובה!
> א"ל: הכא בקראי פליגי; וקנא את אשתו – רשות, דברי רבי ישמעאל, רבי עקיבא אומר: חובה.
> מ"ט דר' ישמעאל? סבר לה כי האי תנא;
> דתניא: רבי אליעזר בן יעקב אומר, כלפי שאמרה תורה: "לא תשנא את אחיך בלבבך", יכול כגון זו? ת"ל: ועבר עליו רוח קנאה וקנא את אשתו.
> ור"ע? קינוי אחרינא כתיב.
> ורבי ישמעאל? איידי דבעי למיכתב והיא נטמאה והיא לא נטמאה, כתיב נמי וקנא את אשתו; לכדתנא דבי רבי ישמעאל, דתנא דבי רבי

ישמעאל: כל פרשה שנאמרה ונישנית, לא נישנית אלא בשביל דבר שנתחדש בה.

הגמרא (רב פפא או רב משרשיא) מציעה שיש מחלוקת עקרונית בין רבי עקיבא לר׳ ישמעאל על כל הציוויים שבתורה, שרבי ישמעאל סובר שהם רשות ור׳ עקיבא סובר שהם חובה. הגמרא דוחה את האפשרות הזו ומסבירה שרק בשלושת המקרים הללו הם חלוקים.

לגבי אישה סוטה, הגמרא תולה את המחלוקת ביניהם בדברי רבי אליעזר בן יעקב בברייתא. ר׳ אליעזר בן יעקב חולק על ר׳ עקיבא ור׳ ישמעאל וסבור שהפסוק "לא תשנא את אחיך בלבבך" (ויקרא יט, יז) הוא יסוד להווה אמינא שאסור לבעל לקנא לאשתו, ומשום כך התורה צריכה להתיר לו לקנא. לכן המשמעות של "ועבר עליו רוח קנאה וקנא את אשתו" היא לא ציווי לעשות כך, אלא רק היתר, רשות.[47]

ר׳ אליעזר בן יעקב סבור שהליך השקיית הסוטה עלול להפוך לכלי המשמש את האיש לביטוי שנאה כלפי האישה, במקום להיות כלי לבירור אשמה, ככוונתו המקורית.

אבל יותר מכך. "לא תשנא את אחיך בלבבך" בהקשרו מציב אלטרנטיבה רעיונית לפרשת סוטה, או לכל הפחות מעניק לו פרשנות שונה מן המשמעות שלו בפסוקי התורה:

> לֹא תִשְׂנָא אֶת אָחִיךָ בִּלְבָבֶךָ
> הוֹכֵחַ תּוֹכִיחַ אֶת עֲמִיתֶךָ וְלֹא תִשָּׂא עָלָיו חֵטְא:
> לֹא תִקֹּם וְלֹא תִטֹּר אֶת בְּנֵי עַמֶּךָ
> וְאָהַבְתָּ לְרֵעֲךָ כָּמוֹךָ אֲנִי ה׳:
> (ויקרא יט, יז–יח)

האיסור "לא תשנא את אחיך בלבבך" הוא חלק ממכלול ציוויים המדריכים התנהגות תקינה בין בני אדם. מה עושה אדם כאשר יש שנאה בליבו? התורה אוסרת לשמור את הרגשות הקשים בלב, ומצווה "הוכח תוכיח את עמיתך", על האדם לדבר על זה עם חברו. התורה גם מצווה "לא תקום ולא תטור",

47. בהמשך הגמרא מסבירה כיצד מבין רבי עקיבא לפי שיטתו את הפסוק "ועבר עליו רוח קנאה וקינא", וכן את דחיית רבי ישמעאל את הטיעון של רבי עקיבא, ולא נאריך בכך.

זהו איסור לשמור טינה בלב ולהתנהג בצורה נקמנית. אדם שילך לפי הכוונת התורה לדבר במקום לשנוא בלב או לנקום במעשה, יגיע למערכת יחסים של אהבה ולהשראת שכינה, "אני ה'".[48]

החיבור שעושה הגמרא לפסוקים הללו באמצעות דעת ר' אליעזר בן יעקב מציבה פתרון אלטרנטיבי לתהליך הקשה המתואר בפרשת סוטה. אפשר ללכת בדרך של בירור אשמה – כמו שמציגה פרשת סוטה, ואפשר ללכת, כמו שמציעה הסוגיה כאן, בדרך של דיבור, מתוך כוונה לשקם, לחבר ולקרב את בני הזוג בחזרה זה לזו.

הסוגיה התחילה בדברי התנאים שהקינוי הוא חובה או רשות. הסוגיה מביאה ברייתא שיש בה הצעה אלטרנטיבית לגישה הזו. ההצעה של הברייתא יכולה להיות אלטרנטיבה הלכתית לדעות ר' עקיבא ור' ישמעאל, אבל יש בה גם הצעה לפרשנות של פרשת אישה סוטה עצמה – ההליך עצמו הופך ממבחן של בירור אשמה להליך של שיקום וחידוש היחסים שעלו על שרטון.

הברייתא הזו מובאת כהסבר לשיטת ר' ישמעאל שהשקיית הסוטה היא רשות. רשות הכוונה שיש צד לראות את התהליך של הסוטה כחיובי, ויש צד לראות אותו כאפשרות שלילית, והרשות משאירה את הבחירה בידי האדם, באיזו דרך הוא יראה את התהליך וכיצד יפעל בבואו להתמודד עם משבר הנישואין שאליו הוא נקלע.

החלק החמישי של סוגיית הפתיחה מצטרף למגמה של ארבעת החלקים הקודמים. סוגיית הפתיחה הארוכה מציבה אלטרנטיבה רעיונית למשמעות של פרשת סוטה כפי שהיא עולה מפסוקי התורה. המשמעות שמקבלת פרשת סוטה בסוגיית הפתיחה היא של הליך שנועד לאפשר לזוגיות שנקלעה למשבר לעבור תהליך של השבת האמון, תיקון היחסים ושמירה על הנישואין. את הפרשנות הזו הולכת ובונה סוגיית הפתיחה במלאכת מחשבת של עריכת מקורות תנאיים, מימרות אמוראיות ובעיקר בשקלא

48. ברוח הדברים הללו מפרש הרמב"ן על אתר: "והנכון בעיני כי 'הוכח תוכיח' כמו 'והוכיח אברהם את אבימלך' (בראשית כא, כה). ויאמר הכתוב אל תשנא את אחיך בלבבך בעשותו לך שלא כרצונך, אבל תוכיחנו מדוע ככה עשית עמדי, ולא תשא עליו חטא לכסות שנאתו בלבך ולא תגיד לו, כי בהוכיחך אותו יתנצל לך, או ישוב ויתודה על חטאו ותכפר לו. ואחרי כן יזהיר שלא תנקום ממנו ולא תטור בלבבך מה שעשה לך, כי יתכן שלא ישנא אותו אבל יזכור החטא בלבו, ולפיכך יזהירנו שימחה פשע אחיו וחטאתו מלבו. ואחרי כן יצוה שיאהב לו כמוהו".

וטריא על המקורות האלו. כל אלו מצטרפים למגמה אחידה בעלת חידוש רעיוני מרחיק לכת על המשמעות של פרשת סוטה.

סוגיות הלכתיות

שתי האפשרויות הפרשניות להבנת המשמעות של שתיית מי סוטה שהוצגו בסוגיית הפתיחה, בירור אשמה וענישה או כתהליך המאפשר תיקון ושמירה על הנישואין, באות לידי ביטוי בסוגיות הלכתיות שונות לאורך מסכת סוטה. נעסוק כאן בשתי סוגיות, האחת מבררת את הדין במקרה שאישה שתתה מן המים ויצאה טהורה ולאחר מכן הגיעו שני עדים והעידו שנטמאה, והסוגיה השנייה דנה מתי האישה מביאה את קרבן המנחה, לפני שתיית המים או לאחריה.

עדות על טומאה לאחר שהאישה ניקתה במבחן שתיית המים

בדף ו יש סוגיה העוסקת במקרה שבו אחרי שהאישה שתתה את המים וניקתה הגיעו שני עדים והעידו שהאישה נטמאה. עקרונית, השקיית הסוטה נועדה לבירור האמת, אבל במקרה הזה השקיית הסוטה סותרת את מה שהעדים העידו. במצב כזה עולות שתי שאלות שונות, האחת הלכתית, מעשית, וממנה נובעת שאלה עקרונית:

א. שאלה מעשית: מה דינה של אישה כזו? מצד אחד המים ניקו אותה מאשמה, ומצד שני עדים העידו שהיא חטאה. למה אנו מאמינים, למים או לעדות העדים?

ב. שאלה עקרונית: כיצד ייתכן מצב כזה? כיוון שהעדויות סותרות זו את זו, חייבים להניח שאחת משתי העדויות היא טעות (או שקר). האם עדותו של הקב"ה, שמתגלה בשתיית המים היא הטעות? או שמא נאמר שבהכרח העדים משקרים?

כדי להבין את הדיון בסוגיה ואת הרעיונות שביסודה, נעיין תחילה במשנה שעליה מבוססת הסוגיה.

המשנה

המשנה הפותחת את המסכת אומרת שאחרי עדות על קינוי וסתירה, האישה

"אסורה לביתה ואסורה לאכול בתרומה". כלומר, אסור לה להתייחד עם בעלה, ואסורה לאכול תרומה אם היא אשת כוהן, עד שיתברר הספק על ידי שתיית המים. המשנה הבאה, ו ע"א, מונה חמישה מקרים שבהם אישה נאסרת על בעלה באופן מוחלט גם מבלי ששתתה את המים:

ואלו אסורות מלאכול בתרומה:
האומרת טמאה אני לך,
ושבאו עדים שהיא טמאה,
והאומרת איני שותה,
ושבעלה אינו רוצה להשקותה,
ושבעלה בא עליה בדרך.

הסוגיה שלפנינו דנה במקרה השני המובא במשנה, שעדים העידו שהיא נטמאה. קודם שנפנה לגמרא, נבחן את המקרה השלישי והרביעי שמובאים במשנה.

המשנה אומרת שאישה "האומרת איני שותה" נאסרת, אבל אינה מחויבת לשתות מן המים. וכך גם אישה שבעלה אינו מעוניין להשלים את התהליך ולהשקות אותה מן המים. כלומר, המשנה אומרת שאישה אינה חייבת לשתות את המים גם אם בעלה חושד בה בניאוף! אף שיש עדות על קינוי וסתירה – אישה יכולה לסרב לשתות מהמים. ואף האיש יכול להתנגד לכך שאשתו תשתה מן המים.

המשנה הזו היא בניגוד לדעת רבי עקיבא, הסובר שקינוי הוא חובה, ומדבריו משמע שחובה לבצע את כל הליך שתיית המים במקרה של חשד, ואילו המשנה בפירוש אומרת שזה אינו חובה, והאישה או האיש יכולים לסרב לו. כלומר המשנה עצמה רואה בהליך השקיית המים אפשרות אבל לא חובה.[49] אפשר להבין את הדין הזה רק אם סבורים שההליך הוא הזדמנות לתיקון ולחזרה לחיים המשותפים, אבל לא עונש. משום שאם ההליך הוא עונש, אי אפשר שהוא יהיה נתון לבחירה.

ישנן שתי אפשרויות לראות את ההליך של השקיית הסוטה: אפשר לראות בו הליך שנועד לברר אשמה ולהעניש אם התברר שהאישה אשמה. מנקודת מבט כזו אין מקום לתת לאישה (או לאיש) בחירה. מנקודת המבט

49. זה מתאים להבנה של סוגיית הפתיחה את המשנה שאסור לקנאות, שלא כרבי עקיבא.

הזו, הליך שתיית המים זו הדרך של התורה לברר מי אשם ולהעניש במידת הצורך, אם בית דין לא יכול לעשות זאת (כי אין שני עדים). את הדין של המשנה אי אפשר להבין כך, משום שעונש אינו נתון לבחירה. הדין הזה יכול להיות מובן רק מנקודת המבט שרואה את ההליך כמעשה של תיקון, בהיותו מעשה המאפשר חזרה לחיים משותפים. משמעות כזו, של תיקון ושיקום, יכולה להתממש רק אם בני הזוג בוחרים בכך, וזו העמדה שהמשנה מבטאת כשהיא מאפשרת לאישה (ולאיש) לבחור בשתיית המים.

כך מפרש גם הרש"ר הירש את המשנה הזו:

> מסירת הספק להכרעת ה' תלויה ברצונם החופשי של האיש והאישה כאחד. הרשות בידי האיש להעדיף את ביטול הנישואין על העמדת האישה במבחן זה. והרשות בידי האישה שלא להודות באשמה ולהעדיף את התרת קשר הנישואים על העמדת עצמה במבחן זה. אין לכפות את המבחן לא על האיש ולא על האישה (סוטה ו ע"ב). גם אם מת האיש בינתיים, אין מקיימים את המבחן, שהרי כבר בטלה תכליתו העיקרית – לאפשר את המשך הנישואים.[50]

מחלוקת רב ששת ורב יוסף

שתי המשמעויות האפשריות להליך של אישה סוטה באות לידי ביטוי גם בדיון ההלכתי של הגמרא ביחס למקרה השני שמובא במשנה, של אישה שיש שני עדים שיודעים שהיא נטמאה.

> אמר רב עמרם: הא מילתא אמר לן רב ששת, ואנהר לן עיינין ממתניתין:
> סוטה שיש לה עדים במדינת הים – אין המים בודקין אותה,
> מ"ט? דאמר קרא: "ונסתרה והיא נטמאה ועד אין בה", דליכא דידע בה, לאפוקי הא דהא איכא דידע בה;

רב ששת מסיק מן המשנה שסוטה שיש עדים שיכולים להעיד שהיא חטאה, גם אם הם אינם מעידים בפועל – המים לא בודקים אותה.

50. רש"ר הירש בפירושו לבמדבר ה, טו ד"ה והביא האיש.

ואנהר לן עיינין ממתני', דקתני: ושבאו לה עדים שהיא טמאה,
דאתו עדים אימת?
אי נימא מקמי דתשתי, זונה היא! אלא לבתר דשתאי.

לאחר שהגמרא מביאה את דעת רב ששת, היא מבהירה את המקרה המדויק שבו עוסקת המשנה "ושבאו לה עדים שהיא טמאה", וקובעת שלא ייתכן שמדובר בעדים שהגיעו לפני שתיית המים, כי במקרה כזה "זונה היא", בוודאות, ולא סוטה, שיש לגביה ספק. אלא מדובר בעדים שהגיעו אחרי ששתתה מן המים. רב ששת מסתמך על דרשת הפסוק "ועד אין בה", שהמים בודקים רק מי שאין עליה עדות, אבל אם יש עדות – המים לא יבדקו אותה. שיטת רב ששת מסבירה את המשנה שלנו ("אנהר לן עיינין ממתניתין"), שאישה ש"באו לה עדים שהיא טמאה" – אסורה.[51]

דעת רב ששת מערערת את התוקף של מבחן המים: הרי אם מגיעים עדים המעידים על טומאת האישה – העדות של העדים סותרת את התוצאה של שתיית המים. מה הועילו המים אם הם העידו שהיא טהורה למרות שהיא חטאה, כפי שהעידו העדים?[52] מלבד השאלה העקרונית קיימת כמובן גם שאלה מעשית: איזו מן העדויות מקבלים? את עדות המים או את עדות העדים?[53] הגמרא מתייחסת לשתי השאלות, העקרונית והמעשית:

אי אמרת בשלמא אין המים בודקין אותה – שפיר,
אלא אי אמרת מים בודקין אותה, תיגלי מילתא למפרע דסהדי שקרי נינהו.

מילא אם נסבור כמו רב ששת לעיל, ש"אין המים בודקין אותה", כלומר שקיומם של עדים בזמן שתיית המים, גם אם לא יודעים עליהם – גורמים למים לא לבדוק את האישה. לכן כאשר מגיעים העדים – מקבלים את

51. על פי רש"י על אתר.
52. על המקרים ש"זכות תולה לה" וש"אין האיש מנוקה מעוון", שבהם האישה יוצאת נקייה משתיית המים גם אם היא חטאה, נוסף כעת המקרה של אישה שיש עדים על שנטמאה, גם אם לא העידו בפועל.
53. שאלה נוספת נוגעת לשאלת האמינות של שתיית המים והמשמעות של תוצאה טהורה. בגמרא אמרו ש"מוציא שם רע על הטהורות ששתו". הגמרא תדון בזה בהמשך הסוגיה, ושם נתייחס לקושיה הזו.

עדותם והאישה נאסרת על בעלה לעולם. האפשרות הזו מעניקה לעדים תוקף רב יותר משל המים.

אבל הגמרא מציעה ש"המים בודקין אותה", כלומר שלבדיקת המים יש תוקף גם אם יש עדים. מה עושים אפוא אם העדים מגיעים וסותרים בעדותם את העדות של המים? במקרה כזה הגמרא אומרת שעלינו לומר שהעדים הם עדי שקר.

כיוון שהמשנה אומרת שאם הגיעו עדים על טומאת האישה – האישה נאסרת, הגמרא מסיקה שלדעת המשנה יש לקבל את העדות של העדים ולא את העדות של המים, ומכאן מתברר שהמשנה סוברת שהמים לא בודקים את האישה אם יש עדות על טומאתה (גם אם לא העידו בפועל), כרב ששת.

אבל רב יוסף סובר שהמים כן בודקים את האישה, גם אם יש עדים. רב יוסף דוחה את הפרשנות של הגמרא את המשנה, וסובר שגם לפי המשנה אפשר לטעון שהמים כן בודקים את האישה:

> אמר ליה רב יוסף, לעולם אימא לך: מים בודקין אותה,
> והא אימור זכות תולה לה.

רב יוסף מקבל את העדות של שתיית המים, "מים בודקין אותה", ולא את עדות העדים. ההסבר של רב יוסף מתבסס על דעת חכמים במשנה בפרק שלישי, שלפעמים אישה יכולה לצאת נקייה לאחר שתיית המים גם אם היא נאפה משום שה"זכות תולה לה".

כבר הזכרנו שמשנת "זכות תולה" אומרת דבר מרחיק לכת על הליך הסוטה, שלפעמים התוצאה של שתיית המים אינה משקפת את האמת, ואישה יכולה לצאת נקייה למרות שהיא חטאה – בגלל הזכות שיש לה. כיוון שאפשר להניח שלכל אישה שהיא יש זכות כלשהי, הרי שלשיטת חכמים הליך השקיית הסוטה מאבד את המשמעות שלו כאבן בוחן לאשמת האישה. מתוך כך מתבררת המשמעות של הליך שתיית המים של אישה סוטה כהליך המאפשר לבני הזוג לחזור לחיות יחד, ובכך הוא מקבל משמעות של שיקום הנישואין והקשר הזוגי.

מתוך הדברים הללו נחזור לשיטת רב יוסף. רב יוסף סבור שלשתיית המים יש תוקף מוחלט, גם אם עדים סותרים זאת. התוקף אינו משום שהמים מבררים את האשמה. אכן, המים אינם עושים זאת, וההוכחה היא שהגיעו

עדים שסתרו את מה שקבעו המים. התוקף שמעניק רב יוסף לשתיית המים נוגע לתוצאה של שתיית המים. כלומר, לפי רב יוסף, גם אם ידוע שההליך אינו מברר את אשמתה של האישה, הוא מאפשר לאישה לחזור לבעלה, וכך יש לעשות, וזה ולא מתבטל על ידי עדות מאוחרת יותר.

דעת רב יוסף יכולה להיות מובנת רק אם נסבור שאין מטרת שתיית המים לברר את האמת. שהרי כשמגיעים עדים, היה צריך לבטל את תוצאת שתיית המים מפני עדותם ולאסור את האישה. זוהי דעת רב ששת. אבל רב יוסף מעדיף את העדות של המים על פני עדות העדים. מנקודת המבט של בירור האשמה – דבריו אינם מובנים, כי אם יש עדים שמעידים על האמת, יש לקבל את עדותם. אבל מנקודת המבט של זכות תולה, הרואה בהליך הזה אמצעי להשיב את השלום אל הבית, וכך רב יוסף מכריע, יש להעדיף את תוצאת שתיית המים אפילו על פני האמת עצמה! לפי רב יוסף שתיית המים מאפשרת לאישה לחזור לביתה ולשקם את נישואיה. משום כך, גם עדות שתגיע לאחר מעשה לא תתקבל, משום שההליך מקבל את משמעותו ותוקפו לא מהיותו כלי לבירור האמת, אלא משום שהוא הוא המעשה המאפשר את המשך הנישואין.[54]

ההסבר של הגמרא למחלוקת רב ששת ורב יוסף

הגמרא מעמידה את מחלוקת רב ששת ורב יוסף כמחלוקת על שיטת רבי במשנה מפרק שלישי אם וכיצד "זכות תולה" (משנה ה, בבבלי כב ע"ב):

> במאי קמיפלגי? במתנוונה דרבי;
> דתנן, רבי אומר: זכות תולה במים המרים, ואינה יולדת ואינה משבחת אלא מתנוונה והולכת, לסוף שהיא מתה באותה מיתה;
> רב ששת סבר: בין לרבי ובין לרבנן הויא מתנוונה,
> ורב יוסף סבר: לרבי הויא מתנוונה, לרבנן לא הויא מתנוונה.

הגמרא מביאה את דעת רבי, החולק על חכמים (ועל רבי שמעון) וסובר שגם

54. על השאלה כיצד יתמודד רב יוסף עם העדות של העדים, הרי כבר הגמרא אמרה קודם לכן: "תיגלי מילתא למפרע דסהדי שקרי נינהו", כלומר, נאמר שהם עדי שקר ובכך נפטור את עדותם.

כשהזכות תולה לאישה והיא אינה מתה מיד, בהמשך ניכרת בה השפעה של המים, והיא "מתנוונת והולכת" בתהליך איטי עד למותה באותה מיתה המיועדת לאישה סוטה (רש"י).

לפי הגמרא, רב ששת ורב יוסף חלוקים אם יש ראיה במשנה שלנו (משנה ב) לדברי רב ששת, שקיומם של עדים גורם לאישה לצאת נקייה משתיית המים גם אם היא חטאה.

רב ששת סובר שהמשנה שלנו עוסקת במקרה שגם כאשר האישה חוטאת והזכות תולה, בכל זאת מיד ניכר שהיא חוטאת משום שהיא מתחילה להתנוון, ואפילו לשיטת חכמים שסוברים שהזכות תולה.[55] לכן במקרה של המשנה, אם היא יצאה נקייה במבחן המים ולא התנוונה, ומכיוון שהמשנה אומרת שמקבלים את העדים גם אם היא יצאה נקייה, משמע שהאישה יצאה נקייה מפני שקיימים עדים.

לעומת זאת, רב יוסף סובר שלשיטת חכמים האישה אינה מתנוונת במקרה של "זכות תולה" (אלא רק לשיטת רבי), ולכן לפי המשנה מקבלים עדים לאחר שתיית המים מפני שהזכות תולה ולא בגלל שהיו עדים, ואין מכאן הוכחה לשיטת רב ששת שהאישה יצאה נקייה דווקא בגלל קיומם של עדים.

לפי רב ששת (שיטת רבי וחכמים), האישה יוצאת נקייה במקרים הבאים:

1. האישה לא חטאה;
2. האישה חטאה אבל יש עדים לחטא, ולכן המים לא פועלים עליה.

לפי רב יוסף (שיטת חכמים), האישה יוצאת נקייה במקרים הבאים:

1. האישה לא חטאה;
2. הזכות תלתה לה.

השלב הזה, שבו הגמרא מחברת בין מחלוקת רב ששת ורב יוסף למחלוקת התנאים, מחדד את הדעות של כל אחד מן האמוראים.

55. רש"י מסביר שלפי ההסבר הזה בגמרא, המחלוקת בין חכמים לרבי היא אם היא תמות במיתה הייחודית לאישה סוטה (רבי) או לא (חכמים).

לפי רב ששת, המטרה של המים היא עדות. אם אין עדים – יעידו המים (למעשה הקב"ה), אבל אם יש עדים, גם אם הם לא מעידים, המים לא יעידו והאישה תצא נקייה, ואם וכאשר יגיעו העדים – הם יעידו והאישה תיאסר על בעלה.

לפי רב יוסף, המטרה של המים היא השבת הנישואין על כנם. אם אין עדים שהאישה חטאה – שתיית המים מאפשרת לאישה לחזור לביתה, גם אם יש בעולם עדים והם לא העידו. ברם הסיבה שהאישה יצאה נקייה היא ש"זכות תולה", משום שהתהליך לא בא להעניש את האישה אלא לאפשר לה לחזור לביתה.

יוצא אפוא שרב ששת ורב יוסף, גם לפי ההסבר של הגמרא, נחלקו בהבנת המשמעות והמטרה של שתיית המים: רב ששת סובר שהמטרה היא בירור אשמה וענישה, ורב יוסף סובר שהמטרה היא לנקות את האישה ולאפשר לה לחזור לבעלה.

"מוציא שם רע על הטהורות"

בשלב הבא הגמרא מקשה על רב ששת:

> מתיב רב שימי בר אשי, ר' שמעון אומר: אין זכות תולה במים המרים, ואם אתה אומר: זכות תולה במים המרים, מדחה אתה את המים בפני כל הנשים השותות, ואתה מוציא שם רע על הטהורות ששתו, והן אומרים: טמאות היו, אלא שתלה להן זכות;
> ואם איתא, יש לה עדים במדינת הים, נמי אתה מוציא שם רע על הטהורות ששתו, והן אומרים: טמאות היו, אלא שיש להן עדים במדינת הים!
> לר' שמעון קאמרת? לר' שמעון, מדזכות לא תליא, עדים נמי לא תלו.

לדעת ר' שמעון, לא ייתכן ש"זכות תולה", משום שזה מבטל את המשמעות של שתיית המים. כאשר אישה יוצאת נקייה משתיית המים, זה לא אומר שהיא טהורה, אלא יכול להיות שהיא טמאה אבל יש לה זכות. מה המשמעות שהיא יצאה נקייה משתיית המים? לכן אומר רבי שמעון: "אתה מוציא שם רע על הטהורות ששתו, והן אומרים טמאות היו אלא שתלה להן זכות!".

את אותו טיעון הגמרא אומרת על דעת רב ששת. אם יש מציאות שאישה יוצאת נקייה למרות שהיא חוטאת מפני שישנם עדים בעולם – תמיד

יהיה אפשר לומר שהסיבה שהאישה יצאה נקייה היא בגלל העדים ולא בגלל שהיא לא חטאה, ונמצא "מוציא שם רע על הטהורות ששתו".

תשובת הגמרא היא שאכן לפי רבי שמעון גם עדים לא תולים, ובוודאי שהמים פועלים תמיד על אישה חוטאת. אלא שדברי רב ששת הם לפי חכמים, שכמו שהזכות תולה, גם עדות תולה.[56]

בשלב הזה הגמרא מצביעה על סתירה בשיטת רב ששת: לכאורה רב ששת סובר כשיטת ר' שמעון, אבל אם כך, דברי ר' שמעון על שיטת חכמים "מוציא שם רע על הטהורות" יחולו גם על רב ששת עצמו. אף שבסופו של דבר, הגמרא מיישבת את שיטת רב ששת עם שיטת חכמים, בעומק הדברים רב ששת לא יכול לקבל את שיטתם ש"זכות תולה".

יתרה מזו. עד כאן ראינו שלפי רב ששת מטרת המים היא להעיד אם אישה אשמה או לא. מנקודת המבט שמציעה הגמרא בחלק הזה, נראה שרב ששת מרחיב את האפשרויות שבהן האישה תצא נקייה למרות שהיא חטאה לכל המקרים שבהם יש עדים. כלומר גם לשיטת רב ששת, אם יש עדים שהאישה חטאה (אבל הם לא העידו) אישה תצא נקייה ותחזור לביתה. אומנם אם הם יעידו – היא תיאסר על בעלה, אבל כל עוד לא העידו – שתיית המים מאפשרת לה לחזור לנישואיה. בשלב הזה הגמרא מגייסת את שיטת רב ששת לפרשנות שרואה בשתיית המים הליך שמאפשר לאישה לחזור לביתה, ואפילו אם היא חוטאת.

מהלך הסוגיה להצביע על החולשה בדברי רב ששת, וגם המשמעות שהיא מעניקה לגישה שלו, הם ביטוי למגמתיות של הגמרא להעדיף את הגישה שרואה בשתיית מי סוטה מעשה של תיקון ולא של הענשה.

מקור נוסף לשיטת רב ששת

בתחילת הדיון, המקור לדברי רב ששת היה הפסוק "וְנִסְתְּרָה וְהִיא נִטְמָאָה וְעֵד אֵין בָּהּ". על הפסוק הזה אומר רב ששת שדין סוטה חל רק אם אין מי "שידע בה", דהיינו שאין עדות. אבל אם יש עדות – אין דין סוטה נוהג בה, וגם אם הובאה אל הכוהן והושקתה במים – אין המים בודקים אותה.

בקטע הזה הגמרא מביאה מקור אפשרי אחר לשיטת רב ששת (אם

56. בקטע הבא רב מקשה על שיטת רב ששת מהמשך המשנה: "אלו שמנחותיהן נשרפות" והגמרא מיישבת את שיטתו. בחלק הזה של הסוגיה לא נדון כאן.

כי "לאו מטעמיה", לא לפי שיטתו), המסתמך על הפסוק "וְאִם לֹא נִטְמְאָה הָאִשָּׁה וּטְהֹרָה הִוא וְנִקְּתָה וְנִזְרְעָה זָרַע" (במדבר ה, כח):

תניא כוותיה דרב ששת, ולאו מטעמיה:
טהורה – ולא שיש לה עדים במדינת הים,
וטהורה – ולא שתלתה לה זכות,
היא – ולא שישאו ויתנו בה מוזרות בלבנה.

המילים "וטהורה היא" בפסוק מיותרות, משום שאת הוראת הפסוק, שאישה שיוצאת נקייה במבחן המים זוכה להירין, אפשר ללמוד גם ללא המילים הללו. אם היה כתוב בפסוק רק: "ואם לא נטמאה האישה וניקתה ונזרעה זרע", ללא המילים "וטהורה היא". מהמילים המיותרות לומדת הברייתא שיש מקרים שאישה יוצאת טהורה אבל היא לא זוכה להירין: "טהורה" – ולא שיש עליה עדים שהיא אינה טהורה, "וטהורה" – ולא אם הזכות תולה לה, "היא" – ולא במקרה "שישאו ויתנו בה מוזרות בלבנה", כלומר שיש עליה שמועה מובהקת שהיא חטאה (רש"י). הברייתא מתאימה לשיטת רב ששת משום שגם היא אומרת שאישה שיש עליה עדים יכולה לצאת נקייה בבדיקת המים.

הגמרא חוזרת ומקשה על שיטת רבי שמעון את מה שהקשתה קודם לכן, שזה יכול להוציא שם רע על הטהורות:

ורבי שמעון, נהי דוי"ו לא דריש,
הא איכא: יש לה עדים במדינת הים!
לא שכיחא.

הגמרא אומרת שגם אם ר' שמעון לא דורש את הלימוד מו' מיותרת במילה "וטהורה" – הוא יסכים שסוטה שיש עליה עדים במדינת הים תצא נקייה. והרי רבי שמעון סובר שזכות אינה תולה ואינה מעכבת את פעולת המים, ואם במקרה שיש עדים במדינת הים והם יגרמו לה להיות טהורה אחרי שתיית המים, הדבר מערער את האמינות של שתיית המים.

תשובת הגמרא: "לא שכיחא" – המקרה של עדים שנמצאים רחוק ועדיין לא העידו אינו שכיח, ואנשים לא יעלו על דעתם לחשוד בטהורות. כך ר' שמעון יכול להסתדר עם שיטת רב ששת, מה שקודם לכן הגמרא דחתה.

על פי הברייתא, יש שני סוגים של מצבים שבהם אישה יוצאת נקייה ממבחן המים: מצב אחד בא לידי ביטוי במילים "לא נטמאה" – האישה לא נענשה במבחן המים, אבל יש עדיין סיכוי שהיא חטאה. מצב שני בא לידי ביטוי במילים "וטהורה היא" – האישה יוצאת נקייה משתיית המים משום שהיא באמת לא חטאה, ולא רק משום שהזכות תולה או שיש עליה עדים. שני המצבים הללו מצביעים על שתי המשמעויות של הליך שתיית המים ושל פרשת סוטה בכלל. "וטהורה היא" – המטרה של בדיקת המים היא הוכחת אשמה, "לא נטמאה" – המים לא בודקים את אשמת האישה, אבל היא יוצאת נקייה ובכך מתאפשרת חזרתה לחיי הנישואין והשבת השלום אל הבית.

סיכום

הסוגיה הזו בוחנת מקרה מעניין שבו שתיית המים לא רק שאינה מבררת את האמת בנוגע לאשמת האישה, אלא אפילו סותרת אותה.

הדעות השונות שמביאה הגמרא, במקורות התנאיים והאמוראיים, וגם האופן שבו הגמרא דנה בהם ומפרשת אותם, מתגבשים לשתי גישות המבטאות פרשנות רעיונית למגמה של שתיית מי סוטה. מחלוקת האמוראים בנושא, שנידונה בגמרא ביחס לדעות תנאיות, מבטאת שתי פרשנויות אפשריות לשתיית מי סוטה. רב ששת מבטא את העמדה שמטרת השתייה של המים היא בירור האמת, ולכן הוא מעדיף לקבל את העדות על פני התוצאה של בדיקת המים. רב יוסף מקבל את עדות המים, כלומר מנקה את האישה גם אם ברור שהיא חטאה משום שהוא סובר שהמשמעות של התהליך היא שיקום המשבר והאפשרות להמשיך את החיים המשותפים.

מתי קרב קורבן המנחה?

המשנה בתחילת פרק שלישי (ג, א) עוסקת בקורבן המנחה שמביאה האישה הסוטה:

> היה נוטל את מנחתה מתוך כפיפה מצרית ונותנה לתוך כלי שרת ונותנה על ידה, וכהן מניח ידו מתחתיה ומניפה.
> הניף והגיש קמץ והקטיר, והשאר נאכל לכהנים.
> היה משקה ואחר כך מקריב את מנחתה;
> רבי שמעון אומר: מקריב את מנחתה ואח"כ היה משקה, שנאמר:

> "ואחר ישקה את האשה את המים", אם השקה ואחר כך הקריב את מנחתה – כשרה.

רבי שמעון ותנא קמא חולקים אם הקרבת המנחה קודמת לשתיית המים או לאחריה. לדעת תנא קמא, הקרבת המנחה היא לאחר שתיית המים, ובהקרבתה מסתיים הטקס. לדעת רבי שמעון, הקרבת המנחה קודמת לשתיית המים, ושתיית המים חותמת את הטקס כולו (בדיעבד רבי שמעון מתיר גם הקרבת המנחה אחרי שתיית המים).[57]

כדי להבין את המשמעות של המחלוקת, יש לעמוד קודם לכן על המשמעות של קרבן המנחה.

בתורה מכונה המנחה שמביאה הסוטה בשלושה כינויים שונים: מנחת קנאות, מנחת זיכרון ומזכרת עוון: "מִנְחַת קְנָאֹת הוּא מִנְחַת זִכָּרוֹן מַזְכֶּרֶת עָוֹן" (פסוק טו).

הירושלמי מייחס את התיאורים השונים של המנחה לתוצאה של מבחן המים:

> אלא מנחת זכרון יש לה זכות. מזכרת עון אין לה זכות.[58]

מבחן המים קובע את המשמעות של הקורבן: אם האישה אשמה המנחה היא ביטוי ל"עוון", בדומה לחטאת או אשם.[59] אם האישה יצאה נקייה ממבחן המים, המנחה היא "מנחת זכרון". זיכרון נושא משמעות חיובית,[60] ועדיין,

57. כבר בפסוקי התורה ישנה עמימות ביחס ליחס שבין הקרבת המנחה ושתיית המים: "וְהִשְׁקָה אֶת הָאִשָּׁה אֶת מֵי הַמָּרִים הַמְאָרְרִים וּבָאוּ בָהּ הַמַּיִם הַמְאָרְרִים לְמָרִים: וְלָקַח הַכֹּהֵן מִיַּד הָאִשָּׁה אֵת מִנְחַת הַקְּנָאֹת וְהֵנִיף אֶת הַמִּנְחָה לִפְנֵי ה' וְהִקְרִיב אֹתָהּ אֶל הַמִּזְבֵּחַ: וְקָמַץ הַכֹּהֵן מִן הַמִּנְחָה אֶת אַזְכָּרָתָהּ וְהִקְטִיר הַמִּזְבֵּחָה וְאַחַר יַשְׁקֶה אֶת הָאִשָּׁה אֶת הַמָּיִם". כתוב פעמיים שהכוהן משקה את האישה במים המרים: לפני הקרבת המנחה, וגם אחריה.

58. ירושלמי סוטה ג, ד.

59. רמב"ן על הפסוק, ד"ה לא יצק עליו שמן: "כל המפרשים 'כי מנחת קנאות הוא' לומר בעבור שזאת המנחה מנחת עונש היא". וכן באברבנאל, שם: "והוא אמרו מזכרת עון שיזכור עונה האדון ה' כדי להענישה".

60. בתוספתא ראש השנה א, יב: "אמרו לפני מלכויות זכרונות ושופרות... זכרונות כדי שיבוא זכרונכם לטובה לפניי וכו'". וולפיש, יום הדין, עמ' 79–82, דן במשמעות של זיכרון בהקשר חיובי.

לא ברור מה המשמעות של המנחה "מנחת זכרון" שמקריבה הסוטה לאחר שיצאה נקייה במבחן המים, ועלינו להבין למה מיועד הקורבן.

אישה היוצאת נקייה במבחן המים חוזרת לביתה להמשך החיים המשותפים. לפי תנא קמא במשנה, יש שלב מקדים לחזרת האישה לבעלה – והוא הקרבת המנחה. קורבן כזה אינו "מזכרת עוון", משום שלא היה עוון. במקרה כזה, הקרבת המנחה לאחר שתיית המים מקבלת משמעות של שלב מעבר לחיים המשותפים. התהליך שעוברת אישה סוטה, על השלבים שקדמו לו, כולל רגשות קשים, חשדות, חוסר אמון, תחושת השפלה וכדומה. רגשות כאלו אינם נמחים ברגע. קורבן המנחה שלאחר שתיית המים מבטא את השלב שמאפשר לאישה להניח לעבר ולפתוח דף חדש.

לדעת תנא קמא, התהליך אינו מסתיים בשתיית המים, משום שבירור אשמה אינו המטרה הסופית שלו. השיא של התהליך יבוא לידי ביטוי באיחוד המחודש של בני הזוג לאחר תיקון וחידוש האמון. ואת השיא הזה מבטא קורבן המנחה.

לדעת ר' שמעון, המנחה מוקרבת לפני שתיית המים. לשיטתו המשמעות של הקורבן אינה קשורה לתוצאה של מבחן שתיית המים.

בספרי אפשר לראות התייחסות עקרונית למשמעות של קורבן המנחה ושל התהליך שעוברת אישה סוטה ללא קשר לתוצאת המבחן:

> "מנחת זכרון", שומע אני זכות וחובה
> ת"ל "מזכרת עון" – כל הזכרונות שבתורה לטובה וזו לפורענות דברי ר' טרפון.
> ר"ע אומר אף זו לטובה שנאמר "ואם לא נטמאה האשה", אין לי אלא "מזכרת עון" מזכרת זכות מנין? ת"ל "מנחת זכרון" מכל מקום.[61]

שתי משמעויות עקרוניות יש לקורבן המנחה והן מגולמות בכינויים הכפולים: לדעת רבי טרפון המנחה היא "מזכרת עוון", ואף שזיכרון בדרך כלל נושא משמעות חיובית, המילה "עוון" נותנת משמעות שלילית לתהליך כולו. נקודת המבט של ר' טרפון היא של "עוון" – התהליך כולו נועד לגלות את החטא ולהעניש במידת הצורך.

61. ספרי במדבר, פרשת נשא פסקה ח.

ר׳ עקיבא מתמקד בביטוי "מנחת זיכרון". בשלב ראשון ר׳ עקיבא דורש "אף זו לטובה" במקרה שבו האישה יוצאת נקייה, אבל בשלב השני אומר ר׳ עקיבא "מנחת זיכרון – מכל מקום". כלומר התהליך כולו חיובי. אומנם, גם לשיטת ר׳ עקיבא יש אפשרות שיתברר שהאישה חטאה. במקרה כזה היא אכן תיענש ותמות, אבל בראייה כללית רבי עקיבא דורש את התהליך שעוברת אישה סוטה לטובה.[62] את דברי ר׳ עקיבא אפשר להבין אם הוא סובר שזהו תהליך של השכנת שלום ושיקום הנישואין.

בדומה לזיכרון הברית במצרים, "וַיִּזְכֹּר אֱלֹהִים אֶת בְּרִיתוֹ אֶת אַבְרָהָם אֶת יִצְחָק וְאֶת יַעֲקֹב" (שמות ב, כד), גם מנחת הזיכרון מזכירה לבני הזוג את הברית הקדומה שביסוד הקשר ביניהם. הזיכרון הזה הוא הוא, לפי ר׳ עקיבא, המשמעות של קורבן המנחה ושל התהליך כולו, שנועד לאפשר לבני הזוג להתגבר על המשבר ולחזור לחיים המשותפים.

המחלוקת על השלב שבו יש להקריב את המנחה משקפת מחלוקת רעיונית של המטרה של הטקס. לפי תנא קמא, הקרבת המנחה לאחר שתיית המים קשורה לתוצאה של שתיית המים. אם האישה אשמה – המנחה היא מעין קורבן חטאת, אם האישה לא אשמה – היא סוג של קראוזיס וסיום שיאפשר לה להתנקות מכל מה שהיא עברה ולחזור לביתה. לפי ר׳ שמעון, קורבן המנחה לא קשור לתוצאה של שתיית המים, אלא הוא ביטוי למשמעות של הטקס כולו – מזכרת עוון, או מנחת זיכרון, טקס שעניינו להאשים ולהעניש או טקס שעניינו להשיב את השלום אל הבית.

סיכום

שלא כמו שעולה מפסוקי התורה, סוגיית הפתיחה מציגה בפנינו פרשנות חדשה לפרשת סוטה. על פי התורה, הטקס שעוברת אישה סוטה במקדש הוא טקס משפיל שנועד להוכיח את אשמתה או לזכות אותה. סוגיית הפתיחה מציגה בפנינו תפיסה שמטרתו של הטקס היא השבת השלום אל הבית והחזרת האיש והאישה לחיים משותפים. הגישה הזו באה לידי ביטוי לאורך סוגיית הפתיחה במדרשים, בדיונים ההלכתיים ובמבנה המגמתי של

62. בירושלמי סוטה ג, ד הנוסח של דברי רבי עקיבא ברור יותר: "הא אינו אומר מנחת זכרון אלא לטובה".

הסוגיה המוליך את הלומד צעד אחר צעד אל המשמעות הזו של פרשת סוטה ואף יוצר אותה מתוך הפסוקים, המקורות התנאיים, המימרות והמדרשים.

המשמעות הזו באה לידי ביטוי גם בפרטים הלכתיים רבים לאורך מסכת סוטה, שכאן הבאנו שניים מתוכם. בשתי הסוגיות ההלכתיות הראינו כיצד דיונים הלכתיים טכניים לכאורה לא רק מבטאים, אלא אפילו מעצבים תפיסה רעיונית עמוקה של המשמעות של פרשת סוטה.

מסכת בבא קמא פרק ראשון – ארבעה אבות נזיקין

החלק הראשון של מסכת בבא קמא עוסק בהלכות נזקי ממונו של האדם, ובכלל זה גם אדם המזיק את ממון חברו. המשנה הראשונה במסכת מחלקת את סוגי הנזקים השונים לארבע קטגוריות, שאותן היא מכנה בשם "אבות". וכך לשון המשנה: "ארבעה אבות נזיקין: השור הבור המבעה וההבער". משנה זו היא כותרת למסכת ופרטי ההלכות של אבות הנזיקין נידונים בהרחבה לאורכה. סוגיית הפתיחה למסכת בבא קמא, בעקבות המשנה, עוסקת באופן ישיר באבות הנזיקין, במקור שלהם במקראות, בהגדרה שלהם ובעיקר בתולדות שלהם וביחס בין האבות לתולדות. הסוגיה הראשונה, הנמשכת לאורך כשני דפים (עד דף ג ע"ב), מורכבת וגדושה בפרטים ובפרטי פרטים. רבים מן הפרטים המרכיבים את הסוגיה הם אזכורים קצרים של מחלוקות וסוגיות מהמשך הפרק.

פעמים רבות כאשר ניגשים ללימוד הסוגיה – אנו צוללים באופן טבעי לים הפרטים, בניסיון לסדר אותם, כלומר להעמיד הגדרות מופשטות לכל אחד מאבות הנזיקין ולתולדותיהם, לאפיין כל אחד מן האבות, להגדיר את ההבדלים ביניהם ולשייך את הפרטים הרבים לקטגוריות השונות. לשם כך, במקרים רבים הלומדים נעזרים בסוגיות המפורטות והמורחבות שבהמשך המסכת המוזכרות בסוגיית הפתיחה כדי לרדת לשורש המשמעות של הסוגיה ופרטיה.[1]

1. ברנדס, המשוכה הראשונה, עמ' 43-44, מציע ללומדי הסוגיה לא להעמיק בפרטים שמצויים בסוגיה, המוזכרים בתמצות מסוגיות שבהמשך הפרק והמסכת, אלא לחכות ללימוד השיטתי והמורחב על פי סדר הסוגיות במסכת.

בפרק זה ניגש לעסוק בסוגיה באופן אחר. במקום להתמקד בפרטים הרבים והשונים שמצויים בסוגיה – נביט עליה במבט כללי וננסה לקבל ממנה את נקודת המבט העקרונית והרחבה על פרק ראשון ועל נושא הנזיקין בכלל. על פי דרכנו, סוגיית הפתיחה מציעה מבט כללי עקרוני על הנושא הנידון בפרק או במסכת, וכך נלמד אותה. לכן, שלא כמו פרשנויות רבות אחרות לסוגיה הזו – לא נרבה לעסוק בפרטים ואף לא נעסוק בכל הפרטים המצויים בסוגיה, אלא ננסה לעמוד על המגמה של הסוגיה השלמה המורכבת מהפרטים השונים והרבים ועל העיקרון שעומד ביסוד המגמה הזו. על פי המטאפורה של ים התלמוד – במקרה הזה הפרשנות תהיה דומה יותר לטיפוס לסוכת המציל כדי לבחון את הים מלמעלה, כדי לקבל תמונה רחבה וכוללת של הים.

היתרון בנקודת מבט רחבה הוא גם בפרשנות שהיא מעניקה לפרטים. יתר על כן, לעיתים קל יותר להבין את הפרטים מנקודת המבט הכללית, משום שהכלל מהווה את ההקשר הרחב, ומתוכו מקבלים גם הפרטים את מובנם ואת משמעותם.

חשוב לציין גם את החיסרון שיש בנקודת מבט רחבה. במבט כזה אפשר לפספס את הפרטים.[2] לכן, בחלק השני של הפרק נתייחס לחלק מן הפרטים המוזכרים בסוגיה. בחלק הזה ננסה להחיל את נקודת המבט העקרונית המוצגת בסוגיית הפתיחה על ארבעה נושאים הלכתיים מתוך הפרק. הנושאים ההלכתיים נבחרו לפי המרכזיות שלהם בדיונים, והלומד מוזמן להמשיך בדרך זו בלימוד ובפרשנות של סוגיות הלכתיות נוספות.

המשנה

המשנה הפותחת את מסכת בבא קמא קובעת שיש ארבעה אבות נזיקין. את ההגדרות הללו שואבת המשנה מן המקרא, וכל מזיק שמוזכר בפירוש בתורה (שמות פרקים כא-כב) מוגדר במשנה כאב נזיקין.[3]

2. לעיתים נפנה בהערות השוליים לראשונים או למאמרים מסכמים העוסקים בראשונים, באחרונים ובפרטים כאלו או אחרים של הדיון. הערות אלו נועדו להצביע על קשר בין העקרונות לפרטים, אבל לא להיכנס לעובי הקורה שלהם, כאמור, כדי לשמור על המבט הכללי והרחב, שהוא החידוש של סוגיית הפתיחה.
3. רש"י ב ע"א, ד"ה ארבעה אבות נזיקין.

ארבעה אבות נזיקין: השור, והבור, והמבעה, וההבער.
לא הרי השור כהרי המבעה, ולא הרי המבעה כהרי השור. ולא זה וזה שיש בהן רוח חיים, כהרי האש שאין בו רוח חיים. ולא זה וזה שדרכן לילך ולהזיק, כהרי הבור שאין דרכו לילך ולהזיק.
הצד השוה שבהן – שדרכן להזיק ושמירתן עליך. וכשהזיק, חב המזיק לשלם תשלומי נזק במיטב הארץ.

המשנה לא רק קובעת מהם אבות הנזיקין אלא גם מאפיינת אותם, וליתר דיוק, מאפיינת את הייחודיות של כל אחד מהאבות ביחס לאחרים. הניסוח "לא הרי ה... כהרי ה..." מצביע על מאפיין ייחודי של כל אחד מן האבות: שור ומבעה[4] – יש בהם רוח חיים, ודרכם לילך ולהזיק,[5] בור – אין דרכו לילך ולהזיק, והבער – אין בו רוח חיים.[6]

התפיסה העקרונית של המשנה

מתוך הלשון של המשנה "לא הרי כהרי" מתברר שנקודת המבט של המשנה על עולם הנזיקין קשורה לסוג המזיק והמאפיינים שלו. זו המשמעות של חלוקה של הנזיקין לארבעה אבות – ארבע קטגוריות של נזקים.

בחלק האחרון, המשנה מחפשת את "הצד השווה" המשותף לארבעת האבות, והוא "שדרכן להזיק ושמירתן עליך. וכשהזיק, חב המזיק לשלם תשלומי נזק במיטב הארץ". המשנה מביעה כאן את עקרון האחריות בנזיקין, העולה גם מן המקרא, דהיינו שכל דבר שיש בו כדי להזיק – יש לשומרו

4. רב ושמואל נחלקו אם מבעה זה שן או אדם. במחלוקת הזו נעסוק בהרחבה בהמשך.
5. ההבדלים בין שור ומבעה לא מובאים במשנה, למרות שהמשנה מבינה שיש הבדלים כאלו, "לא הרי השור כהרי המבעה ולא הרי המבעה כהרי השור", כלומר בכל אחד מהם יש צד חמור. המאפיינים הללו מובאים בגמרא בדף ג ע"ב – ד ע"א. תוספות ב ע"א, ד"ה לא הרי השור כהרי המבעה, מסבירים שהגמרא לא פירטה כאן את ההבדל ביניהם כפי שעשתה במקרים האחרים במשנה, מפני שהיא רוצה להדגיש את המאפיין החמור של האש, שאין בו רוח חיים, ולכן הצביעה על המכנה המשותף, שיש בהם רוח חיים. בכל אופן, ההבדל בין השור למבעה קשור להבחנה בין תם ומועד, שקיימת רק בשור ולא במבעה.
6. השלמה של המאפיין הייחודי בכל אחד מן האבות יש בגמרא, לאורך פרקים ד-ו במסכת. סיכום המאפיינים הייחודיים לכל אחד מהאבות לפי המשנה והגמרא ראו אצל אלבק, דיני הנזיקין, עמ' 19.

שלא יזיק, ואם בכל זאת הזיק, המזיק חייב לשלם על הנזק. כך עולה גם ממשנה ב: "כל שחבתי בשמירתו הכשרתי את נזקו... חבתי בתשלומין".

שני חלקי המשנה מבטאים שתי נקודות מבט שונות על עולם הנזיקין: החלק הראשון של המשנה מתמקד בהבדלים שבין סוגי המזיקים, ואילו החלק השני עוסק בצד השווה של המזיקים השונים.[7]

מנקודת המבט של הסיפא של המשנה, החיוב לשמירה על הרכוש שלא יזיק הוא מוחלט, ללא תלות בסוג המזיק או הנזק. מנקודת המבט הזו, המחייבת שמירה ואחריות מוחלטות על המזיק – הפירוט של המשנה נראה מיותר. הרי אפשר ללמוד את החיוב בשמירה רק מהאמירה הכללית ואין צורך לפרט את סוגי הנזק. אם כך, מה החשיבות של ההבחנה בין סוגי הנזקים השונים, אם הבעלים חייב לשמור עליהם מלהזיק בכל מקרה?[8]

למרות שקיומה של חובת שמירה משותף לכל סוגי המזיקים – יש הבדל בין הקטגוריות השונות של המזיקים. ההבדל הזה בא לידי ביטוי ביישום ובהשלכות של חובת השמירה העקרונית, שהיא משתנה לפי האופי של המזיק. מכאן משתמע שהמשנה מפרטת את סוגי הנזקים השונים ואת המאפיין הייחודי לכל סוג נזק דווקא מפני שהיא מבקשת להדגיש את החשיבות שהיא נותנת לקיומה של השמירה. כלומר המשנה אומרת שלא משנה מה המזיק ומאפייניו, הבעלים חייב לשמור על רכושו מלהזיק בכל מקרה ובכל צורה.[9] לאור האמירה הזו – נקודת המבט של המשנה,

7. הלבני, בבא קמא, עמ' א–ז, עומד על הפער הזה ומסביר אותו.

8. יש מן הראשונים שמצביעים על כך שאין נפקא מינה הלכתית להבחנה של המשנה בארבעה אבות נזיקין. תוספות ה ע"ב, ד"ה להלכותיהן, מראים שהמשנה מאריכה שלא לצורך, שכן אפשר היה ללמוד את כל החיובים מבור ומאחד משאר מיני המזיקים. את האריכות של המשנה בפירוט ארבעת אבות הנזיקין הם מסבירים כך: "ומתני' לא קתני אלא להגדיל תורה ויאדיר". התירוץ של התוספות דחוק, כפי שמעיר הפני יהושע על סוגייתנו, ד"ה ארבעה. הדוחק הזה מדגיש את הבחירה של המשנה לפרט את התכונות של האבות, למרות הייתור שבפירוט כזה. המאירי, בית הבחירה בבא קמא, ב ע"א, ד"ה וכבר, מסביר: "עד שמתוך כך הקשו בתוספות במה שאמר לא זה וזה וכו' שאף בלא טעם זה לא היו למדין זה מזה, שאם כן היינו נותנין לאחד כל דינין שבחברו עד שמתוך כך כתבו שאין לדקדק במשנה זו כל כך שלא באה אלא ליתן פתח ומבוא לדברים, ואף במה שהתחיל לא סיים, שהרי היה לו לומר לא הרי האש כהרי שניהם שיש כח אחר מעורב בו, אלא שאין לדקדק בה כל כך וכל שכן במה שאינו מעלה ומוריד לענין פסק".

9. רבא נדרש לשאלה הזו, בדף ה ע"ב: "אמר רבא: וכולהו כי שדית בור בינייהו אתיא כולהו במה הצד, לבר מקרן", כלומר, שאפשר היה ללמוד את כולם מבור בהצד השווה. "אלא למאי הלכתא כתבינהו רחמנא? להלכותיהן". רבא מסביר שהתורה והמשנה פירטו

המגדירה סוגי מזיקים מחד גיסא, ומאידך גיסא מטילה את האחריות למניעת הנזק באופן מוחלט על הבעלים – טומנת בחובה את התפיסה שמה שקובע את החובה של האדם באחריות על נזקים זו השאלה עד כמה הבעלים נזהר לשמור עליו. לכן יש חשיבות לצורת השמירה, שהיא נגזרת של סוג המזיק ומאפייניו.

תפיסות תנאיות אלטרנטיביות

אפשר לקבל את נקודת המבט הזו, אך במשניות אחרות בפרק ובמסכת, ובמקורות תנאיים אחרים, קיימות גישות אחרות לנזיקין.

במשנה האחרונה בפרק א, שהיא כותרת לפרקים ב-ג, מובאת גישה אחרת והיא ההבחנה בין תמים למועדים, ולא ארבעת האבות שהוצגו בראש המסכת.

ההתייחסות למועד מצויה כבר בתורה (שמות כא, כט):

וְאִם שׁוֹר נַגָּח הוּא מִתְּמֹל שִׁלְשֹׁם וְהוּעַד בִּבְעָלָיו וְלֹא יִשְׁמְרֶנּוּ:

בתורה, המועד מתייחס לבעלים, והמשנה משנה את המשמעות שלו:

איזה הוא תם ואיזה הוא מועד?
מועד כל שהעידו בו שלשה ימים
ותם משיחזור בו שלשה ימים
דברי רבי יהודה.
ר׳ מאיר אומר:
מועד שהעידו בו שלשה פעמים
ותם כל שיהו התינוקות ממשמשין בו ואינו נוגח.[10]

במשנה השור הוא שהופך להיות מועד, והמשנה קובעת מהו שור מועד ומהו שור תם, שהוא שור שאינו מועד, ואת גדריו המדויקים.

את כל האבות כדי ללמוד את ההלכות השונות הנוהגות בכל אחד מן האבות, דהיינו שיש הבדלים בהלכות. ראו גם זהר, מסכת נזיקין, עמ׳ 206–207.

10. משנה בבא קמא ב, ד.

המשנה מרחיבה את המשמעות של מועד וקובעת שיש סוגים שונים של מועד:

חמשה תמין וחמשה מועדין.
הבהמה אינה מועדת לא ליגח ולא ליגוף ולא לשוך ולא לרבוץ ולא לבעוט,
השן מועדת לאכול את הראוי לה,
הרגל מועדת לשבור בדרך הלוכה,
ושור המועד ושור המזיק ברשות הניזק והאדם,
הזאב והארי והדוב והנמר והברדלס והנחש הרי אלו מועדין.[11]

מהמשנה משמע שמועד הוא לא רק שור שנגח כמה פעמים (כמו שעולה מלשון המקרא "והועד בבעליו", וכמו שמובא גם במשנה בפרק שני), אלא כל דבר שהוא רגיל וצפוי להזיק, כגון השן והרגל, שהם מועדים להזיק בהתנהגותם הטבעית, וכן, במשנה שחותמת את פרק ב, אדם, שהוא "מועד לעולם".[12]

ביסוד שיטת המועדים עומדת תפיסה המצמצמת את האחריות של הבעלים.[13] שלא כמו במשנת "אבות הנזיקין", שם אחריות הבעלים על רכושם היא מוחלטת, בהבחנה בין תם למועד יש שחרור של הבעלים מן האחריות המוחלטת והחלתה רק במקרים שבהם יש מועדות לנזק. לשון המשנה "מועד ל..." ולא "מועד" סתם (כמו בתורה) מראה כי האחריות של הבעלים אינה על הבהמה כמכלול, אלא על מה שהיא רגילה וצפויה להזיק בלבד. "הבהמה אינה מועדת לא ליגח ולא ליגוף ולא לישוך ולא לרבוץ ולא לבעוט וכו'". זהו צמצום של אחריות הבעלים מאחריות מוחלטת על בהמה שברשותם לאחריות רק על נזק שהוא צפוי.

כך מסביר הרש"ר הירש:[14]

11. משנה בבא קמא א, ד.
12. משנה בבא קמא ב, ו. ראו אצל זהר, מסכת נזיקין, עמ' 201–202.
13. שור תם משלם חצי נזק. ההסבר הוא שמצד הדין, בעל השור פטור מתשלום, אבל הוא מתחלק בנזק עם הניזק, ראו בהרחבה אצל וייסטרייך, דיני הנזיקין, עמ' 33–38.
14. בפירושו לשמות כא, כח ד"ה נקי. למקורות נוספים המאפיינים באופן דומה את ההבחנה בין תמים ומועדים ראו וייסטרייך, דיני הנזיקין, עמ' 33 והע' 3.

והואיל ואין דרכו של שור תם לנגוח בני אדם, ולא היה על הבעל לדעת שיגח שלא כדרכו, הרי שבעל השור פטור מכל וכל ואף אינו חייב על שמירה שלא כהלכה.

כלומר ההבדל בין דיני תם למועד הוא מפני שהציפייה לאחריות הבעלים קיימת רק אם יש סבירות שייגרם נזק, ולא בכל מקרה.

אפשר להגיד שנקודת המוצא של משנת המועדים הפוכה מזו של משנת אבות הנזיקין. במשנת אבות הנזיקין נקודת המוצא היא אחריות מוחלטת של הבעלים על רכושו וחובת שמירה מוחלטת. ואכן, השור הוא אחד מאבות הנזיקין, והבעלים חייב בכל מקרה של שור המזיק. במשנת תמין ומועדין יש פטור לנזק של שור אם השור הוא תם, ולנזקים נוספים אם הם לא מועדים. הפטור הוא במקרה שהנזק לא מועד להזיק. לכן חובת שמירה מצטמצמת וחלה רק במקרה של נזקים מועדים. מכאן ניתן להסיק שעל פי תפיסת המועדים, רק אם הבעלים פשע והתרשל ולא שמר הוא יהיה חייב על נזק של רכושו. אבל אם אין פשיעה או רשלנות, משום שלא הייתה מועדות – אין הבעלים חייב על הנזק.

נקודת מבט שונה, שלישית, על עולם הנזיקין מובאת במכילתא:[15]

ד׳ כללות היה רבי שמעון בן אלעזר אומר משום ר׳ מאיר בנזקין,
כל מקום שיש רשות למזיק ולא לניזק פטור,
לניזק ולא למזיק חייב בכל,
לניזק ולמזיק אפי׳ מיוחדת כגון חצר של שותפין והפונדק,
לא לניזק ולא למזיק כגון רשות אחרת, על השן ועל הרגל חייב, ועל השאר, מועד משלם נזק שלם ותם משלם חצי נזק. בכל מקום שיש רשות לניזק ולמזיק והבקעה ורשות הרבים וכיוצא בהן, על השן ועל הרגל פטור, ועל השאר, מועד משלם נזק שלם ותם משלם חצי נזק.

במדרש ההלכה הזה המשקל המכריע בקביעת דיני הנזיקין תלוי במיקום של הנזק וברשות שניתנה למזיק ולניזק להיות שם. לגישה הזו המשקל הקובע הוא היחס והשייכות של הנזק לבעלים, ולא השמירה. אין הטלת חובה

15. מכילתא דרבי ישמעאל משפטים, מסכתא דנזיקין פרשה יד, ובמקבילה בתוספתא א, ב. הרחבה על הגישה הזו וביטויה גם במשנה ראו אצל זהר, מסכת נזיקין, עמ׳ 199–201.

עקרונית על הבעלים (כמו במשנת אבות הנזיקין), וגם לא חובה חלקית הנובעת מן הצורך לשמור במקרה שיש נזק מועד (כמו במשניות המועדים).

נקודת מבט רביעית, שונה לחלוטין, באה לידי ביטוי במשנה החותמת את פרק שני של בבא קמא (ב, ו):[16]

> אדם מועד לעולם בין שוגג בין מזיד בין ער בין ישן,
> סימא את עין חברו ושבר את הכלים משלם נזק שלם.

במשנה, העוסקת בנזקים שגורם האדם בעצמו, מקום הנזק, כיצד הוא נגרם או באיזו מידה התרשל האדם וכדומה אינה חשובה. להפך, המשנה אומרת בפירוש שכל אלו אינם משפיעים, שכן האחריות של האדם על הנזק, ללא כל תלות בנסיבות ובתנאים כלשהם – היא מוחלטת, ומשום כך הוא חייב לשלם נזק שלם. המשנה הזו אומרת בפירוש שהאחריות של האדם על נזקים שהוא גורם היא טוטלית ואינה תלויה בגורם כלשהו.

מבלי לעיין בפרטי הדינים או בהגדרה המדויקת של כל אחת מנקודות המבט שמוצגות לאורך המשניות של המסכת - עולה מן הסקירה הכללית של משניות המסכת שיש נקודות מבט אפשריות שונות לקביעת דיני הנזיקין.[17] משנת "ארבעה אבות נזיקין" היא ביטוי לנקודת מבט אחת, שבה פותחת המשנה את מסכת בבא קמא. הבחירה הזו שמה את כובד המשקל על חובת השמירה המוחלטת של הבעלים, בהתאם למאפיינים של המזיק.

אדם המזיק

מהי מידת האחריות המוטלת על אדם המזיק לפי כל אחת מן הגישות? האדם כמזיק אינו מופיע במשנת אבות הנזיקין אלא רק כבעלים שחייב לשמור על רכושו שלא יזיק.[18]

16. במשנה זו, מנקודת מבט שונה, דנו גם בפרק על סוגיית הפתיחה לפרק שלישי של בבא קמא, פרק המניח.
17. פירוט והרחבה של חלק מן הגישות שהוזכרו כאן מצויים במאמרו של זהר, מסכת נזיקין.
18. הדבר כמובן תלוי במחלוקת רב ושמואל אם מבעה זה אדם. את המחלוקת הזו והמשמעות שלה נסביר בהמשך. בשלב זה נפרש לפי שיטת שמואל, שמבעה זה שן. גם אם המשנה התכוונה לאדם, היא בחרה בלשון העמומה והדו־משמעית "מבעה" על פני הלשון "אדם", ויש משמעות לבחירה הזו. ניסוח כזה משדר שהמשנה בכוונה מעלימה את הנוכחות של האדם כמזיק מן הרשימה. ברקוביץ, נזיקין, עמ' 5–6, עומד על העמימות של ניסוח המשנה כך את שני האבות האחרונים, ומוסיף הסבר רעיוני לבחירה הזו.

ההעדרות של האדם כמזיק בולטת עוד יותר לאור קיומה של ברייתא מקבילה, המונה י"ג אבות נזיקין, ובהם כלולים נזקי אדם:

> מיכן אמרו שלשה עשר הן אבות נזיקין השור והבור והמבעה וההבער שואל ושומר חנם שכיר ונושא שכר נזק וצער וריפוי ושבת ובושת.[19]

ההשוואה לברייתא מבליטה את הבחירה של משנת אבות הנזיקין שלא להתייחס לאדם כמזיק, אף שברור שאדם הוא לא רק בעלים של רכוש שיצר נזק, אלא עשוי להזיק גם בעצמו. האדם נזכר במשנה כבעלים של רכוש שעשוי להזיק, אבל לא כמזיק בעצמו. אפשר להסביר שהמשנה לא כללה את האדם בארבעת אבות הנזיקין משום שהתפיסה שלה מתמקדת בנזק, ולא באחריות של האדם לרכושו ומתוך כך לנזק שנגרם על ידו. זו תפיסה שמרחיקה את האדם מהנזק ומתמקדת בנזק עצמו.[20] התפיסה הזו מנוגדת לתפיסה של משנת אדם מועד לעולם, שלא רק מתייחסת לנזקים שאדם גורם באופן ישיר, אלא גם מטילה על האדם את האחריות המוחלטת עליהם, ללא התחשבות באופי הנזק או בתנאים שבהם נגרם הנזק.

מנקודת המבט הזו, אפשר לראות כי לפנינו גישות ערכיות שונות לדיני הנזיקין. משנת אבות הנזיקין, ששמה דגש על חובת השמירה על הרכוש, מתמקדת בנזק שנעשה ובאחריות של הבעלים למנוע אותו, גם אם הוא לא הזיק בעצמו. לעומת זאת, ביסוד משנת המועדים מצויה תפיסה שמשחררת את האדם מן האחריות המלאה על הרכוש ודורשת ממנו אחריות רק במקרים שבהם יש צפי סביר שאכן יהיה נזק. לעומת אלו, במקורות העוסקים באדם המזיק יש גישה שמטילה אחריות על האדם אם יש קשר מידי וברור בין הפעולה של האדם לבין הנזק. לעומת זאת, משנת אדם מועד לעולם מנתקת את הקשר בין נזק שיצר אדם בגופו לשאלת האחריות והפשיעה, ומטילה על האדם אחריות מוחלטת למעשים של עצמו.

לסיכום נאמר שביסוד משנת אבות נזיקין, הפותחת את מסכת בבא

19. מכילתא דרבי שמעון בר יוחאי פרק כב פסוק יד; בתוספתא בבא קמא (ליברמן) ט, א. בבבלי בבא קמא ד ע"ב נמצאת בצידה גם שיטת רבי חייא המונה כ"ד אבות נזיקין.

20. נגן, נשמת המשנה, עמ' 355–362, צועד עם הטענה הזו צעד נוסף ומראה שבמקרה של נגיחת תם, כאשר האחריות אינה מוטלת על הבעלים – המשנה מטילה אחריות אפילו על השור עצמו, וזו הסיבה שמשלם מגופו.

קמא, מצויה תפיסה, אחת מבין כמה תפיסות ערכיות ומוסריות אפשריות, המטילה על הבעלים חובת שמירה הנקבעת לכל מזיק על פי אופיו.

בהמשך נראה כי סוגיית הפתיחה בגמרא מציעה תפיסה אלטרנטיבית לעיקרון הרעיוני שבתשתית של משנה א ומפתחת ומעמיקה את שני העקרונות הללו.

סוגיית הפתיחה

סוגיית הפתיחה מציגה שתי תפיסות רעיוניות אפשריות ליסוד הרעיוני והערכי שבתשתית הלכות נזיקין. תפיסה אחת מסבירה ומפתחת את המשמעות הרעיונית המצויה במשנה. בצידה מציגה הסוגיה גם תפיסה רעיונית שונה מזו של המשנה. את התפיסות הללו מציגה הסוגיה באמצעות הבחירה המגמתית לדון בהלכות נזיקין דווקא מנקודת המבט של היחס שבין אבות ותולדות, שהוא נושא שולי באבות הנזיקין. בדיון להלן נעמוד תחילה על מבנה הסוגיה ועל המגמתיות שבו. לאחר מכן נראה שבסוגיה עצמה יש הסבר למגמתיות הזו – בשני המודלים שהיא מציעה לאבות הנזיקין: אבות מלאכות שבת ואבות הטומאה. לבסוף נעמוד על המשמעות הרעיונית הטמונה גם במסקנה שאליה מוליכה הסוגיה כולה, בדין חצי נזק צרורות.

מבנה הסוגיה

לסוגיית הפתיחה של בבא קמא, מראש המסכת ועד לדף ג ע"ב, "לפוטרה ברשות הרבים", מבנה ספרותי ברור, הנסוב סביב היחס בין אבות הנזיקין ותולדותיהם.

> מדקתני אבות – מכלל דאיכא תולדות,
> תולדותיהן כיוצא בהן או לאו כיוצא בהן?
> גבי שבת... תולדותיהן כיוצא בהן,
> גבי טומאות... תולדותיהן לאו כיוצא בהן,
> הכא מאי?
> אמר רב פפא: יש מהן כיוצא בהן, ויש מהן לאו כיוצא בהן.[21]

21. בשלב הזה הסוגיה מוצגת בקיצור, תוך שמירה על המשפטים המהווים את השלד, ללא הפרטים – כדי להבהיר את מבנה הסוגיה. בהמשך הדיון נציג חלקים נוספים בסוגיה.

הסוגיה קובעת כי לפי נוסח אבות הנזיקין – "מדקתני אבות מכלל דאיכא תולדות", כלומר שמלשון המשנה "אבות" יש להסיק שיש גם תולדות נזיקין. על כך שואלת הגמרא אם "תולדותיהן כיוצא בהן או לאו כיוצא בהן", כלומר, האם התולדות דומות לאבות או לא דומות לאבות. השאלה הזו היא הציר שעליו בנויה הסוגיה.

לשאלת הגמרא שתי תשובות אפשריות: שהתולדות "כיוצא בהן", כלומר דומות לאבות, או שהתולדות "לאו כיוצא בהן", כלומר אינן דומות לאבות. שני המודלים האלה קיימים במקומות אחרים בהלכה, כפי שהסוגיה מציעה: המודל האחד של אבות ותולדות מלאכה בשבת, שם התולדות "כיוצא בהן", והמודל השני הוא של אבות הטומאה, שם התולדות "לא כיוצא בהן".

לאחר שהסוגיה העמידה את שני המודלים הללו זה מול זה היא שואלת "הכא מאי?", כלומר, לאילו משני המודלים הללו מתאימים אבות הנזיקין ותולדותיהם. בתשובה לשאלה הזו הגמרא מביאה את דברי רב פפא ש"יש מהן כיוצא בהן, ויש מהן לאו כיוצא בהן", דהיינו יש אבות נזיקין שהתולדות שלהם דומות להם, ויש אבות נזיקין שהתולדות אינן דומות להם.

מכאן ואילך הסוגיה מנסה לברר אילו מהאבות המוזכרים במשנה תולדותיהם כיוצא בהן, ואילו מהאבות תולדותיהם לאו כיוצא בהן. לשם כך הגמרא סוקרת כל אחד מן האבות שבמשנה ובברייתא[22] – קרן, שן, רגל, שור, בור, מבעה ואש ואת תולדותיהם. לאורך הבירור מסתבר כי כל אחד מן האבות "תולדותיו כיוצא בו". פעם אחר פעם נשללת האפשרות שהאב הנידון הוא המקרה שאליו כיוון רב פפא ש"תולדותיו לא כיוצא בהן".

כך נראה השלד של הסוגיה, לאחר שמדלגים על השקלא וטריא ונשארת רק מסגרת הדיון:

אלא תולדותיהן לאו כיוצא בהן דאמר רב פפא, אהייא?
אילימא אהני, מאי שנא קרן? דכוונתו להזיק וממונך ושמירתו עליך,
הני נמי כוונתן להזיק וממונך ושמירתן עליך!
אלא, תולדה דקרן כקרן,

22. בתחילה הגמרא מביאה ברייתא המפרטת את האבות הכלולים בשור: "תנו רבנן, שלושה אבות נאמרו בשור, הקרן והשן והרגל". לשם הבהרת הטיעון, ומחמת אריכות הסוגיה, הבאנו רק את חלקי הדיון המבהירים את המבנה של הסוגיה.

וכי קאמר רב פפא – אשן ורגל.

הצורה הזו של הדיון נמשכת בסוגיה גם באבות נוספים. לאחר שהגמרא דנה בתולדות הקרן, היא דנה בתולדות השן, וגם שם מגיעה למסקנה:

אלא, תולדה דשן כשן,
וכי קאמר רב פפא – אתולדה דרגל.

וכן בתולדות הרגל, וגם שם מגיעה למסקנה:

אלא, תולדה דרגל כרגל,
וכי קאמר רב פפא – אתולדה דבור.

וכן הלאה, בכל אבות הנזיקין. במהלך הדיון, בחלקים שהשמטנו, ישנם דיונים ארוכים ומפורטים בנושאים שונים הנוגעים לאב הנידון. בחלק מן האבות הגמרא מבררת את המקור המקראי לאב, לעיתים תוך שימוש בפסוקים נוספים להבהרה מדויקת של האב ודיון בהם. בחלק מהמקרים הגמרא מביאה דעות ומחלוקות מהמשך המסכת כדי לברר את הגדר של האב או של התולדות. רק לאחר מכן הגמרא דנה בתולדות של כל אב ומה היחס שלהן לאב.

את האב והתולדה שאינם דומים זה לזה מוצאת הגמרא בסופו של דבר (בדף ג ע"ב) במקרה של "חצי נזק צרורות", שהוא תולדה של רגל, והוא "לא כיוצא בהן", משום שהתשלום בו הוא רק חצי נזק:

וכי קאמר רב פפא – אתולדה דרגל.
רגל? הא אוקימנא תולדה דרגל כרגל!
בחצי נזק צרורות, דהלכתא גמירי לה.

לפנינו אפוא סוגיה הסוקרת באופן מסודר ומפורט את כל אבות הנזיקין שבמשנה (ובברייתא) זה אחר זה מנקודת המבט של היחס בין אבות ותולדות, נוסף להגדרה של כל אחד מהאבות ודיון קצר שנוגע להגדרה.

המגמה הגלויה של הסקירה הזו היא הניסיון לבסס ולהדגים את דברי רב פפא ש"יש מהן כיוצא בהן, ויש מהן לאו כיוצא בהן". לאור הקשיים שקיימים

בסוגיה (שעליהם נצביע בהמשך), קשה לקבל את המגמה הזו כמגמה היחידה של הסוגיה, ויש להניח שביסוד הסוגיה קיימת מגמה נוספת, עמוקה יותר, וננסה לעמוד עליה לאחר שנציג את הקשיים במגמה הגלויה של הסוגיה.

הקשיים והמגמתיות במבנה הסוגיה

קשיים שונים במבנה הסוגיה מעידים שקיימת בסוגיה מגמתיות עמוקה יותר מאשר לבסס את דברי רב פפא. בשלב ראשון נצביע על המשמעות הרעיונית של המהלך המברר ומבסס את דברי רב פפא, ולאחר מכן ננסה להסביר את המגמתיות הנוספת שקיימת במהלך הזה, דהיינו את המשמעות הרעיונית שהמגמה הזו תורמת לדיונים ולמושגים ההלכתיים של מסכת בבא קמא ושל דיני הנזיקין בכלל.

חיבור נושאים שונים לסוגיה אחת

המגמתיות של סוגיית הפתיחה לעסוק ביחס בין האבות לתולדות עולה בראש ובראשונה מתוך ההשוואה של סוגיית הפתיחה לסוגיות הראשונות של מסכת בבא קמא בירושלמי.[23] גרעין הסוגיה שבבבלי נמצא גם בירושלמי, אבל בירושלמי הדברים ערוכים באופן שונה, הגיוני ופשוט יותר. הסוגיה בראש המסכת בירושלמי עוסקת בזיהוי ובמשמעות של אבות הנזיקין שבמשנה:

> ארבעה אבות נזיקין כו'
> השור זה הקרן דכתיב כי יגף שור איש את שור רעהו וגו'.
> עד כדון בתם במועד מניין או נודע כי שור נגח הוא וגו'.
> הבור כי יפתח איש בור וגו' בעל הבור ישלם וגו'.
> המבעה כי יבער איש שדה או כרם ושלח את בעירה זה הרגל, דכתי' משלחי רגל השור והחמור וכתיב הסר מסוכתו והיה לבער זה השן, פרוץ גדירו והיה למרמס זה הרגל.
> ההבער דכתיב כי תצא אש ומצאה קוצים וגו'.

הירושלמי מקדיש את הסוגיה הראשונה במסכת להגדרת כל אחד מן האבות שבמשנה[24] ולמציאת מקור מן הכתובים לכל אחד מהם. החיפוש אחר

23. הרחבה ופירוט של הטיעון שנאמר כאן אפשר למצוא אצל לוגאסי, נזיקין, עמ' 27–32.
24. הירושלמי מגדיר "זה... זה..." במקרים שההגדרה לא ברורה, במבעה ובשור. במקרים

מקור מן המקרא לאבות שבמשנה מצוי גם בסוגיה בבבלי, אבל במפוזר, אגב העיסוק המבקש לברר את טיב היחס בין כל אחד מן האבות לתולדותיו.

הסוגיה בירושלמי נראית מסודרת והגיונית יותר. יותר מתקבל על הדעת לדון בנפרד ובאופן מסודר בהגדרות האבות שבמשנה ובמקורותיהם במקרא, ורק לאחר מכן לדון בתולדות, שהם משניים לאבות. בפועל, בבבלי, הסדר הפוך, הדיון על היחס בין האבות לתולדות נמצא במקום המרכזי, והוא עמוד התווך של הדיון, וההגדרות והמקורות מן המקרא מופיעים תוך כדי ואגב הדיון בתולדות.

גם המשך השתלשלות הסוגיות בירושלמי הוא הגיוני יותר מאשר האופן שבו ערוכה הסוגיה בבבלי. הסוגיה השנייה בירושלמי עוסקת במספר אבות הנזיקין. רק לאחר העיסוק ב"ארבעה אבות נזיקין" שבמשנה, הירושלמי דן בתולדות של האבות שבמשנה. אבל בשונה מהסוגיה בבבלי – הירושלמי אינו עוסק ביחס בין האבות לתולדות, אם "תולדותיהן כיוצא בהן או לאו כיוצא בהן", אלא הוא עוסק בהגדרה של התולדות באופן מסודר ושיטתי, וכותב על כל אחד מן האבות שבמשנה את התולדות שלו:

תולדות הקרן נגיחה נגיפה נשיכה רביצה בעיטה דחייה.
רבי יצחק מקשי נגיפה נגיחה עיקר הן ואת עביד לון תולדות אלא מתחיל בעיקר ומסיים בתולדות.
תולדות הבור כל פירקא תליתייא דתנינן בנזיקין.
רבי תני הניח גחלת ברשות הרבים ובא אחר ונתקל בה וצלוחיתו בידו נשרפו כליו ונשברה צלוחיתו חייב על הצלוחית משום בור ועל הכלים משום אש.
תולדות הרגל תני בהמה שנכנסה לרשו' היחיד והזיקה בין בידה בין ברגלה בין בקרנה בין בעול שעליה בין בשליף שיש בה בין בעגלה שהיא מושכת משלם נזק שלם והמזיק בכרמלית משלם נזק שלם.
תולדות השן הוון בעיין מימר פרה שאכלה שעורים וחמור שאכל כרשינין וכלב תלמוד שליקלק את השמן וחזיר שאכלה בשר כולהון תולדות השן אינון.
אמר ר' יצחק כולהון עיקר שן אינון והא תאני תולדת השן בשדרסה

שזה ברור – הירושלמי מסתפק בפסוק.

על גבי נוד מלא שמן ובסיכה גופה נהנה כמה דתימר תמן השן אוכלת והגוף נהנה אוף הכא נהנה גופה.

ההשוואה של הבבלי עם הירושלמי מבליטה את הקושי במבנה ובמהלך של הבבלי. מה שבירושלמי מופיע בשתי סוגיות נפרדות, האחת מביאה מקור מן המקרא לאבות והשנייה סוקרת את התולדות, בבבלי מופיע כסוגיה אחת, המערבת את שני הנושאים הללו. לא זו בלבד, אלא שהסוגיה בבבלי, על שני הנושאים האלו, מוסיפה גם עיסוק בפרטים שונים מסוגיות בהמשך הפרק והמסכת. כל אלו יוצרים בבבלי סוגיה שאומנם סוקרת אב אחרי אב, אבל עושה זאת בצורה לא מסודרת, המערבת נושאים שונים, וכל זאת אגב בירור העניין המרכזי של הסוגיה – אם תולדות הנזיקין הן כמו האבות או לא.

הסדר הזה תמוה: מדוע לערב סוגיות שונות ולא לעסוק בכל נושא באופן נפרד ומסודר? ומדוע לבחון את שאלת האבות והתולדות דווקא מנקודת המבט של דברי רב פפא, על תולדות שדומות לאבות ותולדות שאינן דומות לאבות, שעל פניו נראה נושא משני בחשיבותו?

אל המגמה הזו מצטרף מאפיין מובהק נוסף של סוגיות פתיחה, המשרת את המגמתיות הרעיונית של הסוגיה. כל אחד מן האבות נידון באופן נרחב ומסודר בהמשך המסכת.[25]

כל אלו מעידים על מגמה של הסוגיה להעמיד את המימרא של רב פפא כהיגד המרכזי של הסוגיה. לצורך כך מגייסת סוגיית הפתיחה סוגיות ונושאים שונים, מעבדת ועורכת אותם כדי שיתאימו לדיון בדברי רב פפא.

"אבות" לא מחייב "תולדות"

כאשר פירשנו את המשנה, הנחנו שאבות משמען קטגוריות, סוגים של נזקים בעלי מאפיינים שונים. הבנת הגמרא את המושג אבות שונה. אומנם הגמרא מבינה שאבות הן קטגוריות אבל היא מוסיפה "מדקתני אבות מכלל דאיכא תולדות", כלומר הגמרא כוללת בהגדרת אבות נזיקין גם קיומן של תולדות. הגמרא מפרשת שדברי המשנה "אבות נזיקין" כוללים בהכרח גם תולדות, ונראה שההבנה הזו מתקבלת בסוגיה ללא עוררין. אבל ההנחה הזו כלל לא

25. פירוט של המקומות שבהם נידון כל אחד מן האבות אצל ברנדס, המשוכה הראשונה, עמ' 41, ופירוט של הסוגיות אצל לוגאסי, נזיקין, עמ' 3 הע' 4.

מחויבת. משום שכאמור, אבות יכולים להתפרש גם כבניין אב, חטיבות, קטגוריות וכדומה, שאין בהן בהכרח קטגוריות משנה.[26]

ההשוואה של המשנה למדרשי ההלכה תומכת בפירוש של אבות כקטגוריות. מדרשי ההלכה עוסקים בנזיקין המפורשים בפסוקי התורה ובנזיקין הדומים להם מבלי להזכיר אבות ותולדות:[27]

> וכי יגוף. בכלל נגיפה נגיחה דחייה רביצה בעיטה נשיכה, דברי רבי יאשיה;
> אבא חנן אומר משום רבי אליעזר, בכלל נגיפה נגיחה דחייה רביצה בעיטה.
> נשיכה מנין, ת"ל ולא ישמרנו בעליו, והרי דברים ק"ו, אם כששמרו ויצא והזיק חייב, לא כל שכן עד שלא ישמרנו בעליו.
> ומה תלמוד לומר ולא ישמרנו, הוסיף לו הכתוב עוד שמירה אחרת, ואי זו זו, זו נשיכה.

המכילתא דנה בנגיפה ובנזיקין אחרים הדומים לה ולא משתמשת במונח אבות. לא רק זאת, אלא שהמונח תולדות, גם בהקשרים אחרים, ואפילו ביחס למלאכות בשבת אינו מופיע כלל אצל התנאים. ולכן כשהמשנה אומרת "אבות", כלל לא ברור שהיא סבורה שיש גם תולדות.[28]

מכל האמור עולה שהנחת הגמרא שיש תולדות לנזיקין ושיש לדון ביחס בין האבות לתולדות היא מגמתית.

מה הנפקא מינה של ההבחנה בין אבות לתולדות?

יש לשאול מה המשמעות של ההבחנה בין אבות ש"תולדותיהן כיוצא בהן" לאבות ש"תולדותיהן לאו כיוצא בהן"?

יש ראשונים שסבורים כי אין נפקא מינה הלכתית להבחנה בין האבות לתולדות, אלא שההבחנה נובעת ממה שהוזכר בפירוש בפסוקים, ומה

26. לוגסי, נזיקין, עמ' 13 והע' 15.
27. מכילתא דרבי ישמעאל משפטים מסכתא דנזיקין פרשה יב ד"ה וכי יגוף. לימוד שונה מובא במכילתא דרשב"י כא, כח: "וכי יגח אין לי אלא נגיחה מנין לעשות נגיפה נשיכה רביצה ובעיטה כיוצא בנגיחה? ודין הוא: חייב שור בשור ושור באדם, וכו'". ובכל אופן, גם שם אין אזכור של אבות ותולדות.
28. ראיות לטענה הזו, והרחבה שלה ראה אצל לוגסי, נזיקין, עמ' 40–44.

שדומה לו, אבל לא פורש בכתובים. כך מסביר הרמב"ן את ההבדל בין אבות לתולדות במלאכות השבת:

> והוי יודע שלדברי הכל אותן מלאכות שהיו במשכן חשובין וקרי להו אב ואותן שלא היו במשכן קרי להו תולדה, דאי לאו הכי למה קרא לזה אב ולזה תולדה.[29]

וכך בנזיקין, האבות הם מה שנאמרו בפירוש בתורה, והתולדות הן הדומות להם, אלא שלא פורשו בפסוקים.[30]

אם אין נפקא מינה הלכתית, מה המגמה והמשמעות של שאלת הגמרא ושל הסוגיה הארוכה והמפורטת שמנסה לענות עליה?

למה לחכות עד הסוף?

קושי נוסף במבנה הסוגיה קשור לאריכותה. מדוע הגמרא לא הזכירה את צרורות, תולדה השונה מהאב, כאשר דנה בתחילת הסוגיה במקרה של רגל? רגל הוא האב השלישי המובא בסוגיה, לפי סדר הברייתא (קרן, שן ורגל). והסוגיה המשיכה לדון באבות ובתולדות של בור, הבעה ואש. מדוע הגמרא לא מזכירה את תולדת צרורות בדיון על הרגל?

הקושיות שהעלינו מראות שמגמת הסוגיה אינה רק מציאת מקרה שיתיישב עם דברי רב פפא, אלא מטרתה סקירה של כל אבות הנזיקין דווקא מנקודת המבט (המלאכותית) של דברי רב פפא על היחס בין אבות לתולדות.

עתה יש לשאול מה התכלית של סקירה כזו ומה המשמעות הרעיונית שהיא מעניקה לדיני הנזיקין בפתיחת מסכת בבא קמא?[31]

29. חידושי הרמב"ן מסכת שבת, מט ע"ב, וכן בתוספות רא"ש ובשיטה מקובצת על אתר.
30. רש"י ב ע"א, ד"ה ארבעה אבות נזיקין. הרחבה של הטיעון הזה אצל לוגסי, נזיקין, עמ' 47-44.
31. לוגסי, נזיקין, עמ' 46-47, טוען שסוגיית הפתיחה כולה היא מסגרת ספרותית שיצר העורך "מתוך מטרה לפשפש בכל האבות והתולדות... להעלות הזדמנות לסקור את כל האבות והתולדות". לפי לוגסי, תכלית הסוגיה היא הסקירה עצמה, המהווה מבוא ספרותי למסכת. גם העיסוק המרכזי ביחס בין האבות לתולדות הוא רק כלי טכני שנועד להניע את הסוגיה, "אמצעי רטורי לקדם את עלילת הסוגיה", ואין לה חשיבות מצד התוכן שלה. טענתנו היא שלסקירה זו ולשאלת היחס בין האבות לתולדות יש תכלית בעלת אופי רעיוני, כמבואר בהמשך.

אבות מלאכות שבת ואבות הטומאה: הסבר למגמה של סוגיית הפתיחה

כל האמור מצביע על מגמה ברורה של סוגיית הפתיחה לתת מקום מרכזי ליחס בין האבות לתולדות, ובייחוד לדברי רב פפא "יש מהן כיוצא בהן ויש מהן לאו כיוצא בהן", עד שהם הופכים להיות המשקפיים שדרכם הסוגיה בוחנת את אבות הנזיקין. החשיבות שמייחסת הסוגיה לעיסוק בנושא הזה אינה במשמעות ההלכתית שלו, משום שכפי שראינו כלל לא ברור שיש להבחנה הזו השלכה הלכתית. החשיבות של העיסוק ביחס בין האבות לתולדות היא במסגרת ובמבנה הספרותיים, המאפשרים לסוגיה להעלות מושגי יסוד ובאמצעותם להעניק פרשנות רעיונית לדיונים ולמושגים ההלכתיים שנידונים במסכת בבא קמא.

כך כותב גם ברקוביץ על הסוגיה:[32]

> הדיון המתפתל בגמרא עוקב אחרי תשובתו של רב פפא לשאלת הגמרא "יש מהן כיוצא בהן ויש מהן לאו כיוצא בהן". הרבה דברים נאמרו במפרשי הגמרא על משמעות השאלה ועל העמדתה בתשתית הסוגיה של אבות נזיקין. אנו כדרכנו מניחים שבירור שורש העניין קשור למושגי יסוד קיומיים המכוננים את מושגי ההלכה.

המפתח להבין מדוע הסוגיה עוסקת ביחס בין האבות לתולדות, ולמרכזיות של ההבחנה לפי שיטת רב פפא, מצוי בשני המודלים שמביאה הסוגיה בתחילתה ליחס בין אבות לתולדות, אבות מלאכות בשבת ואבות הטומאה. כל אחד מן המודלים הללו מבטא סוג יחס אחר בין אבות לתולדות.

נביא במלואו את החלק שעוסק באבות בשבת ובטומאה:

> גבי שבת תנן: אבות מלאכות ארבעים חסר אחת;
> אבות – מכלל דאיכא תולדות,
> תולדותיהן כיוצא בהן,
> לא שנא אב – חטאת, ולא שנא תולדה – חטאת, לא שנא אב – סקילה,
> ולא שנא תולדה – סקילה.
> ומאי איכא בין אב לתולדה? נפקא מינה, דאילו עביד שתי אבות

32. ברקוביץ, נזיקין, עמ' 9.

בהדי הדדי, אי נמי שתי תולדות בהדי הדדי – מחייב אכל חדא וחדא, ואילו עביד אב ותולדה דידיה – לא מחייב אלא חדא.
ולרבי אליעזר דמחייב אתולדה במקום אב, אמאי קרי ליה אב ואמאי קרי לה תולדה? הך דהוה במשכן חשיבא – קרי ליה אב, הך דלא הוי במשכן חשיבא – קרי לה תולדה.
גבי טומאות תנן, אבות הטומאות: השרץ, והשכבת זרע, וטמא מת;
תולדותיהן לאו כיוצא בהן,
דאילו אב מטמא אדם וכלים, ואילו תולדות – אוכלין ומשקין מטמא, אדם וכלים לא מטמא.
הכא מאי?

המשנה בפרק שביעי במסכת שבת מונה שלושים ותשע אבות מלאכות שנאסרות בשבת. אבל לא רק המלאכות הללו בלבד נאסרות, אלא גם מלאכות שדומות להן בתוצאה שלהן, הן נקראות תולדות. למשל השקיה אינה ברשימת ל"ט אבות המלאכה, אבל היא תולדה של זריעה, משום שכוונת שתיהן להצמיח.[33] כשהסוגיה כאן אומרת ש"תולדותיהן כיוצא בהן", כמו בשבת, הכוונה היא שמבחינת הדין, דין התולדות כדין האבות, ולכן העונש על אב ועל תולדה זהה. כלומר שתולדה אינה פחות חמורה מאב, אלא שהיא אינה כתובה בפירוש בל"ט המלאכות.[34]

באבות הטומאה היחס בין אבות ותולדות הוא אחר. בעולם הטומאה יש משמעות מעשית־הלכתית להבחנה בין אב לתולדה, ולא רק בהיבט של העונש: האב הוא ברמת טומאה גבוהה יותר, וככל שרמת הקשר לאב פוחתת – מה שנקרא תולדה – גם רמת הטומאה הולכת ונחלשת. לכן היכולת של אב לטמא היא גבוהה מזו של תולדה. זו הסיבה שאב מטמא אדם וכלים, אוכלים ומשקים, ותולדה מטמאת רק אוכלים ומשקים, ולא אדם וכלים.

33. במועד קטן ב ע"ב נחלקו רבה ורב יוסף אם השקיה (וניכוש) היא תולדה של חורש או זורע. חרישה – משום שהשקיה גם היא מרככת את האדמה, או זריעה – משום שגם היא מצמיחה את הפירות.

34. לדעת ר' אליעזר (מובא בקטע המוזח), זו הנפקא מינה היחידה בין אב ותולדה. לדעת חכמים (גם בקטע המוזח), ישנה נפקא מינה מעשית ביניהם: כאשר אדם עובר על אב ותולדתו באותה שגגה – הוא יתחייב בחטאת אחת.

שתי האפשרויות הללו לפרשנות של היחס בין אב לתולדותיו מצויות במשמעות המילולית של המונח אבות, כפי שמסביר ברקוביץ:

> קיימות שתי אפשרויות לראות את הזיקה בין אבות לתולדותיהם, בדומה לשני פניה של הזיקה בין אבות ותולדותיהם אצל בני אדם. מחד גיסא, אפשר להתייחס לצאצא כאל מי שדומה לאביו, כאל מי שמגלם אותן תכונות אופי הנמצאות אצל האב. מאידך גיסא, מציאות הצאצא מתאפיינת גם בכך שהוא יונק מאותו שורש משפחתי שינק ממנו האב אבל באופן חלש ומצומצם יותר, היות שהתרחק משורש היניקה.[35]

האפשרות הראשונה שמציין ברקוביץ מתאימה לאבות ותולדות בשבת. התולדות דומות לאבות בתכונות שלהן, הקשורות לצורת המלאכה או לייעוד שלה. נקודת המבט של המודל הזה על היחס בין אבות לתולדות היא במשותף ביניהם, בדמיון שבין האב לתולדה, המושתת על תכונות משותפות.

לעומת זאת, על פי המובן השני שמציין ברקוביץ לכינוי "אבות", התולדות אינן דומות לאבות. זה מתאים לאבות ותולדות בטומאה. התולדות הן תולדות משום שהן רחוקות משורש הטומאה, מהמקור שמגדיר את עצם החיוב. על פי המודל של טומאה, אבי אבות הטומאה הוא המת, וככל שהתולדה רחוקה מהאב, הדמיון לתכונה של האב הולך ונחלש, ולכן התולדות מטמאות פחות מהאבות.[36]

על שני המודלים הללו שואלת הגמרא "הכא מאי?", כלומר: לאילו משני המודלים הללו מתאימים אבות הנזיקין. ארבעת אבות הנזיקין המנויים במשנה הם אופני ההיזק המפורשים בפסוקי התורה. אופני היזק נוספים, שאינם מנויים בתורה – אבל דומים וקשורים לאבות הנזיקין הללו – מה דינם? לשאלה הזו בראש ובראשונה נפקא מינה הלכתית, משום שאם המודל הוא אבות מלאכה בשבת – תולדות הנזיקין דומות בתכונתן ובדין שלהן

35. ברקוביץ, נזיקין, עמ' 8.

36. ברקוביץ, נזיקין, עמ' 7–12, מסביר את ההבדל בין שני המודלים כהבדל שבין הגדרה מופשטת, המתייחסת לצורת המלאכה וייעודה וחושפת את יסוד האחדות שבתשתית היש (שבת), ובין ההגדרה המוחשית, שמצביעה דווקא על הפירוד (טומאה). לוגסי, עמ' 47, מסביר זאת במגמתיות לסקירה של האבות והתולדות בראש המסכת. לפי דרכנו, לא נסתפק באפיון של סוגיית הפתיחה, אלא ננסה לראות את נקודת המבט העקרונית והרעיונית שמציעה הסקירה הזו על המשמעות הרעיונית של אבות הנזיקין ושל עולם דיני הנזיקין בכלל.

לאבות. אבל אם המודל הוא אבות הטומאה – התכונה של האב תופיע בתולדה בצורה מוחלשת, ודין התולדות יהיה קל יותר.

אבל שני המודלים הללו הם לא רק מודלים הלכתיים. ביסודם של המודלים הללו ליחס בין תולדות לאבות מצויות גם תפיסות רעיוניות של העיקרון המצוי ביסוד דיני הנזיקין.

את איסור השבת מגדירות התכונות של המלאכות. בשבת יש סוגים שונים של מלאכות, והחיוב על כל מלאכה ומלאכה נובע מהמאפיינים של המלאכה או מהתוצאה שלה. ולכן כל מלאכה שדומה לה (תולדה) – תיאסר באותה רמה של חיוב. אם ניישם את המבט הזה על נזיקין, המשמעות היא שמה שמגדיר את הנזק הוא המאפיינים של המזיק או של הנזק (התכונות שלו), והתולדה היא כל מה שדומה באופיו לאב המזיק. לכן "תולדותיהן כיוצא בהן", כי מנקודת המבט של הנזק, מה שדומה במאפיינים של הנזק עצמו – חל עליו אותו הדין.

לפי מודל הטומאה – מה שמגדיר את הטומאה הוא מידת הקרבה לאבי אבות הטומאה, המת, ולכן ככל שטמא מתרחק מן האב – הוא יהיה טמא באופן חלש יותר. אם ניישם את המבט הזה על נזיקין – מה שמגדיר את הנזק הוא מידת הקרבה לאדם, עד כמה המזיק או הנזק קשורים ושייכים לאדם, ועד כמה הקשר הוא מרוחק ועקיף. מטפורית, האדם הוא אבי אבות הנזיקין, והרכוש שלו הוא אבות הנזיקין. ככל שהמזיק או הנזק מתרחקים מהשייכות והקשר לאדם (תולדות) – האחריות על הנזק והתשלומים עליו יקטנו. הביטוי ההלכתי לתפיסה הזו הוא ש"תולדותיהן לאו כיוצא בהן", ולכן הדין במקרה של נזק שהוא תולדה יהיה קל יותר.

מההגדרות הללו נגזרת שאלה עקרונית ורחבה יותר מאשר השאלה על היחס בין האבות לתולדות. השאלה נוגעת לעיקרון המוסרי שביסוד הלכות נזיקין: לפי התפיסה של מודל השבת – במוקד החיוב נמצא הנזק עצמו (מקביל למלאכה בשבת), ועלינו לבחון אם הבעלים שמר בצורה מספקת ומותאמת כדי למנוע מהנזק לקרות. לפי התפיסה הזו, אדם יהיה חייב לשלם על נזק שגרם רכושו משום שהוא אחראי על רכושו ומחויב לשמור עליו. תפיסה מוסרית כזו מטילה על האדם אחריות להישמר מלהזיק בעצמו ולשמור על רכושו כדי שלא יזיק. החיוב יהיה במצב של פשיעה או רשלנות, אבל כל עוד אדם שמר היטב – הוא לא יהיה מחויב בתשלומי נזק.

עיקרון מוסרי אפשרי אחר, לפי תפיסת מודל הטומאה, מתמקד בשייכות של המזיק או הנזק לאדם. לפי מודל הטומאה, אדם יהיה חייב על

נזק בהתאמה למידת הקרבה של המזיק אליו, ללא קשר לשאלת השמירה. הסיבה לחייב אדם בנזק לפי המודל הזה היא מפני שהנזק קשור אליו ובאחריותו.

במוקד התפיסה הראשונה מצוי הנזק עצמו. במוקד התפיסה השנייה מצוי האדם, ואחריותו המוחלטת על כל מה ששייך לו, ללא קשר לשאלת השמירה.

להמחשת ההבדל בין שתי התפיסות הללו נביא שתי דוגמאות מהעולם הצבאי: מי נושא באחריות לחייל שהתרשל בתפקידו. ברור שהחייל עצמו ראוי לעונש, על שלא מילא את תפקידו (מודל השבת). אבל, האם גם המפקד שלו צריך להיענש, כי החייל "שייך לו" (מודל הטומאה)? במקרה כזה העונש שיוטל על המפקד לא בהכרח קשור לאחריות של המפקד עצמו, אלא לכך שהחייל נמצא תחת פיקודו, והוא אחראי עליו.[37]

דוגמה נוספת, אף היא מהעולם הצבאי, קשורה לתופעה הפסולה של השלמת ציוד. חייל מחזיר ציוד בסוף השירות הצבאי או המשימה. כשהחייל מאבד את הרכוש – מי אחראי להשיב אותו לצבא? מנקודת המבט של מודל השבת – האחריות מוטלת על החייל. כיוון שהחייל התרשל, הוא צריך לשלם את הציוד החסר. אבל אם החייל לא התרשל, והוא שמר על הציוד לפי הרמה הנדרשת והמקובלת, ובכל זאת נעלם ממנו הציוד (למשל כי מישהו גנב אותו ממנו) – הצבא בכל זאת ידרוש מהחייל את התשלום על הציוד. את הסיבה אפשר להבין על פי מודל הטומאה: החיוב הוא לא בגלל הרשלנות, אלא נובע מעצם הבעלות של החייל, המחייבת אותו באחריות מוחלטת על הרכוש.

נעמיק עוד קצת במשמעות של ההבדלים בין שני המודלים:

לפי מודל הטומאה, מידת הקרבה לאדם היא זו שקובעת את ההגדרה של הנזק. קרבה כזו יוצרת אחריות של האדם לנזקים שקשורים אליו או לרכושו, ברמה הולכת ופוחתת ככל שהקשר של האדם לנזק רחוק יותר. מנקודת המבט הזו, לא משנה אם אדם שמר או לא – מה שקובע הוא עד כמה הדבר קרוב לאדם ולבעלותו ועד כמה הנזק עקיף ורחוק. במוקד התפיסה הזו נמצאת תפיסת "אדם מועד לעולם", כלומר אדם אחראי באופן מוחלט על כל נזק שהוא גורם. וככל שהולכים ומתרחקים מהאדם

37. הדוגמא לקוחה מבריליאנט, על רגל אחת, עמ' רנט.

עצמו – התולדה כבר אינה באותה רמה של חיוב כמו האב, בגלל המרחק שנוצר בין האדם ורכושו ובין הנזק, שהולך והופך להיות יותר ויותר עקיף.

לפי מודל השבת, על האדם יש אחריות להימנע מנזקים. מנקודת המבט הזו, יש חשיבות לסוגים שונים של נזקים, משום שכל סוג של נזק מחייב שמירה מסוג אחר. אינה דומה שמירה על "דבר שדרכו לילך ולהזיק", משמירה על דבר ש"יש הנאה להיזקו", או על דבר ש"תחילת עשייתו לנזק" וכו׳. לפי הגישה הזו, אדם יתחייב בנזק אם הוא התרשל בשמירתו, אבל יהיה פטור אם שמר באופן סביר ומותאם לסוג הנזק. לעומת זאת, לפי מודל הטומאה, שאלת הרשלנות אינה רלוונטית. כל עוד גורם הנזק קשור לאדם – הוא חייב. ככל שהנזק מתרחק מהאדם – מידת האחריות פוחתת. אך זה לא קשור לשמירה אלא לעצם השייכות והקרבה של הנזק לאדם. לכן אדם יכול להיות חייב גם אם שמר על רכושו שלא יזיק, ומצד שני, בדבר שהוא ברמת זיקה נמוכה, גם אם הוא לא שמר – הוא לא יהיה חייב.

אם נחזור ונתבונן במשנה לפי שני המודלים הללו – נוכל לראות כי נקודת המבט של המשנה על אבות הנזיקין היא נקודת המבט של מודל אבות ותולדות בשבת. במשנה יש הבחנה בין האבות לפי תכונות "לא הרי ה... כהרי...". זהו בעצם סיווג של סוגי הנזיקין לפי האופי השונה של המזיק: מה שיש בו רוח חיים, מה "שדרכן לילך ולהזיק" וכו׳. מצד שני המשנה אומרת בפירוש שהמשותף לכל סוגי הנזיקין הוא חובת השמירה המוחלטת של האדם, "שדרכן להזיק ושמירתן עליך". המוקד של המשנה הוא בנזק ובחובת האדם לשמור על רכושו מלהזיק. לעומת המשנה הזו, משנת "אדם מועד לעולם" מבטאת תפיסה שלפיה האחריות נובעת מהבעלות, ולא קשורה לאופי המזיק או הנזק. סוגיית הפתיחה מלבד שהיא מפרשת את היסוד הרעיוני של המשנה, באמצעות מודל השבת, היא גם מוסיפה תפיסה מוסרית שונה מזו המצויה במשנה, באמצעות מודל הטומאה.[38]

צרורות

כפי שראינו, המהלך של סוגיית הפתיחה נסוב סביב אמירתו של רב פפא ש"יש מהן כיוצא בהן ויש מהן לאו כיוצא בהן". הסוגיה מחפשת דוגמאות

38. הרחבה של התפיסות המוסריות שביסוד שתי הגישות הללו ראו להלן בתת-הפרק המסכם את סוגיית הפתיחה.

לתולדות שהן כיוצא בהן ודוגמאות לתולדות שהן לאו כיוצא בהן. המקרה היחיד שהסוגיה מוצאת, בסוף הדיון, ל"תולדותיו לא כיוצא בו" הוא צרורות:

> וכי קאמר רב פפא – אתולדה דרגל.
> רגל? הא אוקימנא תולדה דרגל כרגל!
> בחצי נזק צרורות, דהלכתא גמירי לה.

דין צרורות מופיע במשנה בראש פרק שני:

> או שהיו צרורות מנתזים מתחת רגליה ושברה את הכלים משלם חצי נזק.

צרורות אלו אבנים שניתזות מרגלי הבהמה תוך כדי הליכה. צורת הנזק הזו כוללת כל מקרה שבעל חיים מזיק לא באופן ישיר באמצעות גופו, אלא באמצעות דבר אחר שבא מ"כוחו".[39] דוגמה נוספת שהגמרא מביאה לצרורות (יז ע"ב) היא "תרנגולין שהיו מפריחין ממקום למקום ושברו כלים בכנפיהן", כלומר שהרוח שיצרו כנפיהם הפילה כלים ושברה אותם.

הגמרא אומרת שצרורות הם תולדה של רגל,[40] אבל דינם לא כמו רגל המזיקה ממש, ומשלמים על נזק של צרורות רק חצי נזק ולא נזק שלם. המקור לדין ייחודי זה, של תשלום חצי נזק, הוא "הלכתא גמירי לה", כלומר מסורת, הלכה למשה מסיני. וכך אחרי דיון ארוך ומפורט מוצאת הגמרא את מה שחיפשה – תולדה שהיא לא כמו האב.

המרכזיות של דין צרורות בסוגיית הפתיחה

המבנה של סוגיית הפתיחה יוצר ציפייה למציאת מקרה ש"תולדותיהן לאו כיוצא בהן". הסוגיה מתחילה באמירה של רב פפא, "יש מהן... ויש מהן", שממנה

39. סוגיית "כוחו" נידונה בדף יז ע"ב. נדון בסוגיה זו בהמשך.

40. הגמרא בהמשך שואלת מדוע צרורות הם תולדה של רגל, אם משלמים רק חצי נזק. התשובה קשורה לצורת התשלום, "מן העלייה", ולא לאופיו של הנזק. כלומר צרורות הם לא תולדה מובהקת של רגל, כמו התולדות שהובאו קודם לכן בסוגיה, "הזיקה בגופה דרך הילוכה, בשערה דרך הילוכה בשליף שעליה וכו'", שדומים לרגל במאפיין של הנזק ש"היזקן מצוי". יש הסוברים שחצי נזק צרורות הוא תולדה של קרן, שאין היזקה מצוי ומשונה היא. ראו סיכום העניין אצל ש' אלבק, דיני הנזיקין, עמ' 137–140.

משמע ששתי האפשרויות שקולות, כלומר שיש אבות שהם מהסוג הראשון ויש אבות מהסוג השני.[41] במהלך החיפוש של הגמרא מתברר שמקרה אחר מקרה לא מתאים למבוקש, וככל שהסוגיה מתקדמת – הולכת ומתחזקת הציפייה. הקתרזיס מגיע במציאת דין חצי נזק צרורות העונה על המבוקש. מבנה הסוגיה נותן תחושה שהמקרה של צרורות הוא המטרה של הסוגיה, כלומר שהסוגיה הולכת ונבנית מלכתחילה לקראת הדין הייחודי של חצי נזק צרורות.[42]

מדוע דין חצי נזק צרורות חשוב כל כך? בראש ובראשונה דין צרורות הוא הדוגמה היחידה למודל אבות הטומאה. החידוש של סוגיית הפתיחה הוא ההצעה של מודלים שהם בעלי משמעות רעיונית להלכות נזיקין. הסוגיה מעוניינת להציע מודל אלטרנטיבי למודל המרכזי שמצוי בתשתית המשנה (שבת), וכפי שהתברר לאורך הסוגיה – בתשתית כל הלכות נזיקין (כמעט). דין "חצי נזק צרורות" הוא הביטוי ההלכתי היחיד לתפיסה מוסרית שונה ממה שהוצג במשנה, שסוגיית הפתיחה רוצה להעמיד בראש המסכת (טומאה). הדיון המגמתי והארוך על אבות ותולדות מנקודת המבט של "תולדותיהן כיוצא בהן", נועד להעמיד מודל רעיוני אלטרנטיבי לנזיקין ולהראות שבדיני הנזיקין יש ביטוי לא רק למודל אבות השבת אלא גם למודל אבות הטומאה.

אבל לא רק בעצם קיומו מהווה דין חצי נזק צרורות ביטוי לגישה רעיונית שונה, אלא גם בתוכן של הדין עצמו, כפי שנראה.

העיקרון הרעיוני שמבטא דין צרורות

לפני שנראה כיצד מתייחסת הסוגיה לנזק צרורות ננסה לבחון בעצמנו את המקרה לפי המודלים שהציעה סוגיית הפתיחה.

41. כאשר בסוף הדיון מתגלה כי יש רק תולדה אחת שהיא לא כמו האב, מתברר למפרע שהנוסח של דברי רב פפא (בלשון רבים) גם הוא מגמתי, ולא מעיד על תמונת המצב האמיתית. מכיוון שהדברים היו בוודאי ידועים לרב פפא (לוגסי, נזיקין, עמ' 35-39), הרי שניסוח הדברים בצורה כזו הוא מגמתי ונועד ליצור את הציפייה. ולכן "דומה שדבר זה מוכיח שאכן אין לנו כאן משא ומתן תמים על דברי רב פפא המקוריים שאמר, אלא ניסוח מכוון של כעין מימרה שהמטרה שלה גיבוש ספרותי של סוגיית הפתיחה" (לוגסי, עמ' 39).

42. המרכזיות של דין צרורות בגמרא בולטת גם מתוך העיסוק הנרחב של הגמרא בדין צרורות בתחילת פרק שני (דפים יז-יט). העיסוק המרובה במקרה של צרורות הוא ביטוי לכך שדין צרורות הוא עקרוני, ונושא גם אמירה משמעותית, ועל כך ראו בהמשך הדברים.

לפי מודל השבת, דין צרורות דומה לרגל, משום שזהו נזק שנעשה בדרך הילוכה, ו"דרכן להזיק", כמו שאומרת המשנה. לכן בצרורות, בדומה לרגל, כיוון ש"תולדותיהן כיוצא בהן" – יחול הדין של המשנה "שמירתן עליך, וכשהזיק חב המזיק לשלם תשלומי נזק במיטב הארץ". לפי המהלך הזה, על צרורות יש לשלם נזק שלם.

לעומת זאת, לפי מודל הטומאה, ככל שהנזק רחוק מן האדם, החיוב על הנזק הולך ופוחת. במקרה של צרורות, הנזק נעשה באופן עקיף: לא רק שלא האדם עצמו הזיק, גם הבהמה שלו לא הזיקה בגופה ("גופו"), אלא רק אבנים שנתזו מכוחה ("כוחו"). זאת אומרת, שבמקרה של צרורות, הזיקה בין האדם לנזק רחוקה ביותר. לפי מודל הטומאה, כאשר יש מרחק רב בין המזיק לבעלים, האחריות פחותה, ולכן התשלום יהיה חלקי, פחות מאשר במקרה של נזק מרגל הבהמה עצמה.[43]

זה בדיוק מה שהגמרא אומרת על דין צרורות: "חצי נזק צרורות". כלומר על נזק שנגרם על ידי צרורות, הבעלים של הבהמה חייב רק בחצי הנזק, ולא בנזק שלם, למרות שעל נזקי רגל (וצרורות הם תולדה של רגל) משלמים נזק שלם.[44]

מנקודת המבט של מודל השבת, אין היגיון לשלם רק חצי נזק. הרי נגרם נזק בדרך הילוכה של הבהמה, ועל הבעלים לשאת באחריות לנזק שנגרם מרכושו. דין "חצי נזק" מעיד שהזיקה בין הבעלים לנזק היא זו שקובעת את הדין. מכיוון שבצרורות הזיקה חלשה יותר מאשר ברגל המזיקה בעצמה – התשלום הוא של חצי נזק, וזה מה שעולה ממודל הטומאה.

מהדברים הללו מתבררת המרכזיות של דין צרורות. בעוד כל האבות והתולדות שנידונים בסוגיה הם שיקוף של תפיסה מוסרית שמתמקדת בנזק

43. פרשנות דומה על היחס בין אבות לתולדות ראו אצל מניטו, בבא קמא: "אם התולדות דומות לאבות, זה אומר שיש חומרה שווה לכל נזק שהאדם יכול לגרום ושדרגת האחריות שלו במעשה לא משנה את עצם חיובו בנזק. אבל אם קיים מקרה שבו להזיק דרך תולדה הוא פחות חמור מלהזיק דרך אב, נוכל להגיד שהתורה התחשבה בנסיבות המקרה והבינה שלפעמים אי־אפשר לחייב את האדם על נזק שיצא ממנו בצורה רחוקה. ואפילו אם הבעל יהיה חייב לשלם על הנזק, מכל מקום אי־אפשר לטעון שהוא אשם בו".

44. חצי נזק משלמים גם על נזקי קרן של שור תם, אבל צרורות לא נכלל בקטגוריית קרן, אלא בקטגוריית רגל. רש"י ג ע"ב, ד"ה בחצי נזק צרורות, מבחין בין חצי נזק קרן, ששם התשלום הוא קנס, לחצי נזק רגל, שהתשלום הוא ממון, ולא קנס. ראו לעיל הע' 40.

שנוצר, וממנו קובעת את החיוב והאחריות של האדם, דין צרורות הוא האופן שבו הגמרא מביאה לידי ביטוי תפיסה רעיונית אלטרנטיבית לחיוב המוסרי בנזיקין. התפיסה המוסרית כאן לא נשענת על הנזק שנוצר ועל החובה של הבעלים לשמור שלא ייווצר נזק, אלא על הקרבה והשייכות בין האדם לנזק, ללא קשר לאופי הנזק.[45]

"לשלם מן העלייה" - ביטוי למורכבות

בשלב הבא הגמרא מקשה מדוע צרורות נחשבים תולדה של רגל אם משלם רק חצי נזק:

ואמאי קרי לה תולדה דרגל? לשלם מן העלייה.

השאלה הזו קשה, שהרי מנקודת המבט של מודל הטומאה, אמור להיות הבדל בין אב לתולדה. אם כן שוב מקשה הגמרא שיש הבדל בין האב לתולדה?! ברור אפוא שהשאלה הזו נשאלת מנקודת המבט של מודל השבת,

45. וייסטרייך, דיני הנזיקין, עמ' 151–180, מתייחס לדין חצי נזק צרורות כחריגה מהנורמות המשפטיות בתלמוד. וייסטרייך עומד על ההתפתחות של החריגה הזו החל מהמשנה, שם דין צרורות אינו חריג, והוא חלק מהמערכת ההלכתית הרגילה של חצי נזק בשור תם, ועד למחלוקת חכמים וסומכוס, הפרשנות של רבא בתלמוד ואימוץ הפרשנות החריגה של רבא והמשך גיבוש שלהם על ידי רבדים מאוחרים יותר, רב אשי וסתם התלמוד. בגלל החריגות של דין חצי נזק צרורות, לא ניתן לתלות את הדין בשיקולים התלמודיים הרגילים, ולכן הגמרא תולה זאת ב"הלכתא גמירי לה": "כעת עומד דין צרורות כהלכה כללית, שאיננה תלויה בהכרח במידת אחריותו של המזיק לנזק. זהו שלב של קטגוריזציה, שאף הוא מוכר בהלכה התלמודית ובמשפט בכלל. אולם כאן הוביל מהלך זה את רבא להוצאת דין צרורות ממערכת השיקולים המוכרת בדיני הנזיקין, והעמדתו כדין חריג, המושתת על מקור חיצוני למערכת זו: 'הלכתא גמירי לה'" (עמ' 285). את התהליך הזה מסביר וייסטרייך בעירוב שיקולים חוץ תלמודיים במסגרת השיקולים הנורמטיביים של התלמוד, שהם התשתית לדיני הנזיקין בתלמוד. דהיינו, התלמוד, שמתבסס לרוב על השיקול של אחריות של המזיק לנזק, מה שוייסטרייך מכנה "שיקולי אחריות" – במקרה של חצי נזק צרורות (ובארבעה מקרים נוספים שנידונים לאורך עבודתו של וייסטרייך) השיקולים הם אחרים. וייסטרייך מאפיין זאת בשיקולים הנובעים מפסוקי המקרא (עמ' 298–303). המהלך של וייסטרייך תומך בפרשנות שלנו. גם לדברינו דין חצי נזק צרורות מבטא גישה שונה לדיני הנזיקין. ההסבר של וייסטרייך לחריגה הוא בעל אופי ספרותי ומשפטי. הפרשנות שלנו מזהה את התהליך שעליו מצביע וייסטרייך, אבל מעניקה לו הסבר ברובד של המגמות הרעיוניות. ההסבר הזה, לשיטתנו אינו חוץ תלמודי, אלא מצוי כבר בסוגיית הפתיחה, בהצעה של מודל הטומאה ובדיון המשתלשל מההצעה הזו.

משום שהיא מניחה שאמור להיות דמיון בתכונות ובמאפיינים של הנזק בין האב לתולדותיו, וכתוצאה מכך גם בתשלום על הנזק.

תשובת הגמרא היא שלמרות השוני יש גם נקודת דמיון בתשלומים של רגל וצרורות. הדמיון הוא שהתשלום הוא מן העלייה.

מה הכוונה תשלום מן העלייה? במקרה אחר, שגם בו יש חובת תשלום של חצי נזק בלבד (שור תם שנגח), התשלום הוא "מגופו", כלומר רק עד שווי הגוף של השור, ואם חצי הנזק עולה על שווי גוף השור – בעל השור פטור מתשלום ההפרש. היה מקום לחשוב שגם בצרורות, כיוון שמשלם רק חצי נזק – התשלום יהיה מגופו, אבל הגמרא אומרת שמשלם "מן העלייה" – כלומר עליו לשלם את כל החיוב, ולהשלים את ההפרש משאר נכסיו. בעניין הזה דומה המקרה של צרורות לרגל, שגם ברגל משלם מן העלייה.

אם כך, המקרה של צרורות, שמאופיין בגמרא כ"תולדותיהם לאו כיוצא בהם" הוא מקרה מורכב: מצד אחד אינו דומה לרגל, כי משלם רק חצי נזק. מהבחינה הזו הוא מתאים למודל אבות הטומאה ש"תולדותיהן לאו כיוצא בהן". אבל אם צרורות היה מתאים למודל הזה באופן מוחלט, הדין היה שצריך לשלם רק מגופו, כמו במקרה אחר של תשלום של חצי נזק. הדין שצריך לשלם מן העלייה פירושו שהדין של צרורות הוא ביטוי גם למודל אבות מלאכות של שבת, כמו תשלום על רגל שהזיקה. בסיכומו של דבר, המקרה של צרורות הוא מקרה מורכב המביא לידי ביטוי את שני המודלים.[46]

העיסוק בצרורות אפוא הוא בעל חשיבות רבה בסוגיית הפתיחה, משום שהוא מביא לידי ביטוי גישה אחרת לעיקרון המוסרי של תורת הנזיקין. בשלב הראשון של הסוגיה, צרורות הוא ביטוי ראשון ויחיד למודל הטומאה.

46. מיד אחרי שהגמרא מסבירה למה צרורות הוא תולדה של רגל, הגמרא אומרת, לפי המובא בהמשך הפרק, בדף יח ע"א, שרבא מסתפק בדין שמביא רב פפא, אם בחצי נזק צרורות משלם מגופו או מן העלייה: "והא מבעיא בעי רבא! דבעי רבא: חצי נזק צרורות, מגופו משלם או מן העלייה משלם! לרבא מבעיא ליה, לרב פפא פשיטא ליה. לרבא דמבעיא ליה, אמאי קרי לה תולדה דרגל? לפוטרה ברה"ר". ההתלבטות הזו משקפת את היחס למודל הטומאה: הנזק שנגרם מצרורות הוא כל כך מרוחק, שיש מקום לומר שלא רק שמשלם רק חצי נזק, אלא שגם התשלום הזה יהיה רק מגופו. ובכל זאת, הגמרא אומרת שגם לפי רבא, בדין אחר יש דמיון בין רגל לצרורות, בפטור על נזק ברשות הרבים, כמו במקרה של רגל.

בשלב שני הסוגיה מראה שגם צרורות הוא מקרה מורכב, שבצד היותו ביטוי למודל הטומאה, יש בו גם צד של מודל השבת.

סיכום והרחבה רעיונית – היסוד המוסרי של דיני הנזיקין[47]

סוגיית הפתיחה למסכת בבא קמא מביאה לידי ביטוי שתי תפיסות מוסריות בדיני הנזיקין באמצעות שני המודלים שהיא מציבה לאבות נזיקין – אבות מלאכות השבת ואבות הטומאה.

ביטוי לשתי התפיסות הללו אפשר לראות אצל הפוסקים. הרמב"ם פותח את הלכות נזקי ממון בקביעה:

47. הפרשנות הרעיונית שאנו נותנים כאן לסוגיה שונה באופייה מהסברים הגותיים שונים שניתנו לסוגיה. הסברים אלו בדרך כלל נשענים על חלקים קטנים מתוך הסוגיה ומחלצים מהם תובנות רוחניות כלליות או תובנות שקשורות לנושא שהמסכת עוסקת בו. אבל אין בהם פרשנות שיטתית של מהלך הסוגיה, המבנה שלה, והעקרונות שביסודה, כפי שאנו מציעים כאן. פרשנות רעיונית, בדומה למה שמצוי כאן, ראו אצל בריליאנט, על רגל אחת, עמ' רנח-רנט. בריליאנט נותן פרשנות רעיונית לסוגיה, אבל הוא לא מבסס אותה על הפרטים השונים של הסוגיה כפי שעשינו כאן. נוסף לכך, הפרשנות שלו לעקרונות היסוד שונה מזו שהצענו כאן.

הסברים הגותיים לסוגיה זו אפשר למצוא למשל, אצל סמט, סדר נזיקין. לפי סמט השימוש בכינוי "אבות" מטרתו להסביר שיש גורמים שבכוחם ליצור "תולדות", להמשיך לפתח וליצור חיים. את המבט הזה מחיל סמט על אבות מלאכות בשבת ועל אבות הטומאה. לגבי נזיקין מסביר סמט שארבעת אבות הנזיקין הם ארבעה כוחות חיים שנצרכים לצורך קידום ופיתוח העולם: שור ומבעה (חרישה, משא עורות צמר ואכילה), בור (אגירת מים) אש (אנרגיה). מטרת הלכות נזיקין היא לשמור שהם ישמשו לבנייה ולא לנזק והרס. מניטו, בבא קמא, מעניק לסוגיית הפתיחה פרשנות הגותית. לדבריו ההבחנה בין אבות לתולדות בשבת מסתמכת על הרצון של האדם, מזיד או שוגג. הבחנה בין אבות ותולדות בטומאה מסתמכת על חוקי הטבע, ואינה קשורה לרצון האנושי. בנזיקין, טוען מניטו, בדרך כלל רואים אחריות אנושית מוחלטת על הנזק. אבל המשמעות של תולדות שהן לא כמו האבות (כמו טומאה) – אומרת שהאחריות המוסרית של האדם היא מוגבלת, ויש מצבים שהאדם פטור מאחריות על נזק משום שכוחות הטבע הם שיצרו את הנזק. כך הוא מסביר את מקורה של ההלכה התולה את הפטור מאחריות על נזק – בהלכה למשה מסיני, וטוען שזה חידושו של המוסר היהודי ביחס לחוקי מוסר אחרים, שהם מטילים אחריות מוחלטת על האדם, גם אם הדברים אינם בשליטתו: "על כן באה התורה במוסריותה ומזהירה שיש הבנה מעל החוק שאומרת שאפשר להיות אחראי על הנזק אבל לא על התוצאות הרחוקות שנפעלו בגלל חוקי הטבע". ברקוביץ, נזיקין, עמ' 3-12, רואה במהלך הגמרא פתיחה ה"משרטטת את נדבכי היסוד של הפסיכולוגיה של האלימות, ובד בבד מדגישה את עוצמת התביעה המוחלטת לנשיאת אחריות מוסרית מצד האדם למעשיו" (עמ' 10).

> כל נפש חיה שהיא ברשותו של אדם שהזיקה הבעלים חייבין לשלם שהרי ממונם הזיק שנאמר כי יגוף שור איש את שור רעהו וכו׳.[48]

מדבריו משמע שמה שיוצר את החיוב על נזיקין זו העובדה שהמזיק הוא ברשות האדם, כלומר הבעלות. אומנם הטור, בהלכה המקבילה, מנסח את הדברים אחרת:

> כשם שאסור לאדם שיזיק את חבירו ואם הזיק חייב לשלם כך צריך לשמור ממונו שלא יזיק ואם הזיק חייב לשלם.[49]

בעוד הרמב״ם סובר שהחיוב בנזיקין קשור לבעלות על מה שהזיק, ללא קשר לשאלת השמירה או האשמה – הטור מבסס את דיני הנזיקין על החובה לשמור על הרכוש שלא יזיק.[50]

הגישות האלו קיימות גם בתפיסות מודרניות בעולם המשפט. המשפטן יעקב בזק מגדיר את שתי התפיסות הללו כשתי תפיסות יסודיות בדיני הנזיקין:

48. רמב״ם, משנה תורה, הלכות נזקי ממון א, א.
49. טור חושן משפט סימן שפט.
50. מאמץ פרשני רב לאורך הדורות הושקע בניסיון להעמיד את פרטי הפרטים של המחלוקת בגמרא ובראשונים על עקרונות. נביא כאן מקצת שבמקצת הפניות לכמה מאמרים ואזכורים שמהם הקורא יוכל לקבל טעימה מהגישות הללו. ביטוי לכפילות הרעיונית מצוי בחקירת האחרונים בסיבת חיוב האדם כאשר ממונו הזיק: האם חיובו הוא משום שפשע בשמירת ממונו או שמא החיוב הוא על עצם מעשה הממון שאנו מגלגלים עליו כבעלי הממון. לדוגמה, בלשונו של אבן האזל (נזקי ממון א, א אות יד): ״והנה ידועה החקירה אם חיוב נזקין הוא מצד שהתורה הטילה דין שמירה על הבעלים ומחויבים בעד חסרון שמירתם, או דהבעלים מחויבים לשלם כשממונם הזיק״; הכהן, נזקי ממונו, עמ׳ 19, מציג שלוש תפיסות עקרוניות ביסוד המחייב אדם על נזקי ממונו: 1) העברה של המזיק; 2) מעשה הנזק של הממון; 3) התייחסות מעשה הנזק לבעלים. לאורך מאמרו מעמיד הכהן את התפיסות הללו ביסוד מחלוקת רב ושמואל וכן ביסודן של מחלוקות ראשונים שונות. את שתי התפיסות הראשונות כללנו תחת קטגוריה אחת – שהיא אחריות האדם על נזק שיוצר רכושו. מלבד זאת, ההבחנה שהוא מציע – בין האחריות של האדם על נזק שיוצר רכושו, והשמירה הנצרכת כתוצאה מאחריות כזו, ובין הקשר של האדם לנזק – היא ההבחנה שאנו מציעים גם כאן. ראו גם א׳ ברקוביץ, נזקי ממון, לאורך המאמר, שמעמיד על שני היסודות הללו את מחלוקת רש״י ותוספות, וראשונים נוספים.

מסתמנות בדיני נזיקין שתי מגמות. המגמה האחת היא המגמה המוסרית, זו הקובעת כי אין לחייב אדם באחריות לנזיקין אלא אם כן נבעו מתוך זדונו או רשלנותו. המגמה האחרת היא זו המדגישה את החובה לדאוג לביטחונו של הפרט ותובעת לחייב את המזיק לשאת בנזק שהוא גרם לו בלי שים לב למידת אשמתו. לפי השקפה זו יש להטיל על המזיק אחריות מוחלטת המבוססת על מבחנים אוביקטיביים של סיבתיות ולאו דווקא על רשלנות או זדון.[51]

מתוך כל אחת משתי התפיסות הללו, נגזר הדין בשאלה מי חייב לשאת באחריות על הנזק, וכך מפרט בזק:

אפשרות אחת היא לקבוע כי האחריות לנזק תוטל תמיד על המזיק, בלי לשים לב לדרגת אשמתו או רשלנותו. אמנם הוא אינו "אשם", ולפי שדיני הנזיקין אינם באים להעניש, אין חשיבות לשאלת האשמה, ובין שני הצדדים שאינם אשמים בנזק, שמא עדיף לחייב בנזק את המזיק שהוא הגורם הסיבתי לנזק מאשר את הניזק. תהיה לכך אף השפעה מרתיעה על הבריות לנהוג ביתר זהירות ותשומת לב. זהו המבחן הסיבתי לאחריות בנזיקין.
אפשרות אחרת היא להעלות את סטנדרט הזהירות ולקבוע כי בנזק ישא מי שעל ידי אי זהירותו גרמו... זהו המבחן המוסרי לנזיקין, או כפי שהוא קרוי היום, המבחן של אשמה...
האם על פי המשפט העברי חייב אדם בתשלום פיצויים משום שלא שמר כראוי את המזיק שלו, או שברשותו, שלא יזיק (המבחן של אשמה), או שמא יסוד החיוב הוא עצם בעלותו על הדבר שהזיק, ולא עובדת התרשלותו בשמירה (כלומר: המבחן הסיבתי).[52]

בהמשך דבריו בזק מסביר את היסודות המוסריים של השיטות הללו. לפי "שיטת הפשיעה", הגישה שמטילה את האחריות על האדם רק אם הוא לא שמר או שהתרשל בשמירתו – מי שנמצא במוקד הדין הוא המזיק,

51. בזק, דיני הנזיקין, עמ' 260. דיון מעמיק בשתי הגישות הללו, במשפט הכללי ובמשפט העברי, ראו אצל אלבק, פשר דיני נזיקין, עמ' 19–34; אלבק, משפט עברי, עמ' 242–263; ורהפטיג, יסוד האחריות, לאורך המאמר, ובייחוד עמ' 134–137.
52. שם, עמ' 261.

והחובה שלו לשלם היא סוג של עונש על פשיעתו, או אמצעי לגרום לאנשים לשמור על רכושם בצורה מיטבית. לפי "שיטת הבעלות / האחריות המוחלטת" – הדגש הוא הניזק (והחברה כולה, שהיא בפוטנציאל תמידי להיות במעמד הניזק). לפי הגישה הזו, אחריות מוחלטת מגינה על מי שניזוק, גם אם המזיק לא התרשל ובלי קשר למידת האשמה. זהו מבט שמופנה מהאדם כלפי חוץ, כלפי הזולת. ייתכן לראות בגישה הזו גישה יותר חברתית־סוציאלית. לעומתה, "גישת הפשיעה" מתמקדת ביחיד הנושא אחריות על עצמו ועל רכושו שלא יזיקו. הגישה הזו מבטאת את המבט האינדיבידואליסטי, המתמקד באדם ודואג להפוך אותו לאדם מוסרי יותר: מה אני עושה וכיצד מה שאני עושה יכול להיות יותר אחראי ומוסרי.[53]

שתי הגישות הללו, שכאמור יש להן השלכה מעשית בקביעת האחריות על נזקים, הן הן הגישות שמציגה סוגיית הפתיחה. הגישה המרכזית,[54] שהיא גם הגישה של משנת "ארבעה אבות נזיקין", מוצגת בסוגיית הפתיחה על ידי המודל של אבות מלאכות בשבת. הגישה הזו קובעת את האחריות לנזק לפי אופיו של הנזק ולפי אופי השמירה הנדרש כדי למנוע את הנזק. זו הגישה שבה נוקט הטור, והיא המכונה אצל בזק "המבחן המוסרי".

סוגיית הפתיחה מעלה גישה נוספת, וזאת על ידי יצירת דיון על אבות ותולדות ועל היחס ביניהם. הדיון הזה מוביל את הסוגיה לדברי רב פפא, ולסקירה של כל אבות הנזיקין מנקודת המבט של המודל האלטרנטיבי, מודל אבות הטומאה. על פי המודל הזה, את האחריות בנזיקין קובעת מידת השייכות של הנזק לבעלים, ולא מידת השמירה, כגישתו של הרמב"ם, ומה שמכונה אצל בזק "המבחן הסיבתי".

53. היבט מוסרי נוסף של "שיטת הבעלות" קשור למישור של היחסים בין האדם לרכושו: "זכות הבעלות גוררת אחריה חובה על הסיכונים שבבעלות. בעל הרכוש נהנה מרכושו, אבל צריך גם לשאת בעול ההפסדים אשר יש שרכושו גורם לזולת. אין טוב ללא רע, ויש עושר שמור לבעליו לרעתו. רכוש יש לו גם סיכונים שיש לשאת בהם" (ורהפטיג, יסוד האחריות, עמ' 136–137).

54. עד כדי כך שיש שהעמידו אותה כשיטה היחידה. למשל אלבק בספרו היסודי, פשר דיני הנזיקין בתלמוד, עמ' 20, מעמיד את כל אבות הנזיקין על עיקרון אחד, הוא עקרון הפשיעה: "לאבות הנזיקין בתלמוד יש רק כלל אחד ויחיד לפיו חייב אדם על נזקים שעשה, והוא הפשיעה. הפשיעה היא אבי אבות הנזיקין. כל דיני אבות הנזיקין אפשר לכלול בכלל זה: אדם חייב בנזקים שעשה בפשיעתו, ובכלל יחיד זה כלולים כל פרטי הדינים ופרטי פרטיהם". אבל, ניתן להבחין גם בעיקרון אחר, אלטרנטיבי, כפי שמוצג כאן. וכן בזק, דיני נזיקין, עמ' 261. סקירה של חוקרים נוספים הסוברים כך ראו אצל ורהפטיג, יסוד האחריות, עמ' 133–134.

סוגיית הפתיחה מציגה לפנינו בפתח המסכת העוסקת בנזיקין שתי תפיסות מוסריות לעצם החיוב של אדם בנזיקין. השאלה היסודית הזו היא שאלת היסוד שאיתה ניגש הלומד ללמוד את פרטי הלכות נזיקין לאורך המסכת, כפי שנעשה בפרק הבא, בכמה סוגיות מן המסכת.

סוגיות הלכתיות

סוגיית הפתיחה מציגה שתי נקודות מבט עקרוניות ויסודיות על נושא הנזיקין. שתי נקודות המבט הללו אינן תאורטיות גרידא, אלא הן באות לידי ביטוי בהלכות נזיקין והן עשויות לשפוך אור ולהבהיר את המחלוקות והפרטים השונים לאורך הפרק ולהעניק להם משמעות רעיונית ומוסרית. בחלק זה, העוסק בביטוי של התפיסות הרעיוניות בסוגיות הלכתיות, נבחן את הביטוי של הרעיונות שמציגה סוגיית הפתיחה בסוגיות הלכתיות מהמשך המסכת. במסכת בבא קמא, סוגיית הפתיחה בעצמה עוסקת בקצרה בכמה סוגיות הלכתיות מהמשך המסכת, ואלו הסוגיות שבהן נתמקד בפרק הזה.[55]

תילי תילים של פרשנויות ראשונים, אחרונים, כמו גם פרשנות מחקרית נכתבו על הסוגיות הללו. מטרתנו אינה לצלול לעומק הסוגיות על כל פרטיהן, כפי שעושות רבות מן הפרשנויות הללו, אלא להציע מבט כללי ורחב על הסוגיות לאור התפיסות הרעיוניות שהציגה סוגיית הפתיחה.

מחלוקת רב ושמואל (1) "מבעה" – אדם או שן?

במהלך חיפושיה אחר תולדות שאינן דומות לאבות, סוגיית הפתיחה עוסקת גם באב הנזיקין מבעה. הסוגיה מביאה את מחלוקת רב ושמואל בשאלה מהו מבעה, מתוך הסוגיה שבאה אחרי סוגיית הפתיחה, בדף ג ע"ב:

> המבעה וההבער כו'.
> מאי מבעה?
> רב אמר: מבעה – זה אדם, ושמואל אמר: מבעה – זה השן.

55. למרות הכותרת "סוגיות הלכתיות", אין הכוונה הלכתיות דווקא. שתיים מהסוגיות שנעסוק בהן בחלק זה אינן הלכתיות, אלא עוסקות בהגדרות, ובכל זאת כללנו אותן בחלק זה, משום שהן עוסקות בפרטים, ובאופן עקיף גם ברבדים הלכתיים.

רב אמר מבעה זה אדם, דכתיב: אמר שומר אתא בקר וגם לילה אם תבעיון בעיו;
ושמואל אמר מבעה זה השן, דכתיב: איך נחפשו עשו נבעו מצפוניו. מאי משמע? כדמתרגם רב יוסף: איכדין איתבליש עשו אתגלין מטמרוהי.
ורב מאי טעמא לא אמר כשמואל? אמר לך: מי קתני נבעה?
ושמואל מ"ט לא אמר כרב? אמר לך: מי קתני בועה?
מכדי קראי לא כמר דייקי ולא כמר דייקי.

לדעת רב מבעה המופיע במשנה הוא נזק שנגרם על ידי האדם עצמו, ולדעת שמואל מבעה הוא נזק שנגרם על ידי שן.

בשלב ראשון הגמרא מנסה להסביר את המחלוקת מההיבט הלשוני, כמחלוקת בפרשנות של המילה מבעה. הגמרא דוחה את ההסבר הזה ומראה שגם לשיטת רב וגם לשיטת שמואל, הפסוקים שהובאו אינם מתיישבים באופן מלא עם הפרשנות שהציע כל אחד מהאמוראים. לשלב הזה של הדיון יש משמעות כפולה. בראש ובראשונה, הדיון מראה שהפרשנות המילולית של המילה הבעה אינה חד משמעית.[56] נוסף על כך, הדיון הזה עצמו מראה שהמחלוקת של רב ושמואל היא לא מחלוקת על המשמעות המילולית של המילה "מבעה", כמו שאפשר היה לחשוב.

השלב הבא בסוגיה מסביר את המחלוקת כמחלוקת עקרונית הנוגעת להבנת העיקרון העומד בתשתית דיני הנזיקין:

רב מ"ט לא אמר כשמואל?
תנא שור וכל מילי דשור.

56. המקור למבעה הוא הפסוק (שמות כב, ד): "כִּי יַבְעֶר אִישׁ שָׂדֶה אוֹ כֶרֶם וְשִׁלַּח אֶת בְּעִירֹה וּבִעֵר בִּשְׂדֵה אַחֵר מֵיטַב שָׂדֵהוּ וּמֵיטַב כַּרְמוֹ יְשַׁלֵּם". כל מפרשי התורה שם מסבירים שהכוונה לשן. גם הירושלמי (א, א) על המשנה מפרש שמבעה הוא רגל ושן. כך מסבירים גם מפרשי המשנה, רמב"ם (בפירושו למשנה): "נקרא השן בשם זה מעין פעולתו לפי שהוא מחטט ומחפש מה לאכל מן (עובדיה א) 'איך נחפשו עשו נבעו מצפוניו'". ברטנורא גם הוא מסתמך על הפסוק מעובדיה, אבל מסביר אותו אחרת: "ונקרא השן מבעה מפני שהוא פעמים מכוסה פעמים מגולה, מלשון 'נבעו מצפוניו' (עובדיה א) דמתרגמינן אגליין מטמרוהי", ועוד. וראו נגן, נשמת המשנה, עמ' 361 והע' 7. טוויג, סוגיית המבעה, עמ' 223, 231, 419, מביא ראיות לפרשנות הזו מהתרגום השומרוני, מתרגום השבעים וממגילת מדבר יהודה. הפניות נוספות ראו אצל וייסטרייך, דיני הנזיקין, עמ' 87 והע' 1.

ושמואל נמי הא תנא ליה שור!
אמר רב יהודה: תנא שור לקרנו ומבעה לשינו.

ההסבר של הגמרא למחלוקת הוא שלשיטת רב, כאשר המשנה מזכירה את אב הנזיקין שור, היא כוללת בתוכו את כל נזקי השור, "כל מילי דשור" – קרן שן ורגל.[57] בגלל ששור שבמשנה כולל גם שן – את המבעה אפשר לפרש כאדם.

הגמרא מיד מקשה: ההסבר הזה מתאים גם לשיטת שמואל, שסובר שמבעה זה שן, וגם לשיטתו השור (והשן כלולה בו) מנוי כאחד מאבות הנזיקין, אם כן, מדוע צריך למנות בנפרד את המבעה (במשמעות של שן)?! תשובת רב יהודה היא שלפי שמואל – אב נזיקין שור המפורש במשנה הכוונה לקרן, ומבעה לשן.

למעשה, המחלוקת על הפרשנות של מבעה טומנת בחובה מחלוקת נוספת אם שור כולל כמה אבות נזיקין (קרן, שן ורגל) כפי שסובר רב או ששור הוא קרן בלבד, כשמואל, ואין לכלול בו אבות שונים.[58]

על פניו שתי המחלוקות הללו (מהו מבעה ומה כלול בשור) נראות טכניות, איך לפרש את אבות הנזיקין במשנה, אבל במבט מעמיק נראה כי המחלוקות הללו הן ביטוי למחלוקת עקרונית ויסודית אחת בין רב ושמואל על הגורם היסודי שיוצר את החיוב בנזיקין.

לפי שמואל, המשנה עוסקת רק בנזקים הנגרמים על ידי רכושו של האדם. כל אחד מהאבות הוא למעשה הגדרה של צורה ותכונה מסוימת של רכוש שמזיק. האחריות של האדם כבעלים של הרכוש היא לשמור על כל אחד מהאבות שלא יזיק לפי דרכו. המאפיין הייחודי לכל אב הוא זה שיוצר את החיוב המיוחד לשמור עליו מלהזיק. לכן כל אחד מהאבות במשנה הוא ביטוי לצורה אחת בלבד של נזק. כל צורת נזק מקבלת קטגוריה נפרדת משום שהיא מחייבת שמירה אופיינית לה. לכן שור כולל רק קרן ולא שן ורגל. נקודת המבט של שמואל על עולם הנזיקין היא כמו באבות מלאכות

57. דברי הגמרא מבוססים על הברייתא שמובאת בתחילת סוגיית הפתיחה: "ת"ר: ג' אבות נאמרו בשור: הקרן, והשן, והרגל".

58. לפי הגישה הזו, שן ורגל צריכים להילמד מאבות אחרים במשנה. שן יילמד ממבעה, ורגל מהמשנה הבאה. הלימוד נמצא בגמרא בדף ד ע"א, האומרת שהמילים "כשהזיק חב המזיק" במשנה הבאה מיותרות, ומשום כך יש לרבות מהן חיוב על נזקי רגל.

שבת – לפי התכונות של המזיק והאחריות של הבעלים לשמור שלא יזיק כתכונתו.[59]

רב תופס אחרת לחלוטין את המשנה. רב כולל גם את האדם המזיק באבות הנזיקין שבמשנה, אפילו בניגוד למובן מילולי של המילה מבעה. לפי רב, השור במשנה כולל כמה צורות נזק שונות זו מזו (קרן, שן ורגל). ההגדרה הזו שלו נובעת מכך שלפי תפיסתו המאפיין של כל אחד מאבות הנזיקין במשנה אינו מחייב דמיון של המאפיינים של המזיק, כמו שסובר שמואל, אלא לפי מידת הזיקה שלהם לאדם. דהיינו, מה שיוצר את הקטגוריות השונות של הנזיקין זו השאלה עד כמה הנזק קשור לאדם ושייך אליו, ועד כמה הזיקה של הנזק לאדם היא רחוקה וחלשה. מנקודת המבט הזו, המאפיינים של אבות הנזיקין שבמשנה הם:

- שור – וכל ענייני השור, כולל קרן שן ורגל – נזק שנוצר על ידי הממון של האדם (שייכות).[60]
- בור – נזק שנגרם על ידי יצירה של האדם (מעשה).
- מבעה (אדם) – נזק שנוצר על ידי האדם עצמו.
- הבער – אש. האדם הדליק ברשות והרוח גרמה לאש להתפשט. כאן זהו נזק שנוצר בשותפות של האדם עם גורם נוסף (הרוח שהוליכה את אש). החידוש הוא שגם אחריות חלקית מחייבת את האדם בנזק.

כל הקטגוריות הללו הן ביטוי לרמות שונות של זיקה בין האדם לנזק. האדם עצמו הוא אבי אבות הנזיקין, ונזקים שונים מתייחסים אליו ברמות שונות של קשר: רכוש, שותפות ומעשה.

התפיסה של רב שמבעה הוא אדם היא לא רק פרשנות נקודתית לאחד מאבות הנזיקין, כמו שמצטייר במבט ראשון. לרב יש נקודת מבט שונה על

59. לשיטת שמואל, האדם עצמו כמזיק לא קיים במשנה. ההתייחסות לאחריות האדם על נזקים שהוא עצמו גורם מצויה במשנה נפרדת, בסוף פרק שני, במשנת "אדם מועד לעולם". ההפרדה הזו נובעת מתפיסה שאלו קטגוריות שונות לחלוטין של נזק. במשנת ארבעה אבות נזיקין – מה שקובע את היחס לאחריות על הנזק הוא המאפיין של הנזק ולא הזיקה שלו לאדם, ולכן האדם כמזיק לא מוזכר.

60. לפי המחלוקת של רב ושמואל על מכשול ברשות הרבים, אם הוא בור או שור. לדעת רב גם מכשול ברשות הרבים נחשב שור, משום שזהו הרכוש של האדם, וזהו העיקרון הקובע, השייכות, ולא צורך הנזק ומאפייניו, ראו בהרחבה בפרשנות לסוגיה הבאה בפרק זה.

העיקרון היסודי של דיני הנזיקין. לפי הפשט, המשנה מציגה תמונה של קטגוריות נזיקין, המאופיינות לפי אופי המזיק ותכונותיו. רב הופך את התפיסה הזו ומגדיר את הקטגוריות לפי מידת הזיקה של המזיק אל האדם. לדעתו אין חשיבות למאפיינים של המזיק, וכולל את "כל מילי דשור" בקטגוריה אחת, למרות השוני הגדול בין קרן, שן ורגל. לעומת זאת, הוא כולל את האדם כאחת הקטגוריות, משום שהאדם הוא אבי אבות הנזיקין, ומשום שביחס אליו נקבעים אבות הנזיקין. גם הקטגוריות הנוספות, בור ואש – מקבלות פרשנות אחרת, לפי הזיקה לאדם, ולא לפי תכונותיהן, כמו שהראינו ברשימה לעיל.

הפרשנות של רב למשנה דחוקה. למעשה היא לא פרשנות למשנה אלא הצעה אלטרנטיבית לאמירה של המשנה. ובכך הוא פורס תפיסה רעיונית שונה מזו של המשנה. אפשר לומר שרב מעבד את המשנה לפי תפיסה שונה מזו של המשנה עצמה. כפי שראינו, התפיסה הזו קיימת במשניות אחרות במסכת: משנת צרורות ומשנת אדם מועד לעולם. אלו משניות המביאות לידי ביטוי תפיסה שהחיוב בנזק נקבע לא לפי אופי הנזק אלא לפי מידת השייכות של גורם הנזק לאדם.

מחלוקת רב ושמואל (2) מכשול ברשות הרבים

כשסוגיית הפתיחה דנה בבור ובתולדותיו, היא מזכירה את תולדות הבור, "אבנו סכינו ומשאו שהניחן ברשות הרבים", שהם כולם חפצים המהווים מכשול. לגבי מכשול ברשות הרבים הסוגיה מביאה את מחלוקת רב ושמואל - האם הוא תולדת הבור (שמואל) או תולדת השור (רב). בסופו של דבר, הגמרא מגיעה למסקנה ש"תולדותיהן כיוצא בהן" גם לדעת רב וגם לדעת שמואל, כלומר, בין אם מכשול ברשות הרבים תולדת הבור ובין אם תולדת השור.

המחלוקת עצמה מופיעה בפרק שלישי, בדף כח ע"א-ע"ב:

> מתני'. נשברה כדו ברה"ר, והוחלק אחד במים או שלקה בחרסית – חייב; רבי יהודה אומר: במתכוין – חייב, באינו מתכוין – פטור.

המשנה עוסקת בנזק שנגרם ממכשול ברשות הרבים: אדם החליק במים שנשפכו מכד שנשבר ברשות הרבים. חכמים אומרים שבעל הכד חייב על הנזק, ור' יהודה מחייב רק במקרה ש"מתכוין".[61]

61. בשיטת רבי יהודה לא נדון כאן.

הגמרא מסבירה את הדין שבמשנה:

אמר רב יהודה אמר רב: לא שנו אלא שטינפו כליו במים, אבל הוא עצמו – פטור, קרקע עולם הזיקתו.
כי אמריתה קמיה דשמואל, אמר לי: מכדי אבנו וסכינו ומשאו מבורו למדנו, וכולן אני קורא בהן: שור – ולא אדם, חמור – ולא כלים; והני מילי לענין קטלא, אבל לענין נזקין – אדם חייב, וכלים פטורין.
ורב? הני מילי היכא דאפקרינהו, אבל היכא דלא אפקרינהו – ממונו הוא.

הדיון בגמרא מבוסס על ההבחנה בין שור לבור, שבשור חייב גם על נזקי כלים, ובבור חייב רק על נזקי אדם ובהמה, אבל לא על נזקי כלים. רב מסביר שהחיוב במשנה מתייחס לנזק של כלים, למשל שהתלכלכו בגדיו במים שנשפכו מהכד. הסיבה שרב מעמיד זאת במקרה של כלים היא שבבור פטור על נזקי עצמו משום ש"קרקע עולם הזיקתו", ולקרקע אין בעלים (רש"י).

שמואל חולק על רב וסובר שמכשול ברשות הרבים הוא כמו בור, דהיינו שפטור על נזקי כלים וחייב על נזקי גופו (את זה הוא לומד מהדרשה "שור ולא אדם, חמור ולא כלים"). לכן, לפי שמואל, אי אפשר לומר שהמשנה המחייבת את בעל הכד על נזקו מתייחסת למקרה של נזק לכלים (בגד שהתלכלך).

שואלת הגמרא: כיצד יסביר רב את הפטור על נזקי כלים בבור (שנלמד מן הדרשה "שור ולא אדם, חמור ולא כלים")? תשובת הגמרא היא שגם לדעת רב, מכשול ברשות הרבים דינו כבור (ומחייב גם על נזקי כלים) רק אם הפקירו אותו הבעלים. אבל אם הבעלים לא הפקירו את המכשול – דינו של המכשול כשור (רכוש של אדם שהזיק),[62] ואז חייב גם על נזקי כלים.

לסיכום, המחלוקת בין רב ושמואל, כפי שעולה מן הסוגיה היא כזו:

לפי שמואל, "אבנו סכינו ומשאו" שמניח ברשות הרבים הם תולדה של בור. לפי רב, מכשול ברשות הרבים הוא תולדה של בור רק אם בעל המכשול הפקיר את החפץ שהניח ברשות הרבים. אבל אם הבעלים לא הפקירו את החפץ – המכשול הוא תולדה של שור.

62. רש"י כח ע"ב, ד"ה אבל לא אפקרינהו ממונו הוא: כל נזק שנגרם על ידי ממונו של אדם הוא תולדה של שור.

כאמור, לשאלת ההגדרה של מכשול ברשות הרבים יש השלכה הלכתית: אם מכשול ברשות הרבים מוגדר כבור – בעל המכשול יהיה פטור על נזקי כלים, אבל אם המכשול מוגדר כשור – בעל המכשול יהיה חייב בנזקי כלים.

מה ההיגיון במחלוקת בין רב ושמואל?

לפי שמואל, בכל מקרה של נזק ממכשול ברשות הרבים – הבעלים חייב על הנזק, בלי קשר לשאלת הזיקה בין הבעלים למכשול (אם הפקיר או לא). שמואל מתמקד בנזק שנוצר ובמאפיין של המזיק שגרם לנזק. במקרה זה, הנזק נוצר על ידי דבר ש"אין דרכו לילך", ולכן הוא דומה לבור. דעת שמואל מתאימה למודל השבת, המתמקד בתכונה של המזיק.

לעומת שמואל, לפי רב יש חשיבות להפקרה בקביעת האחריות על הנזק. ההפקרה קובעת אם יש שייכות של המכשול לאדם. אם אדם לא הפקיר את הבור (או את המכשול), המכשול שייך לו, וכאשר דבר ששייך לאדם יוצר נזק – יש לאדם אחריות על הנזק. לדעת רב, המאפיינים של המזיק או של הנזק אינם רלוונטיים לשאלת האחריות על הנזק. לדעת רב, לא משנה אם המזיק הזיק על ידי הליכה (שור) או אם המזיק "אין דרכו לילך", משום שמה שקובע את החיוב הוא השייכות (כלומר אם הייתה הפקרה או לא). דעת רב מתאימה באופן מובהק למודל אבות הטומאה.

מחלוקת רב ושמואל בפרק שלישי בנוגע להגדרה של מכשול ברשות הרבים, והמשמעות ההלכתית שלה, מובנת לאור המודלים הרעיוניים שהציבה סוגיית הפתיחה. לא רק המחלוקת הזו, אלא גם המחלוקת הקודמת שהוזכרה, על הגדרת מבעה, גם היא מוסברת לאור המודלים הללו. מתוך הקשר בין המחלוקות למודלים שבסוגיית הפתיחה אפשר לראות עקביות בגישות של האמוראים: בשתי המחלוקות של רב ושמואל שנידונו כאן, רב הולך לפי התפיסה הרעיונית המיוצגת על ידי מודל אבות הטומאה, ושמואל הולך לפי התפיסה הרעיונית המיוצגת על ידי מודל אבות מלאכות שבת.

מחלוקת סומכוס וחכמים "כוחו וגופו"

דין חצי נזק צרורות מובא בסוגיית הפתיחה כדוגמה היחידה לתולדה שאינה דומה לאב. בפרק שני, בדף יז ע"ב, דין חצי נזק צרורות שנוי במחלוקת בין חכמים לסומכוס כמה משלם על נזק צרורות.

בסוגיה מובאות ארבע ברייתות שבהן חכמים מחייבים על מקרים שונים של צרורות חצי נזק וסומכוס מחייב נזק שלם:

תנו רבנן (1): בהמה מועדת להלך כדרכה ולשבר, כיצד?
בהמה שנכנסה לחצר הניזק, והזיקה בגופה דרך הלוכה, ובשערה דרך הלוכה, באוכף שעליה, ובשליף שעליה, ובפרומביא שבפיה, ובזוג שבצוארה, וחמור במשאו – משלם נזק שלם;
סומכוס אומר: צרורות, וחזיר שהיה נובר באשפה והזיק – משלם נזק שלם.
הזיק, פשיטא! אלא אימא: התיז והזיק – משלם נזק שלם.
צרורות מאן דכר שמיהו?
חסורי מחסרא והכי קתני: צרורות כי אורחייהו – חצי נזק, וחזיר שהיה נובר באשפה והתיז והזיק – משלם חצי נזק; סומכוס אומר: צרורות, וחזיר שהיה נובר באשפה והתיז והזיק – משלם נזק שלם.
ת"ר (2): תרנגולין שהיו מפריחין ממקום למקום ושברו כלים בכנפיהן – משלם נזק שלם, ברוח שבכנפיהן – משלמין חצי נזק;
סומכוס אומר: נזק שלם.
תניא אידך (3): תרנגולין שהיו מהדסין ע"ג עיסה ועל גבי פירות וטינפו או ניקרו – משלם נזק שלם, העלו עפר או צרורות – משלמין חצי נזק;
סומכוס אומר: נזק שלם.
תניא אידך (4): תרנגול שהיה מפריח ממקום למקום, ויצתה רוח מתחת כנפיו ושיברה את הכלים – משלם חצי נזק;
סתמא כרבנן.

בכל ארבע הברייתות הללו, לצד מקרים של נזק שנגרם ישירות על ידי הבהמה, מובאים גם מקרים שבהם נגרם הנזק לא על ידי הבהמה באופן ישיר אלא באופן עקיף. למשל על ידי חפצים שהזיז החזיר בחוטמו, ולא על ידי החזיר בעצמו, בברייתא הראשונה, או תרנגולים שהניעו כנפיהם והרוח שנוצרה מכוח הכנפיים שברה כלים, בברייתא השנייה, וכדומה בברייתא השלישית והרביעית.

רבא מסביר שהמחלוקת בין חכמים לסומכוס היא בשאלת היחס שבין נזק שנוצר מ"כוחו" ובין נזק שנוצר מ"גופו":

אמר רבא: בשלמא סומכוס, קסבר: כחו כגופו דמי,
אלא רבנן, אי כגופו דמי, כוליה נזק בעי לשלם! ואי לאו כגופו דמי, חצי נזק נמי לא לשלם!

הדר אמר רבא: לעולם כגופו דמי, וחצי נזק צרורות – הלכתא גמירי לה.

אומנם הגמרא מגיעה למסקנה שגם לפי חכמים, ולא רק לפי סומכוס, "כוחו כגופו". ובכל זאת, לפי חכמים, אין תשלום של נזק שלם על נזק שנעשה בכוחו, כמו על נזק שנעשה בגופו. כלומר, להלכה, יש הבדל לדעת חכמים בין נזק שנעשה מגוף הבהמה עצמה, ובין נזק עקיף יותר, שנעשה רק מכוח הבהמה.[63]

את ההבחנה בין כוחו לגופו אפשר להבין לאור המודלים שהציבה סוגיית הפתיחה. לפי מודל אבות מלאכה בשבת, המתמקד בנזק עצמו - המסקנה היא שכוחו כגופו, משום שמרגע שיש נזק, לא משנה אם מכוחו או מגופו, זה אומר שהבעלים התרשל בשמירתו, ולכן חייב בנזק שלם. אבל לפי מודל אבות הטומאה יש משמעות להבדל בין כוחו לגופו, ונזק שנעשה מכוחו שונה מנזק שנעשה מגופו, משום שהוא רחוק יותר מהזיקה לאדם. לא הרכוש הזיק, אלא חפץ שהותז מכוח הרכוש. השייכות לבעלים רחוקה, ולכן גם האחריות של הבעלים פחותה. והרי לפנינו מקרה נוסף שבו סוגיה הלכתית, מחלוקת חכמים וסומכוס על היחס בין כוחו לגופו, מתבארת בפשטות לאור המודלים והתפיסות הרעיוניות של סוגיית הפתיחה.

"כיחו וניעו" – תולדה או אב?

היבט נוסף של היחס בין כוחו לגופו מצוי בסוגיית הפתיחה עצמה, בדף ג ע"ב, בדיון על תולדות של אדם כאב נזיקין. הגמרא דנה אם התולדות של מבעה הן "כיוצא בהן או לאו כיוצא בהן". לפי שיטת שמואל, הסובר שמבעה הוא שן, הגמרא כבר הסיקה שתולדה של שן היא כמו שן. אבל לדעת רב,

63. יש פער בין רובד ההצהרה הגלויה, שרבא אומר שחכמים סוברים ש"כוחו כגופו" ובין ההלכה למעשה, המבטאת תפיסה ש"כוחו לאו כגופו". הגמרא אומנם תולה זאת ב"הלכתא", ולכאורה יש תחושה מדברי הגמרא שאין צורך לחפש משמעות או הסבר ל"הלכתא", אך לא כך היא. גם ה"הלכתא" משקפת דין שהוא בעל היגיון, המבטא תפיסה רעיונית. ייתכן שהסיבה שרבא אינו מסביר שחכמים סוברים שכוחו לאו כגופו משום שמגמת הסוגיה, בעקבות המשנה, היא להעדיף את מודל השבת על פני מודל הטומאה. יש שפירשו שאם רבא היה אומר כך, הדין היה שלא חייב לשלם כלל, אפילו לא חצי נזק. דהיינו שההלכה לשלם חצי נזק היא ביטוי למורכבות: כן משלם, אבל לא נזק מלא, ראו לעיל בדיון על צרורות.

הסובר שמבעה הוא אדם, הגמרא מבררת אם תולדה של אדם היא כמו אדם. בשלב ראשון הגמרא מגדירה מהן התולדות של אדם המזיק:

> אי לרב, דאמר מבעה זה אדם, מאי אבות ומאי תולדות אית ביה? וכי תימא, אב – ניעור, תולדה – ישן, והתנן: אדם מועד לעולם, בין ער בין ישן!

בתשובה הראשונה הגמרא מציעה ("וכי תימא") שהאב הוא אדם ער, והתולדה היא כשאדם ישן.

האפשרות הזו נדחית בגלל משנת "אדם מועד לעולם", שלא מבחינה בין נזק שנעשה על ידי אדם ער או ישן. לכן הגמרא מעלה הצעה אחרת, שתולדות של אדם המזיק הן "כיחו וניעו" (הפרשות הגוף):[64]

> אלא, אכיחו וניעו.

הגמרא מציעה שכיחו וניעו הם התולדות של אדם המזיק. את האפשרות הזו אפשר להבין מנקודת המבט של מודל אבות הטומאה. משום שאם האדם עצמו הוא אבי אבות הנזיקין – מה שיוצא ממנו כבר מרוחק ממנו ומגופו ולכן הוא תולדה.

המקרה הזה דומה לצרורות. זהו נזק שלא נגרם ישירות מהמזיק (אדם או בהמה), אלא על ידי כוחו של המזיק: בצרורות זה נזק מהאבנים שהבהמה התיזה (וכדומה לו), ובכיחו וניעו הנזק הוא מהפרשה שהאדם התיז. במקרים הללו, של צרורות וכיחו וניעו, החיוב בנזיקין הוא מנקודת המבט של הזיקה לאדם.

אבל הגמרא שוללת את נקודת המבט הזאת:

> היכי דמי?
> אי בהדי דאזלי קמזקי, כחו הוה!
> אי בתר דנייח, בין לרב בין לשמואל היינו בור!

64. רש"י ג ע"ב, ד"ה אלא: כיחו – רוק הפה, ניעו – ליחת החוטם.

הגמרא מסבירה שלכיחו וניעו יש שתי אפשרויות להזיק, ולפי כל אחת מן האפשרויות הללו כיחו וניעו הם "כיוצא בהן", כלומר דומים לאב. אפשרות אחת היא "בהדי דאזלי קמזקי" – מזיקים תוך כדי יציאתם מן הגוף. לפי האפשרות הזו, הנזק הוא מכוחו והוא חייב כמו אדם המזיק עצמו.[65] אפשרות אחרת היא שהם הזיקו "בתר דנייח", אחרי שיצאו מן הגוף כשנחו על הארץ.[66] לפי האפשרות הזו, המקרה של כיחו שנח על הארץ והזיק דומה לכל מכשול ברשות הרבים שהופקר (שהרי מן הסתם אדם מפקיר את כיחו וניעו) – ואז הוא תולדה של בור, הן לרב הן לשמואל.[67]

בניגוד לחצי נזק צרורות, שיש בו ביטוי לתפיסת מודל הטומאה, במקרה של כיחו וניעו, הגמרא קובעת שהוא אינו דומה כלל למודל הטומאה ומקבלת רק את מודל אבות המלאכה של שבת.

סיכום

על אף האופי המעשי והמפורט של דיני הנזיקין, המקשים על המבט הכללי והרעיוני, גם דיני הנזיקין מבוססים ויונקים מעולם מחשבתי רעיוני וערכי. שפתה של תורה שבעל פה, המשנה והגמרא, היא שפה הלכתית, אבל הדיבור ההלכתי הוא לא רק ביטוי להדרכה מעשית, אלא גם לעולם רחב ועמוק של תפיסות ערכיות ומוסריות. סוגיית הפתיחה היא המתווכת בין הלומד ובין השפה ההלכתית, במגוון אמצעים ספרותיים היא חושפת את עולם הרוח המצוי בתשתית של ההלכה ושל הדיונים ההלכתיים. סוגיית הפתיחה לבבא קמא מצביעה על המשמעות הרעיונית של דיני הנזיקין באמצעות יצירת דיון מפורט על היחס שבין אבות ותולדות, ובאמצעות שני המודלים שהיא מעמידה לצורך הדיון הזה – אבות מלאכה בשבת ואבות הטומאה. את הדיון הזה בונה סוגיית הפתיחה מחומרים שכבר קיימים לפניה, שברובם מופיעים לאורך מסכת בבא קמא. החידוש של סוגיית הפתיחה הוא לא

65. הראשונים נחלקו אם כוחו של אדם זה אב או תולדה שהיא כיוצא בה. מרש"י ג ע"ב, ד"ה כוחו הוא, משמע שהוא סובר שכיחו וניעו הם אב ולא תולדה של אדם המזיק.

66. רש"י.

67. כיוון שאדם בוודאי מפקיר את הפרשות גופו, הרי מדובר במכשול ברשות הרבים שהופקר, וגם לדעת שמואל וגם לדעת רב זו תולדה של בור.

חידוש הלכתי, אלא באופן שבו הסוגיה מעבדת את מה שכבר מצוי באופן החושף את התשתית הרעיונית של הסוגיות ההלכתיות.

מלבד שהיא חושפת את הרובד הרעיוני של הסוגיות, סוגיית הפתיחה גם מחדשת היבט רעיוני על מה שמצוי במשנת הפתיחה של המסכת. משנת "ארבעה אבות נזיקין" מבוססת על עקרון הפשיעה, המבוטא בסוגיית הפתיחה באמצעות מודל אבות מלאכות בשבת, שלפיו אדם אחראי לשמור על רכושו במידה סבירה ולפי אופיו של המזיק. סוגיית הפתיחה מביאה לחזית המסכת גם משניות המבוססות על עיקרון אחר. משנת צרורות מתחילת פרק שני מקבלת בסוגיית הפתיחה מקום מרכזי, אף שהיא מבטאת עיקרון שונה מזה שבא לידי ביטוי בפרק הראשון. באמצעות מודל אבות הטומאה מתברר כי העיקרון המוסרי העומד ביסוד הגישה שבאה לידי ביטוי במשנה זו הוא עקרון האחריות המוחלטת, הנובע מעצם הבעלות, ללא קשר לאופי הנזק או למידת השמירה הנדרשת.

כל אחת מהתפיסות המובעות בסוגיית הפתיחה היא בעלת השלכות מוסריות וערכיות. שיטת הפשיעה רואה לנגד עיניה בראש ובראשונה את המוסריות של האדם. זו שיטה המתמקדת באדם עצמו, באחריות שלו על רכושו, ובכל מה שהוא צריך לעשות כדי להימנע מלהזיק לסביבתו. אפשר אולי להגיד שזו תפיסה שרואה בדיני הנזיקין מערכת חינוכית. שיטת האחריות המוחלטת רואה לנגד עיניה את החברה. אם נגרם לאדם נזק – הוא זכאי לפיצוי על כך. מי צריך לפצות אותו? גורם הנזק עצמו או הבעלים שלו. התפיסה הזו רואה בדיני הנזיקין מערכת שמגינה ודואגת לחברה.

התפיסות הרעיוניות שמוצגות בסוגיית הפתיחה אינן נשארות בגדר רעיונות תיאורטיים. הרעיונות הללו מקבלים ביטוי בעולם ההלכתי של דיני הנזיקין, בפרטים השונים שקובעים את גדרי האחריות, החיוב והפטור. את הרובד הרעיוני שבא לידי ביטוי בתפיסות ההלכתיות הדגמנו בכמה סוגיות הלכתיות שסוגיית הפתיחה בעצמה הצביעה עליהן. הראינו כיצד פרטים הלכתיים או מחלוקות הלכתיות בעולם הנזיקין נשענים על תפיסות רעיוניות.

מסכת בבא קמא ועולם הנזיקין בכלל נראים עמוסים פרטים ופרטי פרטים, עד שלעיתים לומד יכול לחוש שהוא הולך לאיבוד בתוך סבך הפרטים. סוגיית הפתיחה של בבא קמא מציידת את הלומד בשתי תפיסות

משפטיות־מוסריות־רעיוניות, עוד קודם שהוא צולל לעומק פרטי הפרטים של השקלא וטריא ההלכתי. הלומד המצויד במשקפיים הרעיוניים הללו יכול להיעזר בהם כדי לתת פשר לסוגיות שונות במסכת, כך שפרטים ודיונים לאורך המסכת יכולים להתפרש ולהתבהר מתוך נקודת מבט שכזו.

מסכת בבא קמא פרק שלישי – יחיד וציבור: מי אחראי?

מסכת בבא קמא עוסקת בדיני נזיקין. חלקו הראשון של פרק שלישי של בבא קמא, פרק המניח, עוסק בשאלת האחריות של אדם על נזקים שהוא גורם באופן ישיר או עקיף.

דיני הנזיקין הם בראש ובראשונה עניין משפטי־הלכתי, כלומר מערכת של חוקים, המגדירה את מידת האחריות של האדם על נזקים שהוא גורם או שנגרמו על ידי מעשיו או רכושו. בתשתיתה של כל מערכת חוקים כזו יש תפיסות מהותיות שמהן נגזרים החוקים המעשיים ועל פיהן מתעצבים פרטי הפרטים של דיני מערכת המשפט.

אחד ההיבטים הרעיוניים של מערכת המשפט נוגע ליחס שבין היחיד לציבור בנזיקין, כלומר היחס בין האחריות של האדם היחיד מול האינטרס של הציבור במצבים שונים שעל קו התפר שבין היחיד והציבור:

> יחידים המתאגדים לשם תכלית משותפת או לשם חיים משותפים, כגון בני עיר אחת או קהילה אחת, בני אומנות אחת או מלאכה אחת, אגודתם צריכה כוח כפייה על חבריה כדי לכפות אותם בעניינים המשותפים של אגודתם, עניינים הנחוצים לחייהם המשותפים לתכלית שבשבילה הם מאוגדים. כגון לגבות מיסים, להשתתף בבניין חומות העיר, בעשיית בורות מים, רחובות ובית כנסת לעיר, לקבוע כללי התנהגות לבעלי מלאכה הצריכה מומחיות, כדי שהציבור לא יינזק מן העוסקים בה, וכיוצא בזה. כללים אלה המסדרים את התנהגות

> הציבור כלפי היחיד, והתנהגות היחיד כלפי הציבור, נקראים בשם משפט ציבורי.[1]

ברור שכל חברה זקוקה לכללים מסוג זה. אבל כיצד ינהגו כאשר הכללים הללו מתנגשים עם הזכויות או החובות של היחיד? האם יש העדפה לכוח ולסמכות של הציבור על פני זה של היחיד, או שמא יש העדפה לכוח של היחיד ולאחריות שלו על פני הסמכות של הציבור? עד כמה נותנים מקום לאינטרס החברתי־ציבורי על חשבון האחריות האישית? האם יש כוח לציבור לפטור יחיד מאחריות במקרים שיש אינטרס ציבורי כזה?

שאלות אלו ואחרות הנוגעות למתח בין היחיד לציבור בתחום הנזיקין מצויות בתשתית של דיני נזיקין הנידונים בפרק שלישי של מסכת בבא קמא. אבל הנושאים הללו נוגעים גם לשאלות של זהות באופן עקרוני וכללי: מה היחס בין הזהות האישית לשייכות של אדם לחברה וקהילה? מה עושים כאשר הזהויות הללו מתנגשות ביניהן, אילו מן הזהויות מקבלת עדיפות ובאילו מצבים? שאלות כאלו אינן תאורטיות בלבד, ויש להן ביטוי מעשי במצבים שונים בחיי אדם וקהילה, כאשר אדם וקהילה נדרשים להכריע לא פעם במצבים של סתירה בין הזהות האישית לשייכות החברתית והקהילתית.

בתשתית הדיון ההלכתי של פרק המניח מצוי הבירור ההלכתי והעקרוני המתייחס לנושאים הללו. להלן נבחן כיצד המשנה, סוגיית הפתיחה והסוגיות ההלכתיות על המשנה הראשונה – כולן מבררות ומציגות עמדות רעיוניות שונות בנושא.

המשנה הפותחת את פרק המניח עוסקת בקביעת מידת האחריות של אדם על נזק שגרם ברשות הרבים. בשלב ראשון ננסה לעמוד על העקרונות הרעיוניים שביסודה של המשנה ביחס לדיני נזיקין, ונבחן גם תפיסות רעיוניות אחרות שבאות לידי ביטוי במקורות תנאיים נוספים.

סוגיית הפתיחה על המשנה מציגה אלטרנטיבה לגישה של המשנה. את זה היא עושה באמצעות דיון המתפתח מתוך שאלה לשונית על המשנה,

1. ש' אלבק, משפט עברי, עמ' 44–45. מה שאלבק מכנה "משפט ציבורי" אנו נכנה "רשות", ובשני המקרים הכוונה להסכמה שנותן הציבור להתנהגות או נורמה מסוימת.

ובאמצעות הטיית דיון לנושא שעל פניו נראה לא קשור לנושא של משנת המניח ולמסקנה שאליה מוביל הדיון.

חשיפת העקרונות הרעיוניים בסוגיית הפתיחה מסייעת בפרשנות של סוגיות הלכתיות בהמשך הפרק בכך שהיא חושפת את התשתית הרעיונית של הדיון התלמודי בסוגיות השונות. תשתית רעיונית זו, מלבד שהיא נותנת מענה פרשני על קושיות שונות מתוך הסוגיות, שאינן מקבלות מענה מספק מן ההיבט ההלכתי־משפטי – היא מעניקה רובד נוסף של משמעות לדיון ההלכתי־משפטי ומציגה את עולם התוכן הערכי־מוסרי המצוי בתשתית של הדיון התלמודי ושל ההלכה.

המשנה

בפרק שעסק בסוגיית הפתיחה למסכת בבא קמא עמדנו על שתי גישות עקרוניות בעולם המשפט לגבי אחריות האדם על נזק שגרם.[2] גישה אחת, המכונה שיטת הפשיעה, סוברת כי האחריות של האדם לנזקים שהוא גורם קיימת רק במקרים שבהם ישנה מידה מסוימת של פשיעה של המזיק בגרימת הנזק, כגון הזנחה, התרשלות ושכחה, לרבות אונס שאינו גמור. גישה אחרת, המכונה שיטת גרם הנזק או שיטת האחריות המוחלטת, סוברת כי אחריות המזיק היא מוחלטת והיא חלה אפילו במקרים שבהם ישנו קשר, ואפילו סיבתי בלבד, בין הנזק והתנהגותו של גורם הנזק, ואף בהעדרה של כל אשמה מצד גורם הנזק. על פי גישה זו, שום טענת אונס אינה פוטרת את האדם המזיק.

שתי גישות לדיני נזיקין במשניות בבא קמא

כמו שכבר ראינו,[3] לשתי הגישות הללו ניתן למצוא ביטוי במשניות שבמסכת. המשנה האחרונה בפרק שני של בבא קמא (משנה ו) סוברת כשיטת האחריות המוחלטת:

2. ראו לעיל בפרק העוסק בסוגיית הפתיחה לפרק ראשון של בבא קמא, בתת־הפרק "סיכום והרחבה רעיונית – היסוד המוסרי של דיני הנזיקין", עמ' 333.

3. ראו לעיל בפרק הסוקר את הגישות השונות לדיני הנזיקין בתת־הפרק "המשנה" על התפיסות התנאיות האלטרנטיביות למשנה של פתיחת פרק ראשון של בבא קמא, לעיל עמ' 309.

> אדם מועד לעולם בין שוגג בין מזיד בין ער בין ישן סימא את עין חברו ושבר את הכלים משלם נזק שלם.

דהיינו, אחריותו של אדם לנזקים שהוא גורם היא מוחלטת ובכל מצב, אפילו כאשר הוא ישן ואין לו כלל אחריות על מעשיו, ולא רק במצבים של רשלנות או פשיעה.

על אף עקרון האחריות המוחלטת, שביסודו התפיסה כי "אדם מועד לעולם" – המשנה הפותחת את הפרק השלישי של המסכת, פרק המניח, מביאה דין אחר, ואפילו הפוך:

> המניח את הכד ברשות הרבים ובא אחר ונתקל בה ושיברה פטור ואם הוזק בה – בעל החבית חייב בנזקו.

המקרה הנידון במשנה זו הוא של אדם שהניח כד ברשות הרבים ואדם אחר נתקל בכד ושבר אותו. המשנה אומרת שלמרות שהאדם הזיק, הוא פטור. לא רק זה, אלא שאם האדם שנתקל בכד ניזוק מהכד – בעל הכד חייב באחריות על הנזק שנגרם.

על רקע המשנה מסוף פרק שני, שהיא המשנה הסמוכה והמקדימה את המשנה של ראש פרק המניח – הפטור במשנה תמוה: מדוע לפטור אדם מנזק שהוא גורם? הרי "אדם מועד לעולם"!

התשובה המשתמעת מהמשנה היא שהסיבה לפטור מהנזק היא העובדה שהנזק אירע ברשות הרבים. אבל הסיבה הזו איננה מספקת והיא מעוררת תמיהה:

> למה פטור המהלך ברשות הרבים והזיק כלי המונח שם ובעל הכלי חייב כשהוזק בו, וכי אין דרך בני אדם להניח כלים ברה"ר, הלא רשאין ורגילין לעשות כן, ואם כן המהלך היה לו להתבונן בהילוכו שלא יזיק ולא יוזק.[4]

4. לוי, ירושלמי בבא קמא, עמ' 64. לוי מסביר את הירושלמי המעיר על המשנה ש"אין דרך אדם להניחן ברשות הרבים", שלבעל התלמוד הירושלמי לא היה ידוע מאמר ר' אבא בהמשך "שאין דרך בני אדם להתבונן בדרכים". דברי לוי על הירושלמי מחדדים את טענתנו על האפשרות לראות את הפטור במשנה כהכרעה כשיטה אחת במצב של

המשנה עוסקת במצב המעמיד בקונפליקט שני עקרונות יסוד: האחד, הוא האחריות המוטלת על כל אדם להימנע מלפגוע ברכושו של חברו. אחריות זו היא מיסודות דיני הנזיקין. ואם הולכים לפי הכלל הזה – יש לחייב אדם על נזק שגרם, גם אם זה קרה ברשות הרבים. כיוון שהמשנה כאן פוטרת מנזק ברשות הרבים, יש להניח שלמשנתנו יש תפיסה עקרונית שונה ביחס לאחריות על נזק ברשות הרבים, הגוברת על העיקרון הבסיסי והרחב של האחריות האישית להימנע מלהזיק.

הגמרא מסבירה את הטעם לפטור בהמשך, בדף כז ע״ב, באמצעות הכלל ״אין דרכם של בני אדם להתבונן בדרכים״. את הכלל הזה מסביר בזק:[5]

> הכלל הוא: ״אין דרכן של בני אדם להתבונן בדרכים״. לאמור – כך טבעם של בני אדם, טרודים הם במחשבות ואינם מתבוננים בדרכים ועל כן אין לצפות כי המהלך בדרך יבדוק את צעדיו בקפדנות לבל ייתקל במכשול סמוי. לפיכך מי שהניח מכשול בדרך יהיה האחראי לנזק שנגרם להולך הרגל על ידי המכשול, לפי שהיה עליו להביא בחשבון חולשה אנושית זו ולא להניח מכשול בדרך.

המפרשים מסבירים את ״אין דרכן של בני אדם להתבונן בדרכים״ כנטייה של האדם להיות שקוע במחשבותיו, ולא לשים לב לדרך. משום נטייה זו אין ציפייה מהאדם להישמר כדי להימנע מלהזיק, והוא יכול להתהלך בדרכים בחופשיות. האחריות המוטלת על אדם להימנע מפשיעה הגורמת לנזק לרכושו של אדם אחר – אינה מוטלת עליו ברשות הרבים. ברשות היחיד אדם צריך להישמר בהילוכו מלגרום נזק לממונו של חברו, ואילו ברשות הרבים הוא יכול להלך בחופשיות, מבלי להישמר מלגרום נזק.

כיוון שההבדל בין הפטור לחיוב כרוך בשאלת המיקום של הנזק –

קונפליקט המעמיד שני עקרונות יסוד זה מול זה, כאשר בבבלי הוכרע בגישה אחת ובירושלמי כגישה אחרת.

5. בזק, האחריות בדיני נזיקין, עמ׳ רנ. וההסבר הזה מצוי גם אצל הראשונים, למשל המאירי, בבא קמא, כז ע״א, ד״ה אמר המאירי, עמ׳ 85: ״מפני שאין דרכן של בני אדם להתבונן בדרכים מרוב מחשבותיהם וטרדת ענייניהם״; המהרש״ל, שו״ת מהרש״ל סימן צו, ועוד.

רשות היחיד או רשות הרבים, ולא בטיב הנזק, במידת הרשלנות של המזיק וכדומה – משמע שרשות הרבים עצמה היא הגורם הקובע את הפטור.

כפי שכבר אמרנו, מנקודת המבט של "אדם מועד לעולם" – הדין של משנת המניח אינו מובן. שהרי, אם המשנה מטילה אחריות על אדם אפילו כשהוא ישן, ניתן להסיק מכך כי היא תטיל עליו אחריות גם כשהוא ער ומהלך בדרך! לכן נראה כי משנת המניח סוברת שמהאדם נדרשת מידה שונה של אחריות כאשר הוא מצוי ברשות היחיד או ברשות הרבים. בעוד שברשות היחיד מצופה ממנו לנהוג במידה רבה של זהירות, ברשות הרבים אחריות זו אינה מוטלת עליו! ברשות הרבים אדם פטור מנזק שהוא גורם.

הפער בין משנת "אדם מועד לעולם" ובין משנת המניח מתחדד גם לאור הבחירה של המשנה לשבץ את משנת "אדם מועד לעולם" בפרק שני ולא בפרק שלישי. פרק שני עוסק בנזקים הנגרמים על ידי בעלי חיים, ופרק שלישי עוסק בנזקי אדם. לכן מתבקש היה שמשנת "אדם מועד לעולם" תשובץ בפרק שלישי. הבחירה של המשנה להפריד את משנת "אדם מועד לעולם" מהפרק שעוסק בנזקי אדם מעידה גם היא על כך שהמשנה ראתה בשתי המשניות הללו שתי תפיסות שונות לחלוטין של נזיקין, עד כדי הפרדה של מין ממינו (לכאורה). מצד אחד, החלת הביטוי "מועד", הלקוח מעולם נזקי בעלי החיים (שור מועד), על אדם – מחברת את משנת "אדם מועד לעולם" לפרק שני. ומצד שני, בעלי חיים מוגדרים רק לעיתים כמועדים, ואילו האדם מועד לעולם, וזה מבליט דווקא את השוני בין נזקי בעלי חיים לנזקי אדם. בסיכומו של דבר, הבחירה של המשנה לשבץ את משנת "אדם מועד לעולם" בסוף פרק שני מבליטה את נקודות המבט השונות של פרק שני ופרק שלישי.

משנת המניח - פטור על נזק ברשות הרבים

הפטור של משנת המניח תמוה. מדוע אין ציפייה להישמר מלהזיק גם במצב שאדם נוטה להיות טרוד בדרך? מה יש ברשות הרבים שפוטר אדם מחובה אישית להימנע מגרימת נזק למרות הקביעה שאדם מועד לעולם?

משנת המניח סוברת שרשות הרבים שייכת לרבים ובכוחם להחליט לפטור אדם מנזק שגרם ברשותם. ההסכמה הציבורית היא זו שפוטרת אדם על נזקים שהוא גורם ברשות הרבים.

במילים אחרות, ניתן לראות את המצב המצויר במשנה כקונפליקט בין

שני גורמים, המשפיעים על קביעת הדין בדיני נזיקין: האחד הוא המחויבות האישית של אדם להימנע מלהזיק, ואפילו במקרים שבהם מידת האחריות של המזיק היא מועטה. והשני הוא ההחלטה הציבורית המאפשרת לאדם להלך בחופשיות ברשות הרבים, עד כדי שאדם לא צריך להישמר מלגרום נזק לרכוש, ואם גרם נזק – הוא פטור מלשלם על הנזק שעשה.

מנקודת המבט הפרטית – על האדם מוטלת אחריות כבדת משקל להישמר כדי להימנע מלהזיק ולפגוע ברכוש או באדם אחר. מנקודת מבט זו אין משמעות לשאלה היכן האדם נמצא. אחריות זו היא חובה אישית שלו, והיא חלה עליו בכל מקום שבו הוא נמצא, "מה לי הכא ומה לי התם". זו הנחה הגיונית המקבלת סימוכין גם מהמשנה בסוף פרק שני. ולכן, הדין שבמשנת המניח הוא למעשה חידוש גדול, משום שהוא פוטר אדם מנזקים שבאחריותו רק בשל העובדה שהם נגרמו ברשות הרבים!

משנת המניח מעניקה משקל רב לכוחו של הציבור, להחלטות שהוא מחליט ולמוסכמות שהוא קובע. במקרה זה, המוסכמה היא שאדם יכול להתהלך בחופשיות ברשות הרבים מבלי לחשוש לגרימת נזק, ואם נגרם נזק – המזיק פטור מלשלם.

אם כן, למרות הניסוח הקזואיסטי, ביסודה של משנת המניח קיים עיקרון רעיוני מרחיק לכת. עיקרון זה הוא הענקת משקל יתר לתוקף המשפטי והממוני של סמכות הציבור על פני האחריות האישית.

תפיסה דומה לדין המובא במשנת המניח באה לידי ביטוי לאורך משניות פרק שלישי. למשל, במשנה ג:

> המוציא את תבנו ואת גפתו לרשות הרבים לזבלים והוזק בהן אחר חייב בנזקו. וכו'. ההופך את הגלל ברשות הרבים והוזק בהן אחר חייב בנזקו.

וכן במשנה ו:

> שנים שהיו מהלכין ברשות הרבים אחד רץ ואחד מהלך או שהיו שניהם רצים והזיקו זה את זה שניהם פטורין.

לאורך הפרק השלישי, הדן במקרים שונים של נזק ברשות הרבים – אין ביטוי הלכתי לתפיסה של "אדם מועד לעולם". משניות הפרק שלישי של בבא קמא כולן מבטאות את נקודת המבט הנותנת עדיפות להסכמת הציבור

על פני האחריות האישית ופוטרת אדם באופן גורף מאחריות לנזק שגרם אם הוא נעשה ברשות הרבים.

סוגיית המבוא: "פתח בכד וסיים בחבית?!"

סוגיית המבוא עוסקת בשאלה העקרונית הנוגעת ליחס בין אחריות הפרט לסמכות הציבורית. את הבירור הזה עושה סוגיית המבוא באמצעות עיסוק בענייני לשון במשנה. מלבד המענה על הקושיה הלשונית, הדיון משמש אצטלה לדיון מושגי וערכי בתפיסות היסוד לגבי היחיד והכלל והיחס ביניהם.

> פתח בכד וסיים בחבית?!
> ותנן נמי: "זה בא בחביתו וזה בא בקורתו נשברה כדו של זה בקורתו של זה פטור" – פתח בחבית וסיים בכד.
> ותנן נמי "זה בא בחביתו של יין וזה בא בכדו של דבש נסדקה חבית של דבש ושפך זה יינו והציל את הדבש לתוכו אין לו אלא שכרו" – פתח בכד וסיים בחבית.
> אמר רב פפא, היינו כד היינו חבית.

הסוגיה נפתחת בשאלה (או הערה) על חילוף הלשון בנוסח המשנה: "פתח בכד וסיים בחבית?!", כלומר מדוע המשנה משתמשת בשני כלים שונים, בתחילה כד ולבסוף חבית: "המניח את הכד... בעל החבית חייב בנזקו".

בתגובה לקושיה הלשונית, הגמרא מביאה שתי משניות נוספות שגם בהן ישנו חילוף כד וחבית, ואת דברי רב פפא, המיישבים את הקושי: "היינו כד היינו חבית". רב פפא טוען כי כד וחבית אלו אותם כלים או לחילופין, אין לייחס לשינוי השם משמעות הלכתית. דברי רב פפא הם הערה לשונית או הלכתית על המשנה המכוונת לפשט המשנה.

כך מסביר גם הרשב"א:[6]

> תנא כי אורחיה תני להו משום דהיינו כד היינו חבית.

6. רשב"א, חידושים, כז ע"א, ד"ה למאי נפקא מינה למקח וממכר, עמ' קנג.

כלומר, מאחר שאין הבדל במשמעותן של שתי המילים, לפיכך נוקט התנא כדרכו, פעם כד ופעם חבית, ואינו מקפיד על שינוי הלשון.

פרשנות דומה של רב פפא לחילופי לשון במשנה מצויה גם במסכת ערכין, בסוגיה מקבילה (דף י ע"ב). על המשנה שם (ב, ג):

פתח בחליל וסיים באבוב.
אמר רב פפא, היינו חליל היינו אבוב.
ואמאי קרי ליה חליל? דחלי קליה.

השוואה של סוגיית הפתיחה למניח לסוגיה המקבילה בערכין מבליטה את השוני בין הסוגיות, ואת הייחודיות של הסוגיה בבבא קמא. ישנם שני הבדלים בין הסוגיות. הבדל אחד הוא שבבבא קמא הגמרא מוסיפה ומביאה שתי דוגמאות למשניות שבהן קיים החילוף כד־חבית. הבדל נוסף הוא, שבשונה מן הסוגיה כאן, בערכין, אחרי קושיה דומה, ותשובה דומה של רב פפא, הסוגיה מסתיימת ולא מובאת שם קושיית הגמרא והדיון הנובע ממנה: "למאי נפקא מינה וכו'", המובאת כאן מיד לאחר דברי רב פפא. ההשוואה לערכין מצביעה על כך שהחלקים הנוספים בסוגיה בבבא קמא הם מיותרים, משום שבסוגיה בערכין הקושיה הלשונית מקבלת מענה מספק גם בלעדיהם באמירה הפשוטה "היינו חליל היינו אבוב" בלבד.

לכן יש לבחון מה הערך המוסף בשתי ההוספות של סוגיית הפתיחה בהמניח: מה מוסיפות שתי המשניות שגם בהן יש חילוף לשוני ומה מוסיף הדיון הפותח בשאלת "למאי נפקא מינה"?

שתי משניות נוספות עם חילוף "כד וחבית" – האם זה אקראי?

באופן פשוט, ריבוי מקרים של משניות שיש בהן חילוף של "כד וחבית" תומך בדברי רב פפא בהסבר החילוף, משום שהוא מציג את החילוף הלשוני כתופעה רחבה. אלא שחילופי כד וחבית מצויים במשניות נוספות מלבד מה שמובא בסוגיה, במסכת בבא קמא ובמסכתות נוספות.[7] כיוון שהגמרא בחרה להביא שתי משניות בלבד מתוך מגוון אפשרויות, יש לעמוד על הסיבות שהביאו את הגמרא לבחור ולהביא במסגרת הדיון כאן דווקא את הדוגמאות

7. בבא קמא א, ה; י, ד. גם בדמאי ז, ח; סוכה ד, י, מכונה "חבית", מה שבמעילה ג, ז קרוי "כד", כפי שמעיר תוספות יום טוב על מעילה, ד"ה המים שבכד, ועוד.

הללו. יתר על כן, הבאה של משניות מהקשרים שונים וממסכתות שונות עשויה לחזק את הטענה שתופעת חילוף כד־חבית היא נפוצה יותר מאשר הבאת משניות מעולם תוכן דומה. הבחירה של הסוגיה להביא משניות עם חילוף כד־חבית ממסכת בבא קמא ולא ממסכתות אחרות מעידה על קשר וזיקה הנוגעים לתוכן של המשניות ולא רק לעניין הלשוני.

לכן, נבחן תחילה את התרומה המושגית, העקרונית והרעיונית של שתי המשניות הנוספות, המדגימות חילוף לשוני כד־חבית.

המשנה הראשונה המובאת בסוגיה היא משנה ה שבהמשך:

> וזה בא בחביתו וזה בא בקורתו, נשברה כדו של זה בקורתו של זה פטור, שלזה רשות להלך ולזה רשות להלך.

כמו במשנת המניח, גם במשנה זו יש ביטוי לעמדה הפוטרת אדם על נזק ברשות הרבים. אבל במשנה ה יש שתי תוספות משמעותיות על משנה א:

בראש ובראשונה, משנה ה מרחיבה את הפטור מעבר למצוי במשנה א, שכן היא מקילה אף יותר ממנה. משנה א עסקה בניזק שהניח ברשות הרבים את כליו שלא ברשות.[8] במקרה כזה אפשר לייחס את הפטור לכך שהניזק הניח את כליו שלא ברשות. לעומת זאת, משנה ה פוטרת מנזק גם במצבים שהמזיק והניזק פעלו ברשות.

משנה ה גם מנמקת את הפטור, מה שאינו קיים במשנה א, והנימוק הוא: "שלזה רשות להלך ולזה רשות להלך".

הנימוק לפטור מבוסס על הרשות להלך. אבל זה לא מובן: מי נותן לאדם רשות להלך מבלי להישמר מלהזיק? משנת אדם מועד לעולם אינה נותנת רשות כזו באף מצב! גם כאן התשובה היא שההחלטה הציבורית היא זו שמעניקה לאדם את הרשות הזו, וזה אפשרי רק במקום ששייך לרבים. מסתבר, גם כאן, שלהסכמה הציבורית יש תוקף חזק כל כך שבכוחה לפטור מאחריות לנזק ישיר שגורם אדם בפועל. מכאן נובע כי גם משנה ה מבוססת על התפיסה שהסדר הציבורי, הנובע מכוח הרבים, הוא גורם מרכזי המשפיע על דיני הנזיקין והוא גובר אף על האחריות האישית.

סוגיית הפתיחה מביאה את משנה ה לפתיחת הפרק באמצעות הקושיה הלשונית, ובכך מספקת הסבר לדין המצוי בראשו. משנה א היא קזואיסטית,

8. רש"י על המשנה, דף לא ע"ב, ד"ה פטור.

היא מביאה מקרה, אבל לא עיקרון. סוגיית הפתיחה, באמצעות המשנה המדגימה את התופעה הלשונית שבמשנת המניח, מעמידה באופן מפורש את מושג הרשות כנימוק והדגשה לפטור במשנה, שהוא החלטת הציבור להרשות לכל אדם להלך בחופשיות ברשות הרבים. יוצא אפוא שמשנה ה מדגישה, מרחיבה (משום שהיא יותר מקילה) ומסבירה את העיקרון הרעיוני שעומד ביסודה של התפיסה של משניות פרק המניח. תפיסה זו גורסת שיש להסכמה חברתית תוקף מוסרי ומשפטי הפוטר אדם על נזק שגרם ברשלנותו.

אותו עיקרון, אם כי בתחום שונה, מצוי במשנה השנייה שמביאה הסוגיה, שגם בה יש חילוף של כד וחבית. המשנה השנייה לקוחה מפרק עשירי (משנה ד):

> זה בא בחביתו של יין וזה בא בכדו של דבש, נסדקה חבית של דבש ושפך זה את יינו והציל את הדבש לתוכה אין לו אלא שכרו. ואם אמר לו אציל את שלך ואתה נותן לי דמי שלי חייב ליתן לו.

משנה זו עוסקת במצב שונה ממשנת המניח. אין מדובר באדם שהזיק את חברו, אלא באדם שפגע ברכושו שלו עצמו כדי להציל רכוש של אדם אחר. המשנה אומרת שהדין הוא שלמרות שאדם פגע ברכוש של עצמו כדי לעזור לחברו – אין חברו חייב לשלם לו על הנזק שגרם לעצמו.

למרות השוני הרב בין המקרים,[9] מבחינה מושגית יש דמיון בין שלוש המשניות: משנת המניח, הפותחת את הפרק, ושתי המשניות שמביאה סוגיית הפתיחה. במשנת חבית וקורה, המשנה הראשונה שהובאה בסוגיית הפתיחה, אדם שגרם נזק ואמור להיות אחראי לשאת בו – פטור בגלל הרשות, שהיא המוסכמה החברתית המעניקה רשות לבני אדם ללכת בדרכים באופן חופשי מבלי להישמר מלהזיק. הרשות הזו מסבירה גם את הפטור במשנת המניח. למרות השוני בין המקרים, עקרון הרשות מסביר גם את משנת יין ודבש, המשנה השנייה שמביאה סוגיית הפתיחה. במשנה זו באופן עקרוני בעל הדבש פטור מלשלם על הנזק שנגרם ליין, משום שלא הייתה שם הסכמה.

9. מלבד השוני בעצם המקרה, יש עוד שני שינויים: א. בפרק ג, הרשות פוטרת מאחריות לנזק, ובפרק י הרשות מחייבת באחריות לנזק; ב. בפרק ג, את הרשות נותן הציבור, באופן עקרוני וגורף, ובפרק י הרשות ניתנת באופן פרטי בין אדם לחברו בסיטואציה קונקרטית.

החיוב בתשלום נוצר ברגע שיש רשות מצד בעל הדבש לבעל היין להזיק את ממונו. מה שיוצר את החיוב או הפטור מהמצב הרגיל הוא הרשות, ההסכמה ביניהם. במקרה שלא קיימת רשות מצד בעל הדבש – אין בכוח בעל היין לחייבו לשלם על הנזק, כמבואר ברישא של המשנה.

אפשר לנסח את הדמיון בין המקרים כך: במקרים המובאים במשנת המניח, במשנת חבית וקורה ובמשנת חבית ודבש – באופן עקרוני אדם חייב על נזק בכל מקום וגם ברשות הרבים. השינוי מהמצב הבסיסי, כלומר, הפטור מאחריות לנזק, נובע מקיומה של רשות, שהיא במקרה זה החלטה ציבורית. במקרה המובא במשנת יין ודבש, באופן עקרוני בעל הדבש לא חייב על הנזק שנגרם לבעל היין, למרות שיש לו הנאה מכך, כי הוא לא גרם לנזק ולא היה מעורב בו. השינוי מהמצב הבסיסי, ההתחייבות לאחריות על הנזק, גם במקרה הזה, נובע מקיומה של רשות, שבמקרה זה היא ההסכמה שנתן בעל הדבש לבעל היין.

אף שהמקרה במשנת יין ודבש שונה מהמקרה במשנת המניח, ואף שהשורה התחתונה של שני המקרים הפוכה – שתי המשניות מדגימות כיצד קיומה של רשות, במובן של הסכמה – יש בכוחה לשנות את ההתחייבות והאחריות המשפטית והמוסרית לנזק. משנת יין ודבש מדגישה את המשקל של רשות, שאף על פי שמקורה אינו הציבור – היא דומה בעיקרון המצוי ביסודה לרשות הציבורית. בשני המקרים מדובר ברשות היכולה לחייב או לפטור אדם מלשלם כסף בניגוד למה שמצופה בדרך כלל ללא קיומה של רשות כזו. הרשות, המוסכמה, היא היוצרת את ההבדל בדין בשני המקרים המובאים במשנה.

ברובד הפשט, משנת יין ודבש מובאת כתמיכה להסבר הלשוני של רב פפא על הקושיה על המשנה. מלבד ההיבט הלשוני, מבחינת המקרה ומבחינה הלכתית, אין דמיון בין משנת יין ודבש למשנת המניח. אבל מההיבט הספרותי, בחירה זו אינה אקראית ולא טכנית בלבד, אלא יש לה מגמה רעיונית. מנקודת המבט של העקרונות המופשטים העומדים ביסודו של הדיון – יש קשר מושגי בין המקרים, והוא הסיבה לשינוי הדין מהמקרה הרגיל. התרומה של סוגיית הפתיחה לדיון במשנת המניח אפוא היא שהיא מביאה משנה שביסודה עיקרון מושגי דומה, ובכך מצביעה על העיקרון היסודי המצוי בתשתיתו של פרק המניח כולו: רשות שהציבור נותן לאדם יכולה לשנות את הדין, בין אם לפטור ובין אם לחיוב.

"למאי נפקא מינה" – למה באמת?

סתמא דגמרא ממשיכה את הדיון בחילוף הלשוני במשנה בין כד לחבית בקושיה "למאי נפקא מינה?", כלומר: מה יוצא מכאן?

> למאי נפקא מינה?
> למקח וממכר.
> היכי דמי?
> אילימא באתרא דכדא לא קרו חבית וחבית לא קרו כדא, הא לא קרו לה, לא צריכא דרובא קרו לה לכדא כדא ולחביתא חביתא, ואיכא נמי דקרו לחביתא כדא ולכדא חביתא, מהו דתימא זיל בתר רובא. קמ"ל דאין הולכין בממון אחר הרוב.

שאלה זו אינה מובנת: על איזו "נפקא מינה", השלכה, היא מבקשת לעמוד? למה מתייחסת השאלה: למשנה? לדברי רב פפא? לדיון של הגמרא?

אם השאלה מתייחסת למשנה, הרי שבעיני המשנה (בטעות) שני הכלים הללו זהים, ואז ודאי שלא תהיה נפקא מינה. אם השאלה היא על רב פפא, הרי רב פפא עצמו כבר אמר ש"היינו כד היינו חבית", ולכן אין לשיטתו נפקא מינה.

הקושי בהבנת תכליתה של השאלה "למאי נפקא מינה" מתחדד מתוך ההשוואה לסוגיה המקבילה בערכין, שבה השאלה הזו לא נשאלת, מה שמעיד שהשאלה "למאי נפקא מינה" לא נצרכת להסבר הלשוני.

הרשב"א מסביר כי קושיית הגמרא אינה מתייחסת למשנה, ואף לא לדברי רב פפא, אלא לחלק הראשון של הסוגיה, המדייק בשינוי הנוסח במשנה:

> וכי קאמר מאי נ"מ אדיוקא דגמרא דקא דייק עלה קא מהדר מאי נ"מ מהאי דיוקא, וכן נמי משמע מלשון ר"ח שכתב למאי נ"מ כלומר מה צורך לדקדק בזה עכ"ל הרב ז"ל.[10]

הרשב"א מציין ששאלת הסתמא "למאי נפקא מינה?" אינה שאלה הלכתית או פרשנית, שמטרתה לברר את המסקנה ההלכתית הנובעת מהשימוש במינוחים

10. כז ע"א, ד"ה למאי נפקא מינה, עמ' קנג.

השונים או לברר את הפירוש המדויק של המשנה. לפי הרשב"א זו שאלה ספרותית המתמקדת בתכלית של הדיון של הסוגיה עצמה ובמגמה שלה. כלומר הגמרא עצמה מבינה שלחלקה הראשון של הסוגיה תכלית נוספת מלבד העניין הלשוני, ולכן שואלת "למאי נפקא מינה?". מהי אפוא תכלית הסוגיה? לשם מה נשאלה השאלה?

תשובת הסוגיה לשאלה "למאי נפקא מינה" היא: "למקח וממכר", וההסבר מוביל למסקנה ש"אין הולכין בממון אחר הרוב". תשובה זו תמוהה אף יותר מהשאלה, שהרי דיני מקח וממכר כלל אינם מענייננו של הפרק! האם בעל הסוגיה בא ללמדנו דין בהלכות מקח וממכר? מסקנה זו לא רק שאינה מיישבת את הקושי, אלא אף מעצימה אותו. קשה להניח שתכלית הסוגיה היא להשמיע לנו כלל הלכתי הנוגע לתחום שונה לחלוטין מזה שעוסק בו הפרק. מדוע הוביל בעל הסוגיה את הדיון אל תחום שונה לחלוטין וערבב מין (מקח וממכר) בשאינו מינו (נזיקין)?

המגמתיות הברורה שבהטיית הסוגיה לכיוון מקח וממכר ולמסקנה ש"אין הולכין בממון אחר הרוב" מזמינה את הלומד לעמוד על הקשר בין הדיון שבסוגיה כאן לנושא של פרק המניח.

ואכן, למרות שעל פניו משנת המניח והמסקנה ש"אין הולכין במקח וממכר אחר הרוב" נראות רחוקות ולא קשורות זו לזו, יש מכנה משותף ביניהן. החוליה המקשרת בין שני הנושאים אינה מצויה בתוכן של הנושא אלא בעיקרון המושגי שבתשתיתו של הדין. במקרה זה, עקרון היסוד המשותף לשני התחומים הוא הפער בין נקודת המבט הפרטית לנקודת המבט הכללית. במקרה של מקח וממכר, אם הרוב קוראים לכד כד ולחבית חבית, אבל מיעוט לא, הגמרא מציעה לקבוע את הדין על פי הרוב: "זיל בתר רובא". כלומר אף שהמוכר אמר שימכור חבית, אבל הוא עצמו טוען שהתכוון לכד – ישנה אפשרות ללכת לפי הרוב, היוצר מוסכמה שכד שונה מחבית. הסוגיה מציעה שמוסכמה זו מחייבת את הפרט.

אבל הסוגיה לא מקבלת את האפשרות הזו וקובעת שאין כוח במוסכמה החברתית לגבור על אמירתו של הפרט, ואם המוכר התכוון לכד – זה מה שהוא מחויב לו, למרות המוסכמה. הפרט הוא שקובע את זהותו של הכלי ולא המוסכמה החברתית, משום ש"אין הולכין בממון אחר הרוב".

הרי לפנינו תחום נוסף, דיני ממונות, שגם בו מובא דיון בשאלת היסוד העקרונית שנידונה גם על משנת המניח, על היחס בין תוקפה של המוסכמה החברתית לנקודת המבט הפרטית. התחום אומנם שונה, דיני ממונות, ולא

נזיקין, אבל השאלה היסודית העומדת לדיון היא אותה שאלה הנוגעת לנזקי אדם באופן כללי: המתח בין נקודת המבט האישית למוסכמה החברתית בקביעת הדין. במשנת המניח המוסכמה הציבורית גוברת על האחריות האישית להימנע מנזק, ואילו בכלל "אין הולכים בממון אחר הרוב" גוברת נקודת המבט הפרטית על זו הציבורית. אלו שתי גישות שונות ליחס בין הפרט לכלל בשאלות הנוגעות לנזיקין או ממונות.[11]

כיוון שבעקרונות היסוד של הדיון, היחס בין המוסכמה החברתית לנקודת המבט הפרטית, יש הקבלה בין שני המקרים – מובן מדוע בעל הסוגיה מוליך את הדיון על משנת המניח לנושא המקח והממכר ולשאלה אם הולכים בממון אחר הרוב או לא. על ידי השאלה העמומה "למאי נפקא מינה", הסוגיה לא רק שאינה סוטה מהנושא, אלא יוצרת מהלך המאפשר לה להצביע על מושגי היסוד של הדין במשנת המניח וגם להביע עמדה המנוגדת לעמדת המשנה. שהרי מסקנת הסוגיה, בניגוד לדין המשנה, היא שאין הולכים אחר הרוב, אחרי המוסמכה הציבורית, אלא אחר היחיד.[12]

סוגיית הפתיחה של פרק המניח מצביעה על היחס בין היחיד לציבור, בין היחיד לרוב, כנושא הרעיוני העקרוני העומד ביסודו של הפרק. סוגיית הפתיחה מצביעה על תפיסה מורכבת בנושא: בנזיקין קובעת ההסכמה הציבורית ובקניינים קובע מה שסבור היחיד, האדם הפרטי. בהצגת שתי נקודות המבט זו לצד זו הגמרא נותנת מקום לכל אחד מן העקרונות הללו, בבחינת "אלו ואלו דברי אלוהים חיים".

סיכום והרחבה רעיונית

היחס בין הפרט לציבור, בין היחיד לחברה ומערכת היחסים ביניהם הוא נושא יסודי בתחומי חיים שונים. בתחומים ובהיבטים רבים בחיים עשויה

11. יש דמיון בין המקרים: בשני המקרים, הן במשנת המניח והן בקונה כד או חבית – אדם פרטי מפסיד ממון. כמו כן, בשני המקרים, מי שמזיק פטור. דמיון זה מדגיש את ההבדל בסיבה להכרעה בכל אחד מן המקרים: בדיני קניין, המוכר פטור מפני שאין לכפוף אותו למוסכמה החברתית. לעומת זאת, במשנת המניח הפטור הוא משום שהיחיד זכאי להתהלך בחופשיות ברשות הרבים על פי המוסכמה הציבורית.
12. עמדה זו של בעל הסוגיה מתחדדת לאור העובדה כי רב ושמואל נחלקו אם "הולכין בממון אחר הרוב", בבבא קמא מו ע"ב ובבא בתרא צב ע"ב. עורך הסוגיה כאן אינו מביא את דעת רב הסבור כי הולכים בממון אחר הרוב, ונוקט עמדה ברורה לגבי היחס בין נקודת המבט הפרטית לציבורית בשאלות ממוניות, ומעדיף את נקודת המבט של הפרט על פני זו של הרוב.

להתקיים התנגשות בין שני מעגלי הזהות הללו. קיים מתח מובנה בין היות האדם ישות פרטית נבדלת, אינדיבידואלית, לבין היותו חלק מחברה וציבור. השאלות העשויות להתעורר מתוך מתח כזה הן, למשל: מה המקום של הפרט בחברה? עד כמה יש לייחס כוח לציבור, גם אם זה בא על חשבון הפרט? עד כמה החברה היא מוסד שבא על חשבון הפרט, שמצמצם את הפרט כדי שלא לפגוע או לגרוע מהכלל, ועד כמה החברה היא מוסד שמקדם את הפרט ותורם לו? שאלות עקרוניות כגון אלו ועוד שייכות לתחומי חיים שונים ומגוונים ועשויות לצוץ במצבים שונים בחיי הפרט והחברה.

סוגיית הפתיחה מציגה את המתח בין היחיד לכלל כנושא עקרוני המצוי בתשתית הלכות נזיקין בפרק המניח. זו אחת הזירות שבהן יש התנגשות בין שני מעגלי ההשתייכות הללו. הסוגיה אינה פותרת את המתח אלא מציגה שתי דעות שונות בנושא הזה, נותנת מקום לשתי הדעות החולקות ומביאה לידי ביטוי כל גישה בתחום שונה.

שתי נקודות המבט הללו, מלבד שיש בהן פרשנות רעיונית למשנה ולסוגיית הפתיחה, הן גם מעניקות ללומד מבט עקרוני שיש בו כדי לפרש סוגיות נוספות לאורך הפרק. כאשר ניגש ללימוד הסוגיות ההלכתיות לאורך הפרק, ניתן יהיה לבחון את פרטי השקלא וטריא כמו גם את מבנה הסוגיות והמגמה שלהן לאור המבט הרעיוני שהציגה סוגיית הפתיחה. תשתית מושגית ורעיונית זו עשויה להיות כלי פרשני ליישוב קשיים שונים בסוגיות ולהעניק לדיונים ההלכתיים בסוגיות רובד של משמעות רעיונית.

סוגיות הלכתיות

מלבד סוגיית הפתיחה, על משנת המניח יש שתי סוגיות נוספות. הראשונה "אמאי פטור?" דנה ישירות בדין המופיע במשנה, בנימוק ובגדרים לדין זה. הסוגיה השנייה, "עביד איניש דינא לנפשיה", במבט ראשון נראית קשורה למשנה בקשר אסוציאטיבי בלבד, ועל פניו אינה עוסקת בבירור התוכן שלה. להלן נראה כיצד בתשתית הרעיונית של כל אחת מהסוגיות הללו מצויה אותה שאלת יסוד הנוגעת למתח שבין היחיד לציבור.

סוגיה ראשונה "אמאי פטור?" (כז ע"ב)

הסוגיה פותחת בקריאת תיגר על הפטור במשנה:

ובא אחר ונתקל בה וכו' אמאי פטור איבעי ליה לעיוני ומיזל?!

נקודת המוצא של הקושיה היא התפיסה הרואה את האדם כמועד לעולם, ולכן הציפייה היא שגם ברשות הרבים עליו להיות אחראי על מעשיו ועל נזק שנגרם על ידו. מאחורי קושיה זו עומדת התפיסה העקרונית שביסוד הדעה החולקת על משנת המניח, שהופיעה במשנת "אדם מועד לעולם", שעל האדם מוטלת אחריות להישמר מלפגוע בממון הזולת.

אוקימתות אמוראיות: תפיסה אלטרנטיבית למשנה

הגישה המנוגדת למשנה, הסבורה שאדם אחראי באופן מוחלט על הנזקים שהוא גורם, ואפילו ברשות הרבים, באה לידי ביטוי בפרשנות האמוראית למשנה, בתשובה של שלושת האמוראים, רב, שמואל ורבי יוחנן לקושיה:

אמרי בי רב משמיה דרב בממלא רשות הרבים כולה חביות,
ושמואל אמ' באפלה שאנו,
ר' יוחנן אמ' בקרן זוית שנו.

האמוראים רב, שמואל ור' יוחנן מצמצמים את הפטור של המשנה. רב מעמיד את המשנה במקרה שרשות הרבים כולה מלאה חביות, וכיוון שהדרך השייכת לרבים חסומה, מי שפילס בה את דרכו פטור אם גרם לנזק. שמואל מסביר שמדובר באפילה, כלומר על נזק שנגרם ברשות הרבים בהליכה בחושך פטור המזיק, משום שלא היה יכול להתבונן ולהישמר. ר' יוחנן מעמיד את המשנה במקרה שהחבית הייתה מונחת בקרן זווית של רשות הרבים, ומשום כך ההולך לא היה יכול להיזהר מלפגוע בה, ולכן הוא פטור. המשותף לשלוש הדעות הללו הוא הצמצום של הפטור שבמשנה למצבים שבהם ההולך לא היה יכול להימנע מלהזיק.

רב הוא הקיצוני ביותר מבין האמוראים כי הוא סובר שאף שבמשנה אדם פטור על כל נזק שנגרם על ידו ברשות הרבים, לדעתו אדם יהיה פטור על נזק רק במקרה הספציפי שבו כל רשות הרבים מלאה בחביות ואין לו אפשרות ללכת בה מבלי להזיק את החבית. זה מקרה שכמעט אינו מצוי, ולכן ברור שלדעת רב באופן עקרוני, במקרים של חבית בודדת או חביות מועטות המונחות ברשות הרבים – הדין הוא ש"איבעי ליה לעיוני ומיזל".

בדעתו העקרונית של רב מחזיקים גם שמואל ור' יוחנן, אם כי הם מצמצמים את הפטור שבמשנה למצבים פחות רחוקים.

למעשה, עמדות אלו אינן הסבר של הפטור שבמשנה אלא חולקות על המשנה. משום שבשורה התחתונה הן סבורות שבאופן עקרוני אדם אחראי על נזק שעשה גם ברשות הרבים, ברוב המצבים, למעט מקרים שבהם הוא לא היה יכול להישמר מלהזיק, כגון אפילה, קרן זווית וכדומה.

ברור ששלוש הדעות אינן מתיישבות עם פשוטה של משנה, והסוגיה בעצמה מצביעה על הקושי בדברי רב כפרשנות למשנה:

> אמ' רב פפא לא דיקא מתני' אלא או כשמואל או כר' יוחנן.
> דאי כרב מאי אריא נתקל אפלו שבר נמי.

לפי הפרשנות של רב, הלשון "נתקל" קשה, כי אפילו אם הוא שבר בכוונה הדין היה זהה, שהרי רשות הרבים שייכת לרבים. רב זביד בשם רבא דוחה את הקושי על רב:

> אמ' רב זביד משמיה דרבא: הוא הדין דאפלו שבר נמי והאי דקתני נתקל משום דקא בעי למתנא סופא "אם הוזק בה בעל חבית חייב" ודוקא נתקל, אבל שבר הוא והוזק הוא לא מאי טע' הוא אזיק נפשיה – תני רישא נתקל.

התירוץ של הגמרא הוא בגלל הסיפא, המתייחסת למקרה ששובר החבית הוזק בעצמו. במקרה כזה, לפי הסיפא בעל החבית חייב בנזק רק אם נתקל, אבל אם שבר בכוונה – בעל החבית לא יהיה חייב בנזק של השובר. כיוון שהסיפא של המשנה מתייחסת רק למקרה של נתקל, גם הרישא נוקטת בלשון "נתקל", כלומר, ללא כוונה אף שהיא מתייחסת גם למקרה ששבר בכוונה תחילה. על התירוץ הזה כבר העירו הראשונים מה שנראה גם על פי הסברה הפשוטה, שהוא דחוק, "שינויא בעלמא".[13]

13. רבנו אפרים, בהגהותיו לרי"ף, מצביע על הדוחק הקיים באוקימתא של רב, בבא קמא יב ע"ב: "והלכתא כרב יהודה (בעניין עביד איניש דינא לנפשיה, שגם שם מובאת האוקימתא הזו) דדיקא מתני' אליבא דסוגיין כוותיה, דהא... נתקל הוא דפטור, הא שבר חייב".

בסיכומו של דבר, תשובת הגמרא לשאלה "אמאי פטור" לפי שלושת האמוראים, היא שהוא לא פטור.

הסבר אמוראי לתפיסת המשנה

בסוגיה מובאת גם דעה אמוראית התומכת בפטור של המשנה ומסבירה אותו. זו הדעה המובאת משמו של רבי אלעאי, המסבירה את הדין המופיע במשנה ועונה על שאלת "אמאי פטור?":

> אמ' ליה ר' אבא לרב אשי אמרי במערבא משמיה דר' אלעאי: לפי שאין דרכן של בני אדם להתבונן בדרכים.

הנימוק "לפי שאין דרכן של בני אדם להתבונן בדרכים" משאיר את הפטור שבמשנה כפי שהוא ומבוסס על התפיסה שברשות הרבים יש דין אחר מהדין הרגיל המחייב כל אדם להישמר מלהזיק. רשות הרבים, לפי ההסבר של עולא, מאפשרת לרבים להתהלך בחופשיות מבלי לחשוש לנזק שהם עלולים לגרום, ולכן אם הם גרמו לנזק – הם פטורים מאחריות.[14]

הסוגיה מסתיימת ב"עובדא", מקרה, שבו ההלכה נפסקת שלא כמשנה:

> הוה עובדא בנהרדעא וחייב שמואל, בפומבדיתא וחייב רבא.
> בשלמא שמואל כשמעתיה, אלא רבא לימא כשמואל ס"ל?
> אמר רב פפא קרנא דעצרא הוי, דכיון דברשות קעבדי איבעי ליה לעיוני ומיזל.

הגמרא מעידה ששמואל ורבא שניהם חייבו על נזק ברשות הרבים. הגמרא מקבלת את הפסק של שמואל, שבחלק הקודם חייב על נזק ברשות הרבים (ופטר רק על נזק באפלה), ושואלת על דעת רבא – האם הוא סבור כשמואל שפטור על נזק ברשות הרבים?

רב פפא מסביר שרבא מחייב את המזיק, בניגוד למשנה, משום שזה היה ב"קרנא דעצרא", קרן זווית הסמוכה לבית הבד (רש"י). רבא מנמק: "כיוון דברשות קעבדי איבעי ליה לעיוני ומיזל", כלומר, החיוב הוא רק מפני

14. העמקה והרחבה לנימוק "שאין דרכן של בני אדם להתבונן בדרכים" ראו בראש הפרק, בחלק העוסק במשנה.

שהנזק נגרם במקום ובזמן שכולם יודעים שאנשים מניחים את חביותיהם, בסמוך לבית הבד. לפי רב פפא, רבא מחייב על נזק רק בגלל הנסיבות המיוחדות, שאנשים יודעים שהם צריכים להישמר בהילוכם ברשות הרבים. מכאן משמע שרבא סובר שבכל מקרה אחר – אנשים יכולים להלך באופן חופשי ברשות הרבים, ואם נגרם נזק בהילוכם – הם יהיו פטורים על הנזק.

אף שהגמרא הציעה להסביר את החיוב של רבא על פי דעת שמואל, המתנגד לפטור שבמשנה – היא דוחה אותו ומסבירה באופן המתיישב עם הפטור במשנה. לדעת רבא, אדם שמהלך בדרך פטור, כמו במשנה. הסיבה שהוא חייב היא מפני הרשות שנוצרה ב"קרנא דעצרא". גם כאן הרשות כגורם המשנה את החיוב או הפטור. בדברי רב פפא המסביר את רבא יש תמיכה בכוח של הרשות הציבורית, כדברי הגמרא: "מכיוון שברשות קעבדי (המניח את הכד) – איבעי ליה לעיוני ומיזל (על ההולך להימנע מלהזיק בהילוכו)". אומנם הרשות במקרה הזה שונה, ואפילו הפוכה. במקרה הזה הרשות היא למניח הכד ולא להולך בדרך. וגם כאן הרשות היא הסיבה שיש לשנות את הדין מחיוב (כי דעת רבא היא לחייב) לפטור (כי יש רשות להניח את הכד ליד בית הבד).

אפשר להשתמש בנימוק של רב פפא כדי להסביר את המשנה, אף שהמשנה עוסקת במצב הפוך, ברשות ההולך, ולא ברשות המניח: "מכיוון שברשות קעבדי (ההולך בדרך) – איבעי ליה לעיוני ומיזל (על המניח להימנע מלהניח)". יש כאן שתי הלכות הפוכות שכל אחת מהן מחייבת גורם אחר בנזק, והצד השווה שבהן הוא שהרשות היא היוצרת את הפטור או החיוב. בכך מנכיחה הסוגיה את הכוח הרב שיש לרשות לקבוע את הדין. ההסבר של רב פפא את רבא, שלא כמו שמואל, באמצעות האוקימתא ב"קרנא דעצרא", מוסיף חידוד נוסף להיבט הרעיוני של הסוגיה.

מבנה הסוגיה ומגמתה

בהנחה שמטרת הסוגיה היא רק לברר את הטעם להלכה שבמשנה, היה ניתן להסתפק בהבאת דעת ר' אלעאי – משום שהיא היחידה מבין ארבע דעות האמוראים המספקת את התשובה לשאלה "אמאי פטור" שבראש הסוגיה. אבל הגמרא מקדימה להביא שלוש דעות המעמידות את המשנה באוקימתא, ובכך למעשה סותרות את הפרשנות הפשוטה של המשנה. האוקימתות הן הדרך שבה הסוגיה מנכיחה את הגישה האלטרנטיבית למשנה, ואף נותנת לה עדיפות.

גם העדות המעשית, ה"עובדא" שמביאה הגמרא, תומכת בחיוב על

נזק ברשות הרבים, שלא כמו המשנה. אומנם את שיטת רבא היא מסבירה בסופו של דבר כתומכת בפטור של המשנה, אבל בכך היא נותנת משקל שווה לשתי הגישות, זו של המשנה וזו המתנגדת לה, לא רק בהיבט התיאורטי־עקרוני, אלא גם בפסיקת ההלכה המעשית.

אם נחיל את הדיון העקרוני מסוגיית הפתיחה גם על הסוגיה הזו – אפשר לראות שגם כאן יש ביטוי לשתי הגישות העקרוניות שהוצגו בסוגיית הפתיחה: הגישה של המשנה, המוסברת בסוגיה בדברי ר' אלעאי, נותנת עדיפות לכוח של הרוב על פני האחריות של הפרט, ולצידה הגישה החולקת המצמצמת את המשנה ולמעשה חולקת עליה ובכך מבטאת את הגישה שמשאירה את האחריות לנזיקין על כתפיו של הפרט – גם בנזק ברשות הרבים.[15]

סוגיה שנייה "עביד איניש דינא לנפשיה"

בסוגיה זו דנה הגמרא אם אדם יכול לעשות דין לעצמו. העושה דין לעצמו הוא אדם המבקש להוציא בעצמו מחברו ממון שחברו חייב לו, במקום לפנות לבית דין.[16]

מבנה הסוגיה

תחילה מובא דיון בין רב נחמן לרב חסדא אם לאדם מותר לעשות דין לעצמו, לאחר מכן מובאת אותה המחלוקת בין רב יהודה לרב נחמן, ולאחריה דיון של הגמרא על המחלוקת:

> שלח ליה רב חסדא לר"נ, הרי אמרו:
> לרכובה - שלש, ולבעיטה - חמש, ולסנוקרת - שלש עשרה, לפנדא דמרא ולקופינא דמרא מאי?
> שלח ליה: חסדא, חסדא, קנסא קא מגבית בבבל? אימא לי גופא דעובדא היכי הוה?

15. בשונה מסוגיית הפתיחה, שבה הייתה חלוקה של שתי התפיסות לתחומים שונים: נזיקין ומקח וממכר, כאן שתי הגישות עוסקות בדיני נזיקין. זו צורה אחרת של מחלוקת בעולם של חז"ל – שתי הדעות לא מובאות כמבטאות תחומים שונים, אלא כחולקות ביחס לאותו דין עצמו. העמדת שתי הדעות הללו זו לצד זו מייצגת את התפיסה ש"אלו ואלו דברי אלוהים חיים", שאין כאן אמת או שקר, דעה צודקת ודעה טועה, אלא שתי תפיסות יסוד מהותיות שלכל אחת מהן יש קיום, ולכן כל אחת מהן מקבלת מקום בסוגיה.

16. להרחבה ראו אטינגר, זכות היחיד, עמ' 184.

> שלח ליה, דההוא גרגותא דבי תרי דכל יומא הוה דלי חד מנייהו, אתא חד קא דלי ביומא דלא דיליה, א"ל: יומא דידי הוא! לא אשגח ביה, שקל פנדא דמרא מחייה.

המקרה שרב חסדא מביא בפני רב נחמן הוא של אדם שהיכה את שותפו לבור המים מפני שהשותף שאב מים בניגוד להסכם שביניהם. רב נחמן מצדיק את ההכאה משום ש"עביד איניש דינא לנפשיה":

> א"ל: מאה פנדי בפנדא למחייה, אפילו למ"ד לא עביד איניש דינא לנפשיה, במקום פסידא עביד איניש דינא לנפשיה.

רב נחמן עונה לרב חסדא שבצדק היכה אותו, ומגיע היה לו שיקבל אפילו מאה מכות ("מאה פנדי בפנדא למחייה"). על זאת מוסיף רב נחמן, שאפילו לפי מי שלא סובר שמותר לאדם לעשות דין בעצמו, במקום שיש הפסד כספי – מותרת עשיית דין עצמי.

על דברי רב נחמן מביאה הגמרא את הדעה החולקת על רב נחמן שמתיר עשיית דין עצמי, דעת רב יהודה:

> דאתמר, רב יהודה אמר: לא עביד איניש דינא לנפשיה, רב נחמן אמר: עביד איניש דינא לנפשיה.

מסתבר אפוא שעשיית דין עצמי שנויה במחלוקת אמוראים: רב יהודה סובר שאסור לעשות דין לעצמו ורב נחמן מתיר.

הגמרא מסבירה את המחלוקת שלא כפשטה:

> היכא דאיכא פסידא – כ"ע לא פליגי דעביד איניש דינא לנפשיה, כי פליגי – היכא דליכא פסידא, רב יהודה אמר: לא עביד איניש דינא לנפשיה, דכיון דליכא פסידא ליזיל קמיה דיינא; ר"נ אמר: עביד איניש דינא לנפשיה, דכיון דבדין עביד לא טרח.

הגמרא מעמידה את המחלוקת באוקימתא, ומסבירה שרב יהודה ורב נחמן אינם חלוקים אם מותרת עשיית דין עצמי, כפי שנראה מפשט המחלוקת, אלא רק אם עשיית דין עצמי מותרת כשאין הפסד כספי. לפי ההסבר הזה,

רב נחמן מתיר עשיית דין עצמי בכל מקרה, ורב יהודה מתיר עשיית דין עצמי רק אם יש הפסד כספי. יש לשים לב שהאוקימתא הזו מצמצמת את המחלוקת, ויש בה פרשנות מגמתית הנותנת מקום רחב הרבה יותר לדעה המתירה עשיית דין עצמי.

בחלק השני של הסוגיה מובאים מקורות תנאיים כדי לתמוך בכל אחת מהדעות. בחלק זה נדון בהרחבה בהמשך, אחרי שנבחן את הקשר של סוגיית עשיית דין עצמי למשנת המניח.

מה הקשר?

על פניו נראה שסוגיית "דינא לנפשיה" אינה קשורה למשנת המניח. מדוע אפוא בעל הסוגיה שיבץ סוגיה זו על משנת המניח?

במקרים רבים לאורך התלמוד אנו נתקלים בסוגיות שנראות לא קשורות לרצף או לנושא של הפרק או המסכת. לפעמים אפשר להסביר את הימצאותה של הסוגיה בנימוקים טכניים – אותו אמורא, אותה תבנית לשונית, וכדומה. לעיתים לקשר יש אופי אסוציאטיבי, דהיינו לא דמיון של פרט טכני כזה או אחר משותף לסוגיות, אלא יש דמיון בין הנושאים שנידונים.

נראה שגם הסוגיה שאנו עוסקים בה שייכת למקרה הזה. הסוגיה מתמקדת במחלוקת אם מותר לאדם לעשות דין לעצמו. ההימצאות של סוגיה כזו בפרק המניח מוסברת באופן טכני, שאחד משמונת המקורות המובאים בהמשך הסוגיה הוא משנת המניח. אבל מלבד הציטוט של משנת המניח הנושא והתוכן נראים רחוקים ולא קשורים. שהרי המשנה, על פי פשוטה, עוסקת בכד המונח ברשות הרבים ולא ברשות היחיד. כמו כן, הכד אינו חוסם את דרכו של האדם, ולכן הוא אינו גורם לו נזק ממשי. כלומר המשנה כלל אינה עוסקת בדין שעושה אדם לעצמו על עוול שנעשה לו.

אפילו הגמרא בעצמה, כשהיא מצטטת את משנת המניח, מצביעה על הקושי בהשוואה בין המשנה למקרה של עשיית דין עצמי מהניסוח של המשנה "נתקל",[17] שכלל לא שייך לגרימת נזק בכוונה תחילה, כמו בעשיית דין עצמי.

17. בתא שמע החמישי, ראו להלן. אומנם הגמרא מתרצת ומיישבת את נוסח המשנה עם ההקשר של עשיית דין עצמי, אבל התירוץ דחוק. רש"י, כח ע"א, ד"ה הא שברה חייב, מפרש שהדיוק של הגמרא מתייחס לאוקימתא של רב, שרק "בממלא רשות הרבים כולה חביות" פטור, אבל בשאר המקרים חייב, ולכן המסקנה ש"לא עביד איניש דינא

נקודת המבט הספרותית, המייחסת כוונה ומגמתיות למבנה ולרצף של סוגיות התלמוד, מסבירה את הימצאותן של סוגיות ברובד של המשמעות הרעיונית. הפרשנות הזו רואה בחיבור מלאכותי של שתי סוגיות או שני נושאים רחוקים זה מזה כלי המשמש את עורך הסוגיות כדי להביע פרשנות, רעיונות ולהצביע על רבדים נוספים של משמעות.

תופעה כזו ראינו בסוגיית הפתיחה, הכוללת עיסוק בנושא זר – "אין הולכין בממון אחר הרוב". שם הראינו שהחיבור בין העניינים השונים מוליד תובנות חדשות לגבי עקרונות היסוד של המשנה. האם ניתן לראות קשר כזה גם בחיבור בין סוגיית "דינא לנפשיה" למשנת המניח? איזו תפיסה חדשה על משנת המניח יכולה להיווצר מחיבור כזה? במילים אחרות: האם ההחלטה של בעל הסוגיה לשבץ דווקא כאן את עניין עשיית דין עצמי נובע מקיומו של קשר מהותי יותר בין הנושאים ויכול להצביע על רבדים עמוקים יותר של פרשנות למשנת המניח?

הבחירה המכוונת של הסוגיה לעסוק בנושא של עשיית דין עצמי דווקא בהקשר של משנת המניח מתחדדת לאור קיומה של סוגיה מקבילה, העשויה להיות מתאימה יותר מצד תוכנה לשיבוץ סוגיית "דינא לנפשיה". במסכת בבא בתרא, צט ע"ב, ישנו דיון על "דינא לנפשיה". אומנם הדיון שם קצר יותר מהדיון בבבא קמא, אבל מצד ההקשר – הסוגיה בבבא בתרא מתאימה יותר למקרה של "דינא לנפשיה", משום שהיא עוסקת במקרה שיש בו ממד של כוונה:

> מי שהיתה דרך הרבים עוברת בתוך שדהו נטלה ונתן להם מן הצד מה שנתן נתן ושלו לא הגיעו. (משנה בבא בתרא ו, ז)

המקרה בבבא בתרא מתפרש על פי פשוטו כמקרה של עשיית דין עצמי, מה שמבליט את העובדה שמשנת המניח אינה עוסקת בעשיית דין עצמי. אפילו לפי הפרשנות האמוראית למשנת המניח, המייחסת גם לדין שבמשנה כוונה – קשה לכלול את משנת המניח תחת הקטגוריה של עשיית דין, והיא יותר מתאימה למקרה של דרך הליכה, פילוס דרך וכדומה. קיומה

לנפשיה". לפי האוקימתא של רב, יש קשר בין המשנה לעשיית דין עצמי, ושילוב סוגיית "עביד איניש דינא לנפשיה" פשוטה יותר. אבל נראה שהגמרא עצמה לא הבינה שהראיה מתייחסת לאוקימתא של רב, משום שהיא לא מיישבת אותה על פי דעת רב אלא באמצעות דברי רבא, אפילו שהם דחוקים יותר.

של המקבילה הפוטנציאלית לסוגיית "דינא לנפשיה" מבליטה את הבחירה של העורך לשבץ את הסוגיה המבררת את דין "דינא לנפשיה" דווקא על המשנה העוסקת בנזק שגרם אדם בשגגה.

מהי אפוא נקודת הדמיון בין המקרים וכיצד היא תורמת להבנה עמוקה יותר של משנת המניח?

תרומה מושגית

בראש ובראשונה, התרומה של החיבור של סוגיית עשיית דין עצמי למשנת המניח היא, כפי שאמרנו, ברובד של מושגי היסוד הרעיוניים שבתשתית פרק המניח. שני המקרים, משנת המניח וסוגיית עשיית דין עצמי, עוסקים במתח בין מידת האחריות הפרטית של האדם לכוח של הציבור. אומנם, המקרים שאליהם מתייחסות שתי הסוגיות שונים זה מזה, נזיקין או ממון: משנת המניח פוטרת את האדם מנזק שהוא גורם ברשות הרבים, משום שהוא פועל מכוחה של המוסכמה הציבורית לפטור אותו מנזקים כאלו בתנאים מסוימים. סוגיית עשיית דין עצמי עוסקת גם היא במתח בין מידת האחריות של האדם הפרטי במקרה של הגנה על רכושו אל מול הסמכות של המערכת הציבורית, מערכת המשפט, לפעול במקרים כאלו.

נחזור, נדגיש ונדייק: הטענה אינה שיש דמיון בין המקרה של "המניח את הכד ברשות הרבים" למקרה של "עביד איניש דינא לנפשיה". שני המקרים הללו שונים ועוסקים בתחומים שונים. טענתנו מתמקדת במושגי היסוד העקרוניים המונחים בתשתית של המקרים השונים, כלומר ברובד הפרשנות המושגית את הדיון ההלכתי. הבאת הסוגיה של "דינא לנפשיה" בסוגיית המניח היא ביטוי למשמעות הרעיונית שמעניק בעל הסוגיה לנושא של משנת המניח. החיבור המלאכותי והמוזר לסוגיה שהקשר שלה לנושא אינו הדמיון בין המקרים, אלא רק העיקרון הרעיוני שבתשתית ההלכה – משמש את בעל הסוגיה כדי לסמן את הנושא העקרוני של פרק המניח.

תרומה תוכנית

מעבר לכך, לחיבור בין הסוגיות יש משמעות גם מצד התוכן של הנושאים. החיבור של סוגיית "דינא לנפשיה" מזמין את הלומד להתבונן על הסוגיה מנקודת המבט של משנת המניח, כלומר מנקודת המבט של היחס בין כוחו של הפרט לכוחה של הרשות הציבורית בענייני נזיקין.

כפי שכבר אמרנו, משנת המניח עוסקת באדם שגורם נזק לאדם אחר, בטעות, ללא כל הצדקה (לפי הפרשנות האמוראית – בכוונה, אך בלי הצדקה). במקרה של "דינא לנפשיה" – אדם גורם נזק לאחר בכוונה, ועל פי דין, בתגובה לנזק שנגרם לו. משנת המניח קובעת כי המוסכמה הציבורית, הבאה מכוחם של הרבים, גוברת על האחריות האישית התובעת מן האדם להישמר מלהזיק ופוטרת אותו מתשלום על נזק שגרם. המשנה מעניקה תוקף משפטי וממוני לכוח של הרבים על פני האחריות האישית בקביעת מידת האחריות של אדם על נזקים שהוא גורם. לעומת זאת, במקרה של "דינא לנפשיה" ההכרעה הפוכה: במצב רגיל המערכת הציבורית ממונה על עשיית הדין ויכולה לחייב אדם פרטי לשלם, אבל בנסיבות מסוימות גובר כוחו של היחיד על הסמכות של הציבור והוא יכול לעשות דין לעצמו.

מנקודת המבט של היחס בין היחיד לציבור, השיבוץ של סוגיית "דינא לנפשיה" בסוגיה על משנת המניח מבטאת את עמדת הסוגיה בשאלה העקרונית הנידונה בפרק המניח. מנקודת מבט כזו, החידוש בהיתר לעשיית דין עצמי הוא שלא רק שיש פטור על נזק שגרם הפרט, אלא שהפרט יכול לגרום נזק באופן אקטיבי ויזום. לאדם פרטי יש היתר לגרום נזק אפילו לכתחילה. זו העצמה דרמטית של כוחו של היחיד על פני הכוח והסמכות של הרשות הציבורית.

הדמיון במושגי היסוד בין המקרים מבליט את השוני בהכרעה: בהמניח – על פי הדין במשנה כוחו של הציבור גובר. ב"דינא לנפשיה" כוחו של היחיד גובר. למעשה סוגיית "דינא לנפשיה", מלבד שהיא מחדדת את המושגים היסודיים שבתשתית הדיון, היא גם מציבה אלטרנטיבה רעיונית לתפיסה של המשנה. למרות ההבדלים – עצם קיומו של הנושא הוא התרומה הרעיונית לפרק.

סדרת התא שמע ותרומתה לסוגיה

הגמרא אינה מסתפקת בדיון העקרוני בשאלת עשיית דין עצמי, והיא מרחיבה בנושא. ההרחבה של העיסוק בעשיית דין עצמי מחזקת את התחושה שלעיסוק בנושא יש חשיבות רבה לפרק המניח. מלבד זאת, כפי שנראה, גם התוכן של הדיון הוא בעל תרומה למהלך הרעיוני של הפרק.

בחלק השני של הסוגיה, מובאים שמונה מקורות תנאיים (כל מובאה פותחת ב"תא שמע"), הנוגעים לשאלת "עביד איניש דינא לנפשיה". כל אחד מהמקורות הללו תורם להכרעה במחלוקת לגבי ההיתר לעשיית דין

עצמי. ארבעת המקורות הראשונים תומכים בדעת רב נחמן וארבעת המקורות האחרונים בדעת רב יהודה. הגמרא דנה בכל אחד מהמקורות עד שקובעת שאין להביא ממנו ראיה להכריע כאחת מהדעות.

מעבר לרובד הגלוי של הדיון, המבקש לתמוך באחת מהדעות במחלוקת, כל אחד מהמקורות הללו עם הדיון של הגמרא עליו מוסיף ומחדד עוד היבט של הדיון העקרוני על היחס בין היחיד לציבור. נבחן כל אחד מן המקורות המובאים בסוגיה, עם הדיון של הגמרא עליו, וננסה לעמוד על התרומה הייחודית שלו.

תא שמע 1: "שבור את שיניו"

הגמרא מביאה ברייתא שממנה משמע שעשיית דין עצמי מותרת:

> מתיב רב כהנא, בן בג בג אומר: אל תיכנס לחצר חברך ליטול את שלך שלא ברשות, שמא תראה עליו כגנב, אלא שבור את שיניו, ואמור לו שלי אני נוטל!

דברי בן בג בג בברייתא תומכים בדעת רב נחמן, שעשיית דין עצמי מותרת. הרשות הזו היא לא רק בסתר ואין דרישה לעשות זאת בצורה עדינה, תוך הימנעות מלהזיק וכדומה, אלא אפילו בגלוי, במוצהר, ואפילו באלימות ("שבור את שיניו"), בהיתר לגרימת נזק. מהברייתא משמע אפילו שעשיית דין עצמי היא לא רק עניין מעשי, הנועד להשיב רכוש לבעליו, אלא גם עניין עקרוני, שיש עניין שייעשה בפרהסיה, בגלוי, שהציבור יראה זאת.

את הסיוע מהברייתא דוחה הגמרא בשם רב יהודה:

> א"ל: עמך! בן בג בג יחידאה הוא, ופליגי רבנן עליה.

חכמים חולקים על בן בג בג, והוא יחיד מול רבים, ודעתו נדחית.

> רבי ינאי אמר: מאי שבור את שיניו? בדין.
> אי הכי, ואמור לו – ואומרים לו מיבעי ליה! שלי אני נוטל – שלו הוא נוטל מיבעי ליה!
> קשיא.

רבי ינאי מנסה להסביר שגם דעת בן בג בג מנוגדת להיתר לעשיית דין עצמי, ומפרש ש"שבור את שיניו" בברייתא הכוונה להביאו לבית הדין. רבי ינאי מחזיר את הכוח לבית הדין וסבור שאין היתר לעשיית דין עצמי. אבל הגמרא דוחה הסבר זה שכן הוא אינו מתיישב עם לשון הברייתא, ונשארת ב"קשיא" על ההסבר שלו.

בסיכומו של עניין, הגמרא מראה שאומנם יש דעת יחיד שמתירה, ואף מעודדת עשיית דין עצמי, אבל זו דעת יחיד בלבד, וחכמים חולקים עליה.

תא שמע 2: שור שעלה על גבי חברו

ת"ש: שור שעלה ע"ג חבירו להורגו, ובא בעל התחתון ושמט את שלו
ונפל עליון ומת – פטור;
מאי לאו במועד, דליכא פסידא!
לא, בתם, דאיכא פסידא.
אי הכי, אימא סיפא: דחפו לעליון ומת – חייב; ואי בתם, אמאי חייב?
שהיה לו לשמטו ולא שמטו.

הברייתא אומרת שבמקרה ששור עולה על שור אחר, ויש בכך סכנת חיים לשור התחתון, בעל השור התחתון יכול לשמוט את שורו גם במחיר מותו של השור העליון.

האפשרות הראשונה שמציעה הגמרא להסבר הברייתא היא שמדובר בשור מועד, ובמקרה כזה לבעל השור התחתון לא ייגרם נזק גם אם שורו ימות, משום שהוא יהיה זכאי לקבל את כל דמי שורו (שכן השור המזיק הוא שור מועד). לפי ההסבר הזה, גם במקרה שאין נזק כספי מותר לאדם לעשות דין לעצמו.

הגמרא דוחה את ההסבר הזה ואומרת שמדובר במקרה שהשור התוקף הוא שור תם, ואז בעל השור משלם רק חצי נזק, ולכן לבעל השור התחתון עלול להיגרם נזק כספי, וזו הסיבה שמותר לו לעשות דין בעצמו.

על הפרשנות הזו הגמרא מקשה מהסיפא של הברייתא: "דחפו לעליון ומת חייב", שלא ייתכן להסביר שמדובר בשור תם, משום שגם במקרה של שור תם מותר לבעל השור התחתון להגן על רכושו – אם כן מדוע הוא חייב?! תשובת הגמרא היא שאומנם אם היה שומט את שורו כדי להצילו

והעליון היה מת – הוא לא היה חייב, משום שמותרת עשיית דין עצמי. אלא שמדובר שדחף את השור ולא שמט אותו, ומחמת הדחיפה הוא מת ולכן חייב על הנזק. אבל במקרה רגיל – מותרת עשיית דין עצמי. כלומר, אם יש אפשרות למנוע את הנזק שלא על ידי פגיעה ברכוש האחר – יש לעשות כך.

בברייתא הזו ובדיון עליה יש הגבלה על ההיתר לעשיית דין עצמי. במקרים של עשיית דין עצמי יש חשש שאדם ינצל את הרשות הניתנת לו ויעשה אף מעבר למה שנחוץ לדין עצמו או להצלת רכושו. הברייתא הזו מדגישה שרק המינימום הנדרש להציל את הרכוש (שמיטה בלבד ולא דחיפה) מותר, ומעבר לכך – אדם יהיה חייב אפילו במקרה שקיים היתר.

תא שמע 3: הממלא חצר חברו

> תא שמע: הממלא חצר חבירו כדי יין וכדי שמן – בעל החצר משבר ויוצא משבר ונכנס.

הברייתא הזו דומה לתא שמע הקודם משום שהיא מתייחסת למצב של חוסר ברירה: החצר הפרטית מלאה חביות ובעל החצר רוצה להתהלך בחצרו. הברייתא אומרת שבמקרה כזה מותר לו להתהלך בחופשיות, לצאת ולהיכנס, גם אם הוא צריך לשבור כדים לשם כך.

יש הבדל עקרוני בין הברייתא הזו לברייתא הקודמת: כאן אין פגיעה ברכוש של בעל החצר המהלך, ואילו בברייתא הקודמת היה איום על השור וחשש לפגיעה ברכוש. כאן ההיתר קשור להגבלת האפשרות שלו (שהיא גם זכותו) להלך בחופשיות בחצרו. הברייתא הזו מרחיבה את ההיתר לעשיית דין עצמי, הכוללת פגיעה ברכוש של אדם אחר, גם למקרים שאין בהם פגיעה ברכוש.

תוספות, ד"ה משבר ויוצא, מפרשים:

> אף על גב דלעיל אמרינן שהיה לו לשומטו היינו משום דליכא טירחא בשמיטה יותר מבדחיפה אבל הכא לא אטרחוהו לסדרן זה על זה.

לפי תוספות, המקרה הזה מוסיף על המקרה הקודם שכן במקרה זה אין דרישה מהאדם לטרוח כדי להימנע מלהזיק. מבחינת הטרחה, שמיטה דומה

לדחיפה, ולכן אפשר לדרוש מהאדם לשמוט ולא לדחוף. אבל בחצר מלאה בחביות אין דרישה מהאדם להזיז את החביות בזהירות כדי שלא ישבור אותן, משום שזה כרוך בטרחה. יש כאן הרחבה נוספת של ההיתר להזיק ברשות: אין דרישה להימנע מלהזיק אם זה כרוך במאמץ.

הברייתא הזו תומכת בשיטת רב נחמן, שמותרת עשיית דין עצמי. אבל הגמרא מביאה גם את שיטת רב נחמן בר יצחק,[18] החולק על הברייתא:

> אמר ר"נ בר יצחק: משבר ויוצא – לב"ד, משבר ונכנס – להביא זכיותיו.

רב נחמן בר יצחק מפרש את הברייתא כמתירה עשיית דין עצמי רק במקרה שבעל החצר הולך לתבוע את חצרו בבית הדין. זו כמובן פרשנות שלא כפשט הברייתא. ובכל מקרה, לפי הפרשנות של רב נחמן בר יצחק הברייתא לא תומכת בהיתר לעשיית דין עצמי.

תא שמע 4: עבד נרצע

הברייתא הזו מביאה ראיה מתחום שונה לחלוטין:

> ת"ש: מניין לנרצע שכלו לו ימיו ורבו מסרהב בו לצאת, וחבל ועשה בו חבורה, שהוא פטור? ת"ל: לא תקחו כופר... לשוב, לא תקחו כופר לשב.

המקרה בברייתא הוא של עבד המסרב לצאת לחופשי ביובל, ואדונו חובל בו חבורה (נזק גופני) כדי להפציר בו להשתחרר. הברייתא אומרת שבמקרה כזה האדון יהיה פטור על הנזק הגופני שהוא גרם. כיוון שלא מדובר במקרה של מניעת נזק כספי, אפשר להוכיח מהברייתא שהיא מתירה עשיית דין עצמי גם אם לא מדובר במניעת הפסד ממוני.

הגמרא דוחה את הראיה מהברייתא:

> הכא במאי עסקינן בעבדא גנבא.

18. לפי הדעה המקובלת, רב נחמן הוא רב נחמן בר יעקב, בן הדור השני־שלישי של אמוראי בבל, ורב נחמן בר יצחק מאוחר יותר, אמורא בבלי מהדור הרביעי־חמישי. לראיות ראו תוספות גיטין לא ע"ב, ד"ה אנא לא צריכנא להו.

עד האידנא לא גנב, והשתא גנב?
עד האידנא הוה אימתיה דרביה עליה, השתא לית ליה אימתא דרביה עליה.
ר"נ בר יצחק אמר: בעבד שמסר לו רבו שפחה כנענית, עד האידנא היתירא, והשתא איסורא.

הגמרא מסבירה שמדובר בברייתא במצב של הפסד ממוני, וזאת משום שמדובר בעבד שהוא גנב, ואם הוא לא ישתחרר – הבעלים עלול להינזק. הגמרא מקשה: איך ייתכן שרק עכשיו הוא נעשה גנב, ומתרצת שכיוון שהוא הוא עומד להשתחרר, כבר אין עליו פחד מאדונו.

רב נחמן בר יצחק מסביר זאת אחרת: מדובר בעבד שהייתה לו שפחה כנענית. כל עוד הוא תחת אדונו, יש לו היתר להיות עם השפחה הכנענית, אם הוא משתחרר – אסור לו להיות איתה. במקרה כזה האדון חובל בעבדו כדי שלא יעבור על איסור. וממילא הכאת האדון היא לא מעשה של עשיית דין עצמי אלא עשיית דין בכלל, ובלשונו של רש"י, ד"ה איסורא: "ורשאי להלקותו ולהפרישו, דהאי דינא לאו לנפשיה הוא". מכאן, שלפי רב נחמן בר יצחק, בדומה למה שאמר על הברייתא הקודמת, אין בברייתא היתר לעשיית דין עצמי.

הברייתא הזו מרחיבה את ההיתר לעשיית דין עצמי. שהרי אין כאן חשש לפגיעה ברכוש, או אפילו הגבלה של זכויות הפרט. הסיבה להתיר עשיית דין עצמי היא ההגנה על הציווי של התורה "עבדיי הם", ועל ערך החירות המגולם במצוות שחרור עבדים ביובל.

כך על פי שני הפירושים שמביא רש"י, ד"ה לא תקחו כופר לשוב:

דרוש בה לשב למי שרוצה לשוב לקלקולו ולהיות עבד. לישנא אחרינא לשב למי שדינו להיות שב אל משפחתו ואינו רוצה.

אומנם ההשוואה שיוצרת הסוגיה בין המקרה שמובא בברייתא למצב של עשיית דין עצמי היא מוזרה ורחוקה, אבל זה שורש העניין. השימוש שעושה הסוגיה בברייתא הזו מרחיב את ההיתר לעשיית דין עצמי גם למקרים שהסיבה לדין העצמי היא לא אינטרס אישי אלא סיבה דתית או ערכית.

הגמרא מצמצמת מאוד עד ביטול החידוש בלימוד מן הברייתא כשהיא מעמידה אותה במקרה של עבד גנב, "הכא במאי עסקינן בעבדא גנבא". בכך

מחזירה הגמרא את ההיתר לעשיית דין עצמי למישור של הנזק הכלכלי. מנגד, האוקימתא של רב נחמן בר יצחק, למרות שהיא מפרשת שאין מדובר בעשיית דין עצמי, בכל זאת מעמידה במערכת השיקולים את הפן הערכי, בדומה לפשט הברייתא, על ידי שהיא מסבירה את ההיתר בהגנה על העבד שלא יעבור על איסור עם אישה.

ארבע הברייתות שהביאה הגמרא עד כאן תומכות בשיטת רב נחמן, ש"עביד איניש דינא לנפשיה" בכל מקרה, וגם שלא בהפסד ממוני. בכל אחד מן המקרים הגמרא דוחה את הראיה מן הברייתא. בארבע הברייתות הבאות יהיה אותו מהלך ביחס לשיטת רב יהודה, שמותרת עשיית דין עצמי רק במקרה של הפסד ממוני, והגמרא תדחה גם כל אחת מהראיות הללו.

תא שמע 5: המניח

הברייתא החמישית המובאת בסוגיה היא משנת המניח.

> ת"ש: המניח את הכד ברה"ר, ובא אחר ונתקל בה ושברה – פטור;
> טעמא דנתקל בה, הא שברה – חייב!

הגמרא מסיקה מנוסח המשנה שהפטור מתשלום על שבירת הכד הוא רק כאשר הוא נתקל בכד, לא בכוונה, אבל אם שבר אותו, בכוונה – חייב בתשלומי הנזק. מכך שהשובר חייב בתשלום יש ראיה שעשיית דין עצמי אסורה.

רבא אינו מקבל את המסקנה הזו:

> אמר רב זביד משמיה דרבא: הוא הדין אפי' שברה,
> והאי דקתני נתקל? איידי דקבעי למיתני סיפא: אם הוזק – בעל חבית חייב בנזקו, דדוקא נתקל, אבל שבר לא, דהוא אזיק נפשיה, קתני רישא נתקל!

רבא אומר שגם במקרה ששבר את הכד בכוונה הוא פטור מתשלום על הנזק. את הנוסח "נתקל" מסביר רבא לפי הסיפא של המשנה, שמתייחסת למקרה שבעל החבית יהיה חייב לשלם למי שנתקל וניזוק מכך רק במקרה שנתקל, מפני שהוא הזיק לעצמו. כיוון שהסיפא מתייחסת למקרה ש"נתקל", גם הרישא נוקטת בלשון "נתקל", אף שמתייחסת גם למצב של "שבר", כלומר

בכוונה תחילה. הרי שהפרשנות של רבא את המשנה דוחה את האפשרות ללמוד ממשנת המניח שעשיית דין עצמי מותרת רק במצבים של הפסד כספי.

משנת המניח בהקשר של "דינא לנפשיה" לפי הפרשנות של רבא מקבלת פרשנות מרחיקת לכת. המשנה בפשטות פוטרת אדם מתשלומי נזק רק במקרה ששבר בטעות, ולא במקרה של שבירה בכוונה תחילה. רבא מסביר שהפטור של המשנה חל אפילו כששובר בכוונה! יש כאן הרחבה גדולה של הרשות להימנע מאחריות על נזק למישור של היתר לפעול לכתחילה לשם עשיית דין, דהיינו גם כשאין נזק או הפסד.

תא שמע 6: "וקצותה את כפה"

הברייתא הבאה מתייחסת למקרה שאישה מחזיקה במבושי אדם שרב עם בעלה. הדין במקרה כזה לפי פסוקי התורה הוא "וקצותה את כפה":

> כִּי יִנָּצוּ אֲנָשִׁים יַחְדָּו אִישׁ וְאָחִיו וְקָרְבָה אֵשֶׁת הָאֶחָד לְהַצִּיל אֶת אִישָׁהּ מִיַּד מַכֵּהוּ וְשָׁלְחָה יָדָהּ וְהֶחֱזִיקָה בִּמְבֻשָׁיו: וְקַצֹּתָה אֶת כַּפָּהּ לֹא תָחוֹס עֵינֶךָ: (דברים כה, יא-יב)

אם ננסח את הדין של התורה במושגים של הסוגיה, התורה סוברת שהדין הוא ש"לא עביד איניש דינא לנפשיה", משום שהיא נענשת על התנהגות כזו.

על רקע הפסוקים הללו בולט החידוש של הברייתא והסוגיה שעליה:

> ת"ש: "וקצתה את כפה" – ממון;
> מאי לאו בשאינה יכולה להציל ע"י דבר אחר!
> לא, שיכולה להציל ע"י דבר אחר, אבל אינה יכולה להציל ע"י דבר אחר – פטורה.

הברייתא מתרגמת את העונש הפיזי לעונש ממוני. על זה הגמרא מבררת: האם אין מדובר במקרה שלא הייתה לאישה דרך אחרת להציל את בעלה, ובכל זאת היא צריכה לשלם? אם זה המקרה, הרי למדנו שאסור לאדם לעשות דין לעצמו, ולכן האישה נענשת. אבל אם היא לא הייתה יכולה להציל בדרך אחרת – היא פטורה מתשלום. מכאן ראיה שאדם יכול לעשות דין לעצמו.

על ההסבר הזה הגמרא מקשה מהסיפא של הברייתא:

> אי הכי, אדתני סיפא: ושלחה ידה – פרט לשליח ב"ד,
> לפלוג ולתני בדידה: בד"א? בשיכולה להציל ע"י ד"א, אבל אינה יכולה להציל ע"י דבר אחר – פטורה!
> ה"נ קאמר: בד"א? בשיכולה להציל ע"י דבר אחר, אבל אינה יכולה להציל ע"י דבר אחר, נעשה ידה כשליח ב"ד ופטורה.

בסיפא של הברייתא כתוב שאם שליח בית דין עושה זאת – הוא פטור, ומכאן משמע שהאישה חייבת. הגמרא מקשה שהברייתא עצמה הייתה צריכה לחלק בין המצבים. בסוף דיון הגמרא אומרת שזו אכן כוונת הברייתא, שבמקרה שהיא לא יכולה להציל את בעלה באופן אחר, "נעשה ידה כשליח בית דין ופטורה", כלומר מותר לה להציל את בעלה גם באופן מביש, והיא לא נענשת על כך.

"נעשית ידה כשליח בית דין" מלבד שזה הסבר לפטור של האישה זה גם נימוק מוסרי לדין. ההסבר הזה אומר למעשה שלא רק שיש רשות לאדם פרטי לעשות דין, אלא שהוא ממש שליח של בית דין. זה מעצים את ההיתר המוסרי לאדם פרטי לפעול בשם הנורמה המוסרית, בשם הרשות הציבורית. זו הרחבה של הבסיס המוסרי שממנו למדו את ההיתר לעשיית דין עצמי. ההגדרה בברייתא ש"נעשית ידה כשליח בית דין" סוברת שהבסיס המוסרי להיתר הזה הוא שהאדם פועל מכוח בית דין, מכוח הציבור, וזה לא עניין פרטי.

הברייתא הזו, מלבד מה שהיא נוגעת לעשיית דין עצמי, יש בה התייחסות מוסרית ליחס בין היחיד לציבור, כפי שהיא מתבטאת גם במשנת המניח. יש כאן הגדרה עקרונית למושג רשות, והרחבה של הכוח שניתן ליחיד על פני הציבור: הסכמה עקרונית עם תוקף של בית דין. הפרשנות הזו למעשה אומרת שהאישה למעשה מוציאה לפועל את החוק שבית הדין קבע.

תא שמע 7: דרך הרבים

המקור הבא הוא משנה מבבא בתרא (ו, ז):

> ת"ש: הרי שהיתה דרך הרבים עוברת בתוך שדהו, נטלה ונתן להם מן הצד – מה שנתן נתן, ושלו לא הגיעו.

אם דרך הרבים עוברת בשדה פרטי – אין לבעל השדה רשות לתת דרך אחרת לרבים ולהשאיר לעצמו את הדרך הציבורית. אם הוא עושה כך, לא רק שהדרך הציבורית נשארת לרבים, גם הדרך החדשה הופכת להיות שייכת לציבור.

מכאן משמע שאדם לא רשאי לעשות דין לעצמו, כפי שמעירה מיד הגמרא:

> ואי אמרת עביד איניש דינא לנפשיה, לנקוט פזרא וליתיב!

כלומר, אם מותרת עשיית דין עצמי, מותר לבעל השדה "לנקוט פזרא וליתיב", כלומר לקחת מקל ולשבת בדרך שעוברת בשדהו ולא לתת לעוברי אורח ללכת בה.

האמוראים מסבירים אחרת את הדין במשנה:

> אמר רב זביד משמיה דרבא: גזירה שמא יתן להם דרך עקלתון.
> רב משרשיא אמר: בנותן להם דרך עקלתון.
> רב אשי אמר: כל מן הצד דרך עקלתון הוא, קרובה לזה ורחוקה לזה.

רבא מסביר שהאיסור במשנה הוא גזרה שמא בעל השדה ייתן "דרך עקלתון", דרך פחות טובה, שאינה ראויה כל כך להליכה כמו הדרך הנוכחית. רב משרשיא אומר שמדובר רק במקרה שבעל השדה אכן נתן בפועל "דרך עקלתון", ורב אשי מסביר שכל דרך שעוברת בצד השדה היא עבור חלק מן האנשים בהכרח דרך עקלתון, משום שהיא רחוקה יותר.

רבא ורב אשי משאירים את הדין שבמשנה כפשוטו, כלומר שבכל מקרה אסור לבעל השדה לעשות כך. אבל רב משרשיא מצמצם את הדין שבמשנה ומעמיד אותה רק במקרים שבהם בעל השדה נותן דרך פחות טובה מהדרך הקודמת. אבל במקרים שבהם הדרך החדשה טובה – אין מניעה לבעל השדה לנהוג כך.

הגמרא מקשה על הדין שבמשנה:

> אי הכי, אמאי שלו לא הגיעו? לימא להו: שקולו דידכו והבו לי דידי!
> משום דרב יהודה, דאמר רב יהודה: מיצר שהחזיקו בו רבים – אסור לקלקלו.

מדוע הדרך החדשה שנתן בעל השדה במקום הדרך הישנה אינה שייכת לו? הרי לא נעשה כאן חילוף (רש"י)! כתשובה לכך הגמרא מביאה את דברי רב יהודה: "מיצר שהחזיקו בו רבים אסור לקלקלו", כלומר מה שכבר שייך לרבים – אין אפשרות להפקיע מהם.

בהקשר של "עביד איניש דינא לנפשיה", הדין במשנה מפתיע. משום שאם אדם אינו יכול לעשות דין לעצמו ולהחזיר לעצמו חלק משדהו שהפך לדרך לרבים, משום ש"מצר שהחזיקו בו רבים אסור לקלקלו", משמע שאדם אינו יכול לעשות דין לעצמו גם במקרה של הפסד כספי! במקרה של דרך הרבים כוחו של היחיד לעשות דין לעצמו מוגבל מול חזקת הציבור, אפילו למקרים של הפסד ממוני, ואפילו כאשר נהג לכאורה כדין ו"נתן להם מן הצד". מסקנה זו אינה מתיישבת הן עם שיטת רב יהודה והן עם שיטת רב נחמן, על פי הפרשנות של הגמרא את מחלוקתם.

יש כאן אמירה חריגה על מהלך הסוגיה עד כאן, והחריגה הזו בעצמה מבליטה את החידוש המשמעותי שיש כאן. החידוש הוא שכוחו של הציבור חזק עד שהוא מגביל את האפשרות לעשיית דין עצמי. האפשרות להגביל את עשיית הדין העצמי היא רק בגלל חזקת הציבור, ואפילו במקרה של הפסד ממוני של הפרט, ואפילו שזה "לא כדין".

אף שמגמת הסוגיה עד כה היא להרחיב את האפשרות לעשיית דין עצמי ולבסס אותה, במקרה הזה יש הגבלה אחת דרמטית – "חזקת הציבור". האמירה הזו מעצימה מאוד את הכוח שהסוגיה נותנת לציבור על פני כוחו של היחיד.

תא שמע 8: פאה

הברייתא המובאת כאן דומה למשנה בתא שמע הקודם.

> ת"ש: בעל הבית שהניח פאה מצד אחד, ובאו עניים ונטלו מצד אחר – זה וזה פאה.

הברייתא אומרת שהפאה שהעניים לקחו שלא מהמקום שבעל הבית הקצה שייכת להם, נוסף לפאה שהקצה בעל הבית, ואין לבעל השדה רשות לקחת את שלו בחזרה.

גם כאן, בדומה לתא שמע הקודם, הגמרא מקשה:

וא"א עביד איניש דינא לנפשיה, אמאי זה וזה פאה? לנקוט פזרא וליתיב!

הגמרא שואלת, הרי יכול אדם לעשות דין לעצמו, לשבת עם מקל ולהבריח את העניים שבאים לקחת פאה מהמקום שהוא לא הקצה להם.

בשונה מהתא שמע הקודם, אין כאן חזקת הרבים שתקנה להם בניגוד לרצון בעל הבית. והרשות של העניים לקחת מבעל הבית פאה בניגוד לרצונו היא מכוח המצווה, מצוות פאה.

רבא מסייג את הדין הזה, ולמעשה משנה אותו:

אמר רבא: מאי זה וזה פאה? לפוטרן מן המעשר,
כדתניא: המפקיר את כרמו, והשכים בבקר ובצרו – חייב בפרט ובעוללות ובשכחה ובפאה, ופטור מן המעשר.

רבא אומר שדברי הברייתא "זה וזה פאה" הם רק לעניין הפטור של הבעלים ממעשר, אבל בעל השדה יכול לקחת את הפאה חזרה לעצמו. למעשה, רבא משנה את הדין שבברייתא ואוסר על העניים לקחת גם את הפאה שהקצה בעל השדה, ובמקרה הזה אדם יכול לעשות דין לעצמו.

הברייתא הזו היא תמונת ראי של המשנה הקודמת, דומה אבל הפוכה. המקרה שבברייתא מדגיש שהאפשרות של הבעלים לעשות דין לעצמם לא נוהגת בכל מצב, ואפילו לא במצב שיש דין תורה כמו מצוות פאה. רק לחזקת הרבים, כמו במשנת דרך הרבים, יש כוח להפקיע ממון מידי אדם פרטי, גם כאשר על פי דין הוא שייך לו – אבל לא בשום מצב אחר, ואפילו לא כאשר זה מתנגש עם מצוות התורה! הברייתא הזו, לפי הפרשנות של רבא, מבליטה את הכוח הייחודי שיש לחזקת הרבים על פני זכויות היחיד.

סיכום: מבט כללי על מבנה הסוגיה

בסוגיה זו עוסקת הגמרא באופן נרחב בסוגיית עשיית דין עצמי. הראינו שמלבד הקשר הטכני של הנושא למשנת המניח – סוגיית "דינא לנפשיה" עוסקת, בין השאר, בבירור היחס בין הכוח שניתן לאדם היחיד ובין הסמכות של הציבור. זה עצמו הנושא שבו עוסק פרק המניח – מנקודת המבט של נזיקין. כך הסברנו את בחירתו של העורך לשבץ את הסוגיה ולהרחיב את העיסוק בה דווקא בדיון על משנת המניח.

ברם, הגישה של סוגיית "דינא לנפשיה" היא הפוכה מהתפיסה העקרונית המבוטאת במשנת המניח בעניין העקרוני והמוסרי הזה. במשנת המניח ההכרעה היא לתת עדיפות לסמכות של הציבור על פני האחריות של הפרט להיזהר מלהזיק. בסוגיית "דינא לנפשיה" יש מגמה להעצים ולהגדיל את האפשרות של היחיד לעשות דין לעצמו, כלומר להעצים את הסמכות שיש ליחיד על פני בית הדין הציבורי. המגמה הזו מתבטאת בראש ובראשונה בפרשנות של הגמרא למחלוקת רב נחמן ורב יהודה, פרשנות שלא כפשטה, המצמצמת את המחלוקת רק למקרים שבהם אין נזק ממוני, ומשאירה הסכמה עקרונית על היתר לעשיית דין עצמי בכל מקרה של הפסד ממוני.

סדרת הברייתות, ה"תא שמע", משמשת את הסוגיה כדי לברר היבטים שונים של ההיתר לעשיית דין עצמי. כל אחת מהברייתות עם הדיון של הגמרא עליה מצביעה על פן מסוים של ההיתר הזה ושל השאלה העקרונית המצויה ביסודה של הסוגיה: כוחו של הציבור להעניק רשות לפרט. באמצעות הברייתות השונות דנה הסוגיה בסמכותו של היחיד לעשות דין לעצמו מתוך הגנה על גופו או רכושו, בפנים שונים ובמגבלות שונות של דין זה.

סמוך לסיום, בעל הסוגיה מצמצם באופן מוחלט (ומפתיע) את הסמכות הזו, ואפילו במקרה של הפסד ממוני. צמצום כזה הוא החמרה אפילו לשיטת רב יהודה, המתיר עשיית דין עצמי במקרה של הפסד ממוני. הנימוק המובא לצמצום הדרמטי הוא אחד ויחיד: כוחו של הציבור.

מהלך כזה מבליט את התפיסה העומדת ביסוד משנת המניח, המעניקה כוח רב לרשות הציבורית. ביסוד שני המקרים הללו, דרך הרבים והמניח, קיים דמיון: בשני המקרים גוברת סמכותו של הציבור על זכותו של היחיד לגבי הנשיאה באחריות על הפסד ממוני.[19] במשנת המניח – המוסכמה של הציבור, המגדירה את הזכות של היחיד ברשות הרבים להתהלך בחופשיות – גוברת על האחריות של הפרט להימנע מלהזיק, ולכן הפרט פטור על הפסד ממוני שגרם לאדם אחר ברשות הרבים. במשנת "דרך הרבים" – זכותו של הציבור המחזיק במצר גוברת על זכותו של היחיד לעשות דין לעצמו, ואפילו במקרה שיש לו הפסד ממוני.

הסמכות שניתנת ליחיד על פי הציבור בהיתר לעשיית דין עצמי הזו,

19. ישנו הבדל בין שני המקרים: במשנת "דרך הרבים" הנזק שנגרם לפרט הוא על ידי הרבים ממש, ובמשנת המניח הפרט הוא שגורם נזק לפרט אחר, אבל הרשות שניתנה לו להלך בחופשיות, כמו גם הפטור שלו על הנזק – הם מכוחם של הרבים. לכן, למרות הבדל זה, ביסודם המקרים דומים ביחס בין היחיד לרבים.

הגבולות שלה והאופן שבו היא מתבטאת בפועל במציאות, מוגבלת באופנים שונים. האופנים הללו נידונים לאורך סוגיית "עביד איניש דינא לנפשיה": במחלוקת, שמצמצמת אותה, בפרשנות של הגמרא את המחלוקת – שחוזרת ומרחיבה אותה, ולאורך סדרת המקורות שדנה בהיבטים שונים ובמגבלות שונות של ההיתר לעשיית דין עצמי. למעשה, הדיונים של הגמרא לגבי ההרחבה והצמצום של הגבולות והגדרים בסוגיה הם ביטוי לשני עקרונות היסוד המוסריים שמציבה הגמרא במהלך הארוך והמורכב הכולל את משנת המניח, סוגיית הפתיחה וגם שתי הסוגיות ההלכתיות, בכללן סוגיית "דינא לנפשיה". ביסוד הדיונים המפורטים, כפי שהראינו, שתי תפיסות מוסריות עקרונית מנוגדות זו לזו, הנידונות גם בסוגיות הבאות לאורך פרק המניח.

הרחבה רעיונית

שיטות משפט רבות אינן נותנות מקום לאפשרות לעשיית דין עצמי. כך כותב אנגלרד:[20]

> כל שיטות המשפט מתייחסות בחשדנות ובחוסר אהדה לתרופה זו (עשיית דין עצמית). חסרונותיה גלויים: אין לסמוך על בעל דין כי יעריך נכונה את גבולות זכויותיו, הפעלת כוח למימוש הזכות עלולה להיתקל בכוח נגדי, ושלום הציבור נמצא מופרע, ידו של האלים תהיה על העליונה, גם אם אין הצדק עימו.

יש חוקרים ומשפטנים הרואים בהיתר לעשיית דין עצמי שלב קדום ובלתי מפותח של ההלכה היהודית, כפי שמסביר אנגלרד בהמשך דבריו:[21]

> מקור התרופה הוא בזמנים שבהם טרם היה השילטון המדיני המרכזי מגובש. וכל איש הישר בעיניו יעשה. באין רשות ציבורית בעלת כוח ביצוע, מוכרח היה היחיד לסמוך על כוחו שלו לשם הגשמת זכויותיו.

20. יצחק אנגלרד, דיני הנזיקין, עמ' 533–534.
21. שם. גישה דומה אפשר למצוא גם אצל פלק, ערכי משפט, עמ' 14: "שלב של שיפוט ציבורי חלקי, כשעל ידו עדיין קיימת השיטה של עשיית דין פרטית".

סוגיית "דינא לנפשיה", כפי שהסברנו אותה לאורך הפרק, מאפשרת לראות את עשיית דין עצמי במבט אחר. במקום לראות בה עמדה משפטית פרימיטיבית, אפשר לראות בהיתר לעשיית דין עצמי דין לכתחילה המייצג עמדה בעלת אופי מוסרי וערכי, המביעה אמון באדם, שלא יפעל כנגד רעהו אלא אם הדין עימו, ובאמצעים ההכרחיים בלבד.[22] עמדה ערכית כזו נותנת משקל רב לשיקול הדעת, להכרעה המוסרית וליושרה הפנימית של האדם היחיד. גישה כזו מטילה אחריות רבה על היחיד, והיא טומנת בחובה זכויות, כמו במקרה של עשיית דין עצמי, וגם חובות, כמו במשנת "אדם מועד לעולם".

כנגד הגישה הזו, מציגות סוגיות הגמרא בפתיחת פרק המניח גישה רעיונית אלטרנטיבית. משנת המניח, וגם סוגיית הפתיחה והסוגיות שאחריה נותנות משקל רב דווקא לסמכות של הציבור על פני הכוח, האחריות ושיקול הדעת של היחיד.

סיכום

סוגיית הפתיחה לפרק המניח והסוגיות הנוספות על המשנה הראשונה מציגות בפנינו שתי תפיסות עקרוניות על היחס בין אחריות היחיד לסמכות הציבור בענייני נזיקין ובאופן כללי. האמצעים המשמשים את הגמרא כדי להציג את העמדות הרעיוניות שביסוד הנושא ההלכתי על פרטיו השונים הם מגוונים:

1. בירור לשוני על המשנה, שבאמצעותו הגמרא מגייסת אל הפתיחה של הפרק מקורות המצביעים ומפרשים את העקרונות היסודיים.
2. חיבור של שתי סוגיות מתחומים שונים ורחוקים, האחת עוסקת בעולם הממוני ("אין הולכים בממון אחר הרוב"), והשנייה עוסקת בעשיית דין עצמי. באמצעות החיבורים המלאכותיים הללו, בעל הסוגיה מצביע על היחס בין היחיד לרבים כנושא היסודי שנידון כאן במסכת.
3. התוכן של הסוגיות, על הפרטים השונים המרכיבים אותן, מאפשר, מלבד הבירור ההלכתי והמשפטי, גם בירור, ליבון והעמקה של עקרונות היסוד שבתשתית הסוגיות.

22. אטינגר, זכות היחיד, עמ' 199.

הנושאים שבהם עוסקות הסוגיות חורגים מן התחום של נזיקין אל תחומים משפטיים נוספים, כגון ממון ועוד. למרות שהעיסוק בשאלת היחס בין היחיד לציבור נידון כאן בהקשרים משפטיים בלבד, הבירור המהותי העוסק ביחס בין היחיד לציבור, המתח ביניהם ושאלת הקדימות ביניהם נוגע לעניינים רחבים יותר מההקשר המשפטי:

> המתח בין היחיד לציבור הוא שאלה יסודית בעולם ההגות, וגם שאלת יסוד קיומית בחיינו. מי קודם למי מבחינה ערכית, הפרט או הכלל?[23]

הנושא הזה נוגע גם למצבים אישיים וחברתיים קיומיים שאדם עשוי לעמוד בהם בהקשרים שונים. כך כותב בעניין זה הרב סולובייצ׳יק:

> בראייה כפולה זו הסתכלה היהדות תמיד על האדם. היא ראתה בו יחיד ביחידותו, וראתה בו חלק מציבור, אבר מגופה של כנסת ישראל. בנושא זה קיימת דיאלקטיקה רצופה במחשבת היהדות לדורותיה. שאלת השאלות היא, האם היחיד עומד מעל לציבור ועל הציבור לשרת את היחיד, או שהיחיד כפוף לציבור ובטל לגביו... לעולם, אין היחיד מתבטל כנגד הציבור ואין הציבור מתקפח בגין היחיד או היחידים. לכל אחד מהם נתבצר לו מקומו שלו.[24]

הדברים של הרב סולובייצ׳יק, אף שהם חלק מדרשה רוחנית העוסקת במשמעות של וידוי ביום כיפור, מתיישבים להפליא גם עם הקריאה של הסוגיות המשפטיות של פרק המניח כפי שהראינו לאורך הפרק. המשמעות היא שביסוד עולם ההלכה והמשפט התלמודי מצויה תשתית יסודית – ערכית ורוחנית, שהיא בעלת משמעות רחבה הרבה מעבר להלכה, סוגיה או כלל תלמודי מסוימים. התפקיד של סוגיית הפתיחה הוא להצביע על הנושאים הללו, ובכך לאפשר לנו לראות כיצד הם באים לידי ביטוי בסוגיות הלכתיות ומשפטיות לאורך הפרק והמסכת.

23. נבון, *יחיד וציבור*, עמ׳ 63.
24. סולובייצ׳יק, *על התשובה*, עמ׳ 86–87.

סיכום

התלמוד כדרך חיים

הספר הזה הוא הרבה יותר מאשר ספר על התלמוד.

הספר הזה הוא ספר על העולם, על צורת חיים, על אמונות, על גישה לחיים, משום שביסוד התלמוד ישנה תפיסת עולם ערכית ורוחנית על החיים והעולם, והגישה שמוצגת בספר הזה ללימוד התלמוד חושפת את הגישה הזו ועוסקת בה.

צורת הלימוד המוצגת בספר הזה מקנה ללומד משקפיים. בראש ובראשונה אלו משקפיים להביט על התלמוד. אבל למעשה, המבט שהיא מקנה על התלמוד רלוונטי גם לאופקים אחרים, רחבים יותר, מעבר לתלמוד ואף מעבר ללימוד תורה בכלל.

מצאתי שלימוד התלמוד על פי הגישה שמוצגת כאן השפיע ושינה את נקודת המבט שלי על העולם ועל החיים, במובנים רבים, פנימיים וחיצוניים, והוא מעצב את השקפת עולמי.

סיכום הספר הזה הוא הזדמנות להתבונן לאחור על שנים של לימוד תלמוד ועל סוגיות רבות שנלמדו בגישה זו. מנקודת המבט הזו אני מבינה שצורת הלימוד הזו הביאה לחיים שלי הרבה יותר מאשר שיטה ללימוד התלמוד. צורת הלימוד הזו, והמפגש שהיא יצרה ביני לתלמוד, עיצבה את מי שאני ברבדים עמוקים, נפשיים ורוחניים, וגם ברבדים יום־יומיים ומעשיים, את הערכים של החיים שלי, ואת האופן שבו אני חיה את החיים, במעגלים אישיים וכלליים. גיליתי שהתלמוד הוא תורה במובן הרחב ביותר של המילה, שהוא מורה לי דרך, את הדרך של ה׳ ואל ה׳.

אני רוצה לשתף כאן כמה מההשפעות הרחבות והעמוקות של התלמוד

על החיים שלי במעגלים השונים, האישי־משפחתי־קהילתי־לאומי. בניגוד לספר עצמו, שנכתב בצורה מובנית ומסודרת בגלל המטרה שלשמה הוא נכתב – הצגת השיטה – הרשיתי לעצמי בשולי הדברים לכתוב מהלב. והלב, כמו הלב, הוא לא מסודר, אסוציאטיבי, רגשני, וספונטני, עולה ויורד, לעיתים חוזר על עצמו, עשוי להיות לא קוהרנטי – וכך גם הצגת הדברים כאן, בתקווה שדברים היוצאים מן הלב ימצאו מקום גם בלב הקוראים.

מסורת – גיליתי שבתלמוד יש חכמה רבה. הרעיונות של התלמוד מרגשים אותי, כי הם מדברים אליי והם מתייחסים לנושאים שאיתם אני מתמודדת בחיים שלי. בעולם של תוהו ובוהו, בלבול, אובדן דרך וייאוש, אני מודה ושמחה על השייכות למה שהוא גדול ממני, למסורת, שהתחילה לפני אלפי שנים ותימשך הרבה אחריי.

המסורת הזו מנחה ומדריכה אותי ומאירה לי את הדרך. התלמוד מתווך לי את התורה האלוהית, הנצחית ומנגיש אותה כך שהיא תהיה מובנת ומעשית. התלמוד מלמד אותי איך להיות אדם ערכי יותר ומוסרי יותר, וגם, ובעיקר, התלמוד מלמד אותי כיצד ליישם זאת בחיים.

אני מגלה בתלמוד ערכים והדרכות הנוגעים לרבדים שונים בחיים שלי: הקשר עם ה׳, זוגיות, הורות וחינוך ילדים, היחס לחומריות, חיי שכנות וקהילה, היחס לעמים אחרים, התמודדות עם משברים, הקשר לארץ ישראל, ועוד. בלי זה נראה לי שהייתי הולכת לאיבוד.

אני חשה משמעות עמוקה מלהיות שייכת לתורה למסורת לחכמה ולבית מדרש שראשיתם לפני מאות ואלפי שנים, אני בורג קטן וחשוב בשרשרת הזו, אבל אני לא העיקר, וזה לא מקטין אותי, אלא ממלא אותי בתעצומות, במשמעות, ובחשיבות. היותי חלק ממשהו גדול אינו גורע ממי שאני, להפך, זה מגדל אותי. כך אני הופכת להיות יותר ממי שאני כאשר אני רק אני, משום שהשלם (אני) גדול מסך חלקיו, בזכות השייכות הזו.

שאלות – הדרך ללמוד ולגבש דעות על נושאים בחיים אינה דרך הוודאות אלא דרך הקשבה למגוון קולות, מתוך עמדה של בירור: מה יש שם, עם מה אני מסכימה, מה מעורר בי התנגדות ולמה וכיצד אפשר לענות להתנגדות הזו.

למדתי שהשאלות הן הכי חשובות, כי הן מה שמקדם אותי. לכן יש לתת מקום משמעותי לשאלות ולתהליכים של בירור ולא למהר לתשובות. למדתי לא לצפות ולייחל לחיים של ודאות. החיים הם לא מסע מאי של

ודאות אל האי הבא, אלא מסע שבו הדרך וההתקדמות באמצעות השאלות והמשברים הן העיקר. כאשר עולות תובנות בדרך, בצידן יש ציפייה וידיעה שמתישהו, בקרוב או שלא, התובנה תופרך, תאותגר או תשתנה. השלב הזה, שבו מה שהיה נשבר – אינו בעיה, אלא הוא הדרך שבה אני עוברת אל השלב הבא. לכן אין שם תסכול אלא סקרנות לאן תוביל אותי הדרך. גיליתי שאני רוצה להשתנות, גם כאשר מה שהיה היה טוב. שמחתי לגלות שאני יכולה להשתנות ושאני מחכה לשינויים האלו.

גיליתי גם שזה לא פשוט. יותר נוח להיות איפה שנוח. קשה לחיות על קרקע לא יציבה.

למדתי שגם התורה אוהבת שאלות, שגם היא אינה, כפי שחשבתי בעבר וכפי שחושבים רבים אחרים, דתיים וגם חילוניים, חתירה אל האמת הברורה המתגלה בתשובות הוודאיות. התלמוד מלמד אותי שהדרך לקשר עם ה׳ ולחיי קדושה עוברת דרך היכולת לשאול שאלות, לאתגר את המקום שאני נמצאת בו, גם ובעיקר כשההרגשה היא שהוא אמת נכונה ויציבה.

אני אומרת לילדים שלי ולתלמידות שלי: אתם יכולים לשאול הכול. אנחנו כמובן מנסים למצוא תשובות, כי אנחנו לא מקדשים את הספק ואת הכאוס, אלא את ההתקדמות והבירור. לכן אנחנו לומדים, שואלים ומחפשים תשובות. כל השותפים ללימוד מוזמנים להשיב תשובה. אנחנו קשובים לתשובות השונות ולומדים אותן. לפעמים זה לא מספק מענה, אז אנחנו ממשיכים ללמוד, ולפעמים זה עדיין לא מספק, ואז ממשיכים לחיות עם השאלה. השאלה היא חלק מהחיים שלנו, וזו לא בעיה, כי שאלה היא לא ערעור על האמת, לא רצון לבעוט, ולא עצלנות או חפיפניקיות, אלא היא ביטוי של הנשמה. יש לי אמון בשאלות ובשואלים, כי שאלה היא לא פתח למדרון חלקלק אלא היא הדרך להתקדם.

אמון – אני לומדת מהתלמוד להפעיל שיקול דעת ולתת אמון בתובנות שלי. אני לומדת ממנו לתת אמון בלימוד שלי, בעצמי, במוטיבציה שלי ושל הילדים והתלמידות שלי, שהם רוצים את ה׳ בנגלה בתוך החיים שלהם, ושהשאלות שלהם באות מחיפוש אחר תורה שתביא אותו אליהם.

חשיבה ביקורתית – הגמרא בוחנת כל נושא מצדדים שונים שלו ומנקודות מבט שונות. זה מלמד אותי לא לקבל את הדברים כמות שהם, אלא לנסות תמיד לבחון כל דבר מצדדים שונים, לנסות לעמוד על נקודות מבט חדשות, לנסות להפריך, לסתור, להביא תשובות אחרות, ממש כמו מה שקורה בסוגיות התלמודיות.

גיוון – לשאלות הגדולות והקטנות אין תשובה אחת. אנחנו שונים זה מזה באופנים רבים כל כך, ויש דרכים רבות לראות את המציאות, להבין את ה׳ ולחבר בין המציאות לה׳. לא בדיעבד, לא כי זה מנומס, לא רק כדי לקרב וכו׳. ה׳ הוא אין־סוף, והמשמעות היא שיש דרכים רבות לגלות אותו במציאות, והן כולן אפשריות וראויות. על כל שאלה יש כמה תשובות אפשריות אמיתיות.

את הדעות האחרות אני לא רק מקבלת אלא גם לומדת. יש ברכה בגיוון הזה גם בשבילי, משום שכל דעה ששונה ממני היא הזדמנות לראות משהו שאני לא יכולה לראות. משום שכל דעה היא רק מה שהיא, וכל שאר הדעות מרחיבות אותה ומוסיפות עליה את מה שאין בה. הגמרא מביאה את כל הדעות החולקות ומעמיקה בכולן, גם את אלו שנדחות בסופו של דבר, כי לכל אחד יש מה ללמוד מכל דעה. גם בדעות שנדחות יש ברכה והפריה בעבור כולנו ובעבור כל הדורות.

לכן הציפייה שלי מהתורה, מהחיים ומאנשים היא לאיפכא מסתברא, לפגוש אנשים שונים ודעות שונות וללמוד בבתי מדרש שונים. יש שם מתנה בשבילי, גם כאשר זה מעורר בי אי נוחות, קושי או כעס, שזה מה שקורה בדרך כלל. לשמוע דעות אחרות זה קשה אבל זה גם מגרה ומעורר תשוקה, ומקדם. התלמוד גילה לי שאני מחפשת את השוני, את האתגר, שאני אוהבת לפגוש דעות אחרות ולבדוק את עצמי מולן.

חידוש – אני רוצה ללמוד מחכמי התלמוד כיצד לחפש את הקדושה בחיים, ממש כפי שהם עשו זאת. אני רוצה להמשיך את השרשרת הזו, משום שאני רוצה שה׳ יהיה נוכח בחיים האלו, ולא רק בחיים שהיו פעם. אני מבינה שה׳ בעד החיים ובעד העולם ולא מבקש ממני להימנע מהם. אני מאמינה שה׳ רוצה שאני אחיה בהווה ולא בעבר. אני לא רוצה לפחד שיסלקו אותי מבית המדרש משום שאני אומרת שהגילוי של ה׳ במציאות שלנו שונה מאשר בעבר, כי המציאות היום שונה. הרי זה מה שעשו חכמי התלמוד: הם חלקו על תנאים ושינו מילים, שמות ומשמעויות, בברייתות ובמשניות, כדי לתת פרשנות חדשה לאופן שבו ערכי הנצח באים לידי ביטוי בחיים. כיום אני מבינה שזו לא שאלה של היתר או אפשרות. זו חובתי. זה הצו הדתי שכלול במצוות לימוד תורה. אני רוצה ללמוד לעומק את התורה של התלמוד ולהמשיך לשאול את השאלות שלהם, כדי להצליח להביא את התורה במלוא משמעותה אל החיים שלי ואל העולם שלי.

אותנטיות – אני לומדת מהתלמוד להגיד מה שאני חושבת. ככה

חכמים בתלמוד לומדים, גם אם זה מתריס, כי ככה מחפשים. גם אם בשלב ראשון נדמה שמה שיש לומר הוא מרחיק לכת – גם זה שלב בדרך. אי אפשר להתקדם ולצמוח אל ה׳ אם אני חיה בזיוף פנימי.

יש כאן הזמנה לחיבור פנימי והקשבה לעצמי, לא ללכת אחרי העדר, לא לשאול כמו כולם, ולא להסתפק בתשובות של אחרים, גם אם הם תלמידי חכמים או רבנים – אם הן לא מספקות אותי. לא לבחור בחירות כי כולם נוהגים כך, או כי הרבנים סבורים, או כי כך היה תמיד. אלא לשאול מה הדרך שלי מתוך הדרכים האפשריות, מה מדליק אותי מה מחיה אותי, מה משמח אותי ונותן לי כוח – שם נמצאת הדרך שלי.

חיבור לחיים – אני מחפשת את נקודת החיבור של כל פרט בלימוד תורה לחיים שלי: מה זה אומר לי, איפה זה מדבר על מה שמעסיק אותי. כל לימוד, גם תיאורטי, הוא חלק ממסע אל תורה שהיא מלמדת אותי משהו על החיים שלי ושל עם ישראל.

שייכות – כל אחד יכול. התורה שייכת לכולם, "הרי כרוכה ומונחת בקרן זוית כל הרוצה ללמוד יבוא וילמוד" (בבלי קידושין סו ע"א), ו"לפיכך ניתנה (התורה) במדבר, במקום הפקר, וכל הרוצה לקבל יבוא ויקבל" (מכילתא דר׳ ישמעאל פרשת יתרו פרשה א). ר׳ עקיבא הוא המורה הגדול, שהפך מאנטי דתי, שונא התורה ולומדיה, בור ועם הארץ לגדול חכמי תורה שבעל פה שבכל הדורות. כל אחד יכול לגשת וללמוד ולהגיד את דעתו. בית המדרש אינו סגור בפני אף אחד. התורה והתלמוד אינם של רבנים בלבד, ורבנים, אפילו הגדולים ביותר, הם מורי תורה ודרך, אבל הם לא מלאכים, אין להם רוח הקודש והם אינם שונים במהותם מכולנו.

ענווה – יש לי מה לקבל וממי ללמוד. אני לא יודעת הכול, יש תורה, יש תלמידי חכמים, יש מורים ויש לי חברותות וברי פלוגתא. לכולם כדאי להקשיב ומכולם כדאי ללמוד. כדאי לי להצליח להיפתח לקבל תורה מאחרים, גם מהעבר (למרות שהם עשויים להיראות לא רלוונטיים) וגם מההווה (גם במקרים שנראים טועים, או שאין הם מבינים בכלל). ילד לפעמים חושב שהוא יודע טוב מכולם, אבל זה שלב בהתפתחות, וגם אותו אמורים לעבור.

שינוי – אני יכולה להשתנות. לימוד יכול להיות כל כך עמוק ומשמעותי עד שאני ממש יכולה להשתנות ממנו. זה מפחיד אבל גם מסקרן ומרגש.

קשר עם ה׳ – התלמוד לא מדבר הרבה על ה׳, ובכל זאת כל כולו עוסק

בה׳, בתורה שלו ובדרך שלנו להגיע לקשר אתו באמצעות הגילוי והביטוי שלו במציאות, ובאופנים שבו אנחנו, בני האדם, יכולים להביא אותו לידי ביטוי בחיים. בשונה מלימוד רוחני, שהנושא שלו פעמים רבות הוא עצם מערכת היחסים עם ה׳ – התלמוד עסוק באפשרות לבטא קדושה בעולם הזה, בחיים כפי שהם. זירת ההתרחשות העיקרית של הקשר בין האדם וה׳ היא העולם הזה, על כל מה שיש בו, והחיים עצמם, ולא, כפי שלפעמים חושבים, עצם הקשר עם ה׳ (הכולל את מרחבי האמונה, התפילה, הדיבור עם ה׳ וכו׳). זה לא מפחית מעוצמת הקשר, הקדושה והאמונה, אלא, כמו בזוגיות, זה ההבדל בין לדבר על אהבה ובין לחיות חיים של אהבה, שבהם המעשים הם ביטוי לאהבה הזו. חיים כאלו הם ביטוי לקשר עמוק, חי, פועם, עם ה׳, הכוללים גם שיח וקשב. השאלה החשובה ביותר היא לא עד כמה אני מחוברת לה׳, אלא איך אני חיה חיים שה׳ הוא חלק מהם.

רלוונטיות ונצחיות – התורה ניתנה מה׳, היא אלוהית, כלומר היא נצחית, ומה שהוא נצחי הוא רלוונטי תמיד, גם כשהמציאות משתנה. התלמוד עוסק באפשרויות לבטא את התורה הנצחית בחיים המורכבים והמשתנים, לכן הערכים שביסוד התלמוד וכללי ההלכה היסודיים שלו גם הם נצחיים ולכן גם רלוונטיים. מבנה התלמוד מזמין את הלומד לחפש את הרלוונטיות: מה זה אומר לי? מה המשמעות של מה שהתלמוד אומר? ומה המשמעות של זה לשאלות שמעסיקות אותי? כל אלו מצויים בין השורות, ברוח ובמשמעות שמעבר למילים, לדוגמאות ולדינים ההלכתיים.

האחריות על הרלוונטיות היא עליי ולא על פוסקי ההלכה. הרבה פעמים יש ציפייה שההלכה תשתנה כי המציאות משתנה. לפעמים הציפייה הזו נכונה ולפעמים גם יש לה מענה אצל פוסקי ההלכה, אבל התמקדות בציפייה הזו עלולה להסיט את תשומת הלב מן הפנימי אל החיצוני, מן המהות אל הלבוש ולגרום לפספוס של רובדי העומק שבתלמוד ובהלכה. הציפייה לשינוי ההלכה נובעת ממבט שמתמקד בצורה החיצונית של ההלכה ושל הדיון התלמודי, שהיא אכן פעמים רבות נראית (ולפעמים היא באמת כזו) לא רלוונטית – במקום לחפש את הערכים הנצחיים שבתשתית של ההלכה. כל אחד מוזמן לחפש זאת, זו האחריות של הלומד עצמו.

ההלכה טובה – ההלכה טובה לנו. לא רק משום שהיא מחויבות, ומחויבות היא דבר טוב, אלא גם משום שהיא מביאה אל החיים הרבה טוב. אלמלא ההלכה, חיינו היו חסרים, נמוכים יותר, חוליים, אבודים. ההלכה היא אי של יציבות בתוך התוהו ובוהו של העולם שלנו, היא נותנת לנו

כיוון, קרקע לדרוך עליה, דרך ללכת בה. היא מביאה אלינו את האורות של הקדושה, היא הכלי שמאפשר לאורות הקדושה להתבטא במציאות. אני לא מנסה להתחמק משמירת הלכה, או מנסה להקל כמה שיותר, שכן ההלכה טובה לי, ולכן אני רוצה לקיים אותה. מה היו חיי הזוגיות ללא טהרת המשפחה? מה היה עושה לי עולם החומר ללא שבת, תפילות וברכות? מה הייתה המשפחה ללא כיבוד הורים? מה הייתה קהילה ללא הלכות שכנים? אני מחפשת את הפרטים ההלכתיים, ולא מנסה להתחמק מהם או לשנות אותם, משום שאני מבינה שהיא מיטיבה איתי ממש בנגלה, ולא רק באופן מיסטי, מופשט ומנותק מהחיים.

המצוות פועלות במציאות. יש להן משמעות, וזו לא רק משמעות כללית, אלא משמעות לכל מצווה ומצווה ופרטיה. כל מצווה מביאה קדושה וברכה ייחודיות אל החיים. התנועה הרוחנית, המבקשת אחר קשר עם אלוהים, אבל מוותרת על פרטי המצוות, מוותרת למעשה על האפשרות לממש את הקשר הזה בתוך המציאות, בפרטי החיים השונים והמשונים. התלמוד מלמד שלא צריך לוותר על זה.

גילוי וכיסוי – הרבדים הרוחניים בתלמוד הם נסתרים, כי השפה היא שפה מעשית והלכתית ולא שפה רוחנית. ההסתרה מזמינה גילוי שקשור למקום שבו נמצא האדם. התלמוד, שהוא יצירה ספרותית, טומן בחובו משמעויות שמתגלות מתוך הקשר שבין הלומד לנלמד. זה אומר שמלכתחילה הרבדים הרוחניים של הגמרא חבויים כדי שהם יתגלו מתוך זיקה לתהליך הגילוי, לאדם הלומד ולמקום שהאדם נמצא בו. לכן התלמוד כתוב בצורה שמעוררת שאלות, העמקה ודיון. ככה הוא מזמין את הלומד ליצור איתו קשר ולא לקבל ממנו באופן פסיבי וחד צדדי, כדי שהרעיונות שמתגלים לא יהיו תאורטיים, אלא יהיו קשורים ללומד, לשאלות שלו, למקום הרוחני שלו.

תם ולא נשלם.

ביבליוגרפיה

ציטוטים מספרי מקור המצויים במאגר המידע פרויקט השו"ת הועתקו משם, וההפניה היא למהדורות הספרים המצויות במאגר באמצעות המאגר, ולא לספר עצמו.

אטינגר, זכות היחיד	אטינגר, שמעון, 'זכות היחיד ותקנת הציבור: התמודדותה של ההלכה', **יהדות פנים וחוץ: דיאלוג בין עולמות**, ירושלים, תש"ס, עמ' 182–200
אלבק, דיני הנזיקין	אלבק, שלום, **פשר דיני הנזיקין בתלמוד**, תל אביב, תשכ"ה
אלבק, מועד	**ששה סדר משנה מפורשים בידי חנוך אלבק, סדר מועד**, ירושלים־תל אביב, תשכ"ח
אלבק, משפט עברי	אלבק, שלום, **מבוא למשפט העברי בימי התלמוד**, רמת גן, 1999
אנגלרד, דיני הנזיקין	אנגלרד, יצחק, **דיני הנזיקין – תורת הנזיקין הכללית**, ירושלים, תשל"ז
אנציקלופדיה תלמודית	**אנציקלופדיה תלמודית**, כרך יג, ירושלים, תש"ל
בזק, אחריות בדיני נזיקין	בזק, יעקב, 'האחריות בדיני נזיקין למכשול ברשות הרבים על פי המשפט העברי בהשוואה למשפט מדינת ישראל', **סיני** קיט (תשנ"ז), עמ' רמו–רנה
בזק, לדיני נזיקין	בזק, יעקב, 'פרקי מבוא לדיני נזיקין במשפט העברי', **ספר סנהדראי – שבעה שערים**, תל אביב, תשל"ב, עמ' 255–271

בזק, עד היום הזה	בזק, אמנון, **עד היום הזה: שאלות יסוד בלימוד תנ"ך**, תל אביב, 2013
ביאליק, הלכה ואגדה	ביאליק, חיים נחמן, 'הלכה ואגדה', **דברי ספרות**, תל אביב, תשל"ד, עמ' עג-צד
בנוביץ, מאימתי	בנוביץ, משה, **מאימתי קורין את שמע**, ירושלים, תשס"ו
בנוביץ, ברכות	בנוביץ, משה, 'ברכות לפני הסעודה בימי הבית השני ובהלכה התנאית', **מגילות מחקרים במגילות מדבר יהודה**, ח-ט (תש"ע), עמ' 81-96
בן נון, זכור ושמור	בן נון, יואל, **זכור ושמור, טבע והיסטוריה נפגשים בשבת ובלוח החגים**, אלון שבות, תשע"ה
בר יוסף, סימבוליזם	בר יוסף, חמוטל, **סימבוליזם בשירה המודרנית**, רעננה, תש"ס
ברויאר, פרקי בראשית	ברויאר, מרדכי, **פרקי בראשית**, אלון שבות, תשנ"ט
ברויאר, פרקי מועדות	ברויאר, מרדכי, **פרקי מועדות**, ירושלים, תשנ"ג
ברויאר, פרקי מקראות	ברויאר, מרדכי, **פרקי מקראות**, אלון שבות, תשס"ט
בריליאנט, על רגל אחת	בריליאנט, אורי, **כל התלמוד על רגל אחת**, אור יהודה, תש"פ
ברנדס, אגדה למעשה א	ברנדס, יהודה, **אגדה למעשה – עיונים בסוגיות משפחה חברה ועבודת השם**, ירושלים, 2005
ברנדס, אגדה למעשה ב	ברנדס, יהודה, **אגדה למעשה – עיונים בסוגיות אגדה משולבות: אגדה הלכה ומעשה, ספר שני: אדם בחברה**, ירושלים, 2011
ברנדס, ברכות	ברנדס, יהודה, **מדע תורתך ברכות**, אלון שבות, תש"פ
ברנדס, המשוכה הראשונה	ברנדס, יהודה, 'המשוכה הראשונה', **על דרך האבות**, אלון שבות, תשס"א, עמ' 33-47
ברנדס, מבנה ומשמעות	ברנדס, יהודה, 'מבנה ומשמעות בסוגיית אוקימתא', **נטועים** יא-יב (תשס"ד), עמ' 9-38
ברנדס, שבת	ברנדס, יהודה, **מדע תורתך מסכת שבת כרך א**, אלון שבות, תשפ"ב

ברנר, מחקר הרמנויטי	ברנר, איתמר, **מחקר הרמנויטי של ההיבט הפרשני בתלמוד הבבלי**, חיבור לשם קבלת התואר דוקטור לפילוסופיה, בר אילן, 2009
ברקוביץ, א, נזקי ממון	ברקוביץ, אמציה, 'סיבת החיוב בנזקי ממון', **מבית מדרשנו בבא קמא** (תשע"ד), עמ' 15–45
ברקוביץ, מועד	ברקוביץ, דב, **הדף הקיומי: תובנות לחיים בסוגיות התלמוד, מועד יומא-חגיגה**, ירושלים, 2013
ברקוביץ, זרעים מועד	ברקוביץ, דב, **הדף הקיומי: תובנות לחיים בסוגיות התלמוד, זרעים ברכות מועד שבת-שקלים**, ירושלים, 2019
ברקוביץ, נזיקין	ברקוביץ, דב, **הדף הקיומי: תובנות לחיים בסוגיות התלמוד, נזיקין**, ירושלים, 2016
ברקוביץ, נשים	ברקוביץ, דב, **הדף הקיומי: תובנות לחיים בסוגיות התלמוד, נשים**, ירושלים, 2014
גוטל, תלמוד תורה לנשים	גוטל, נריה, 'תלמוד תורה לנשים: הלכה בהשתלשלותה ובהתהוותה', **טל לישראל**, המכון התורני אור עציון, תשס"ב, עמ' 41–64
גרוסמן, אסתר	גרוסמן, יונתן, **אסתר מגילת סתרים**, ירושלים, 2013
דסלר, מכתב מאליהו	דסלר, אליהו אליעזר, **מכתב מאליהו**, ג, ירושלים, תשע"ט
הירש, המצוות כסמלים	הירש, שמשון רפאל, **המצוות כסמלים**, ירושלים, תשמ"ד
הכהן, מסכת סוטה	הכהן, אביה, **וימתקו המים – שערים במסכת סוטה**, תקוע, תשפ"ג
הכהן, נזקי ממונו	הכהן, רא"ם, 'היסוד המחייב בנזקי ממונו', **אורות עציון** ח (תשמ"ה), עמ' 18–31
הלבני, בבא קמא	הלבני, דוד, **מקורות ומסורות ביאורים בתלמוד**, מסכת בבא קמא, ירושלים, תשנ"ג
הלבני, שבת	הלבני, דוד, **מקורות ומסורות ביאורים בתלמוד**, מסכת שבת, ירושלים, תשמ"ב
המאירי	המאירי, הרב מנחם, **בית הבחירה**, פרויקט השו"ת
ווינר, לב מבין	ווינר, צוריאל, **לקנות לך לב מבין – דרך לימוד בגמרא, התבוננות ערכית מהותית בסוגיות התלמוד**, בית מדרש רעוא, ללא מקום ושנה
הלברטל, מהפכות פרשניות	הלברטל, משה, **מהפכות פרשניות בהתהוותן – ערכים כשיקולים פרשניים במדרשי הלכה**, ירושלים, תשנ"ז

וולפיש, יום הדין	וולפיש, אברהם, 'יום הדין בתורת התנאים', **בראש השנה יכתבון – קובץ מאמרים על ראש השנה**, אלון שבות, תשס"ח, עמ' 61-95
וולפיש, מרבדי משנה	וולפיש, אברהם, **מרבדי משנה – פרקי ברכות, עיון ספרותי ורעיוני במשנת ברכות**, אלון שבות, תשע"ח
וולפיש, שיטת העריכה	וולפיש, אברהם, **שיטת העריכה הספרותית במשנה על פי מסכת ראש השנה**, חיבור לשם קבלת התואר דוקטור לפילוסופיה, האוניברסיטה העברית, תשס"א
וידאס, מסורת	Vidas, Moulie, *Tradition and the Formation of the Talmud*, Princeton, 2014
וייסטרייך, דיני הנזיקין	וייסטרייך, אבישלום, **התפתחות ומגמות פרשניות בדיני הנזיקין התלמודיים לאור מקרי פטור חריגים**, חיבור לשם קבלת התואר דוקטור לפילוסופיה, בר אילן, תשס"ז
ורהפטיג, יסוד האחריות	והרפטיג, זרח, 'יסוד האחריות על נזקים במשפט העברי', **בר אילן ספר השנה של אוניברסיטת בר אילן מדעי היהדות ומדעי הרוח**, יג (תשל"ו), עמ' 132-148
זהר, מסכת נזיקין	זהר, נועם, 'מקרא משנה ומחשבה: עריכה ומשמעות בראש מסכת נזיקין', **על פי הבאר** (תשס"ח), 195-208
זוסמן, חקר תולדות ההלכה	זוסמן, יעקב, 'חקר תולדות ההלכה ומגילות מדבר יהודה', **תרביץ** נט א-ב (תש"ן), עמ' 11-76
זוסמן, תורה שבעל פה	זוסמן, יעקב, 'תורה שבעל פה' **פשוטה כמשמעה – כוחו של קוצו של יו"ד**, ירושלים, תשע"ט
זקס, רעיונות משני חיים	זקס, יונתן, **רעיונות משני חיים – קריאות חדשות בפרשת השבוע**, ירושלים, 2021
חלמיש, הקבלה	חלמיש, משה, **הקבלה בתפילה בהלכה ובמנהג**, רמת גן, תש"ס
חרל"פ, מי מרום	חרל"פ, הרב יעקב משה, **מי מרום על שמונה פרקים של הרמב"ם**, ירושלים, תש"ה
טוויג, סוגיית המבעה	טוויג, אריה, 'סוגיית המבעה – הנוסח והדין בראי הראיות הקדומות', **תרביץ** לט (1970), עמ' 223-231
כהן, קול הנבואה	כהן, דוד, **קול הנבואה: ההגיון העברי השמעי**, ירושלים, תש"ל
לאו, אסתר	לאו, בנימין, **אסתר – קריאה במגילה**, תל אביב, 2011
לוגסי, נזיקין	לוגסי, מאיר, **ארבעה אבות נזיקין – עיון בארבעה אבות נזיקין לאור סוגיות הפתיחה בבבלי ובירושלמי למסכת בבא קמא**, רמת גן, תשע"ו

לוי, ירושלמי בבא קמא	לוי, ישראל, **מבוא ופירוש לתלמוד ירושלמי: בבא קמא פרקים א–ו**, ירושלים: קדם, תש"ל
מאק, שבעים פנים	מאק, חננאל, 'שבעים פנים לתורה – למהלכו של ביטוי', **ספר היובל לרב מרדכי ברויאר – אסופת מאמרים במדעי היהדות** כרך ה, ירושלים, תשנ"ב, עמ' 449–462
מאיר, התבונה המחדשת	מאיר, משה, **התבונה המחדשת – פילוסופיה בית מדרשית**, תל אביב, תשפ"ג
מדן, פורים	מדן, יעקב (עורך), **פורים** (מתוך: **באר מרים סדרה לחגים**), אלון שבות, תשע"ז
מכתם	דוד בן לוי מנרבונה, **המכתם על מסכתות פסחים סוכה ומועד קטן**, ניו יורק, תשכ"ב
מניטו, בבא קמא	אשכנזי, הרב יהודה ליאון (מניטו), 'קריאות תלמודיות על מסכת בבא קמא', אתר מכון מניטו, https://manitou.org.il/arcive/mamarim/mamarim-manitou/1063-babakamasikum
מכילתא	**מכילתא לספר שמות**, פרויקט השו"ת
מסילת ישרים	**מסילת ישרים לרמח"ל**, פרויקט השו"ת
נאה, אפשר אחרת	נאה, אלחנן, **אפשר אחרת: החשיבה היוצרת של התלמוד**, תל אביב, 2013
נבון, יחיד וציבור	נבון, חיים, 'יחיד וציבור בהגותו של הרב סולובייציק', **אמונות ודעות במשנת הגרי"ד סולובייציק**, ירושלים, תשע"א, עמ' 63–76
נגן, נשמת המשנה	נגן, יעקב, **נשמת המשנה – קריאה ספרותית וחיפוש משמעות**, אור יהודה, תשע"ו
סויסה, מגמות רעיוניות	סויסה, מירב, **מגמות רעיוניות של סוגיות פתיחה בתלמוד הבבלי וביטוין בסוגיות הבאות אחריהן**, חיבור לשם קבלת התואר דוקטור לפילוסופיה, בר אילן, תשע"ח
סויסה, סוגיות פתיחה	סויסה, מירב, **סוגיות פתיחה סבוראיות בתלמוד הבבלי: תרומתן למסכת**, חיבור לשם קבלת תואר מוסמך במחלקה לתלמוד של אוניברסיטת בר אילן, תשס"ח
סולובייצ'יק, ברכות	סולובייצ'יק, יוסף דוב הלוי, 'הברכות ביהדות', בתוך: **ימי זיכרון**, ירושלים, 1996, עמ' 29–58
סולובייצ'יק, על התשובה	סולובייצ'יק, יוסף דוב הלוי, **על התשובה**, ירושלים, תשל"ה
סמט, עיונים	סמט, אלחנן, **עיונים בפרשות השבוע סדרה שנייה**, ויקרא במדבר דברים, ירושלים, תשס"ה

סמט, סדר נזיקין	סמט, ישראל, 'ישועות זה סדר נזיקין', **אסיף** ב (תשע"ה), עמ' 106–114
ספרא	**ספרא תורת כהנים לספר ויקרא**, פרויקט השו"ת
ספראי, כלאיים	ספראי שמואל וספראי זאב, **משנת ארץ ישראל, מסכת כלאיים, עם מבוא ופירוש היסטורי חברתי**, ירושלים, תשע"ב
ספראי, מועד קטן	ספראי שמואל וספראי זאב, **משנת ארץ ישראל, מסכתות מועד קטן וחגיגה, עם מבוא ופירוש היסטורי חברתי**, רמת גן וירושלים, תשע"ב
ספרי	**ספרי במדבר-דברים**, פרויקט השו"ת
עופר, שיטת הבחינות	עופר, יוסף, **"שיטת הבחינות" של הרב מרדכי ברויאר – קובץ מאמרים ותגובות**, אלון שבות, תשס"ה
פיינטוך, מעשי חכמים	פיינטוך, יונתן, **מעשי חכמים והסוגיות המכילות אותם במסכת נזיקין (בבלי)**, עבודה לשם קבלת התואר דוקטור, בר אילן, תשס"ט
פיינטוך, פנים על פנים	פיינטוך, יונתן, **פנים אל פנים – שזירת ההלכה והאגדה בתלמוד הבבלי**, ירושלים, 2018
פליקס, החקלאות	פליקס, יהודה, **החקלאות בארץ ישראל בתקופת המשנה והתלמוד**, ירושלים, תש"ן
פלק, ערכי משפט	פלק, זאב, **ערכי משפט ויהדות**, ירושלים, תש"מ
פרידמן, סוגיות	פרידמן, שמא יהודה, **סוגיות בחקר התלמוד הבבלי: אסופת מחקרים בענייני מבנה, הרכב ונוסח**, ניו יורק וירושלים, תש"ע
קהת, תלמוד תורה	קהת, חנה, **משהפכה התורה לתלמוד תורה – תמורות באידאה של תלמוד תורה בעידן המודרני**, ירושלים, תשע"ו
קוק, אגרות הראי"ה	קוק, הרב אברהם יצחק הכהן, **אגרות הראי"ה**, ג, ירושלים, תשמ"ה
קוק, אורות	קוק, הרב אברהם יצחק הכהן, **אורות**, ירושלים, תשנ"ג
קליין, שלום ואמת	קליין, שמעון, **דברי שלום ואמת – מגילת אסתר עיון והקשבה**, ירושלים, תשע"א
רובינשטיין, סיפורים תלמודיים	Rubinstein, Jeffrey L., *Talmudic Stories: Narrative Art, Composition, and Culture*, Baltimore, 1999
רובינשטיין, סיפורי התלמוד הבבלי	Rubinstein, Jeffrey L., *Stories of the Babylonian Talmud*, Baltimore, 2010

רייזל, מבוא למדרשים	רייזל, ענת, **מבוא למדרשים**, אלון שבות, תשע"ג
רשב"א, חידושים	ר' שלמה בן אדרת, **חידושי הרשב"א**, פרויקט השו"ת
שג"ר, כלים שבורים	רוזנברג, הרב שמעון גרשון (שג"ר), **כלים שבורים: תורה וציונות דתית בסביבה פוסט מודרנית: דרשות למועדי זמננו**, אפרת, תשס"ד
שוורץ, גבורות גשמים	שוורץ, יואל, **קונטרס גבורות גשמים**, ירושלים, תשמ"ד
שטיינזלץ, התלמוד לכל	שטיינזלץ, עדין, **התלמוד לכל**, תל אביב, 2009
שטיינזלץ, מדריך לתלמוד	שטיינזלץ, עדין, **מדריך לתלמוד – מושגי יסוד והגדרות**, ירושלים, 2002
שטיינזלץ, נתיב לתלמוד	שטיינזלץ, עדין, מזומן, יניב, **נתיב לתלמוד – סוגיות בתוך התלמוד המבואר על ידי הרב עדין אבן ישראל (שטיינזלץ)**, ראשון לציון, 2017
שרלו, והלכה כבית הלל	שרלו, יובל, **והלכה כבית הלל**, אלון שבות, תשס"ח
תבורי, מועדי ישראל	תבורי, יוסף, **מועדי ישראל בתקופת המשנה והתלמוד**, ירושלים, תש"ס
תשבי, משנת הזוהר	תשבי, ישעיה, **משנת הזוהר**, ירושלים תשמ"ב